Hintergründe & Infos

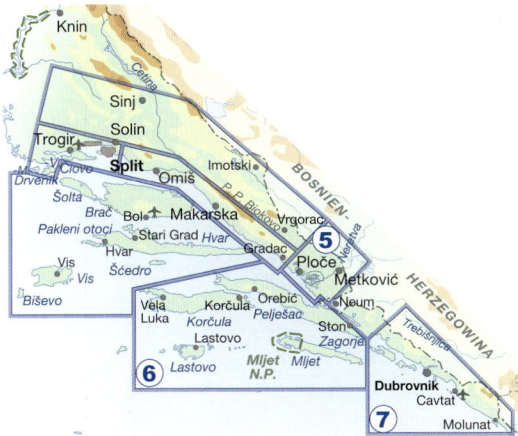
Kleiner Wanderführer

UNTERWEGS MIT LORE MARR-BIEGER

Seit 1983 bereise ich diese Region, das einstige Jugoslawien, das heutige Kroatien. Nach so langer Zeit kann man schon von Leidenschaft sprechen. In der Tat gibt es für mich kein schöneres Meer, auch die üppige Natur und die grandiose Bergwelt haben es mir angetan. Zudem bietet mir dieses Land auf

kleinstem Raum größte Abwechslung. Vor allem in der Nebensaison genieße ich ausgiebige Wander- und Mountainbiketouren und zum Entspannen die warme, türkis leuchtende Adria in der beschaulichen Einsamkeit einer Bucht. Gerne trinke ich aber auch einen Macchiato oder guten regionalen Wein auf geschichtsträchtigen, quirligen Altstadtplätzen mit ihrer südländischen Atmosphäre.

Vor allem aber hatten und haben es mir die malerischen Inseln angetan. Einst musste ich sie langwierig auf Makadam-Straßen erkunden oder Fähren zu Unzeiten benutzen, heutzutage bereist man sie bequem auf neu erbauten Autobahnen und viele Fähren pendeln inzwischen fast rund um die Uhr.

Seit über 30 Jahren bin ich in diesem Land mit seinen gastfreundlichen Menschen auch für Reiseführer unterwegs, um umfassend alle Neuerungen zu Lande und zu Wasser für Sie zu recherchieren.

Eine schöne Reise ins Land der „Tausend Inseln und Möglichkeiten" wünscht Ihnen

Lore Marr-Bieger

Text und Recherche: Lore Marr-Bieger **Lektorat:** Carmen Wurm **Redaktion** Annette Melber **Layout:** Claudia Hutter **Karten:** Susanne Handtmann, Hans-Joachim Bode, Judit Ladik **Fotos:** Lore Marr-Bieger, außer: S. 23 unten Adriatic Dolphin Project (Veli Lošinj), S. 24 Renato Medić (Brela), S. 132 (alle) Tourismusverband Sinj **Covergestaltung:** Karl Serwotka **Covermotive:** oben: Korčula Stadt, unten: Hvar Stadt (beide Lore Marr-Bieger)

5. KOMPLETT ÜBERARBEITETE AUFLAGE 2015

MITTEL- UND SÜD-
DALMATIEN

LORE MARR-BIEGER

Kartenverzeichnis

Zeichenerklärung für die Karten und Pläne

Autobahn	Höhle
Autobahn in Bau	Leuchtturm
Bundesstraße	Berggipfel
Hauptstraße	Aussichtspunkt
Nebenstraße	Kirche/Kapelle
Piste	Kloster
Wanderweg	Schloss/Festung
Bahnlinie	Ruine
Fähre (Personen)	Campingplatz
Fähre (mit Autotransport)	Information
Nationalpark	Parkplatz/Parkhaus
Naturpark	

Post	
Bushaltestelle	
Taxistandplatz	
Flughafen	
Krankenhaus	
Apotheke	
Tankstelle	

Was haben Sie entdeckt?

Haben Sie eine eine gemütliche Konoba, eine schöne Wanderung oder ein nettes Hotel entdeckt? Wenn Sie Ergänzungen, Verbesserungen oder neue Tipps zum Buch haben, lassen Sie es uns bitte wissen!

Schreiben Sie an: Lore Marr-Bieger, Stichwort „Mittel- und Süddalmatien" | c/o Michael Müller Verlag GmbH | Gerberei 19, D – 91054 Erlangen | lore.marr-bieger @michael-mueller-verlag.de

 Mit dem grünen Blatt haben unsere Autoren Betriebe hervorgehoben, die sich bemühen, regionalen und nachhaltig erzeugten Produkten den Vorzug zu geben.

Alles im Kasten

Wohin in Mittel- und Süddalmatien?

① Die Küste von Marina bis Split
→ S. 77

Trutzige Kastelle und lauschige Orte warten an der Bucht von Kaštela auf Ihren Besuch. Sehenswert ist sicherlich das mittelalterliche Trogir mit seiner beeindruckenden Kathedrale. Die Kulturmetropole und Hafenstadt Split lockt mit ihrem Diokletianspalast sowie interessanten Museen; zudem ist sie Ausgangspunkt für viele mittel- und süddalmatinische Inseln.

② Mitteldalmatinisches Hinterland → S. 124

Nahe Split liegen das malerische, antike Ruinenfeld Salona und die oberhalb thronende Festung Klis, von der sich ein hübscher Weitblick bietet. Pferdeliebhaber sind in Sinj bei den Reiterspielen Alka oder Turnieren richtig. Die alte Königsstadt Knin bietet von ihrer imposanten Festung ebenfalls Weitblick. Farbenprächtig zeigen sich die Karstseen von Imotski.

③ Mitteldalmatinische Inseln → S. 146

Šolta bietet stille Badebuchten, gutes Olivenöl und den roten Dobričić. Brač prunkt mit dem Inselberg Vidova Gora und dem Goldenen Horn, bestens zum Baden, Surfen und Kiten. Auf der Insel Hvar warten Badebuchten und das Museumsstädtchen Hvar. Das buchtenreiche Vis ist beliebtes Tauchgebiet. Alle Inseln eignen sich hervorragend zum Wandern und Mountainbiken.

④ Küste Split – Omiš → S. 252
Makarska-Riviera → S. 264

Idyllisch zwängt sich das Piratenstädtchen Omiš zwischen Fels und Cetina-Mündung – Spaß versprechen hier Kajak- oder Raftingtouren. Die Makarska-Riviera präsentiert sich mit hübschen Städten und v. a. mit vielen kiesig-sandigen Badebuchten, die sich hier wie Perlen reihen.

Die Küste säumt das imposante Biokovo-Gebirge – herrlich zum Wandern und Mountainbiken.

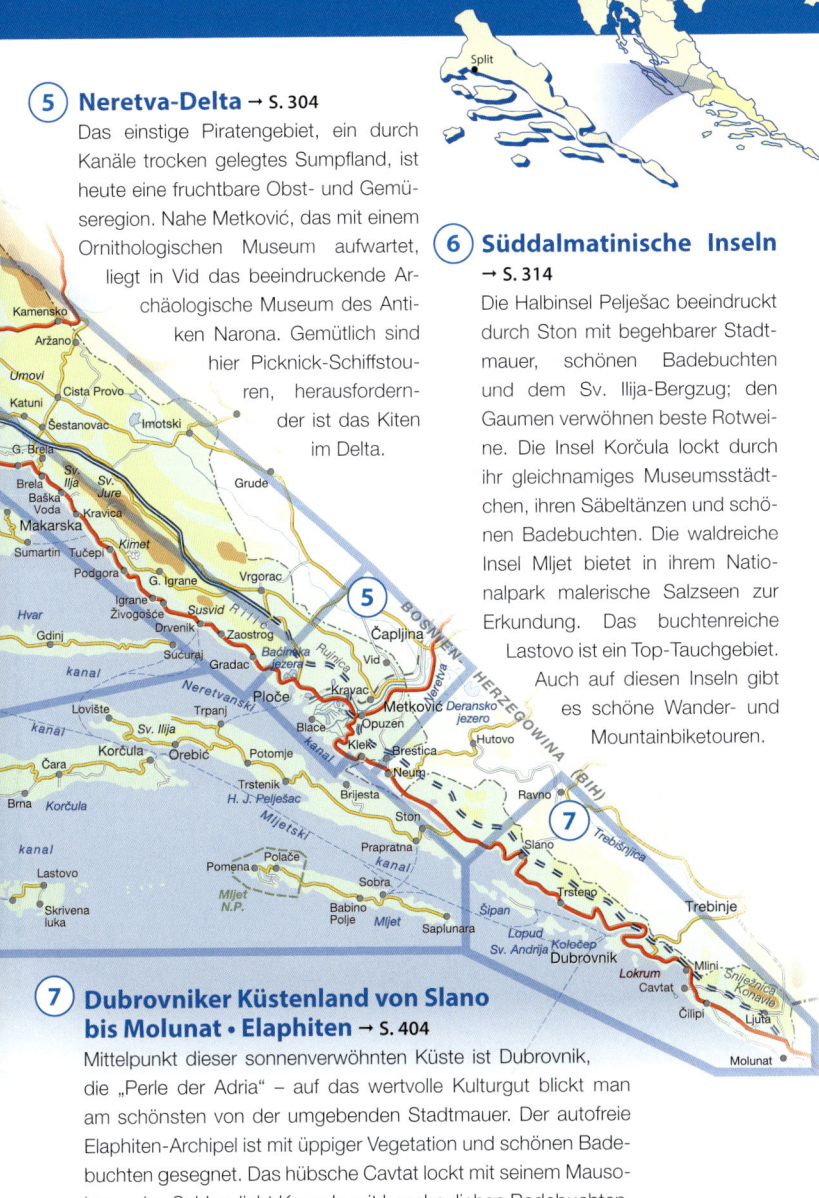

5 Neretva-Delta → S. 304

Das einstige Piratengebiet, ein durch Kanäle trocken gelegtes Sumpfland, ist heute eine fruchtbare Obst- und Gemüseregion. Nahe Metković, das mit einem Ornithologischen Museum aufwartet, liegt in Vid das beeindruckende Archäologische Museum des Antiken Narona. Gemütlich sind hier Picknick-Schiffstouren, herausfordernder ist das Kiten im Delta.

6 Süddalmatinische Inseln → S. 314

Die Halbinsel Pelješac beeindruckt durch Ston mit begehbarer Stadtmauer, schönen Badebuchten und dem Sv. Ilija-Bergzug; den Gaumen verwöhnen beste Rotweine. Die Insel Korčula lockt durch ihr gleichnamiges Museumsstädtchen, ihren Säbeltänzen und schönen Badebuchten. Die waldreiche Insel Mljet bietet in ihrem Nationalpark malerische Salzseen zur Erkundung. Das buchtenreiche Lastovo ist ein Top-Tauchgebiet. Auch auf diesen Inseln gibt es schöne Wander- und Mountainbiketouren.

7 Dubrovniker Küstenland von Slano bis Molunat · Elaphiten → S. 404

Mittelpunkt dieser sonnenverwöhnten Küste ist Dubrovnik, die „Perle der Adria" – auf das wertvolle Kulturgut blickt man am schönsten von der umgebenden Stadtmauer. Der autofreie Elaphiten-Archipel ist mit üppiger Vegetation und schönen Badebuchten gesegnet. Das hübsche Cavtat lockt mit seinem Mausoleum, das Schlusslicht Konavle mit beschaulichen Badebuchten.

Regionen und Landschaft

Mittel- und Süddalmatien bieten eine große landschaftliche Vielfalt: einsame karstig-karge Bergwelt, üppig wuchernde Macchia, mediterrane Vegetation und fruchtbares Schwemmland an der Küste, Natur pur auch auf vielen Inseln.

Mitteldalmatien beginnt nahe beim mittelalterlichen **Trogir**, zieht sich über **Split** mit seinem mächtigen Diokletianspalast über die goldgelben Badestrände der **Makarska Riviera** und die Bergwelt des **Biokovo-Naturparks** südwärts. Im Meer liegen die großen Inseln Šolta, Čiovo, Brač, Hvar und Vis. Lohnenswerte Ausflüge ins bergige Hinterland, in das von der Küste nur wenige Straßen abzweigen, sind u. a. die **Karstseen von Imotski** oder das ursprüngliche **Cetina-Tal**.

Süddalmatien beginnt am fruchtbaren Neretva-Delta und führt mit kurzer Unterbrechung durch Bosnien-Herzegowina weiter in Richtung **Dubrovnik**, der „Perle der Adria" mit gewaltigen Stadt-

mauern, Baudenkmälern und schönen Museen – und endet in beschaulichem Grün kurz hinter **Cavtat**. Ins bergige Hinterland zweigen von der Küste nur einige wenige Straßen ab. Vom Festland schwingt sich die Halbinsel Pelješac ins Meer, gegenüber liegt Marco Polos Insel Korčula, südlich die grüne Insel Mljet und weit draußen Lastovo und um Dubrovnik die Elaphiten.

Römerstädte, Piratennester und Festungen

Die meisten Städte Mittel- und Süddalmatiens sind architektonische Leckerbissen mit reicher, oft über 2000-jähriger Geschichte. Römer, Karolinger, Byzantiner, Venezianer und Habsburger hinterließen Spuren im Stadtbild. Gut geschützt an der Steilküste unterhalb des Mosor- und Biokovo-Gebirges, zwischen den Flüssen Cetina und Neretva, liegen die einstigen Nester der Neretvaner Piraten, die zwischen dem 7. und

15. Jh. das Adriatische Meer in Schrecken versetzten. Im Landesinneren wacht die trutzige Festung **Klis** über Split und die Küste, noch etwas weiter im Hinterland die noch größere Festungsanlage **Knin**. In **Sinj** locken alljährlich die großen Reiterspiele, die den Sieg über die Türken feiern.

Malerische Inselwelt

Einladend liegt die bizarre Inselwelt vor der Küste: die Insel **Brač** mit ihrem 779 m hohen Vidova Gora. Das nach Lavendel und Rosmarin duftende **Hvar** mit dem gleichnamigen hübschen mittelalterlichen Städtchen. Die für ihre guten Weine bekannte Insel **Vis** und das Inselchen **Biševo** mit Blauer Grotte gegenüber. Weit draußen im Meer die fantastischen und nur für Bootsbesitzer zugänglichen Inseln wie **Sv. Andrija**, **Jabuka** und **Palagruža**. **Korčula**, die Insel Marco Polos mit dem gleichnamigen Museumsstädtchen, an dem heute

fast jedes Kreuzfahrtschiff anlegt. Die weitgehend unberührte **Pelješac**-Halbinsel mit dem 971 m hohen Sv. Ilija. Weiter südlich das buchtenreiche Naturpark-Archipel **Lastovo**, üppig-grün die waldreiche Insel **Mljet** mit Salzseen und Nationalpark und, ganz im Süden, die subtropische Pracht des Archipels der **Elaphiten**.

Wassersport – Baden, Tauchen, Surfen …

Die meisten Urlauber kommen im Sommer natürlich zum Baden und Entspannen. Gebadet wird meist an schönen Fels- und Kiesbuchten, gesäumt von Schatten spendenden Aleppokiefern, die gerade bei der Hitze neben vielen Kräutern ihre ätherischen Öle verströmen. Zur angenehmen Entspannung setzt meist das Zirpen der Grillen ein. Schöne Strände findet man vor allem rund um die Inseln, bekannt sind u. a. das Goldene Horn (Insel Brač) und

die Makarska Riviera, wo sich die Kiesbuchten wie Perlen aufreihen.

Die klare Adria mit Sichtweiten bis zu 50 m Tiefe, alte Schiffswracks und bizarre Unterwasserhöhlen machen das Tauchen zum Genuss. Beliebte Gebiete sind neben der Insel Vis vor allem der zum Naturpark erhobene Lastovo-Archipel mit traumhaftem türkis schimmerndem Wasser. Für Surfer und Kiter blasen die besten Winde im Kanal von Pelješac, um das schon erwähnte Goldene Horn und im Neretva-Delta.

Segel- und Motorbootfreunde kommen in den Genuss, all die fantastischen Inseln mit ihren Buchten zu erkunden und finden neben lauschigen Ankerbuchten ein dichtes Netz an großen, gut ausgestatteten Marinas und Jachthäfen an der gesamten kroatischen Küste.

Schließlich lädt auch der Fluss **Cetina** zum Wassersport ein, hier können sich Rafting- und Kajakfans austoben.

Sport zu Lande – Wandern, Mountainbiken, Klettern, Paragliden …

Das gebirgige, bis über 1700 m ansteigende Küstenland sowie die malerischen Inseln eignen sich bestens für schöne Wander- und Mountainbiketouren, vor allem im zeitigen Frühjahr und im Herbst. Auf einem breit angelegten Wegenetz kann man gemütliche, aber auch konditionsstarke Touren unternehmen, meist mit bester Weitsicht als Belohnung. Schöne Wandertouren führen zu den höchsten Inselbergen wie dem Vidova Gora (Insel Brač), Hum (Insel Vis) und Sv. Ilija (Halbinsel Pelješac), auf Durchtrainierte wartet das Küstengebirge, der Naturpark Biokovo, auch für Mountainbiker ein Genuss. Auch die Kletterfans finden ihr Revier an diesen Steilabhängen sowie Paraglider beste Abflugrampen.

Kinder

Auch für die Kinder muss der Urlaub unterhaltsam und abwechslungsreich sein und so bieten große Hotel- und Campinganlagen dem Nachwuchs ein breit gefächertes Animationsprogramm. Aber Kinder sind meist auch für kleine Wanderungen oder Mountainbiketouren, Bootsausflüge auf der Cetina oder im Neretva-Delta oder für Festungen, die sog. Ritterburgen, wie in Dubrovnik, Klis und Knin zu begeistern. Größere können Tauchkurse belegen, sich auf dem Surfbrett messen, ihren Spaß bei Rafting- oder Kajaktouren finden oder die Unterwasserwelt zumindest mit dem Schnorchel erobern. Viel Vergnügen bereitet es, nur per Schwimmbrett und Flossen die Meeresbucht entlang zu düsen. Auch einige Museen sind für Kinder und Jugendliche interessant, u. a. die Maritimen Museen in Split, Orebić und Dubrovnik oder auch die Muschelmuseen in Baška Voda oder Makarska.

Kulinarik

Die Küche bietet frische Produkte aus dem Meer und vom Land und ist meist ohne Schnickschnack zubereitet. Verwendet wird neben viel Knoblauch auch das gute Olivenöl. So speist man bestens fangfrischen Fisch, Langusten, Hummer sowie Austern und Muscheln, zudem feinste Lammgerichte, serviert mit saisonalem Gemüse oder Salat. Naschkatzen werden mit leckeren Palatschinken-Varianten, Apfelstrudel, Sahneschnitten, Feigen- oder Aprikosentörtchen, Karamellcreme etc. verführt. Zum schmackhaften Essen gehört natürlich ein süffiger regionaler Landwein und auch ein hochprozentiges Stamperl wird zum Abschluss nie fehlen, gratis versteht sich. Auch den Kindern wird es schmecken, denn leckere Pizzen, Reis- und Nudelgerichte gibt es in allen Variationen. Eine Tüte mit frisch gerührter Eiscreme aus der Eisdiele verkürzt Groß und Klein den Nachhauseweg.

Insel Vis – Inselsüdseite bei Rukavac

Hintergründe & Infos

Insel Brač (Murvica) – die Südküste bietet herrliche Badebuchten

Kroatien im Überblick

Fläche: Festlandsfläche 56.594 km², territoriale Gewässer 31.067 km².

Inseln und Riffe: 1185 Inseln, die größten Inseln sind Krk und Cres; bewohnte Inseln gibt es 67.

Küstenlänge: 5835 km, davon 4058 km Insel- und Riffküste.

Hauptstadt: Zagreb, ca. 780.000 Einwohner.

Bevölkerung: ca. 4,4 Mio. Einwohner.

Religion: Die Mehrheit der Bevölkerung ist römisch-katholisch.

Sprache: Landessprache ist Kroatisch; in den Touristenzentren wird deutsch, englisch und italienisch gesprochen.

Politisches System: parlamentarische Demokratie.

Klima: Drei Klimazonen prägen Kroatien – kontinental, alpin und mediterran.

National- und Naturparks: 10 % des Landes stehen unter Naturschutz. **Nationalparks**: im Norden der Brijuni-Archipel, Risnjak, Nord-Velebit, Plitvicer Seen und Paklenica-Schlucht; im Süden der Archipel Kornati, Krka-Wasserfälle, Mljet. **Naturparks**: im Norden Učka und Velebit; in der Mitte u. Süden Vransko jezero, Telašćica, Biokovo und Lastovo; im Landesinneren Medvednica, Žumberak-Samoborsko gorje, Papuk und die Sumpfgebiete Kopački rit, Lonjsko polje.

Zeitzone: Mitteleuropäische Zeit.

Währung: Kuna (KN), 1 € beträgt 7,61 KN, 1 KN beträgt 0,131 € (Juli 2014).

Telefonvorwahl Kroatien: 00385

Klima/Reisezeit

Die Inseln und die Küste haben *mediterranes Klima,* das sich durch warme Sommer mit kaum Niederschlag auszeichnet. Der Regen kommt im Spätherbst, die Winter sind mild. Im Jahresdurchschnitt steigen die Temperaturen weder besonders an, noch fallen sie extrem ab – exzellente Bedingungen also für den Tourismus. Schwankungen können windbedingt auftreten, wenn die *Bora* in den Küstenraum hinunter bläst. Kurzzeitige Temperaturstürze sind die Folge. Sie kann das ganze Jahr auftreten, kommt aus nordnordöstlicher und ostnordöstlicher Richtung und weht vom Land zum Meer, im Winter ist sie häufiger und stärker. Mit Geschwindigkeiten von bis zu 180 km/h fegen dann kalte Böen vom Gebirge herab und höchste Vorsicht ist geboten. Besonders stark tritt die Bora in Mitteldalmatien beim Biokovo-Gebirge auf. Achtung bei Segeltörns, aber auch beim Auto- und Motorradfahren!

Weht im Sommer vom Meer her ein angenehm erfrischender Wind – der *Maestral* –, ist mit klarem, schönem Wetter zu rechnen. Er bläst aus nordwestlicher Richtung. Seine Stärke hängt vom Temperaturunterschied zwischen Meer und Land ab, doch weht er regelmäßig. Er beginnt gegen 9 Uhr, ist gegen 14 Uhr am stärksten und endet vor Sonnenuntergang.

Im Frühjahr und im Herbst bringt der warme *Jugo,* ein feucht-warmer Wind von gleich bleibender Stärke aus südsüdöstlicher und ostsüdöstlicher Richtung, Wolken und Regen.

Die **Badesaison** beginnt Ende Mai, dann steigen die Wassertemperaturen auf 20 °C und bleiben bis Ende September an der ganzen Küste konstant zwischen 20 und 24 °C. Das mediterrane Klima sorgt auch im heißen Juli und August für erträgliche

Klimadaten von Split (Durchschnittswerte)				
	Ø Lufttemperatur (Min./Max. in °C)		Ø Niederschlag (in mm)	Ø Stunden mit Sonnenschein	Ø Wassertemperatur (in °C)
Jan.	10,0	5,1	83	4,1	12
Febr.	11,0	5,6	68	5,0	12
März	13,4	7,6	75	5,7	12
April	17,4	10,8	66	7,1	14
Mai	22,4	15,1	56	8,7	17
Juni	26,5	18,6	51	10,0	21
Juli	29,5	21,4	28	11,1	23
Aug.	29,2	21,1	50	10,2	24
Sept.	25,1	18,0	61	8,3	22
Okt.	20,0	14,1	79	6,5	20
Nov.	14,9	9,7	108	4,4	17
Dez.	11,2	6,4	100	3,0	14

Temperaturen: Nachts wird es mit 18 und 22 °C nicht zu kalt, tagsüber steigt das Quecksilber bis auf 30 °C und mehr.

Beste **Reisemonate** sind Mai, Juni und September bis Mitte Oktober. Auch Ende Oktober bis Mitte November kann es im Süden noch relativ mild sein, zum Wandern und Radeln also bestens. Von Juli bis August herrscht Hochbetrieb durch die ausländischen Touristen sowie durch die Einheimischen, die hier ihren Urlaub verbringen. Besonders im zeitigen Frühjahr oder späten Herbst sind die Wasser- und Nachttemperaturen im Raum Dubrovnik höher, als weiter im Norden. Wetter-prognosen → Wissenswertes von A bis Z/Nachrichten/Wetter.

Flora

Zum besonderen Reiz des Mittelmeerraums trägt sicherlich die üppige Welt der Pflanzen bei, die in Kroatien um einiges vielfältiger und artenreicher ist als bei uns in Mitteleuropa. Je weiter wir in den Süden gelangen, desto üppiger wird die Pflanzenwelt und desto höher und ausgeprägter wird auch die Macchia.

Die Adriaküste ist von Karst, Macchia und von subtropischer Vegetation geprägt. Die Inseln bestehen hauptsächlich aus *Kalkstein.* Kalkstein ist wasserlöslich; seine horizontalen Schichten wurden in geologischer Vorzeit aus dem Erdinnern hochge-schoben und gebrochen – *Karst* entstand. Aber auch der Mensch hat zur Verkars-tung der Landschaft beigetragen: durch Rodung der Wälder. Die nunmehr haltlose Erde wurde vom Regen weggespült und von starken Winden abgetragen, sodass der Kalkstein zu seiner heutigen, typischen Form verwitterte – Karren, Schratten, Rillen, Wannen, Löcher blieben übrig. Durch die Spalten drang Wasser in die unter-irdischen Schichten und spülte all die Höhlen aus, in denen sich später Tropfsteine entwickelten.

Das Pflänzchen Buhać

Überall an der mittel- und süddalmatinischen Küste und an den Felsen trifft man auf Buhać, das sog. Flohkraut (Pyrethrum cineratiaefolium), ähnlich kleinen Margaritenbüschen, aber eine Chrysanthemenart. Populär wurde

das genügsame Pflänzchen durch Hr. Šu-puk, einen Tüftler aus dem Raum Šibenik. Er entdeckte, dass Flohkraut gut zur Schädlingsbekämpfung eingesetzt werden kann, da es natürliches Pestizid enthält. Lange ließ im größeren Stil die Pflanzen in den Mühlen entlang der Krka-Wasserfälle pulverisieren. Auch die Bauern in diesen Regionen wussten um den Nutzen dieses „Unkrauts" und lie-ßen es einfach unter ihren Olivenbäu-men, Wein und Gemüse wachsen – auch heute besinnt man sich wieder dieser nützlichen Pflanze.

Von den einst riesigen Flaumeichenwäldern sind nur noch Waldflecken übrig geblieben, die den steinigen Boden bedecken. Den größten Baumbestand bilden heute die wieder aufgeforsteten Aleppokiefern oder Seestrandföhren.

Die vom mediterranen Klima begünstigte Flora hat für Pflanzenliebhaber aus unseren Regionen eine besondere Anziehungskraft. Das Klima – lange Regenzeit im Winter, kaum Fröste, mehrmonatige heiße Trockenperiode im Sommer – bewirkt spezielle Wachstumszyklen: Im Herbst, mit dem Einsetzen der Regenfälle, beginnen die Pflanzen zu wachsen. Bis auf wenige Arten, die auch im Winter blühen, setzt die Blüte im April und Mai mit dem Ende der Regenperiode ein. Die Sommerhitze lässt die Blütenpracht schnell wieder verschwinden – es sei denn, die Pflanzen bekommen durch Küstennähe oder künstliche Wasserzugabe mehr Feuchtigkeit. Bäume und Sträucher überleben die Trockenzeit dank ihres tief reichenden Wurzelwerks. An krautigen Pflanzen überleben nur die einjährigen, die sich noch schnell durch Samenabwurf fortpflanzen, sowie die Knollenpflanzen, die sich, wie bei uns, zurückziehen und nach dem so genannten Winterschlaf mit der Regenperiode wieder austreiben. Im Spätsommer schließlich präsentiert sich die Pflanzenwelt mit Früchten und Blättern wieder in ihrer ganzen Farbenpracht.

Wälder: Im Mittel- und Süddalmatinischen Raum gedeihen durch den Raubbau des Menschen keine dichten, urwüchsigen Wälder mehr; sie wurden durch Forste mit Seestrandföhren- oder Aleppokieferbeständen ersetzt, die oft von Macchia-Unterwuchs begleitet werden. Vereinzelt treten immergrüne Steineiche, Flaumeiche, orientalische Hainbuche, Rotbuche, Zedernwacholder, Pinie, Schwarzkiefer, Lorbeerbaum und Johannisbrotbaum auf.

Macchia: Die Macchia ist eine Landschaftsform, die durch menschliches

Artenvielfalt – Blumen und Früchte

Einwirken entstand – vor allem durch Rodung der immergrünen Wälder seit der Antike und später durch ständige Holzentnahme: Die Pflanzen lieferten nützliche Produkte wie Brennholz, Holzkohle, Harz, Gummi, Farben und Fasern. Aber auch Ziegen- und Schafverbiss richtete viel Schaden an.

Meist ist die Macchia dicht und undurchdringlich. 2 m und höher sind die Sträucher, die oft ledrige Blätter haben und deren Schönheit man eigentlich nur im Frühling betrachten kann. In dieser Jahreszeit verwandelt sich die Landschaft in ein duftendes Blütenmeer – weiß und rosafarben blüht die Zistrose, weiß bis zartrosa die Baumheide, dazwischen leuchten die Gelbtöne verschiedener Ginsterarten und all die Blüten der Knollengewächse. Im Verlauf des Jahres wird die Macchia farbloser und zeigt sich nur in ihrer Gesamtheit als graugrüner Kontrast zu den Felsen. Allerdings duftet sie dann, denn durch die niederbrennende Sonne werden all die ätherischen Öle aus den Blättern freigegeben. Oft atmen wir sie tief ein und genießen ihr „würziges" Aroma. Im Spätherbst lebt die Macchia noch einmal kurz auf: Die orangeroten Früchte des Erdbeerbaums, das kräftige Rot des Mastixstrauches, das Blau des Wacholders und der Ölbaumgewächse leuchten in ganzer Pracht.

Hohe Macchia: Sie ist geprägt von den 4–5 m hohen Bäumen der Kermeseiche, Aleppokiefer, des Judasbaums, Erdbeerbaums und phönizischen Wacholders, den stattlichen Sträuchern der Baumheide, Myrte, Steinlinde und des Pfriemenginsters.

Niedrige Macchia zeigt sich in den 1,5–2 m hohen Sträuchern des Rosmarins, des lorbeerähnlichen Schneeballs, des Herbstseidelbasts, Mastix, Mäusedorns, der Zistrosen und Erika-Arten. An offenen Stellen wachsen vor allem Zwiebel- und Knollengewächse.

Gemischte Macchia: Sie besteht aus Johannisbrotbaum, Dornenginster, immergrünem Kreuzdorn, Stechwinde.

Garigue: Diese Vegetationsart tritt in heißen, trockenen Gebieten mit felsigem und flachgründigem Boden auf. Hier halten sich nur kleine Sträucher bis 0,5 m Höhe. Die meisten Pflanzen sind aromatisch, einige haben Dornen: Es sind vor allem unsere Gewürzkräuter wie Thymian, Bohnenkraut, Rosmarin, Salbei und Lavendel, aber auch Knollenpflanzen wie Krokus, Schwertlilie, Hyazinthe, Schachblume, Affodill, Immortelle, Wolfsmilchgewächse und viele Orchideenarten. Besonders im Frühling, nach der Regenzeit, kann man ihnen fast beim Wachsen und Erblühen zuschauen.

Felsentrift: Hier wurde durch Mensch und Tier jede Vegetation fast vollständig zerstört – der kahle Fels tritt zutage. Trotzdem halten sich in den Felsritzen noch kleine, aber farbenprächtige Pflanzen wie Anemone, Alpenveilchen, Schwertlilie, spanische Winde, Gamander, Backenklee, Thymian, Affodillenarten und dornige Wolfsmilch.

Kultur- und Zierpflanzen: Durch Handelsbeziehungen mit teils sehr weit entfernten Ländern gelangten auch exotische Pflanzen nach Kroatien und wurden hier heimisch – so z. B. Oliven, Feigen und Granatäpfel aus dem Orient. Die Araber brachten Zitrusgewächse wie die Apfelsine aus China mit. Eukalyptusarten und Akazien stammen aus Australien und die unechte Dattelpalme von den Kanarischen Inseln. Agave, Bougainvillea, Rizinus, der Feigenkaktus, Oleander und die Tamariske wurden aus den tropischen Zonen Amerikas eingeführt. Auf einigen Inseln mit sandigem Untergrund pflanzte man Bambusrohr als Windschutz und zur Verhinderung der Bodenerosion an.

All diese Pflanzen, die Städte und Dörfer verschönern, sind heute aus Kroatien kaum mehr wegzudenken.

Fauna

Wegen der spärlichen Besiedelung der Inseln und des fast menschenleeren Küstengebirges leben hier zahlreiche Tierarten weitgehend ungestört.

An der Küste und auf den Inseln begegnet man auf Schritt und Tritt Eidechsen, die sich in der Sonne aalen und durchs Gebüsch rascheln. Sie haben sich von Insel zu Insel ganz unterschiedlich und unabhängig voneinander entwickelt. Die prächtigste ist die bis zu einem halben Meter lange *Smaragdeidechse* mit ihrem leuchtenden Grün. Der *Mauergecko*, eine kleine Echse, ist harmlos, obwohl man ihn Tarantula nennt – er klettert lediglich die Wände hoch.

Viele der hier lebenden *Schlangen* wie Wasserschlangen, Blindschleichen, Eidechsennattern, Katzennattern, Zornnattern und Leopardnattern sind, obwohl sie der Volksmund als Giftschlangen bezeichnet, völlig ungefährlich. Oft zu entdecken ist die bräunliche bis ca. 1 m lange *Scheltopusik* (Pseudopus serpentinus Merr.), im kroatischen *Glavor* oder auch *Blavor* genannt, die neben Mäusen und Schnecken auch Vipern auf dem Speiseplan hat und daher bei vielen Einheimischen gern gesehen ist, leider aus Unwissenheit aber auch erschlagen wird. Vor der Hornviper (kroat. *Potok*) und – seltener – der Kreuzotter sollte man auf der Hut sein – sie sind in der Tat giftig (→ Kasten).

Geht man auf schmalen Pfaden durch die Macchia spazieren, verheddert man sich oft in prachtvollen Spinnennetzen, doch die meisten *Spinnen* sind harmlos.

Augenfällig ist die Vielfalt der *Käfer* und *Schmetterlinge*. Vom Nachtpfauenauge über den Schwalbenschwanz und Apollo bis zum gemeinen Blutströpfchen – überall flattert, hüpft, surrt und leuchtet es in allen Farben.

Zahlreich sind auch die *ganzjährig heimischen Vogelarten:* Es gibt Meisen, Lerchen, Stieglitze, Wachteln, Zaunkönige, Amseln, Krähen.

Zugvögel, die im Sommer an der Küste und auf den Inseln nisten, sind Nachtigall, Schwalbe, Wiedehopf, Kuckuck und Turteltaube.

Von oben nach unten: Lastovo-Eidechse, Smaragdeidechse, Delfin

Zum Vergleich: ▲ die Braungefleckte Echse   ▼ die gefährliche Hornviper

Hornotter oder Hornviper (vipera ammodytes) – eine gefährliche Sonnenanbeterin

Auf den Inseln und im Küstengebirge ist diese Giftschlange keine Seltenheit. Wer die Gepflogenheiten dieses Tieres kennt, kann sich schützen. Eines vorweg: Schlangen sind äußerst scheue Tiere, fühlen sie sich allerdings bedroht oder in die Enge getrieben, können sie angreifen. Im Zweifelsfalle also zurücktreten und der Hornviper den Vortritt lassen! Fühlt sich die Schlange bedroht und in die Enge getrieben, kann sie sich blitzschnell zusammenrollen und ca. einen halben Meter hochspringen – und auch zubeißen. Bei Temperaturen unter 25 °C, d. h. meist im Frühjahr und Herbst, sucht die Schlange die Sonne, um sich zu wärmen. Sie kann dann mitten im Weg liegen oder an einem Steinmäuerchen. Ihrer Vipernatur entsprechend weicht sie bei Geräuschen normalerweise aus, außer es ist kalt, dann reagiert sie nur sehr langsam oder auch gar nicht. D. h.: Immer darauf achten, wohin man steigt! Bei hohen Tagestemperaturen versteckt sich die Viper in den Steinmäuerchen (Achtung beim Rasten!) und kommt dann nur morgens oder abends aus ihrem Plattenbau. Im Spätsommer wird sie zum Climber, um der Sonne näher zu kommen oder auch um ihre Jungen zur Welt zu bringen. Sie und auch die „Kleinen" halten sich dann auf Gebüsch oder niederem Baumgeäst auf, nun heißt es wirklich achtsam sein, denn ein Biss in Hals oder Kopf kann tödlich sein. Wichtig ist es deshalb, behutsam durch die Natur zu laufen, zudem lange Kleidung, evtl. Hut und gutes Schuhwerk zu tragen.

An *Greifvögeln* gibt es den Habicht und den Sperber. In entlegenen Gebieten findet man Wanderfalken, Eulen, Uhus und Steinkäuze. Manchmal bekommen die Inseln auch Besuch von Adlern und Königsgeiern, die im Küstengebirge leben. Die hier im Süden eher seltenen Gänsegeier gibt es im Biokovo. Der Schlangenadler gehört zu den Greifvögeln und ernährt sich von Schlangen und Eidechsen. Der Steinadler lebt auch im Biokovo. Beliebte Jagdobjekte sind *Hühnervögel*, wie die reichlich vorhandenen Fasane und Rebhühner. An Sümpfen und Gewässern findet man *Wildgänse* und *Wildenten*, natürlich die Möwe und viele andere *Wasservögel*.

Schildkröten, die einem früher oft begegneten, sind heute leider nur noch selten zu sehen.

Fast nie sind dagegen Braunbären, Wölfe, Wildkatzen und Luchse zu sehen, die in den entlegenen Winkeln des Biokovo-Gebirges und im Dinarischen Gebirge leben. Nicht ganz so scheu sind die Mufflons, die man auf dem Berg Sv. Ilija auf der Halbinsel Pelješac und im Biokovo-Gebirge antreffen kann. Wenn es nachts gruselig heult, ist dies ein Schakal, der vor allem auch auf der Insel Pelješac anzutreffen ist.

Rar sind die vor der Küste der Insel Mljet und Brusnik gesichteten *Mittelmeer-Mönchsrobben* – sie gehören zu den seltensten und bedrohtesten Tierarten in Europa. Ebenso selten geworden sind die Meeresschildkröten. Weniger selten, dafür sehr gefräßig, ist der einst zur Schlangenbekämpfung eingesetzte *Mungo;* sein

▲ Esel – Ein rar gewordenes Nutztier
▼ Ein Möwen-Teenager …

einstiges Hauptrevier war Mljet, inzwischen lebt er auf vielen Inseln.

Sehr häufig findet man *Hasen* und *Kaninchen, Erdhörnchen, Steinmarder, Damhirsche* und *Wildschweine.*

Im Meer tummelt sich verschiedenartigstes *Wassergetier:* u. a. Seebarsch, Steinbutt, Seezunge, Makrele, Thunfisch, Aal, Sardelle, Tintenfisch, Drachenkopf, Scholle, Languste und Hummer. Austern und Muscheln werden vor allem um Ston auf der Halbinsel Pelješac gezüchtet, ebenso inzwischen beliebte Speisefische wie Goldbrassen. In tieferen Gewässern gibt es kleine *Haie* und man sieht munter springende *Delfine,* vor allem in den Gebieten um die Elaphiten, Vis und Lastovo.

Antikes Salona (bei Split) – das bedeutendste römische Areal Kroatiens

Geschichte

Seit Jahrtausenden ist die Balkanhalbinsel Nahtstelle zweier Kulturen, klassisches Durchzugsgebiet, das den Orient mit dem Okzident verbindet. Hier, zwischen südöstlichem Alpenrand, Adriaküste und Pannonischer Ebene kreuzten sich seit jeher bedeutende Verkehrswege und unterschiedlichste Einflüsse. Etwa seit 10.000 v. Chr. gelangen über den Balkan die Errungenschaften der so genannten neolithischen Revolution nach Europa – neue Techniken der Bearbeitung von Ton und Kupfer, der Pflanzenkultivierung und Tierzucht.

Jungsteinzeit: Seit dem 6. Jahrtausend v. Chr. leben in den Küstengebieten der östlichen Adria Ackerbauern und Viehzüchter. Bekannt geworden ist die *Danilo-Kultur,* die zur Gruppe der Bandkeramiker gehört. Ein berühmtes Gefäß aus der Umgebung von *Šibenik* zeigt das erste Segelschiff, das jemals dargestellt wurde.

Illyrien: Seit dem 2. Jahrtausend v. Chr. werden die östliche Adriaküste und weite Teile des Hinterlands von den indogermanischen *Illyrern* bewohnt. Im 8. Jh. v. Chr. dringen die Griechen zur Küste vor und gründen dort Handelsniederlassungen. Die Illyrer werden ins Hinterland abgedrängt, die Griechen aber müssen sich gegen Angriffe und Seeräuberei der illyrischen Stämme zur Wehr setzen. Römische Truppen kommen zu Hilfe und schlagen 229 v. Chr. im ersten illyrischen Krieg die Truppen der Königin *Teuta.* Rom ist dabei, das gesamte Mittelmeer zum „mare nostrum" zu machen und führt noch sechs weitere Kriege, bis Illyrien 33 v. Chr. als *Provinz Illyricum* endgültig dem Reich einverleibt wird. Das effiziente römische Verwaltungssystem und die Romanisierung von Sprache und Kultur tragen bald Früchte: Illyrische Soldaten stellen im 3. und 4. Jh. den Hauptteil des Heeres und sind ein bedeutender Machtfaktor. Allein sechs römische Kaiser gehen aus Illyrien hervor.

Kroatien entsteht: Im Zuge der „Völkerwanderung" lassen sich im 6. Jh. n. Chr. *Kroaten,* ein südslawischer Großstamm, in Dalmatien und Istrien nieder. Das Oströmische Reich (Byzanz) ist gegen die Landnahme machtlos, und Fürst *Trpimir* gründet die ersten, über den Stammesverband hinausgehenden kroatischen Staat. 788 besetzt *Karl der Große* Istrien, 806 gerät ganz Kroatien vorübergehend unter fränkischen Einfluss. Die Kroaten wehren sich mit Erfolg. Fürst *Branimir* begründet die Unabhängigkeit Kroatiens. Er festigt seine Herrschaft durch enge Kontakte mit der katholischen Kirche in Rom. Die frühe *Christianisierung* des Landes dokumentieren die Bischofssitze in Trogir und Zadar. Erster König wird 925 Fürst *Tomislav,* der die kroatischen Gebiete – Istrien, Kroatien, Bosnien, Montenegro, bis in den Norden Albaniens – vereint. Deren Grenze entspricht etwa der heutigen Landesgrenze. Der Papst erkennt Fürst *Tomislav* 925 als König der Kroaten an.

Die dalmatinischen Piraten

Ihr Unwesen trieben sie seit dem 7. Jh. und gefürchtet waren sie im ganzen Adriaraum. Die dalmatinischen Piraten stammen aus der Region zwischen den Flüssen Cetina und Neretva, und das Städtchen Omiš wählten sie zu ihrem Hauptstützpunkt (s. a. Omiš u. Neretva-Delta). Mit wachsendem Erfolg und Reichtum stiegen die geächteten Räuber allmählich zu einflussreichen Feudalherren auf. Bei einem Versuch Venedigs, die neretvanischen Seepiraten zu unterwerfen, wurde 887 der Doge Pietro Candiano bei Makarska getötet.

Besonders gewieft und gefürchtet war der Familienclan der Kačić. Die Kačićs beschränkten sich nicht auf Beutezüge auf See, sie griffen auch dalmatinische Städte, die Stadtrepublik Venedig und sogar Gebiete in Süditalien an. Die Kačićs trotzten Venezianern, Bosniern, Ungarn und widersetzten sich den großen Städten Split und Dubrovnik (Ragusa) – die Nichtangriffsverträge mit Kotor (1167) und Dubrovnik (1180) waren Zeichen ihrer wachsenden Macht. Sogar Venedig gab schließlich klein bei und bezahlte für seine Handelsflotte Tribut, um endlich Ruhe zu haben – doch die Seeräuberei fand damit kein Ende. Den im 13. Jh. amtierenden Papst erzürnte das derart, dass er eine kostspielige Strafexpedition nach Dalmatien schickte, die für Ruhe und Ordnung sorgen sollte. Die Piraten von Omiš beeindruckte das wenig – im Gegenteil. Sie verbündeten sich mit ihren norddalmatinischen Berufskollegen aus Senj, wo sie immer wieder Unterschlupf fanden und für weitere 200 Jahre in den adriatischen Meeren Angst und Schrecken verbreiteten.

Im 10. Jh. wird Kroatien um Dalmatien erweitert. Mit der Eroberung einiger dalmatinischer Küstenstädte und Inseln im Jahr 1000 festigt jedoch die aufstrebende *Handelsmacht Venedig* ihren Einfluss im Mittelmeerraum. Noch gelingt es König *Krešimir,* Kroatiens Macht zu erhalten, doch nach der Ermordung des letzten Königs *Zvonimir,* dem Schwager des ungarischen Königs *Koloman,* geht Kroatiens Unabhängigkeit verloren. Streitigkeiten unter den Adelsgeschlechtern verhindern die Wahl eines Nachfolgers. 1102 lässt sich Koloman zum kroatischen König krönen.

Kroatien vergeht: Der schwindende Einfluss von Byzanz begünstigt den Aufstieg einer neuen Großmacht: Venedig. Die Kaufleute der Lagunenstadt sichern sich das Monopol für den Salz- und Getreidehandel, eine mächtige Flotte schützt die Handelsschiffe vor Seeräubern und kriegerischen Küstenstämmen – seit dem 11. Jh. steigt Venedig zur Ordnungsmacht im östlichen Mittelmeerraum auf und beeinflusst zusehends auch die kroatischen Küstenregionen.

Ende des 13. Jh. geraten die ersten Küstenstädte Istriens unter venezianische Herrschaft. Als 1330 auch noch Pula erobert wird, kommt der größte Teil Istriens für rund 500 Jahre zu Venedig. Konkurrent um das dalmatinischen Städte ist Ungarn.

Relief mit Figur eines kroatischen Königs, 11. Jh.

Die Rivalität zwischen Ungarn und Italien zieht sich über Jahrhunderte und die Küstenstädte wechseln immer wieder den Besitzer – Zadar allein achtmal. Anfang des 15. Jh. gibt sich das durch Türkenangriffe geschwächte Ungarn geschlagen. 1409 kauft Venedig dem ungarischen König *Ladislaus* für 100.000 Dukaten Zadar und ganz Dalmatien ab. Ab 1421 beherrschen die Venezianer Dalmatien mit Ausnahme der Stadtrepublik *Ragusa,* dem heutigen Dubrovnik.

Kroatien als Vorposten der Christenheit: Seit dem 14. Jh. verbreitet die Expansion der Osmanen Angst und Schrecken. Als Konstantinopel (das frühere Byzanz) 1453 in türkische Hände fällt, hat das christliche Abendland einen gemeinsamen Feind. 1529 steht Sultan *Süleyman der Prächtige* mit seinem Heer vor den Toren Wiens. Kroatien wird zum „Vorposten der Christenheit" und eine groß angelegte Grenzsicherung unter Führung Österreichs wird in Angriff genommen. Die Kroaten bewähren sich als tapfere Kämpfer und tragen die Hauptlast im Kampf gegen die Türken. Trotz der oft unbesiegbar erscheinenden türkischen Heeresmacht fällt Zagreb nie in türkische Hand, wohl aber Budapest – und das für 150 Jahre.

Kroatien aber bleibt auch in dieser Zeit der Türkenabwehr größere Eigenständigkeit verwehrt. Als „Kronland" Ungarns verliert es Ende des 18. Jh. seine letzte Souveränität – u. a. wird an den kroatischen Schulen Ungarisch zum Pflichtfach. Von Österreich ist keine Hilfe zu erwarten, die Habsburger haben Kroatien sogar um seinen istrischen und dalmatinischen Besitz erleichtert und diesen unter ihre Verwaltung gestellt. Der Status quo wird festgeschrieben, als 1867 Österreich Doppelmonarchie wird, die Auseinandersetzung mit den Wünschen Kroatiens aber den Ungarn überlässt. Der im folgenden Jahr beschlossene ungarisch-kroatische Ausgleich erweist sich dabei als gänzlich unbefriedigend. Die Hoffnungen, die manche Kroaten auf eine von Erzherzog *Franz Ferdinand* vielleicht gewünschte Dreiteilung setzen, müssen nach dessen Ermordung am Vorabend des Ersten Weltkrieges begraben werden.

Der Erste Weltkrieg: Am 28. Juni 1914 ermordet *Gavrilo Princip* im Auftrag der serbischen Geheimorganisation „Schwarze Hand" den österreichischen Thronfolger *Franz Ferdinand* und seine Frau. Trotz fehlender Beweise für eine Mitwisserschaft der serbischen Regierung stellt Österreich am 23. Juli ein auf 48 Stunden befristetes Ultimatum, dessen Anerkennung die Aufgabe der serbischen Souveränität bedeutet hätte und das die Serben trotzdem nur in einem Punkt ablehnen. Am 28. Juli, dem Tag der Kriegserklärung Österreich-Ungarns an Serbien, beschießen Truppen der Donaumonarchie die serbische Hauptstadt Belgrad. Binnen weniger Tage wird durch das europäische Bündnissystem aus dem begrenzten Konflikt ein Flächenbrand unvorstellbaren Ausmaßes: Der Erste Weltkrieg hat begonnen.

Der Weltkrieg verändert die Staatenkarte Südosteuropas. Die österreichisch-ungarische Doppelmonarchie zerfällt, das Osmanische Reich verliert den größten Teil seines Territorialbesitzes und wird nach der Reform *Kemal Atatürks* zur türkischen Republik. Der erste jugoslawische Staat entsteht – das *Königreich der Serben, Kroaten und Slowenen* (SHS). Bei seiner Gründung 1918 sind künftige Konflikte schon vorprogrammiert. Nach außen sorgt die im *Vertrag von Rapallo* (1920) festgelegte Grenzziehung zu Italien für Spannungen – Istrien bleibt italienisch, ebenso Zadar, die Inseln Cres und Lošinj. Nach innen machen die Serben von Anfang an deutlich, dass sie in dem neuen Staat das Sagen haben wollen.

Früh brechen Gegensätze auf. Die kulturellen und konfessionellen Unterschiede sind zu groß, das wirtschaftliche Nord-Süd-Gefälle zwischen Kroatien/Slowenien und Serbien ist zu stark. Hinzu kommt die zentralistische Ausrichtung der Politik, die von Serbien bestimmt und auf das ganze neue Königreich übertragen werden soll. Nach den Wahlen von 1920, bei denen die neu gegründete *Kommunistische Partei* auf Anhieb drittstärkste Fraktion wird, wird eine entsprechende Verfassung ausgearbeitet. In Kroatien besitzt die Bauernpartei unter *Stjepan Radić* die Mehrheit. Er und seine Mitstreiter wettern lautstark gegen den serbischen Vormachtsanspruch – jedoch nur außerhalb der parlamentarischen Gremien.

Relief aus Salona, 3. Jh.

Die Kommunistische Partei wird 1921 wieder verboten. Der Bauernparteiführer und Anti-Zentralist Radić, dessen Partei nach dem Verbot der KP zweitstärkste Kraft geworden ist, gibt 1925 seinen Widerstand gegenüber dem Parlament auf und seine Anhänger nehmen ihre Sitze ein. 1928 wird Radić im Parlament von einem Anhänger Groß-Serbiens und Mitglied der Radikalen Partei erschossen. Damit erreicht der Konflikt seinen Höhepunkt. Kroaten und Serben stehen sich unversöhnlich gegenüber, die konstitutionelle Monarchie ist schwer erschüttert.

Per Dekret löst König *Alexander I.* im Januar 1929 das Parlament auf und setzt die Verfassung außer Kraft. Die Parteien werden aufgelöst, strenge Staatsschutz- und Pressegesetze eingeführt. Es gibt nur noch Verwaltungsbezirke, in denen aber noch immer die Serben bevorzugt werden. Der königliche Diktator Alexander gibt seinem Reich auch einen neuen Namen: *Jugoslawien.*

Bereits 1928 gründet der Führer der kroatischen Rechtspartei, *Ante Pavelić,* eine faschistische Geheimorganisation, die *Ustaša.* Pavelić leitet sie aus dem Exil und hat die Abtrennung Kroatiens zum Ziel. 1934 gelingt es der *Ustaša*, in Zusammenarbeit mit der Geheimorganisation IMRO, König Alexander bei einem Besuch in Marseille zu ermorden. Es war eine Schreckenskunde und erinnerte an die Ermordung des Thronfolgers Franz Ferdinand und den Beginn des Ersten Weltkrieges. *König Alexander I.* stand für die Einheit auf dem Balkan und gab Europa Sicherheit. Bis 1939 leitet der Finanzfachmann *Stojadinović* die Regierungsgeschäfte.

Der Zweite Weltkrieg: Nach dem Sturz von Stojadinović Anfang 1939 wird ein Ausgleich mit Kroatien versucht. Die Kroaten sollen sich selbst verwalten dürfen und erhalten fünf Ministerposten. Der Beginn des Zweiten Weltkriegs mit dem Überfall *Hitlers* auf Polen 1939 zerstört die neue Politik im Keim. Um sich abzusichern, tritt die jugoslawische Regierung im März 1941 dem Dreimächtebund Deutschland, Italien, Japan bei; Tage später, am 6. April 1941, besetzen Hitlers Truppen das Land – Jugoslawien kapituliert am 17. April bedingungslos, König und Regierung flüchten nach London ins Exil. Das Königreich Jugoslawien wird zwischen Deutschland, Italien und Ungarn aufgeteilt.

Nur für Kroatien gelingt es Ante Pavelić, am 10. April einen „Unabhängigen Staat" ausrufen zu lassen, der von *Hitler* und *Mussolini* geduldet wird. Die Ustaša-Führung bedankt sich mit einem Staat, in dem Mord und Terror herrschen. Gezielt werden Juden verfolgt und wird Jagd auf orthodoxe Serben gemacht, die fast ein Drittel der Bevölkerung stellen. Der Übertritt zum katholischen Glauben rettet vielen das Leben und manchmal sogar das Eigentum. Nur vereinzelt protestiert die katholische Kirche gegen die Verfolgung der Serben, die erzwungenen Kirchenübertritte und die Einrichtung von Konzentrationslagern. Die Deutschen setzten in dem von ihnen besetzten Rest-Serbien (um Belgrad) eine Marionettenregierung ein, deren Hauptaufgabe die Bekämpfung der Partisanenbewegung ist.

Erste Konferenz der blockfreien Staaten auf den Brijuni Inseln

Archäolog. Museum Split – Sarkophag des Hippolyt (Ende 2./Anf. 3. Jh.)

Jugoslawien unter Tito: Der Widerstand gegen die Besatzer organisiert sich schnell. Die großserbisch-königlich gesinnten Soldaten der SHS (četniks) sammeln sich um den Oberst und späteren General *Mihailović*. Die linksorientierten Widerstandskämpfer scharen sich um den Kroaten *Josip Broz,* Generalsekretär der 1921 verbotenen Kommunistischen Partei Jugoslawiens (KPJ), der im Untergrund den Namen *Tito* annimmt. Seine Partisanen genießen in der Bevölkerung hohes Ansehen. Unter der Parole „Befreiung der Völker Jugoslawiens" gelingt es Tito und den Partisanen schon 1941, größere Gebiete unter ihre Kontrolle zu bringen. Ende 1942 führt Tito etwa 150.000 Mann, bei Kriegsende sind es 700.000. Mit Unterstützung der Roten Armee erobert er im Oktober 1944 Belgrad, die letzten Kämpfe dauern bis ins Frühjahr 1945. Die außenpolitischen Erfolge Titos zeigen sich in Waffenlieferungen der Alliierten und in der Anerkennung als alliierter Befehlshaber. So liefern die Alliierten auch die besiegten Ustaša-Verbände an Tito aus. Die Partisanen rächen sich teilweise blutig an den Faschisten. Der Führung und Ante Pavelić gelingt die Flucht.

In den Wahlen zur Nationalversammlung erringt die gemeinsame Volksfront-Liste 90 % der Stimmen. Die verfassungsgebende Versammlung ruft im November 1945 die *Föderative Volksrepublik Jugoslawien* aus, die 1963 in *Sozialistische Föderative Republik Jugoslawien* umbenannt wurde. So entstehen die Volksrepubliken *Serbien, Kroatien, Slowenien, Bosnien-Herzegowina, Makedonien* und *Montenegro.* Sie erhalten eigene Verfassungen und Parlamente; die Regionen *Kosovo* und *Wojwodina* bekommen autonomen Status. Dem Bund fällt neben Außenpolitik, Verteidigung und Verkehrswesen auch die Wirtschaftsplanung zu.

Zu ersten Verstaatlichungen von Banken, Bergwerken und Grundbesitz über 45 Hektar kommt es noch 1945, alle anderen für den Staat wichtigen Unternehmen werden im Dezember 1946 in Staatsbesitz überführt. Die Kollektivierung der Landwirtschaft erweist sich als wirtschaftlicher Fehlschlag – bereits 1956 sind 91 % der landwirtschaftlich genutzten Flächen wieder in bäuerlichem Privatbesitz.

Die KPJ ist die einzige kommunistische Partei Osteuropas, die ohne direkte Mithilfe der Sowjetunion an die Macht gelangt und großes Ansehen in der Bevölkerung genießt. Im Juni 1948 wird Jugoslawien aus der *Kominform* (Nachfolgerin der Kommunistischen Internationale) ausgeschlossen, weil der Nationalismus Titos Stalins Führungsanspruch im Wege steht. Die Folge ist eine Wirtschaftsblockade durch die kommunistischen Staaten und der vorübergehende Abbruch der Beziehungen zur UdSSR. Stattdessen wird Jugoslawien nun von den USA und den Westmächten durch großzügige finanzielle und wirtschaftliche Hilfe unterstützt.

Jugoslawiens eigenständiger, „dritter" Weg zwischen Ost und West weckt in der Zeit des Kalten Kriegs vor allem in Dritte-Welt-Ländern Hoffnung; außenpolitisch betreibt Jugoslawien die Annäherung an die NATO-Staaten Griechenland und Türkei (*Balkanpakt* 1953) – und nähert sich zugleich nach Stalins Tod wieder der UdSSR an. Die Innenpolitik prägen Dezentralisierungsmaßnahmen und die Einführung der Arbeiterselbstverwaltung, die 1953 Eingang in die Verfassung finden. Durch die Abkehr von zentralistischen Prinzipien und die Stärkung der Eigenverantwortung in Planung, Investition, Produktion und Marktteilnahme sollen die Betriebe marktwirtschaftlich konkurrieren können. Nach dem Tod der Integrationsfigur *Tito* am 4. Mai 1980 treten die Eigeninteressen der Teilrepubliken wieder in den Vordergrund.

Politischer Aufbau „Ex-Jugoslawiens"

Die *Föderative Volksrepublik Jugoslawien* war ein Staat mit sechs Teilrepubliken, in dem fünf Völker lebten, die vier Sprachen sprachen, drei Religionen angehörten, zwei Alphabete schrieben und *eine* Partei hatten. Die Strukturen dieses Vielvölkerstaates verdeutlichen die immensen Schwierigkeiten der politischen Führung insbesondere nach dem Tod Titos, der für viele die Einheit Jugoslawiens verkörperte und den sie respektvoll *Stari,* den Alten, nannten.

Die Betonung föderalistischer Strukturen wies dem Bund neben der Außen- und Verteidigungspolitik nur mehr die Wahrung der politischen und wirtschaftlichen Einheit durch Interessenausgleich zu.

Das jugoslawische Parlament bestand aus zwei Kammern: Dem *Bundesrat* gehörten 30 Delegierte aus jeder Republik und 20 aus jedem autonomen Gebiet an, insgesamt zählte er also 220 Mitglieder. Der *Rat der Republik* setzte sich aus je 12 Mitgliedern der sechs Republiken und je acht Vertretern der autonomen Gebiete zusammen. Die Leitung der Republik als oberstes Exekutivorgan oblag dem neunköpfigen Staatspräsidium, in dem neben den Vertretern der Republiken und autonomen Provinzen der Vorsitzende des *Bundes der Kommunisten Jugoslawiens* einen Sitz hatte. Der Vorsitz im Staatspräsidium wechselte jährlich im Rotationsverfahren.

Die schwache Bundeskompetenz war verantwortlich für erhebliche Reibungsverluste – der Wechsel im Vorsitz wirkte sich eher destabilisierend aus, und bis ein Gesetz das Bundesparlament und die Parlamente der Republiken durchlaufen hatte, verging viel Zeit.

Jugoslawien zerfällt: In den 1980er-Jahren geraten die wirtschaftlichen Probleme – galoppierende Inflation, hohe Arbeitslosigkeit, Korruption – außer Kontrolle.

Zwei Lager stehen sich gegenüber: Auf der einen Seite der hoch entwickelte slowenische Norden, der mit seinem Anteil von nur acht Prozent an der Gesamtbevölkerung ein Fünftel des Exports erwirtschaftet. Er ist, unterstützt von Kroatien, nicht mehr bereit, den bankrotten Selbstverwaltungssozialismus weiterhin zu finanzieren. Auf der anderen Seite stehen die serbischen Zentralisten in Partei und Armee, die den Kurs der Reformer auf mehr Marktwirtschaft, Mitbestimmung und ein Mehrparteiensystem ablehnen und stattdessen auf Dirigismus und vermehrte politische Repression setzen.

Kroatien macht sich selbstständig: Anfang 1989 bilden sich aus den Kreisen verfolgter Wissenschaftler und Schriftsteller die Parteien *Kroatischer Sozialliberaler Bund* und *Kroatische Demokratische Union*. Anfang 1990 wird das Mehrparteiensystem legalisiert, nach den Wahlen wird *Dr. Franjo Tudman* Präsident, sein Ziel war, die Kroaten zur Unabhängigkeit zu führen. Im Mai des gleichen Jahres wird die souveräne *Republik Kroatien* gegründet.

Podgora, der „Möwenflügel"

In der Verwaltung werden Serben durch Kroaten und wird die kyrillische Schrift durch die lateinische ersetzt. Im Polizeiamt von Knin bricht am 17. August 1990 der Serbenaufstand gegen die neue Rechtsordnung aus. Die nationalistisch orientierten und bisher autonom lebenden Serben aus der *Krajina,* einem Landstrich Kroatiens, fordern die Wiederherstellung der Autonomie und den Anschluss an Serbien, obwohl es keine gemeinsame Grenze gibt. Der Balkankrieg nimmt seinen Anfang. Die Jugoslawische Volksarmee rückt an, um die Krajina-Serben zu verteidigen. Die Kroaten werden entwaffnet. Die Entwicklung zerstört jeden Gedanken an ein weiteres gemeinsames Wirtschaften und Zusammenleben.

Am 25. Mai 1991 erklärt Kroatien seine Unabhängigkeit (heutiger Nationalfeiertag) und am 8. Oktober werden alle staatsrechtlichen Beziehungen mit Jugoslawien beendet. Im Dezember 1991 wird die Verfassung der jungen Demokratie verabschiedet. Im Januar 1992 wird die Republik Kroatien völkerrechtlich anerkannt, im Mai 1992 Mitglied der Vereinten Nationen.

In sämtlichen Regionen wird gekämpft und Kroatien muss Gebiete abgeben. Die Serben dringen im Norden bis Slawonien und im Süden bis Zadar vor und blockieren die Landverbindung zwischen Nord- und Südkroatien. Dalmatinische Städte werden bombardiert; es trifft Zadar, Šibenik, Split und Dubrovnik. Die Krajina und drei weitere vorwiegend serbische Gebiete werden zu UNO-Schutzzonen erklärt. Doch die UNO-Truppen müssen tatenlos mit ansehen, wie das Morden weitergeht. Die

Entwaffnung der serbischen Milizen misslingt ebenso wie die Wiedereingliederung kroatischer Flüchtlinge in ihre Heimatorte.

Im Januar 1993 durchqueren kroatische Panzer und schwere Artillerie die Waffenstillstandslinie und dringen in die Krajina ein. Die serbische Regierung kündigt sofortige Mobilmachung an, da der Schutz der Serben durch die UN nicht mehr gewährleistet ist. Die Friedenstruppen retten sich in sicheres Gebiet. Es entbrennen neue Kämpfe, in deren Verlauf Kroatien fast alle von den Serben eroberten Gebiete zurückgewinnt.

Der Preis des erbarmungslosen 4-jährigen Kriegs, von der Bevölkerung Heimatkrieg genannt: Hunderttausende von Toten, Verletzten und Traumatisierten, ebenso viele Vertriebene und Flüchtlinge, zerstörte historische Bauwerke, Fabriken, Dörfer, Städte.

Am 12. November 1995 wird das *Abkommen von Erdut* unterzeichnet, im Dezember 1995 wird der *Friedensvertrag von Dayton,* der sich vor allem auf Bosnien-Herzegowina bezog, geschlossen. In Kroatien kehrt wieder Ruhe ein. Der Tourismus, der dringend benötigtes Geld bringt, ist im nördlichen Adriaraum seit 1995 wieder in vollem Gang.

Politisch vollzieht sich ebenfalls eine Umstrukturierung. Der Tod des langjährigen Staatspräsidenten *Tuđman* im Dezember 1999 bringt die politische Neuorientierung: Die Präsidentschaftswahl gewinnt 2000 *Stipe Mesić* (SDP, Kroatische Volkspartei), erneut im Jahr 2005. Im Jahr 2010 übernimmt *Ivo Josipović* (SDP) zwei Mal hintereinander das 5-jährige Amt. Die Ministerwahl Ende 2011 gewinnt *Zoran Milanović* (SDP), er gilt als Erfolg versprechend im Umgang mit Korruption, Reformierung des Steuer-, Gesundheits- und Rentensystems. Viele Versprechen wurden jedoch bis 2015 nicht eingelöst, die Arbeitslosenquote beträgt fast 20 %. In der Stichwahl Anfang Januar 2015 erringt Frau Kolinda Grabar-Kitarović (HDZ), die bisherige Außenministerin, mit knapper Mehrheit das Präsidentenamt.

Seit Juli 2013 ist Kroatien im EU-Verbund. Das „Schengener Abkommen" ist jedoch noch nicht unterzeichnet, was nach wie vor Grenzkontrollen bedeutet. Auch der „Euro" als Zahlungsmittel ist noch lange nicht in Sicht.

Kroatien konnte im Jahr 2014 knapp 12 Mio. Touristen verzeichnen und zählt zu den beliebtesten europäischen Urlaubsländern.

Das Abkommen von Erdut (1995)

Mit dem eigenen Boot ist die Freiheit fast grenzenlos (Insel Hvar)

Anreise

Mittel- und Süddalmatien sind zumindest für die Süddeutschen, Österreicher und Schweizer in einer Tagesreise per Auto erreichbar. Wer das Flugzeug benutzt, ist in rund 90 Min. ab München in Split. Nach Dubrovnik gehen nur in der Saison Direktflüge, mit einer Zwischenlandung in Zagreb werden es minimal 3:10 Std., die aber immer noch eine sehr akzeptable Anreisezeit bis tief in den Süden sind. Die langwierige Anreise per Bus oder Zug lohnt nur bis Split, danach sollte der Urlauber auf jeden Fall auf das Schiff umsteigen. Die legendäre Küsteneilfähre der Jadrolinija, die die Urlauber mit ihren Pkw's, Motor- und Fahrrädern von Rijeka bequem nach Split oder Dubrovnik brachte, wurde leider ab 2015 eingestellt (→ Unterwegs/Mit der Fähre).

Mit dem eigenen Fahrzeug

Wer den Urlaub flexibel und unabhängig gestalten und nicht nur an einem Ort bleiben möchte, für den bringt das eigene Fahrzeug natürlich größtmögliche Beweglichkeit. Die nun durchgehende Autobahn verkürzt die Fahrtzeit, es sind aber immer noch rund 12 lange Anfahrtsstunden von München nach Split und weitere rund 6 Std. bis Dubrovnik.

Seit vielen Jahren wurde im Hinterland kräftig am neuen Autobahnnetz mit Stichstraßen zur Küste gebaut, um die Anreise in den Süden zu verkürzen. Durchgehend befahrbar sind die Autobahnen ab Grenzübergang Rupa über Rijeka bzw. von Zagreb bis Opuzen im Neretva-Delta (→ Nützliche Infos für unterwegs).

Entfernungen: München – Salzburg 140 km, Salzburg – Villach 180 km, Villach – Ljubljana 120 km, Ljubljana – Rijeka 130 km, Rijeka – Split 430 km

Papiere Autofahrer benötigen die üblichen Papiere (Personalausweis oder Reisepass, nationalen Führerschein, Fahrzeugschein) und das Nationalitätenschild. Die *Grüne Versicherungskarte* ist nicht mehr vorgeschrieben, vereinfacht das Verfahren aber im Schadensfall wesentlich.

Warnwesten Das Mitführen sowie das Tragen derselben bei einem Unfall ist überall vorgeschrieben.

Maut Autobahnen in der Schweiz, in Italien, Österreich, Slowenien und Kroatien sind mautpflichtig.

Abblendlicht Auch tagsüber ist das Fahren mit Abblendlicht in Slowenien, in Kroatien nur im Winterhalbjahr, vorgeschrieben.

Nützliche Infos für unterwegs

Autobahngebühren

Schweiz: Vignette (Plakette) für ein Kalenderjahr (1. Dez. des Vorjahres bis 31. Jan. des Folgejahres) pauschal 27,50 €, Pflicht auf Autobahnen und autobahnähnlichen Straßen.

Österreich: Vignette (Pickerl) auf Autobahnen und Schnellstraßen, Preis abhängig vom Gültigkeitszeitraum. Pkw (Motorrad): 10 Tage 8,50 € (4,90 €), 2 Monate 24,80 € (12,40 €), 1 Kalenderjahr 82,70 € (32,90 €).

Italien: Autobahngebühren (www.autostrade.it), Preis abhängig von den gefahrenen Kilometern und dem Hubraum oder Achsabstand. Beispiel Klasse A (Pkw/Motorrad) Brenner – Triest (484 km) ca. 35 €. Bezahlt wird am besten mit der Viacard.

Slowenien: Vignette auf Autobahnen und Schnellstraßen, Preis abhängig vom Gültigkeitszeitraum und der Höhe der Vorderachse, daher Kat. 2A und 2B (ab 1,30 m und ab 3,5 t; u. a. Transporter, Lieferwägen). Für normalen Pkw und Wohnmobile (Motorrad): 7 Tage 15 € (7,50 €), 1 Monat 30 € (für Motorrad nur 6-Monats-Vignette für 30 €), 1 Kalenderjahr 110 € (55 €).

Notrufnummern

Internationaler Notruf ✆ 112
Schweiz: Polizei ✆ 117, Unfallrettung ✆ 144, Feuerwehr ✆ 118.
Österreich: Polizei ✆ 133, Unfallrettung ✆ 144, Feuerwehr ✆ 122.
Italien: Polizei/Unfallrettung ✆ 113, Feuerwehr ✆ 115.
Slowenien: Polizei ✆ 113, Rettungsdienst ✆ 112.

Die schnellste Anreiseroute führt über die Tauernautobahn (A 10) und die mautpflichtigen Tunnels (Tauern und Katschberg) der Radstätter Tauern (11 €) und dann durch den ebenfalls mautpflichtigen Karawankentunnel (7 €) nach Slowenien. Auch für Gespannfahrer kein Problem.

Route Autobahn München – Salzburg – Villach – Karawankentunnel (slow. Grenze); Autobahn Bled – Ljubljana – Postojna – Landstraße Rupa (kroat. Grenze). Autobahn nach Rijeka.

Tauernschleuse Gute Alternative für Gespannfahrer. Bahnverladung Böckstein – Mallnitz; ganzjähriger Betrieb, nach Süden

Mo–Fr 6.20–23.20 Uhr, nach Norden 5.50–22.50 Uhr alle 60 Min., in der Hauptsaison Sa und So alle 30 Min., Fahrzeit 13 Min., Fahrpreis einfach für Pkw/Motorrad 17/16 € (ermäßigter Vorverkaufspreis 14/13 €), Retour 31/29 € (ermäßigter VVP 25/23 € – lohnt also!).

Eine **gute Alternative** zur stauanfälligen Tauernautobahn ist die 300 km lange Pyhrn-Autobahn mit gebührenpflichtigen Tunnels (13 €). Sie verbindet Suben (dt.-

Split – wichtige Fährstadt und Kulturmetropole des Südens

österr. Grenze) und Spielfeld/Šentilj (Grenzübergang Slowenien). Zudem ist man auf dieser Strecke auch schnell in Zagreb.

Route Durchgehend Autobahn: Regensburg – Passau – Wels – Bosruck-Tunnel; Gleinalm-Tunnel – Spielfeld – Maribor – Zagreb.

》》 Mein Tipp: Wer die slowenische Maut sparen möchte: Ab slow. Grenzübergang Landstraße Maribor – Landstraße Ptuj – Donji Macelj (kroat. Grenzübergang) – Autobahn Zagreb – weiter nach Split. 《《

Eine ebenfalls **gute, aber stauanfällige Route (auch für Schweizer)**, welche die Einsparung der Vignette in Slowenien ermöglicht, führt durch Österreich und Italien auf der Autobahn bis Triest:

Route München – Innsbruck – Brennerpass/Brennerautobahn – Trient – Vicenza (oder Verona) – Venedig – Triest – Koper; Landstraße nach Rijeka.

Ohne Vignette durch Slowenien Am Autobahnende Triest nicht auf die slowenische Autobahn A 1, sondern auf die Landstraße **SS 202** und weiter auf die **SS 14** nach Kozina, weiter nach Rupa (kroat. Grenzübergang) – Autobahn Rijeka.

Mit Auto und Fähre von Italien nach Kroatien

Wer über den Brenner oder gar über Mailand kommt, wird sich überlegen, ob er, statt in Richtung Triest und Rijeka zu fahren, nicht lieber von der Hafenstadt Ancona (oder auch Bari) nach Kroatien übersetzen soll. Die Fähre verbindet diese Städt mit Split, Stari Grad (Insel Hvar)und Dubrovnik. Eine frühzeitige Reservierung ist in der Saison wichtig, da Kroatien für Italiener ein beliebtes Ferienziel ist. Buchungsbüros s. u.

Entfernungen zu den Fährhäfen: München – Venedig 470 km, München – Ancona 850 km, Basel – Venedig 620 km, Basel – Ancona 800 km.

Per schnellem Katamaran ans Urlaubsziel (hier Leuchtturm vor Hvar)

Buchungen

Deutschland DERTOUR, 60439 Frankfurt, Emil-von-Behring-Str. 6, ☎ 0180/4999-203, www.ocean24.de.

Österreich Adria Reisen, Burggasse 23, 1070 Wien, ☎ 01/5263-630, www.adriareisen.at.

Kroatien (Jadrolinija-Zentrale) Jadrolinija, 51000 Rijeka, Hafenterminal, Riva 16, ☎ 051/666-111, www.jadrolinija.hr. Übersichtlich gestaltete Website für Info und Buchung (auch in Deutsch).

Italien (Blue Line Ferries) über Split Tours, ☎ 021/352-533, www.splittours.hr; oder direkt über www.blueline-ferries.com.

Onlinebuchungen Für die Onlinebuchung von Italienfähren der Schifffahrtsgesellschaften SNAV und Blue Line empfiehlt sich zur Vorabinformation die übersichtlich gestaltete Website **www.aferry.de** oder **www.viamare.com** (nur Englisch).

Verbindungen

Preiskonditionen Für alle unten aufgeführten Linien gibt es Ermäßigungen bei Buchung für Hin- u. Rückfahrt, teils auch Familienrabatte. Wochenendaufpreise (Fr, Sa, So) von bis zu 20 %, z. T. unten in Klammern angegeben. Die NS-Preise sind rund 10 % günstiger.

Jadrolinija (www.jadrolinija.hr) Ancona–Split, ganzjährig 2- bis 5-mal wöchentl., Mitte Juli–Aug. stoppt diese Linie auch 3-mal wöchentl. in Stari Grad, Insel Hvar (Preis in Klammer). Fahrtzeit nach Split je nach Linie 9 bzw. 10 Std. Deckpassage Pers. 44 € (47,50 €), Wo-Ende 48 € (51,50 €); Schlafsessel 53 € (56,50 €, Wo-Ende 57,50 € (61 €); 2-Bett-Au¬ßen¬kabine mit DU/WC 109 €/Pers. (112,50 €), Wo-Ende 119 € (122,50 €); Auto 58,50 € (72,50 €), Wo-Ende 63,50 € (79 €), Mo¬torrad 28,50 € (33 €), Wo-Ende 31 € (36 €), zzgl. Hafengebühr 15 €. Fahrrad ist gratis. Frühstück 5,50 €.

Bari–Dubrovnik, Mitte April Ende Okt., 2- bis 4-mal wöchentl.. Preise wie Verbindung Ancona–Split.

Tiere: Hunde und Katzen haben freie Beförderung.

SNAV (www.snav.it) Ancona–Split (Autofähre), Ende März–Anf. Nov. tägl., Abfahrt Ancona 20.15 Uhr, Ankunft Split 7 Uhr. U. a. 2 Pers. u. Auto 120 €.

Blue Line Ferries (www.blueline-ferries.com) Ancona–Split (Stari Grad), Autofähre, Fahrtzeit 12 Std.; tägl. von Ende März-Anf. Nov.

Fähragenturen vor Ort

Rijeka: Jadrolinija, Riva 16 (Hafenterminal), ☏ (+385)051/211-444, www.jadrolinija.hr.

Split: SNAV, Gat Sv Duje b. b., ☏ (+385) 021/322-252, -322-254, www.snav.it.

Ancona: Capt. P. Amatori (für Jadrolinija), Via Einaudi S.N.C. (Hafenterminal), ☏ (+39) 071/2072-497, infoamatori@amatori.com.

Ancona: SNAV, Call-Center ☏ (+39)0814285-555, www.snavali.it.

Bari: P. Lorusso & Co (für Jadrolinija), Via Piccinni 133, ☏ (+39)080/521-7643.

Mit der Bahn

Von Deutschland bzw. von München fährt der Eurocity derzeit dreimal täglich, zusätzlich verkehren ein Inter-City und ein Nacht-D-Zug über Salzburg, Villach, Ljubljana (meist umsteigen) und weiter nach Rijeka (ab knapp 10 Std. Fahrzeit). Die Deutsche Bahn bietet unterschiedliche Spartarife an. Ein sehr interessantes Angebot ist derzeit das Europa-Spezial-Ticket, das den Urlauber ab 39 € nach Split und auch nach Zagreb bringt; u. a. von München nach Split zweimal täglich mit dem IC/EC in 9:06 Std. Erkundigen Sie sich auf jeden Fall nach Frühbucher- und Spartarifen (bis zu 50 % Ermäßigung), die die Deutsche Bahn jedes Jahr für alle Altersgruppen bereithält. Auch für Österreich gibt es den Spartarif, die sog. Sparschiene (Linz–Graz–Ljubljana; bzw. Wien/Süd–Maribor–Ljubljana), dann am schnellsten per Bus nach Rijeka.

Deutsche Bahn AG (DB), www.bahn.de.
Österreichische Bundesbahnen (ÖBB), www.oebb.at.
Schweizer Bundesbahnen (SBB), www.sbb.ch.
Italienische Staatsbahnen (FS), www.ferroviedellostato.it.
Slowenische Eisenbahnen (SZ), www.slo-zeleznice.si.
Kroatische Eisenbahnen (HZ), www.hzpp.hr.

Die bisher bequeme Weiterreise ab Rijeka mit der *Küsteneilfähre* in den Süden fällt leider ab 2015 weg (→ Unterwegs/Mit der Fähre). Möglich ist auch eine Eisenbahnfahrt bis Triest oder Ancona und dann per Schiff weiter nach Kroatien.

Reservierung/Buchung: Zu Hauptreisezeiten und um Spartarife zu ergattern, sollte man frühzeitig buchen! Infos: www.bahn.de oder telefonisch unter ☏ **0180/5996-633** (auch Radfahrerhotline!).
Infos für Österreicher: www.oebb.at, Hotline ☏ **05/1717**.

Fahrradversand: Leider gibt es bisher nur wenige Züge mit Fahrradtransport mit akzeptablen Fahrzeiten und mit nur einmaligem Umstieg. Nach Kroatien nur einmal täglich nach Zagreb, über Italien ebenfalls nur einmal täglich nach Triest oder Ancona. Ab dort dann per Schiff (→ Fährverbindungen) u. a. nach Split. Unbedingt rechtzeitig vorab Informationen bei der DB einholen.

Mit dem Bus

Der Europabus der **Deutschen Touring GmbH** bietet zahlreiche Fahrten nach Kroatien an, darunter Linien nach Rijeka (von München 7:30–8 Std.), nach Split (ca. 15 Std.) oder Dubrovnik (ca. 22 Std.!), allerdings braucht man nun gutes Sitzfleisch, da die Weiterfahrt mit der Küstenfähre nicht mehr möglich ist. Leider wurde die Linie von Jadrolinija von Rijeka nach Dubrovnik 2015 eingestellt (→ Unterwegs/ Mit der Fähre), ob diese Route von einer anderen Schifffahrtsgesellschaft übernommen wird, ist fraglich. Die Ausstattung der Busse entspricht internationalem Standard. Buchen sollte man mindestens eine Woche vor Reiseantritt. Die Fahrtroute führt über München und die Tauernautobahn. Reservierungen an jedem Abfahrtsort (Auskunft über die Zentrale), in DER-Reisebüros oder in den Reisezentren der Deutschen Bahn.

Auch Eurolines unterstützt Klimaschutzprojekte, durch die CO_2 abgebaut wird; jeder Fahrgast kann dies mit einem Beitrag von 1 € mitfinanzieren.

Preisbeispiel/Person München–Rijeka: München ZOB (Hackerbrücke) um 22 Uhr, auch 1-mal um 19.30 Uhr (ca. 3-mal wöchentlich), Ankunft in Rijeka 5.30 bzw. 3.30 Uhr (Fahrtzeit 7:30 bzw. 8 Std.). **Preis**: Erwachsene 64 €, Kinder unter 4 J. 16 €, bis 11 J.

Trogir – das mittelalterliche Juwel liegt nahe des Flughafens

34 €, Jugendliche unter 26 J. und Studenten 58 €. Hin u. zurück für Erwachsene 98 €.

Gepäckgebühren Das Reisegepäck ist auf max. 2 Gepäckstücke (in Koffermaßen) und ein Gratis-Handgepäck pro Pers. begrenzt. Pro Gepäckstück sind 3 € beim Fahrer zu entrichten (bei freier Kapazität für das dritte Gepäckstück 5 €.)

Zentrale Reservierungsstelle ab Deutschland Deutsche Touring GmbH (DTG), bzw. Eurolines, Service-Hotline ✆ 061/952078-501, www.eurolines.de.

Weitere Info- und Verkaufsstellen Beratung, Reservierung und Ticketverkauf bei: DTG-Ticketcenter, Touring-Agenturen, DER-Reisebüros, Deutsche Bahn Reisebüros.

Reservierungsstelle in Kroatien in jedem größeren Ort, meist am Busbahnhof oder bei Autotrans (→ Reiseteil). Am Zielort

muss eine Rückreservierung mind. 24 Std. vor Abfahrt getätigt werden (gebührenpflichtig! 20 KN, ca. 2,60 €). Eine telefonische Rückreservierung, wenn nicht anders möglich, ist nur von Ende Juni bis Mitte Sept. möglich unter ✆ 091/4009-600 (mobil).

Reservierungs- und Abfahrtsstellen in Kroatien (www.autotrans.hr)

Rijeka Busbahnhof, Trg Zabica 1, ✆ 051/660-300.

Zagreb Busbahnhof, Avenija Marina Držića 4, ✆ 060/313-333 und ✆ 091/2107-020 (mobil).

Weitere Abfahrtstellen (→ Reiseteil).

Mit dem Flugzeug

Von allen großen deutschen Flughäfen sowie von der Schweiz und Österreich gibt es in der Regel ganzjährig mindestens 1- bis 4-mal täglich Linienflüge mit Croatia Airlines (www.croatiaairlines.hr) nach Zagreb (evtl. auch Split), Weiterflüge dann nach Split oder Dubrovnik (oftmals mit längeren Wartezeiten verbunden).

Zur Saison (ab März/April bis Sept./Okt.) gibt es von vielen deutschen Flughäfen auch preiswerte Direktflüge an die Küste nach Split, Brač und Dubrovnik, v. a. mit

Germanwings, Easy Jet (von Berlin), Tuifly und Lufthansa. *Achtung*, jährliche Fluglinienänderungen sind möglich; bei den Billigfluglinien kommen etliche Gebühren, teils auch auf das Gepäck, hinzu.

Fluginfo Croatia Airlines (www.croatia airlines.hr); der Direktflug z. B. von Frankfurt nach Split dauert 1:40 Std., mit Zwischenstopp in Zagreb ab 3:50 Std. und kostet für ein Rückflugticket ab 260 € (inkl. aller Gebühren).

Flugreisende können mit einer **freiwilligen Emissionsabgabe** Klimaschutzprojekte unterstützen, u. a. bei *Atmosfair*. Der Emissionsausstoß eines Hin- und Rückflugs von Frankfurt nach Split beträgt 510 kg CO^2, die Abgabe liegt bei 12 €. Informationen unter www.atmosfair.de.

Autofähre von Orebić (Halbinsel Pelješac) nach Dominče (Insel Korčula)

Unterwegs in Mittel- und Süddalmatien

Mit dem eigenen Fahrzeug

Für Autofahrten in Kroatien und speziell an die mittel- und süddalmatinische Küste gibt es zwei Hauptrouten – entlang der malerischen Küstenstraße (Jadranska-Magistrale) oder durch das Hinterland auf der Autobahn (A 1), die derzeit bis Opuzen im Neretva-Delta fertiggestellt ist. Die Weiterfahrt gen Dubrovnik erfolgt erst einmal weiterhin auf der Küstenstraße. Ein Blick auf die Straßenkarte genügt, um sich seine eigene Route zu suchen. Durch die guten Autobahnanbindungen (wie z. B. von der Makarska Riviera) haben sich die Anfahrtswege insgesamt auf jeden Fall verkürzt.

Straßeninformation: Kroatien verfügt mittlerweile über eine dichtes Autobahnnetz, das in den letzten Jahren in großer Geschwindigkeit fertiggestellt wurde: von Rupa (kroat.-slow. Grenzübergang) nach Rijeka (A 7), von Rijeka nach Zagreb (A 6/A 1) und von Zagreb über Karlovac, Split (A 1) durchgehend nach Süden bis Opuzen (bei Ploče im Neretva-Delta). Das Hinterland Slawonien ist von Zagreb über die A 3 ebenfalls bis hinter Slavonski Brod erschlossen. In weiterer Planung für ca. 2017–2020 sind der nördliche Abschnitt und die Weiterführung der A 7 zur A 1 von Rijeka bis Žuta Lokva (westlich von Senj) und das Reststück in Süddalmatien ab Ploče bis Dubrovnik. Dies ist das schwierigste Projekt, da es beim Nachbarn auf Widerstand stößt, egal welche Lösung angestrebt wird. Angedacht waren u. a. eine Brückenverbindung vom Festland (bei Klek) nach Pelješac (bei Brijesta), der Brückenpfeiler bei Klek steht. Dies würde eine Umfahrung von Bosnien-Herzegowina und damit vor allem für die Einheimischen eine reibungslose Nord-Süd-Verbindung bedeuten.

Entfernungen (über Küstenstraßen): Rijeka–Zadar 226 km, Zadar–Šibenik 74 km, Šibenik–Split 97 km, Split–Makarska 63 km, Makarska–Dubrovnik 157 km. Zagreb–Split 365 km, Zagreb–Dubrovnik 572 km.

Achtung Bora!

Wenn der Fallwind Bora bläst, geht teilweise nichts mehr auf den Straßen und darauf sollten sich Autofahrer und Reisende einstellen, sich rechtzeitig informieren und ihre Reiserouten verändern oder eine Pause einlegen und den Wind abklingen lassen. Bei diesem kräftigen Nordostwind, der vor allem in der Vor- und Nachsaison auftritt, wird die Autobahn um das Tunnel Sv. Rok, d. h. der Streckenabschnitt ab Ausfahrt Sv. Rok und Maslenica, gesperrt (über Autobahnleuchtschriften wird ebenfalls hingewiesen) und es muss über die Nationalstraße bis Gračac (E 50) und weiter bis Obravac (E 27) umfahren werden – für Gespannfahrer kein Vergnügen. Besonders betroffen ist der Küstenabschnitt im Norden zwischen Senj und Karlobag, ebenso kann Gestein dann die Straßen blockieren.

Auch der Schiffsverkehr wird eingestellt oder die Routen werden verändert, denn auch die großen Schiffe können bei meterhohem Wellengang nicht in den Häfen anlegen! Betroffen hiervon sind die Trajektlinien Makarska–Sumartin, Drvenik–Sućuraj und auch die Katamaranverbindung u. a. von Bol nach Jelsa.

Flüge können ebenfalls gestrichen werden!

Es ist daher notwendig, sich rechtzeitig bei den jeweiligen Stellen, d. h. den Fluggesellschaften, Fähragenturen wie Jadrolinija und bei den Touristinformationen zu informieren.

Informationen für Pkw- und Motorradfahrer

Straßenzustand- und Hindernisse
Über fertige Autobahnbauabschnitte informieren im Internet www.kroatien.hr, www.autoweb.hr oder auch www.hak.hr.

Der einst gefährliche **Belag** der Küstenstraße, der bei Regen eine rutschige Unterlage durch Staub, Wasser und das Öl aus der Teerschicht bildete, wurde durchgehend erneuert – Vorsicht ist immer noch auf Nebenstrecken geboten.

Nicht zu unterschätzen für Autolenker und v. a. Motorradfahrer und Radler ist die **Bora**, ein Fallwind (→ Kasten „Achtung Bora!"), zudem muss mit Umleitungen (A 1) gerechnet werden.

Zur Zeit der Weinernte fahren viele Traktoren – v. a. auf den Inseln.

Kleine Nebenstrecken zu Weinfeldern oder Weilern sind auf Inseln oft nicht asphaltiert, sondern lediglich mit Schotter und Erde befestigte Wege/Straßen, **Makadam** genannt.

Personaldokumente Für die Einreise nach Kroatien und einen Aufenthalt bis zu 3 Monaten benötigen Deutsche, Österreicher und Schweizer einen gültigen Personalausweis oder Reisepass (bis das Schengener Abkommen in Kraft tritt, auch weiterhin Grenzkontrollen!). Seit 2012 benötigen auch Kinder einen eigenen Ausweis!

Kraftfahrzeugdokumente Führerschein und Fahrzeugschein. Nach Unfällen mit sichtbaren Karosserieschäden sollte man sich von der Polizei eine Schadensbestätigung *(Potvrda)* ausstellen lassen.

Mautgebühren Alle kroatischen Autobahnen sind gebührenpflichtig. Pkws: Zagreb–Dugopolje (Split) 174 KN, ca. 400 km. Info: www.hak.hr.

Kraftstoff überall erhältlich. Tankstellen sind an den wichtigsten Straßen nonstop geöffnet, Zahlung in Euro, mit EC-Karte und Kreditkarte ist problemlos möglich. Infos unter www.hak.hr.

Kraftstoffpreise pro Liter Eurosuper plus (98 Oktan) 1,55 € (11,77 KN); Eurosuper (95 Oktan) 1,45 € (10,99 KN); Eurodiesel 1,34 € (10,21 KN); Autogas 0,66 € (5 KN). Es wird auch noch verbleiter Kraftstoff verkauft (Stand: Juli 2014).

Höchstgeschwindigkeit Pkw und Motorräder innerhalb von Ortschaften 50 km/h, außerhalb 90 km/h; auf Schnellstraßen

110 km/h, auf Autobahnen 130 km/h; Wohn-mobile bis 3,5 t auf Autobahnen 80 km/h, Wohnmobile über 3,5 t und Pkw mit Anhän-ger außerhalb von Ortschaften überall 80 km/h. Achtung: viele Radarkontrollen!

Abweichende Verkehrsregeln Unfälle mit Personen- oder erheblichem Sachscha-den müssen der Polizei gemeldet werden. Während des gesamten Überholvorgangs muss geblinkt werden. Kolonnenspringen ist verboten. Schul- und Kinderbusse dür-fen nicht überholt werden, wenn sie anhal-ten. Übernachten auf Straßen und Parkplät-zen ist nicht erlaubt.

Promillegrenze bei 0,5 (bis 24 Jahre 0,0!).

Lichtpflicht auch tagsüber vom 1. Nov. bis 1. April. **Nebelleuchten** sind nur bei Sicht unter 50 m erlaubt.

Notrufnummern Intern. Notruf **112**, Polizei **192**, Rettungsdienst **194**, Feuerwehr **193**.

Pannenhilfe Die Straßenwacht des kroati-schen Automobilclubs HAK ist nonstop unter ☎ **1987** (vom ausländischen Mobil-☎ 00385/1987) erreichbar.

ADAC-Notruf: (deutschsprachig) in Zagreb (ganzjährig) ☎ 00385/1/3440-666, zudem über München ☎ 089/222-222 (Fahrzeugschaden).

Kroatischer Automobilclub (ADAC-Partner-club): **Hrvatski autoklub (HAK)**, 10010 Zag-reb, Av. Dubrovnik 44, P.O. Box 240, ☎ 01/4640-800, ☎ 1987 (Pannendienst); Info und Straßenzustand (deutsch) ☎ 062/777-777, www.hak.hr.

Touristische Informationen Kroatische **Engel:** ☎ 062/999-999 (auch in Deutsch), April–Okt.

Wettervorhersage und Verkehrs-service ☎ 060/520-520 (Bandansage).

Tiere EU-Heimtierausweis, Näheres (→ Wissenswertes von A bis Z/Papiere).

Wechselkurs Währungseinheit ist die kroatische Kuna (KN).

1 KN = 0,131 €. 1 € = 7,61 KN (Stand: Juli 2014).

Entlang der Küstenstraße (E 65) – ein Highlight!

Die „Jadranska-Magistrale" verläuft entlang der Küste von Rijeka nach Dub-rovnik (608 km) und ist teilweise als Panoramastraße, d.h. mit Parkflächen an schönen Aussichtspunkten, ausgebaut. Die E 65, erbaut unter dem jugoslawi-schen Präsidenten Josip Broz Tito in den 1950er- und 1960er-Jahren, erstreckt sich in ihrer Gesamtlänge von Ankaran (Slowenien) über Istrien und Rijeka bis nach Ulcinj (Montenegro). Innerhalb Kroatiens sind es noch 658 km.

Sie zählt zu den schönsten Küstenstraßen Europas, und das mit Recht: hoch auf-ragend das Küstengebirge, tiefblau und meist tief unterhalb der Straße das Meer mit der nahen Inselkette, an der Strecke mittelalterliche Hafenstädte und Dörfer.

Der schönste, zum Teil aber auch kurvenreichste Streckenabschnitt liegt zwi-schen *Rijeka* und *Zadar* (226 km). Hoch über dem Meer verläuft die Straße am Velebit-Gebirge entlang und überwindet etliche Schluchten, besonders bizarr die Strecke zwischen Senj und Karlobag (→ Kasten „Achtung Bora!").

Die Strecke zwischen *Zadar und Split* (162 km) verläuft zum Großteil ohne Kur-ven in Meeresnähe. Einen Besuch lohnen die mittelalterlichen Städte Šibenik, Primošten und Trogir sowie die Krka-Wasserfälle.

Zwischen *Split und Dubrovnik* (220 km) ist der Streckenabschnitt an der reiz-vollen Makarska Riviera nochmals sehr kurvenreich. Eine völlig andere Land-schaft tut sich bereits kurz vor der Hafenstadt Ploče mit den Bačinska Seen auf, ebenfalls kurz darauf mit der Durchfahrt des fruchtbaren Neretva-Deltas. Danach muss das Nachbarland Bosnien-Herzegowina auf rund 10 km (mit Passkontrolle) durchfahren werden, ehe wieder die malerische Küste und bald auch die „Perle des Südens", Dubrovnik erreicht wird. Bis zur kroatisch-montenegrinischen Grenze, vorbei an der hübschen Stadt *Cavtat*, sind es weitere rund 50 km.

Fährverbindungen zu den Inseln → Fährhäfen.

Die legendäre Küsteneilfähre garantierte eine bequeme Anreise (2015 eingestellt)

Mit der Fähre

Die legendäre **Küsteneilfähre** wird ab dem Jahr 2015 eingestellt (s. u.) – ein großer Verlust, wie ich finde, da sie jahrzehntelang eine angenehme Anreise in den Süden bot. Um mit dem Auto auf die Inseln zu kommen, muss man die so genannten **Trajekts** (Autofähren) benutzen. Zwischen den autofreien Inseln verkehren **Personenfähren** und eine Vielzahl schneller **Katamarane**. Die aktuellen Pläne sind in den jeweiligen Fähragenturen (u. a. Jadrolinija, G&V, Krilo) erhältlich, zudem im Internet ersichtlich (s. u. „Buchung"). Es gibt zudem den Sommer- und Winterfahrplan, dann mit reduzierten Fährabfahrtszeiten; am besten immer vor Reiseantritt erkundigen.

Küstenlinie

Die Seeschifffahrtsgesellschaft Jadrolinija stellt die Verbindung von Rijeka nach Dubrovnik ab 2015 ein. 40 Jahre lang bediente das große Fährschiff (mit Kabinen) die größten Küstenstädte auf ihrer Route Rijeka–Split–Stari Grad (Insel Hvar)–Korčula–Sobra (Insel Mljet)–Dubrovnik (ca. 23 Std.), die einst auch fast in jedem Hafen anlegte. Für viele Urlauber war dies eine tolle und bequeme Anreisevariante, kam man doch ausgeruht am nächsten Morgen bzw. Tag am Urlaubsziel an und hat dabei noch viele Eindrücke von der vorbeiziehenden malerischen Inselwelt gesammelt. Ob eine andere Schifffahrtsgesellschaft diese Route übernehmen wird, ist sehr fraglich, denn selbst die Subventionen deckten nicht die tatsächlichen Kosten.

Autofähren (Trajekts)

Zwischen dem Festland und den Inseln gibt es regelmäßige Schiffsverbindungen (→ Reiseteil), z. T. in der Hauptsaison stündlich: Während der Hauptreisezeit sollte man mindestens eine Stunde vor Abfahrtstermin (mit Auto) am Hafen sein, um noch ein Ticket zu bekommen.

Bei schlechten Wetterverhältnissen kann es vorkommen, dass überhaupt keine Fähre geht und man geduldig warten muss. Ebenso kann es bei alten Schiffen passieren, dass sie wegen Motorschadens ausfallen. Diese Vorkommnisse sind nicht die Regel, aber es ist besser, sich darauf einzustellen und die Reiseroute mit etwas zeitlichem Spielraum zu planen.

Tipp fürs Kraftfahrzeug: Fahren Sie möglichst in den Schiffsbug, um das Fahrzeug vor der spritzenden Salzwassergischt zu schützen.

Autofährverbindungen (Trajekt)

Insel Brač: Split–Supetar, Makarska–Sumartin
Insel Hvar: Split–Stari Grad, Drvenik–Sućuraj
Insel Vis: Split–Vis
Halbinsel Pelješac: Ploče–Trpanj, Sobra–Prapratno, Orebić–Dominče
Insel Korčula: Orebić–Dominče, Drvenik–Dominče, Vela Luka–Ubli
Insel Lastovo: Split–Ubli, Vela Luka–Ubli
Insel Mljet: Prapratno–Sobra

Personenfähren/Katamarane

Um auch die Inselbewohner zu ihren Arbeitsplätzen, Schulen und Hochschulen zu bringen, verkehren inzwischen wieder zahlreiche Schiffe, zunehmend werden die schnelleren Katamarane eingesetzt. Leider kann man aber hier nicht an Deck gehen und die herrliche Inselwelt betrachten. Eine Fahrradmitnahme ist nur auf Personenfähren möglich. *Achtung*: Es ist ein ziemlicher Fahrplandschungel, jährlich fast neue Zeiten gerade bei den Katamaranen, zudem auch zur Haupt- und Nebensaison.

Per Trajekt von Sumartin (Insel Brač) nach Makarska

Mit dem Bus

Das kroatische Busnetz ist sehr gut ausgebaut und für die Weiterreise empfehlenswert. Auf längeren Strecken verkehren mehrmals täglich **Expressbusse** (alle klimatisiert), z. B. nach Zagreb, Rijeka, Split und Dubrovnik, zudem auch über die Fähre zu den Inseln. Die Busse sind relativ preiswert und dementsprechend ausgelastet. In der Hauptreisezeit ist bei längeren Strecken eine Reservierung notwendig. Die überregionalen Busse halten zum Einstieg nur in großen, bzw. nach Reservierung auch in kleineren Orten. Aussteigen kann man allerdings überall, man gibt dem Busfahrer Bescheid. Zwischen den Städten gibt es zusätzlich den regionalen, oftmals stündlichen Busverkehr, in abgelegenen oder kleinen Orten seltener, am Sonn- und Feiertagen oft gar nicht. Es empfiehlt sich also, sich vorab nach dem Fahrplan, am besten bei TIC, zu erkundigen.

Busbahnhöfe liegen meist zentral in der Stadtmitte, am Hafen oder bei den Zugbahnhöfen. Fahrkarten kauft man am Busterminal, die Abfahrtszeiten sind auf Tafeln angeschrieben: Abfahrt heißt auf kroatisch *Polazak,* Ankunft *Dolazak* (auch *Odlazak*).

Informationen   Der aktuelle Fahrplan ist an den Busterminals oder bei TIC erhältlich; Infos in Kroatien zudem unter ☎ 060/313-333, (+385)01/6112-789 (vom Ausland) oder über Autrans ☎ 051/660-660, www.autotrans.hr (auch in Deutsch), Online-Buchung möglich.

Preise   Per Expressbus Zagreb–Split, ca. 470 km, 4:30 (nachts) bis 8 Std. Fahrzeit (je nach Stopps), ca. 89–164 KN (je nach Busunternehmen).

Mit der Bahn

Die Eisenbahn ist in Kroatien das billigste Transportmittel (je nach Zug). Da es aber keine Direktverbindungen zwischen den Küstenstädten gibt, kommt die Schiene nur für die Anreise in Frage. An den Bahnschaltern gibt es für ein paar Euro das Kursbuch *Red Vožnje.* Die tägliche Direktverbindung von Zagreb nach Split benötigt 10:10 Std. und kostet 190 KN (einfach, 2. Klasse). Im Sommer verkehren auch 2-mal tägl. die schnelleren und neuen Neigezüge (5:47 Std.).

Hauptstrecke: *Österreichische Grenze* (Jesenice) – *Ljubljana* – *Zidani most* und weiter nach *Kroatien* (Zagreb – Karlovac – Rijeka) oder von *Zagreb* durch das Hinterland an die *Küste* (Zagreb – Karlovac – Gospić – Knin – Split).

Fahrradversand   Nur in Zügen mit Gepäckwagen möglich. Das Fahrradticket erhält man direkt am Bahnsteig beim Schaffner (beim Gepäckwagen). Preis für Zagreb–Split 30 KN.

Informationen   ☎ (00385)1/3782-583, in Kroatien unter ☎ 060/333-444, www.hzpp.hr.

Mit dem Flugzeug

Die kurzen Entfernungen lohnen kaum, das Flugzeug zu besteigen. Es sei denn, man ist nach Zagreb (intern. Hauptflughafen) geflogen und möchte auf schnellstem Weg an die Küste. Weitere kleine Flughäfen, die auch im Linienverkehr über Zagreb und im Charterverkehr (von Deutschland) direkt angeflogen werden, sind für Mittel- und Süddalmatien u. a. Split, Brač und Dubrovnik. Ein Flug Zagreb–Split(ca. 45 Min.) kostet 50–90 € einfach, nach Dubrovnik (ca. 60 Min.) nur wenig mehr.

Jelsa (Insel Hvar) – schnelle Anreise mit dem Wasserflugzeug

Flughäfen (Zračna luka) Flughafen Zagreb, 10150 Zagreb, Pleso b. b., ☎ 01/4562-170 (Info-Tel.), 060/320-320 (Info-Tel. innerhalb Kroatiens), www.zagreb-airport.hr.

Flughafen Split, 21120 Split, Kaštelanska cesta 96, ☎ 021/203-506, -507, www.split-airport.hr.

Flughafen Dubrovnik, 20117 Čilipi-Konavle, ☎ 020/773-100, -333 (Info-Tel.), www.airport-dubrovnik.hr.

Flughafen Brač, 21400 Supetar Terminal b. b., ☎ 021/559-711, www.airport-brac.hr.

Reservierungen Inlandsflüge über **Croatia Airlines**, zentrale Reservierungs- u. Buchungsstelle ☎ 01/6676-555, 072/500-505 (Hotline innerhalb Kroatiens), www.croatia airlines.com.
Büros: in Kroatien an allen Flughäfen und in den Städten Zagreb, Rijeka.

In **Deutschland**: u. a. Croatia Airlines Verkaufsbüro, Schillerstr. 42–44, 60313 Frankfurt, ☎ 069/9200-520, www.croatiaairlines.com; auch in München am Flughafen.

Wasserflugzeuge: Das Projekt der **ECA** (European Coastal Airlines) konnte im Sommer 2014 nach langjährigen Verhandlungen endlich auf einigen Inseln in die Tat umgesetzt werden. Im Süden gibt es bisher folgende Flugrouten: Split (Hafen-Resnik bei Kaštel Štafilić) – Jelsa/Insel Hvar (Stadthafen); zudem Bustransfer nach Hvar (Stadt). Split (Hafen-Resnik) – Rab (Stadthafen) – Pula – (Stadthafen) und auch Rab -°Zagreb (intern. Flughafen). Flugpreis Split – Jelsa ca. 40 €, Sparpreis 2014 war 29 €. Weitere Inseln wie Korčula, Vis und Lastovo (hier wäre ein Flug sehr von Vorteil!) sowie Dubrovnik sind in Verhandlung.
ECA, Put Divulja 7, 21217 Kaštel Štafilić, ☎ 021/444-818, www.ec.air.eu.

Mit dem Fahrrad

Die mittel- und süddalmatinischen Inseln oder auch das Hinterland eignen sich gut für Fahrradtouren. Kleine Asphaltstraßen führen durch abwechslungsreiche Landschaft, die man in würziger Luft gemütlich erkunden und genießen kann. Wer nicht alleine radeln möchte, kann sich organisierten Fahrradreisen anschließen. Kondition ist meist erforderlich.

Man kann auch Fahrräder mieten, die oftmals in einem sehr guten Zustand sind. Unabhängig ist man natürlich mit seinem eigenen Bike.

Achtung: Die von Autos und oft von rücksichtslosen Autolenkern überfüllte Küstenstraße sollte man vor allem in der Hauptsaison meiden!

Preise Wer vor Ort kleinere Tourenfahrräder mieten möchte, zahlt ca. 12–14 €/Tag.

Organisierte Aktivreisen Können vor Ort oder auch schon von zu Hause gebucht werden (→ Wissenswertes von A bis Z/Organisierte Aktivreisen).

Tourenvorschläge für die Inseln

Tour I: Von Split mit der Fähre nach Brač *(Supetar)*; durch Brač bis *Sumartin* radeln, dann mit der Fähre nach *Makarska* (Festland). Ab hier allerdings 30 km Küstenstraße bis *Drvenik!* Von da mit der Fähre nach Hvar *(Sućuraj)*, mit dem Fahrrad durch Hvar bis Stadt Hvar oder Stari Grad fahren und mit der Fähre zurück nach *Split* (Achtung – auf Hvar schmale Straßen!). Falls noch Zeit übrig ist, mit der Fähre von Hvar nach Korčula, durch Korčula bis *Vela Luka* radeln, dann via Fähre zurück nach *Split*.

Tour II: Von Split mit der Fähre nach Hvar *(Stari Grad* oder *Hvar)*. Mit dem Fahrrad bis *Sućuraj* und weiter mit der Fähre nach *Drvenik* (Festland). Von da nach Pelješac *(Trpanj)* und weiter Richtung *Orebić*. Von Orebić dann mit der Fähre nach Korčula und mit dem Fahrrad bis *Vela Luka* und mit der Fähre zurück nach *Split*. Die Küstenfähre von Split nach Rijeka wurde leider eingestellt (→ Unterwegs/Mit der Fähre)

Von *Korčula* oder *Pelješac* (Prapratno) kann man auch mit der Fähre nach Mljet *(Sobra)* übersetzen und noch durch Mljet radeln.

Insel-Höhenprofile

Šolta & Čiovo: empfehlenswert, relativ flach und wenig Verkehr

Brač: sehr gut geeignet; gute Kondition erforderlich, sehr bergig

Hvar: gut geeignet, teils sehr bergig; jedoch aufpassen – Straßen sind im Osten sehr schmal!

Vis: empfehlenswert, bergig, aber dünnes Straßennetz

Pelješac: sehr gut geeignet, aber bergig

Korčula: sehr gut geeignet, aber bergig

Lastovo: sehr bergig, dünnes Straßennetz

Mljet: sehr empfehlenswert (Nationalpark!), teilweise sehr bergig

Festland

Biokovo-Geb.: sehr gut geeignet, kleine Bergdörfer, gute Kondition nötig

Cetina-Tal: sehr gut geeignet, flussaufwärts Steigung

Sinj, Vrlaka, Imotski: sehr gut geeignet

Cavtat-Konavle: sehr gut geeignet, wenig Verkehr

Mit dem Mietwagen

Mietautos sind in Kroatien sehr teuer. Wer trotzdem einen Wagen möchte, sollte Preise vergleichen und Sondertarife nutzen; der Mietpreis beginnt ab ca. 35 € für einen Kleinwagen. Mieten kann man Pkws an Flughäfen, in vielen Touristagenturen, bei internationalen Autovermietern, aber auch bei kroatischen Anbietern, die etwas billiger sind (→ Reiseteil).

Adressen zum Mieten von **Motorrädern, Mofas, Fahrrädern** bei den Touristeninformationen.

Mit dem Taxi

Taxistände befinden sich in größeren Orten im Zentrum, an Omnibusbahnhöfen, am Hafen und an Flughäfen. Für Überlandfahrten ist es sinnvoll, den Preis vorher auszuhandeln. Preisbeispiel: Dubrovnik–Flughafen Čilipi, 22 km ca. 25–30 € (je nach Taxi).

Übernachten

Das Übernachtungsangebot in Mittel- und Süddalmatien ist groß und vielfältig, doch selbst zur Hochsaison sind die Inseln und Küstenregionen bettenmäßig nicht ausgebucht.

Das Angebot an Hotels und vor allem an Privatunterkünften ist riesig – in Touristenorten vermietet fast jedes Haus zumindest ein Zimmer oder Appartement. Die Campingplätze sind im Juli und August meist sehr voll, wer aber kein riesiges Hauszelt sein Eigen nennt und kein Problem mit Lärm hat, findet immer noch ein schattiges Plätzchen.

Hoch- und Nebensaisonpreise sind üblich. In der Nebensaison kann man bei Privatquartieren 30 %, bei Hotels bis zu 50 % der Übernachtungskosten sparen. Teils gibt es auch noch die Topsaison (→ Kasten). Im Landesinneren gewähren Hotels und Privatvermieter außerhalb der Saison meist keinen Preisnachlass – sie sind in dieser Zeit oft teurer als die Quartiere an der Küste. Aktuelle *Hotel- und Campingplatzverzeichnisse* sind über die kroatischen Tourismusverbände gratis erhältlich.

Anmeldepflicht: In Kroatien muss man innerhalb von 24 Stunden polizeilich angemeldet sein. Normalerweise wird dies von Hotels, Campingplätzen und Zimmeranbietern automatisch geregelt. Wer allerdings Freunde besucht, muss die Anmeldung eigenständig bei der Polizei (Bootsbesitzer am Hafenamt oder bei der Polizei) gegen eine einmalige Gebühr von 2 € tätigen.

Übernachten in der Luxussuite mit traumhaftem Meerblick …

Online-Buchungen sind auch in Kroatien sehr beliebt, gerade bei Hotels gibt es erstaunliche Pauschalen und Rabatte. Hotelpauschalen über Reiseveranstalter gebucht kosten inzwischen nur manchmal weniger (jeder kann seinen eigenen Preisvergleich anstellen), zudem wird dann meist Halbpension angeboten. Das Essen entspricht bei preisgünstigen Pauschalen (zur Hochsaison) aber oft nicht der üblichen guten dalmatinischen Küche. Wer sparen muss, sollte daher in der Hochsaison lieber die preisgünstigeren, aber auch netten und vor allem oft ruhigeren Pensionszimmer und Appartements buchen.

Alle Preise im Buch sind Hochsaisonpreise (HS). Zimmerpreise gelten ab 3 Tagen Aufenthalt (sonst 30 % Aufschlag). Hinzu kommt die Kurtaxe – je nach Gebiet 4 bis 7 KN. Achtung: in manchen Gebieten gibt es die Topsaison (TS), die letzte Juli- und die ersten beiden Augustwochen, mit nochmaliger Preiserhöhung von ca. 20 %.

Privatunterkunft: Fast jedes Haus vermietet in Touristenorten **Privatzimmer** (Sobe) und **Appartements** (Apartman). Vor Ort kann man über die Touristinformation (TIC) Auskünfte über Vermieter erhalten oder lässt sich die Unterkunft über die zahlreichen Touristagenturen vermitteln (→ Reiseteil). Viele Unterkünfte werden auch im Internet angeboten und können online gebucht werden, ebenso haben viele Tourismusverbände in Broschüren oder auf Websites die Vermieter aufgelistet. Man kann sich auch direkt an den Vermieter wenden, die Sobe- und Apartman-Schilder weisen an den Häusern auf Vermietung hin – gerade in der Nebensaison ist dies kein Problem und man sieht sein Urlaubsdomizil direkt. Die

… oder im gemütlichen Familienhotel

meisten Vermieter sind registriert und bezahlen für die Vermietung eine Gebühr, sie regeln auch die Anmeldung. Manche Vermieter versuchen, dies allerdings zu umgehen (→ Kasten/Anmeldepflicht).

Privatzimmer/Appartements gibt es von ** (mit Etagenbad) bis *** (und mehr). Für ein Doppelzimmer (DZ) bezahlt man ca. 30–40 €, für ein Appartement/Studio für 2 Pers. 40–50 €. Appartements (mit Küche etc.) gibt es für bis zu 8 Pers., gängig sind 2–4 Pers. Die Preise verstehen sich ohne Frühstück – dieses kostet zusätzlich 6–8 € pro Pers. In manchen Gegenden, vor allem dort, wo Restaurants rarer sind, wird Halb- oder Vollpension (HP/VP) für 12–24 € pro Pers. angeboten.

Urlaub auf dem Bauernhof: Der sog. *Agroturizam* fasst auch in Dalmatien Fuß. Oft werden nette Zimmer/Appartements in Natursteinhäusern angeboten, zudem kommt alles, was erzeugt wird (Käse, Fleisch, Wurst, Gemüse, Oliven, Obst und Wein), frisch auf den Tisch. Für Familien mit Kindern eine tolle Sache, da es meist auch ein paar Tiere wie Katzen, Hunde, Hühner und vielleicht auch noch einen Esel gibt. Zudem ist meist in den umgebenden Gärten Platz zum Umhertollen.

Hotels: Die Hotels sind in verschiedene Kategorien von ** bis ***** eingeteilt. Wie üblich sind Lage, Komfort des Hauses, Animation, Sportplätze und Fitnessprogramme, Ausstattung der Räume, Balkon und Meeresblick ausschlaggebend. Viele Hotels verfügen auch in Kroatien mittlerweile über einen Wellness- und Beautybereich und natürlich WiFi. Auch ein paar All-inclusive-Hotels kamen hinzu, was aber bei der guten Infrastruktur kaum lohnt. Die Preise bewegen sich zwischen 70 und 200 € (und weitaus mehr!) für ein Doppelzimmer (DZ) und schließen meist Frühstück ein (DZ/F). Der größte Teil der Hotels in Kroatien gehört zur Kategorie der Drei- bis Viersternehotels. Im Frühjahr und Herbst lohnen exklusive Hotels durchaus, denn sie bieten zu einem guten Preis sehr guten Service – bei wechselhafter Witterung ist ein kuscheliges Zimmer und ein nettes Spa nicht zu verachten. Auch hier ist es sinnvoll Preise über die Internetportale zu vergleichen.

Jugendhotels und Jugendherbergen: Jugendhotels, die sog. **Hostels**, sind mittlerweile sehr oft vertreten, v. a. dort, wo sich gerne Jugendliche aufhalten, wie in Zagreb, Rijeka, Split, Hvar und Dubrovnik, aber auch in kleineren Orten (→ Reiseteil). Viele haben erst in den letzten Jahren eröffnet, oft in großen Privathäusern und meist im Zentrum. Sie bieten je nach Größe Einzelzimmer (EZ) und Mehrbettzimmer (2–8 Betten), teils mit eigenem WC/DU oder einer Gemeinschaftsdusche. Zudem gibt es Küche, Waschmaschine, Gemeinschaftsraum und meist WiFi, manchmal auch einen Garten mit Grill- oder Sportplatz. Je nach Ausstattung und Lage und wie viele Personen in einem Zimmer nächtigen, kostet die Übernachtung 20–30 €/Pers.

Die traditionellen kroatischen **Jugendherbergen (HFHS)**, die auch dieser Organisation angeschlossen sind, gibt es landesweit ebenfalls (u. a. in Zagreb, Rijeka, Zadar und Dubrovnik), sie sind meist deutlich preiswerter. Ein Jugendherbergsausweis mit Passbild ist sinnvoll (am besten schon zuhause ausstellen lassen), da er Ermäßigung bringt. Hier kosten die Betten zwischen 15 und 23 €, meist mit Frühstück, es kann oft auch Halbpension gebucht werden. Für diesen Preis erhält man in der Nebensaison schon ein Privatzimmer.

Hrvatski ferijalni i hostelski savez (Kroat. Ferien- u. Jugendherbergswerk), www.hfhs.hr.

In Kroatien mit netten Angeboten gut vertreten ist **Hostel World** (u. a. www.hostel world.com). Vermietet werden oft Zimmer in Altstadtwohnungen, meist sauber und gepflegt.

Camping: An der mittel- und süddalmatinischen Küste und auf den Inseln gibt es zahlreiche Campingplätze, bis auf wenige größere Autocamps sind es meist kleinere Plätze. FKK-Campingplätze gibt es in diesem Gebiet keine mehr, diese Tendenz ist übrigens auch im Norden rückläufig. Die meisten Campingplätze sind vom 1. Mai bis 30. September geöffnet, einige auch vom 1. April bis Ende Oktober. Die großen Campingplätze an der Küste liegen meist in einer eigenen Bucht unter Olivenbäumen oder Strandkiefern, haben Restaurant und Supermarkt, moderne Sanitäranlagen, Waschmaschinen, Kühlboxen, Grillplätze und WiFi. Zusätzlich gibt es häufig Sportanlagen sowie Boots- und Wassersportgeräteverleih, Tauchcenter und oft auch Animation für Groß und Klein. Wer Ruhe sucht, sollte dann kleine Camps bevorzugen. Auch die Campingplätze werden nach Kategorien von * bis *** unterteilt; ****-Spitzenkategorie-Plätze sind selten. Auf den größeren Campingplätzen stehen die sog. *Mobilheime,* das sind kleine Holzbungalows, meist für 4 bis 6 Pers., mit Balkon/Terrasse und eingerichteter Küche und Bad – auf jeden Fall eine tolle Sache für Familien mit Kindern. Auch *Wohnwagenvermietungen* werden auf vielen Campingplätzen angeboten. Die Lage, also direkt in vorderster Reihe am Meer oder eher weiter hinten, ist immer für den Preis entscheidend (→ Reiseteil).

Wildes Zelten ist verboten! In touristischen Gegenden ist damit zu rechnen, auch im entlegensten Winkel, nachts von der Polizei aufgeweckt und auf den nächsten Campingplatz verwiesen zu werden. Zudem kann der Regelverstoß (v. a. in Nationalparks) Verwarnungsgeld kosten. Gleiches gilt übrigens auch für Urlauber, die in ihren Autos oder Caravans nächtigen!

Leuchttürme: Wer außer Meeresrauschen absolute Ruhe möchte, mietet sich in einem der Leuchttürme ein – entweder stehen sie direkt am Meer oder auf einer kleinen Felsinsel. Die zu mietenden Türme bieten Ferienwohnungen unterschiedlicher Größe, allerdings meist mit dem **–***-Standard. Der Transfer wird organisiert, ebenso – nach Absprache – die Lebensmittelversorgung. Meist gibt es auch eine kleine Slipanlage oder einen Anlegeplatz für Boote. Die Preise für ein Appartement für 2–4 Pers. betragen ab ca. 120 €/Tag (TS ab 160 €). In Mittel-Süddalmatien mietbar sind die Leuchttürme in *Sv. Petar* (Makarska), *Sućuraj* (Insel Hvar, → Foto unten), *Struga* (Insel Lastovo), auf der Insel Pločica und ganz entfernt auf der Felsinsel Palagruža (→ Reiseteil).

Information: Übersichtlich ist die deutschsprachige Seite: www.lighthouses-croatia.com. Zudem die kroatische Verwaltung Plovput in Split, Lazareta 1, ✆ 021/355-900, www.plovput. hr (englisch).

Der Stradun in Dubrovnik – hier reihen sich gemütliche Cafés

Essen und Trinken

Dalmatiens Küche ist von der österreichischen, italienischen und regionalen Kochkunst der ehemaligen jugoslawischen Gebiete beeinflusst. Nach Omas Rezepten brutzeln aber auch heute noch die unterschiedlichsten Gerichte in den Töpfen, und dass am Meer frischer Fisch köstlich zubereitet wird, daran hat sich ebenfalls nichts geändert.

Als kroatische Fleischspezialitäten gelten Lammgerichte, Spanferkel, Zicklein, Fasan- und Hasengerichte. Ein besonderer Genuss ist Hummer, der auf jede erdenkliche Art zubereitet wird, ebenso die in vielen Varianten angebotenen Froschschenkel und die saftigen Muscheln und Austern. Frisch gefangene Edelfische, mit Knoblauch gespickt und gegrillt, sind ebenfalls ein Gaumenkitzel. Die Küstenregionen, wo ursprünglich mehr Fisch als Fleisch die Speisekarte bestimmte, haben sich dem Touristengeschmack angepasst: Steaks, Naturschnitzel *(naravni šnicl)* und Wienerschnitzel *(bečki šnicl)* mit Pommes *(pomfrit)* gibt es überall. Generell werden seit alters her die Speisen, ob kalt oder warm, mit *Olivenöl* zubereitet – gut für den Cholesterinspiegel!

Vorspeisen und Snacks: Als Vorspeise kennt man luftgetrockneten Schinken, *pršut,* und Käse, *sir,* meist von Schaf oder Ziege. Bekannt ist der Schafskäse von der Insel Brač mit seinem würzigen Aroma. Dazu isst man Oliven oder eingelegte Zwiebeln, *kapulica,* und Weißbrot. Eingesalzener Fisch, *usoljena riba,* ist eine ebenso beliebte Vorspeise wie Zwischenmahlzeit. Es werden hauptsächlich rohe Sardinen verwendet, die, in Öl und Essig eingelegt, ein paar Wochen durchziehen. Auch Tintenfischsalat *(salata od hobotnice),* bakalar (gekochter Stockfisch) oder Scampi-Cocktail erfreuen sich als Appetizer großer Beliebtheit.

Marinierter Fisch, *marinirana riba,* wird gebraten, dann in Essig, Öl und Zwiebeln für ein paar Tage eingelegt.

Die Lokale

Restoran (Restaurant): Das etwas gehobene Speiselokal, wie bei uns zu Hause auch. Die Speisenauswahl ist groß: Vorspeisen, Fisch- und Fleischgerichte, Nachspeisen.

Riblji restoran (Fischrestaurant): Hier gibt es Meeresspezialitäten, vorwiegend Fisch aus der Adria. Angeboten werden Meeresfrüchtesalat, Fischsuppen, gegrillte, gebackene und gekochte Weiß- und Blaufische, gebratene, gefüllte und gegrillte Tintenfische, Muscheln, Hummer. Wer gerne Fisch isst, darf sich hier bestens aufgehoben fühlen, da die Zutaten immer frisch sind und man die Art der Zubereitung bei uns zu Hause nicht findet.

Gostiona (Gasthaus): Gasthäuser sind meist Familienbetriebe. Oft kochen Wirt oder Wirtin selbst, das Essen wird aus frischen Zutaten nach Art des Hauses zubereitet. Das Ambiente reicht von einfacher ländlicher bis zur gehobenen rustikalen oder modernen Ausstattung. In kleineren Gasthäusern beschränkt sich die Auswahl auf wenige preiswerte Fleisch- und Fischgerichte.

Konoba: Ursprünglich ein Weinkeller oder ein winziges Lokal, das Wein und ein paar Vorspeisen wie Oliven, Schinken und Käse, gelegentlich auch kleine Fischgerichte anbietet. Heute bezeichnen sich auch kleine Gostionas als Konobas und haben eine deutlich größere Essensauswahl, z. B. oft die leckeren Peka-Gerichte.

Kavana (Café) und **Bife** (Buffet): Im Café gibt es Kaffee, Tee, türkischen Kaffee, Torten, Gebäck, Eis, Getränke und manchmal kleine Snacks. Bifes sind mehr eine Art Bar und Treff.

Pizzeria: Auch in Kroatien ein preiswertes, schnelles Essen und eine willkommene Abwechslung zu Fleischgerichten. Jedoch wird in den Pizzerias, im Gegensatz zu ihren deutschen Schwestern, meist tatsächlich nur Pizza angeboten (außer es heißt Restaurant/Pizzeria), dafür meist in großer Auswahl und oft auch die wohlschmeckende Holzofen-Pizza.

Vinoteka (Weingeschäft): Hier kann man vor allem Wein, Grappa und Hochprozentiges kaufen, manchmal werden auch Snacks angeboten.

Agroturizam: Ab und an können auch Nichtgäste leckere, frische Produkte speisen (→ Übernachten), auf jeden Fall aber sich mit gutem Wein und Olivenöl versorgen.

Samoposluzni restaurant: Das Selbstbedienungsrestaurant, meist in Städten und größeren Feriensiedlungen an der Küste zu finden – ein preiswertes Esslokal.

Slastičarna: Eisdiele/Café – sie servieren Espresso, Cappuccino, Kuchen, Torten und Eis.

Essenspreise: Kalte und warme Vorspeisen wie Schinken (pršut), Salat aus Meeresfrüchten, Reis- und Nudelgerichte gibt es von ca. 6–12 €, Fleischgerichte kosten rund 6–12 €, Gerichte von Meeresfrüchten ab 8 €. Fische sind eingeteilt in Klasse I (z. B. Goldbrasse, ca. 30–70 €/kg) und Klasse II (z. B. Makrelen, ca. 10–17 €/kg), zudem werden auch immer mehr Fische, u. a. Goldbrassen gezüchtet (→ Kasten S. 56), d. h. fangfrischer Fisch hat dann nochmals einen Aufpreis – schmeckt aber dafür auch viel saftiger.

Getränke: Espresso ab 1 €, Cappuccino ab 1,50 €, Tafelwein ab ca. 7 €/Liter, Barriqueweine ab 16 € für die 0,75-Liter-Flasche, Grappa ab ca. 1,50 €. Einheimische Biere ab 1,80 € für die 0,33-Liter-Flasche.

Fangfrischer Fisch – saftig und lecker!

Eine bekannte Zwischenmahlzeit ist *burek,* Blätterteigpasteten mit Fleischfüllung oder auch mit Apfel oder Quark.

Suppenspezialitäten sind Fischsuppe, *riblja juha,* oder Lammsuppe, *jagječa čorba.*

Fische – fangfrisch (svježa riba) oder gezüchtet (riba iz uzgajališta)?

Die einst reichen kroatischen Fischfanggründe sind fast leer gefischt. Gute Fischlokale sorgen sich um ihre Existenz, da der Nachschub an fangfrischem Edelfisch im Hochsommer oft rar wird. Das macht sich auch im Preis bemerkbar (Goldbrasse ca. 300–500 KN/kg). Um Abhilfe zu schaffen, werden die Fische (hier eignen sich v. a. Goldbrassen) z. T. gezüchtet (Goldbrassen dann ca. 250–350 KN/kg), manchmal besser, manchmal schlechter (je nach Futter!) – dann ist der Geschmack eher mehlig im Gegensatz zu dem saftigen, zarten frisch gefangenen Fisch. Einige Fischarten lassen sich nicht züchten, u. a. Zahnbrassen. Es ist also in den Fischlokalen besser, nach dem täglichen Fang als nach einer bestimmten Fischsorte zu fragen!

Gerichte von Fisch und Meeresfrüchten: Charakteristisch für Küste und Inseln sind die Fischgerichte, die auf vielfältigste Art mit den unterschiedlichsten Kiemenatmern zubereitet werden. Auf den Tisch kommen u. a. Drachenkopf, Zahnbrasse, Goldbrasse, Seebarsch, Tintenfisch und Thunfisch (beste Zeit ab September). Darüber hinaus werden Scampi, Muscheln, Austern (sind am größten im März), Langusten und Hummer serviert.

Na žaru heißen die gegrillten Fische und der Holzofen, geschürt mit Olivenholz oder dem Reisig der Weinstöcke, verleiht Fischen und Schalentieren besondere Würze. Mit Knoblauch gespickte Gold- und Zahnbrassen, Seebarsche, Meeräschen, aber auch Makrelen und Sardinen werden mit Kräutern und Lorbeerblättern gewürzt und gegrillt.

Für den gekochten Fisch, *na lešo,* müssen Drachenkopf, Zahnbrasse oder Hechtdorsch in den Topf und werden dann in Wasser, Öl, Weinessig und mit Lorbeerblättern, Zwiebeln und Pfefferkörnern gegart.

Besonders lecker schmeckt der Fischeintopf *brodet*, für den verschiedenste kleine Fische verwendet werden, die mit Wein, Öl, Lorbeerblättern, Zwiebeln, Petersilie und Tomatenmark lange Zeit im Topf garen. Dazu wird Maisgrieß, *pura*, gereicht.

Eine Delikatesse sind die gedünsteten Fische, z. B. Langusten, *scampi na buzaru*, oder gefüllte Tintenfische, *punjene lignje;* sie schmoren mit Knoblauch und Zwiebeln gespickt in einem mit Knoblauch ausgeriebenen und mit Öl und Wein gefüllten Topf. Auf ähnliche Weise dünstet man Muscheln in Wein und viel Knoblauch. Auch im Ofen gebackener Fisch mit Kartoffeln wird gern serviert. Ebenfalls eine Spezialität sind unter der *Peka* (s. u.) zubereitete Fischgerichte, z. B. Oktopus oder auch gefüllte Tintenfische. Nur kurze Zeit im Jahr, im August, werden die leckeren Fischeier, Botarga, der Meeräsche angeboten.

Gerichte aus der Peka (auch Cripnja genannt): Die Peka ist eine Ton- oder Stahlglocke, die über eine Ton- oder Edelstahlkasserolle gestülpt und am Holzgrill mit Glut und Asche bedeckt wird. Dieses langsame, schonende Garen garantiert ein saftiges, zartes Fleisch. Zubereitet werden mit dieser Garmethode (meso pod pekom) u. a. Lamm, Kalb, Huhn, Wildschwein, Oktopus oder gefüllte Tintenfische. Auch Kartoffeln oder Gemüse werden mitunter hinzugefügt. Weil das Garen dauert (Wildschwein ca. 3 Std.), ist außer bei Fisch meist eine Voranmeldung nötig.

Schalen- und Krustentiere sind ein etwas teurer Genuss: Hummer, *jastog*, wird gekocht und überbacken in Weißwein und Kräutern mit Spaghetti oder Weißbrot serviert. Fast immer stehen verschiedene Muschelsorten, manchmal auch Austern auf der Karte.

Gebackene und panierte Fische sind eine Variation der österreichischen Küche. Dazu nimmt man u. a. auch Sardinen oder Thunfisch, *pečena tuna*.

Leckerbissen aus dem **Cetina- und Neretva-Tal** sind *Forellen, Aale, Meeräschen, Froschschenkel und Krebse* (→ Reiseteil).

Fleischgerichte: Eine Spezialität ist Lamm *(janjetina),* das sich auf den Speisekarten vieler Inseln findet, vor allem auf Brač und Hvar. Gerichte aus der *Peka* gibt es in vielen Restaurants (→ Kasten S. 57). Eine Spezialität aus dem Süden Dalmatiens ist *pašticada*, Rindfleisch gespickt mit Lorbeerblättern, Speck und Pflaumen, gekocht in Weißwein; dazu werden *gnocchi* (Kartoffelklößchen) serviert.

▲ Muschel-Spaghetti
▼ Austern

Fleischspeisen vom Holzkohlengrill gelten als Nationalgerichte des Balkans. Die bekanntesten und verbreitetsten sind *ćevapčići*, Fleischröllchen aus gehacktem Schweine-, Hammel- oder Kalbfleisch, *ražnjiči*, gemischte Fleischspieße, und *pljeskavica*, eine Art Hamburger. *Mixed Grill* ist eine Grillplatte mit verschiedenen Fleischarten – ćevapčići, ražnjiči, Lamm- und Schweinekotelett sowie Leber.

Wildgerichte bieten vor allem die binnenländischen Restaurants, doch ab und zu – vor allem im Herbst – gibt es sie auch an der Küste und auf den Inseln. Meist werden Hase und Wildschwein, manchmal auch Fasan serviert.

Reis- und Nudelgerichte: Die Venezianer hinterließen Reis- und Nudelgerichte in zahlreichen Variationen. Reisgerichte, *rižoto*, werden an der Küste mit Meeresfrüchten, Tintenfischen, Muscheln oder Langusten zubereitet. Spaghetti gibt es ebenfalls in allen Varianten, besonders lecker mit Meeresfrüchten oder nur mit Muscheln. Auch *gnocchi* (zarte Kartoffelmehlklößchen) mit Pilzen, Trüffeln oder Gorgonzola stehen oft auf der Karte.

Beilagen: Neben *gnocchi* (Kartoffelklößchen) ist Maisbrei, *pura* oder *polenta*, eine Spezialität, die zu Fischsud oder frischem Tintenfischfleisch gereicht wird. Zu Fisch gibt es meist Mangold, *blitva*, mit Kartoffeln. Zu Steaks oder Grillfleisch isst man *djuveč-Reis* (Reis mit Gemüse) oder *ajwar*, ein rötliches Mus aus Tomaten, Paprika und Auberginen, sowie die unvermeidlichen Pommes frites. Gehackte Zwiebeln dürfen ebenfalls nicht fehlen. An Salaten gibt es Blatt-, Bohnen-, Tomaten-, Gurken- und Krautsalat und Radicchio.

Nachspeisen: *Palačinke*, Pfannkuchen mit Marmelade, Schokolade, Preiselbeeren, Walnüssen oder auch mit Eis und flambiert steht auf jeder Speisekarte, ebenso *Rožata*, eine Art Karmellcreme (aus Eiern, Zucker und Milch), die mit Sirup (u. a. Marillen) serviert wird. Manchmal gibt es in Restaurants auch *Štruklji* – Apfelstrudel oder *Jabolčni ali sirov zavitek* – Topfenstrudel, sehr oft wird auch Tiramisú oder Zabaione angeboten.

Dalmatinische Dessertspezialitäten – u. a. Rosata und die Stoner Torte

Die in Dalmatien angebotene Süßspei-sen-Spezialitäten sind *fritule* und *kru-štule;* sie werden aus Hefeteig zuberei-tet, in Öl (wie Krapfen) ausgebacken und mit Puderzucker bestreut.

Getränke: *Vino,* der Wein, ist das kroa-tische Nationalgetränk. Wir empfehlen, die offenen Weine der Region *(domaće vino),* in der man sich gerade aufhält, zu bevorzugen. Angeboten werden Weiß-wein, *bijelo vino,* Rotwein, *crno vino,* und Roséwein, *hrvatica.* Gegen Durst hilft gut der Gespritzte (halb Wein, halb Wasser), *bevanda* oder *gemišt* genannt.

In Mittel-Süddalmatien stammen von der Insel Hvar der weiße *Bogdanuša* und rote *Faros.* Von der Insel Korčula kom-men die Weißweine *Grk, Pošip, Maraš-tina* und ein aus der *Plavac*-Traube ge-kelterter Rotwein. Die Insel Pelješac ist berühmt für ihren roten, schweren *Din-gač,* gut mundet auch der *Postup.* Die Insel Vis ist bekannt für ihren goldgel-ben *Vugava* mit dem Honigaroma.

Šoltas autochthoner Rotwein Dobričić

Natürlich finden sich auf den Getränkekarten auch die guten Weißweine *Graševina* oder *Chardonnay* aus dem Inland. An Rotweinen seien noch der istrische *Refošk* und *Teran* hervorzuheben. Gegen Durst hilft ganz gut der Gespritzte (halb Wein, halb Wasser), *bevanda* oder *gemišt* genannt.

Informationen zu den regionalen Weinen Dalmatiens → Reiseteil (v. a. Halbinsel Pelješac, Potomje, Trstenik).

Spirituosen: Der Dessertwein *prošek* ist als „vinum sanctum" (heiliger Wein) seit rö-mischer Zeit bekannt. *Istra-Bitter* nennt sich ein Aperitif, der ähnlich wie Campari schmeckt. Eine Spezialität aus Zadar ist der *maraschino,* ein klarer süßer Likör aus den Kernen der Weichselkirsche Maraska. An härteren Tropfen gibt es Spezialitä-ten wie den Kräuterschnaps, *travarica,* den Traubenschnaps, bzw. Grappa, *lozova-ča (kurz loza genannt),* und natürlich den Pflaumenschnaps *loža,* bekannter unter dem Namen Slibowitz (*šljivovica* = bosn. Name). Aber auch aus Feigen und Johan-nisbrotbaumfrüchten wird Hochprozentiges gebraut. Fast jede Gostiona serviert zudem ihren Hausschnaps, der dem Gast meist nach dem Essen angeboten wird.

Biere, pivo: Es gibt einheimische Biere, z. B. aus Karlovac (hell oder dunkel), *Ožujsko* (normales, helles Bier), beliebt ist auch das slowenische *Laško* (helles Pils aus dem Fass), aber auch bayerische und eine bekannte Marke aus dem Norden Deutschlands.

Kaffee wird in vielen Privathäusern auch heute noch als süßer türkischer *kava* ser-viert und in einem langstieligen Kupferkännchen zubereitet. Entweder wird der Zucker gleich mitgekocht oder separat gereicht. In den Cafés und Café-Bars gibt es echten italienischen Espresso, Cappuccino, Latte Macchiato, Macchiato, daneben auch Kakao und Tee (Kroatien ist „kein Teeland"!).

Kanal von Pelješac

Sport

Praktische Informationen und Adressen finden Sie im Reiseteil und auch auf der Website der Kroatischen Tourismuszentrale (www.kroatien.hr).

Baden: An der Küste und auf den Inseln gibt es zahlreiche zum Baden geeignete Strände. Ob mit Badekleidung oder textilfrei – möglich ist beides. Kroatien ist neben Südfrankreich das Paradies der Nudisten. Es gibt zahlreiche Campinganlagen, die ausschließlich oder zumindest zum Teil FKK-Anhängern offen stehen. Auffallend ist jedoch der aktuelle Trend, sich wieder einzuhüllen. Selbst an Buchten, die jahrelang als Nacktbadezonen galten und wo es nie Probleme gab, kommen mehr und mehr Menschen, die in ihrer Badekleidung bleiben und damit Nudisten oft veranlassen, es ihnen gleich zu tun.

Der größte Teil der Küste besteht aus Fels, es gibt jedoch auch viele Buchten mit Feinkies und Kies, manchmal sogar mit Sand. In der Nähe von Touristenorten begann man, mit Sand oder Beton künstliche Liegeflächen zu schaffen.

Die kroatische Adriaküste gehört zu den saubersten Gewässern des Mittelmeerraums und bietet Sichtweiten bis zu 50 m Tiefe. In Touristenorten wehen an rund 130 Stränden und über 20 Marinas die für gute Wasserqualität stehenden „Blauen Flaggen" (www.blueflag.org); in unberührter Natur erübrigt sich die Blaue Flagge sowieso. Die Wassertemperaturen liegen zwischen 20 und 25 °C.

Fahrradfahren: Die Touristeninformationen, Hotels und Verleihgeschäfte vermieten Fahrräder (meist Mountainbikes) – pro Tag für ca. 12–14 €. Die Qualität der Mountainbikes ist auch hier inzwischen gut geworden. Aber wer das Besondere liebt, nimmt natürlich seinen Drahtesel lieber von zu Hause mit. Robuste Moutainbikes sind für die oft schotterigen Wegstrecken (Makadam) am besten. Die meisten Inseln eignen sich hervorragend zum Mountainbiken, ebenso das Bergland Biokovo, das dalmatinische Hinterland und der südliche Zipfel Konavle. Es gibt inzwischen viele angelegte Fahrradwege und ebenfalls Fahrradkarten (vor Ort).
→ Unterwegs/Mit dem Fahrrad und im Reiseteil.

Fischfang: Das im Norden bis auf 50 m und im Süden bis auf 200 m klare adriatische Meer lädt zum Fischfang ein – 365 verschiedene Fischarten soll es hier geben. Die *Fangmittel* sind gesetzlich festgelegt. Das Gleiche gilt für die Flüsse. *Fischfanggebiete* sind die Gewässer rund um die Küste und die Inseln. Gefangen werden von Nord nach Süd hauptsächlich Tintenfisch, Makrele, Goldbrasse, Brauner Serran, Thunfisch, Drachenkopf, Meeräsche, Aal, Zahnbrasse, Gelbstriemen, große Geisbrasse, schwarzer Schattenfisch, Muräne, Sackbrasse, Seebarbe und Rotbrasse. In den Flüssen schwimmen vor allem Forellen und Aale.

Angelgenehmigung für das Meer Mit Ausnahme des Angelns vom Ufer aus braucht man eine Genehmigung der zuständigen Gemeinde. Am Ufer ist ein Fang von bis zu 5 kg täglich erlaubt. In Häfen und Naturschutzparks ist der Fischfang verboten – auch Muscheln und Krebse sind geschützt.

Informationen Über Fischereizentren informieren die örtlichen Touristinformationen, zudem gibt es die Gratis-Broschüre „Sportfischerei".

Sportfischereiverband Verband für Sportfischerei auf See von Kroatien, ✆ 01/6106-208, www.hssrm.hr (kroat. Sprache).

Freeclimbing und Klettern: Ein tolles Klettergebiet ist das *Kozjak-Gebirge* bei Kaštela. Anspruchsvolle Felsen finden Kletterer bei Makarska und bei Drasnice im *Biokovo-Gebirge*. Kleinere Klettergebiete gibt es auch bei *Omiš* und bei *Cavtat* im Konavle. Ein fast noch unbekanntes Revier ist das *Dinarische Gebirge* südlich von Knin.

Kajak/Rafting: *Canoe-Safari-* und *Rafting*-Angebote finden sich in Mittel- und Süddalmatien vor allem auf der Cetina. Infos über die Touristeninformationen in Split, Sinj, Trilj, Omiš und Makarska. Sehr beliebt ist inzwischen auch Seekajak, das organisiert auch mehrtägig u. a. um die Elaphiten und die Insel Brač durchgeführt wird (→ Wissenswertes von A bis Z/Organisierte Aktivreisen).

Reiten: Zentrum des Mitteldalmatinischen Pferdesports ist Sinj. Hier gibt es eine Vielzahl an Gestüten und im Sommer das Reiterspektakel Alka. Pferdeliebhaber finden zudem u. a. in Trilj und bei Cavtat Reitmöglichkeiten. Auch hier kann man über Agenturen mehrtägige Touren hoch zu Ross buchen.

Schnorcheln: Die Felsküsten sind ein Paradies für Schnorchelfans. Zahlreiche Fische und krebsartiges Getier tummeln sich im Wasser. Gute Schnorchelausrüstung von zu Hause mitnehmen!

Sportschifffahrt: Für Bootsfreunde, ob per Motor oder umweltfreundlich per Segel, ist die kroatische Küste ein ideales Revier. Sie misst insgesamt 6116 km und bietet mehrere hundert Häfen an der Küste und auf den Inseln sowie zahlreiche schöne Jachthäfen (→ Jachthäfen oder Nautik im Reiseteil). Der Nautiksport boomt! Jahr für Jahr werden die Marinas ausgebaut – die Zahl der in den kroatischen Marinas liegenden Boote unter ausländischer Flagge übersteigt die Zehntausend; ein Vielfaches davon die jährlich einlaufenden Boote. Der Skipper (Bootsführerschein Pflicht) muss die *Anmeldung* im Hafenzollamt für internationalen Verkehr (Port of Entry) vornehmen, zudem die kroatische *See-Vignette* erwerben (Gebühr je nach Länge, ein Jahr Gültigkeit ab Kaufdatum) und die *Crewliste* angeben (es dürfen nur 2,3-mal mehr Personen auf dem Schiff sein, als angegeben; Kinder unter 12 Jahren sind davon ausgenommen). Wer auf dem Landweg einreist, muss sich ebenfalls an das Hafenamt wenden und wie oben verfahren. Beim Verlassen des Landes muss das Schiff abgemeldet werden. Internationale, ganzjährig geöffnete Häfen sind auf der Liste des Kroatischen Jachtclubs ersichtlich (ACI).

▲ Anspruchsvolle Kletterpartie
▼ Kanutour um die Festung Lavrijenac

Sehr beliebt sind auch Boots- und Segeltörns in der Adria. Zudem kann man sich in vielen Touristenorten ab ca. 40 € pro Tag ein 4-PS-Motorboot mieten (Bootsführerschein ist auch hierfür Pflicht!).

Infos zur Sportschifffahrt Udruženje nautičkog turizma (Verband des nautischen Tourismus), www.hgk.hr oder unter www.mmpi.hr (Ministerium für Seewesen).

ACI-Club, ☎ 051/271-288, www.aci-club.hr.

ADAC, Am Westpark 8, 81373 München. Im Internet jährlich aktualisierte Seiten unter: www.adac.de/sportschifffahrt.

Jachtcharter Kompetente Vermittlung von Motorboot- u. Segelcharter u. a. über www.yachtcharterfinder.com und www. pitter-yachting.com.

Tipps und Plattform rund um das Segeln unter www.skippertipps.de.

Broschüre **808 Häfen und Ankerbuchten** (→ Wissenswertes von A bis Z/Literaturtipps).

Seerettung ☎ 195 und ☎ 112

Surfen und Kiten: Die Adriaküste bietet sehr gute Surfbedingungen. Beliebt sind die Inseln Hvar und Korčula, zudem die Insel Brač mit dem Goldenen Horn und besonders Pelješac (Viganj und Kučiste). Im Kanal von Pelješac weht immer eine optimale Brise, so dass in diesem Gebiet auch internationale Regatten ausgetragen werden. Sehr beliebt ist hier inzwischen auch das Kiteboarding (Surfen mit Gleitschirm), bei dem der Surfer hohe Geschwindigkeiten erreicht. Ein Geheimtipp ist noch das Neretva-Delta bei Blace, allerdings gibt es dort weder Service noch Verleih.

Tauchen: Die kroatische Adria ist wegen ihrer extrem tiefen Sichtweite und des sauberen Wassers ein Tauch-Eldorado. Getaucht wird zu Wracks alter Handels- und Passagierschiffe (hierzu wird eine Extra-Gebühr von 25–40 € berechnet), in Grotten und Höhlen, zu Amphorenfeldern und an Steilwänden. Zu sehen gibt es eine bizarre Meeresflora und -fauna.
Auf vielen Inseln und an der Küste gibt es Tauchschulen (→ Reiseteil), die Schnuppertauchen oder auch einwöchige Lehrgänge anbieten. Tauchadressen finden Sie im Reiseteil unter Tauchen bzw. Sport/Tauchen. Nicht vergessen: **Gesundheitszeugnis** (Tauchtauglichkeit) von zu Hause ein mitbringen – manchmal wird dieses auch von Tauchclubs ausgestellt.

Das Tauchen mit Pressluftflaschen muss angemeldet werden. Taucher benötigen einen **Tauchausweis**; dieser ist 1 Jahr ab Ausstellung gültig, kostet 100 KN und ist beim Tauchverband/Tauchclubs erhältlich. Tauchen kann organisiert oder individuell ausgeführt werden. Individuelle Taucher, d. h. Taucher, die einen lizenzierten Tauchclub tauchen möchten, benötigen neben dem Tauchausweis noch eine **Tauchgenehmigung**. Die Tauchgenehmigung (beim Hafenamt erhältlich) ist ebenfalls 1 Jahr ab Ausstellung gültig und kostet 2400 KN. Die Hafenämter informieren auch über Sperrgebiete. Für Unterwasserfotografie gelten dieselben Vorschriften. Unterwasserjagd mit der Harpune ist verboten.

Die schönsten Tauchgebiete finden sich in entlegenen Gegenden. In Mitteldalmatien sind dies die Inseln Hvar, Brač und vor allem Vis; in Süddalmatien steht die Insel Lastovo an erster Stelle, dann Korčula und die Halbinsel Pelješac.

Kroatischer Tauchclub, Sektion Tauchtourismus, Rooseveltov trg 2/II, 10000 Zagreb, ✆ 01/4561-570, info@croprodive.info.

Gratis-Broschüre auch über die Tourismuszentrale und über die Webseite ersichtlich.

Tauchernotruf ✆ 9155, Seerettung ✆ 122, Notruf ✆ 112

Poliklinik für Baromedizin, Fa. Oxy, Zweigstelle Dubrovnik, Ul. Dr. Roka Mišetića 2, 20000 Dubrovnik, ✆ 020/431-687, ✆ 098/381-685 (Dr. Davor Romaović, 24-Std.-Notdienst), www.oxy.hr.

Dekompressionskammer Split – IPM HRM: Šoltanska 1, ✆ 021/354-511, Dr. Nadan Petri.

Tennis: Alle komfortablen Hotels, einige große Campingplätze sowie Sportcenter in Touristenorten haben eigene Tennisplätze und bieten Kurse an. Equipment kann man ausleihen. Das Tenniszentrum des Südens ist *Bol* (Insel Brač), wo die internationalen Jugendturniere ausgetragen werden (→ Bol).

Wandern: Schöne Wanderungen aller Schwierigkeitsgrade sind im *Biokovo-Naturpark* möglich, z. B. auf der 50 km langen *Biokovo-Rilić-Wanderstraße* (BPS). Schöne Routen gibt es auch im *Kozjak-Gebirge* bei Kaštela, im Mosor-Gebirge bei Omiš und im Dinara-Gebirge bei Knin. Auf den Inseln kann man auf Pfaden wandern und Inselberge erkunden, besonders schön sind Wanderungen auf den Sv. Ilija (Halbinsel Pelješac), den Vidova Gora (Insel Brač), den Hum (Insel Vis) und natürlich im Seengebiet des Nationalparks Mljet.

Wir stellen Ihnen die schönsten 11 Touren ausführlich im Wanderführer des Buches vor, dort finden Sie auch alle notwendigen Tipps zum Wandern in Dalmatien (→ S. 464). Auch im Reiseteil finden Sie unter der Rubrik Wandern den ein oder anderen Wandertipp.

Wasserski: In allen größeren Touristenorten an der Küste kann man Wasserskifahren, es ist aber nicht mehr „trendy", d. h. Fans dieser Sportart sollten besser ihre eigene Ausrüstung mitbringen, Bootsverleih hingegen ist kein Problem (nur mit Bootsführerschein!). *Bitte beachten:* Erst ab einem Mindestabstand von 300 m zum Strand kann der Bootsmotor auf vollen Touren laufen, dann ist der Spaß für den Läufer gesichert. Es muss neben dem Fahrer ein Beifahrer anwesend sein, der den Wasserskiläufer beobachten kann, und das Boot muss über einen Rückspiegel verfügen.

Dubrovnik – die Franziskanerapotheke ist die drittälteste Europas

Wissenswertes von A bis Z

Ärztliche Versorgung

Die ärztliche Versorgung in Kroatien entspricht europäischen Standards. Seit dem EU-Beitritt im Juli 2013 gilt nun auch hier die **Europäische Krankenversicherungskarte (EKVK)**, mit der Sie bei jeder medizinischen Einrichtung ärztliche und zahnärztliche Behandlung, Heilmittel oder Krankenhausbehandlung in Anspruch nehmen können. In der Regel fallen für Medikamente wie bei uns auch Zuzahlungen zwischen 5 und 25 % der Kosten an; bei Medikamenten, die nicht auf der Positivliste stehen, bis zu 100 %.

Im Reiseteil finden Sie unter „Gesundheit" jeweils alle wichtigen Adressen.

Krankenhaus *(Bolnica)*, **Krankenstationen** *(Dom zdravlja)* oder eine **Ambulanz** *(Ambulanta)* gibt es in fast allen Städten. Im Sommer sind in Touristenorten separate Ambulanzen für Urlauber eingerichtet, auch größere Hotels und Campingplätze bieten medizinische Erstversorgung (gesprochen wird Englisch, Deutsch oder Italienisch).

Im Notfall wenden Sie sich an den deutschsprachigen ADAC-Telefondienst (s. u.), der Adresse und Telefonnummer eines deutschsprachigen Arztes vermittelt oder einen Krankentransport veranlasst. Bei *Tauchunfällen* wenden Sie sich an die **Polikliniken für Baromedizin** Oxy (s. u.).

Internationale Notrufnummer ☎ 112
Polizeinotruf ☎ 192
Unfallrettung ☎ 194
ADAC-Notruf
☎ 01/3440-666 (Zagreb),
☎ 089/222-222 (München)
Poliklinik für Baromedizin u. a. in Dubrovnik oder Dekompressionskammer in Split (→ Tauchen)

Apotheken *(Ljekarna)* gibt es in jedem größeren Ort; sie sind meist von 8 bis 19 Uhr, samstags bis 14 Uhr (teils auch sonntags) geöffnet. Zudem gibt es einen Apotheken-Notdienst.

Tierarzt *(Veterinar):* in jedem größeren Ort; Infos unter www.veterinarstro.hr.

Diplomatische Vertretungen

Botschaften der Republik Kroatien
Deutschland, Ahornstr. 4, 10787 Berlin, ✆ 030/21915-514, www.zagreb.diplo.de.

Österreich, Haubergasse 10, 1170 Wien, ✆ 01/4802-083.

Schweiz, Gurtenweg 39, P. O. Box 231 Muri/Bern, ✆ 031/9256-659.

Botschaften in Kroatien Deutsche Botschaft, 10000 Zagreb, Ul. grada Vukovara 64, ✆ 01/6300-100.

Österreichische Botschaft, 10000 Zagreb, Radnička cesta 80/IX, ✆ 01/4881-050.

Schweizer Botschaft, 10000 Zagreb, Bogovićeva 3, ✆ 01/4878-800.

Weitere Infos unter **www.mvp.hr**.

Elektrizität und Trinkwasser

Die Spannung beträgt 220 V, 50 Hz. Das Trinkwasser ist im ganzen Land einwandfrei und trinkbar. Wer dennoch unsicher ist, sollte auf Wasser in Flaschen zurückgreifen.

Feiertage

An diesen Tagen bleiben Geschäfte und Banken geschlossen:

1. Januar: Neujahrstag	**25. Juni**: Staatsfeiertag
6. Januar: Heilige Drei Könige	**5. August**: Danksagungstag
März/April: Ostersonntag/-montag	**15. August**: Mariä Himmelfahrt
1. Mai: Tag der Arbeit	**8. Oktober**: Tag der Unabhängigkeit
40 Tage nach Ostern: Pfingstsonntag/-montag	**1. November**: Allerheiligen
22. Juni: Tag des antifaschistischen Widerstands	**25./26. Dezember**: Weihnachtsfeiertage

Feste und Veranstaltungen

Größere Städte bieten vor allem im Juli und August ein breites Spektrum an *Musik-, Theater-* und *Folkloreveranstaltungen*. Aber auch touristische Zentren und kleinere Orte warten in den Sommermonaten mit einem Unterhaltungsprogramm auf (→ Reiseteil/Veranstaltungen). Die kroatischen Tourismusverbände geben jährlich einen detaillierten Veranstaltungskalender heraus, der auch im Internet abrufbar ist → www.croatia.hr/events.

Cavtat Ephidaurus-Festival, Anf. Aug., ca. 10 Tage mit klassischer Musik, Ausstellungen und Klapa-Auftritten.

Folkloreaufführung in Čipili (6 km südl.), jeden So Mai–Okt. auf dem Hauptplatz.

Dubrovnik Dubrovniker Sommerfestspiele im Juli/Aug.; tägl. mehrere Veranstaltungen, wie klassische Konzerte, Theater, Folklore mit sehr guten nationalen und internationalen Interpreten. Infos unter www. dubrovnik-festival.hr.

Klassische Konzerte, tägl. im Juli/Aug. in Kirchen, Dominikanerkloster etc.

Segelregatta, 1. Wochenende im Aug.

Lindo-Tänzer begeistern sonntags in Čilipi (Konavle) die Besucher

Insel Hvar/Hvar-Stadt   Sv.-Stjepan-Fest, Messe und große Prozession.

Insel Korčula/Korčula-Stadt   Volkstanz Moreška, von Ostern bis Ende Okt. 1- bis 2-mal wöchentl.

Sommerkarneval, 30. Juni, großer Umzug am Abend etc.

„Assisisches Vergeben", 2. Aug., Prozession auf dem Meer zur Insel Badija.

Sv.-Todor-Fest, 29. Juli mit Messe, Prozession und großer Moreška-Aufführung.

Marko-Polo-Fest, jährlich Mitte Juli; zur Erinnerung an Marco Polo und die große Seeschlacht um Korčula findet vor der Altstadt ein großes Schiffs-Spektakel statt.

Insel Lopud/Lopud   Lopuder Nacht, vom 14. auf den 15. Aug. Prozession und Messe.

Sv.-Šunj-Fest, an Christi Himmelfahrt; große Prozession von der Kirche Sv. Šunj in den Ort Lopud.

Sinj   Alka-Fest, 1. So im Aug.

Split   Nautikmesse – Croatia Boat Show, im April/Mai.

Spliter Sommer, Mitte Juli bis Mitte Aug. mit großem Kulturprogramm, u. a. Theateraufführungen, Ballett, zum Teil im Peristyl.

Sv.-Duje-Fest, 7. Mai; neben einer Messe und Prozession großes Blumenfest mit Blumenkorso.

Internationale Segelwoche, 1. Oktoberwoche.

Internationales Filmfestival, letzte Septemberwoche, Kurzfilme.

Trogir   Fest von Trogir, Mitte Juli bis Mitte Sept.; großes Folklore – und Musikprogramm.

Mittelalterfest, Anfang Mai.

Finanzen

Währung: Kroatische Kuna (KN oder HRK) – 1 Kuna = 100 Lipa. 1 KN = 0,131 €; 1 € = ca. 7,61 KN (Stand Juli 2014).

Bargeld/Geldwechsel: Bargeld sollte man auf jeden Fall zumindest teilweise mitnehmen (*Achtung*: ab 10.000 € am Zoll deklarieren); der Bargeldumtausch ist in Kroatien günstiger als z. B. in Deutschland. Geldwechsel ist in Banken, Wechselstuben, Postämtern und an Rezeptionen von Hotels und Campingplätzen möglich; zudem gibt es zahlreiche Bankomaten.

Bankkarte: In jedem Ort gibt es an Banken Geldautomaten (Bankomat), die per EC-Karte (mit Geheimzahl) bedient werden können. In Kroatien die einfachste und bequemste Art, sich Bargeld zu besorgen! Höchstbetrag pro Abhebung sind ca. 250 €. Die Gebühr beträgt mit EC-Karte ca. 4,50 € (je nach Bank), mit Kreditkarte ca. 10 € (z. B. bei Mastercard!). Eine gute Alternative ist hier die Postbank-Sparcard 3000, pro Jahr hat man 10 Auslandsabhebungen an Visa-Plus-Automaten gratis.

Kreditkarte: Alle gängigen Kreditkarten werden u. a. von Hotels, Autovermietungen, Restaurants, Tankstellen und größeren Geschäften akzeptiert. Geldabhebungen (s. o.) jedoch nicht sinnvoll!

Kupas – Dubrovniks frühere Geldanlage

Reiseschecks können an Banken gegen Gebühr eingelöst werden, Wartezeiten dafür sind einzukalkulieren. Vorteil: Bei Scheckverlust gibt es gegen Vorlage der Kaufbescheinigung Ersatz.

Banken sind in der Regel Mo–Fr 7–19, Sa 7–13 Uhr geöffnet; in kleineren Orten ist manchmal mittags geschlossen. Banken gibt es in Mittel- und Süddalmatien an fast jeder Ecke, **Bankomaten** auch in kleinen Orten.

Zentrale Kartensperre – ✆ 0049/116-116: Sperrnummer für Karten (u. a. Bank- u. Kreditkarten, Mobiltelefon), die bei Verlust oder Missbrauch die Sperrung umfasst. Der Verein Sperr e. V. leitet die Anrufe an die zuständigen Firmen weiter (im Ausland kostenpflichtig). Natürlich muss man seine Geheimzahl oder PIN-Nummer wissen!

Informationen

Kostenloses Informationsmaterial und Auskünfte über Kroatien erhält man in Reisebüros oder bei den unten stehenden Tourismusverbänden. Es gibt Karten, Hotel- und Campingverzeichnisse, Informationen über Nautik etc. Auch das Angebot an Internet-Seiten über Kroatien ist sehr groß und umfassend. Fast jede Stadt präsentiert sich informativ und mit nützlichen Adressen. Auch Apps können vor allem zu Städten gratis heruntergeladen werden.

Tourismusverbände in Kroatien Kroatische Zentrale für Tourismus, 10000 Zagreb, Iblerov trg 10/IV, ✆ 00385/1/4699-333, www.croatia.hr.

Für die Region Split: **Tourismusverband Mitteldalmatien**, 21000 Split, Prilaz braće Kaliderna 10/I, ✆ 00385/21/490-033, www. dalmatia.hr.

Für die Region Dubrovnik: **Tourismusverband Süddalmatien**, 20000 Dubrovnik, Vukovarska 24 , ✆ 00385/20/324-999, www.visit dubrovnik.hr.

In Deutschland Kroatische Zentrale für Tourismus, Stephanstr. 13, 60313 Frankfurt, ✆ 069/2385-350, www.croatia.hr.

Rumfordstr. 7, 80469 München, ☎ 089/223-344, kroatien-tourismus@t-online.de.

In Österreich Kroatische Zentrale für Tourismus, Liechtensteinstr. 22 a, 1090 Wien, ☎ 0043/1/5853-884, office@kroatien.at.

In der Schweiz Kroatische Zentrale für Tourismus, Seestr. 160, 8002 Zürich, ☎ 0041/43/3362-030, info@kroatien-tourismus.ch.

Informationsbüros und Tourismusverbände in Kroatien

Turističko Informativni Centar (TIC) – hier gibt es meist sehr gute Auskünfte. Sie arbeiten eigenständig, aber in Verbindung mit dem Tourismusverband.

Turistička Zajednica Županije (TZŽ) – Tourismusverband der gesamten Region/Gespannschaft. Hier ist kein Publikumsverkehr!

Turistička Zajednica grada (TZG) – Tourismusverband der Stadt (oft im gleichen Gebäude wie TIC).

Turistička Zajednica Općine (TZO) – regionaler Tourismusverband.

Turistički Ured (TU) – Tourismusverband eines kleinen Ortes.

In oben genannten Büros sind meist nur Auskünfte und Kartenmaterial erhältlich; Zimmervermittlung bei den **Agenturen**.

Internet

Auch in Kroatien präsentieren sich Firmen, Hotels und Tourismusverbände auf Internetseiten (in den Ortskapiteln angegeben). Gute Hotels verfügen meist über WiFi, gut ausgestattete Campingplätze, Marinas und Cafés sowie Altstadtplätze bieten diesen Service meist gratis. Aber es gibt auch immer noch kleinere Hotels oder Campingplätze, die nur an der Rezeption oder in der Lobby über WiFi oder Internetzugang verfügen. Es dürfte also kein Problem sein in Kontakt mit seinen Lieben zuhause oder mit der „Welt" zu bleiben. Auch PC- und Telefonshops gibt es flächendeckend.

Karten

Euro-Cart (RV-Verlag): **Dalmatinische Adriaküste** 1:300.000. Karte für die Grobplanung der Reiseroute.

freytag & berndt, Autokarte Kroatien, Istrien & Dalmatien, 1:250.000. Übersichtliche Straßenkarte für unterwegs.

Auto karte Trsat, Hrvatska, 1:500.000. Gute Kroatien-Gesamtkarte für Übersicht und Anreise (mit Slowenien u. Bosnien-Herzegowina) inkl. Stadtplänen der wichtigsten Großstädte. Nur in Kroatien erhältlich (Tankstellen, Buchhandlungen, etc.).

Fahrrad- und Wanderkarten, sehr gutes Material gibt es vor Ort u. a. bei den Tourismusverbänden; so z. B. zum Naturpark Biokovo, Nationalpark Mljet und zu etlichen Inseln und Orten wie Omiš oder Sinj.

Bundesamt für Seeschifffahrt und Hydrographie (BSH), *Amtliche Seekarten 1071–1077*; 1:100.000. Die Karten decken die gesamte Küste Kroatiens ab.

Kleidung

Die Tourismuswerbung verspricht viel Sonne. Doch sollte man die Stürme nicht außer Acht lassen, die je nach Jahreszeit die Küste heimsuchen. Obwohl sich die Adriaküste gerade im Frühjahr und Spätherbst für verfrorene Mitteleuropäer anbietet, sollte man nicht aus Übermut *warme und regenfeste Bekleidung* vergessen. Für die Berge auf jeden Fall funktionale Kleidung einpacken. Unentbehrlich ist v. a. rutschfeste, gute Wanderschuhe!

Literatur

Weithmann, Michael W., *2000 Jahre zwischen Orient und Okzident*, Verlag Weithman von Pustet, 2000. Zusammenfassung der Spannungen zwischen Orient und Okzident.

Hösch, Edgar, *Geschichte der Balkanländer*, C. H. Beck Verlag, München 2002. Umfassendes Werk zum Verständnis der Entwicklung auf dem Balkan.

Schönfelder, Ingrid u. Peter, *Was blüht am Mittelmeer?* Mittelmeerpflanzen nach Farbe bestimmen, 320 Seiten, 460 Abbildungen, Kosmos-Verlag.

Marčić, R. und Karlić, B., *Schlemmen an Kroatiens Küste*. Traumziele für Gourmets, Bibliothek More.

Nautik-Literatur Beständig, Karl-Heinz, *Kroatien, Slowenien, Montenegro – 888 Häfen u. Buchten*, Eigenverlag Beständig (s. u.), erscheint jährlich aktualisiert u. inzwischen auch in Farbe; 27. Auflage (2014/2015). Standardwerk für jeden Skipper!

Beständig, Karl-Heinz, *1000 GPS Wegepunkte. Kroatien, Slowenien, Montenegro*, Eigenverlag Beständig, Pressig, Marienstraße 7, 96332 Pressig, ✆ 09265/913240, karlheinz.bestaendig@t-online.de.

Split – beste Motive zum Zeichnen

Müller, Bodo, *Kroatische Küste – Dubrovnik-Elaphiten-Süd-Dalmatien*, Edition Maritim, 2007. Restaurants, Liegeplätze, Häfen u. super Fotos zur Einstimmung.

Minenfelder

Immer wieder werde ich von Lesern auf Landminen hingewiesen, daher nun ein paar Infos. In den bis 1995 umkämpften Gebieten Kroatiens und v. a. an der damaligen Frontlinie besteht in einsamen Gegenden immer noch Gefahr durch Landminen. D. h. im Gebiet Ostslawoniens, zudem im Raum Sisak und Karlovac, östlich von Ogulin, Otocac, Gospic, nordöstlich von Zadar (Gebiet in Richtung Novigradska more), im südlichen Velebit, im Hinterland der Küste zwischen Senj und Split und in der Bergwelt südöstlich von Dubrovnik. Die Minenfelder, die oft dicht am Straßenrand verlegt wurden, sind normalerweise durch Schilder und gelbe Plastikstreifen gekennzeichnet. In diesen Gebieten also die Straßen und Wege nicht verlassen; ebenfalls sollte man leer stehende Gebäude, besonders auch beschossene und Trümmergrundstücke nicht betreten. Nähere Informationen erteilt die Minenräumanstalt *Hrvatski centar za Rasminiranje*, www.hcr.hr (in Englisch). Die Minengebiete wurden auf der Website-Karte eingezeichnet.

Nachrichten/Wetterprognosen

Nachrichten/Medien: Wer wissen möchte, was zu Hause oder in aller Welt passiert, schaut heute meist auf sein Smartphone oder sein Laptop oder geht ins nächste *Internetcafé*. Wer noch in seiner Zeitung blättern möchte, geht zum *Kiosk*, der meist

auch immer noch eine gute Auswahl an deutschsprachigen Zeitungen und Zeitschrif-
ten bietet. Ebenso sind in Hotels die *Sat.-TVs* mit einer Auswahl an deutschsprachigen
Sendern gängig, die ebenfalls Nach-
richten ausstrahlen.

Souvenirs – für jeden Geschmack

Nachrichten, **Wetter**, **Verkehrslage**: Im
Sommer jede volle Stunde im 2. Pro-
gramm des Kroatischen Rundfunks sowie aus den Studios des Bayerischen
Rundfunks, Ö 3, RAI Uno sowie Virgin
Radio (englisch) und natürlich auch über
die **Apps** der Automobilclubs. www.
oeamtc.at oder www.hak.hr.

Wetter: Die meist zuverlässigen Wetter-
prognosen liegen in den Hotels, an Campingplätzen, Tourismusinformationen
und v. a. in den Marinas aus.

Im Internet ist der Adria-Seewetterbe-
richt in deutscher Sprache unter www.
meteo.hr ersichtlich, zudem auf das
WAP-Mobiltelefon ladbar: www.meteo.
hr/mobil/jadran_n.wml.

Nur über UKW-Seefunkgeräte zu emp-
fangen:

Radio Split, UKW-Kanal 07, 21, 23, 28
und 81.

Radio Dubrovnik, UKW-Kanal 07, 04
und 85.

Sendezeiten des kroatischen Wetterbe-
richtes um: 7.45, 14.45, 21.45 Uhr.

Öffnungszeiten

Es gibt keine gesetzlich geregelten Öffnungszeiten. In der Saison sind Post, Bank,
Touristeninformationen und Geschäfte meist durchgehend von 7 bis 21 oder 22
Uhr geöffnet. In der Nebensaison reduzierte Öffnungszeiten. Infos (→ Reiseteil).

Museen: Die Öffnungszeiten unterliegen oft einer jährlichen Änderung, daher am
besten vorab bei TIC nachfragen.

Restaurants: Auch deren Öffnungszeiten unterliegen Änderungen, meist bedingt
durch Nachfrage – tritt z. B. eine Schlechtwetterphase im Herbst ein, wird das
Lokal frühzeitig geschlossen.

Kirchen: Die meisten Kirchen sind nur zur Messe oder an speziellen Kirchenfeier-
tagen geöffnet. Wer außerhalb dieser Zeit eine Kirche besichtigen möchte, kann
im Pfarramt oder in der Touristinformation nachfragen, manchmal einfach auch
im Nachbarhaus. Nach dem Besuch sollte man freundlicherweise einen Obolus
hinterlassen.

Ston (Pelješac) – die besten Muscheln und Austern werden hier gezüchtet

Organisierte Aktivreisen

Bootstourismus: Sehr beliebt sind 1- oder 2-wöchige Segeltörns mit nachgebauten, alten Motorseglern. Eine tolle Sache für all diejenigen, deren Geldbeutel nicht prall gefüllt sind, die aber trotzdem Seeluft schnuppern wollen. Die Schiffe schippern entlang der Küste, halten zum Baden an schönen abgelegenen Buchten und ankern direkt in den Häfen der Küstengroßstädte. Ein großes Angebot hat die Münchner Agentur *Riva Tours* (www.idriva.de).

In Dalmatien verkehrt auch der Motorsegler „Gardelin", 28 m lang und 6,9 m breit (www.gardelin.hr).

Inselhopping & Fahrradtouren: der Motorsegler, Fahrradtransport inklusive. Auch hier verfügt *Riva Tours* (www.idriva.de) über ein breites Angebot. Weitere ausgefeilte Angebote entlang der Küste, aber auch zu den Nationalparks, sowie gute individuelle Reisebegleiter hat die Agentur *Zeit-Reisen* (Konstanz, ✆ 0753/8199-390, www.inselhuepfen.de).

Radtouren: Eine super Sache, gerade auf den Inseln. Hinzu kommt, dass das Gepäck transportiert wird, man/frau tagsüber nur Kleingepäck wie Badesachen am Rücken halftern muss. Agenturen sind *Zeit-Reisen* (s. o.), zudem Wikinger, Rückenwind, Radissimo, Natours, Pedalo, DRF Rad & Aktiv sowie auch Dertour.

Meer-Kajaktouren: Diese Touren sind ebenfalls sehr beliebt. Gepäck etc. wird transportiert, der Gast paddelt um Küsten und zu Inseln, z. B. um die Insel Brač (→ Bol), die Elaphiten (→ Dubrovnik). Infos unter www.adventuredalmatia.com oder www.seakayak.hr.

Papiere

Für die Einreise nach Kroatien und einen Aufenthalt von bis zu drei Monaten benötigen Deutsche, Österreicher und Schweizer einen gültigen *Reisepass* oder einen *Personalausweis*. Seit 2012 müssen auch *Kinder* über einen eigenen Ausweis verfügen. Für einen Aufenthalt von mehr als drei Monaten ist ein *Visum* erforderlich.

Auto- bzw. Motorradfahrer benötigen *Führerschein* und *Fahrzeugschein,* bei einer Fahrzeuganmietung evtl. auch den internationalen Führerschein.

Weinernte an der Südküste von Hvar

Für Haustiere ist der *EU-Heimtierausweis* mit den vorgeschriebenen Impfungen (u. a. Primär-Tollwutimpfung) obligatorisch. Die Tiere müssen über einen implantierten Chip verfügen.

Post

Die kroatischen Postämter *(pošta)* sind mit einem blau-gelben Schild und der Aufschrift „HPT" gekennzeichnet. Hier kann man auch Geld wechseln und erhält Telefonkarten *(telefonska karta).*

Briefe (7,60 KN) und Postkarten (5,80 KN) benötigen ca. 5 Tage nach Deutschland. Briefmarken gibt es außer am Postschalter auch an jedem Kiosk. Einschreiben oder Päckchen werden am Schalter abgegeben. Pakete für den Auslandsverkehr sind bis 10 kg zugelassen – internationale Paketkarte und Zollerklärung (dreifach) sind am Schalter erhältlich. Geöffnet meist Mo–Fr 7–19, Sa bis 14 Uhr. In kleinen Orten immer nur bis 14 Uhr.

Achtung: Wer auf ein Päckchen aus Deutschland wartet, sollte sich danach auch am Zoll, *Carina* (meist im oder neben dem Postgebäude), erkundigen – hier werden die meisten ausländischen Pakete bis zur Abholung aufbewahrt.

Rauchen

Auch in Kroatien gilt das **Rauchverbot**; u. a. in allen öffentlichen Gebäuden, Restaurants und Diskotheken, außer es gibt Nebenräume.

Telefon

Internationale Gespräche vermitteln die Postämter oder (mit Aufschlag) alle größeren Hotels und Campingplätze. *Telefonkarten* (telefonska karta) sind mit verschieden hohen Guthaben an Zeitungskiosken, in Postämtern und Hotels erhältlich. Das

Telefon- sowie Mobilfunknetz ist gut ausgebaut. Wenn man viel telefoniert, lohnt sich der Kauf einer SIM-Karte, die in den zahlreichen Telefonläden erhältlich ist.

Hinweis: Telefonnummern und Internetadressen unterliegen ständigen Änderungen – daher können wir für die Angaben im Reiseteil nicht garantieren!

Wichtige Telefonnummern

Intern. Notruf/Rettungsdienst **112**	Tauchernotruf **9155**
Polizei **192**	Pannenhilfe **1987**
Feuerwehr **193**	(vom ausländ. Mobiltel. **+385/1/1987**)
Erste Hilfe **194**	Inlandsauskunft **11880** u. **11888**
Suche und Rettung auf dem Meer	Auslandsauskunft **11802**
9155	Verkehrsservice **062/777-777**

Vorwahl-Nr. von Kroatien nach:

Deutschland **0049**	**Vorwahl-Nr. nach Kroatien**: 00385
Österreich **0043**	**Vorwahl-Nr. Raum Split**: 021
Schweiz **0041**	**Vorwahl-Nr. Raum Dubrovnik**: 020

Trinkgeld

Ein Bedienungszuschlag ist im Preis oft nicht inbegriffen und das Gehalt von vielen kroatischen Angestellten ist sehr gering. Es bleibt dem Gast überlassen, ob er einen guten Service anerkennen möchte; üblich sind 10 % der Restaurantrechnung.

Zoll

In Kroatien gelten nun auch die Zollbestimmungen der EU-Länder. Das Schengener Abkommen ist noch nicht in Kraft getreten, ca. 2017 ist damit zu rechnen, d. h. es wird weiterhin Personenkontrollen geben!

Ein-/Ausfuhr: Waren, die zum persönlichen Gebrauch gehören, können unbegrenzt ein- und ausgeführt werden. Zu deklarieren ist allerdings ein Bargeldbetrag von über 10.000 € (lt. EU-Bankengesetz, dies gilt bereits in Österreich!). Betriebsgenehmigungen für Funksprechgeräte sind im Voraus beim kroatischen Konsulat oder bei der Botschaft zu beantragen. Ansonsten sind zollfrei: 200 Zigarren, 300 Zigaretten (bis Juli 2014 waren es 800 Stück – wer mehr einführt, muss Tabaksteuer bezahlen!), 10 l hochprozentige Spirituosen, 20 l bei weniger als 22 % Alkohol, 90 l Wein und 110 l Bier.

Mehrwertsteuer-Rückerstattung mit PDV-Formular

Beim Einkauf (mit Ausnahme von Treibstoff) ab einem Mindestbetrag von 740 KN (ca. 96 €) haben Sie ein Recht auf Rückerstattung der 10-prozentigen kroatischen Mehrwertsteuer (gesenkt seit Jan. 2013!). Beim Kauf das PDV-P-Formular (Poreski ček) verlangen, das vom Verkäufer ausgefüllt und quittiert werden muss. Bei der Ausreise erfolgt am Zoll nach Beglaubigung die Auszahlung. Info: Zollverwaltung der Republik Kroatien, ☎ 01/6102-333, www.carina.hr.

Bei Škrip (Insel Brač) – mit Weitblick auf das Biokovo-Gebirge

Mitteldalmatien

Trogir – Blick auf die mittelalterlich geprägte Altstadtidylle

Mitteldalmatien

Die mitteldalmatinische Region ist eine gewaltige Karstlandschaft mit hoch aufragenden Küstengebirgen. Das Klima hier ist nicht ganz so mild wie weiter im Süden, weil die rauen Ostwinde ungehindert über das Dinarische Gebirge zur Küste dringen können. Seit Jahrtausenden waren die wenigen Zugänge zum Meer wichtige Handelswege, bewehrt mit mächtigen Burganlagen, die Schutz gegen die Türken bieten sollten. Doch die waren nicht aufzuhalten – und standen Ende des 15. Jh. kurz vor Split.

Nicht aufhalten ließ sich auch die *Cetina,* die sich durch die einsame Bergwelt ihren Weg bahnt und auf der man sich heute vergnüglichen Kajak- und Raftingtouren widmen kann ...

Kulturliebhaber finden vor allem in den Städten *Split* und *Trogir* viel Sehenswertes für schöne Urlaubstage und Sportsfreunde haben zu Land und zu Wasser vielfältigste Möglichkeiten.

Zum mitteldalmatinischen **Hinterland** gehören die Orte *Klis* und *Sinj,* die Landschaft um das *Cetina-Tal* bis zum Städtchen *Vrlika* und weiter an der Grenze zu Bosnien-Herzegowina entlang über *Imotski* nach *Vrgorac.* Die einstige Königsstadt *Knin* (Norddalmatien) im Norden von Vrlika lohnt noch einen Abstecher oder einen Stopp bei der An- oder Abreise.

Die mitteldalmatinische **Küste**, im Norden mit *Marina* beginnend, zieht sich über *Trogir,* die *Bucht von Kaštela* bis zur Fähr- und Kulturstadt *Split;* südlich gefolgt von der *Makarska-Riviera* mit dem mächtigen *Biokovo-Küstengebirge* und kurz nach dem Städtchen *Gradac* endend.

Küste von Marina bis Split

Zur mitteldalmatinischen **Inselwelt** zählen im Norden die Inselchen *Mali Drevenik* und *Veli Drvenik*, *Šolta* und die große Insel *Brač* nebenan, weiter südlich die Insel *Hvar* und westlich die Inseln *Vis* und *Biševo* sowie die noch weiter westlich gelegenen unbewohnten, aber interessanten Inseln *Sv. Andrija, Brusnik, Jabuka* und *Palagruža*.

Die Küste von Marina bis Split

Trutzige Kastelle bewachen die **Bucht von Kaštela**, den Küstenstreifen zwischen Trogir und Solin. Die sog. *Straße der Kastelle,* heute aus sieben fast nahtlos zusammengewachsenen Orten an der *Kaštelanski-zaljev-Bucht* bestehend, war über viele Jahrhunderte ein bedrohtes und umkämpftes Gebiet: Unweit im Hinterland lag die Grenze des venezianischen Dalmatien und im 15. und 16. Jh. musste sich die Region gegen die türkischen Angriffe wappnen. Fürsten und Klerus gewährten ihren Untertanen deshalb Lehen – mit der Auflage, Befestigungen zu errichten und die Siedlungen durch Wehranlagen zu schützen. So entstanden neben den Bastionen von Trogir, Seget und Marina allein an dem kleinen Küstenabschnitt zwischen Trogir und Solin 16 befestigte Landsitze, von denen heute noch 13 erhalten sind (→ Bucht von Kaštela).

Touristische Magneten der Region sind für die meisten Urlauber das mittelalterliche **Trogir** und die große Ausgrabungsstätte des antiken **Salona**. Doch auch die kleinen Orte dazwischen lohnen einen Besuch. Und wer genug hat von Kultur und Meer, kann die Wanderstiefel schnüren oder das Mountainbike packen und ins 630 m hohe *Kozjak-Gebirge* gehen, das mit seinen Steilwänden auch geübte Kletterer fordert.

Marina

Ein kleiner, hübscher Ort abseits der Magistrale, gut geschützt an der gleichnamigen tiefen Meeresbucht gelegen. Bootsbesitzer finden hier einen sicheren Hafen. Der im 15. Jh. zum Schutz gegen die Türkenüberfälle eingefriedete Ort gehörte einst dem Bistum Trogir. Im 16. Jh. ließ es ein **Kastell** errichten, von dem das wappenverzierte Tor und ein Wehrturm erhalten sind. Letzterer, das heutige Wahrzeichen Marinas, wurde zu einem hübschen Hotel umgebaut, ist derzeit aber wieder geschlossen. Ein aussichtsreicher Spaziergang führt zum 2 km entfernten Berg Drid nordöstlich von Marina mit der **Kapelle Gospe od Snijega** (15. Jh.). Schöne Badeplätze finden sich um Marina sowie 7 km südlich beim Fischerort **Vinišće** an der gleichnamigen Bucht. Hübsch ist auch der Weiler **Sevid**. Dieses Gebiet ist bekannt für gutes Olivenöl. Entlang der Südküste gibt es viele ruhige Badebuchten.

Information Tourismusverband, Ante Rudana 47 (bei der Post), 21222 Marina, ℘ 021/889-015, www.tz-marina.com.hr. 15. Juni–15. Sept. tägl. 8–20, So nur bis 12 Uhr; sonst Mo–Fr 7–15 Uhr.

Agentur Kornica, Trg Stjepana Radića 1, ℘ 095/9033-306 (mobil), www.kornica.hr.

Verbindungen   Bus: regelmäßig nach Split, Šibenik. 12 km bis Trogir.

Einkaufen/Olivenöl   P.Z. Marina, Obala Alojzija Stepinca 2 (gegenüber Hotel), www.pz-marina.com; **Uljara Bilaja**, Marinska cesta 36, www.uljane-bilaja.com. ∎

Übernachten/Essen Es gibt etliche hübsche Privatzimmer ab 30 €/DZ in Marina und den südlich gelegenen Weilern.

Kod Duje, nett sitzt man im Natursteinhaus unter Fischernetzen. Die Küche bietet vor allem leckere Fischgerichte. ℘ 021/889-563, 091/5592-143 (mobil).

Restaurant Šesula, gegenüber Kod Duje, sehr gutes Fischlokal mit Sitzmöglichkeiten in der Gasse. ℘ 021/889-636.

Restaurant Hila, gegenüber Jachthafen am Meer mit lauschigem, geschützten Innenhof und Natursteingemäuern. Auch hier sehr gute Fischgerichte. ℘ 091/7820-077 (mobil).

Jachthafen   Agana Marina, liegt am tiefen geschützten Ende der Bucht. 134 Liegeplätze im Wasser (für Jachten bis 25 m Länge), 70 Stellplätze an Land. Nautikgeschäft, Service, Sanitäranlagen und Wäscherei. Tankstelle in Trogir (6 sm). ℘ 021/889-411, -412, www.marina-agana.hr.

Wellengeschützt und turmbewehrt – das Städtchen Marina

Inseln Čiovo und Drvenik

Trogir

Trogirs mittelalterliche Altstadt liegt auf einer künstlich angelegten Insel, die durch eine Steinbrücke mit dem Festland und durch eine Zugbrücke mit der Insel Čiovo verbunden ist. Von der Stadt sagt man, jedes ihrer alten Häuser verberge ein Drama, jede Kapelle eine Legende – und jeder Balkon sei ein Katafalk der Liebe und Hoffnung. Heute lebt Trogir ganz unsentimental, ja fast schon ungeniert vom Tourismus. Aufgrund der einzigartigen Baudenkmäler wurde Trogirs Altstadt unter den Schutz der UNESCO gestellt.

Nur 3000 Einwohner zählt das Museumsstädtchen (mit seinen Gemeinden 13.200), durch dessen schmale Tore kein Auto passt. Neben Dubrovnik ist Trogir die einzige Stadt Dalmatiens, die ihr mittelalterliches Stadtbild bewahrt hat. Ihr bedeutendstes Bauwerk ist das beeindruckende Hauptportal der Kathedrale, das der kroatische Meister *Radovan* schuf. Viele verwinkelte Gässchen mit Torbögen enden an Plätzen mit Kirchen, Palästen und Cafés.

Leider sind inzwischen fast alle lauschigen Ecken mit Tischen und Sonnenschirmen der Lokale verstellt, die manchmal das zauberhafte mittelalterliche Flair und den Blick auf die Baudenkmäler nehmen. In den Gassen reihen sich zahllose Schmuckläden, Boutiquen und Galerien aneinander und entlang der palmengesäumten Uferpromenade in Richtung Kastell ankern prächtige Mega-Jachten, beliebte Fotomotive bei den Touristen. Die Parkplätze sind belegt, Parkplatzsuchende meist genervt und der Verkehr hinüber zur Insel Čiovo kommt oft zum Erliegen – ein Brückenbau östlich der Altstadt soll dem Verkehrsgewühl irgendwann ein Ende bereiten. Fast nahtlos ist Trogir im Westen mit den Stadtteilen Seget Donji und Vranjica zusammengewachsen.

Geschichte

Trogir wurde im 3. Jh. v. Chr. von Griechen aus Siracusa, die sich auf Issa (dem heutigen Vis) niedergelassen hatten, unter dem Namen *Tragurion* – Ziegeninsel – gegründet. Sie trennten die Stadt, die damals noch auf einer Halbinsel lag, durch einen Kanal vom Festland ab. Die Römer bauten Trogir unter dem Namen *Tragurium* zum Handelshafen aus. Bekannt und begehrt war der vorzügliche Marmor aus den nahe gelegenen Steinbrüchen.

Doch bald verlegten die Römer ihren Stützpunkt in das nicht weit entfernte, schnell wachsende *Salona*. Seit dem Niedergang des Weströmischen Reichs wurde Trogir vom Exarchen in Ravenna als byzantinische Provinz regiert. Slawen und Awaren zerstörten Salona Anfang des 7. Jh. Der byzantinische Kaiser *Heraklios* rief die Kroaten zu Hilfe, die sich in Trogir niederließen und später zerstritten – was die venezianischen Galeeren ungemein anlockte. 1123 plünderten und brandschatzten die Sarazenen die Stadt. 1242 standen die Mongolen vor den Toren: Sie forderten die Auslieferung von König Bela, dem die Stadt Unterschlupf gewährt hatte. Das war die Zeit der kroatisch-ungarischen Könige, als Trogir vom Bischof und den reichsten Adligen regiert wurde. Die Bürger begehrten dagegen auf, es kam zu blutigen Aufständen.

1420 wurde ganz Dalmatien an den venezianischen Dogen verkauft. Trogir, von dem Verkauf nicht betroffen, wurde von den Venezianern nach längerer Belagerung erobert und die Adligen lernten Italienisch. Die Stadt wurde ausgebeutet, die Bürger geknechtet, es gab keine kroatischen Schulen. Das gemeine Volk – Seeleute, Handwerker, Bauern – war vom kulturellen Leben ausgeschlossen, es beschränkte sich auf den Kreis der reichen Adligen, die den Großteil des Handels abwickelten. Venedig baute protzige Paläste und Festungen gegen die Türken und im 17. Jh. war Trogir ausgeblutet. 1797, im Jahr des Untergangs der venezianischen Republik, kam es zu blutigen Aufständen, da sich die Adligen mit den neuen demokratischen Ideen nicht anfreunden konnten.

1806 kamen die Franzosen. Unter Napoleons Heerführer Marschall Marmont wurde der Feudalismus in der Stadt abgeschafft, für die einfachen Bürger wurden Schulen eröffnet, die alten Stadtmauern wurden abgerissen.

Trogir – Blick von der Kathedrale auf den Hauptplatz mit Uhrturm und Loggia

Nach dem Untergang des Napoleonischen Reichs kamen 1814 die Österreicher, versprachen viel und hielten nichts. Am Rande der k.-u.-k.-Monarchie siechte die Stadt dahin. Die alten Adelsfamilien verloren an Macht und die junge, engagierte bürgerliche Schicht übernahm die politische Führung. So fand die Revolution von 1848 auch in Trogir einen fruchtbaren Nährboden.

Basis-Infos → Karte S. 82/83

Information TIC, Trg Ivana Pavla II, 21220 Trogir, ℡ 021/885-628, www.tztrogir.hr. Juni–Sept. tägl. 8–20, So nur bis 13 Uhr; ab Ostern aus bis Ende Okt. Mo–Fr 8–18, Sa 9–13 Uhr; Winter Mo–Fr 8–15 Uhr.

Ćipiko Agency, Gradska ulica 41 (im Ćipiko-Palast), ℡ 021/796-191 8–21 Uhr. Privatzimmer.

Dalmatia Aurea, Kardinala Alojzija Stepinca 118, ℡ 021/796-380, www.da-travel.com. Privatzimmer, Transfers.

Aventur Agency, Put brodograditeja 1, ℡ 021/882-388, www.aventur-agency.com. Zimmer.

Agentur Portal, Obala B. Berislavića 3 (neben Loggia), ℡ 021/885-016, www.portal-trogir.com. Zimmer, Ausflüge und Touren (Rafting, Canyoning); Vermietung von Fahrrädern, Scootern, Autos, Booten, Kajaks; Internet.

Atlas Trogir, auf der Halbinsel Čiovo, gleich nach der Brücke. Obala K. Zvonimira 10, ℡ 021/881-374, www.atlas-trogir.hr. Zimmer, Citytouren.

Verbindungen Busbahnhof vor der Stadt am Kanal. Halbstündl. Verbindung mit Bus Nr. 37 nach Split (25 KN) und zum Flughafen (15 Min., 12 KN); ebenso nach Šibenik (50 KN); zu den Orten auf Čiovo alle 2 Std.

Personenfähren: *Trogir–Seget Donji–Drvenik Mali–Drvenik Veli:* ca. 2- bis 3-mal tägl. außer Fr. Achtung, manchmal, z. B. bei Festen, Abfahrt nur in Seget Donji (unbedingt vorab fragen). **Abfahrtshafen Seget Donji**: 2 km in Richtung Šibenik, an der ersten Rechtskurve geradeaus fahren, am Friedhof vorbei, durch das Fabriktor und danach links auf den großen Parkplatz des verlassenen Fabrikgeländes.

Jadrolinija, K. Alojzija Stepinca (am Parkplatz), ℡ 021/628-100 und 338-333 (Split).

Badeboote und **Schiffslinien**: *Trogir–Okrug* (M/B Paula und Sirena): in der Saison (bei gutem Wetter) tägl. und stündl. 9–23 Uhr, zurück stündl. 8.30–23.30 Uhr. Ticket 10 KN. ℡ 091/1111-156 (mobil).

Trogir–Slatine–Split (M/B Sestrice): Ende Mai–Ende Sept. 4-mal tägl. 6, 11.15, 14.30 und 18.30 Uhr (von Slatine Abfahrt 30 Min. später), Sa/So/Feiertag Abfahrt nicht um 6, sondern um 7.30 Uhr (Abfahrt Slatine statt 6.30 um 8 Uhr). Ticket 20 KN. ℡ 091/7271-244 (mobil).

Trogir–Medena–Vranjica: in der Saison 10-mal tägl.

Flughafen Split (Zračna luka Split): ca. 16 km bei Resnik (Richtung Split); ℡ 021/203-506, -507, www.split-airport.hr. Bus Nr. 37 (15 Min., 12 KN) hält dort. Per Taxi ca. 300 KN.

Wasserflugzeug ECA (→ Bucht von Kaštela/Wichtiges auf einen Blick, S. 98)

Taxi: Kneza Trpimira b. b., ℡ 021/881-277; Taxi Bašić, ℡ 098/1733-872 (mobil).

Ausflüge Z. B. nach Split, Šibenik, Dubrovnik oder zu den Krka-Wasserfällen.

Autoverleih Am Flughafen bei Budget, Hertz, ITR, Uni Rent und Atlas.

Einkaufen Kaufhaus am Ortseingang; Obst- und Gemüsemarkt vor der Altstadtbrücke; nördlich gegenüber der Hauptdurchgangsstraße der Fischmarkt; verschiedene Boutiquen etc.

Fahrrad-/Scooterverleih Neben Atlas, bei Villa Sikaa (Čiovo) und Agentur Portal; zudem am großen Parkplatz an der Brücke.

Gesundheit Ambulanz, K. Alojzija Stepinca 16 (Hauptstraße, gegenüber Brücke), ℡ 021/882-461. **Apotheke Stojan**, K. Alojzija Stepinca 17 (neben Ambulanz), ℡ 021/885-2541 und **Gradska**, Obala bana Berislavića 15 (Uferpromenade), ℡ 021/881-535. **Ärztehaus** (Dom zdravlja), Gradska 25, ℡ 021/881-535.

Veranstaltungen Fest von Trogir mit Folklore und Musikveranstaltungen Mitte Juli bis Mitte Aug. U. a. auch ein internationaler Wettbewerb junger Tenöre im Kastell.

Mittelalterfest, Anfang Mai, mit historischen Kostümen, Musik und Essen.

Patronatsfest Gospa od Carmela, 16. Juli.

Fischpartys auf der Insel Čiovo (→ Slatine und Gornji Okrug).

Übernachten

Privatzimmer DZ ab 40 €, **Appartements** für 2 Pers. ab 45 €. In der Altstadt gibt es nur wenige Privatzimmer. Schöne Übernachtungsquartiere finden sich stadtauswärts in Richtung Seget entlang dem Meer und gegenüber auf der Insel Čiovo (→ Čiovo).

Privatzimmer in der Altstadt u. a. **Fam. Brekalo**, Mornarska ul. 10, ☎ 021/882-993.

Appartements Stafileo, schöne Zimmer in einem Palast aus dem 15. Jh. mit nettem Innenhof, mit Grill versehen. Budislavićeva ul. 6, ☎ 091/7317-606 (mobil), stafileo@vip.hr.

Pension Sisko, nettes Haus an der Uferpromenade zwischen Trogir und Hotel Medena, eigener kleiner Badestrand. Es gibt Appartements und Zimmer ab ca. 40 €. Seget Donji, Setnica 22, ☎ 021/880-575 (ab 12 Uhr), 021/882-829 (bis 12 Uhr).

Mlinice Pantan (→ Essen & Trinken).

Hotels In Trogir gibt es einige kleine Altstadthotels, die einen Aufenthalt sehr angenehm machen; bei Barzahlung gibt es meist einen Hotelrabatt von 10 %. Geparkt wird an der Hrvatskih mučenika.

*** **Hotel Concordia** 21, kleines, familiär geführtes Stadthotel vor dem Kastell, hübsche Frühstücksterrasse und Blick aufs Meer. Gute DZ/F mit Sat-TV, AC, WiFi und Meerblick 100 € (ohne 90 €). Obala Bana Berislavića 22, ☎ 021/885-400, www.concordia-hotel.htnet.hr.

*** **Hotel Fontana** 13, komfortables Stadthotel in ruhiger Seitengasse mit sehr gutem Restaurant. Zimmer mit Minibar, Sat-TV, inkl. Frühstück 100 €. WiFi in der Lobby. Obrov 1, ☎ 021/885-744, www.fontana-trogir.com.

»» Mein Tipp: *** **Villa Sv. Petar** 9, neben der Kirche Sv. Petar steht das nette Altstadthotel. In dem Gebäude aus dem 13. Jh. kann man in 4 gut ausgestatteten Zimmern (LCD-TV, AC, WiFi) und 2 Appartements im geschmackvollen mediterran-rustikalen Stil angenehm nächtigen. DZ/F 90 €. Ivana Duknovića 14, ☎ 021/884-359, www.villa-svpetar.com. **««**

Hotel Monika 10, helle, gemütlich ausgestattete Zimmer/Appartements im Altstadthaus aus dem 15. Jh., aber mit modernster Technik (SAT-TV, LCD-TV, WiFi), DZ/F 148 €; angeschlossen das gute gleichnamige Res-

Übernachten

1 Palace Derossi
7 Hotel Tragos
8 Hotel Trogir
9 Hotel Villa Sv. Petar
13 Hotel Fontana
21 Hotel Concordia
22 Hostel Trogir
23 Hotel Villa Sikaa
26 Hotel Villa Moretti

Essen & Trinken

5 Konoba Trs
6 Konoba Škrapa
10 Restaurant Monika
11 Konoba Il Capo
12 Pizzeria Top Baloon
14 Restaurant Alka
15 Grill Kamerlengo
17 Restaurant Fontana
    Kod Zeca

Cafés

2 Bar Galion
3 Bar Kampana
4 Smokvika Bar
18 Riva Café-Bar
19 Big Daddy Café-Bar
20 Cocktailbar Sv. Dominik

Nachtleben

16 Bar & Diskoclub
    Padre
24 Disko-Bar Monaco
25 Diskothek Padre X

Trogir

50 m   *Inseln Drvenik*

taurant. Budislavićeva 12, ☎ 021/884-808, www.restoran-monika.com.

*** **Hotel Tragos** 7, familiär geführtes 12-Zimmer-Hotel inmitten des alten Stadtkerns mit gutem Restaurant. Altes Gemäuer, jedoch moderne Innenausstattung. DZ/F 90 €. Budislavićeva 3, ☎ 021/884-729, www.tragos.hr.

Villa Palace Derossi 1, kleines 12-Zimmer-Hotel am Altstadtbeginn mit Stilrichtungen aus der Renaissance bis hin zum Klassizis-

mus. Die Innenausstattung reicht von einfach bis hin zu stilvollem Mobiliar. DZ/F ab 90 € (Standard). Hrvatski mučenika 1, ✆ 021/881-241, www.palace-derossi.com.

*** **Hotel Trogir 8**, Altstadthotel in renoviertem 200-jährigen Gebäude. 7 Zimmer, auch Appartements (AC, Internet, Sat.-TV) und Restaurant. DZ/F 110 €. Sinjska 8, ✆ 021/884-756, www.trogirhotel.com.

Außerhalb *** **Hotel Bavaria**, kleines Familienhotel in Seget Donji oberhalb vom Meer. Nette Zimmer, ganzjährig geöffnet.

DZ/F mit oder ohne Balkon 122–150 €; auch Appartements. Hrvatskih Zrtava 133, ✆ 021/880-601, www.hotel-bavaria.hr.

*** **Villa Luciana**, in Seget Donji, gut geführter Familienbetrieb oberhalb vom Meer mit kleinem Pool. Appartements 70–80 €. Put Grgica 56, ✆ 091/5420-168 (mobil), www.villa-luciana.com.

*** **Appartementanlage Medena**, neben dem Hotel Medena. Anlage (nur teilweise renoviert) mit kleinen versetzten Häuschen mit Terrasse und Balkon; je nach Typ 1–2

Schlafzimmer und Wohnraum, Kochnische; Sportzentrum, Restaurant, Disco Fleki und Supermarkt. Renovierte Studios (2+1 Pers.) 90 € (TS 120 €). Hrvatskih žrtava 187, ℡ 021/880-567, 880-017, www.apartmani-medena.hr.

Hostel & Konoba Croatia, in Seget Vranjica, 6 km westl. von Trogir. DZ mit Balkon; nette Terrasse zum Speisen – Frühstück 5 €, Dinner 8 €. Pro Pers. ab 16 €. Seget Vranjica, Put Kralja Tomislava 150, ℡ 021/894-022, www.hostel-trogir.com.

Camping ** Camping Seget, 1,5-ha-Wiesengelände in Seget Donji (2 km von Trogir entfernt Richtung Zadar) am Meer, nur durch Uferpromenade getrennt; nett in der Nebensaison. Geöffnet 1.3.–31.10. 4,70 €/Pers. (TS 5,90 €), Auto 3,50 € (TS 5 €), Parzelle je nach Lage 12–14 € (TS 14,50-17 €); es gibt auch Zimmer zu mieten. ℡ 021/880-394, www.kamp-seget.hr.

** Autocamp-Appartements Vranjica-Belvedere, 5,5 km von Trogir in Richtung Zadar. Gut ausgestatteter 7-ha-Platz mit Fels- und etwas Kiesstrand, Restaurant, großes Sportangebot (Kajak, Banana, Beachvolleyball); Tauchschule 1 km entfernt. Schöner Blick auf die vorgelagerten Eilande. 15.4.–15.10. geöffnet. 6.70 €/Pers. (TS 7,50 €), Parzelle mit Strom etc. 15,80–22 € (TS 16,80–23,50 €). ℡ 021/894-141, www.vranjica-belvedere.hr.

◖ Essen & Trinken/Nachtleben → Karte S. 82/83

Essen & Trinken In der Altstadt an jedem Platz Cafés, Eisdielen, Pizzerias und Restaurants.

Restaurant Fontana Kod Zeca 🟦**17**, mit großer Terrasse und Blick aufs Meer; ein marmorner Springbrunnen, Gemälde und Spiegeldecke zieren den Speiseraum. Fleisch- und Fischgerichte. Ul. Obrov, ℡ 021/884-811.

Restaurant Alka 🟦**14**, Trogirs bestes Restaurant. Gediegene Atmosphäre, gehobene Preise, große Weinauswahl; Fisch- und Fleischgerichte. Sitzmöglichkeit auch im Freien. Ul. Augustina Kažotića 15, ℡ 021/881-886.

Restaurant Monika 🟦**10** (→ Übernachten), gespeist wird im hübschen, pflanzenumwucherten Innenhof. Große Auswahl an Salaten, Fisch- und Fleischgerichten (auch Lamm), große Weinauswahl. Budislavićeva 12, ℡ 021/884-808.

Konoba Tragos 🟦**7** (→ Übernachten), verschiedene Terrassen innerhalb von Natursteingemäuern; aus dem Familienbetrieb kommen hausgemachte Pasta, Ravioli und Kuchen, zudem gibt es fangfrischen Fisch und Shrimps. Wöchentliche dalmatinische Abende mit Spezialitäten und Klapa-Musik. Budislavićeva 9, ℡ 021/884-729.

Konoba Il Capo 🟦**11**, im Innenhof einer efeuberankten Hausruine. Auch ein Holzboot dient als Tisch. Dalmatinische Küche und hauseigene Weine. Ribarska 11.

Grill Kamerlengo 🟦**16**, bei der Kirche Sv. Dominik. Hübscher Innenhof, gute Fleischgerichte und große Weinauswahl. Vukovarska 2, ℡ 021/884-772.

Pizzeria Top Baloon 🟦**12**, am kleinen Platz Obrov. Man sitzt sehr gemütlich, umgeben von Pflanzkübeln. Pizza und Nudelgerichte. Ul. Obrov 7.

Konoba Trs 🟦**5**, nett sitzt man im Innenhof unter der „Rebe"des Altstadtgemäuers und speist gute dalmatinische Gerichte wie Oktopus als Carpaccio, mit Makaroni oder Rosmarin-Gnocchi, Škampi-Gerichte oder Lamm-Pašticada mit Mangoldstrudel. Matije Gupca 14, ℡ 021/796-956.

Konoba Škrapa 🟦**6**, abseits des Trubels. Gute Küche, netter Service. Fleisch- und Fischgerichte.

Außerhalb Restaurant Barba, in Seget Donji (stadtauswärts an der rechten Straßenseite und ersten Rechtskurve). Traditionelles großes Fischlokal mit Wintergarten. Hrvatskih žrtava 42, ℡ 021/884-880.

Restaurant Frankie, Toplage am Meer im alten hübschen Ortskern von Seget. Auch Service und Qualität sind top. Gespeist wird auf der Dachterrasse oder im netten hellen Inneren; u. a. leckerer fangfrischer Fisch, Meeresfrüchte-Topf oder Fischteller für 2 Pers. Ostern–Okt. tägl. ab 11 Uhr. Seget Donji, Riva, ℡ 021/880-562.

≫ Mein Tipp: Mlinice Pantan (Konoba-Pension), 3 km außerhalb von Trogir in Richtung Split. In der aufwändig renovierten Mühle aus dem 15.–16. Jh. mit schöner Terrasse und Innenraum kann man sehr gut traditionelle Gerichte speisen, u. a. Pašticada mit Gnocchi, Oktopus, Fischpastete, Brot mit hauseigenem gemahlenem Mehl, Ravioli (mit Mandeln). Angebot an Exkursionen etc. Übernachtung in 2 Appartements,

Küste von Marina bis Split

Trogir – schöner Blick vom Kastell Kamerlengo auf die Altstadt und gen Split

ab 74 €/2 Pers. mit Frühstück. Ganzjährig geöffnet. Kneza Domagoja 32, ℡ 021/895-095, 095/9056-890, www.pantan.net (→ Sehenswertes). ⟪

🌿 Agroturizmo – Konoba Donja Banda, rund 4 km nördlich von Vranjica, nahe dem Weiler Vrsine, liegt dieser Bauernhof, der in seinem hübschen Natursteinhaus mit Terrasse Hofprodukte wie Wein und Lamm aus der Peka bietet. Guter Stopp bei einer Fahrradtour. Vrsine (ausgeschildert), ℡ 021/890-705, 091/2524-108 (mobil). ■

Nachtleben Die Café-Bars (u. a. **Riva** 🔢, **Big Daddy** 🔢) an der Uferpromenade lie-

gen dicht an dicht und sind abends „der" Treff; es gibt DJs und jedes Lokal versucht die beste Musik zu spielen, um die Jugendlichen anzulocken. Nightlife mit Musik und Karaoke ist in den Café-Bars **Kampana** 🔢, **Galion** 🔢, **Smokvika** 🔢 nördlich der Kathedrale angesagt.

Disko-Bar Monaco 🔢 und **Diskothek Padre X** 🔢 (Techno bis Latin) in Čiovo, gegenüber der Brücke.

Cocktailbar Sv. Dominik 🔢, nettes Ambiente beim Kloster, gute Drinks, gute Musik.

Bar & Diskoclub Padre 🔢, in einer Ruine, nur bei schönem Wetter.

Wassersport

→ Karte S. 82/83

Baden Für den Sprung ins Wasser gibt es zwei Strandbäder (Wasserqualität durch Werft und Hafeneinfahrt etwas beeinträchtigt): *Batarija* liegt auf der Westseite der Altstadtinsel (bei Festung Kamerlengo); *Lokvice* liegt östlich der Brücke. Zudem auf einer kleinen Sandbank, **Brigi**, mit Beachbar, nach dem Mlinskikanal (auf der Hauptstraße Richtung Split, nach Restaurant Ankora rechts ab). Oder an den Kiesstränden in Čiovo.

Jachthafen ACI-Marina Trogir (→ Insel Čiovo).

Marina Jachtclub Seget, ganzjährig geöffnet, zudem im Ausbau Restaurant und Pool, Nautikshop und Appartements. 150 Lie-

geplätze zu Wasser und 100 zu Land. Seget Donji, Don Petra Špike 4, ℡ 021/880-791.

Hafenkapitän Trogir, Obala bana Berislavića 19, ℡ 021/881-508. Das Anlegen am Kai von Trogir muss mindestens einen Tag im Voraus angemeldet werden.

Tauchen/Surfen Motorbootverleih, Surf- und Segelkurse, Tauchschule im Hotel Medena.

Trogir Diving Center Medena, Hotel Medena, Hr. Ivo Mišе, ℡ 021/886-299, 091/1125-111 (mobil), www.trogirdivingcenter.de oder www.trogirdivingcenter.com.

Eine weitere Tauchbasis ist auf Čiovo in Gornji Okrug (→ dort).

Sehenswertes

Über die steinerne Brücke gelangt man auf die Altstadtinsel zum **Landtor**. Umrundet man Trogir auf der Uferpromenade der Festlandseite in westlicher Richtung, stößt man auf den runden Wehrturm **Sv. Marko** aus dem 15. Jh.

Ein Stück entfernt trifft man auf eine **Gloriette**, die zu Ehren von Marschall Marmont, Napoleons Heerführer, errichtet wurde. Auf der Čiovo zugewandten Seite steht das dickturmige **Kastell**. Der neuneckige Turm wurde im 14. Jh. von den Genuesen erbaut. Die Venezianer fügten das **Kastell Kamerlengo** hinzu. 1941 wurden dort Kämpfer des Volksbefreiungskriegs von den italienischen Faschisten erschossen. Heute finden im Innern der Festung Konzerte und Freilichtaufführungen statt. Das Kastell kann besichtigt werden, von oben bietet sich ein schöner Blick auf die Altstadt.

Kastell tägl. 9–20 Uhr. Eintritt 25 KN, Kinder ab 10 J. 20 KN.

König Belas Kapuze

In der Schatzkammer der Kathedrale wird eine besondere königliche Reliquie aufbewahrt: die Kapuze von König Bela, den die Stadt im Jahr 242 auf seiner Flucht vor den Tartaren mit allen Ehren aufgenommen hatte. Nachdem er nach Čiovo in sein Versteck gebracht worden war, vermachte er Trogir zum Dank neben einigen Besitztümern der Stadt Split auch seine Kapuze. Einige Historiker verweisen die Geschichte mit der königlichen Kapuze in den Bereich der Legende, doch die Schenkung der Spliter Besitztümer ist geschichtlich bezeugt, ebenso wie der lange Krieg, den es deshalb zwischen den beiden Städten gab.

Auf der Palmenpromenade in östlicher Richtung gelangt man zum **Dominikanerkloster** mit gotischer Kirche aus dem 14. Jh. und einer Kunstsammlung. Danach folgen das südliche **Stadttor** und die **kleine Loggia**, die seit dem 16. Jh. Reisenden Unterkunft bot, wenn die Stadttore schon geschlossen waren. Heute dient die kleine Loggia als Café.

Dahinter liegt das **Nikolauskloster** mit **Museum**, Kirche und weiteren Gebäuden. Es wurde im 11. Jh. als Benediktinerkloster gegründet und ist heute ein Nonnenkloster. Im blumengeschmückten Innenhof findet man eine griechische Inschrift aus der Zeit der Stadtgründung. Das wertvollste Exponat des Museums ist ein Marmorrelief mit einer *Kairos*-Darstellung: Der griechische „Gott des glücklichen Augenblicks" war ein Symbol der Olympischen Spiele. Der Fund erstaunte die Gelehrten, denn Kairos wurde im 1. Jh. v. Chr. nach dem Vorbild des Lysippos von einem unbekannten Künstler angefertigt. Das Relief wurde 1928 entdeckt und gilt als wichtigstes hellenistisches Kunstwerk Dalmatiens. Weitere sehenswerte Exponate sind ein hölzernes, reliefartiges Polyptychon aus der ersten Hälfte des 15. Jh. aus einheimischer Schule, ein bemaltes Kreuz von Paolo Veneziano aus dem 14. Jh., ein Gemälde von Nikola Grassi sowie zahlreiche liturgische Geräte, Messgewänder und Notenbücher.
Museum tägl. 10–12 und 14–20 Uhr.

Der venezianische Löwe

Der Löwe war über Jahrhunderte das Sinnbild der italienischen Fremdherrschaft. Als in Italien die Faschisten an die Macht kamen und ihre Parolen ertönten – „Wo der Steinlöwe ist, ist auch Italien" – drückten die Bürger von Trogir ihren Protest am 1. Januar 1932 auf drastische Weise aus: alle Steinlöwen in der Stadt wurden beseitigt. Sogar der Völkerbund in Genf, Vorgänger der Vereinten Nationen, beschäftigte sich mit der Affäre.

Der Löwe prunkt an der Kathedrale

Weiter nördlich am Ostufer steht die **Abtei des hl. Johannes** des Täufers mit Lapidarium und Kirchenkunstsammlung. Das romanische Bauwerk aus dem 13. Jh. ist ein Relikt des einstigen großen Benediktinerklosters.

Zwischen den Gebäuden fällt der Blick auf die Rückseite der **Kathedrale**, in der sich auch der Eingang zur *Schatzkammer* mit vielen Kostbarkeiten befindet. Doch berühmt ist Trogir in erster Linie für seine bedeutende Kathedrale. Sie ist als Dom dem *hl. Laurentius* (Sv. Lovro) geweiht, wird aber von den Leuten Dom des *hl. Johannes* (Sv. Ivan) genannt, nach dem Schutzpatron Trogirs. Der Bau wurde 1123 begonnen und 1610, fast 400 Jahre später, beendet – die Stilfolge der Stockwerke reicht von der Romanik über venezianische Gotik bis zur Renaissance. Das beeindruckendste Werk ist das *Westportal* des kroatischen Meister-Bildhauers *Radovan* mit dem schamhaften Paar Adam und Eva und zwei Löwen (1240). Als die Venezianer 180 Jahre später die Stadt eroberten, zerschlugen ihre steinernen Kanonenkugeln den ersten Stock des Glockenturms, der noch in Bau war. Den Turm kann man besteigen und die Aussicht genießen.
Mai–Okt. Mo–Sa 9–17, So 12–18; danach nur Mo–Fr 9–12 Uhr. Eintritt 25 KN, Kinder ab 10 J. 20 KN.

Auf dem Platz neben der Kathedrale erblickt man das **Rathaus**, im 14./15. Jh. Sitz des venezianischen Statthalters. Es wurde im 13. Jh. errichtet und im 19. Jh. nach Vorbildern aus dem 16. Jh. fast originalgetreu restauriert. Im Hof sitzt als Brunnenfigur ein geflügelter venezianischer Löwe Modell.

Gegenüber vom Rathaus befinden sich das **Sakrale Museum** (Öffnungszeiten in Kathedrale anfragen), der städtische **Uhrturm** und die **Loggia**. Letztere wurde bereits im 14. Jh. erwähnt und diente als Gerichtshalle und Pranger – bis heute hängen an ihrer Außenfront die Ketten, in denen die Verurteilten dem Spott des Volkes ausgesetzt waren. Die Reliefs über dem Gerichtstisch meißelte Nikola Firentinac im 15. Jh.

Hinter der Loggia duckt sich das älteste Kirchlein Trogirs unter ein Gewölbe: die vorromanische, altkroatische **Basilika St. Barbara** aus dem 9. Jh. Den Abschluss des Volksplatzes bildet das **Palais Ćipiko**, das aus dem alten (kleineren) und dem neuen Palast besteht – einst verbunden, trennt sie nun eine Gasse. Heute residiert in den Palastmauern eine Touristenagentur.

Ein paar Meter nördlich davon steht der Palast der Familie Garagnin Fanfogna, in dem heute das **Stadtmuseum** untergebracht ist. Es zeigt Sarkophage, Wappen, Reliefs, Keramik und mehr. Vor dem Besuch sollte man die kleine Museumsbroschüre kaufen, da die Exponate nur kroatisch beschriftet sind.
Juni–Sept. Mo–Sa 9–19 Uhr, Okt.–Mai Mo–Fr 9–14 Uhr. Eintritt 20 KN, Kinder 10 KN.

Außerhalb von Trogir, ca. 3 km in Richtung Split, lohnt die **Mlinice Pantan** (→ Essen & Trinken) einen Besuch. Inmitten von 50 ha Sumpfland steht an der Pantanmündung die aus dem Jahr 1520 stammende, aufwändig restaurierte Mühle. Bereits zur Zeit der Römer und im 13. Jh. fand die Mühle Erwähnung. Stein für Stein wurde sie originalgetreu nach der Zerstörung 1992 wieder aufgebaut, auch die alten Mühlsteine sind zu sehen und durch einen Glasboden blickt man auf den rauschenden Bach. Von hier aus kann man Ausflüge in alten Holzbooten unternehmen oder Vögel beobachten und natürlich dem Restaurant einen Besuch abstatten. Das Gebiet ist u. a. Lebensraum für 186 verschiedene Vogelarten, darunter zahlreiche Zugvögel, und für 36 Fischarten.
Information unter Dr. Mladen Pavić, ☎ 021/895-095.

Trogir/Umgebung

Seget: Der kleine Ort im Nordwesten von Trogir ist seit der Illyrerzeit bewohnt und heute mit der Stadt fast nahtlos zusammengewachsen, der alte Ortskern ist idyllisch. Auf dem *Berg Sutilja,* der sich hinter Seget erhebt, steht auf den Ruinen einer vorgeschichtlichen Fluchtburg die mittelalterliche Kapelle *Sv. Ilija.* In rund 30 Min. ist man vom Ortskern hinaufgelaufen. Ebenfalls landeinwärts, bei **Gornji Seget**, lohnt das romanische Kirchlein *Sv. Vid* einen Besuch; im Umkreis von Gornji Seget finden sich große verzierte mittelalterliche Grabplatten der Bogomilen. Schöne Fahrradtouren kann man durchs weinreiche Landesinnere über **Vrsine** nach Marina unternehmen (→ Trogir/Übernachten/Essen & Trinken/Außerhalb).

Viele Reliefs zieren Trogir

Gornji Okrug – beliebter Badeort für die Städter aus Trogir und Split

Insel Čiovo

Mehr und mehr entwickelt sich Čiovo zu einem Vorort von Trogir – eine Zugbrücke verbindet die 30 km^2 große Insel mit der Stadt und dem Festland. Für Bootsbesitzer ist Čiovo dank großer Werft und Marina ein guter Ausgangsort für Ausflüge in die Inselwelt.

Der nördliche Inselteil ist inzwischen stark zersiedelt und der Ferienhaus-Bauboom nimmt kein Ende. Rund 3000 Bewohner leben heute auf Čiovo im gleichnamigen Hauptort und in fünf weiteren Dörfern: Arbanija mit dem Kloster Sv. Križ, Zedno, Slatine, Gornji und Donji Okrug. Die steil abfallende Südküste ist relativ unbewohnt. Der 212 m hohe *Rudine* ist Čiovos höchste Erhebung. Seine macchiabewachsenen Hänge sind terrassenförmig von Steinmäuerchen unterteilt, Oliven, Wein, Gemüse gedeihen. Die Bade- und Partyzone ist an den Buchten um Gornji Okrug. Abseits gelegene Badeplätze findet man an der Südwestflanke der Insel.

Besonders am Wochenende spätnachmittags herrscht starker Rückfahrverkehr in Richtung Trogir, d. h. es gibt lange Staus – empfehlenswert ist es deshalb, das Boot nach Gornji Okrug zu nehmen. Östlich der Altstadt Trogir soll eine weitere Brücke dem Verkehrschaos Abhilfe schaffen, finanziell aber derzeit nicht realisierbar.

Wichtiges auf einen Blick

Telefonvorwahl 021

Bootsverbindung Badeboote/ Schiffslinie **Okrug–Trogir** (M/B Paula und Sirena), → Gornji Okrug; zudem **Trogir–Slatine–Split** (M/B Sestrice), → Slatine.

Busverbindung mehrmals nach Trogir; ab Trogir stündlich nach Split und Šibenik.

Tankstelle nur **Trogir**.

Bank nur Bankomaten in **Gornji Okrug**.

Geschichte

Čiovo wird schriftlich erstmals als *Bua* oder *Boa* erwähnt, da man annahm, dass es hier große, Rinder fressende Schlangen gab. Später hieß Čiovo *Vulciha*, benannt nach dem Vornamen eines Besitzers der Insel, danach *Vulcohovo* und *Cihovo*. Reste von Fluchtburgen bezeugen, dass die Insel schon in vorgeschichtlicher Zeit besiedelt war. Unter den Römern diente Čiovo der Unterbringung von Verbannten. Ab dem 5. Jh. suchten Eremiten hier Unterschlupf und bauten sich ein Kloster und Kapellen. Im Mittelalter diente die Insel als Quarantänestation für Leprakranke. Als im 15. Jh. die Türken vordrangen, brachte sich das Volk auf der Insel in Sicherheit. Das milde Klima und die üppige Pflanzenwelt halfen, sich mit der neuen Heimat anzufreunden. Die Bewohner lebten von Landwirtschaft, Fischerei und Schiffsbau. Im 19. Jh. gab es auf Čiovo mehrere kleinere Werften.

Bekannt wurde Čiovo für seine Heil- und Aromapflanzen. Im 19. Jh. begann man mit dem Sammeln der Kräuter, die auf der Insel üppig wuchsen. Besonders der Trogirer Botaniker und Apotheker *Andrija Andric* tat sich dabei hervor und fertigte Heilmittel für seine Apotheke. Seine Kenntnisse erwarb Andric an der Universität von Padua, und nach seiner Rückkehr erfasste er 905 Pflanzenarten. Seit man 1830 damit begann, Pflanzen und ihre Wirkstoffe in Extrakten und Alkaloiden zu lösen, setzte ein intensives Sammeln von Heil- und Aromapflanzen ein, die in bearbeiteter oder getrockneter Form exportiert wurden. Heute leben die Bewohner vor allem vom Tourismus. Als Spaziergänger kann man den würzigen Kräuterduft in den Bergen heute noch genießen.

Von Čiovo nach Gornji Okrug

Čiovo, Trogirs Vorstadt, liegt auf der südlichen Seite der großen Kanalbrücke, mit ein paar alten Marmorhäusern zwischen all den Neubauten. Auf der Landzunge liegen die Marina und die große Werft. Danach folgen kilometerweit Neubauten mit Zimmervermietung – Čiovo ist fast nahtlos mit Gornji Okrug an der Saldun-Bucht zusammengewachsen.

An den Sieg nach dem langjährigen Krieg zwischen Trogir und Split erinnert die Kirche *Gospe Kraj Mora*. König Bela IV. beschenkte die Stadt zum Dank, dass sie ihm Schutz vor den Angriffen der Tartaren geboten hatte. Die Trogirer hatten den König erst auf Čiovo versteckt, später auf einem Inselchen, das seitdem den Namen Kraljevac trägt. Das *Kloster vom hl. Lazar* und die Kirche *Sv. Maria* wurden im 16. Jh. erbaut. An dieser Stelle gab es 1372 eine Leprastation, später eine Quarantänestation. Seit 1796 waren im Kloster ein Gymnasium und eine öffentliche Schule untergebracht.

Auf dem Berg Drid oberhalb von Čiovo steht in einem Kiefernwald das gotische *Franziskanerkloster Sv. Ante* mit Kirche. Es wurde im 15. Jh. erbaut und birgt wertvolle Gemälde von Palme Mladeg.

Gornji Okrug: Der Ort erstreckt sich von der Saldun-Bucht über den Berg zur Movarštica-Bucht. Die lange *Saldun-Bucht* ist beliebter Treff der Jugendlichen für Beachpartys in den Strandbars (auch Schiffsverbindung mit Trogir). In der Ortsmitte stehen noch ein paar ältere, farblose Häuser, ansonsten Neubau an Neubau – beide Buchten sind ringsum zugebaut. Oberhalb der Movarštica-Bucht liegen die Überreste der mittelalterlichen Kirche *Sv. Mavar*. Der Namenspatron schützt vor rheumatischen Erkrankungen – und vielleicht auch die Region, die seit langem für ihr mildes Klima bekannt ist.

Basis-Infos

Information Touristinformation, Toć b. b. (an der Hauptstraße und am südlichen Buchtende oberhalb des Hafens), 21223 Gornji Okrug, ✆ 021/887-311, www.tzo-okrug.hr.

Atlas, Čiovo, ✆ 021/881-374, www.atlas-trogir.hr.

Verbindungen Regelmäßig **Busse** nach Donji Okrug, Slatine und Trogir.

Badeboote und Schiffslinie: Okrug–Trogir (M/B Paula und Sirena): in der Saison und bei gutem Wetter tägl. und stündl. 8.30–23.30 Uhr. Ticket 10 KN. Infos ✆ 091/1111-156 (mobil).

Veranstaltungen Am Strand von Gornji Okrug und auch in Slatine finden **Fischpartys** statt. Es gibt Livebands und gratis Fisch, der süffige Wein muss natürlich bezahlt werden. Zudem Beachpartys am Saldun-Strand.

Übernachten/Essen & Trinken/Nachtleben   → Karte S. 82/83

Übernachten Die Agenturen vermitteln Privatzimmer ab 40 €/DZ; Appartements für 2 Pers. ab 45 €.

**** Hotel Villa Sikaa 🎟, an der Uferstraße gegenüber von Trogir in Čiovo mit schönem Blick auf die Altstadt. Internetcafé, Scooter- und Fahrradverleih. Komfortable DZ/F mit AC je nach Lage ab 110–140 €. Obala Kralja Zvonimira 13, ✆ 021/881-223, www.vila-sikaa-r.com.

⟫⟫ Mein Tipp: **** **Villa Moretti 🎟**, westlich der Brücke in Čiovo. Hier nächtigt man im Familienpalast der Schiffseigner Moretti aus dem 17. Jh. Der Blick aus den Fenstern der 4 netten Zimmer bietet teils Sicht auf die Marina. DZ/F 104 €. Čiovo, Lucica 1, ✆ 021/885-326, www.villamoretti.com. **⟪⟪**

*** Hotel Villa Fani, in Gornji Okrug, geräumige, nette Zimmer mit Balkon, Sat.-TV. Appartements (2–4 Pers.) ab 53 €/2 Pers., Frühstück 6 €. Gornji Okrug, Spira Puovica 10, ✆ 021/806-205, www.villa-fani.com.

*** Villa Paula, am südlichen Ende der Saldun-Bucht. 25 Zimmer, kleiner Pool, Restaurant. DZ/F 119 €. Ante Stračevića, ✆ 091/9565-158 (mobil), comwww.villa-paula.com.

Hostel Trogir 🎟, östlich der Brücke. 4 Mehrbettzimmer mit Duschen, Gratis-Internet. Ab 16 €/Pers. Trg Svetog Jakova 7, ✆ 091/579-2190 (mobil).

Camping ** **Kamp Rožac**, auf der kleinen Landzunge, den Strand Saldun abschneidend. Netter Platz am Meer unter schattigen Bäumen; wer Stadtnähe und Party sucht, ist hier richtig. Es gibt auch neue Mobilheime. Geöffnet April bis Ende Okt. 6 €/Pers. (TS 7 €), ab 4,50 €/Zelt, 5,50 €/Auto (TS 6 €). ✆ 021/806-105, www.camp-rozac.hr.

Essen & Trinken An der Saldun-Bucht die Café-Bars **Café del Mar** und **Aquarius**, warmes Essen; hier werden Beachpartys gefeiert.

Restaurant Leonardo, oberhalb des Hafens (Uvala Toć) am Buchtende von Gornji Okrug. Gute Fisch- und Fleischgerichte. Radićeva 34, ✆ 021/886-359.

Nachtleben Beachpartys am Strand von Saldun; zudem Diskothek/Nightclub **Padre X 🎟**, Čiovo, Obala Kralja Zvonimira; alles von Techno bis Latinmusik.

Wassersport

Baden An der **Saldun-Bucht**, schmaler Streifen Kiesstrand an der Straße, kein Schatten. An der **Movarštica-Bucht** am östlichen Ortsende gibt es einen kleinen Kiesstrand; die westliche Seite der Bucht ist felsig mit betonierten Liegeflächen und Treppchen ins Wasser – im Hintergrund Neubauten.

Jachthafen ACI-Marina Trogir, super Lage gegenüber Trogirs Altstadt. Liegeplätze

für 174 Boote zu Wasser sowie 35 Stellplätze an Land, alle mit Strom- und Wasseranschluss; Reparaturwerkstatt, 10-t-Kran, Sanitäranlagen, Supermarkt, Bootsverleih, Tankstelle, Restaurant, WiFi. Ganzjährig geöffnet. ✆ 021/881-544, www.aci-club.hr.

Eine weitere **Marina** gibt es nun östlich der Brücke und Stadt.

Tauchen Trogir Diving Center (Ltg. Jožo, Miki und Miše), ausgestattet mit dem

Küste von Marina bis Split

neuesten Equipment; 2 Kompressoren, eigene Anlegestelle vor der Tauchbasis, geöffnet Ostern–Okt.; Übernachten in Appartements neben der Tauchbasis möglich. Gornji Okrug, Pod Luku 1, ☎ 021/886-299, 098/321-396 (mobil), www.trogirdivingcenter.com.

Von Gornji nach Donji Okrug

Am Ortsende von Gornji Okrug führt von der Hauptstraße ein Fahrweg wieder auf die Südseite der Insel zum Ortsteil Bušinci und zur **Uvala Mavarčica**, die umgeben ist von vielen Ferienhäusern. Nach Westen wird die Küste einsamer. Ein kleiner Pfad schlängelt sich durch Macchia oberhalb am Meer entlang, es folgt die **Bucht Tatinja**.

Von der Hauptstraße zwischen Gornji Okrug und Donji Okrug führt noch einmal ein Abzweig (ausgeschildert) auf die Südseite zur **Bucht Duboka** mit Campingplatz und endet noch ein Stückchen weiter westlich an der **Bucht Duga**. Ginster, Kiefern und Steinmäuerchen prägen das Bild und eine nette Konoba lädt zu einer Pause ein. Vorgelagert sind drei Inseln: gegenüber, fast in Schwimmweite, **Sv. Fumija** mit Überresten eines frühchristlichen Kirchleins aus dem 5. Jh., nördlich davon **Kraljevac**, das einst König Bela Unterschlupf bot und seither diesen Namen trägt, und das kleine Eiland *Zaporinovac*. Weiter draußen schimmern in der Sonne die Inseln Šolta und Brač. Weitere schöne Badebuchten befinden sich nördlich: **Uvala Sv. Fumija** und **Uvala Široka**.

Camping   Camping Labadusa, terrassenförmig unter Kiefernbäumchen zur Bucht Duboka hin gelegen; angenehmer, freundlicher kleiner Platz mit Kiesstrand und netter Konoba. Geöffnet Mitte Mai–Mitte Okt. ☎ 091/5655-666 (mobil).

Essen & Trinken   Konoba Duga, oberhalb der gleichnamigen Bucht mit Blick zur Insel Sv. Fumija und am Ende der Makadamzufahrt. Gemütlich unter Olivenbäumen und Fischernetzen, mit offener Küche. Es gibt Fisch, Scampi, Calamares, Fleisch. Geöffnet Mitte April–Okt. ☎ 091/8990-214 (mobil).

Nebenan ist eine weitere nette kleine Konoba mit Liegestühlen, die aber nur kürzer im Jahr arbeitet.

Blick von der Uvala Duga auf die Insel Sv. Fumija und weitere Eilande

Weiter entlang der Hauptstraße, kurz vor Donji Okrug, folgt die fjordartige **Bucht Recetinovac** mit vielen Badestellen und Jachten.

Donji Okrug: Die Straße endet am Meer. Eine Bootsbucht wird umringt von der Skyline der Ferienhäuser. Dahinter liegt terrassiertes Land, vorgelagert Inseln, weiter draußen Veli und Mali Drvenik.

Ein Weg führt an der Felsküste nach Norden ums Kap herum, hier befinden sich etwas abgelegene Badestellen mit kleinen Kiesbuchten. Schöne Buchten gibt es auch im Süden mit den vorgelagerten Inseln (s. o.): **Uvala Pirčina** und **Uvala Široka**.

Von Čiovo nach Slatine

Fährt man nach der Brücke ostwärts, vorbei an zahlreichen Neubauten, biegt ein Sträßlein ins Landesinnere ab nach **Žedno**: Ein kleiner, ruhiger, alter Ort hoch oben, mit weiter Aussicht über die Insel, dominiert von dem von Zypressen und Kiefern umringten mittelalterlichen Kirchlein *Sv. Mauro*.

Arbanija mit dem *Dominikanerkloster Sv. Križ* liegt direkt am Meer. Das gotische Gebäude aus dem 15. Jh. mit massivem Glockenturm birgt ein berühmtes, aus Olivenholz geschnitztes Kreuz aus gleicher Zeit. Das Chorgestühl wurde ebenfalls im 15. Jh. von einheimischen Künstlern geschaffen. Den Innenhof des Klosters zieren Arkaden und eine Zisterne. Die Klosterkapelle wurde 1566 vom Trogirer Meister *Ivan Lucic* dazugebaut. Heute wird das Kloster von einem Mönch bewohnt und kann besichtigt werden. Vor dem Kloster laden eine *Badebucht* und schattige Plätzchen zum Ausruhen ein.

Slatine: Der Ort liegt ein Stück über dem Meer. Erst sieht man Neubauten, dann alte Marmorhäuser – Cafébars, Kirche und schon wieder Neubauten bis zum Meer hinab, unten in der Hafenbucht eine Bar und eine Konoba, in der die alten Fischer sitzen, dann folgt Steinküste. Ein Fußweg führt weiter nach Osten zu vielen schönen, einsamen Felsbadebuchten mit Kiesabschnitten, u. a. der *Kava-Bucht*.

An der Steilküste im Südosten ist eine **Eremitage** waghalsig in den Fels gebaut. Oberhalb davon liegt die Kapelle *Gospa Prizidnica*. Man kann von Slatine aus hinübergehen und vielleicht auch dort übernachten, aber man sollte sich vorher erkundigen.

Verbindungen Badeboote/Schiffslinien: Slatine–Split (M/B Sestrice): Ende Mai–Ende Sept. 4-mal tägl., 6.30, 11.45, 15 und 19 Uhr (Sa/So/Feiertage Abfahrt nicht um 6.30, sondern um 8 Uhr).

Slatine–Trogir: tägl. um 10.20, 13.35, 16.35 und 20.35 Uhr. Ticket 20 KN. Infos ℘ 091/ 7271-244 (mobil).

Regelmäßig **Busse** nach Trogir.

Übernachten/Essen *** Hotel Sv. Križ, kleines Hotel in schöner Lage am Meer kurz vor dem Dominikanerkloster. Es gibt Restaurant, Beachbar, Pool und gut ausgestattete, modernisierte Zimmer. DZ/F ab 90 €. ℘ 021/888-118, www.hotel-svetikriz.hr.

*** Hotel Vila Tina, kleines Hotel an der Uferstraße in Arbanija. Restaurant mit großer Terrasse und Blick aufs Meer; ganzjährig geöffnet. Die netten DZ/F mit Sat-TV kosten ab 75 € (Balkon/Lage). 21224 Arbanija, ℘ 021/888-001, www.vila-tina.hr.

** Mača-Appartements, ebenfalls an der Uferstraße, gut ausgestattet und Bootsvermietung möglich. 2 Pers. 70 €, 4 Pers. 90 €. Arbanija, Ul. K. Tomislava 5, ℘ 098/497-020 (mobil), www.maca-apartments.com.

Veli Drvenik – ein Ort für geruhsamen Badeurlaub

Inseln Drvenik

Mali und Veli Drvenik sind zwei kleine Inseln südwestlich von Čiovo. Touristisch sind sie noch kaum erschlossen, doch bieten sie Ruhe und Wandermöglichkeiten. Für Bootsbesitzer, die von den nahen Inseln Čiovo und Šolta kommen und hier schnell mal vor Anker gehen wollen, gut geeignet.

Mali Drvenik ist 3 km² groß, ihre höchste Stelle misst 80 m. Die Insel wirkt wie eine Platte und erhielt daher einst den Namen *Plancha*. Das viermal größere **Veli Drvenik** befindet sich 1,5 km weiter östlich, seine höchste Erhebung ist der 177 m hohe Berg *Buhaj*.

Die Inseln dienten im 15. Jh. den Menschen als Zufluchtsort vor den Türkenüberfällen, die Besiedlung begann auf Mali Drvenik. Veli Drvenik wird erstmals unter dem Namen *Zirona* schriftlich erwähnt – er ist illyrischen Ursprungs und bedeutet Wald, von ihm abgeleitet ist die spätere kroatische Bezeichnung Drvenik. Einst waren die Inseln reich an Wäldern, doch schon zur Zeit der ersten Besiedlung wurden sie für den Schiffsbau größtenteils abgeholzt. Die Siedler forsteten die Flächen mit mediterranen Pflanzen wie Oliven-, Feigen-, Johannisbrotbäumen auf und bauten Wein an. Sie lebten von Landwirtschaft, Fischfang und Seefahrt. Wegen der kargen Lebensbedingungen wanderten viele zwischen den beiden Weltkriegen aus. Im Zweiten Weltkrieg schlossen sich die Bewohner dem Volksaufstand an und unterstützten die Partisanen, als die umliegenden Inseln besetzt waren und die Schifffahrt wegen Minensperren zum Erliegen kam. Sie entwendeten Waffen und Munition und entschärften die Unterwasserminen. Heute leben auf beiden Inseln nur noch ein paar hundert Menschen. Für den Tourismus ist Veli Drvenik besser erschlossen.

Insel Veli Drvenik

Die Häuser des gleichnamigen und einzigen Ortes der Insel Veli Drvenik ziehen sich um eine tiefe Meereseinbuchtung den Hang hinauf, nach oben hin die älteren Fassaden. Die Kirchturmspitze von **Sv. Juraj** ragt etwas abseits zwischen ausladenden Pinien empor. Die Kirche wurde im 15. Jh. errichtet, später an den Seiten erweitert und im 17. Jh. mit einem Glockenturm versehen. Der Erweiterungsbau mit dem rosettengeschmückten großen Eingangsportal aus dem 18. Jh. wurde nie überdacht – im Innenhof grünt eine Wiese, Vögel zwitschern. Agaven, Granatäpfel, Palmen, Zitronen, Orangen, Feigen, Mandeln gedeihen zwischen den Häusern. Das zeugt von einem geschützten, milden Klima und so nannte man Veli Drvenik auch „isola d'oro", „Goldene Insel". Im Osten und Süden der Insel gibt es schöne Sand-, Fels- und Kiesbuchten. Zwischen Steinmäuerchen verlaufen viele kleine Pfade Richtung Meer, überall wächst Rosmarin, der heilsamen Duft verströmt, und die Granatäpfel am Strauch leuchten wie Christbaumkugeln.

Information   Keine Touristinformation, Auskünfte über Trogir.

Verbindungen   Personenfähren: Veli Drvenik–Trogir (Stopp teils auch in Seget Donji): tägl. 2- bis 3-mal.

Veli Drvenik–Split: nur 1-mal wöchentl. am Fr um 11.25 Uhr. Abfahrt von Split ebenfalls nur 1-mal wöchentl. am Fr um 15.30 Uhr.

Einkaufen   Kleiner Supermarkt (8–12/16–20 Uhr).

Übernachten/Essen   Es gibt einige Privatzimmer auf der Insel. Treffpunkt und gute Infostation ist **Bistro Jere** an der nördlichen Uferpromenade, ganztägig geöffnet für Café und Snacks.

 Atelier/Restaurant-Pension **Tramontana**, hier oberhalb vom Hafen wird von Heljä und Marinko hauptsächlich Kunst produziert und ausgestellt, aber es werden u. a. auch hausgemachte Marmeladen (Kakteenmarmelade!), Kräuterschnäpse, Grappas und Öl aus ökologischem Anbau angeboten. Wer möchte, kann im hübschen pflanzenumwucherten Haus mit Terrasse am steilen Hang und mit Blick aufs Meer auch nächtigen und sich verkosten lassen. Wer hier essen möchte, muss vorher anrufen. Geöffnet 1. Mai bis 15. Okt. (Urlaub ca. die ersten 10 Julitage). Ab 30 €/Pers. mit Frühstück, 55 €/Pers. mit HP. 21225 Veli Drvenik, ℡ 021/893-031, www.ateljetramontana.com. ∎

Restaurant Ljubo, hat meist nur im Sommer geöffnet. Südseite des Hafens.

»» Mein Tipp: Konoba **Krknjaši**, an der gleichnamigen Bucht im Osten der Insel (ca. 1 Std. zu Fuß oder schneller per Mountainbike). Hier kocht Ivica Špika mit fangfrischem Fisch, frischem Gemüse und Wein aus der familieneigenen Landwirtschaft (bei Seget Donji) sowie Produkten aus dem Hausgarten, wo neben Oliven- und Zitronenbäumen auch Zwiebeln, Bohnen und Kräuter gedeihen. Auch auf der kleinen Restaurantterrasse mit wundervollem Ausblick auf die vorgelagerten Krknjaši-Inselchen sprießt es üppig und bunt aus den Blumenkübeln. Spezialitäten des Hauses sind Scampi buzzara, Muscheln, leckere Fische und als Nachspeise ab und an Fritule. Anleger für Boote (2 m Wassertiefe). Geöffnet Juni–Sept. tägl. 11–23 Uhr. Krknjaši-Bucht, ℡ 021/893-073, 091/5750-925 (mobil). **«««**

🏃 Baden/Wandern

Zu den Buchten im Osten führen viele Pfade durch üppige Macchia. Am schnellsten erreicht man vom Ortskern aus die **Kokošinje-Bucht** (ca. 20–25 Min.) mit schönem Kiesstrand, kleinem Fischerhafen und -haus und umgeben von weißen Kalksteinfelsen, auf denen man ins Wasser laufen kann. Vom Ort den Makadamweg Richtung Süden gehen, an der Gabelung nicht nach links (hier geht es zur Krknjaši-Bucht), sondern geradeaus weiter. An einer kleinen Kapelle verengt sich der Weg und führt nur noch als Pfad zwischen Trockenmauern hinab zum Meer.

Zur **Krknjaši-Bucht** läuft man gut 1 Std. auf breitem Makadamweg unterhalb des Berges Buhaj; wer ein Mountainbike besitzt, ist hier im Vorteil. Ehe der Weg hinab zur Bucht führt, bietet sich ein schöner Weitblick auf die zahlreich ankernden Boote und die vorgelagerten Inselchen. Unten, abseits der Konoba Krknjaši, laden ebenfalls kleine, schöne Buchten zum Baden ein.

Die **Solinska-Bucht** ist eine große Meereseinbuchtung mit Sand und Kies, umgeben von weißen Kalksteinfelsen. Man geht vom Ort südwestlich den Berg auf schmaler Asphaltstraße bergan, die dann zum Makadam wird, nach ca. 25 Min. Abzweig zur Solinska-Bucht. Läuft man auf dem breiten Makadam weiter, gelangt man in weiteren 20–25 Min. zur **Bucht Pernatica** mit Fels- und Kiesstrand und Fischerhäusern.

Wer die Insel per Mountainbike auf den breiten Wegen abfährt und dann noch kurz auf schmalen Pfaden zur Küste läuft, wird viele schöne ruhige Badebuchten finden, allerdings ist ein sehr gutes Reifenprofil nötig!

Insel Mali Drvenik

Das gleichnamige Dorf auf der Miniinsel bietet ein paar Privatquartiere und im Sommer das Strandlokal Vela Rina an der gleichnamigen Bucht.

Gute Bademöglichkeiten an den **Sandbuchten Vela Rina** und **Kaljuza** im Süden sowie in den **Buchten Garbina** und **Borak** im Osten, mit Sand und Kies.

Personenfähre: hält von Trogir kommend zuerst in Mali Drvenik. Mali Drvenik–Seget Donji–Trogir 2-mal tägl. bis auf Fr (nur nach Split, Abfahrt um 11 Uhr), So nur 1-mal nach Trogir.

Krknjaši-Bucht – ein malerischer und bei Bootsbesitzern beliebter Anlegeplatz

Kaštel Štafilić – Blick auf Kaštel Novi und Kaštel Stari

Bucht von Kaštela

Die Kaštela-Region, auch „Straße der Kastelle" genannt, erstreckt sich von Trogir bis Split und umfasst die Bucht Kaštelanski zaljev sowie das bis zu 630 m aufragende Kozjak-Gebirge im Hinterland – ein hervorragendes Kletter-, aber auch Wanderrevier.

Das etwa 16 km lange und bis zu 4 km breite Gebiet bewohnen heute rund 35.000 Menschen. Die sieben Kaštela-Orte reihen sich fast nahtlos am Meer entlang und fast jeder ist mit einem trutzigen Kastell bewehrt. Oberhalb, an der stark befahrenen Durchgangsstraße in Richtung Split, gibt es viele Neubauten und Industrieanlagen. Am besten lassen sich die Kaštela-Orte mit dem Fahrrad erkunden, da man mit dem Auto meist immer wieder zur Hauptstraße zurückfahren muss und daher leicht die Orientierung verliert.

Die romantischen historischen Ortskerne am Meer verströmen den Charme alter Zeiten. Doch die einst schöne Gegend, eingezwängt zwischen Magistrale, Durchgangsstraße und Meer, wurde im 20. Jh. durch hässliche Industriebauten verunstaltet – das Meer war stark verschmutzt. Heute setzt man auf Ökologie, das alte Zementwerk ist stillgelegt und soll abgerissen werden und zumindest der Küstenstreifen soll wieder seinen einstigen Charme erhalten. Die meisten Kaštela-Bewohner pendeln ins nahe Split zur Arbeit, vom Tourismus leben nur wenige. Eine schöne große Marina bringt zumindest die Bootsgäste. Landwirtschaft, Fischerei und Weinanbau werden noch immer gepflegt, wenn auch nicht mehr in großem Stil. An den Hängen gedeihen Obst und Oliven und aus den Reben wird der süffige *Kaštela-Wein* gekeltert – in die USA wurde die alte Rebsorte *Kaštelanska crljenak* ausgeführt und unter dem Namen *Zinfandel* berühmt (→ Trstenik). Wer gerne nascht, probiert die *Kaštelanska torta,* eine Art Sachertorte mit vielen Mandeln.

Die Orte der Kaštela sollten die Grenze zwischen dem venezianischen Dalmatien und den Türken sichern. 1493 errangen die Türken in der nahen Ebene *Krbavsko-polje* einen wichtigen Sieg und eroberten 1537 die strategisch wichtige Bastion Klis. So flüchteten viele Menschen, die unterhalb des Kozjak-Gebirges wohnten, ans Meer, errichteten mit den Lehen der Venezianer befestigte Schlösser und friedeten die Dörfer ein. Zur Landseite wurden die Kastelle mit trutzigen Mauern, Wehrtürmen und Zugbrücken versehen, zur Meerseite präsentierten sie sich eher wie ein illustres Sommerschlösschen. 1648, nach der Befreiung von Klis, waren die Befestigungsanlagen überflüssig geworden, man erweiterte mit den Steinen der Wehrmauern die Wohngebäude oder baute neu. Und aus dem Hinterland kamen immer mehr Siedler, die sich außerhalb der schützenden Dorfmauern niederließen. Von den einst 16 Kastellen sind heute noch 13 erhalten.

Wichtiges auf einen Blick

Telefonvorwahl 021

Busverbindungen tagsüber alle 20 Min. mit Nr. 37 nach Split und Trogir; stündl. nach Šibenik von allen Kaštela-Orten.

Zug 6-mal tägl. Züge nach Split (25 Min.) und Richtung Norden; **Bahnhof** oberhalb von K. Stari sowie oberhalb der Magistrale; ✆ 021/230-709. Für Eisenbahnfans ist dies eine eindrucksvolle Strecke durch die Karstlandschaft nach Drniš.

Wasserflugzeug (ECA European Coastal Airlines) seit Sommer 2014 im Einsatz. **Flugroute**: Split (Hafen Resnik bei Kaštel Štafilić) - Jelsa (Insel Hvar, Stadthafen); zudem Bustransfer nach Hvar (Stadt). In der Saison ca. 4-mal tägl., danach ca. 2-mal tägl. Zudem 1-mal tägl. auch zur Insel Rab. Weitere Flüge für 2015/16 in Planung. ECA, Put Divulja 7, 21217 Kaštel Štafilić, ✆ 021/444-818, www.ec.air.eu.

Flughafen Split (Kaštela) ✆ 021/203-506, -507.

Ambulanz K. Stari, ✆ 021/230-708; K. Sućurac, ✆ 021/225-070; 24 Std. geöffnet.

Apotheke in allen Orten, u. a. K. Stari, ✆ 021/230-406; K. Sućurac, ✆ 021/224-216.

Banken in allen Orten **Bankomaten**.

Campingplätze geöffnet meist von Ostern bis Ende Oktober.

Sport/Wassersport Die Gegend bietet sich für kleine **Fahrradtouren** an, um die Orte zu erkunden. Fahrradvermietung in Kaštel Stari und allen Hotels. Das Kozjak-Gebirge ist schön zum **Wandern** und der steil abfallende Fels ist ein sehr gutes **Klettergebiet** mit vielen Schwierigkeitsgraden. Neben der **Marina Kaštela** gibt es in allen Orten Häfen (vor dem Anlegen besser fragen, da oft für Fischerboote reserviert). **Tauchclub Galeb** in der Ferienanlage Resnik.

Baden Überall kleine und größere Kiesbuchten sowie betonierte Liegeflächen; oder per Boot hinaus aufs Meer.

Veranstaltungen **Fürst Trpimir's Schenkung**, 4. März – Feiertag in allen Orten zum Gedenken an die erste Erwähnung des Namens Kroatien (Hrvat). Vor der Kirche Sv. Marta in Bijaći findet die Hauptveranstaltung statt. **Klapa-Musik** in K. Kambelovać am 2. Wochenende im Juli. **Sommer in Kaštela**, Konzerte am Wochenende in allen Orten. **Sommerkarneval**, 1. Wochenende im Aug. in K. Stafilić. **Fischerfest**, letztes Wochenende im Juli in K. Stari.

Kozjak-Gebirge

Der im Hinterland von Kaštela aufragende, 10 km lange Bergzug des Kozjak-Gebirges schützt die Region und sorgt für mildes Klima. Mächtig ragt die dem Süden zu-

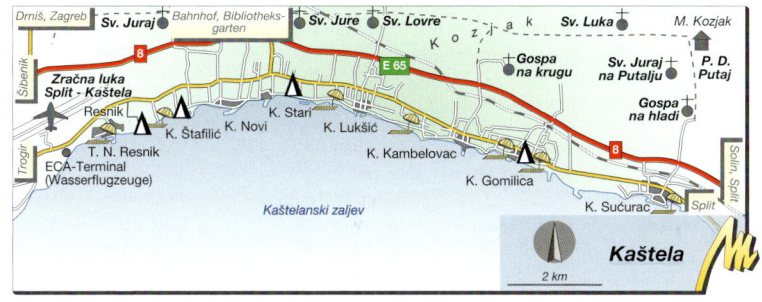

gewandte Felswand zwischen 50 und 250 m fast senkrecht in die Höhe. Seine höchste Erhebung ist der 779 m hohe *Veli vrj*. Auf dem 631 m hohen *Biran* steht die im 12. Jh. erbaute Kirche **Sv. Ivan Krstitelj**, die jährlich am 26. Juni das Ziel einer Wallfahrt ist. Zudem sehenswert sind die illyrischen Fluchtburgen in der Region.

Wanderern bieten die Hütten Malačka und Putalj Unterkunft. Die *Putalj-Hütte* liegt auf 480 m oberhalb von Kaštel Sućurac und ist in ca. 1:30 Std. Laufzeit erreicht. Unterwegs trifft man auf die Kapelle **Gospa od Hlad** aus dem 14. Jh. Ein weiteres Kirchlein, **Sv. Jure**, steht noch weiter oberhalb – Fürst Trpimir schenkte es dem Erzbischof Petar von Split im Jahr 852. Die *Malačka-Hütte* (→ Kaštel Stari) liegt an der sich ins Hinterland Richtung Drniš hochschlängelnden Straße auf 525 m Höhe. Wer mag, kann also auch hochfahren und den Höhenweg nehmen. Doch der von unten kommende Wanderer wird für die Mühen des Aufstiegs reich belohnt: zuerst geht es durch mediterrane Vegetation, danach folgen bewaldete Wege, anschließend fast vegetationslose Steilwände und auf der Hochebene die von Felsentrift überzogenen Steinhalden – mit herrlichen Ausblicken auf Mitteldalmatien und seine Inseln.

Kaštel Štafilić

Stolz überragt der **Sv.-Marija-Kirchturm** aus dem 17. Jh. den 2600-Einwohner-Ort. Das kleine **Kastell** auf einem Fels am Meer ließ sich der Trogirer Humanist *Stjepan Stafileo*, ein gebürtiger Grieche, um 1500 erbauen. Neben dem Kastell entstand das befestigte Dorf mit Wehrtürmen, zum Land war es durch einen Kanal mit Zugbrücke geschützt. Von den Wehrtürmen der Stafileos-Festung ist heute nur noch der **Turm Rotonda** in seiner ursprünglichen Form erhalten.

Attraktion von Kaštel Štafilić ist der mächtige, 1500 Jahre alte Olivenbaum in einem kleinen Park beim Kindergarten. Bis heute trägt der Baum mit heute 22 m Durchmesser Früchte. Man vermutet, dass der Samen von römischen Soldaten stammt, die in Sicula (Claudius-Siedlung von Kaiser Claudius), dem heutigen Resnik, ein Landgut betrieben.

Nordwestlich des Flughafens im Gebiet *Bijači* liegen die Ruinen der frühmittelalterlichen **Sv.-Marta-Kirche**, die auf den Grundmauern einer frühchristlichen Basilika errichtet wurde. Daneben standen einst die Wirtschaftsgebäude der kroatischen Herrscher. Heute gibt es im ca. 1 km entfernten Resnik eine Ferienanlage und unweit liegt der Spliter Flughafen.

Information 21218 Kaštel Štafilić. → Tourismusverband Kaštel Lukšić.

Verbindungen Wasserflugzeug ECA (European Coastal Airline), Put Divalja 7, ☎ 021/444-888, www.ec-air.eu. Aktuell Flüge ca. 4-mal tägl. nach Jelsa und Hvar (Insel Hvar); ca. 51 € (bei einer Fixbuchung 25 €). Auch zur Insel Rab wird 1-mal tägl. geflogen, von dort weiter nach Zagreb (intern. Flughafen).

Übernachten ** **Resnik Resort**, ca. 1 km westlich des Orts, schräg gegenüber vom Flughafen Split. Weitläufige Anlage mit 6 Pavillons und ca. 200 Bungalows, teils schön modernisiert. Tauchclub, Tennisplät-ze und ein 1 km langer, gepflegter Kiesstrand an der Anlage. DZ/F 100 €; preisgleich sind die neueren Appartements für 2–4 Pers. ☎ 021/798-001, www.resnik-hotel.hr.

*** **Hotel Adria**, kleines 30-Betten-Hotel mit Restaurant, nur 500 m vom Flughafen entfernt. DZ/F 82 €. Cesta F. Tudmana b. b., ☎ 021/798-140, www.hotel-adria.hr.

Camping Camping Juras, kleiner Platz in Richtung Resnik, nahe dem Meer. Resnik b. b., ☎ 021/234-408.

Camping Adria, in Richtung Trogir, am Meer. Resnik b. b., ☎ 021/895-143.

Kaštel Novi

Der schöne dreistöckige **Wehrturm Ćipiko** (s. a. Kaštel Stari) im Renaissancestil (1512) dominiert den 5300-Einwohner-Ort. Später wurden weitere Gebäude an das Bollwerk angebaut. Der schlanke hohe Turm der mächtigen **Sv.-Rok-Kirche** von 1586 überragt die schmalen Gassen. An der Uferpromenade Richtung Kaštel Stari erinnert ein monumentales Denkmal an den Volksbefreiungskampf. Oberhalb des Ortes, an den Abhängen des Kozjak, wurde ein **Biblischer Garten** angelegt – eine Oase der Ruhe.

Information 21216 Kaštel Novi (→ Tourismusverband Kaštel Lukšić).

Agentur Kaštela Travel, ☎ 021/566-789. Zimmer, Fahrräder und Ausflüge.

Übernachten/Essen Es gibt aktuell nur ein paar Privatzimmer.

Konoba Intrada, unter Fischernetzen sitzt man an der Uferpromenade, es gibt gute Fisch- und Fleischgerichte und auch Pizzen. Riva, ☎ 021/231-301.

Kaštel Novi – heimeliges Fischeridyll

Kaštel Stari

Wie der Ortsname andeutet (stari = alt), steht in Kaštel Stari, vom Land durch Kanal und Zugbrücke getrennt, das älteste befestigte Schloss, das der Trogirer Humanist Koriolan Ćipiko 1476 erbauen ließ. Als 1515 das Dorf von den Türken überfallen wurde, flüchteten die Menschen hierher und wurden per Schiff von Trogir unterstützt. Die Ortskirche **Sv. Josip** stammt von 1695, die barocke Kirche **Sv. Krstitelj** an der Westmauer von 1714. Das altkroatische Kirchlein **Sv. Jure**, ein Zeugnis der früheren Besiedlung oberhalb des Meeres, steht nordöstlich des Bahnhofs.

Ein Wanderweg führt hinauf ins Kozjak-Gebirge und zur **Malačka-Hütte** (s. u. Essen & Trinken).

Information 21216 Kaštel Stari (→ Tourismusverband Kaštel Lukšić).

Übernachten Es gibt Privatzimmer und Appartements.

Camping Autocamp Biluš, kleiner, schöner Platz unter schattigen Bäumen an der Uferpromenade. 4,50 €/Pers., Zelt 3 €, Auto 3 €. Obala Tomislava, ✆ 021/232-878, www.campsplit.com.

Essen & Trinken Restaurant-Pizzeria **Labinezza** mit großer Terrasse direkt am Meer; hier isst man bestens Fischgerichte. ✆ 021/231-108.

Restaurant Stari Dvor (nahe Campingplatz), hier lässt man sich Pizzen und Spaghetti schmecken.

Malačka-Hütte, von hier genießt man ein schönes Panorama auf die gesamt Bucht von Split, die Kaštela-Region und die Inseln. Einfache Gerichte; zum Übernachten 2 Zimmer mit 30 Betten. Ganzjährig geöffnet, Fr ab 17 Uhr, Sa/So 8–22 Uhr. ✆ 091/5725-723 (mobil).

Sport Fahrrad- und Bootsvermietung am Strand; zudem die Fahrradvermietung **BiBi** nach Anruf, gute Mountainbikes und auch Falträder. ✆ 091/5680-716 (mobil).

Wandern 2 Std. benötigt man hinauf zur Malačka-Hütte im Kozjak-Gebirge. Geparkt und gestartet wird am besten ab Bahnhof K. Stari. Wer in der Hütte übernachten möchte, sollte sich vorab dort oder bei TIC K. Lukšić erkundigen.

Kaštel Lukšić

Der hübsche Ort (4800 Einwohner) ist romantisch in üppiges Grün eingebettet, am Kastell brechen sich die Wellen und das Hafenbecken ist auch zur Meerseite geschützt. 1487 ließen die adeligen Brüder *Jerolim* und *Nikola Vitturi* aus Trogir das Wehrschloss erbauen, das durch einen Festungsgraben zum Land geschützt und nur durch eine Zugbrücke mit ihm verbunden war. Sein heutiges Aussehen mit zwei Wehrtürmen zur Landseite, schönem Arkadenhof im Innern und einer Reihe von Renaissancefenstern und Trifora mit Balkon erhielt das Bauwerk 1563.

Das **Kastell** von Kaštel Lukšić zählt zu den schönsten der Region. Der Tourismusverband hat heute hier seinen stolzen Sitz, im Obergeschoss ist ein **Museum** mit archäologischer und ethnografischer Sammlung eingerichtet, zudem finden Konzerte und wechselnde Ausstellungen statt.

Wie in allen Kaštela-Orten befand sich früher vor dem Kastell eine mit Wehrmauern befestigte Siedlung. Die alte **Pfarrkirche** im Ort wurde 1515 errichtet, außerhalb der schützenden Mauern steht die große **barocke Kirche** von 1776, der Glockenturm wurde ein Jahrhundert später erbaut. Im Kircheninnern ist das 1448 von *Juraj Dalmatinac* gefertigte Grabmal mit einem Relief der Steinigung des Spliter Bischofs Rainerius (Blaženi Arnir) sehenswert. Zwistigkeiten mit den Adeligen von Poljica über die bischöflichen Besitztümer eskalierten 1180 in der Hinrichtung des hohen Klerikers (→ Split).

Küste von Marina bis Split

Kaštel Lukšić – der kleine Hauptort der kastellbewehrten Riviera

Das Kirchlein **Sv. Ivan Krstitelj**, dessen Einfriedung das verlassene Kaštel Rušinac schützt, birgt ein spezielles Grab. Der Legende zufolge enthält es die vergänglichen Reste des Liebespaars *Miljenko Rosani* und *Dobrila Vitturi* aus dem in Kaštel Lukšić ansässigen Familienclan der Vitturis. Ihre Affäre, die der von Romeo und Julia ähnelt, inspirierte Marko Zažotić 1833 zu einem tränenseligen Rührstück.

Der **Botanische Garten** an der Hauptstraße zeigt auf 5 ha Fläche rund 1400 subtropische Pflanzenarten – verschiedenste Akazien, Kamelien, Palmen, Bambusgewächse, Mimosen, Palmen, Kakteen; zudem eine Sammlung von 40 heimischen und internationalen Olivenbaum-Sorten (tägl. 18–20 Uhr oder auf Anfrage).

Information Tourismusverband (Zentrale für diese Region), Dvorac Vitturi/Brce 1 (im Kastell), 21215 Kaštel Lukšić, ✆ 021/227-933, www.kastela.org. Juni–Sept. Mo–Sa 8–21, So 8–12 Uhr; außerhalb der Saison nur Mo–Fr 8–15 Uhr.

Agentur Ostrog, ✆ 021/227-594; Zimmervermittlung usw.

Agentur Tour Adria-Cezar, Cesta dr. Tudmana, ✆ 021/262-647. Zimmervermittlung.

Übernachten Es gibt Privatzimmer und Appartements.

*** Hotel Kastel, kleines, preiswertes 39-Betten-Hotel an ruhiger Uferstraße im Osten des Ortes. Bademöglichkeiten vor dem Haus. Restaurant. Ganzjährig geöffnet. DZ/F ab 70 €. Sv. Ivana 8, ✆ 021/228-455, www.hotel-kastel.hr.

»» Mein Tipp: *** Villa Šoulavy, das hübsche, restaurierte Natursteinhaus (17. Jh.), umgeben von einem schönen Garten, beherbergte 1909 die ersten Gäste an dieser Riviera. Es liegt ruhig an der Promenade, 20 m von Strand und Meer entfernt. Vermietet werden von der sehr bemühten Fam. Lozovina 7 sehr gut ausgestattete Appartements (2–6 Pers.) mit WiFi; auf Wunsch auch HP und VP. DZ/F 60 €. Fam. Lozovina, Obala kralja Tomislava 18, ✆ 021/246-640, www.villasoulavy.hr. **«**

*** Hotel Villa Žarko, modernes Gebäude mit großer Terrasse am ruhigen östlichen Ortsende am Meer und ggü. dem Kiesbadestrand gelegen; gutes Restaurant. Ganzjährig geöffnet. Gut ausgestattete DZ/F mit Balkon ab 90 €. Obala kralja Tomislava 7a, ✆ 021/228-160, 228-152, www.villa-zarko.com.

*** Villa Cezar, westlich des Hafens. Es werden moderne Zimmer und Appartements vermietet. DZ/F 67 €. Cesta Dr. F. Tudmana, ✆ 021/262-647, www.villa-cezar.com.

Café Zwei gemütliche Cafés gegenüber vom Kastell. Café Bugsy, östlich des Kastells, 2-stöckiges Gebäude, dessen Terrassen und Balkons sich um eine Palme gruppieren; beschaulicher Platz zum Entspannen.

Kaštel Kambelovac

Das **Kastell** dieses Fischerorts (4400 Einwohner) hat die Form eines zylindrischen Wehrturms; errichtet wurde es 1566 von *Franjo Cambi*. Daneben steht die herrschaftliche **Sommervilla** im Renaissancestil.

In etwa 1 Std. kann man vom Ort auf den 325 m hohen *Koludar* im Kozjak-Gebirge wandern. Von dort gelangt man über einen Klettersteig auf den Höhenweg und weiter zum 780 m hohen *Veli vrj*.

Information 21214 Kaštel Kambelovac (→ Tourismusverband Kaštel Lukšić).

Übernachten Hotel Baletna Škola, der 12-Zimmer-Neubau steht hinter der Konoba, am Ende der Fahr- und Uferstraße. DZ/F mit Sat.-TV, WiFi, Balkon zu 88 €. Flughafen- und Hafentransfer. Nur Mitte Juni–Sept. geöffnet. Biskupa Frane Franića 1, ✆ 021/221-912, www.hotel-baletnaskola.com.

Camping Camping Dragan, sehr kleiner Platz oberhalb des Meeres. Starčevićeva 39, ✆ 021/220-573.

Essen & Trinken Konoba-Pizzeria Baletna Škola, inmitten eines riesigen Parks mit mächtigen Bäumen; die rustikale Konoba mit großer Terrasse war einst die Ballettschule der berühmten Ana Roje. Immer gut besucht, hier wird auch gern gefeiert; es gibt Pizza, Fleisch- und Fischgerichte zu moderaten Preisen. Im Nebenhaus ein Hotel (→ Übernachten). ✆ 021/220-208.

Kaštel Gomilica

Von allen Kaštela-Orten hat sich der beschauliche 4000-Einwohner-Ort seine Ursprünglichkeit am besten bewahrt. Das **Kastell** wurde 1545 auf der *Insel Gomile* in fast quadratischem Grundriss erbaut. Innerhalb des Kastells drängen sich an die 30 Häuser dicht an dicht, zur Landseite ist es mit einer Brücke verbunden, an der

Kaštel Gomilica – fast unverändert steht der uralte Ort auf seinem Inselchen

heute die Fischerboote ankern. Vor der Brücke ein ebenfalls alter, eingefriedeter Ortskern. Außerhalb der Wehrmauern in Richtung Osten steht die romanische Kirche **Sv. Kuzma i Damjan** aus dem 12. Jh., die dort an der Stelle einer frühchristlichen Kirche der Benediktinerinnen errichtet wurde – dies war ein Geschenk König Zvonimirs.

Information   21213 Kaštel Gomilica (→ Tourismusverband Kaštel Lukšić).

Essen & Trinken   Restaurant Binbijana, gegenüber der Marina mit schöner Terrasse und guten Fisch- und Fleischgerichten, auch auf einen Drink zum Sonnenuntergang einladend. Ganzjährig geöffnet. ✆ 021/222-780.

Jachthafen   Marina Kaštela, schöne Marina mit Restaurant und Café (s. u.) am östlichen Ortsrand. Gut geschützt, 400 Liegeplätze im Wasser, 200 an Land. ✆ 021/204-010, www.marina-kastela.com.

Kaštel Sućurac – das Schlusslicht an der Kaštela-Bucht ist hübsch herausgeputzt

Kaštel Sućurac

Kaštel Sućurac ist der älteste Ort an der Kaštela-Bucht. Seinen Namen erhielt der 6200-Einwohner-Ort von der im 9. Jh. an den Abhängen des Kozjak erbauten Kapelle **Sv. Juraj na Putalju**, wo die früheren Siedler lebten, bevor sie an die Küste flüchteten. 1392 ließ Erzbischof A. Gualdo den ersten Wehrturm des Kastells errichten. Sein heutiges Aussehen stammt aus dem frühen 16. Jh., verschiedene gotische Bauelemente sind aber noch erhalten. Den Sommerpalast **Nabiskusba Palace** im gotischen Stil vor dem Kastell ließen sich die Spliter Erzbischöfe 1483 errichten, heute ist darin ein kleines ethnografisches *Museum* (Mo–Fr 9–13 Uhr, Di bis 17 Uhr) eingerichtet.

1691 entstand an der westlichen Wehrmauer die Kirche **Bogorodica i Sv. Jure**. Im Kircheninnern ein verzierter Türbalken mit Inschrift aus dem 7. Jh., in seiner Art einer der bedeutendsten Kunstschätze dieser Zeit.

Kaštel Sućurac ist guter Ausgangspunkt für Wanderungen in das Kozjak-Gebirge, über einen Klettersteig gelangt man hinauf zur **Putalj-Hütte**.

Information 21212 Kaštel Sućurac (→ Tourismusverband Kaštel Lučić).

Essen & Trinken Konoba Matela, kleines Lokal mit Fisch- und Fleischgerichten im Ortskern.

Split – Blick vom Berg Marjan auf die Hafenstadt und gen Mosor

Split

Die 1700 Jahre alte Stadt gleicht einem großen Freilichtmuseum, die Altstadt mit dem berühmten Diokletianspalast steht als Weltkulturerbe seit 1979 unter dem Schutz der UNESCO. Zwischen den alten prachtvollen Bauten kann man tagelang umherschlendern und sich in zahlreichen Museen auf eine Reise in die Vergangenheit begeben. Mit 210.000 Einwohnern ist Split das wirtschaftliche, politische und kulturelle Zentrum Mitteldalmatiens und Ausgangspunkt in die mittel- und süddalmatinische Inselwelt.

Split liegt auf einer Halbinsel. Im Westen erhebt sich der Bergzipfel *Marjan* mit viel Aleppokiefernwald. Von dort sind die Stadt, das Gebirge im Hintergrund und die Inseln Čiovo, Šolta und Brač gut zu überblicken. Die Altstadt Splits breitet sich um den Hafen aus, und ihr Kern, der *Diokletianspalast,* zählt zu den besterhaltenen antiken Bauwerken, das bis heute voller Leben ist. Der große Hafen ist Ausgangspunkt für die Inseln, in die nördliche Adria sowie nach Italien und zudem ein wichtiger Umschlagplatz für den Frachtverkehr, da Split mit dem Hinterland auf dem Luftweg, per Schiene und Straße gut erschlossen ist. Dadurch haben sich natürlich auch einige Industriezweige rund um Split angesiedelt, neben der bedeutenden Schiffsbauindustrie auch Kunststoffwerke. Zudem gilt Split als die kroatische Sportmetropole, hervorzuheben ist vor allem der nautische Bereich, der jährlich Zuwächse zu verbuchen hat. In Split findet jährlich Anfang April die international beachtete „Kroatische Nautikmesse" statt, dann liegen im Hafen die edelsten und exklusivsten Segel- und Motorjachten. Aber auch über das Jahr verteilt gibt es unzählige Segelregatten für alle Klassen. Bedeutsam sind auch Leichtathletik, Rudern und Handball und natürlich König Fußball – wer hat nicht den ehemaligen kroatischen Nationaltrainer *Slaven Bilić,* einen gebürtiger Spliter, erlebt, als er bei der Weltmeisterschaft mit seinem gut trainierten Team um die Entscheidungsspiele zitterte.

Auch kulturell ist Split bedeutend. Weit bekannt ist das Kroatische Nationaltheater mit sehenswertem Opern-, Theater- und Ballettrepertoire und Theaterfestivals im Sommer. Daneben gibt es in der Stadt viele kleinere, ebenso gut besuchte Bühnen. Sehenswert sind auch die vielen Galerien und Museen, in denen man Tage verbringen könnte. Außerhalb von Split (in Richtung Trogir) lohnen die *Ruinen von Salona* einen Besuch, einst eine mächtige Festung und Geburtsort Kaiser Diokletians, sowie die *Festung Klis* mit weitem Blick über Split und die vorgelagerte Inselwelt.

Geschichte

An der Flussmündung des Jadro lagen einst eine illyrische Siedlung und ein Handelshafen. Die alten Griechen, die aus Vis, der damaligen Kolonie Issa, kamen, hatten sich hier niedergelassen und trieben Handel mit den Illyrern. 74 v. Chr. eroberten die Römer die Stadt und nannten sie *Salona* (das heutige Solin). Salona wurde Hauptstadt der Provinz Dalmatien und zählte um die Zeitenwende 60.000 Einwohner. Kaiser Diokletian, um 240 n. Chr. in Salona geboren, ließ in seiner Regierungszeit (284–305) in nur 10 Jahren einen 30.000 m² großen, viereckigen Palast mit 16 Türmen, prachtvoller Südfassade und vier Tempeln als Altersruhesitz mit „Kurzentrum" aus der Erde stampfen; nahe dem heutigen Fischmarkt gab es Schwefelquellen, die genutzt wurden (→ Stadtbummel/Fischmarkt), auch beim Stadion in Poljud gab es einige, die überbaut wurden. Im 7. Jh. wurde Salona zerstört und ein Teil seiner Einwohner flüchtete sich in den Palast Diokletians und baute ihn um, sodass er den Bedürfnissen einer frühmittelalterlichen Stadt entsprach: Das *Peristyl*, der von Säulen umgebene Innenhof zu den Kultgebäuden, wurde Stadtplatz und das große *Mausoleum* eine Kathedrale. Weitere Häuser baute man im Westen an.

Der altkroatische Staat, der im 9. Jh. entstand, wurde zeitweise von den Franken, zeitweise von Byzanz verwaltet. In ungarisch-kroatischer Zeit war Split politisch autonom und prägte sein eigenes Münzgeld. Im 14. Jh. wurde die Siedlung im Westen der Stadt ummauert und Neustadt genannt. Unter Venedig verlor Split seine

Diokletianspalast um 305 – der prunkvolle, kaiserliche Alterssitz

Autonomie und die Venezianer bauten gleich einen Turm, um sich innerer und äußerer Widersacher erwehren zu können. In dieser Zeit errichtete *Juraj Dalmatinac* seine gotischen Meisterstücke, im 16. Jh. wurde die Stadtbefestigung verstärkt. Split war eine Handelsstadt geworden, die das Interesse der herannahenden Türken weckte. Trotz Kriegszeiten wurden im 17. Jh. und später etliche Barockpaläste gebaut. Unter österreichischer Herrschaft begann die Industrialisierung, der Hafen wurde vergrößert und nach dem Ersten Weltkrieg wurde Split Verwaltungszentrum im jugoslawischen Königreich. Der Bildhauer *Ivan Meštrović* lebte und arbeitete zu dieser Zeit in Split. Im Zweiten Weltkrieg bombardierten die Italiener die Stadt und auch im letzten Jugoslawienkrieg zwischen 1991 und 1995 wurde Split von Bomben nicht verschont. Heute ist Split eine moderne und wichtige Universitäts- und Sportstadt und zudem eine beliebte Touristenmetropole.

Küste von Marina bis Split

Stadtführungen

Individuelle Führungen mit sog. Touristguides, zu buchen über TIC.

One Penny Split Walking Tours, preiswert und gut (verschiedene Anbieter). 1 €/90 Min., ca. 8-mal tägl. 10.30–18 Uhr. www.splitwalkingtour.com. Die Guides hoffen natürlich auf etwas Trinkgeld; sie warten am Peristyl (mit ihren u. a. blauen Schirmen) – bei schönem Wetter schnell ausgebucht.

Bus- & Walking-Tour (mit Doppeldeckerbus und Audioguide), bei schönem Wetter ein super Erlebnis! 9 verschiedene Touren stehen zur Auswahl, gefahren wird tägl. von Mitte Mai bis Ende Sept. In der Hauptsaison ca. 9.30–18.30 alle 90 Min. (Abfahrt am Taxistand vor Beginn des Trajekthafens).

Bike-Touren, auch die Stadt per Fahrrad zu erkunden, ist möglich (→ Sport/ Fahrrad).

Infos über TIC und über verschiedene Anbieter (→ Information/Agenturen).

Splitcard

Sie ist 72 Std. gültig und kostet 5 € pro Pers. Ab einem Aufenthalt von 3 Tagen ist sie kostenlos erhältlich. Sie berechtigt zu kostenlosem oder vergünstigtem Eintritt in Museen, Galerien und Theater, zudem bei Stadtführungen; Ermäßigung gibt es auch bei Autovermietungen, Restaurants und Hotels. Erhältlich ist die Splitcard in TIC-Büros und Agentur Turistbiro (s. o.).

Information

Information Touristinformation TIC Peristyl, Sv. Roka (Peristyl), 21000 Split, ℡ 021/ 345-606. Mo–Sa 8–21, So 8–13 Uhr. Alle Auskünfte. Hier beginnt ein Geschichtsparcours mit Infotafeln, der durch die Stadt führt.

Touristinformation TIC Riva, Obala Hrvatskog narodnog preporoda 9, ℡ 021/360-066. Öffnungszeiten wie im TIC Peristyl.

Tourismusverband – Stadt Split (TZG), ℡ 021/348-600, www.visitsplit.com.

Tourismusverband – Region Mitteldalmatien (TZŽ), ℡ 021/490-033, www.dalmatia.hr.

Croatia Airlines, nur noch Flughafenbüro, ℡ 021/203-305, www.croatiaairlines.hr.

Agentur Split Tours, Obala Lazareta 3, ℡ 021/ 352-533, www.splittours.hr. Tickets für Flüge, LNP, Blueferry und Zimmervermittlung.

Agentur Turistbiro (Turistički Biro), Obala Hrvatskog narodnog preporoda 12, ℡ 021/ 347-100, www.turistbiro-split.hr. Günstige Privatzimmer.

Agentur Apados, Mihaljevićeva 1, ℡ 021/ 343-091, www.apados.com.hr. Bus- und Walkingtouren durch Split.

Agentur Adriatic4you, Krešimirova3, ☎ 021/686-870, www.adriatic4you.com. Split-Stadtführungen, Ausflüge, Vermietung von Schiffen, Autos, Scootern, Fahrrädern; Zimmer- und Hotelvermittlung und Transfers.

Agentur Portal Split Exursions, Trg Republike, ☎ 021/360-061, www.split-excursions.com. Stadtführungen, Zimmer.

Jadrolinija, Gat Svetog Duje 4, ☎ 021/338-333, www.jadrolinija.hr. Innerkroatische Schiffslinien, zudem nach Ancona und Bari.

LNP, über Split Tours (s. o.), ☎ 021/338-310, www.lnp.hr. U. a. Katamaran nach Šolta.

SNAV, Gat. Svetog Duje b. b., ☎ 021/322-252, www.snav.it. Italienfähre (Ancona und Pescara).

Verbindungen

Busse Überland-Busse ab Busbahnhof am Fährhafen, Ulica kneza Domagoja 12; Info/Reservierung ☎ 060/327-777, www.ak-split.hr. Nach Dubrovnik 15-mal tägl. (4 Std., 120 KN), nach Rijeka 15-mal tägl. (8 Std., ca. 140 KN), Expressbusse nach Zagreb (je nach Bus 4–5 Std.).

Gepäckaufbewahrung (Garderoba) am Zugbahnhof 6–23 Uhr; zudem Privatanbieter zwischen Bus- und Zugstation.

Regional-Busse ab Busbahnhof Prigradski Autobusni Kolodvor, Ul. Sukošanska (Nähe Domovinskog Rata), 2 km nördlich der Altstadt. U. a. nach Trogir und Flughafen (Nr. 37) alle 20 Min., nach Klis (Nr. 22). Ab Regional-Busbahnhof Bus Nr. 2, 9, 10 in die Altstadt (Pazar).

Stadtbusse, Trg Gaje Bulata (gegenüber Staatstheater), nordwestl. der Altstadt. Ab hier zur Halbinsel Marjan (Nr. 12), nach Poljud (Nr. 17, 3) und nach Salona über Solin (Nr. 1). Zudem Bushaltestelle an der Zagrebačka, östlich des Diokletianspalastes (genannt Pazar) für die Ostseite der Altstadt; hier Abfahrt für City-Center (Nr. 18). Zudem Busstopp nach Marjan (Nr. 12) am Trg Dr. Franje Tuđmana (westliches Ende der Riva). Innerhalb der Stadt 11 KN (am Kiosk 10 KN), nach Salona 13 KN.

Züge Kleiner Bahnhof am Kai, Domagojeva obala 10 (hinter Busbahnhof), ☎ 021/338-525. Info/Reservierung ☎ 060/333-444.

Verbindung zum **Hauptbahnhof** in der Put Supavla/Ul. Hercegovačka, Richtung Solin.

Split Altstadt

50 m

Übernachten
6　Hotel Bellevue
8　Hostel Golly & Bossy
11　Hotel Jupiter
12　Hotel Peristil
13　Hostel Cecilija
14　Hotel Vestibul Palace

Essen & Trinken
1　Pizzeria Galija
3　Restaurant Nostromo

Cafés
2　Café Bajamonti
4　Café Teak
5　Slastičarnica Tradicija
7　Café-Bar Galerija
9　Café Crème de la Crème
10　Café Luxor

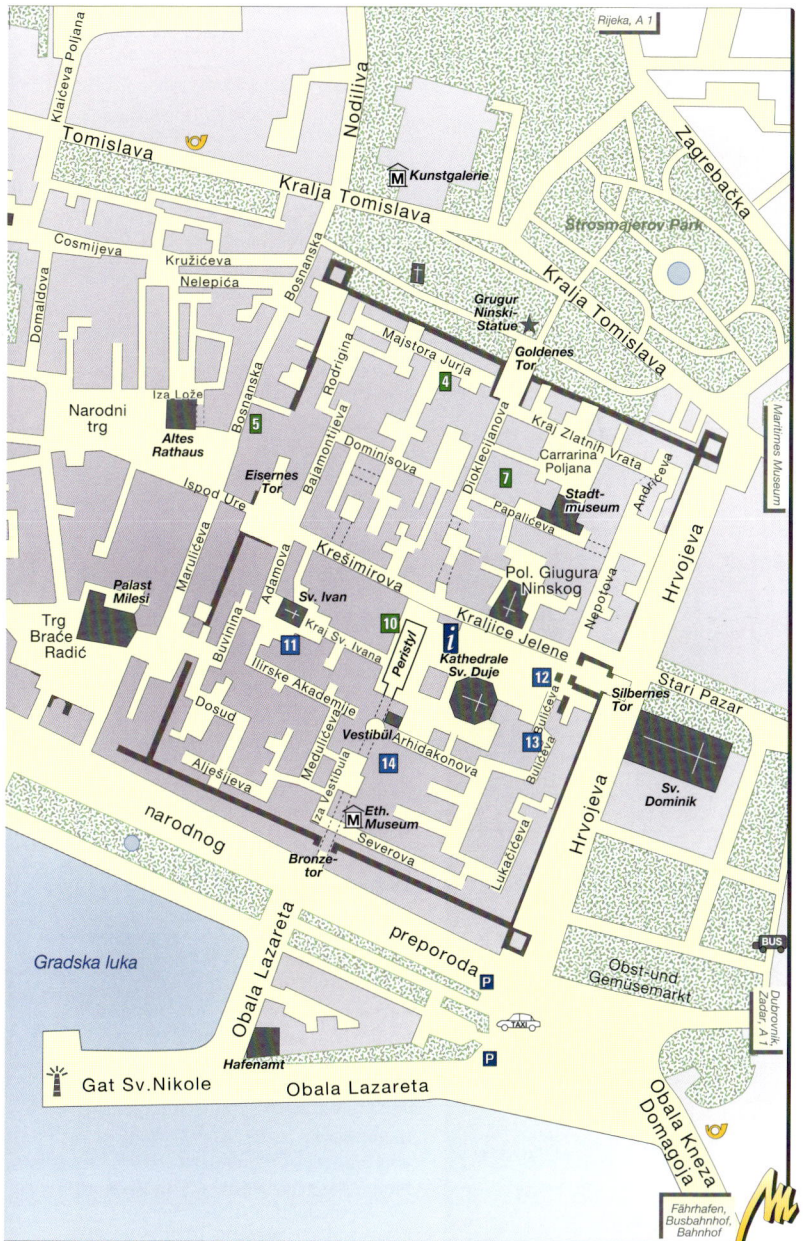

Hauptrichtung Zagreb 5-mal tägl. (Juni–Mitte Sept., am schnellsten ICN in 5:30 Std., ca. 25 €). Ab Split verkehren nur noch Busse in den Süden! **Gepäckaufbewahrung** (→ Bus).

Fähren Es gibt mehrere Häfen in Split! Der **Fährhafen** (Trajekt) ist südlich der Altstadt. Achtung, es gibt hier sogenannte Bahnsteige (Gat) für die Fähren. Am Fährhafengelände ist alles Wichtige zu finden: Bank, Post, Autovermietung, Restaurants, Cafés, Supermarkt. Die unten genannten Zeiten gelten für die Hochsaison, vor- und nachher fahren die Schiffe seltener. Man sollte sich mindestens 30 Min. vor Abfahrt der Schiffe am Gat einfinden, an Wochenenden, bei Ferienbeginn und -ende bis zu 2 Std. vorher. Auskünfte über den Fähr-Terminal ☎ 021/338-333, 338-304, 338-305; Reservierung unter ☎ 051/666-125 oder über die Fähragenturen (→ Information).

Gassenidyll im Diokletianspalast

Achtung: Jährlich gibt es neue oder veränderte Linien, daher besser vor Ort nachfragen!

Trajekts (fast alle mit Jadrolinija):

Nach Brač (Supetar) bis zu 14-mal tägl. 5.15–23.59 Uhr; 33 KN/Pers., Auto 160 KN.

Nach Šolta (Rogač) bis zu 6-mal tägl. 6.45–21.15 Uhr; 33 KN/Pers., Auto 160 KN.

Nach Hvar (Starigrad) bis zu 7-mal tägl. 1.30–20.30 Uhr; 47 KN/Pers., Auto 318 KN.

Nach Korčula (Vela Luka) 2-mal tägl. 10.15 u. 17.30 Uhr; 60 KN/Pers., Auto 530 KN.

Nach Lastovo (Ubli) 2-mal tägl. (10.15 und 17.30 Uhr); 68 KN/Pers., Auto 530 KN.

Nach Vis (Vis) 2- bis 3-mal tägl.; 54 KN/Pers., Auto 370 KN.

Personenfähren: Nach Drvenik Veli und Mali, nur Fr 15.30 Uhr.

Katamaran (M/B Adriana, Jadrolinija), Split–Brač (Bol)–Hvar (Jelsa), tägl. 16 Uhr (Fr Abfahrt Split 16.30 Uhr).

Katamaran (Krilo, www.krilo.hr) Split–Brač (Milna)–Hvar (Stadt)–Korčula (Stadt), Mitte Mai–Mitte Okt. Di und Do 7.15 Uhr.

Katamaran (Krilo, www.krilo.hr) Split–Hvar (Stadt)–Vis (Stadt), ganzjährig 1- bis 2-mal (nur Sa) nach Vis; Hvar-Stopp meist nur Di und Wochenende. Achtung, sehr kompliziert, da wechselnde Uhrzeiten in verschiedenen Monaten, unbedingt Fährplan nachsehen!

Katamaran (Krilo, www.krilo.hr) Split–Brač (Milna)–Hvar (Stadt)–Vis (Stadt), ganzjährig Fr 9.30 Uhr.

Katamaran (LNP, www.lnp.hr), Split–Rogač, ganzjährig tägl. 2-mal.

Katamaran (Krilo, www.krilo.hr), Split–Milna–Hvar (Stadt)–Korčula (Stadt)–Dubrovnik; tägl. 15.Mai bis ca. 18.Okt. um 7.15 Uhr (Ankunft Dubrovnik 12 Uhr, 170 KN).

Katamaran (Jadrolinija) Split–Hvar (Stadt)–Korčula (Vela Luka)–Lastovo (Ubli), 1-mal tägl. 15 Uhr.

Küstenlinie (Jadrolinija): Diese Linie wurde ab 2015 eingestellt.

Italienfähren Verschiedene Fähragenturen (→ Anreise/Fähre von Italien, S. 38).

Flüge Flughafen Split, ☎ 021/203-506, -507, www.split-airport.hr. Der Flughafen liegt 25 km entfernt Richtung Trogir. Flughafenbus (im 30-Min.-Takt, 30 KN) ab Obala Lazareta (Busbahnhof), Gat 5. Auskünfte Flughafen und Split Tours.

Wasserflugzeug, Verbindung mit Jelsa (Insel Hvar), Insel Rab (→ Kaštela).

Nach Zagreb (45 Min.) mit **Croatia Airlines** mehrmals tägl. (→ Anreise/Mit dem Flugzeug).

Autovermietung   Dollar Rent a Car, Trumbićeva obala 17, ℅ 021/399-000. **ABC**, Obala Lazareta 3 (Fährhafen), ℅ 021/342-364, www.rentacar-abc.com. **ABC Car**, Kralja Zvonimira 8, ℅ 021/482-391, www.abc-car.hr. **Nova Rent**, Obala kneza Domagoja b. b., ℅ 021/338-447, www.rentacarsplit.net.

Parken   Gebührenpflichtige **Parkflächen** finden sich außerhalb des Altstadtkerns, ca. 10 Min. Fußweg; u. a. Ul. Vukovarska/Livanijska (nordöstl.) und Ul. Svačićeva (nördl.). Es werden überall Parkgebühren verlangt. Achtung, am Fährhafen kann nicht geparkt werden – außer man geht auf die Fähre!

Langzeitparken (bewacht!): U. a. **Javina Garaža**, Sukoišanska 22, ℅ 021/771-793. Ca. 80 KN/Tag, 385 KN/Monat.

Taxi   Taxi Split, ℅ 021/1777 und 060/850-850, u. a. Altstadtbeginn, Busbahnhof. Preis: Split–Flughafen 250 KN.

Bootstaxi u. a. vom Jachthafen Zenta zur Innenstadt beim Trg F. Tuđmana.

Weitere Basis-Infos

Geldwechsel   Es gibt überall Banken und Bankomaten, auch am Fährterminal. Meist Mo–Fr 7.30/8–20 Uhr (manchmal mit Mittagspause). U. a. **Splitska banka**, Obala hrv. narodnoga preporoda 10.

Post   Hauptpost, Ul. Kralja Tomislava 9 (nördl. der Palastmauern), Mo–Sa 7–20 Uhr; hier Poste restante. Außerdem Post am Fährhafen, Obala kneza Domagoja 3.

Einkaufen   Fischmarkt, absolut sehenswert; hier erhält man ausnahmslos fangfrischen Fisch aus der Adria ab 7 Uhr. Ul. Marmontova/Ul. Neretva (östl. Trg Republike).

Obst-/Gemüsemarkt östlich der Palastmauern; hier auch der sog. **Pazar** mit preiswerter Kleidung, Schuhen, Taschen. **Supermarkt** am Fährhafen. **Kaufhaus Prima**, Trg Gaje Bulata 5.

Große Shoppingcenter u. a. **Joker Center**, im Norden der Altstadt. Mo–Sa 9–22 Uhr. Put Brodarice 6 (Ecke Hrvatske mornarice/Domovinskog), ℅ 021/396-911. Bus Nr. 3, ab Pazar. Zudem das beliebte **City Center I** in der Vukovarska ul.

Olivenölshop (Uje), Mihovilova širina. **Weinladen**, mit Verkostung; in Bačive.

Boutiquen, Marmontova ul. (beim Markt) nach Norden.

Croata, hier gibt es feinste Krawatten. Mihovilova širina 7 (Nahe Voćni trg).

Gesundheit   Krankenhaus, Spinčićeva 1, ℅ 021/556-111. **Ambulanz** Lučac-Manuš, Zagrebačka 17, ℅ 021/583-837. **Apotheken** (durchgehend geöffnet): Ljekarna Lučac, Pupačićeva 4, ℅ 021/533-188, 542-363. Ljekarna Dobri, Gundulićeva 52, ℅ 021/348-074.

Internet   WiFi in fast jedem Hotel, Restaurants, Cafés und Bars möglich; lediglich nach dem Passwort fragen.

Veranstaltungen   Nautikmesse – Croatia Boat Show, Ende April/Anf. Mai. Zählt zu den größten Bootsmessen. Motor- und Segeljachten, Kajaks etc. liegen im und am Stadthafen. Zahlreiche Bootsbauer benutzen diese Messe zu Ausstellungszwecken.

Spliter Sommer, jährlich Mitte Juni bis Okt. mit großem Kulturprogramm, u. a. Theateraufführungen, Ballett, zum Teil im Peristyl.

Sv. Duje-Stadtfest, 7. Mai. Blumenkorso, Musik- und Folkloregruppen an der Riva.

Blumenfest, 1. Maiwochenende mit Blumenkorso, Blumenshow im Diokletianspalast.

Internationale Segelwoche, 1. Oktoberwoche, mit Regatta zur Insel Brač.

Internationales Filmfestival, letzte Septemberwoche, Kurzfilme.

Übernachten   → Karte S. 108/109 und Umschlagrückseite

Privatzimmer/Appartements In und um die Altstadt kann man günstig wohnen, Infos über Touristenagenturen (u. a. Turist-

biro). DZ ab 50 €, EZ ab 30 € und Appartements ab 50 € ohne Frühstück.

Altstadthotels In Split haben innerhalb der Palastmauern des Diokletianspalastes etliche schmucke kleine Hotels (in der Saison unbedingt vorab reservieren) eröffnet – man schläft also ganz kaiserlich und träumt von … Biska (Diokletians Lebensgefährtin, der er angeblich treu blieb). Das Auto muss allerdings außerhalb geparkt werden.

**** Hotel Vestibul Palace **14**, neben dem Vestibül und auf dem gleichnamigen kleinen Platz. Das Innere vereint das Alte und die Moderne und wirkt durch seinen asiatischen reduzierten Stil sehr entspannend. Komfortable DZ/F mit LCD-TV ab 270 €; es gibt auch eine Bar und das Restaurant Diocles. Iza Vestibula 4, ☎ 021/329-329, www. vestibulpalace.com.

**** Hotel Jupiter **11**, mit 12 luxuriösen Zimmern, das schönste Zimmer ist ganz oben mit Blick über die Dächer und den Jupitertempel. DZ/F ab ca. 150 €. Grabovčeva širina 1, ☎ 021/344-801, www.hotel-jupiter.info.

*** Hotel Peristil **12**, das 25-Zimmer-Hotel wurde am Silbernen Tor und an den Palastmauern errichtet. Die bestens ausgestatteten Zimmer (mit Internetzugang) zeigen offen gelegtes Mauerwerk. Angeschlossen das gute Restaurant Tifany mit Sitzmöglichkeiten im Freien; den Innenraum zieren alte Amphoren, chinesische Vasen und Gemälde kroatischer Künstler. DZ/F 162 €. Poljana kraljice Jelene 5, ☎ 021/329-070, www.hotel peristil.com.

*** Hotel Bellevue **6**, hübscher alter Palast vom Ende des 19. Jh. mit 47 Zimmern und 3 Suiten, westl. des Altstadtkerns. Im guten Restaurant Noštromo kann man stilvoll speisen, auf der netten Frühstücksterrasse gemächlich den Tag beginnen. Ganzjährig geöffnet. DZ/F 92 €. Es gibt ein paar Parkplätze. Bana Jelačića 2, ☎ 021/345-644, www.hotel-bellevue-split.hr.

Design Hostel Golly & Bossy 8, das 2010 eröffnete Hostel ist wie aus dem Ei gepellt, soll aber mehr an die nahen Schwefelquellen erinnern – Weiß-gelb dominiert auch das Innere. Für jeden Geldbeutel gibt es Zimmer, schönes und gutes Restaurant und Bar; dazu freundlicher Service. DZ/F 90–135 €; in Mehrbettzimmern 29 €/Pers. Morpurgova Poljana 2, ☎ 021/510-999, www. gollybossy.com.

Zentrumsnahe Hotels   **** Hotel President **21**, wenige Gehminuten nördl. des Altstadtkerns nahe dem Theater. Stilvolle und komfortable Zimmer und Suiten mit Internet, Restaurant. Parkplätze vorhanden. Ganzjährig geöffnet. DZ/F ab 160 €. Starčevićeva 1, ☎ 021/305-222, www.hotel president.hr.

》》 Mein Tipp: ***** Hotel Park **34**, altstadtnah und oberhalb des Strandbads steht seit 1926 der prächtige Natursteinbau mit Gourmet-Restaurant, exzellentem Frühstücksbuffet und großer palmenbestandener Terrasse. Das Hotel wird seit Ende 2014 modernisiert, die ehemals kleinen Zimmern zu größeren gemacht – die Behaglichkeit der komfortablen Zimmern und Suiten wird weiterhin ein Bestandteil des Konzepts bleiben – im Juni 2015 ist die Neueröffnung. Es gibt Wellnesscenter, Sauna und Parkplätze. DZ/F ab 180 €. Hatzeov perivoj 3, ☎ 021/406-403, www.hotelpark-split.hr. **《《**

**** Hotel Radisson Blu Resort Split **35**, ca. 4 km östlich der Altstadt in ruhiger Lage am schönen Strand Žnjan. Das Hotel bietet 246 Zimmer und ist komplett und komfortabel mit viel Glas modernisiert. Wer ansprechend nächtigen mag, ein großes Sport- und Wellnessangebot mit Innen- und Außenpools liebt, ist hier goldrichtig. Parkplätze in allen Größen. DZ/F ab 260 €. Put Trstenika 19, ☎ 021/303-030, www.radissonblu.com.

》》 Mein Tipp: *** Hotel & Hostel Jadran **39**, kleines, freundliches 30-Betten-Hotel an der Uvala Zvončac (westl. der ACI-Marina) in absolut ruhiger Lage und fast zentrumsnah; 2014 in zartlila renoviert. Hier trainieren u. a. kroatische Sportmannschaften, d. h. Freischwimmbecken von olympischen Ausmaßen, Hallenbad; Gesundheits- und Schönheitszentrum (Fitnessgeräte, Sauna, Massage, verschiedene therapeutische Anwendungen), Tauchschule, eigener Strand. Für Sportfans beste Wahl in Split. Parkplätze. DZ/F 115 €. Es gibt auch preiswertere Mehrbettzimmer. Sustipanski put 23, ☎ 021/398-622, www.hoteljadran.eu. **《《**

**** Hotel Globo **20**, ca. 800 m nördl. der Altstadt. Ca. 25 stilvoll ausgestattete Zimmer mit LCD-TV, WiFi. Sehr gutes Restaurant, viele Geschäftsreisende. Fahrrad- und Autovermietung. Ganzjährig geöffnet. Komfortable DZ/F ab 150 €. Lovretska 18, ☎ 021/481-111, www.hotelglobo.com.

*** Hotel Consul **18**, ca. 1 km nordöstl. der Altstadt. Komfortables, nettes 37-Betten-Hotel (DZ und Appartements mit AC und

ISDN-Anschluss, Sat.-TV) mit Restaurant und schöner Terrasse im Grünen. DZ/F 124 €. Tršćanska ul. 34, ℘ 021/340-130, www.hotel-consul.net.

*** **Villa Ana** 🔢, östl. des Bus- und Zugbahnhofs im Natursteinhaus. 5 nette Zimmer (auch für 3 Pers.), angeschlossen eine Konoba. Parkplätze. DZ/F 100 €. Vrh Lučac 16, ℘ 021/482-715, www.villaana-split.hr.

*** **Villa Matejuška** 🔢, zentrumsnah, westlich oberhalb des Hafens. Schönes dalmatinisches Natursteinhaus mit 6 Appartements (bis 3 Pers.) mit WiFi ab 110 €/2 Pers. Angeschlossen die gleichnamige Konoba. Keine Parkplätze vor der Türe. Tomića stine 3, ℘ 021/321-086, www.villamatejuska.hr.

Preiswerte Unterkünfte   Villa Kameni Cvit 🔢, schöne ruhige Lage oberhalb vom Park und der Kunstgalerie. Nette Appartements mit Balkon oder grüner Terrasse. Fahrradverleih, Parkplatz. Ab 70 €. Kruševiča gumno 13, ℘ 099/5926-263 (mobil), www.kamenicvit.com.

*** **Villa Varoš** 🔢, nettes Natursteinhaus im Stadtteil Veli Varoš, also fast im Altstadtzentrum, angeschlossen die nette kleine Konoba Leut. WiFi. DZ 80 €, Suite 121 €. Miljenka Smoje 1, ℘ 021/483-469, www.villavaros.hr.

*** **Villa Marjela** 🔢, modernes Haus im Stadtteil Poljud mit 8 Zimmern. DZ/F 80 €. Jobova 5, ℘ 021/384-623, www.villamarjela.hr.

Guesthouse Žuvan 🔢, nahe Stadion Poljud, ca. 400 m zum Altstadtzentrum. Es gibt 2- bis 4-Bettzimmer, netten Garten und Grill; Fahrradverleih. DZ ab 40 €. Fam. Branimir Žuvan, A. G. Matosa 39/41, ℘ 098/585-494 (mobil).

Hostel Cecilija 🔢, wird sehr gelobt. Sehr sauber mit tollem Bad und neuen Betten. Es gibt 2- bis 4-Bettzimmer. Pro Pers. 15–20 €. Buliceva 4, ℘ 091/5099-220 (mobil), www.hostelworld.com.

Camping   Camping Stobreč-Split, ca. 6 km südl. in Richtung Omiš am Meer (→ Stobreč). Weitere Campingplätze liegen 20 km nördl. bei Trogir in Kaštela (s. d.).

Essen & Trinken/Nachtleben   → Karte S. 108/109 und Umschlagrückseite

Essen & Trinken   Konoba Varoš 🔢, traditionsreiches, gut geführtes Lokal westl. Trg Republike. Fischspezialitäten, verschiedenste Fleischgerichte und große Weinauswahl. Ban Mladenova 7, ℘ 021/396-138.

⟫⟫⟫ **Mein Tipp:** Konoba Šperun 🔢, westlich des Trg F. Tudmana liegt das lauschige Familienlokal, das mit viel Liebe zum Detail eingerichtet wurde – es gleicht fast einem Puppenhaus. Sitzmöglichkeiten laden auch vor berankter Fassade ein. Das dalmatinische Essen, ob Fisch- oder Fleischgericht, ist vielfältig, frisch und gut gewürzt, und auch der Vorspeisentisch ist immer nett arrangiert. Ein Platz, um nach einer Besichtigungstour in Ruhe zu genießen und zu entspannen. Šperun 3, ℘ 021/346-999. ⟪⟪⟪

Restaurant Nostromo 🔢, am Markt. Hier isst man bestens fangfrischen Fisch. Sitzgelegenheiten nur im Innern. Höheres Preisniveau und nur Cashzahlung. Kraj sv. Marije 10, ℘ 091/4056-666 (mobil).

Restaurant Zrno Soli 🔢, das neue Lokal am ACI-Jachthafen. „Eine Prise Salz" verführt mit herrlichem Blick auf die Boote und mit bester Slow-Food-Küche, spezialisiert auf Meeresfrüche und Fische. Gehobenes

Preisniveau. Uvala Baluni 8, ℘ 021/399-333.

Pizzeria Galija 🔢, westlich der Altstadtmauern, oberhalb Trg Republike. Tončićeva 12, ℘ 021/347-932.

Konoba Kod Joze 🔢, kleines Lokal 200 m nördlich der Altstadt, mit Terrasse. Hier isst man bestens Peka-Gerichte und es gibt preiswerten Mittagstisch. Sredmanuška 4, ℘ 021/347-397.

Buffet Fife 🔢, alteingesessenes Fischerlokal nahe dem kleinen Stadthafen. Einfache, preiswerte Hausmannskost, u. a. Sardellen, Makrelen, „kleine" Edelfische (die großen Fische wurden verkauft …) wie Seeaale, Drachenköpfe, Calamares etc., dazu Kartoffeln und Mangold, oder auch Tintenfischrisotto und Kutteln; im Herbst kommen die guten Eintöpfe und auch Gulasch auf den Tisch, sonntags traditionell Pašticada oder Kalbsbraten. 6–24 Uhr. Trumbićeva obala 11, ℘ 021/345-223.

Oštarija u Vidakovi 🔢, oberhalb vom Strandbad Bačvice liegt der alteingesessene Familienbetrieb; gespeist wird im typischen Konoba-Keller oder gegenüber im netten schattigen Biergarten. Fleisch-, Fisch- und Pastagerichte. Geöffnet ab 11 Uhr. Prilaz braće Kaliterne 8, ℘ 021/489-106.

Küste von Marina bis Split

Restaurant/Pizzeria Velo Misto 42, direkt am Jachthafen Zenta mit modernem Ambiente. Hier gibt es immer etwas zu gucken; gepflegte, nette Atmosphäre, guter Service, gute Gerichte, ob Fisch, Fleisch oder Jumbo-Pizzen.

Konoba Stari Mornar 16, ebenfalls am Meer beim Hafen Poljud. Hier isst man bestens Peka-Gerichte wie Lamm und Oktopus, zudem sehr guter Service, schönes Ambiente. Mediteranskih igara 9, ✆ 021/381-306.

Pizzeria Bakra 33, östlich vor der Fährhafenzufahrt in der kleinen Gasse. Preiswert und gut und eine der ältesten Pizzerias. Radovanova 2, ✆ 021/512-724.

Cafés (→ Nachtleben). An der Uferpromenade reihen sich die Cafés mit Blick aufs Meer.

Café Luxor 10, am schönen Peristyl-Platz. Stilvoll im Innern, draußen Sitzkissen auf den historischen Steinstufen. Ab 19.30 Uhr innen Livemusik. Es gibt leckere Kuchen, Torten und Snacks.

Café Teak 4, ebenfalls sehr beliebt für Drinks. Majstora Jurja.

>>> Mein Tipp: Slastičarnica Tradicija 5, hier gibt es für Naschkatzen leckerste Teilchen und Törtchen, Plätzchen, Strudel – handgefertigt im Familienbetrieb und aus besten Zutaten. Im Sommer Mo–Sa 8–22 Uhr. Bosanska ul. 2 (östl. vom Narodni trg). «««

Café Crème de la Crème 9, nahe der westlichen Palastmauern liegt dieser kleine Naschtempel, der vorzügliche „Eiscremé", Törtchen und Torten herstellt, u. a. auch die „Spliter Torte", aus Feigen, Walnüssen und „Buttercremé", alles mit einem Schokoüberguss versehen. Zudem guter Espresso. Tägl. 7.30-23 Uhr. Iličev Prolaz 1.

Café-Bar Bura 30, wer die Stufen von der Westseite hoch zur grünen Halbinsel erklommen hat, wird belohnt – von oben bietet sich ein herrlicher Blick auf Split und die Küste und es gibt guten Kaffee, Drinks und auch Essen.

Café Bajamonti 2, bei Kaffee und Kuchen aus der hauseigenen Konditorei hat man einen schönen Blick auf den großen majestätischen Republik-Platz und gen Meer. Trg Republike 1.

Cafe-Bar F-Marine 31, an der neu gestalteten Promenade Richtung Jachthafen lässt es sich nun bestens Rasten und den herrlichen Altstadtblick bei Snacks, Kuchen und Getränken genießen.

Nachtleben Jugendliche und Partygänger treffen sich an der Partymeile direkt am Meer, an der Badebucht Bačvice (im Osten). Hier reihen sich die Bars und Discos. Hier reihen sich die Bars und Discos, es gibt auch Konzerte. Discobetrieb vor allem Fr/Sa, z. B. Tropic Club 37. Nicht selten gehen die Letzten morgens um 6 Uhr und nehmen erst einmal ein ernüchterndes Bad – gottlob ein flach abfallender Strand. Hier, oberhalb vom Bačvice-Strand, ist auch die nette Café-Bar Šbirac 38, ganzjährig und ab morgens geöffnet, mit Wintergarten.

Café Galerija 7, tagsüber und abends nett zum Sitzen in der Altstadtgasse bei guter Musik. Vaskoviceva ul. (östl. vom Stadtmuseum).

Club Vanilla 17, beliebt bei gut gestylten Discogängern; riesig, bis zu 1000 Personen fasssend, mit Freisitzen und Bars; mehrmals wöchentlich Livemusik. Bazeni poljud (hinter dem Poljud-Stadion), ✆ 021/381-283, www.vanilla.hr.

>>> Mein Tipp: Loungebar und Diskoclub Hemingway 15, beim Hafen Poljud (im Norden der Stadt), direkt am Meer und an einem Badestrand. Ganztägig geöffnet, tagsüber um die Badegäste zu bewirten, nachts um in dem großen Inneren (bis 2000 Pers.!) oder in den bequemen weißen Sofas und VIP-Loungen abzuhängen oder bei bester Musik zu shaken – auch hier keine Strandkleidung erwünscht! Es gibt zahlreiche Events und an Fr/Sa Discobetrieb mit den angesagtesten DJs. Mediteranskih igara 5, ✆ 099/2119-993 (mobil), www.hemingway.hr. «««

Musikclub O'Hara 40, in Alleinlage direkt am Meer, nahe Jachthafen Zenta im Osten der Stadt. Tägl. bis auf Mo verschiedenstes Musikprogramm, Mi gibt es Trash, Do meist Konzerte, Fr/Sa Discobetrieb. Cvjetna 1.

Theater Stadtheater (Gradsko Kazalište Mladih), Trg Republike 1, ✆ 021/344-979; Staatstheater (Hrv. Narodno Kazalište), Trg Gaje Bulata 1, ✆ 021/344-999.

Sport/Wassersport

Split ist eine Metropole des Sports. Neben dem berühmten Fußballclub Hajduk Split ist die Stadt Austragungsort nationaler und internationaler Meisterschaften, darunter Tennis- und Basketballturniere, Schwimmwettbewerbe, Leichtathletik, Handball, Rudern, Rugby und natürlich ganzjährig die verschiedensten Segelregatten. Veranstaltungskalender über die Touristeninformationen.

Baden Die Wasserqualität bei Split ist wegen des Schiffsverkehrs natürlich nicht mit dem glasklaren Wasser bei den Inseln zu vergleichen. Dennoch, wer Abkühlung sucht, findet einige nette Strände:

Strandbad Bačvice, östl. der Altstadt (flacher Strand, Duschen, Liegeflächen, Cafébars), hier weht die „Blaue Flagge"; frühmorgendliche Putztrupps säubern den Strand von nächtlichen Gelagen um die Partymeile. Ab hier gen Osten reihen sich einige Strände, u. a. **Firule**, dann folgen **Trstenik** und **Žnjan**. Westl. der Altstadt, rund um die **Marjan-Halbinsel** (3 km), gibt es sehr schöne Badebuchten. Nördl. der Altstadt, beim Jachthafen Poljud, ebenfalls ein Strand.

Hafenkapitän   Deklarieren ganzjährig beim **Hafenamt** möglich. Obala Lazareta 1, ✆ 021/345-500; zudem 24-Std.-Service unter ✆ 021/362-436.

Jachthäfen ACI-Marina Split, an der Südwestspitze des Stadthafens, gut geschützt durch langen Wellenbrecher: 330 Liegeplätze im Wasser, 40 Stellplätze an Land, Wasser- und Stromanschlüsse, WiFi, Werkstätten, Sanitäranlagen, 10-t-Kran, 35-t-Slip, Tankstelle nördl. beim Hotel Marjan, Restaurant. Uvala Baluni b. b., ✆ 021/398-548, 398-599, www.aci-club.hr.

In den nachfolgenden Marinas muss man sich erkundigen, ob Platz ist, da diese oft von Einheimischen belegt sind:

Marina Zenta, östl. des Stadtkerns im Stadtteil Firule. Gemütlich und gute Lage, Taxibootverbindung in die Altstadt zum Trg F. Tudmana. Cjetna 1, ✆ 021/389-277, psd-zenta@t-com.hr.

Marina Špinut, im Norden der Halbinsel Marjan, Lučica 7, ✆ 021/386-760.

Marina Mornar, VIII Mediteranskih igara 5, ✆ 021/384-311. Hier ist auch der Hemigway-Club.

Marina Split, gleich neben Špinut, Lučica 4, ✆ 021/386-763.

Jacht- und Segelbootcharter/Segelschule Jede Menge in Split, u. a. bei **ACI-Marina Split** (www.pbz-leasing.hr), auf dem gleichen Gelände **Nautika Centar Nava** (www.navaboats.com) und **Yachting Pivatus** (www.pivatus.hr).

Fußball »» **Mein Tipp:** Fußballfans können sich im 50.000 Menschen fassenden Stadion bei den Heimspielen (Ticket ca. 50 KN) der kroatischen Nationalmannschaft und des Traditionsvereins **Hajduk Split** in Stimmung bringen. Architektonisch interessant ist die Dachkonstruktion in Form zweier geöffneter Muscheln, entworfen von B. Magaš. Stadtteil Poljud (nördl. der Altstadt), Poljudsko šetalište b. b., ✆ 021/355-444. «««

Blick zum Trg Braće Radić

Schwimmen Die große **Schwimmhalle** und das große Freischwimmbecken sind ebenfalls auf Meisterschaften ausgerichtet – mit ebenso interessanter Architektur von I. Antić. Nördlich des Stadions. Poljud, Sustipanski put 23.

Fahrrad **Toto Bike Tours**, Trumbićeva obala 2 (beim Stadthafen), ℡ 021/887-055, www.totosplit.com. Fahrradverleih (auch Mountainbikes und Helm) und Split-Fahrradtouren.

Baracuda, Trumbićeva obala 13 (beim Stadthafen), ℡ 021/363-462. Mountainbikeverleih.

Organisierter Aktivurlaub Dalmatia **Rafting & Investigator Tours**, Mazuranićevo set. 8a, ℡ 021/321-698, 098/1697-749 (mobil), www.dalmatiarafting.com. Angeboten werden Rafting, Kanufahren, Kajaking, Canyoning und Klettern. Zudem Seekajak, auch mehrtägige Ausflüge nach Brač, Hvar und Vis, ebenso nach Süddalmatien wie Lastovo, Elaphiten. Reit- und Mountainbikeausflüge.

Stadtbummel

Öffnungszeiten/Adressen zu Museen, Sehenswertem etc. (→ Kapitel „Museen und Galerien").
Interessant sind auch **geführte Stadttouren**, buchbar über TIC und Agenturen.

Vom Fährhafen blickt man auf die Südmauer der Anlage des **Diokletianspalastes** mit der palmenbewachsenen Uferpromenade davor, der *Obala hrvatskoga narodnoga preporoda* kurz auch *Riva* genannt. Inzwischen ist die vor einigen Jahren umgestaltete Promenade mit ihren üppigen Blumenrabatten und Ruhebänken hübsch anzusehen, daneben die Cafés, die zum Verweilen einladen – auch Kinder tollen hier sehr gerne. Im Südosten ein Wehrturm, dann ein Tor – das **Bronzetor** –, das zu den Anlegeplätzen der Schiffe führt. Einstmals reichte das Meer bis an den Palast. An seiner Fassade wurde im 18. Jh. eine niedrige Häuserzeile angebaut.

Am westlichen Ende der Stadtmauer, kurz nach der Uferpromenade, erreicht man den *Trg Braće Radić* und einen achteckigen **Wehrturm**. Er wurde im 15. Jh. zu Beginn der venezianischen Herrschaft gebaut und gehört zum Stadtkastell. Auf dem Platz davor steht die Bronzestatue des ersten großen kroatischen Poeten *Marko Marulić* (1450–1524), geschaffen vom Bildhauer *Ivan Meštrović*. Gegenüber der **Renaissancepalast Milesi**.

An der Westmauer entlang gelangt man zum *Narodni-Platz* mit Renaissancepalästen, dem Verwaltungszentrum Splits im Mittelalter. Hier steht auch das **alte Rathaus** (das Ethnologische Museum ist umgezogen), ein Gebäude mit gotischen Spitzbögen aus dem 14. Jh. und neugotischem Überbau aus dem 19. Jh. Neben dem Westtor des Palastes ein romanisches **Turmhaus** mit später aufgesetzter Stadtuhr und der spätromanische **Palast Ciprianis**, eines Fürsten aus Korčula.

Fähnchengeschmückte Gassen führen rechts in das Palastzentrum durchs sogenannte **Eiserne Tor**, das im Mittelalter die alte mit der neuen Stadt verband. Dieses Tor gleicht dem Osttor, ist aber besser erhalten. An seiner Innenseite stand eine Kirche, von der nur noch die Kuppeln und der Glockenturm aus dem 11. Jh. (der älteste weit und breit) erhalten sind.

Über die Längsgasse (Ul. Krešmirova) – im Mittelalter die wichtigste der Stadt – kommt man vom Westtor zum Peristyl mit zahlreichen Souvenirständen und der *Touristinformation* in der **Sv. Rok Kapelle**.

Küste von Marina bis Split

Trg Braće Radić – über das Altstadtplatzidyll wacht der Poet Marko Marulić

Rechts das **Peristyl**, ein drei Stufen tiefer gelegener Platz, umgeben von Säulenreihen und Eingängen zu den ehemals kaiserlichen Gemächern. Der Platz eignet sich bestens zum Ausruhen. Das einst platzfüllende *Café Luxor* wurde in seine Innenräume verwiesen. Beim Peristyl standen drei kleine Tempel und andere wertvolle Bauwerke. Der Grundriss des **Venus-Tempels** war sechseckig. Heute sieht man nur noch Teile der hexagonalen Basis mit der Krypta im Boden des Café Luxor angezeigt (Eingang Kraj Sv. Ivana). Vom Erdgeschoss des Peristyls sind noch die Bögen und Säulen der romanischen Loge des alten Rathauses erhalten. Im 14. Jh. arbeitete *Juraj Dalmatinac* das Südportal im Stil der „Blüten-Gotik" aus. Ende des 14. Jh. wurde das obere Stockwerk im Stil der Renaissance angebaut. Der **Tempel der Cybele** hat einen runden Grundriss. Der rechteckige **Jupiter-Tempel** liegt weiter in Richtung Westmauer. Sein westlicher Giebel ist heute noch in recht gutem Zustand und das Deckengewölbe im Innern ist vollständig erhalten; hier steht eine 1945 geschaffene Bronzestatue, *Ivan Meštrović*' letztes Werk. Im oberen Teil befindet sich das Baptisterium mit Taufbecken aus dem 12. Jh. mit Flechtornamenten und dem Bildnis eines kroatischen Königs auf dem Thron.

Die Stirnseite des Jupiter-Tempels ziert eine ägyptische Sphinx, ihre Artgenossin sitzt vor dem Baptisterium – einst waren es zwölf an der Zahl, die man im Palast fand. Sie wurden auf Beutezügen ergattert, wie auch die korinthischen Säulen.

An der Stirnseite des Peristyls, also zwischen den Tempeln und dem Mausoleum, steht das **Vestibül**, die Vorhalle; der einstige Eingangssaal zu den kaiserlichen Gemächern ist außen viereckig und innen rund. Davor der **Prothyron**, eine Säulenfassade mit Ehrenloge für den Kaiser. Dahinter die kaiserlichen Säle im Süden des Palastes, von denen nur die ebenerdigen Gewölbe erhalten sind; sie werden als Kellerräume bezeichnet und waren bis 1956 bis obenhin mit Schutt angefüllt. Erst im 19. Jh. wurden sie gesäubert. Heute kann man durch 25 neu restaurierte Säle spazieren (hier finden Ausstellungen statt) und dann beim Südtor den Palast wieder

▲ Diokletianspalast und Sv. Duje
▼ Grgur Ninski Skulptur

verlassen. Die Kellerräume verwandeln sich beim Blumenfest Anfang Mai in blühende Oasen.

Natürlich kann man auch gleich durch das Südtor, die Säle und das Vestibül auf das Peristyl zugehen und steht dann vor dem **Mausoleum**, der außen achteckigen, innen runden und von einem offenen Säulengang umgebenen **Kathedrale** (Sv. Duje). Sie ist dem Märtyrer Domnius geweiht, einem Bischof aus Salona. Durch die reich geschnitzten Tore aus dem Jahr 1214, gefertigt von *Andrija Buvina,* gelangt man ins Innere der Marmorkirche mit romanischer Steinkanzel und spätgotischen Altären – einen davon schuf *Juraj Dalmatinac.* In der Sakristei befindet sich heute die Schatzkammer (8–20, So 9.30–12 Uhr; außer bei Hochzeiten etc.).

Die schönste Aussicht über die Häuserlandschaft auf den römischen Überresten hat man vom **Glockenturm** aus dem 13. Jh. Von oben fällt der Blick auf das Dach des Mausoleums, das teilweise noch mit römischen Dachziegeln gedeckt ist. Auch das Vestibül mit seinem runden Kuppelloch ist von hier oben gut zu sehen.

Kommt man vom Peristyl und überquert die Längsgasse, läuft man auf einem römischen Bürgersteig zum Nordtor, dem **Goldenen Tor**. Es heißt so, weil es den Splitern schon immer am besten gefiel, nach Renovierung strahlt es wieder. Ein paar Meter außerhalb des Tores steht die große *Grgur-Ninski-Bronzeskulptur,* 1929 geschaffen von Meister *Ivan Meštrović* in der Zagreber Akademie der Künste. Sie stand zum Gedenken an die 1000-jährige Kirchenversammlung in Split zuerst im Peristyl, seit 1954 steht sie an ihrem heutigen Platz. Die schon sehr abgewetzte Zehe wird oft geküsst, das soll Glück und Segen bringen.

Vor dem Goldenen Tor sieht man noch die Überreste der einstigen frühromanischen Basilika mit Benediktinerkloster vor der Nordseite der Palastmauern. *Juraj Dalmatinac* baute 1444 an die Südseite dieser Kirche die **Kapelle Sv. Arnir** mit dem berühmten *Relief der Steinigung,* das sich heute in der Kirche in Kaštel Lukšić (s. dort) befindet.

Im Nordwesten und Nordosten steht jeweils ein Wehrturm, im Nordosten außerdem der von *Juraj Dalmatinac* erbaute **Papalić-Palast** mit prachtvollem Eingangstor, dort ist heute das *Stadtmuseum* untergebracht.

Geht man jedoch die Längsgasse weiter, vorbei an Ständen, Gemälden und Porträtisten, findet man am Ende zwischen Säulenresten eine Terrasse mit Korbsesseln, die zu einer Snackbar gehört. Durch das östliche Tor, das **Silberne Tor**, verlässt man die Palastanlage und steht am Markt, **Pazar** genannt. Die Ostmauern sind am besten erhalten.

Außerhalb der Stadtmauern, ca. 300 m östlich des Silbernen Tors und über die Kneza Mislava Ulica erreichbar, ist das **Maritime Museum** sehenswert, gegenüber dem Busbahnhof liegt das **Naturwissenschaftliche Museum**. Nur wenige Meter nordwestlich des Goldenen Tores, neben dem hübschen **Štosmajerov Park**, einer wunderbaren Oase, wurde die **Kunstgalerie** untergebracht.

Rund 150 m nördlich vom westlichen Ende der Uferpromende, an der Ulica Marmontova, liegt der sehenswerte **Fischmarkt (Ribarnica)**, wo man ab 7 Uhr morgens fangfrische Fische aus der Adria erhält. Eine weitere Besonderheit sticht noch ins Auge: Die sonst lästigen Fliegen gibt es nicht. Diese Besonderheit wird auf die Schwefelquellen zurückgeführt, die im nahen gelben Gebäude zu finden sind. Dort war früher ein Krankenhaus untergebracht, heute ein Rekreationszentrum für Spezialfälle, also nicht für die Öffentlichkeit zugänglich. Kaiser Diokletian soll sich ja angeblich auch wegen dieser schwefelhaltigen Heilquellen seinen Bauplatz gerade hier gesucht haben.

Goldenes Tor (Palast-Nordausgang) ▲
Silbernes Tor (Palast-Ostausgang) ▼

Geht man südwestlich am Hafenbecken weiter, trifft man auf die neu gestaltete, mit Wasserbecken und Blumenrabatten versehene Promenade **Branimorova obala**. Im weiteren Verlauf erreicht man die ACI-Marina – von den einladenden Cafés genießt man einen herrlichen Altstadtblick.

Nach einem ca. 10-minütigen Spaziergang vom Fischmarkt Richtung Norden erreicht man in der Frankopanska ulica das **Archäologische Museum**, das man unbedingt gesehen haben sollte. Allein die Vielfalt an kunstvoll gestalteten, alten Grabmälern im schönen Kreuzgang und Park beeindruckt.

Im Norden Splits, nahe der Bucht und des Hafens Poljud, steht das **Franziskanerkloster Sv. Ante** aus dem 15. Jh. mit Marienkirche und Museum von Poljud. Im Kloster beeindrucken ein Renaissancegemälde und ein Polyptichon mit St. Domnius, dem Schutzheiligen von Split, der die Stadt in seiner Linken hält. Im kleinen Museum befindet sich u. a. ein Porträt des Humanisten Thomas Niger, 1527 geschaffen von *Lorenzo Lotto;* im Kreuzgang Porträts und Grabmäler von Adeligen, den Innenhof ziert ein Brunnen.

Fußballfans finden etwas südlich des Franziskanerklosters das 50.000 Zuschauer fassende **Stadion** des hier beheimateten Fußballvereins Hajduk.

Westlich der Altstadt liegt die Erholungsoase der Stadt: Die kegelförmige **Halbinsel Marjan** mit Grünflächen und Museen wurde Anfang des 20. Jh. als großzügiger Park angelegt. Die höchste Erhebung ist der 178 m hohe *Telegrin,* der eine schöne Aussicht über die Stadt und die vorgelagerten Inseln bietet. Östlich davon führt durch den etwas niedrigeren Berg Vrh Marjana ein Tunnel, durch den man auf kürzestem Weg von der Altstadt zur Halbinsel gelangt. An der Südseite der Halbinsel Marjan kann man sich stadtnah in den Strandbädern und an kleinen Buchten ins kühle Nass stürzen, um sich dann ausgeruht den sehenswerten Museen zuzuwenden: *Galerie Meštrović* mit schönem Skulpturenpark; schräg gegenüber der Straße am Meer das *Kastell Meštrović;* etwas weiter östlich das *Museum Kroatischer Archäologischer Denkmäler.* Oberhalb, am bewaldeten Hügelzug, liegt der sehr verwaiste *Zoologische Garten.* Auf angelegten Spazierwegen kann man joggen und die Aussicht genießen. Vorbei geht's an zwei Kapellen, *Sv. Nikola* und *Sv. Jure,* zur westlichen Landspitze der Halbinsel Marjan und zum *Ozeanografischen Institut.* Von hier fährt der Bus Nr. 12 zurück in die Stadt.

Römisches Aquädukt: Auf der Straße stadtauswärts Richtung Klis (kurz nach Abzweig Solin) findet sich rechter Hand das im 4. Jh. erbaute Wasserleitungssystem, das von der Quelle des Jadro-Flusses auf einer Strecke von 9 km bis nach Split fließt – bis heute wird Splits Altstadt mit diesem Wasser gespeist! Gut erhalten ist auch das 180 m lange Aquädukt mit seinen Pfeilern und großen behauenen Steinquadern.

Museen und Galerien

Archäologisches Museum (Arheološki muzej): Das 1820 gegründete und damit älteste Museum Kroatiens zeigt zahlreiche Funde aus prähistorischer, griechischer und römischer Zeit sowie aus dem Mittelalter: Funde der Ausgrabungsstätte Salona; eine Sammlung griechischer Kulturdenkmäler von Hvar, Vis und Salona; aus römischer Zeit Glas, Schmuck, Gebrauchsgegenstände und Skulpturen römischer Gottheiten. Besonders sehens-

Öffnungszeiten: Leider gibt es bei den Museen jährlich Öffnungszeitenänderungen. Deshalb ist es zu empfehlen, sich vorab bei der TIC zu erkundigen.

wert ist die bedeutende Sammlung von Grabplastiken.

Zrinjsko Frankopanska ulica 25, ✆ 021/329-340, www.armus.hr. Mit Bus Nr. 12 ab Trg Gajeta Bulata sowie auch westl. Riva-Ende. Juni–Sept. Mo–Sa 9–14/16–20 Uhr; Okt.–Mai Mo–Fr 9–14/16–20, Sa 9–14 Uhr; So/Feiertage geschlossen. Eintritt Erwachsene 20 KN, Kinder 10 KN.

Ethnografisches Museum (Etnografski muzej): Das 1910 gegründete Museum hat neue moderne Räumlichkeiten an der Südmauer des Diokletianspalastes erhalten. Es zeigt eine große Sammlung von Trachten, Stickereien, Gebrauchs-gegenständen, Schmuck und Musikins-trumenten aus Dalmatien.

Iza Vestibula 4, ✆ 021/343-164, www.etno grafski-muzej-split.hr. Juni–Sept. Mo–Sa 9–16, Sa 9.30–13 Uhr; Okt.–Mai Mo–Fr 9–16, Sa 9–13 Uhr; Feiertage geschlossen. Eintritt Erwachsene 15 KN, Kinder 10 KN.

Sarkophag im Archäologischen Museum

Stadtmuseum (Muzej grada Splita): Das Museum im Papalić-Palast aus dem 15. Jh. dokumentiert die Stadtgeschichte.

Papalićeva 1, ✆ 021/360-171, www.mgst.net. Mai–Okt. Di–Fr 9–21, Sa–Mo 9–16 Uhr, Feier-tage geschlossen; Nov.–April Di–Fr 9–17, Sa 9–13 Uhr (So ab 10 Uhr), Mo/Feiertage geschlossen. Eintritt Erwachsene 20 KN, Kinder 10 KN.

Naturwissenschaftliches Museum (Prirodoslovni muzej): Das Museum präsentiert umfangreiche mineralogische, botanische, paläontologische und zoologische Sammlungen aus Dalmatien. Für Familien mit Kindern interessant.

Poljana kneza Trpimira 3, ✆ 021/322-988, wwwprirodoslovni.hr. Juni–Sept. Mo–Fr 9–20, Sa 9–13 Uhr; April/Mai u. Okt. Mo–Fr 9–19, Sa 9–13 Uhr; Febr./März u. Nov. Mo–Fr 9–18, Sa 9–13 Uhr; Dez./Jan. Mo–Fr 9–17, Sa 9–13 Uhr; So geschlossen. Eintritt Erwachsene 10 KN, Kinder 5 KN.

Maritimes Museum (Hrvatski Pomorski muzej): Erreichbar vom Silbernen Tor über die Kneza Mislava ulica. Das Museum ist in einem Gebäudetrakt der imposan-ten, von dicken Wehrmauern umgebenen Festung Gripe untergebracht, seit 1997 wieder geöffnet, aber bis heute noch nicht komplett fertiggestellt. Ein Teil der Aus-stellungsräume ist dem Thema „Schiffe, Waffen, Krieg" gewidmet und zeigt Schiffs-gemälde, Schiffsmodelle, Seekarten sowie den ältesten Torpedo der Welt, der in Ri-jeka gebaut wurde. Den großen Innenhof bestücken weitere Schiffe und Torpedos; lohnenswert vor allem der Blick von der Festungsmauer über Split.

Glagoljaška 18, ✆ 021/347-346, www.hpms.hr. 15. Juni – 15.Sept. Mo–Fr 9–19, Sa 9–14 Uhr; 16. Sep.– 14. Juni Mo–Fr 9–14.30/17.30–21, Do bis 19 Uhr, Sa 9–13 Uhr; So/Feiertag geschlos-sen. Eintritt Erwachsene 10 KN, Kinder 5 KN.

Kunstgalerie (Galerija umjetnina): Gezeigt werden in den neu gestalteten Räum-lichkeiten Skulpturen und Gemälde vom 14. Jh. bis zur Gegenwart – z. B. von *Paolo Veneziano* (14. Jh.), dalmatinische und venezianische Meister des 15.–18. Jh. wie *Andrija Medulić, Jacobello del Fuiore, Matej Ponzoni-Pončun, Celestin Medović,*

Juraj Plančić und *Emanuel Vidović.* Außerdem eine Ikonensammlung und Skulpturen u. a. von *Ivan Rendić, Branislav Dešković, Frano Kršinić, Ivan Meštrović* sowie von zeitgenössischen kroatischen Künstlern. Zudem gibt es hier ein lauschiges Café.

Trg Tomislava 15, ℘ 021/350-112, www.galum.hr. Mai–Sept. Di–Fr 11–19, Sa 11–15, So 11–16 Uhr; Okt.–April Di–Sa 9–17, Sa 9–13, So 9–14 Uhr. Eintritt Erwachsene 20 KN, Kinder 10 KN.

Museum Kroatischer Archäologischer Denkmäler (Muzej hrvatskih arheoloških spomenika): Das wunderbare Haus und die Lage am Beginn der Halbinsel Marjan sind ein Genuss. Das Museum zeigt Gegenstände aus frühester kroatischer Geschichte, aus dem 7.–12. Jh. Skulpturen, Münzen, Schmuck, Keramik und Waffen aus ganz Dalmatien. Bedeutend sind u. a. das Višeslav-Taufbecken aus Nin, prachtvolle antike Grabdenkmäler, Grabplatten und Grabbeigaben.

Stjepana Gunjace b. b. (Eingang Šet. Ivana Meštrovića), ℘ 021/323-901, www.mhas-split.hr. Mit Bus Nr. 12, 7 und 8 erreichbar. Ganzjährig Mo–Fr 9–13/17–20, Sa 9–14 Uhr; So/Feiertag geschlossen. Eintritt gratis.

Galerie Meštrović (Galerija Meštrović): Das langgezogene Gebäude mit säulenbestandener Vorhalle und breiter Freitreppe hinab in den Eingangsbereich mit Park wurde zwischen 1931 und 1939 nach den Plänen des Bildhauers *Ivan Meštrović* gebaut. Es zeigt die größte Sammlung seiner Arbeiten, u. a. Skulpturen und Reliefs

Ivan Meštrović – Bildhauer, Architekt und Mystiker

Es gibt wohl kaum eine kroatische Stadt, die sich nicht mit einer Arbeit des großen kroatischen Bildhauers schmückt. Geboren wurde Ivan Meštrović am 15. August 1883 in Vrpolje, einem Städtchen im Nordosten Kroatiens. Seine Kindheit verbrachte er in Otavice, einem Dorf östlich von Drniš. Schon als kleiner Junge schnitzte und meißelte er auf dem Feld kleine Figuren aus Holz und Stein. Seine sehr gläubigen, aber nicht eben mit Geld gesegneten Eltern ließen den Jungen bald

ziehen. Nach der Steinmetzlehre in Split ging der 17-Jährige nach Wien und studierte dort von 1901 bis 1906 an der Akademie der Schönen Künste. Von 1903 bis 1910 war er Mitglied der Wiener Sezession, einer Vereinigung von Künstlern des Jugendstils.

Besonders der österreichische Architekt Otto Wagner und der französische Bildhauer Auguste Rodin inspirierten den jungen Künstler. Die geistige Basis seines Schaffens fand Meštrović in der Religion, im Humanismus, in der Mythologie und der Liebe zu seiner Heimat, nicht aber im kroatischen Patriotismus. Schon 1911 – er arbeitete gerade am Tempel von Kosovo – begeisterten seine Skulpturen auf der Weltausstellung in Rom. Ein beeindruckendes Werk gelang ihm mit der *Statue von Bischof Gregorius* (Variationen des Werks stehen in Split und Nin); zwei seiner *Pferdeskulpturen* aus Bronze, Holz und Marmor. Im schönen Park sind, wohl platziert, große Marmorskulpturen zu bewundern. Meštrović schenkte die Galerie 1952 den Bürgern der Stadt. Auch hier gibt es im Pavillon und Park mit Blick aufs Meer ein nettes Café (Juni–Sept. 9–24 Uhr, danach nur bis 16 Uhr).

Šetalište Ivana Meštrovića 46, ☎ 021/340-800, www.mdc.hr. Mit Bus Nr. 12 erreichbar. Mai–Sept. Di–So 9–19 Uhr; Okt.–April Di–Sa 9–16, So 10–15 Uhr; Mo geschlossen. Eintritt Erwachsene 30 KN, Kinder 15 KN.

Kastell Meštrović (Kaštelet Meštrović): Die ehemalige Sommerresidenz von Meštrović, zu der auch eine Kapelle gehört, befindet sich unterhalb der Galerie am Meer. In der Kirche sehenswerte Holzreliefs. Ein wunderbarer Platz zum Relaxen.

Šetalište Ivana Meštrovića 39, ☎ 021/358-185, www.mdc.hr. Öffnungszeiten wie Galerie Meštrović. Die in der Galerie Meštrović erworbene Eintrittskarte ist auch hier gültig.

Franziskanerkloster Sv. Ante mit Marienkirche und Museum von Poljud: Im Norden von Split im Stadtteil Poljud, nahe dem gleichnamigen Hafen und Bucht. Das Kloster wurde im 15. Jh. erbaut. Sehenswert sind der Kreuzgang und u. a. das Porträt des Humanisten Thomas Niger, von *Lorenzo Lotto* 1527 angefertigt.

Poljudsko šetalište 4, ☎ 021/381-377. Das Museumskloster ist auf Anfrage zu besichtigen. Mit Bus Nr. 17 und 3 erreichbar.

zieren den Park von Chicago – eine Hommage an die indianischen Ureinwohner Nordamerikas.

Meštrovićs Plastiken und Reliefs aus Marmor, Holz und Bronze fesseln nicht allein durch Ausdruckskraft, sie spiegeln die Psyche der Dargestellten, ihr Leid, ihre Sehnsucht in jedem Körperdetail, in der Mimik, in Händen und Füßen.

Meštrovićs künstlerisches Wirken reichte über die Bildhauerei weit hinaus – seit seiner Wiener Zeit faszinierte ihn die Kombination von bildender Kunst und Architektur. Beispiele für seine architektonischen Werke sind das *Kastell Meštrović* und die *Galerie Meštrović*, beide in Split, seine *Galerie* in Zagreb sowie die *Mausoleen* in Cavtat und Otavice.

1947 emigrierte Ivan Meštrović in die USA. In den letzten Lebensjahren widmete er seine Arbeit ausschließlich religiösen und spirituellen Themen. Am 16. Januar 1962 starb Meštrović in South Bend, USA. Beigesetzt wurde er in dem von ihm entworfenen Familiengrab in Otavice. Mit Ivan Meštrović starb „das beeindruckendste Phänomen unter den Bildhauern unserer Zeit", so Auguste Rodin über den wohl größten bildenden Künstler Kroatiens im 20. Jh.

Das Cetina-Tal – gemütlich kann man hier Boot fahren und paddeln

Mitteldalmatinisches Hinterland

Wegen seiner strategisch günstigen Lage an alten Handelswegen ist das Hinterland von Split eine an historischen Sehenswürdigkeiten reiche Region. **Solin** mit der großen antiken Ausgrabungsstätte von **Salona** ist von Split aus gut erreichbar. Weiter nordöstlich führt die Straße zur mächtigen **Festung Klis** mit fantastischem Ausblick auf Split und die vorgelagerte Inselwelt. Wer im August **Sinj** besucht, kann die imposanten Reiterspiele genießen, die den Sieg über die Türken im 18. Jh. ausgelassen feiern. Und für den, der weiter Richtung Norden oder schon heimwärts fährt, ist ein Abstecher zur alten kroatischen Königsstadt **Knin** lohnend, danach führt die Fahrt weiter in Richtung Plitvicer Seen, nach Zagreb oder zurück an die Küste.

Schön ist auch eine Tages-Rundtour von Split über Salona, Klis und Sinj zu den imposanten **Imotski-Karstseen**, danach über das **Cetina-Tal** und das Piratennest **Omiš** an die Küste und schließlich wieder zurück nach Split. Die etwa 190 km lange Tour ist eine spannende Reise in die Vergangenheit und führt durch teils sehr einsame, gewaltige Karstlandschaft.

Wer noch weiter in den Süden möchte, besucht das Städtchen **Vrgorac** im Hinterland (schnelle Anreise nun über die A 1 möglich) und fährt dann über die süddalmatinische Hafenstadt Ploće und entlang der Makarska-Riviera wieder zurück nach Split. Zwei Tage sollte man hierfür einplanen, um es gemütlich anzugehen. Mountainbikeliebhaber finden hier ebenfalls ein anspruchsvolles und landschaftlich beeindruckendes Terrain.

Mitteldalmatinisches Hinterland

Antikes Salona

Das riesige Ruinenfeld von Salona, der ehemaligen Hauptstadt der römischen Provinz Dalmatien, liegt von Zypressen und Kiefern gesäumt oberhalb von Solin. Das Ruinenfeld ist das größte und bedeutendste römische Areal in Kroatien – ein Spaziergang durch die 2000 Jahre alten Mauer- und Säulenreste ist lohnenswert.

Salona wurde 74 v. Chr. von den Römern gegründet und im 7. Jh. von den Awaren und Slawen zerstört. Zur Zeit des Kaisers Augustus lebten hier über 60.000 Menschen, 240 n. Chr. wurde *Kaiser Diokletian* hier geboren, vom 4. bis 6. Jh. war Salona ein bedeutendes christliches Zentrum (→ Foto S. 26).

Sehr gut erhalten sind die einst die Stadt umgebenden Mauern und Türme sowie die Überreste der Basilika aus dem 5. Jh. Hier wurden die ersten Christen und viele Bischöfe bestattet, u. a. auch der Schutzpatron der Stadt Split, *Bischof Domnius*, einer der beiden Märtyrer aus der Zeit der Christenverfolgung unter Diokletian. Zu sehen sind Überreste der Therme und einer Wasserleitung, zahlreiche Säulen und Sarkophage sowie das große, 12.000 Zuschauer fassende Amphitheater. Zudem zeigt ein kleines Museum Ausgrabungsfunde, die bedeutendsten sind allerdings im Archäologischen Museum in Split ausgestellt. Ein Übersichtsplan des Ruinenfeldes beim *Café Salona* hilft bei der Orientierung.

Öffnungszeiten Mai–Okt. Mo–Sa 7–19, So 9–13 Uhr; Nov.–April Mo–Fr 9–15, Sa 9–14 Uhr, So Ruhetag. Eintritt 20 KN, Kinder 10 KN. ☏ 021/355-088, www.solin-info.com, www.armus.hr.

Anfahrt 6 km nördlich von Split. Mit dem **Auto** über die Schnellstraße in Richtung Trogir, Abzweig Solin und dann Salona (ausgeschildert). **Bus**: von Split mit Nr. 1 (hält gegenüber Eingang). Ab Trogir mit Nr. 37 und in Solin in Nr. 1 umsteigen.

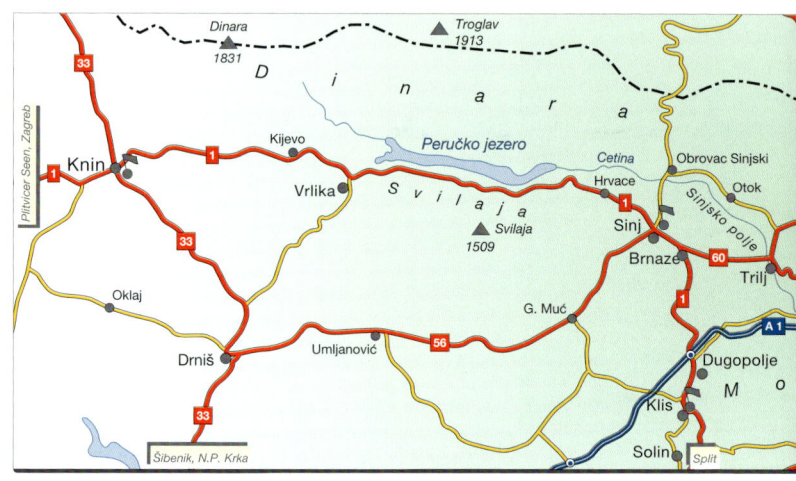

Festung Klis

Die gewaltige Festung oberhalb des gleichnamigen Orts ragt auf einem 340 m hohen Pass zwischen den Gebirgszügen Kozjak und Mosor in die Wolken. Bei Klis verlief einst die wichtige Handelsstraße zwischen dem slawischen Hinterland und der Küste sowie die Grenze zum Osmanischen Reich.

Die Archäologen sind sich sicher, dass in Klis bereits die Römer lebten, auch wenn die Festung erst 852 urkundlich erwähnt wird. Unter den Venezianern wurde sie zu einem gewaltigen Bollwerk mit drei Mauerringen und Wehrtürmen ausgebaut. 1537

Festung Klis – grandioser Weitblick vom Bollwerk über Mitteldalmatien

schafften es die Türken trotzdem, Klis einzunehmen und blieben bis 1648. Die als Moschee erbaute Kuppelkirche aus dem 16. Jh. erinnert an diese Zeit. Die Festung wurde in den letzten Jahren renoviert, auch ein Museum wurde eröffnet. Der Blick über Split, die Inselwelt und die Küste ist von hier aus fantastisch.

Öffnungszeiten Juni–Okt. tägl. 9–19 Uhr, Nov.–Mai 10–16 Uhr. Eintritt 20 KN, Kinder 10 KN. ✆ 021/240-578 (Tourismusverband Klis).

Anfahrt Klis liegt 12 km nördlich von Split. Mit dem **Auto** über die Schnellstraße in Richtung Sinj, ca. 300 m nach dem Tunnel Abzweig (ausgeschildert). **Bus**: von Split mit Nr. 35, 22 ab Regional-Busbahnhof. Wer von Klis nach Trogir möchte, muss in Solin in Bus Nr. 37 umsteigen.

Essen & Trinken In Klis **Restaurant Uskok** und **Restaurant Naprid Bili**.

Sinj

Das mittelalterliche Städtchen ist Pilgerort sowie Wirtschafts- und Reitsport-Zentrum des Cetina-Tals. Beliebt ist Sinj wegen der „Sinjska Alka"-Reiterspiele, die an den siegreichen Kampf gegen die Türken erinnern.

13.000 Einwohner leben in dem lebhaften Städtchen, das etwas oberhalb des hier breiten Cetina-Tals am Fuß des *Dinara-Bergmassivs* liegt. Eine mit Laubbäumen bestandene Allee, die *Alkarsko trkalište*, führt in das autofreie mittelalterliche Zentrum mit prächtigen Bauten und glatt poliertem Pflaster. Sinj ist Schulzentrum für die Orte in der Umgebung – nach Schulschluss bevölkern viele Jugendliche die zahlreichen Cafés der Stadt.

Geschichte

Illyrische Funde, Grabhügel und Fluchtburgen z. B. in Dragović und Unište belegen die frühe Besiedlung der Gegend. Später ließen sich hier die Delmater nieder, ein illyrischer Stamm, den die Römer 33. v. Chr. unterwarfen. Zur Sicherung der Handelswege bauten die Römer die Festungen *Osinium, Colonia Claudia Aequum*

Vom Grad hat man den besten Blick auf Sinj und gen Dinarisches Gebirge

(3 km nordöstlich von Sinj, im heutigen Čitluk), wo die Veteranen wohnten, sowie die befestigte Siedlung *Tilurium* bei Trilj in Gardun. Zur Zeit des ersten kroatischen Staates war Sinj Verwaltungssitz des Cetina-Tals. Im Mittelalter stand es unter Kontrolle der kroatisch-ungarischen Monarchie – das Sagen hatten allerdings Fürst Domald und die Adelsfamilien Nelipić und Talovac. Von 1513 bis 1699 fielen Stadt und Region an das Osmanenreich, später an die Republik Venedig. Im Zweiten Weltkrieg war Sinj ein wichtiges Widerstandszentrum im Befreiungskampf.

Basis-Infos

Information Tourismusverband **(TZ)**, Put Petrovca 12 (im Alkalski dvori), 21230 Sinj, ✆ 021/826-352, www.visitsinj.com. Ganzjährig Mo–Fr 8–16 Uhr. Gutes Infomaterial.

Infopunkt, am Park (Stadtbeginn und Alkar-Alle). Juni–Sept. tägl. 10–20 Uhr.

Verbindungen **Busbahnhof**, Put Ferate 15, ✆ 021/826-936; stündl. nach Split; 2-mal tägl. **Expressbusse** nach Zagreb.

Sportflughafen 1 km östlich vom Zentrum, auch Panoramaflüge. Put Piketa b. b.,

✆ 098/1791-549 (mobil, Hr. Toni Jagnjić).

Entfernungen: Split 35 km, Knin 17 km.

Gesundheit Ambulanz, Ramska b. b., ✆ 021/708-040.

Veranstaltungen Pferderennen im Mai, Juni und Sept. **Sinjska-Alka-Fest**, 1. So im Aug. (→ Kasten), zudem das **Kinder-Alka-Fest** Mitte Aug. **Mariä Himmelfahrt**, 15. Aug., große Prozession und viele Pilger (→ Kasten).

Übernachten/Essen & Trinken

Übernachten *** Hotel Alkar, nördlich der Altstadt. Dreistöckiger Flachbau, 50 Betten. Restaurant und Bar. Ganzjährig geöffnet. Einfache DZ/F 61 € (TS 76 €). Vrlička ul. 50, ✆ 021/824-474, www.hotel-alkar.hr.

*** **Pension Fantasia**, nahe Busbahnhof, gut ausgestattete Zimmer. Im Haus Pizzeria und Bar. DZ 52 €. Put Piketa 4, ✆ 021/823-111, www.pizzeriafantasia.com.

Essen & Trinken   Es gibt in der Stadt einige gute Lokale, u. a.:

≫≫ Mein Tipp: Konoba Ispod Ure, 100 m „neben dem Uhrturm", wie der Name besagt, im Natursteingemäuer mit dem Relief „Adam und Eva" an der Außenfront, rustikalem Ambiente und bestem Service. Leider nur im Inneren Sitzmöglichkeiten. Es gibt Sinjer Spezialitäten wie „Sinjski armabasići" (Krautwickel mit Kartoffeln), zudem Forellen- und Krebsgerichte und Grillspeisen. Ganzjährig tägl. 7–23 Uhr, So ab 10 Uhr geöffnet. Istarska 2, ☎ 021/822-229. ≪≪

Innerhalb der Stadt noch zu empfehlen: **Konoba Potkova,** das sog. Hufeisen, bietet ebenfalls die typischen Sinjer Gerichte. Tägl. ab 7 Uhr, So/Feiertag ab 10 Uhr. Alkarsko trgalište 22, ☎ 021/822-792.

Restaurant Venezia, in Hrvace (6 km nördl.), mit überdachter Terrasse. Auch hier kann man Krautwickel speisen, Lammfleisch, Kalbsbraten, Frosch- und Flusskrebsgerichte. Ganztägig und -jährig geöffnet. ☎ 021/829-721.

Restaurant Rustika, im Weiler Radošić, ca. 2 km südwestl. der Stadt. Hausgemachter Pršut sowie Schafs- und Kuhmilchkäse, Peka-Gerichte (u. a. Lamm und auch Brot), Spieße. Ab frühmorgens bis nachts ganzjährig 7–23 Uhr geöffnet. Radošić b. b., ☎ 021/826-284.

Wie 700 Sinjer 60.000 Türken in die Flucht schlugen

60.000 türkische Infanteristen und Kavalleristen sollen es gewesen sein, die in sengender Augusthitze Sinj im Jahr 1715 belagerten. Die Eroberung der Stadt war nur eine Frage der Zeit, denn dem massiven Angriff standen nur 700 Verteidiger gegenüber, die es aber immerhin schafften, den Attacken 15 Tage lang standzuhalten.

Und der Sieg kam kurz vor Mariä Himmelfahrt. Doch nicht für die Türken, sondern für die hoffnungslos unterlegenen Verteidiger. Denn unerwartet und überstürzt hatte das kampferprobte riesige Osmanenheer die Flucht angetreten und Pascha Mehmed Čelic, ihr Anführer, musste sogar sein Lieblingspferd zurücklassen. Aber warum?

Für die jungen Männer von Sinj keine Frage: Natürlich war es die titanische Tapferkeit ihrer Ahnen, die den Sieg davontrug. Doch die Franziskanerpadres im Kloster sehen das anders:

Es war am 14. August, dem Tag vor Mariä Himmelfahrt. Die Türken hatten bereits die gesamte Sinjer Polje, die Gegend um Sinj, erobert. Der Fall der Stadt stand bevor. Doch in der Festung befand sich, vorsorglich aus dem Kloster gerettet, die „Wundertätige Madonna". In Bittgottesdiensten wandten sich die Eingeschlossenen an die Muttergottes. Und als die Türken angriffen, sei plötzlich auf den Mauern eine Frauengestalt erschienen, gehüllt in lange weiße Gewänder. Ihr bloßer Anblick und die Tatsache, dass sie sogar gegen Kanonenkugeln gefeit schien, hätten die Türken derart entsetzt, dass sie in wilder Panik davonrannten … so die franziskanische Version.

Die dritte Version schließlich, die die überstürzte Flucht der Osmanen erklären will, ist eine ganz unspirituelle: Das in der Sommerhitze mit Bakterien verseuchte Wasser der Cetina und die damit (durch)fälligen Folgen hätten die Osmanen ganz unheroisch außer Gefecht gesetzt …

Klar ist, dass die Sinjer der dritten Version nichts abgewinnen können und eine Kombination aus Legende 1 und 2 bevorzugen: Die tapferen Verteidiger schlagen, unterstützt von der Muttergottes, die Feinde in die Flucht, finden das zurückgelassene Pferd des Paschas und tragen spontan ein Pferderennen aus … Die bis heute gefeierte Sinjska Alka (→ Kasten S. 130) war geboren.

Sommer-Highlights von Sinj – Sinjska Alka (Reiterkampfspiele)

700 mutige Kämpfer und Reiter trotzten im Sommer 1715 unter ihrem Anführer Fra Pavao Vuković einem angeblich 60.000 Mann starken türkischen Heer. Der Legende nach soll die „Wundertätige Madonna" tatkräftig dabei mitgeholfen haben (s. weiterer Kasten). Seit dieser Zeit feiert man am ersten Sonntag im August diesen Sieg mit einem großen Reiterturnier.

Zu diesem Zweck wird die Alkarsko-trkalište-Allee an diesem Tag mit Sand aufge-füllt. Die Spiele beginnen mit einem Festumzug, angeführt vom Harambascha und

ausgewählten Ritterburschen, gefolgt von mar-tialischen „Morgenstern"-Trägern und einem Träger, der den Schutzschild des türkischen Feldherren Pascha Mehmed Čelic mit sich führt. Danach folgen Herzog und Adjudanten, schließlich die lanzenbewehrten Ritter.

200 m müssen die 15 besten und geschicktes-ten Reiter (Alkaren) im Galopp zurücklegen und dabei mit ihrer Lanze einen Ring von 5 cm Durchmesser treffen. Der Ring (türkisch alka) hat einen zweiten, kleineren Innenring, der mit drei Streben mit dem äußeren Ring verbunden ist und neben dem Zentrum also drei gleich große Felder aufweist, die von der Lanze getroffen werden können. Wer nach drei Durchgängen die höchste Punktzahl er-zielt, hat gewonnen. Als Gewinn winken der Jahrhunderte alte Wanderpreis (der türkische Schutzschild), ein Geldpreis, Ehrentitel – und natürlich die Herzen vieler Mädchen.

Die Reiter tragen prachtvolle Uniformen kroatischer Krieger, die Pferde sind reich geschmückt. Und auch die Mitglieder der Alkar-Gesellschaft, die Ehrenrichter, Knap-pen und Wachen zeigen sich in der traditionellen malerischen Tracht. Blaskapellen sorgen für angemessene Begleitung, Kanonenschüsse ballern durch die Luft – es ist ein riesiges Spektakel, dem es auch an gutem Essen und Wein nicht mangelt.

Vor der festlichen Premiere der **Alka** am Sonntag finden zwei Generalproben statt, zwar mit ungeschmückten Reitern und Pferden, aber genauso spannend und mit weniger Touristen: am Freitag heißt sie **Bara**, am Samstag **Čoja**. Zudem gibt es zwei Wochen später auch noch **Kinder-Alka von Vučkovići**; diese wird wie die von den Erwachsenen ebenso an drei Tagen abgehalten.

Wallfahrt zur Madonna von Sinj

Am 15. August, dem katholischen Feiertag Mariä Himmelfahrt, pilgern Zehntau-sende Gläubige zum zweiten Großereignis der Stadt. Teilweise kommen sie barfuß aus weit entfernten Landesteilen, mitunter sind sie wochenlang zu Fuß unterwegs. Im Hof des Franziskanerklosters werden mobile Beichtstühle aufgestellt, an die 70 Priester geben im Eilverfahren Absolution. Nach den kirchlichen Zeremonien beginnt das weltliche Fest, bei dem von religiöser Strenge wenig bleibt – bis in die Nacht hinein wird ausgelassen gefeiert.

Sport/Wassersport

Reiten Sinj steht natürlich ganz im Zeichen des Pferdes und so ist es nicht verwunderlich, dass die Stadt über eine Reitbahn verfügt. Zudem gibt es viele Reiterhöfe in Sinj und Umgebung, wo man Pferde mieten und Ausflüge (auch über 3 Tage!) unternehmen kann (→ Trilj) – außer zur Zeit der Sinjska Alka, denn da wird jedes Pferd für die Reiterspiele gebraucht. An die Reiterhöfe sind oft gute Gaststätten angeschlossen.

Einige Reiterhöfe und Gestüte: **Konjički klub Alkar**, Hr. Ante Poljak, ✆ 091/4512-037 (mobil).

Galopski konjički klub Mustang, Glavice (östl. Stadtteil), Hr. Boško Jenjić, ✆ 091/7239-794 (mobil), www.mustang-sinj.com. Hier auch Restaurant und Übernachtung.

Konjički klub Alamo, Brnaze (3 km südl. von Sinj), Hr. Damir Vukasović, ✆ 091/79133-914 (mobil).

Fahrradfahren Auf markierten Fahrradwegen rund um die Stadt. Herausfordernde Touren führen in die Berge von **Kamešnica**, **Dinara** und **Svilaja**. Leider kein Fahrradverleih. Fahrradkarte beim Tourismusverband.

Paragliden Die umliegenden Berghöhen eignen sich vorzüglich. Nähere Auskünfte über den Tourismusverband und unter ✆ 099/6986-182 (mobil, Hr. Jerko Odžak).

Rudern Auf dem stillen Wasser des Perućko jezero möglich.

Angeln An der Cetina beste Möglichkeiten zum Fliegenfischen, u. a. Forellen und Äschen. Auskünfte und Genehmigung beim Tourismusverband.

Baden Im Perućko jezero, ca. 8 km nördlich der Stadt.

Rafting und Kanufahren Auf der Cetina.

Wandern Ein schönes Wandergebiet liegt im Nordosten von Sinj, im Dinarischen Gebirge, u. a. zum **Berg Svilaja** (1509 m) bzw. bis zur Berghütte am **Orlove stina** auf 1065 m. Anfahrt mit Auto bis **Zelovo**, dann ca. 2 Std. Aufstieg. Wanderkarten sind über TIC oder Bücherei erhältlich.

Sehenswertes

Dominierend im Altstadtzentrum ist das **Franziskanerkloster** mit Kirche und Museum, in dem noch 50 Mönche leben und eine Schule betreiben. Gegründet wurde das Kloster Ende des 17. Jh. von Zuflucht suchenden Franziskanern aus der Herzegowina. Aus ihrer Heimat brachten sie das Gemälde „Die wundertätige Madonna", eine venezianische Arbeit aus dem 16. Jh., mit. Die Kirche *Gospa Sinjska* wurde ab 1699 erbaut, 1714 von den Türken niedergebrannt und nach erneutem Aufbau durch das Erdbeben von 1769 schwer beschädigt. Der abseits stehende Glockenturm kam erst um 1900 hinzu. Dem Madonnenbild werden Wunderheilkräfte zugesprochen, weshalb Tausende von Pilgern jährlich die Stadt besuchen. Das *Museum* mit archäologischer und ethnografischer Sammlung zeigt in einem Nebenflügel Funde aus Aequum und Tilurium, einen Herakleskopf aus dem 1. Jh. (eine Kopie des griechischen Originals), die Statue der Diana Hekate (3. Jh.) und andere Kostbarkeiten.

Museum, Fratarski prolaz 4, ✆ 021/707-101. Ganzjährig tägl. außer So 8–12 Uhr.

Wenige Meter westlich vom Altstadtplatz Trg kralja Tomislava liegt die von den Venezianern Anfang des 18. Jh. in sternförmigem Grundriss erbaute **Burg Kamičak** mit ihrem Uhrturm.

In Burgnähe befindet sich das **Museum Cetinska kraina** mit archäologischen Funden aus der Cetina-Region.

Museum Cetinska kraina, Adreije Kačića Miošića 5, ✆ 021/821-949. Ganzjährig Mo–Fr 8–16, Sa 8–13 Uhr; So nach Anfrage.

Alka-Ritter-Residenz (Alkarski dvori), das Bauwerk mit seinen zwei Türmen wurde im Viereck um einen großen Innenhof 1760 errichtet und diente einst der französischen

Es war einmal …
Alte „Ansichten" von Sinj

und natürlich auch der Habsburger Armee für ihre Reiter und Pferde. Das Gebäude wurde komplett restauriert. In einem Flügel hat der *Tourismusverband* seinen Sitz, des weiteren die *Sicirica-Galerie* (s. u.) und im Sommer 2015 wird im Westflügel das *Alka-Museum* eröffnen.
Mo–Fr 8–16 Uhr, Juli/Aug. bis 20 Uhr und Sa 8–13 Uhr.

Sicirica-Galerie im Alkarski dvori, benannt nach dem Bildhauer *Stipe Sikirica*, der nahe Trilj geboren wurde. Hier wird der Großteil seines Schaffens gezeigt, zudem auch zeitgenössische Kunst.
Put Petrovca 12, ☎ 021/826-014. Geöffnet Mo–Fr 8–16 Uhr, Sa nach Vereinbarung.

Bei einem Bummel durch die Stadt wird man auf viele weitere alte Denkmäler und hübsche, lauschige Plätze stoßen, z. B. die **Piazza Fountain** mit ihrem Brunnen oder auch den **Petrovac-Brunnen** vor dem Tripalo-Palast, der im 19. Jh. erbaut wurde.

Oberhalb der Altstadt sind auf dem 432 m hohen, dicht bewaldeten Berg *Grad* die kleine Votivkirche **Sv. Lovro**, die Ruinen einer mittelalterlichen Festung und Kanonen, die am Festtag von Sinj zum Einsatz kommen, sehenswert. Zudem steht am Fels die weithin sichtbare goldene **Madonnenstatue** (Gospi Sinjskoj) – von hier oben genießt man einen weiten, schönen Blick über Sinj, das Tal und die Hügel in der Ferne. Ein Fußweg (Put nach Grad) führt von der Altstadtmitte hinauf oder man parkt beim Friedhof und läuft dann bergan.

Sinj und seine Umgebung bieten vielfältige Freizeitmöglichkeiten. Um das Städtchen laden markierte Fahrradwege zur Erkundung der Gegend ein. Und wer hier, weitab vom Meer, auf das tägliche Schwimmen nicht verzichten möchte, kann dies im nahen, von der Cetina gespeisten **Perućko-jezero-Stausee** tun.

Vrlika

Das 1300-Einwohner-Dorf nördlich des *Perućko jezero* breitet sich auf 480 m Höhe an den Abhängen des *Svilaja-Gebirges* aus. Vrlika wird meist nur auf der Durchreise in Richtung Zagreb besucht.

Die dörfliche Ansiedlung entstand im 9. Jh. aus einer Vorburg, auf der im 15. Jh. die Burg Prozor erbaut wurde. 1406 wird der Ort erstmals in einer Schenkung erwähnt, mit der König Ladislaus von Neapel dem Fürsten Hrvoje Vukčić u. a. auch die Gemeinde Vrh Rika mit der Burg Prozor vermachte. Als die Einwohner des unbefestigten Vrh Rika ein halbes Jahrhundert später wegen der Türkenüberfälle auf die Burg übersiedelten, entstand der Name Vrlika. Von der einst gut befestigten Burganlage ist nur noch wenig erhalten.

Geschichtlich erlebte Vrlika das gleiche Schicksal wie die anderen Cetina-Dörfer: Bis 1699 verblieb es beim Osmanischen Reich, dann kamen die Venezianer. Ihnen ist es zu verdanken, dass Vrlika am Südhang der Burganlage mit schönen Häusern bebaut wurde. Leider gibt es aus dieser Zeit keine Bauwerke mehr, auch die Gemälde von *Meister Medović* und anderen Künstlern, die in der Pfarrkirche hingen, wurden in den Kriegsjahren ab 1991 vernichtet.

Information Tourismusverband (TZ), Put Česme 2, 21236 Vrlika, ℅ 021/827-460, www.visitvrlika.com.

Verbindungen Bus, mehrmals tägl. nach Split u. Sinj, **Expressbusse** nach Zagreb.

Entfernungen: nach Split 72 km, nach Knin 30 km.

Übernachten/Essen   *** Villa Barbara **Garjak**, sehr netter Familienbetrieb; es gibt 3 Appartements (bis zu 4 Pers.); zudem gibt es Hauswein und Öko-Gerichte. Schöner Blick auf den Perugićko jezero. Garjak b. b., ℅ 021/827-354, 098/9233-992 (mobil).

Angeln An der **Cetina** beste Möglichkeiten zum Fliegenfischen, u. a. Forellen und Äschen. Auskünfte über Tourismusverband.

Perućko jezero – von der Cetina gespeist und vom Dinarischen Gebirge gerahmt

Ausflug in die Königsstadt Knin

Die Stadt mit ca. 17.000 Einwohnern liegt in einem breiten Talkessel, durch-zogen von sieben Flüssen und Bächen und gesäumt vom Dinarischen Gebir-ge. Sehenswert ist die gigantische Burganlage, die zweitgrößte Europas, auf dem Sv.-Spas-Berg erbaut. Von dort regierten kroatische Könige ihr Land.

Knin war schon früher ein Knotenpunkt wichtiger Handelswege vom Hinterland zum Meer und blieb es – mit weiteren Fernstraßen und Eisenbahnlinie – bis heute. Bei einer Fahrt gen Norden passiert man den geschichtsträchtigen Ort, der bereits zu Norddalmatien (Region Šibenik-Knin) gehört. Die heutige „moderne" Stadt Knin, die sich unterhalb des Berges Sv. Spas ausbreitet, bietet dem Besucher wenig, die Kriegsschäden haben zu große Spuren hinterlassen und mit Reichtum ist die Stadt ebenfalls nicht gesegnet. Besuchenswert ist allerdings ihre **Festungsanlage** mit dem herrlichen Weitblick gen Dinarisches Gebirge, das sich auch gut per Mountainbike oder auf Schusters Rappen erkunden lässt.

Geschichte

Wegen seiner strategisch guten Lage siedelten in Knin schon Illyrer und Römer, Letztere hinterließen *villae rusticae* südlich von Knin. Größere Bedeutung erlangte die Stadt, die sich damals ausschließlich auf dem Berg Spas befand, ab dem 10. Jh., als sie Hauptstadt des ersten Kroatischen Staates war. 925 wurde hier König *Tomislav* gekrönt, der die dinarischen (auch Gebiete des heutigen Bosnien), dalma-tinischen und pannonischen Siedlungsgebiete miteinander verband und zeitweise von Knin aus regierte. Der darauf folgende kroatische König *Dmitar Zvonimir* (1075–1089) wählte Knin als seine ständige Residenz. Er öffnete sich gen Europa und führte, wie es schon damals die Franken taten, Grafschaften, die sog. Županija, ein, die bis heute in der Gebietsaufteilung Bestand haben. Auch galt er als enger Verbündeter des Papstes, setzte sich für Kirchenreformen ein, war starker Gegner des byzantinischen Reiches und schaffte die Sklaverei ab. Mit König Zvonimirs Tod auf dem Amselfeld nahe Knin (die Geschichtsschreibung lässt offen, ob es sich um Ermordung oder einen natürlichen Tod handelte) endet die Dynastie der kroati-schen Könige. Ab 1102 bis 1526 wurde Kroatien Teil der ungarischen Union. Ab 1040 war Knin auch Residenz der kroatischen Bischöfe. Erst mit Gründung des Bis-tums Zagreb verlor es seine lang andauernde Vormachtstellung. Das Städtchen kann man über Jahrhunderte als multikulturell bezeichnen: Venezianer, Türken, Österreicher und wieder Türken waren die Oberhäupter.

Ein Aufstand der serbischen Minderheit und der darauf folgende Einmarsch der serbischen Armee läutete den Heimatkrieg 1990 ein. Ab 1991 war Knin noch ein-mal Hauptstadt, diesmal jedoch der „Serbischen Republik Krajina", was das Natio-nalgefühl der Kroaten stark verletzte. Durch Zwangsumsiedlung blieben von einst rund 45.000 kroatischen Einwohnern gerade mal 1000 in ihrem Heimatort. Nach der Rückeroberung der Kraijna im Jahr 1995 passierte das gleiche mit rund 150.000 Serben, serbisierten griechisch-orthodoxen Flüchtlingen, die ab dem 17. Jh. aus türkisch besetzten Balkangebieten u. a hier in die Region Knin geflohen waren. Jah-relang waren sowohl die kroatischen wie auch die serbischen Bewohner den anhal-tenden Kriegsgefechten, Zerstörungen ihrer Häuser und Kirchen und den ethni-schen Säuberungsaktionen ausgesetzt oder sie flohen. Seit dem Regierungswechsel im Jahr 2000 wurden für Rückkehrwillige nun rechtmäßige Grundlagen geschaffen, teils wurden auch Grundstücke getauscht oder verkauft und sehr langsam kehrt wieder Leben in die „Stadt des Zvonimir" ein und die Bewohner blicken hoffnungsvoll in die Zukunft.

Information Tourismusverband **(TZ)**, Dr. Franje Tuđmana 24, 22300 Knin, ✆ 022/664-822, -819, www.tz-knin.hr. Mo–Fr 8–15 Uhr.

Agentur Jasna, Šuškova 12, ✆ 022/663-277. Zimmervermietung und Sportprogramm (s. u.).

Verbindungen Bus: 6-mal tägl. nach Šibenik (1:15 Std.), 3-mal tägl. Zagreb (3:30–4 Std.), 1-mal tägl. nach Zadar.

Zug: 6-mal tägl. nach Drniš (0:20–0:30 Std.), 5-mal nach Zadar und 2-mal nach Split und Zagreb (im Sommer öfter).

Entfernungen: Šibenik 57 km, Split 95 km.

Ausflüge/Sport Über **Agentur Jasna**: Fischen, Trekkingtouren im Dinarischen Gebirge, Kanutouren auf der Cetina. **Fahrradverleih** bei Kukolj (→ Übernachten).

Veranstaltungen Stadtfest zu Ehren des Kirchenpatrons Sv. Ante am 13. Juni mit vielen Musikgruppen. **Heimatdankbarkeitsfest**, 5. Aug., wird groß gefeiert – hier wehte die erste kroatische Flagge unter Tuđman. **König-Zvonimir-Fest**, letztes Wochenende im Juni, mit alten Trachten und traditionellen Speisen.

Übernachten/Essen   ∗∗∗ Hotel Mihovil, ca. 3 km nördl. von Knin im Weiler Vrpolje. 32-Zimmer-Gebäude und gutes Restaurant. Spezialitäten sind Forelle, Lamm, Pašticada und gefüllte Paprika. Ganzjährig geöffnet. DZ/F ca. 65 €. Vrpolje b. b., ✆ 022/664-444, www.hotelmihovil.com.

Appartements-Restaurant Tri Iovca, gutes Restaurant mit überdachter Terrasse. Spezialitäten des Hauses sind Lamm am Spieß, Sarma (Krautwickel), es gibt aber auch Pizzen. Zudem Zimmervermietung. DZ ca. 40 €. IV. gardijske brigade 32, ✆ 022/662-642, www.tri-lovca.hr.

Knin – Blick über die Festung

Pension Jasna, den Eigentümern gehört o. g. Agentur, also beste Infos gewährt. DZ 30 €. Infos über Agentur.

Prenoćište Kukolj, die sog. Herberge hat insg. 5 nette, rustikale Betten zu vermieten. 14 €/Pers., mit Frühstück 18 €/Pers. Tomislavova b. b., ✆ 022/660-655, 091/5141-829 (mobil). Hier auch Fahrradverleih.

Restaurant-Pension Ivan, rund 2,5 km in Richtung Knin, einfache Zimmer, das Lokal bietet gute Hausmannskost. Domovinskog rata b. b., ✆ 022/664-444.

Sehenswertes

Die **Sv.-Spas-Festung** (St. Salvator) liegt in der Flussschleife der Krka und gehörte zu den mittelalterlichen Machtzentren Kroatiens. Die Burganlage mit der weithin sichtbaren kroatischen Flagge umspannt den gesamten gleichnamigen 345 m hohen Berg mit Bastionen und Mauern auf einer Länge von 470 m, einer Breite von 110 m und bis über 20 m hohen Befestigungsmauern, die sich über eine Länge von fast 2 km ziehen. Die Burganlage gliedert sich in fünf untereinander verbundene Teile: die Untere Stadt (Donji grad), die Mittlere Stadt (Srednji grad), die Obere Stadt (Gornji grad oder auch Kaštel Knin), das Kastell Lab (Kaštel lab oder Bandijera = Fahne) und die Südliche Stadt (Južni grad oder Station Belveder). Den Baubeginn datiert man auf das 9. Jh., zu Zeiten, als der altkroatische Staat begründet wurde. Die kroatischen Könige hatten hier eine zeitweise bzw. dauerhafte Residenz, sie bauten diese bis zum 11. Jh. aus. Später wurde die Burg von Türken, Venezianern (1685) und Franzosen (1809) erweitert und erneuert. Der Weitblick nach allen Seiten ist gigantisch. Die Kniner Festung zählt zu den größten Verteidigungsdenkmälern Kroatiens und ist die zweitgrößte ihrer Art in Europa, noch dazu gut erhalten. Es gibt ein *Museum* und Ausstellungsräume. Zur Erfrischung und Stärkung lädt das Burg-Restaurant Tvrđava (✆ 022/663-155) ein, mit herrlichem Blick.

Auf dem **Capitolium** (oder Kapitul), einem kleinen Hügel innerhalb der Stadt Knin, fand man Überreste eines im 10. Jh. errichteten Benediktinerklosters, zudem Grundmauern der Kirche des Hl. Bartolomej von 1203, der späteren Kathedrale von Knin. Fundstücke befinden sich aber größtenteils im Archäologischen Museum in Split.

Interessant ist noch die Pfarrkirche **Sv. Marija**, die 1938 zum 850. Todestag von *König Zvonimir* fertig gestellt wurde und die Statue „Madonna mit Kind" von Meister *Ivan Meštrović* birgt.

Biskupija, ein kleiner Ort rund 5 km südöstlich von Knin, zählt zu den wichtigsten archäologischen Fundstätten Kroatiens. Hier hatten ab 1040 die Bischöfe ihren Wohnsitz und errichteten zahlreiche Kirchen. Fünf Kirchen aus dem 9. bis 11. Jh. wurden ausgegraben, die ersten in der kroatischen Geschichte, u. a. sogar mit Fragmenten einer Marienbilddarstellung.

Den Weitblick von Knin und der Burg begrenzen das **Dinarische Gebirge** und sein Namensgeber, der Berg *Dinara*, mit 1831 m der höchste Gipfel Kroatiens, zudem bildet dieses Gebirge die Landesgrenze zu Bosnien-Herzegowina. Das Gebirge erstreckt sich auf ca. 20 km Länge und 10 km Breite und ist Quellgebiete der Flüsse Cetina und Krka. Hübsch ist das wenige Kilometer östlich der Stadt gelegene Ausflugsziel **Krka-Quelle**, die in einer Grotte unterhalb des kleinen Wasserfalls des Flüsschens Topolje entspringt und sich dann ihren 72,5 km langen Weg durch Canyons und über die Krka-Wasserfälle gen Šibenik und Meer sucht. Erfrischend ist auch der 22 m hohe, 30 m breite und 21 m lange **Krčić-Wasserfall**. Das Flüsschen entspringt 10 km südlich im Dinarischen Gebirge und mündet hier, 3 km östlich von Knin, über eine Kaskade in die Krka, um dieses noch in seinen Kinderfüßen steckende Flüsschen zu speisen. Die gesamte Gegend lädt zu schönen Wanderoder Mountainbiketouren ein, nach wie vor wird allerdings geraten, wegen Minengefahr nicht von den ausgeschriebenen Wegen abzuweichen. Am besten schließt man sich den organisierten Touren an.

Mehr zu Norddalmatien erfahren Sie in unserem Reisehandbuch **Norddalmatien** von Lore Marr-Bieger, 1. Auflage 2013, ISBN 978-3-89953-821-2.

Froschschenkel in allen Variationen bieten die Speisekarten von Trilj

Trilj

Das 2200-Einwohner-Städtchen an der Cetina ist seit der Römerzeit ein wichtiger Verkehrsknotenpunkt. Heute läuft der Hauptverkehr in Richtung Imotski und weiter nach Bosnien-Herzegowina zum Pilgerort Medjugore und zur einstigen Olympiastadt Sarajevo. Wer in Trilj einen Stopp einlegt, tut dies meist aus zwei Gründen: um auf Raftingtour zu gehen oder um Froschschenkel zu verspeisen.

Die Römer gaben der Stadt ihren Namen – südlich von Trilj, in Gardun, hatten sie die befestigte Siedlung *Tilurium* angelegt. Zeugen dieser Zeit sind die **römische Brücke** *(Pons Tiluri/Ponteluri)* über die Cetina sowie bedeutende archäologische Stätten in der Umgebung. Das Archäologische Museum in Split zeigt Funde aus der Umgebung: u. a. einen Goldschatz, den man auf dem Friedhof in einem Grab aus dem 10. Jh. fand; eine Inschrift aus dem Jahr 184, die von der Restaurierung und Finanzierung der Brücke berichtet; bei Ausgrabungen neueren Datums fand man viele Münzen, die auf die Zeit von Tiberius schließen lassen.

Triljs bedeutende Lage wird offensichtlich in einer Schenkungsurkunde des Kaisers Justinian (6. Jh.), in der er die Pons Tiluri dem bekannten Benediktinerkloster Monte Cassino stiftete.

Information Tourismusverband **(TZ)**, Bana Jelačića 8, 21240 Trilj, ☎ 021/832-510. Mo–Fr 8–15 Uhr.

Agentur Avanturist, im Hotel Sv. Mihovil, ☎ 021/831-770, www.avanturist-club.com. Gut organisierte Agentur mit breitem Angebot an Sportaktivitäten: Raftingtouren, Kajaktouren und Canyoning auf der Cetina; zudem Reitausflüge, Kanusafaris sowie geführte Trekking- und Mountainbiketouren.

Verbindungen Bus mehrmals tägl. nach Split und Sinj.

Entfernungen: nach Split 38 km, 50 km nach Imotski.

Bogomilismus

Das Leitmotiv der Bogomilen, einer Sekte, die um 925 bis 950 auf dem Balkan unter dem Priester Bogomil auftrat, war es, ein stilles und frommes Leben zu führen, alle Staatsmacht und Reichtum wurden kritisiert, ebenso der Prunk der Kirchen. Dies fand vor allem bei Bauern, Priestern und Familien mit wenig Besitz Anklang. Priester Bogomil und seine Anhänger zogen als Bettelmönche durchs Land. Ab 1140 kam es zu Verfolgungswellen und so wanderten viele Bogomilen aus ihrer Heimat Makedonien und Bulgarien gen Serbien, dann weiter gen Dalmatien, Italien und Frankreich und verbreiteten auch dort ihre Glaubensgrundsätze. Ende des 12. Jh. wurden die Bogomilen im bulgarischen Reich wieder geduldet, Anfang bis Mitte des 13. Jh. gewannen sie unter Iwan Asen II. erneut an Macht und Einfluss, in Bosnien wurde der Bogomilismus um 1200 sogar zur Staatsreligion. Erst im 14. Jh. kam es zum Niedergang des Bogomilismus, der sich mit der Zeit immer mehr mit anderen Glaubensformen vermischte. Einen Schlussstrich zog letztendlich das vom Islam geprägte Osmanenreich, das ab 1393 in Bulgarien und 1463 in Bosnien die Herrschaft übernahm.

Die Grabsteine der Bogomilen (stećci genannt) – stehende Monolithen (stecak = stehender Stein) – sind mit Jagdmotiven, figürlichen Szenen oder abstrakter Ornamentik verziert. Den eingemeißelten symbolischen Zeichen, z. B. für Sonne und Mond oder Pflanzenornamenten, wurde magische Kraft zugeschrieben. Aus Angst vor Berührung blieben deshalb viele Bogomilensteine erhalten und wurden nicht für profane Dinge zweckentfremdet.

Eine Vielzahl von Grabstätten mit Hunderten von Bogomilensteinen wurde neben dem Hauptgebiet um Stolac (bei Mostar) auch im Gebiet zwischen Cista Provo und Lovreć entdeckt. Allein in der Umgebung von Cista Provo fand man an drei Stellen 110 Bogomilengrabsteine.

Reich verzierte „stećci" am Straßenrand (bei Cista Provo)

Ausflüge/Sport über die Agenturen und das Hotel Sv. Mihovil. Der **Reitclub Sv. Mihovil** organisiert auch mehrtägige Reitausflüge, ✆ 095/8575-103 (mobil, Hr. Tihomir Ajduković).

Übernachten/Essen & Trinken ≫ Mein Tipp: *** Land-Pension Marija Latinac, gut geführter Familienbetrieb oberhalb des Ortes und der Cetina: vom Hof kommen Hühnchen und Käse und Marija verführt mit leckeren Donuts. Daneben beste Infos für Ausflüge auf der Cetina und per Pferd, zudem Fahrradverleih. Gut ausgestattete DZ knapp 40 €. Put Okolišta 9, ✆ 021/831-225, www.cetinaholiday.com. ≪

*** **Hotel Sv. Mihovil**, in Ortsrandlage am Cetina-Fluss, mit zwei großen Terrassen. Zweckmäßig eingerichtete Zimmer. Anlegemöglichkeit, Verleih von Kajaks, Kanus und Fahrrädern. Auch hier werden Ausflüge organisiert und Sportpakete angeboten. Ganzjährig geöffnet. DZ/F ca. 90 €. Bana Jelačića 8, ✆ 021/831-790, www.svmihovil.com.

Restaurant Čaporice, an das Sv.-Mihovil-Hotel angeschlossen. Im Sommer kann man auf großer, idyllisch gelegener Terrasse am Fluss die Leckerbissen aus der Region genießen. Spezialitäten sind „žabe" (Frösche, gegrillt oder paniert, mit leckeren Sößchen serviert), Forelle blau oder gebacken und Krautwickel. ✆ 021/831-770.

Von Trilj nach Imotski

Die Hauptverkehrsstraße (Nr. 60) verläuft durch unbewohnte, hügelige Karstlandschaft, in der Ferne die Bergspitzen des *Mosor-Gebirgszugs*. Seine höchste Erhebung ist der 1319 m hohe *Sv. Jure*. Dann sind die Straßendörfer **Cista Velika** und **Cista Provo** erreicht. Cista Provo war seit alters her ein wichtiger Verkehrsknotenpunkt, unter anderem Zwischenstation für die römischen Städte Salona (heutiges Solin) und Narona (Vid bei Metković). Heute erreicht man auf gut ausgebauter Straße nach 20 km die Makarska-Riviera nahe Donja Brela.

Die gesamte Gegend ist archäologisch bedeutend – seit Jahrtausenden war sie entlang der Handelsstraßen besiedelt. Illyrische Hügelgräber und Wallburgen sind erhalten, und südlich von Cista Provo, nahe des Weilers Mandarići, wurden zahlreiche frühchristliche Sakralbauten freigelegt – der älteste und größte ist eine dreischiffige Basilika aus dem 5. Jh. Sehenswerte mittelalterliche Relikte sind die *Bogomilensteine* (stećci), verzierte Grabsteine, die in der Umgebung, mitunter auch an der Straße, zu finden sind.

Nach der Straßenkreuzung von Cista Provo folgt **Lovreć**, auch hier finden sich illyrische Hügelgräber und Bogomilengrabsteine. Um von Lovreć nach Imotski zu gelangen, kann man das kleine Sträßchen über **Studenci** nehmen – ein landschaftlich sehr reizvolles, hügeliges, einsames Gebiet, das sich am *Jezero-Ričiće-Stausee* in Richtung der Karstseen bei Imotski erstreckt. (Tipp für Gourmets: Studenci ist bekannt für sehr guten Käse; zudem lässt sich in der Gegend sehr gut Lamm speisen.)

Alternativ zweigt man, um nach Imotski zu gelangen, bei Lovreć ab, aber nicht nördlich in Richtung Studenci, sondern gleich östlich auf das kurvenreiche Sträßchen über den *Prološko-blato-Stausee.*

Wer die Hauptstraße von Lovreć weiter in Richtung Imotski nimmt, genießt den Blick auf die Nordseite *Biokovo-Gebirges,* dessen mit 1762 m höchste Erhebung *Sv. Jure* heißt. Auch im Norden steigt das Bergmassiv des Dinarischen Gebirges auf über 1000 m an – die hohen Gipfel des *Zavelim-Gebirgzugs* gehören bereits zu Bosnien-Herzegowina.

Imotski

Das hübsche 2500-Einwohner-Städtchen, auf knapp 400 m Höhe am Rand eines fruchtbaren Karstfeldes gelegen, ist Grenzstadt zu Bosnien-Herzegowina und ein wichtiger Verkehrsknotenpunkt. Sehenswert sind die alte Festungsanlage und zwei schöne Karstseen – am Stadtrand der Modro jezero (Blauer See) sowie der 1 km entfernte Crveno jezero (Roter See).

Malerisch zieht sich Imotski mit seinen Natursteinhäusern und breiten Steinstufen oberhalb des Blauen Sees entlang. Im Stadtteil Bazna sind Reste von türkischen Häusern und Gebäude aus venezianischer Zeit (18. Jh.) erhalten. Im Zentrum steht die Statue des Dichters *Tin Ujević* (1891–1955). Über das Stadtgebiet verteilt sind mittelalterliche Grabsteine, sog. stećci, zu entdecken. Hoch über Imotski genießt man einen fantastischen Blick auf die endlos wirkende einsame Hügelkette und die über dem Blauen See aufragenden mächtigen Felswände.

Die Stadt liegt am Rande der *Imotsko polje,* einem ca. 30 km langen fruchtbaren Karstbecken, das sich bis nach Bosnien-Herzegowina erstreckt und deshalb den Doppelnamen Imotsko-Bekijsko polje trägt. Seit Jahrhunderten werden hier Tabak und Kujundžuša angebaut – ein spritziger Weißwein von grün-gelber Farbe mit 11–12 % Alkohol, 5–5,6 g/l Säure, der gern mit Mineralwasser gemischt (gemišt) getrunken wird.

Geschichte

Wie Funde aus der Jungsteinzeit, Kupfer- und Bronzezeit beweisen, ist die Region seit der Urgeschichte bewohnt. 1000 v. Chr. kamen die Dalmater, ein Illyrerstamm – Überreste ihrer Wallburgen und Hügelgräber sind bis heute erhalten. Später eroberten die Römer das Gebiet, bauten Militärlager und Straßen, u. a. die Handelsstraße von Salona (Solin) über Tilurium (Trilj) nach Narona (Vid), die auch an Imotski (lat. Emania; altkroatisch Emotha) vorbei führte.

Überreste aus der Römerzeit sind u. a. Reste einer Wasserleitung und die Bronzestatue der Venus. Oberhalb des Blauen Sees ist die strategisch wichtige mittelalterliche Festung mit Grundmauern aus dem 10. Jh. sehenswert. Der byzantinische Kaiser *Konstantin Porphyrogennetos* erwähnt die Festung als Sitz der altkroatischen Gemeinde *Ta Imotha,* die die Türken Topana (*top hana,* Waffenmagazin) nannten. Später gehörte Imotski zu den wichtigsten altkroatischen Städten und war zwischen den Türken und Venedig erbittert umkämpft. Aus Dankbarkeit für die Befreiung aus der 200 Jahre währenden Türkenherrschaft errichteten die Bewohner 1717 in der Burganlage die „Kirche der Muttergottes von den Engeln". Bis 1816 war die Burg bewohnt, dann trug man Stein um Stein für den Bau neuer Häuser ab. Von den unter den Türken entstandenen Festungsanlagen ist heute nur noch ein Turm erhalten. Überliefert aus dieser Zeit sind allerdings viele Volks- und Liebeslieder wie die bekannte *Hasanaginica* – eine tragische Liebesballade, die der italienische Schriftsteller *Alberto Fortis* niederschrieb, vielfach – z. B. von Wolfgang v. Goethe – nachgedichtet und von Johann Gottfried Herder in seine Anthologie europäischer Volksdichtung aufgenommen.

Nach der Vertreibung der Osmanen kontrollierten ab 1717 die Venezianer die Gegend, die an der Grenze zum Osmanischen Reich Wachttürme und Kasernen errich-

Modro jezero – ist er ausgetrocknet, dient der Blaue See als Fußballfeld

Mitteldalmatinisches Hinterland

teten und die Festung wieder instand setzten. In ihrem Schutz entstand das heutige Imotski. 1797 kommt das Gebiet wie ganz Dalmatien an Österreich. 1806 wird das Gebiet an die napoleonischen Illyrischen Provinzen angegliedert. In dieser Zeit war zwar Kirchliches verpönt, dafür wurde umso härter gearbeitet: In nur acht Jahren ließ Napoleon rund 400 km Straße durch das dalmatinische Bergland bis hinab nach Albanien bauen. Nach Napoleons Sturz kehrten die Österreicher zurück, die die alte Römerstraße reparierten und die heutige Schönheit Imotskis mit prachtvollen Bauten prägten.

Information   Tourismusverband, Jezeranska b. b. (beim Modro jezero), 21260 Imotski, ✆ 021/842-221, www.tz-imotski.hr. Mai–Sept. Mo–Fr 8–13/17–20, Sa 8–13 Uhr; sonst Mo–Fr 8–15 Uhr.

Verbindungen   Busse 10-mal tägl. nach Split; bis zu 4-mal tägl., im Aug. tägl. nach Makarska. **Expressbusse** nach Zagreb.

Entfernungen: Split 96 km, Makarska 65 km.

Übernachten   Es gibt einige Pensionen und kleine Hotels, u. a.:

*** **Hotel Zdilar**, kleines 30-Zimmer-Hotel mit Restaurant ca. 3 km westl. von Imotski. Gute DZ/F ca. 60 €. Glavina donja, ✆ 021/671-040, www.imotski.hr.

*** **Hotel Venezia**, außerhalb, im Stadtwesten mit schönem Weitblick. DZ/F mit Balkon 70 €. A. Brune Bušića b. b., ✆ 021/671-000, www.hotel-venezia.hr.

Apartements Slišković, Zufahrtsstraße ins Zentrum, gut ausgestatte Appartements mit Balkon ab 50 €. Bruna Bušića 49 a, ✆ 099/8133-949 (mobil).

Wein   Den guten Weißwein Kujundžuša erhält man bei folgenden Winzern: **Vinarija Jerković**, Fam. Ante Jerković, Runović b. b., 21261 Runović, 099/2149-295 (mobil). Er zählt zu den besten Winzern für diesen Weißwein.

Vinarija Buljan, Fam. Miki Buljan, Zmijavci b. b., 21266 Zmijavci, 091/519-6206 (mobil). Neben Kujundžuša gibt es auch Sauvignon blanc, Žilavka.

Vinarija Grabovac, Fam. Milan Grabovac, Proložac b. b., 21264 Donji Proložac, ✆ 021/846-010. Neben dem Kujundžuša gibt es noch den weißen Pjenušac Grabovac bijeli und den Rotwein Modro jezero.

Sehenswertes

Nach dem Abzug der Türken (1727) entstanden viele Kirchen und zahlreiche Klöster mit herrlichen Parks, u. a. das **Franziskanerkloster** von 1738. Es zeigt wertvolle kultur- und kunsthistorische Sammlungen, darunter steinerne Denkmäler und sakrale Gegenstände aus Kirchen der Umgebung sowie Funde aus illyrischer und römischer Zeit. Eine andere Abteilung präsentiert alte Bücher, Handschriften, Münzen, Skulpturen, Gemälde alter Meister und zeitgenössischer Maler. Interessierte können im Franziskanerkloster nachfragen.

Crveno jezero – beeindruckende Tiefe

Die Karstseen: Die beeindruckenden Karstphänomene des **Blauen Sees** *(Modro jezero)* und **Roten Sees** *(Crveno jezero)* ziehen die Besucher an. Daneben gibt es 17 größere und kleinere, weniger spektakuläre Seen. Die geologisch jungen Seen entstanden durch Einbrüche im Dinarischen Gebirge – große unterirdische Höhlen bildeten sich, um die sich viele Legenden ranken.

Der am westlichen Stadtrand (ausgeschildert Modro jezero) gelegene, 88 m lange, smaragdfarbene **Blaue See** ist von bis zu 900 m senkrecht abfallenden Felswänden eingeschlossen. Die Wassertiefe ist unterschiedlich, in sehr heißen Sommern trocknet er mitunter sogar aus. Durch einen Park gelangt man zu einem in Stein gehauenen, nach unten zu einer kleinen Aussichtsplattform führenden Weg, der anlässlich eines Besuchs von Kaiser Franz Joseph angelegt wurde. Der Blick über den gewaltigen Felseinschnitt und in die Tiefe ist grandios. Hier entstand die Ballade *Hasanaginica* – das Grab der jungen Frau befindet sich oberhalb, ein Gedenkstein erinnert. Ein Pfad (ausgeschildert) führt oberhalb vom Blauen See in 3 km durch den Wald zum Roten See.

Der **Rote See** mit seinem dunklen, indigoblauen Wasser liegt ca. 1,5 km westlich vom Blauen See (Straße in Richtung Proložac), ein Fußweg entlang der Straße führt dorthin. Der von bis zu 500 m hohen, oben mit Kiefern bewachsenen, leicht rötlichen Felswänden umgebene See ist mit bis zu 250 m Wassertiefe die tiefste Doline Europas, wobei der Grund der gigantischen Einbruchstelle etwa 4 m über dem Meeresspiegel liegt. Der Blick in den Abgrund ist nicht nur beeindruckend, sondern auch etwas unheimlich, zudem ist Vorsicht geboten, denn es gibt keinen angelegten Weg. Auch um den Roten See weiß die Legende Sagenhaftes zu berichten: Einst lebte der reiche, aber grausame Gavan einsam in seinem Schloss, als ihn ob seines schlimmen Lebenswandels ein schrecklicher Fluch traf. Durch diesen Fluch stürzte sein Schloss ein und verschlang es mit Mann und Maus – ein großes Loch entstand, das sich mit Wasser füllte …

Vrgorac

Ganz im Süden des dalmatinischen Hinterlandes und nun über die A 1 bequem zu erreichen, liegt dieses Grenzstädtchen zu Bosnien-Herzegowina, eingebettet zwischen hohen Bergen, an der Nordflanke des Biokovo- und Rilić-Bergzuges. Es ist Geburtsort des größten kroatischen Dichters, *Tin Ujević* (1891–1955). Vrgorac war seit alters her bedeutsam wegen seiner strategisch günstigen Lage auf dem Weg zwischen den wichtigen römischen Städten Narona und Salona, heute gibt es hier außer Ruhe und Natur nicht viel. Die Stadt war von 1477 bis 1694 unter türkischer Herrschaft, barocke Wohntürme, sog. Kulas, von denen vier erhalten blieben, erinnern an jene Zeit. Ansonsten ist Vrgorac bekannt für seinen leckeren *Pršut*, den guten Rotwein *Mali plavac*, den Weißwein *Medna* und seine Märkte. In den fruchtbaren Ebenen unterhalb der Stadt wachsen neben Wein Feigen, Pfirsiche, Granatäpfel, Pflaumen und die äußerst beliebten und süßen Erdbeeren, die ab Mitte Mai geerntet werden. Den 1063 m hohen Hausberg *Motokit* dominiert eine **Festung**, von der sich ein herrlicher Weitblick bietet; in 15 Min. ist man hochgelaufen. Lohnenswert sind vor allem die anspruchsvollen Mountainbikestrecken über das Biokovo-Gebirge hinüber zur Makarska-Riviera.

Rund 5 km südwestlich von Vrgorac kann man das **Ethnodorf Kokorići** besichtigen; eine schöne Natursteinhaussymbiose mit traditionellem Inventar erwartet den Besucher, zudem der mittelalterliche Turm des Herzogs Antun Prvan und das Kirchlein Sv. Antun aus dem ausgehenden 15. Jh. Es gibt sehr einfache Zimmer zum Übernachten, in denen wohl auch schon der Gelehrte und Priester *Abbé Fortis* sein müdes Haupt zur Ruhe legte. Man kann u. a. beim Käsemachen zusehen und natürlich gibt es eine Konoba (momentan nur für Gruppen geöffnet).

Wer lieber pilgert, ist in 30 km im berühmten Ort **Međugorje** (Bosnien-Herzegowina).

Information Tourismusverband (TZ), Tina Ujevića 14, 21276 Vrgorac, ☎ 021/675-110, www.tzvrgorac.hr.

Verbindungen Gute Busverbindungen mit Ploče, wenige nach Split über Trilj und Makarska.

Entfernungen: Ploče 28 km, Makarska knapp 38 km, Split 97 km, Međugorje 30 km.

Übernachten/Essen ** Hotel Prvan, es gibt 20 renovierte Zimmer und ein Restaurant mit Terrasse. Serviert wird Hausmannskost. Von hier werden Wander-, Berg- und Mountainbiketouren organisiert, ebenfalls Ausflüge ins Ethnodorf Kokorići.

DZ/F 64 €. Zagrebačka 31, ☎ 021/674-208, www.hotelprvan.hr.

Agroturizom Pension Pod Matokitom, Matokit b. b., ☎ 021/674-450.

Restaurant Tin, Natursteinhaus mit Terrasse. Es gibt u. a. guten Vrgorac-Schinken, hausgemachten Ziegenkäse und saftige Hühnchen. Ganzjährig geöffnet. Tina Ujevića b. b.

Einkaufen Wein: Winzergenossenschaft Vrgorka d. d., Fra Ivana Rožića 35, ☎ 021/674-088; nur an Werktagen geöffnet. Alle Weinsorten. **Schinken**: Fleischfabrik Pivac, Težačka ul.

Das Cetina-Tal – das malerische Flusstal ist beliebt für Rafting- und Kajaktouren ...

Fluss Cetina

Die Cetina ist bei Raftingfreunden, Kajaksportlern und Anglern bekannt und beliebt. Sie entspringt im Dinarischen Gebirge nahe der Grenze zu Bosnien-Herzegowina, im nördlichen Sinskopolje, bei Vukovića vrilo.

Der Wasserreichtum der 105 km langen Cetina ist auf die geologischen Besonderheiten des Karstes zurückzuführen. Unterirdisch wird sie vom westbosnischen Karstgebiet mit Wasser versorgt, zudem speist sie sich im Oberlauf mit Wasser aus den Hauptnebenflüssen der Region. Später staut sich ihr Wasser im Peručko jezero, macht östlich einen kleinen Bogen um Sinj und fließt dann am Mosor-Gebirge entlang weiter südlich Richtung Trilj. Ab Trilj bis Zadvarje bricht sich der Fluss seinen Weg durch Kalkgestein aus der Kreidezeit. Bei Zadvarje sucht die Cetina den Weg zum Meer, stürzt sich in zwei Wasserfällen – über den 49 m hohen Velika Gubavica

Mitteldalmatinisches Hinterland

… sowie zum Wandern und Mountainbiken

und den 7 m hohen Mala Gubavica – von der Hochebene hinab und schlängelt sich anschließend durch weichere, sandig-mergelige Schichten westwärts Richtung Omiš. Die letzten Kilometer bahnt sie sich durch enge Täler und Schluchten den Weg, bricht durch den Fels des Mosor-Gebirges, um sich bei Omiš schließlich ins Meer zu ergießen.

Gerade die letzten Flusskilometer östlich von Omiš sind landschaftlich sehr reizvoll – das Gebiet steht heute unter Naturschutz. An Wochenenden allerdings strömen die Städter herbei, besteigen Kanus und Kajaks, machen Raftingtouren oder baden, und an den Ufern warten die Angler geduldig auf Fang. Danach geht es in einen der herrlichen Biergärten. Neben einem kühlen Laško kann man das erfrischende Cetina-Quellwasser *Aquasana* trinken.

Auf den Hochebenen oberhalb der Cetina sind die Orte von üppigen Gärten und Obstbäumen umgeben, vor allem die Kirschen für den Maraschino, einen Kirschlikör, gedeihen hier prächtig (→ Sinj und Omiš/Umgebung).

Goldenes Horn (Insel Brač) – beliebtes Bade- und Surfrevier

Mitteldalmatinische Inseln

Die große **Insel Brač**, bekannt durch ihren weißen Marmor, das *Goldene Horn* und den hohen Inselberg *Vidova Gora*, liegt nur wenige Seemeilen südlich von Split. Westlich davon, fast nur durch einen Kanal von Brač getrennt, die vom Tourismus kaum berührte **Insel Šolta**. Auf der lang gestreckten **Insel Hvar** weiter südlich dagegen pulsiert der Tourismus – zumindest an der Westhälfte von Hvar und besonders in der gleichnamigen schmucken Stadt; der Ostteil der Insel ist dagegen ebenfalls unberührt und die Luft voller Lavendel- und Rosmarinduft.

Die schon in der Antike bekannte buchtenreiche **Insel Vis**, deren Weine seit alters her gerühmt werden, liegt ganz im Südwesten. Westlich von Vis folgen das „Schlusslicht" der mitteldalmatinischen Inselwelt, die durch die faszinierende Blaue Grotte bekannte Insel Biševo, zudem die weit draußen liegenden unbewohnten und nur für Bootsbesitzer erreichbaren Inseln Sv. Andrija (Svetac), Brusnik, Jabuka und das Naturreservat Pelagruža.

Alle bewohnten mitteldalmatinischen Inseln sind von **Split**, dem Zentrum dieser Region, mit der Fähre zu erreichen, die Inseln Brač und Hvar zusätzlich auch von den südöstlich gelegenen Festlandshäfen Makarska und Drvenik.

Die **Insel Čiovo**, durch eine Brücke mit der mittelalterlichen Festlandsstadt Trogir verbunden, haben wir ihrer geografischen Lage wegen im Kapitel „Die Küste von Marina bis Split" beschrieben.

Die mitteldalmatinischen Inseln eignen sich neben einem Relax an schönen Badeplätzen auch bestens für Wandertouren (→ Wanderteil). Wer sich lieber auf das Mountainbike schwingt, kann in herrlicher Landschaft auf Makadam viele kleine Weiler erkunden. Erwähnenswert sind hier auch die Inselweine, wie der autochthone Rotwein *Dobričić* von der Insel Šolta oder der goldgelbe *Vugava* von der Insel Vis.

Insel Šolta

Die Insel südlich von Split ist bis auf die Orte Nečujam und Maslinica vom Tourismus weitgehend unberührt. Architektonische Leckerbissen sind die uralten, aus Natursteinen erbauten Dörfer. Ein paar erholungsbedürftige Großstädter haben sich hier in Ferienwohnungen niedergelassen, genießen die einsamen Felsbadebuchten oder angeln. Bootsbesitzer finden rund um Šolta gute Ankerplätze.

Auf der 52 km² großen Insel leben rund 1600 Menschen. Šoltas Hügellandschaft erhebt sich bis zu 208 m aus dem Meer und ist recht fruchtbar. Neben ummauerten Äckern gibt es Olivenhaine, Weinfelder, Feigen- und Johannisbrotbäume. Lavendel und Rosmarin, Macchia und Kiefernwald gedeihen. Inselspezialitäten sind Olivenöl, Bienenhonig und ein sehr dunkler Rotwein, die autochthone Sorte Dobričić

Wichtiges auf einen Blick

Telefonvorwahl 021

Fährverbindungen Trajekt Rogač–Split, 4- bis 6-mal tägl. (1 Std.), in der Saison 5.30–20 Uhr. 33 KN/Pers., Auto 160 KN.

Katamaran Rogač–Split (LNP, www. lnp.hr), ganzjährig tägl. 1- bis 2-mal.

Busverbindungen 3- bis 5-mal tägl. (abhängig von der Fähre) Busse zu allen Inselorten.

Tankstelle nur in Rogač (Fährhafen).

Banken keine Bank, nur **Bankomaten** in Rogač, Grohote und Stomorska.

Post fast in jedem Ort (nur bis Mittag geöffnet).

Lebensmittel in allen Orten Minimärkte, am besten in Grohote, Maslinica und Stomorska.

(→ Halbinsel Pelješac, Kästen bei Potomje und Trstenik). Die produzierenden Familien der Insel haben sich im Verband Šoltanski Trudi zusammengeschlossen und bieten ihre Waren auf dem Markt in Grohote und Maslinica an.

Šolta ist eines der Ausflugsziele für die Bewohner von Split, die sich hier Wochenendhäuschen gebaut haben, sonst spielt der Tourismus auf Šolta keine große Rolle – ein paar Sportfischer, ein Hotel, Pensionen und nur ein kleiner privater Campingplatz. Eine schmale Asphaltstraße verbindet die Inselorte, die Südseite der Insel ist unbewohnt.

Šolta ist eine sonnenverwöhnte Insel, nur selten fällt Regen – zum Leidwesen der Inselbewohner. Der Name der Insel wird erstmals im 4. Jh. v. Chr. erwähnt, Šolta war schon von Griechen und Römern bewohnt. Nachdem Salona 614 zerstört war, siedelte sich ein Teil der Flüchtlinge hier an. Ab dem 7. Jh. gehörte Šolta zur Kommune Split, die sich mit Kalk (noch heute!), Holz und landwirtschaftlichen Produkten von der Insel versorgte. Immer wieder musste die Insel den Angriffen der Venezianer und den Überfällen von Seeräubern standhalten. Im Mittelalter wurden Anhänger des Glagolitentums nach Šolta verbannt.

Rogač

Rogač zieht sich um den neu angelegten hübschen Fährhafen mit Supermarkt, Restaurants, Tankstelle, Privatzimmern und Liegeplätzen für Boote. Ein Asphaltsträßchen führt hoch nach Grohote.

Information TIC, Podkuća 8 (Fährhafen), 21430 Rogač-Grohote. 15. April–15. Okt. tägl. 8–21 Uhr, sonst nur in Grohote. ℡ 021/654-57, www.visitsolta.com.

Agentur M-Travel, am Fährhafen (zudem in Stomorska), nur Juni–Sept. Zimmer, Jachtcharter, Fahrräder. ℡ 021/654-232, 099/6972-835 (mobil), www.m-tts.com.

Übernachten/Essen Privatzimmer 30–40 €; u. a. **Fam. Fani Sinovčić**, oberhalb vom Hafen (noch vor Cafébar). Großes, nettes Appartementhaus mit großen Terrassen. Glavica 1, ℡ 091/5900-621 (mobil).

Konoba-Pension Villa Šolta, versteckt am Hang (Richtung Grohote, in der Kurve), hier gibt es neben Essen auch in der NS Zimmer mit Frühstück. Ul. Dolac, ℡ 021/654-540, 091/5204-437 (mobil), www.villa-solta.com.

Restaurant-Pizzeria Pasarela, südöstlich vom Hafen, an der Banje-Bucht. Hübsches terrassiertes Gelände direkt am Meer. Fisch- u. Fleischgerichte und gute Pizzen. Mai–Okt. tägl. ab 8 Uhr. ℡ 091/5494-986 (mobil).

Bootshafen Platz für 30 Boote mit Strom und Wasserversorgung.

Hafenamt: ℡ 021/654-139, 091/546-374 (mobil).

Grohote

Zwar ist Grohote der Hauptort von Šolta, doch im Grunde kaum mehr als eine Anhäufung alter, steingrauer, kubischer Häuser – kaum ein Neubau stört das ursprüngliche Bild – ein Augenschmaus.

Grohote ist umgeben von Weingärten, Äckern und Feigenbäumen. Aus dem 600-Einwohner-Ort ragt der Glockenturm der Pfarrkirche empor. In der Apsis leuchten Mosaikfenster; der Marmoraltar und die Gemälde auf dem weißen, einfachen Stein sind in lichten Farben gehalten. Auch Überreste römischer Landhäuser mit Mosaikböden gibt es in Grohote zu sehen. Am Hauptplatz an der Straßenkreuzung herrscht emsiger Betrieb, vor allem zu Marktzeiten. Ein Spaziergang durch den Ort lohnt.

In Grohote lebte und arbeitete der Naivmaler *Eugen Buktenica* (1904–1997), bekannt unter seinem Spitznamen *Djenko,* der zu den bekannten zeitgenössischen europäischen Künstlern zählt und entgegen aller Trends die typische kroatische Naivmalerei erhalten hat. In seinem ehemaligen Wohnhaus hat nun sein Neffe *Vicko Buktenica,* ebenfalls Maler, eine kleine *Galerie* eingerichtet (www.vickobuktenica.com; von Rogač kommend bei der Kirche rechts abbiegen; am besten im Info-Büro nachfragen).

Information   Touristinformation, in der Gemeindeverwaltung (Komunalno Basilija), Seitengasse westl. gegenüber Kirche, 21430 Grohote. Mo–Fr 7–15 Uhr. ✆ 021/654-151.

Einkaufen   In der Ortsmitte Supermarkt, großer Obst- und Gemüsestand, Fischverkauf, Bäckerei.

Šoltanski trudi (Produkte aus Šolta), Markt hinter dem Rathaus am Hauptplatz. Juni–Sept. Di/Mi 19–22 Uhr. Der Bauernverband präsentiert hier seine Produkte, u. a. Wein, Olivenöl, Grappa, Honig, Souvenirs und Gemälde. ■

Essen/Übernachten   Konoba Momčin Dvor, etwas versteckt hinter dem Markt. Hier gibt es ganzjährig ab 16 Uhr in familiärer Atmosphäre dalmatinische Gerichte, zudem nach Vorbestellung u. a. Kalb, Lamm, Oktopus aus der Peka. ✆ 091/8923-688 (mobil).

Grohote – ein Natursteinidyll

Konoba Jorja, an der gleichnamigen Bucht an der Südküste (5 km südöstlich von Grohote), nur über Makadam oder per Boot zu erreichen. Sehr gutes Essen wie Brodetto, Lobster, Fisch, Gemüse aus der Umgebung. Freundlicher Service. Mai–Okt. ✆ 092/2053-460 (mobil).

≫ Mein Tipp: Tvrdić-Honig & Pension, im Nordwesten des Ortes am Hang. Im Familienbetrieb (dtsch.-sprechend) gibt es neben Bienenprodukten zwei sehr schön eingerichtete, großzügige Appartements (2–4 Pers.) mit großer Terrasse, ab 49 € (TS 58 €). April–Okt. Put Krajna 66, ☎ 091/5437-786 (mobil), www.tvrdichoney.com. «

Feste Ausstellungen und Konzerte im Innenhof des Djenko-Hauses.

Gesundheit Ambulanz, auch mit Zahnarzt, ortsauswärts Richtung Maslinica. Mo–Fr 8–20 Uhr, zudem 24-Std.-Bereitschaft; ☎ 021/654-493, 099/7089-296 (mobil); schwere Fälle werden per Hubschrauber nach Split transportiert. **Apotheke**, am Hauptplatz, Mo–Fr 8–12.30/18–20.30, Sa 8–13 Uhr.

Grohote/Umgebung

Westlich von Grohote stehen aufgereiht am Hang die Häuser von **Donje Selo**, alle geschmückt mit türkisfarbenen Fensterläden; ansonsten herrscht ein unbekümmertes Durcheinander von Naturstein- und Hohlblockmauern wie überall auf der Insel. Ein steiniger Fußweg führt vom Ort hinab zur Nordseite der Insel, zum kleinen Hafen **Donja Krušica**. Fischernetze liegen verstreut am Kai, im Wasser schaukeln ein paar alte Kähne. Im Süden von Grohote locken einige nette Buchten, u. a. die *Jorja-Bucht* mit gutem Restaurant (→ Grohote). Zudem führen viele Wander- und Mountainbikepfade von der Inselstraße gen Süden.

Kurz vor Maslinica fällt der Blick auf das buchtenreiche Inselende – insgesamt sieben grüne unbewohnte Inselchen werden sichtbar.

Maslinica

Das Fischerdorf mit 400 Einwohnern liegt in einer föhrenbestandenen Bucht. Um das Hafenbecken stehen Palmen, Zypressen, die Ruinen eines Wachturms, von dem man nach Seeräubern Ausschau hielt, sowie das befestigte *Barockschloss Avlija* (jetzt *Martinis Marchi),* im 18. Jh. ein Adelssitz, heute zu einem exklusiven Hotel mit Restaurant ausgebaut.

Marenda im Fischerort Maslinica

Baden: Zu beiden Seiten des Ortes gibt es viele einsame Felsbadestellen; zudem Fußweg „Uz more" zur südöstlich gelegenen fjordartigen *Šešula-Bucht.* Oder man lässt sich auf eine der vorgelagerten FKK-Inseln bringen; auf *Stipanska* stehen Reste eines mittelalterlichen Klosters.

Information Touristinformation am Kai, 21430 Maslinica. Mai–Sept. ☎ 021/659-220.

🌿 **Einkaufen** Šoltanski trudi, immer Do abends von Juni–Sept. (→ Grohote). ∎

Übernachten/Essen Privatzimmer über die Touristinformation ab 15 €/Pers., u. a.:
** Appartements Oliva**, Put Šešule 10, ☎ 021/547-793, 091/763-443 (mobil).

*** Appartements Fam. Burić**, schöne Lage an der Nordspitze der Hafenbucht und nahe Strand. Eigenes Olivenöl. Dom. Rata 77, ☎ 021/659-202, zlatko.buric@st.t-com.hr.

Hotel Martinis Marchi, im Schloss, mit riesigem Pool im Innenhof und Luxus-Zimmern/Appartements. Das Restaurant ist bezahlbar und gut, schön speist man auf der Terrasse mit Blick aufs Meer und die Zinnen. Bootsbesitzer können an der neu erbauten hoteleigenen Marina ankern. Mai–Okt. geöffnet. Appartements ca. 1000 €/Tag. ℡ 021/572-768, www.martinis-marchi.com.

Pizzeria Gajeta und Restaurant Saskinja liegen schön an der Hafenbucht und bieten gute Gerichte.

Essen außerhalb Konoba Šešula, schöne Meereslage und lauschig unter schattigen Kiefern, oberhalb der gleichnamigen Bucht. Hier speist man bestens Fischgerichte. Mit Bootsanleger. Zufahrt per Auto über Makadam, entweder vor Maslinica oben am Berg links ab oder in der scharfen Linkskurve kurz vor Ortsbeginn nach links in den Uferweg Uz more Nr. 87. Geöffnet Mai–Anfang Okt. ℡ 091/5575-927 (mobil).

»» Mein Tipp: Konoba-Bar Šišmis, etwas östlich von Šešula, Anfahrt (s. o. vom Berg aus); wunderschöne Meereslage fast am verzweigten Buchtende mit Bootsanleger. Leckere Fisch- und Lammgerichte, gute Cocktails und Musik – ein toller Platz zum Genießen. Mitte April–Mitte Okt. ab 14 Uhr. ℡ 095/9045-536 (mobil). Nebenan Tauchbasis (s. o.). **«««**

Tauchen Tauchcenter Soldat, Basis neben Konoba Šišmis (s. u.), ℡ 099/5097-135 (mobil).

Nautik Marina Maslinica, 20 Anlegeplätze, Strom- und Wasseranschluss. Boote können von Privatleuten gemietet werden. Gut geschützte Ankermöglichkeit, auch in der südlichen Šešula-Bucht. ℡ 021/659-093, www.martinis-marchi.com.

Nečujam

Weit draußen an einem Buchtausläufer liegt die frühere „Touristenhochburg", die sich heute als eine verschachtelte Appartementsiedlung zeigt.

Leider ist die einstige hübsch erbaute Hotel-Appartementanlage Nečujam Centar veraltet. Zudem wurde der gesamte Hang zur Bucht hinab mit Appartementhäusern zugebaut – auch erlitt das üppige Grün starke Einbußen. Im Geburtshaus des kroatischen Dichters *Marko Marulić* (1450–1524), das zur Bungalowsiedlung gehört, residiert nun im Sommer das Info-Büro. Gegenüber der Sand-Kiesbucht, am Hang verstreut, ein paar Dutzend Häuschen – dort leben die 100 Einwohner von Nečujam. Fjordähnliche Einbuchtungen gibt es an der Nordwestseite der gleichnamigen Bucht.

Information Touristinformation, nur Juli/Aug. ℡ 021/650-121, 21430 Nečujam.

Baden An der Kiesbucht – sie ist jedoch ziemlich überlaufen. Besser geht man ein Stück nordwärts zu den Felsbadestellen. Ringsum gibt es gut geschützte Ankerplätze.

Essen & Trinken Es gibt einige Lokale, jedoch nur Juni–Mitte Sept. geöffnet; nett sitzt man nahe dem Meer im **Restaurant Punta** sowie in der **Konoba Mareta**, ℡ 099/8043-538 (mobil).

Übernachten Ein Teil der neu erbauten, gut ausgestatteten Appartementhäuser wird über die **Agentur M-Travel** (→ Rogač) angeboten.

Nach Stomorska

Links und rechts der Inselstraße ziehen sich Steinmäuerchen und üppige Vegetation – Johannisbrotbäume, Pinien, Oliven, Feigen und Lavendel. Ab und zu führen kleine Pfade an die Südküste zu **Badeplätzen**, die zu Fuß gut zu erreichen sind. Vor den Buchten liegt Vis dunstig fern im Süden, mehr Richtung Südosten und zum Greifen nah Ausläufer von Hvar und Brač.

Dann folgt **Gornje Selo**: Ein paar alte Häuser hinter Mäuerchen scharen sich um die Kirche mit bunt ausgestaltetem Innenraum. Unten am Meer ist links die Insel Čiovo und rechts die Insel Brač zu sehen.

Essen/Einkaufen   Konoba Štandarac, hier isst man bestens Hausmannskost, nach Bestellung auch Peka-Gerichte. ☎ 098/754-641 (mobil).

≫ Mein Tipp: Olynthia Natura d.o.o., feinstes Olivenöl, auch mit Kräutern versehen, gibt es hier. Gornje Selo, ☎ 098/9836-160 (mobil), www.olynthia.hr. ≪

🌿 Agrotourismus Kaštelanac, bereits mehrfach wurden Produkte des traditionsreichen Familienbetriebs ausgezeichnet: der leckere autochthone Rotwein Dobričić,

das Olivenöl oder die schwarze oder grüne Olivenpaste; des Weiteren gibt es verschiedenste leckere Liköre, Olivenölseife und Brot – natürlich alles hausgemacht und aus ökologischem Anbau. Duga gomila 7, ☎ 098/1848-316 (mobil). ∎

Übernachten   Villa Delfin, netter, gut geführter Familienbetrieb (kroat.-dtsch. Ltg.). Das moderne große Haus liegt ortsauswärts Richtung Stomorska. Mehrere Zimmer mit Gemeinschaftsküche. Fam. Kalebić, Put Križica 31, ☎ 021/658-093, 098/1807-812 (mobil).

Stomorska

Der alte 300-Einwohner-Ort an einer Bucht ist von Palmen, Zypressen und blühendem Buschwerk umgeben. Jachten, Fischer- und Ausflugsboote schaukeln im Wasser, Badebuchten gibt es an der Felsküste.

Am Berg oberhalb des Ortes geht es bei der Kapelle links ab zum Friedhof, wo Reste eines römischen Sarkophags zu finden sind. Östlich von Stomorska finden sich schöne einsame Badebuchten.

Information   Touristinformation, 21432 Stomorska; nur Juni–Sept. ☎ 021/658-404.

Agentur M-Travel (→ Rogač).

Camping   Camp Mido, oberhalb der Hafenbucht in großem, mit Bäumen bestandenen Garten. Warmwasserduschen. Man bekommt zu essen und zu trinken, dazu gibt's Musik vom Mido. Auch Vermietung von Zimmern/Appartements. Der Campingplatz ist für Caravans nicht geeignet (Zufahrt!). Auch in der Nebensaison gut besucht. Put krušice 3, ☎ 021/658-011.

Essen & Trinken   Rund um die Hafenbucht gibt es etliche nette Lokale, die ganz-

jährig geöffnet sind. Gute Gerichte bieten u. a. Konoba Turanj, an der Westseite der Bucht; sehr gute dalmatinische Küche und leckere Pizzen aus dem Holzofen. Ebenso gut sind nebenan **Restaurant-Pizzeria Olala** sowie **Restaurant Komin** auf der Ostseite.

Tauchen/Übernachten   Leomar Tauchcenter (dtsch-kroat. Ltg. Marie Korten, Leo Novaković), Riva Pelegrin 47, ☎ 091/1412-577 (mobil), www.leomar-divingcenter.de. Tauchkurse (CMAS), Tauchausflüge mit Schnellboot. Hier werden auch nette Appartements/Zimmer direkt am Meer vermietet.

Stomorska verspricht ruhige Urlaubstage

Sumartin – idyllischer Fährort mit imposanter Biokovo-Gebirgs-Kulisse

Insel Brač

Die Insel von „Sonne, Stein und Meer" ist wegen ihres kalksteinweißen Marmors berühmt, aus dem weltbekannte Prachtbauten errichtet wurden. Hohe Berge und ursprüngliche Dörfer prägen das Innere von Brač. Doch am Zlatni rat bei Bol, dem 300 m langen „Goldenen Horn", drängeln sich im Sommer die Touristen. Die Insel ist über ein Netz von asphaltierten Straßen, Fahrrad-, Mountainbike- und Wanderwegen bestens erschlossen.

Brač ist die größte Insel Dalmatiens und mit 395 km^2 die drittgrößte aller Adriainseln. Rund 14.000 Menschen leben hier, zwei Drittel davon an der Küste. Die Klimaschwankungen zwischen Küste und Landesinnerem sind beträchtlich – an der Küste ist es wärmer und trockener. Im Sommer mildern tagsüber der Maestral und nachts der Burin die Hitze. Im Spätherbst brausen Schirokko und Jugo, im Winter die Bora.

Brač besteht aus weißem Kalkstein und Dolomit, Süßwasserquellen gibt es nur zwischen Bol und Sumartin; seit 1973 wird die Insel vom Festland durch eine Pipeline unter dem Meer mit Wasser aus dem Cetina-Fluss versorgt. Die Insel ist sehr hügelig, hat steile Felsabhänge und der *Vidova Gora* ist mit 778 m der höchste Inselberg. Aleppokiefern und Schwarzkiefern wachsen auf den Hochflächen und viel Macchia, die zum Meer hin in Garigue und Felsentrift übergeht. Es gedeihen Laubbäume wie Eiche, Buche, Esche, Ahorn – ein Drittel der Insel ist bewaldet, weniger als ein Zehntel ist kultiviert, hauptsächlich mit Oliven- und Weingärten. Hasen, Edelmarder, Wildkatzen, Igel sowie viele Schafe gibt es hier. Außer von Viehzucht und Landwirtschaft – neuerdings werden Kiwis und Maraska-Kirschen angebaut – leben die Leute vom Marmorabbau und natürlich vom Fischfang. Aus dem marmorähnlichen Kalkstein der Insel wurden bedeutende Bauten wie der Diokletianspalast in Split, teilweise auch der Berliner Reichstag und das Weiße Haus in Washington errichtet. Der Bračer Kalkstein behält seine weiße Farbe und wird von Steinmetzen wegen seiner Verarbeitungsqualitäten gelobt. Es gibt hier aber auch Marmor mit roséfarbenen Einschlüssen – dies ist der Stein für Kardinäle … Übrigens befindet sich in Pučišća (s. d.) Kroatiens einzige Steinmetzschule und so ist es nicht verwunderlich, dass jeder Ort mit kreativen Marmorskulpturen geschmückt ist.

Bedeutsam für die Insel ist der Tourismus. Zentrum ist Bol mit seinem berühmten Goldenen Horn, einem gold-
farbenen Feinkiesstrand, der sich wie
eine Zunge ins Meer streckt. Größere
Hotelkomplexe gibt es nur in Supetar
und Bol. Bračer Schafskäse, Lammbra-
ten vom Holzkohlengrill und verschiedene Weinsorten sind die Inselspezialitäten. Doch nicht nur Gaumengenüs-
se hat die Insel hervorgebracht. Auf
Brač wurde *Ivan Rendić*, der Bildhauer
und Begründer der modernen kroatischen Skulptur, geboren. *Vladimir
Nazor*, einer der größten kroatischen
Dichter des 20. Jh., verlebte hier seine
Kindheit und schrieb über seine Heimat etliche Prosawerke.

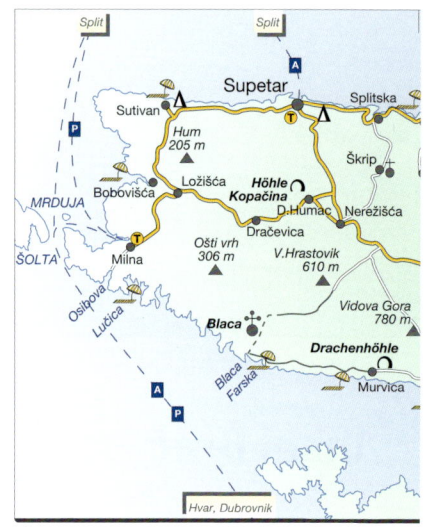

Über die gesamte Insel wurden Fahrradwege in verschiedenen Schwierigkeitsgraden durch herrlichste Landschaft
angelegt. Zudem gibt es Wanderwege,
die vor allem um und auf den Vidova Gora führen. Tennis gehört nach wie vor zum
Label von Bol – jetzt trifft sich hier im September die internationale Tennisjugend
zum *Future Tennis*.

Wichtiges auf einen Blick

Telefonvorwahl 021

Fährverbindungen Trajekt Supetar–Split (Jadrolinija): in der Saison
bis zu 14-mal tägl. (50 Min.), 5–22.45
Uhr. 33 KN/Pers., Auto 160 KN.

Trajekt Sumartin–Makarska (Jadrolinija): in der Saison 5-mal tägl. (1 Std.),
6–20 Uhr; in der NS nur noch 4-mal
tägl. 33 KN/Pers., Auto 160 KN.

Katamaran Split–Milna–Hvar (Jadrolinija): Mitte Juni–Mitte Sept.; nur 1-mal
tägl., monatl. zu verschiedenen Uhrzeiten! (bei TIC in Milna erkundigen).

Katamaran Split–Milna–Hvar–Korčula–Dubrovnik (Krilo): Mitte Mai–
Mitte Okt., 1-mal tägl.; auch hier
unbedingt vorab Fahrplan besorgen,
da ständige Änderungen.

Busverbindungen Beste Verbindungen; zwischen 4- bis 8-mal tägl.
(außer So/Feiertage) sind alle Inselorte durch Buslinien mit Supetar
verbunden; zudem Direktverbindungen nach Zagreb.

Flughafen Aerodrom Brač, bei Bol,
✆ 021/559-711,   www.airport-brac.hr.
Direktflüge u. a. nach München, Zagreb. **Flugtickets** nur im Croatia-Air-
lines-Büro in Split erhältlich oder über
Zentral-Reservierung, ✆ 062/500-505.

Tankstellen in Supetar, Milna, Bol
und Sumartin.

Banken mehrere in Supetar und
Bol; des Weiteren in Milna, Pučišća,
Nerežišća und Selca; zudem viele
Bankomaten.

Post in fast allen Orten.

Information www.otok-brac.info.

Geschichte

Die Höhlen von Brač waren schon zur Jungsteinzeit bewohnt. Während der Bron-
ze- und Eisenzeit lebten die Menschen auf den Hochflächen und züchteten Vieh.

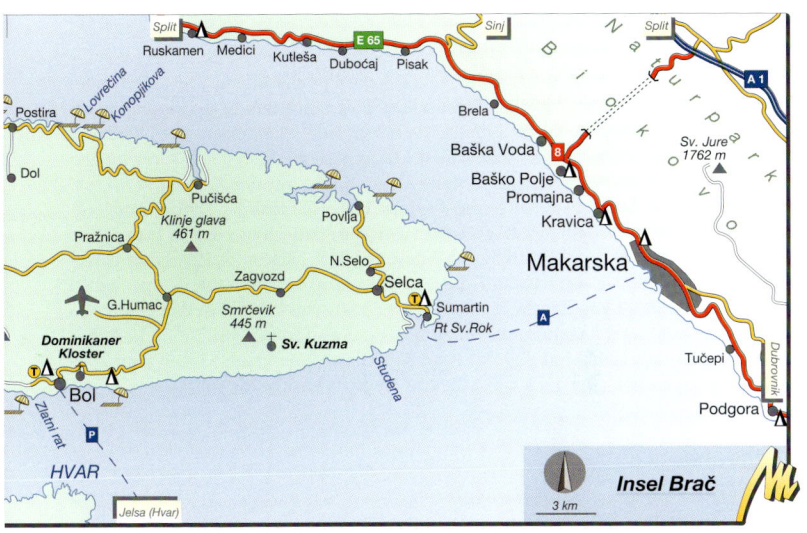

Der Inselname geht wahrscheinlich auf das illyrische Wort für Hirsch zurück. Die Griechen trieben Handel mit den Illyrern, später rissen die Römer die Kontrolle an sich, bis das Weströmische Reich zerfiel. Der kroatische Stamm der Neretljani verdrängte nun die romanische Bevölkerung, die Franken christianisierten das Land, dann kamen die Venezianer. Vom 11. bis zum 15. Jh. herrschte ein ständiges Hin und Her: hier Kroatien, später in Allianz mit Ungarn, dort Venedig und dazwischen die Piraten von Omiš. Als Ende des 18. Jh. Venedigs Stern unterging, brachen Bauernaufstände aus, denen Österreich ein Ende setzte. Die Franzosen führten Reformen ein, es folgten die russische Besetzung und der Angriff der Engländer Anfang des 19. Jh. Dann die österreichische Entkroatisierung durch Einführung der italienischen Sprache und, wiederum gegenläufig, die National- und Arbeiterbewegung in der zweiten Hälfte des 19. Jh. 1932 wuchs der Einfluss der Kommunistischen Partei. Zur Zeit der italienischen Besetzung formierten sich 1941 Volksbefreiungsausschüsse und eine Partisanenkompanie. 1944 kurzer Terrorauftritt der Deutschen. 1951 wurde den Widerstandskämpfern in Bol, einem ihrer Zentren, ein Denkmal errichtet. Viele Bračer wanderten nach dem Zweiten Weltkrieg aufs Festland nach Slawonien aus.

Supetar

Supetar ist Fährstadt und Touristenzentrum des Inselnordens. Schon vom Schiff aus fallen der Hotelkomplex auf der parkähnlichen Halbinsel, ein Badestrand und das auf vielen Postkarten abgebildete Mausoleum ins Auge. Altösterreichische Bauten unter Palmen reihen sich rund ums Hafenbecken.

Die Natursteinhäuser und weiß gekalkten Dächer der autofreien Altstadt ziehen sich um das von Booten bedeckte Hafenbecken. Rundum verläuft auch die palmengesäumte Uferpromenade mit vielen gemütlichen Cafés und Restaurants. Für die

Sprösslinge wurde an der Westseite des Hafenbeckens eine große Spieloase geschaffen, an der sich auch die Eltern gerne niederlassen.

Schon zur Römerzeit und bis in die frühchristliche Epoche hinein war Supetar besiedelt. Keimzelle war die kleine Halbinsel, auf der sich heute der Friedhof erstreckt. Für Jahrhunderte wurde Supetar dann zum weißen Fleck auf der Landkarte – erst im Spätmittelalter ließen sich erneut Menschen oberhalb des Meeres nieder. Später siedelten sich die Bewohner um die kleine Bucht mit der *Kirche hl. Petrus* an, nach dem der Ort seinen Namen erhielt. Hier lag einst der Hafen von Nerežišća, der damaligen Inselhauptstadt. Unter den Venezianern wurden in Hafennähe stolze Häuser gebaut – und Kastelle aus Angst vor den Türken. Später, unter österreichischer Herrschaft, verschwand die alte Mittelmeerarchitektur. Ursprünglich lebten die Bewohner von Landwirtschaft, später auch von Handel und Seefahrt. Im 19. Jh. wurde Supetar Verwaltungszentrum der Insel, Anfang des 20. Jh. hielt der Tourismus Einzug. Heute hat Supetar rund 3500 Einwohner, einige leben vom Tourismus, viele pendeln aber auch zur Arbeit in die nahe Großstadt Split.

Basis-Infos

Information   Touristinformation (TIC), Porat 1 (am Hafen), 21400 Supetar, ☎ 021/630-551, www.supetar.hr. Juni–Sept. tägl. 8–22 Uhr, April/Mai u. Okt./Nov. tägl. außer So 8–15.30 Uhr; sonst Mo–Fr 8–15.30 Uhr. Gute Informationen und Fahrradkarten.

Agentur Atlas Supetar, Porat 10 (am Hafenbecken), ☎ 021/631-105, www.atlas-supetar.com. Ausflüge, Autoverleih.

Agentur Maestral, Ulica Ivana Gordana Kovačića 3 (südl. vom Hotelresort), ☎ 021/470-944, 456-554, www.travel.maestral.hr. Zimmervermittlung.

Verbindungen Bus: von Supetar zu allen Inselorten (Bol 10-mal). Auskünfte über TIC und ☎ 021/631-122, www.autotrans.brac.

Taxi: u. a. Taxi Ostoja, ☎ 091/5825-507 (mobil); Taxi Dasen, ☎ 0917845-051 (mobil).

Autos/Scooter/Boote   Gebührenpflichtiges Parken östlich vom Trajekthafen.

Motorino, am Hafenbecken, ☎ 099//8561-694 (mobil); Quads, Scooter.

Villa Midea, Stjepana Radića 2, ☎ 098/1752-249 (mobil), www.midea.hr; Scooter, Autos, Boote.

Fahrräder (→ Sport).

Ausflüge   Agentur Atlas bietet Ausflüge u. a. nach Blaca; zu den Inseln Šolta, Hvar, Vis (mit Blauer Grotte auf Biševo), nach Dubrovnik und Omiš (Rafting-Tour auf der Cetina) an – in der NS weniger Angebote.

Veranstaltungen   Ganzjährig ist einiges geboten, u. a.: **Int. Kulinarikfestival** (Pearl of the sea), 2. Aprilwoche Do–So. **Patronatsfest Sv. Petar**, 29. Juni. **Sommerkarneval**, letzter Julisamstag. **Voisa**, Elektronikmusikfestival, Mitte Aug. **Inselfest**, u. a. mit 16 Klappagruppen von anderen Inseln, Mitte Sept.

Übernachten

Schöne Unterkünfte in Richtung Westen; **Privatzimmer** ab 30 €/DZ ohne Frühstück. **Appartements** für 2 Pers. ab 40 €.

** **Pension Palute**, in ruhiger Seitenstraße (südl. der Hotelkomplexe). Netter Familienbetrieb, das reichhaltige Frühstück mit selbst gemachten Marmeladen serviert Lucija auf der kiwiberankten Terrasse; zudem geben sie und ihr Mann Pavao viele gute Infos

über die Insel. Nette DZ/F 52 €. Ganzjährig geöffnet. Put Pašika 16, ☎ 021/631-541, 091/6535-855 (mobil, Lucija), palute@st.t-com.hr.

*** **Pension Villa Opačak**, ebenfalls ruhig in der Seitenstraße südlich der Hotelanlage Iberostar. Dem Besitzer gehört Brač Tours. DZ/F für ca. 50 €. Svibnja 15, ☎ 021/630-018.

*** **Pension Villa Supetar**, hinter dem Busbahnhof. Schöner Blick auf Supetar. Nette

DZ/F ab 50 €, Appartements für 2 Pers. ab 55 €. Bračka 2, ✆ 021/630-894, 630-886.

** **Pension Villa Britanida**, südöstlich des Fährhafens, mit hübscher Terrasse, 50 m vom Strand entfernt (durch die Straße getrennt). DZ/F 68 €. Ganzjährig geöffnet. Hrvatskih velikana 26, ✆ 021/630-017, britanida@st.t-com.hr.

*** **Hotel Villa Adriatica**, beim Hotelkomplex, neben den Tennisplätzen. Gut ausgestattet. DZ/F mit Balkon ab 149 € (TS 168 €). Šet. Put Vela luke 31, ✆ 021/755-011, www.villaadriatica.com.

**** **Altstadthotel Osam**, am Hafen, 2014 eröffnet; architektonisch gelungene, sich ins Ortsbild einfügende Bauweise. Terrassiert angelegt, mit sehr guter Ausstattung, es gibt Restaurant und Pool und eine herrliche Café- und Cocktailterrasse im 3. Stock, wo man den Blick über die Stadt und das Meer genießen kann. Zur Verfügung stehen Standardzimmer, Suiten und Suiten Deluxe sowie Appartements. DZ/F ab 177 €. Vlačica 3, ✆ 021/552-333, www.hotel-osam.com.

**** **Agroresort Bračka Perla**, am ruhigen westlichen Ortsende, mediterranes Flair im Innen- und Außenbereich, umgeben von einem Olivenhain. 11 Zimmer und Suiten, gutes Restaurant, Wellnessbereich und schöner gepflegter Strand. Man kann bei der Olivenöl-, Wein- und Käseproduktion mitmachen. Suite ab 315 € (HS). Vele Luke 53, ✆ 021/755-530, www.brackaperla.com.

**** **Hotelkomplex Waterman Svpetrvs-Resort**, neben dem Haupthaus gibt es vor allem schön gestaltete verschiedenartige Häuser (Zimmer, Studios, Appartements) auf der Landzunge, im Föhrenwald zwischen Olivenbäumen und mediterranen Gewächsen. Der Komplex verfügt über Hallenbad, Pool, Badestrand mit Feinkies, Tennisplätze und -schule, bietet Tauch- und Surfkurse und eine große Auswahl an Wassersportgeräten wie Kajaks, Jet-Ski, Banana etc. an. Zudem Wellness- und Fitnesscenter. DZ/F ab ca. 140 €; Studios/Appartements ab ca. 120 €. Put Vela luke 4, ✆ 021/640-155, www.watermanresorts.com.

》》 Mein Tipp: *** **Velaris Tourist Resort – Hotel Amor**, ganz am westlichen Ende von Supetar steht der kleine Hotelkomplex. Hier ist man bestens im Hotel Amor mit mediterranem Flair und ansprechend modernisiert untergebracht. Schöner Strand, kleines Wellnesscenter und Tauchclub. DZ/F ca. 140 € (TS ca. 160 €). Put Vela luke 31/10, ✆ 021/755-011, www.velaris.hr. **《《**

Camping **** **Waterman Beach Village**, außerhalb Richtung Postira im Kiefernwald direkt am Meer. Modern umgestaltet und im Sommer 2014 eröffnet; es gibt großzügige Bungalows (2 Schlafzimmer und 2 Sanitärbereiche für bis zu 6 Pers.) und Campingflächen – alles schön unterteilt. Restaurant, Bar, WiFi. ✆ 021/640-253, www.beach-village.com.

Supetar – wichtigster Inselfährort mit nettem Ambiente rund ums Hafenbecken

Mitteldalmatinische Inseln

Essen & Trinken/Nachtleben

Essen & Trinken Um das Hafenbecken Cafébars, Eisdielen, Pizzerien und Restaurants.

»» Mein Tipp: Konoba Vinotoka, oberhalb des Hafens im Zentrum, nun mit neuem Pächter (Igor Martiniić). Alter Gewölbekeller mit Holzfass, zudem Sitzgelegenheiten gegenüber der Gasse im lichtdurchfluteten Wintergarten. Dalmatinische Küche wie Fischpastete, Scampi vom Grill, Tintenfisch- oder Fischragout mit Polenta; zudem Gerichte aus der Peka (Oktopus und Lamm). Süffige Weine auch aus eigener Kelterei, zum Finale sein selbst gebrannten Schnaps, lecker der Walnusslikör (Orahovica). Geöffnet Mai–Okt. Jobova 6, ✆ 021/631-341. **««**

Bistro Palute, am Hafenbecken, Sitzgelegenheiten direkt am Kai. Sehr gute Küche, vor allem leckere Fischspezialitäten wie Seeteufel, Scampi etc., mittags auch Suppen, Gulasch, Sardellen und einfache Gerichte – hier essen auch die Einheimischen und Arbeiter. Ganzjährig geöffnet. (Ltg. Pension Palute). ✆ 021/631-730.

Konoba Lukin, hübsch sitzt man am Hafenbecken und genießt Fisch oder Lamm bei gutem Service. Ganzjährig geöffnet. Porat 32 (Westseite), ✆ 021/630-683.

Pizzeria-Bistro Rosso, westlich der Stadt in Richtung Hotels und oberhalb vom Strand. Hier isst man neben Pizzen Nudel- und Reisgerichte, Fleisch und Fisch vom Grill. Ganzjährig geöffnet. Put Vela luka, ✆ 021/630-352.

Konoba Luš, oberhalb von Supetar (Straße nach Sutivan, Kreuzung zu den Hotels hinab) mit großer Terrasse in herrlicher idyllischer Lage inmitten eines großen Geländes mit Olivenbäumen, Kakis etc. – hier zählt in erster Linie das Ambiente (das gepflegte Grundstück gehört Fam. Palute, die Konoba wurde verpachtet). Es gibt Fisch- und Fleischgerichte. Geöffnet April–Mitte Okt., danach nur Sa/So 17–23 Uhr. Put Viščića 55, ✆ 099/8033-646.

Essen & Trinken außerhalb Konoba Oliva, ca. 1 km oberhalb vom Ort, Straße in Richtung Nerežiśća; von hier oben hat man einen fantastischen Blick auf die Nordküste rund um Supetar und gen Split. Es gibt u. a. Käse, Schinken, Lamm vom Grill, Peka- und Fischgerichte. Juni–Aug. ganztägig, danach nur abends ab ca. 17 Uhr. ✆ 091/7992-316.

Agroturizam Ranjak, im Weiler Gornji Ranjak, ca. 1,5 km oberhalb und südlich von Supetar (Straße Richtung Nerežiśća, ausgeschildert). Hübsch sitzt man auf der Terrasse, umgeben von Olivenbäumen, und blickt gen Meer und Supetar; aus dem Eigenanbau kommen Olivenöl, Feigen, Obst und Gemüse, Wein und Schnäpse; es gibt u. a. selbstgemachte Makaroni, Peka-Gerichte und Süßes wie Rožata und Bračka torta. ✆ 091/6316-699. ■

Eko- Agroturizam Belvedere Žiža, im Weiler Na Brige (Straße ca. 4 km Richtung Nerežiśća, ausgeschildert) auf 380 m, von hier bietet sich eine herrliche Weitsicht nach Supetar und auch gen Makarska-Riviera. Aus Eigenanbau kommen Oliven, Wein, Feigen und Wein, aus der Umgebung Schafs- und Ziegenkäse. Spezialitäten sind Lamm- und Ziegenfleisch aus der Peka oder auch Fischgerichte. ✆ 091/5171-288. ■

Konoba Turanj (→ Donji Humac).

Nachtleben In der Ulica Vlačića gibt es ein paar Bars und Clubs: Beliebt ist der **Havana-Club** mit Events.

Stadtbummel

Vom Hafenbecken führen breite Stufen hoch zur **Barockkirche Sv. Petar**, innen mit zwei Säulenreihen und Seitenaltären – die Augen erfreuen sich am bunten Glasperlenleuchter und den Pastelltönen der Stuckdecke. Die Kirche wurde 1604 an der Stelle einer frühchristlichen dreischiffigen Basilika aus dem 6. Jh. errichtet, brannte danach nieder und wurde 1733 wieder aufgebaut. Es gibt Altarbilder, Grabplatten mit kroatischen Inschriften und ein Weihwasserbecken aus zwei gegeneinander gesetzten gotischen Kapitellen zu sehen. An der linken Außenseite der Kirche prangt eine Sonnenuhr, davor ein Sarkophag mit Wappen und Inschrift aus dem Jahr 1744. Neben der Kirche ist das einzige Überbleibsel der frühchristlichen Basilika, ein kleiner Rest Mosaikboden, zu sehen.

Nördlich der Kirche wurde ein kleines **Sakralmuseum** eingerichtet.
Juni–Aug. 10–12 und 20–23 Uhr. Eintritt 10 KN.

Das **Rathaus mit Stadtturm** steht gleich daneben auf dem Platz. In den Altstadtgassen erwartet den Besucher ein Gewirr von uralten, ineinander verschachtelten Häusern mit Erkerchen.

Geht man vom Hafenbecken die Ul. Ignjata Joba in südliche Richtung, gelangt man zur Bücherei und der im 1. Stock untergebrachten sehenswerten **Ivan-Rendić-Galerie**, erkennbar an der vor dem Haus stehenden bronzenen Frauenfigur, Aleqorija.
Di, Do u. Sa 8.30–13.30 Uhr; Mo, Mi u. Fr 14.30–19.30 Uhr.

Wendet man sich am Hafenbecken westwärts, folgt die **Vlačica-Bucht** mit kleinem Vergnügungszentrum – hier ist gut was los! Am Straßenrand steht eine stämmige dalmatinische Frau aus Stein, gefertigt von *Paško Čule*. Weiter in dieser Richtung folgt die wie abgezirkelt wirkende **Banj-Feinkiesbucht** mit dem Hotelkomplex im Hintergrund.

Etwas nördlich davon, am *Kap Sv. Nikolaus,* überrascht eine ganz andere Welt: Das **Mausoleum** mit Grabmälern, Grüften und Kapellen der Familie *Petrinović,* gefertigt von *Toma Rosandić* (1878–1958), zeugt vom einstigen Reichtum der Bürger dieser Stadt. Stilecht ist nur die Friedhofskirche *Sv. Nikola* mit zwei altchristlichen Sarkophagen davor und die Grabreliefs von *Ivan Rendić* (1849–1932). Das Mausoleum selbst ist herrlich kitschig! Alle Kunstrichtungen scheinen hier vereint. Steht man kurz vor Sonnenuntergang davor, kann man sich kaum den eigenartigen Gefühlen entziehen, die das Bauwerk weckt. Was war das wohl für ein Künstler, der dieses Stilkonglomerat 1914 errichtete?

Ivan Rendić und der Mausoleumsbau

Ivan Rendić (1849–1932), seinerzeit als Künstler verkannt, heutzutage hochgeschätzt als einer der Mitbegründer der modernen kroatischen Bildhauerei, wurde in Supetar geboren. Ständig lebte er in finanzieller Not und musste sich mit mittelmäßigen Aufträgen zufrieden geben oder sein Schaffen dem

jeweiligen Geschmack des Auftraggebers anpassen. Arm und vereinsamt starb er und wurde in einer fremden Gruft begraben, auf dem Friedhof, den einige seiner bildhauerischen Werke zieren (s. u.). Besonders tief traf ihn die Entscheidung der Familie Petrinović, den ihm versprochenen Auftrag für den Bau des Mausoleums (s. u.) zurückzuziehen. Wahrscheinlich liebäugelten sie mit Meister *Ivan Meštrović,* der, als er erfuhr, dass er seinem Kollegen vorgezogen wurde, den Auftrag aus Freundschaft ablehnte. So übernahm *Toma Rosandić* den Bau und erschuf diesen byzantinisch-orientalischen Fremdkörper.

Sport/Wassersport

Zum **Baden** eignet sich die Hotelbucht mit Feinkies. Die von Tamarisken umgebene Bucht wirkt wie abgezirkelt. Schattige asphaltierte Wege führen um die Hotelkomplexe in westliche Richtung; an der Felsküste gibt es immer wieder Kiesbuchten und Anlegemöglichkeiten für Boote. Westlich der Hotelsiedlungen beginnt Felsküste, hier ist FKK möglich

Fahrräder/Scooter/Boote Über die ganze Insel wurden Fahrradwege durch herrlichste Landschaft angelegt, verschiedene Routen und Schwierigkeitsgrade. Fahrradkarten gibt es in den Infostellen.

Mountainbikes werden in vielen Agenturen im Ort vermietet. Scooter, Fahrräder und Boote u. a. bei **Ville Midea**, Stjpana Radića 2, www.midea.hr.

Agentur ACF, Bana Josipa Jelačića, ℡ 021/631-014.

Wassersport/Sport Vor den Hotelkomplexen Verleih von Kajaks etc.

Windsurfschule Zoo Station, ℡ 098/379-590 (mobil) am Kap Bili Rat.

Waterman Tennis Center, www.watermanresorts.com.

Tauchen Sundive-Club, im Hotelkomplex Waterman Svpetrvs, ℡ 021/631-133, www.sundiveclub.hr.

Amber Dive Center, im Hotel Amor (Velaris-Resort), ℡ 098/9227-512 (mobil), www.amberdivecenter.com.

Die Dive-Center sind von Mai bis Okt. geöffnet.

Wandern Über den Uferweg von Supetar in einer halben Stunde nach Mirca, dort auf den **Olivenweg** (→ Mirca).

Ein weiterer markierter Wanderweg (rot umrandete Flügel auf weißen Grund), der **Wander- & Gourmettrail Dolčevita**, startet rund 4 km nördlich von Supetar (Straße nach Nerežiśca, ausgeschildert). Er führt den Wanderer an Konobas (Agroturizam Ranjak, Konoba Belvedere Žiža, Konoba Turanj) vorbei und durch Oliven- und Weingärten, bis in 3,5 km Donji Humac erreicht wird. Dort warten die Galerie und das Atelier der Familien Jakšić (→ Donji Humac) sowie die gute Konoba Kopačina. Weitere rund 3 km führt der Weg über Felder und Olivengärten westlich nach Dračevica, wo man gute Weine beim Winzer Senjković verkosten kann oder sich im Restaurant Pod Česminu stärkt. Übrigens lockt auch jede Konoba mit ihren hauseigenen Spezialitäten.

Mirca

Die kleine Ortschaft, deren Kirchturmspitze am Blau des Himmels kratzt, liegt auf einer Anhöhe oberhalb des Meeres, umgeben von Olivenhainen und Mandelbäumen. Mirca strahlt Ruhe aus und so bringt man den Ortsnamen auch mit *mir* (Friede) in Verbindung. Die massiven Natursteinhäuser mit Kaminen und Erkerchen scharen sich um die Kirche. Unterhalb des Kirchplatzes spenden die ausladenden, knorrigen Äste des großen Maulbeerbaums den Sitzenden Schatten. Weit reicht der Blick übers Meer bis hinüber nach Split.

An der Meeresseite hat sich das neue Mirca angesiedelt. Es gibt Pensionen, Ferienwohnungen, einen felsigen FKK-Strand. Doch das Schönste hier ist die Kulisse der Küstenberge.

Essen & Trinken Konoba Mate, am Meer – sehr beliebtes Lokal. ℡ 095/8272-134 (mobil).

Wandern Olivenweg: Er führt ausgeschildert in einer 6 km langen Rundtour südwärts durch Olivengärten und über den Weiler Prihod und erklärt dabei die Olivenölproduktion.

Sutivan – lauschiger Ort mit Blick auf die Insel Čiovo und das Kozjak-Gebirge

Sutivan

Ein kleiner, lebendiger Ort, pflanzen- und palmenüberwuchert, mit buntem Treiben am Hafenbecken. Die Straße führt den Hang hinab zum Meer. Zwei Türme prägen die Silhouette, der eine, zwiebelförmig und mit offenen Bogenfenstern, gehört zur Pfarrkirche, der andere, spitzhaubig und mit Ziegeln gedeckt, liegt am Berg.

Das einstige Bauern- und Fischerdorf mit seinen Adelspalästen und bougainvillea-überrankten Fassaden richtet sich allmählich auf den Tourismus ein, Vogelgezwitscher tönt aus den üppig blühenden Gärten entlang der prachtvollen Palmenallee, die zum Meer und Hafen führt.

Der Ort entstand im 15. Jh. um die altchristliche Kapelle **Sv. Ivan Krstitelja**. Sie steht östlich vom Ortskern, oberhalb der Uferstraße und dem kleinen Kiesstrand. Erst 1934 entdeckte man deren Fundamente. Der Grundriss mit drei Apsiden geht auf das 6. Jh. zurück. Im 11. Jh. wurde die Kirche umgebaut, später abgerissen und 1579 durch eine neue ersetzt, die man 100 Jahre später restaurierte. Die **Pfarrkirche** wurde 1579 im Renaissancestil erbaut und später barockisiert, wovon heute nur noch der Zwiebelturm zeugt. Die Friedhofskirche **Sv. Rok** mit Holzfigur des hl. Rochus wurde 1655 erbaut.

Aus dem Jahr 1505 stammt das befestigte Haus der Familie *Natalis-Božičević,* aus dem 17. Jh. das **Kastell** (Kaštil) der Familie *Marijanović* beim Hafen – der hübsche Turm, heute mit Sonnenuhr verziert, ist zu mieten.

Gegenüber steht das barocke Sommerhaus mit Parkanlage des Dichters *Kavanjin,* 1705 erbaut, das inzwischen dringend einer Renovierung bedarf. Am Eingang prangt der lateinische Spruch „Ostium non Hosium" (nur Freunde sind willkommen). Hier entstand übrigens sein Epos „Reichtum und Armut" mit 32658 Versen und 30 Gesängen, das zu den umfangreichsten kroatischen Gedichten zählt.

Zoo vrt: Ein Privatzoo wurde nun zu einem Naturschutzpark ausgewiesen; ca. 2 km südlich von Sutivan, Abzweig (beschildert) von der Hauptstraße und nochmals

1 km Makadam. Auf dem großen, mit Kiefern und Oliven bewachsenen Gelände werden in verschiedensten Gehegen die heimische Tierwelt wie Esel, Mufflon, Ziege etc., aber auch Exoten wie Papagei, Strauß u. a. gezeigt. Es gibt einen großen Kinderspielplatz mit Sand, Beachvolleyball, Basketball und Bistro. Die Einheimischen besuchen den Platz gerne am Wochenende mit ihren Kleinen. Info unter ✆ 098/1337-345 (mobil), www.park-prirode-sutivan.com.

Information Tourismusverband, 21403 Sutivan, ✆ 021/638-357, www.visitsutivan.com. Juni–Sept. Mo–Sa 8–20 (Juli/Aug. bis 22 Uhr), So nur bis 13 Uhr; sonst Mo–Fr 8–11 und 16–20 Uhr.

Verbindungen Regelmäßig **Busse** nach Supetar (7-mal tägl.) und Milna (7-mal tägl.).

Übernachten Nette **Privatzimmer** östlich vom Zentrum.

Camping Privatcamp am Ortseingang; durch Hohlblocksteine und Mäuerchen vom Meer abgegrenzt. Felsstrand mit ein wenig Kies. Kaltwasserduschen, Waschgelegenheiten im Freien, Kiosk und Cafébar.

Essen & Trinken Fürs leibliche Wohl sorgen rund um das Hafenbecken einige Lokale, u. a.:

Restaurant Bokuncin, modern mit kreativer verfeinerter Saisonküche an der Uferstraße am Meer; u. a. leckere Lasagne, Steaks, Nudel- und Reisgerichte, alles hübsch arrangiert. Obala Kralja Tomislava 26, ✆ 098/9507-171.

Restaurant Keko, hier gibt es neben hausgebackenem Bort und eigenem Olivenöl auch Pizzen, Fisch- und Fleischgerichte. Ab 11 Uhr geöffnet. Ul. Marina Martinović, ✆ 021/638-400.

Konoba Dora, traditionelles Lokal etwas oberhalb im Ort, kurz vor der Palmenallee, die zum Hafen führt. Auf der großen Terrasse speist man preiswert und gut frische Fisch- und Fleichgerichte vom Grill. Ul. Lukšić Bartul, ✆ 021/638-197.

Baden Am westlichen Ortsende lädt ein Kiesstrand mit Duschen zum Baden ein, danach folgen Felsbadestrände.

Bobovišća na Moru

Von der Hauptstraße zweigt die Straße nach Bobovišća na Moru ab, das tief unten an der gleichnamigen Meereseinbuchtung liegt, an der Westseite von Brač. Um das Hafenbecken reihen sich alte Marmorhäuser und Neubauten. Von den Höhen dringt das Bimmeln der Schafe und Ziegen herunter. In diesem ruhigen, rundum von Kiefern, Zypressen und Olivenbäumen umgebenen Ort verbrachte der Dichter, Partisan und Staatsmann *Vladimir Nazor* (1876–1949) seine Kindheit. Am Ende der Bucht ist er, sitzend und schreibend, vom Bildhauer *M. Ostoja* verewigt; in Nazors Elternhaus errichtete man ein kleines **Museum** (in der Nachsaison geschlossen). Vladimir Nazor erbaute oberhalb seines Vaterhauses einen Gedenkturm. Ein Stück weiter buchtauswärts setzte er auf einen Fels drei friesgedeckte Säulen in Erinnerung an seinen Griechenlandaufenthalt. Von hier oben überblickt man die Bucht und den Hafen. An der Südseite des Ortes, der früher als Weinlager für das Hinterland diente, erbaute im 18. Jh. die Familie *Gligo* ihre befestigte Sommerresidenz.

Zu den **Felsbadeplätzen** führt ein Fußweg. Kurz vor der Meeresöffnung liegt die nördliche, etwas verschlammte Einbuchtung **Vičja** mit ein paar Neubauten außen herum. Der Sage nach ist die Vičja-Bucht unterirdisch mit der *Vića-Höhle* unterhalb des Vidova Gora verbunden. Tatsache ist, dass man in diesem Tal Spuren von Illyrern fand.

Verbindungen Busse (3- bis 7-mal tägl.) nach Supetar.

Übernachten **Privatzimmer** werden im Ort vermietet.

Essen & Trinken Konoba Dalmatino, an der Hafenpromenade direkt am Meer. Die Gäste schwärmen vom Oktopussalat und von den fangfrischen Fischgerichten. ✆ 021/634-135.

Ložišća – ein uralter steingrauer Weiler im Inselinnern am Hang

Mitteldalmatinische Inseln

Ložišća

Mit seinen alten steingrauen und bräunlichen Häusern liegt Ložišća am Hang, überragt vom kuppelförmigen Kirchturm, der säulenhaft, wie gedrechselt wirkt – ein Werk des Bračer Bildhauers *Ivan Rendić* aus der zweiten Hälfte des 19. Jh. Die dazugehörige **Kirche** wurde 1820 im neoromanischen Stil erbaut. Mit dalmatinischer Architektur hat dieser Glockenturm nichts mehr zu tun, ebenso wenig passt er zu den alten Bauernhäusern mit ihren bunten Fensterläden. Eher schon fügen sich die Trockenmauerreste aus illyrischer Zeit, die man in der Nähe fand, ins Bild ein. Obwohl der Ort von weitem wie verlassen und ausgestorben wirkt, herrscht in Ložišća reges Leben. Die Gärten sind liebevoll gepflegt, es blüht in allen Farben, Gemüse, Oliven und Wein werden angebaut.

Ložišća wurde im 17. Jh. als Siedlung von Einwohnern aus Bobovišća gegründet. In mühevoller Arbeit kämpften sie mit dem Karst, trugen Stein um Stein zu Mauern zusammen und nutzten die Talsenken für ihre Gärten. Die Häuser wurden mit der Kehrseite zur Sonne eng aneinander in den Hang gebaut. Als die Reblaus den Weinbauern die Existenz zerstörte, verließen viele Einwohner den Ort. Die wenigen Zurückgebliebenen leben wie seit alters her von der Landwirtschaft.

Ein großflächiger, verheerender Brand im Jahr 2012, der sich durch den starken Wind bis nach Milna ausbreitete, hat leider die gesamte Landschaft baumlos gemacht, viele Tiere sind in dem Feuer umgekommen – nur langsam kommt das junge Grün nach.

Privatzimmer werden im Ort vermietet.

Bobovišća

Der Ort in den Bergen im Inselinneren wirkt ausgestorben. Zusammengedrängt stehen die Natursteinhäuser an der sich durch das Dorf schlängelnden Straße. Mandelbäume überall. Der Ort entstand aus Behausungen von Hirten, die aus Nerežišća kamen und sich hier an den Wasserstellen ansiedelten. Bobovišča nannte man die Plätze, an denen man *bob* (dicke Bohnen) anbaute. Im 16. Jh. standen hier nur ein paar Häuser, um 1900 war Bobovišča ein stattliches Dorf geworden. Heute leben hier nur noch ein paar alte Leute, die Klöppelarbeiten aus dem 18. Jh. aufbewahren.

Die Pfarrkirche **Sv. Juraj** entstand Anfang des 20. Jh. auf den Fundamenten einer 1696 erbauten Kirche. Die vorromanische Kirche **Sv. Martin** steht in Richtung Milna auf einem Berg, ihr kleiner Glockenturm wurde wahrscheinlich im 14. Jh. aufgesetzt. Im 17. Jh. sollte Sv. Martin Pfarrkirche beider Orte werden, doch dazu kam es nie. So blickt sie nun etwas einsam und verlassen ins weite Land und auf die See. Auch hier ist rundum alles kahl, durch den Brand von 2012 (→ Ložišća).

Milna

Der kleine Fährort mit dem einzigen großen Jachthafen von Brač liegt an einer tief ins Land reichenden, zerlappten Meeresbucht und ist ganz in Händen von Bootsbesitzern. Das Fischer- und Weinbauernstädtchen war 1806 ein Jahr lang Residenz des russischen Zaren, weil seine Bewohner Russland gegen die Franzosen geholfen hatten.

Der spitzhaubige Kirchturm der mächtigen Barockkirche, eine mit Palmen gesäumte Uferpromenade, türkisfarbene Fensterläden an zum Großteil bröckelnden Marmorfassaden, der Schlot einer Sardinenfabrik, Bootsbauer und stolze Jachten in zwei Häfen, um die eine Uferpromenade führt– das ist Milna.

Milna ist ein recht junger Ort. Das älteste Baudenkmal, das **Kastell Anglišćina**, wurde im 16. Jh. von der Adelsfamilie *Cerinić* errichtet. Stufe um Stufe geht es von der Hafenpromenade hinauf zu dem kleinen, lauschigen Platz mit arkadenverzierter Loggia. Die in Nischen gebauten Steinbänke laden zum Verweilen ein, durch die Häuserfront sieht man hin und wieder hinunter aufs Meer. Ein paar Stufen führen weiter zum Kirchplatz mit der barocken Pfarrkirche **Gospa od Blagovijest** (Mariä Verkündigung) von 1783. Das Altarbild „Mariä Verkündung" des venezianischen Meisters *Gasparo Diziani* aus dem 18. Jh. zählt zu den schönsten der Insel. Die Sakristei ist der älteste Kirchenteil und geht auf die Vorgängerkirche Sv. Marija aus dem 16. Jh. zurück. Die Skulpturen am Hauptaltar fertigte *Ivan Rendić*. Des Weiteren gibt es beidseitig des Kirchenschiffes Seitenaltäre.

An der **Osibova-Bucht** im Süden von Milna steht ein wieder aufgebautes gotisches Kirchlein sowie die Kapelle **Sv. Josip**, dem Schutzpatron der Fischer geweiht, mit einem venezianischen Altarbild.

Geschichte: Die Hirten aus Nerežišća trieben ihre Schafherden über die Hochflächen nach Milna und übernachteten in kleinen runden Steinhäusern. Die Besiedlung begann Ende des 16. Jh. durch Nerežišćaner, die auch mal Seeluft schnuppern wollten. Die Adelsfamilie *Cerinić* erbaute ein Kastell und die Kirche. 1806 kam es vor Milna zu einem Seegefecht zwischen einem russischen Aufklärungsboot und den Franzosen, die auf der Landzunge Zaglav eine Festung kontrollierten. Mit Hilfe der Bračer gelang es den Russen, die Franzosen zu bezwingen. Gemeinsam mit den Russen wurde in Milna eine Inselverwaltung gegründet, und ein Jahr lang stand der Ort als Inselhauptstadt unter dem Oberkommando des russischen Zaren. Überreste der Befestigung sind erhalten, und noch heute heißt dieses Gebiet *Baterija*. Mitte

Milna – kleiner Fährort sowie einziger Jachthafen der Insel Brač

Mitteldalmatinische Inseln

des 19. Jh. erlebte die Werft von Milna ihre Blütezeit. Riesige Schiffe liefen vom Stapel und einer der beliebtesten Holzboottypen wurde hier entwickelt.

Heute leben viele Einwohner vom Tourismus, insbesondere von den Bootsbesitzern, die in der geschützten Bucht gut ankern können, zudem auch von Gästen, die per Katamaran die umliegenden Inseln erkunden.

Basis-Infos

Information Touristinformation (TZ), Riva b. b. (Hafenpromenade), 21405 Milna, ✆ 021/636-233, www.milna.hr. Geöffnet Juni–Aug. tägl. 8–22 Uhr; Mai, Sept./Okt. tägl. 9–15/17–20 Uhr, danach Mo–Sa 8–15 Uhr. Auskünfte u. Tickets für Katamaran.

Agentur Travelina, Hafenbeginn; geöffnet Juni–Sept. Zimmer, Fahrradverleih.

Verbindungen Bus: 5- bis 7-mal tägl. (So weniger) nach Supetar.

Katamaran (Jadrolinija): *Milna–Split*, tägl. von Mitte Juni–Mitte Sept. (um 14.40 Uhr nach Split, 11.15 Uhr nach Hvar).

Katamaran (Krilo): *Split–Milna–Hvar–Korčula–Dubrovnik*, tägl. Juni–Sept. (um 7.45 Uhr in Richtung Dubrovnik, um 20 Uhr nach Split).

Gesundheit Ambulanz, gegenüber Marina, ✆ 021/636-109. Mo, Mi 14–19 Uhr; Di u. Do/Fr 8–13.30 Uhr. **Apotheke**, nördlich an der Bucht, geöffnet wie Ambulanz.

Veranstaltungen Kirchenfeste: **Gospa od Karmela**, am 16. Aug., zudem **Vela Gospa** am 15. Aug. und **Mala Gospa**, am 9. Sept.

Übernachten/Essen & Trinken

Übernachten Viele **Privatquartiere** im Ort, je nach Geschmack oberhalb oder entlang der nördlichen Bucht.

*** Aparthotel Illyrian Resort, im Nordwesten, oberhalb der Uvala Vlaška. Groß angelegte Anlage mit Pool und Tauchclub; wird viel über Reiseveranstalter gebucht. Je nach Größe und Lage 94–114 € (TS 103–125 €). Bijaka b. b., ☏ 021/636-566, www.illyrian-resort.hr.

*** **Hotel Milna**, an der südlichen Einbuchtung oberhalb vom Meer mit Restaurant. Je nach Lage DZ/F 79–113 (TS 99–149 €) – sehr schön sind die Zimmer mit Meerblick. Geöffnet April–Nov. ☏ 021/636-283, www.hotelmilna.com.

*** **Appartementanlage Kuk**, vor dem Zentrum am Hang. Verschieden große Zimmer mit Küchenzeile (Geschirrspüler etc.), Ess- und Wohnraum, Schlafzimmer, Sat-TV und Balkon. 2 Pers. ab 45 €. ☏ 021/636-069 und über Split 021/515-094.

*** **Villa Slika**, oberhalb der Uferpromenade und der Pizzeria (gleiche Besitzer) im Ortszentrum. Gemütlich ausgestattete Zimmer/Appartements (ab 50 €) mit Blick auf die Hafenbucht. ☏ 091/3016-682 (mobil).

Essen & Trinken **Restaurant Palma**, am Hafenplatz, gegenüber der Marina. Von der überdachten Terrasse Blick aufs Meer und die Jachten. Gute frische Fisch- und Fleischgerichte, nett zubereitet. April–Okt. ☏ 021/636-141.

Konoba Dupini, ebenfalls am Hafenbeginn und gegenüber der Marina. Terrasse am Platz, kleines Inneres in der Seitengasse. Hier isst man gut Fisch-, Nudel- und Reisgerichte. Ganzjährig geöffnet. ☏ 098/286-897.

Konoba Gajeta, nettes, freundliches Lokal kurz vor TIC, an der Hafenpromenade. Hier gibt es neben Fisch- und Fleischgerichten auch leckere Pizzen. Juni–Mitte Okt. ☏ 021/636-174.

Restaurant Fontana, im nördlichen Zentrum an der Uferpromenade. Gemütlich, gute Fisch- und Fleischgerichte. Žalo b. b., ☏ 021/636-285.

Restaurant Omo, im Norden des Ortes an der Uvala Vlaška; auf der hübschen Terrasse speist man bestens fangfrischen Fisch vom Besitzer. Juni–Anf. Okt. ☏ 091/5368-384.

Konoba Smrče, an der gleichnamigen Uvala Smrče, ein gut geschützter Westfjord der großen fünfarmig zerlappten Lučice-Bucht. Im Natursteinhaus mit hübscher Terrasse direkt am Merr und von Aleppokiefern umgeben gibt es fangfrischen Fisch. Zum Anlegen für Boote gibt es Bojen. Fam. Marino Lemešić, ☏ 091/4222-110.

Sport/Wassersport

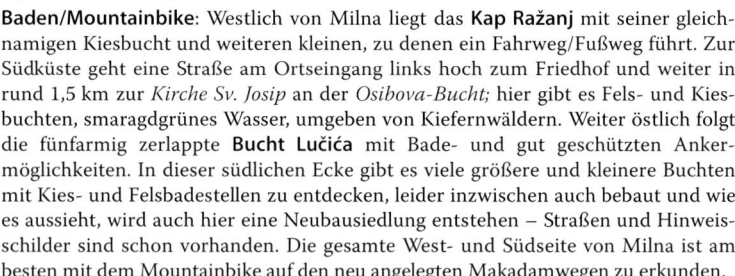

Baden/Mountainbike: Westlich von Milna liegt das **Kap Ražanj** mit seiner gleichnamigen Kiesbucht und weiteren kleinen, zu denen ein Fahrweg/Fußweg führt. Zur Südküste geht eine Straße am Ortseingang links hoch zum Friedhof und weiter in rund 1,5 km zur *Kirche Sv. Josip* an der *Osibova-Bucht*; hier gibt es Fels- und Kiesbuchten, smaragdgrünes Wasser, umgeben von Kiefernwäldern. Weiter östlich folgt die fünfarmig zerlappte **Bucht Lučića** mit Bade- und gut geschützten Ankermöglichkeiten. In dieser südlichen Ecke gibt es viele größere und kleinere Buchten mit Kies- und Felsbadestellen zu entdecken, leider inzwischen auch bebaut und wie es aussieht, wird auch hier eine Neubausiedlung entstehen – Straßen und Hinweisschilder sind schon vorhanden. Die gesamte West- und Südseite von Milna ist am besten mit dem Mountainbike auf den neu angelegten Makadamwegen zu erkunden.

Jachthafen ACI-Marina Milna, 155 Liegeplätze im Wasser, 15 Stellplätze an Land, alle mit Strom und Wasseranschluss; kleine Schiffswerft, spezialisiert auf Holzbootreparaturen. Tankstelle für Gas und Benzin, 10-t-Kran, Sanitäranlagen, Wäscherei, Restaurant, Snackbar. Ganzjährig geöffnet. ☏ 021/636-306, www.aci-club.hr.

Marina Vlašca, an der gleichnamigen Bucht und Hafeneinfahrt im Nordwesten, 90 Plätze. ☏ 021/636-247, www.marinavlaska.com.

Hafenkapitän: ☏ 021/636-205.

Von Ložišća nach Nerežišća

Das kurvenreiche Sträßchen führt unter sengend heißer Sonne durch ausgedörrtes Land. Noch sind die Kiefern grün – bis ein Unachtsamer seine Zigarette aus dem

Auto wirft ... Dies schrieb ich vor einigen Jahren – leider hat durch Unachtsamkeit ein Großbrand im Sommer 2012 tatsächlich das gesamte Gebiet bis einige Kilometer östlich von Ložišća baumlos gemacht (→ Ložišća).

Dračevica: Das einzig Bewegende in diesem von Aprikosenbäumen und Weinfeldern umgebenen Bergdorf ist der Wind. Oberhalb des Dorfs ragt eine Turmruine empor, ein Überbleibsel der größten Brač Windmühle, von denen es einst viele auf der Insel gab.

Der schöne **Wander- und Gourmetweg Dolčevita** führt von Dračevica über Donji Humac nach Supetar (→ Donji Humac und Supetar jeweils unter „Wandern").

Essen & Trinken   Vinarija Senjković, hier kann man süffige Rot- und Roséweine und Schnäpse verkosten. Domovinskog Rata 23, ✆ 098/461-506 (mobil).

»› Mein Tipp: Restaurant Pod Česminu, hier sitzt man „unter dem Jasmin" und speist Lammgerichte (auch Innereien), Spezialitäten sind auch Rožata mit Sirup, zudem Ricotta mit Honig oder Sirup. Ostern–Okt. und nur mit Reservierung! Dračevica 70, ✆ 091/7845-051 (mobil). **‹‹**

Donji Humac: Das von fruchtbaren Feldern umgebene Bergdorf ist einer der ältesten Inselorte. Die erste Besiedlung fand im 11. Jh. unter dem Siedlungsnamen Gomilje statt. 1345 wird der Ort als *Humac* erwähnt. Weiter westlich, in einem 15-minütigen Fußmarsch zu erreichen, entdeckte man in der *Kopačina-Höhle* Spuren

Familie Jakšić in Donji Humac

Bildhauerei und Steinmetzarbeiten liegen der Familie Jakšić schon seit etlichen Generationen im Blut. In der heutigen Generation ist *Dražen Jakšić* Eigentümer der kleinen Marmorplattenfabrik. Als Steinmetz und Bildhauer arbeitet er zusammen mit hervorragenden Architekten auch an großen öffentlichen Projekten. Seine Frau *Ida Stipčić-Jakšić* ist Modedesignerin und in der kroatischen Kunst- und Künstlerszene mit ihrem Ideenreichtum sehr angesehen. Die Entwürfe sind z. T. ziemlich futuristisch, aber auch bodenständig – u. a. zeigte sie auf einer Modenschau in Bol ein mit Kieselsteinen bestücktes Kleid, zudem Kleider und Taschen aus Lavendel oder Ginster (leider nur für ein einmaliges Date verwendbar ...) und natürlich auch Kompositionen aus Stoff. Tochter *Dina* ist Malerin und lebt momentan in Italien, der Sohn *Lovre* ist Bildhauer. Das Natursteinhaus mit Anbauten ist als Atelier für Besucher geöffnet. Gezeigt werden Malerei, Bildhauerarbeiten, u. a. kleine Souvenirs und Schmuck. Das Haus liegt an der Hauptstraße, oberhalb der Konoba im Ort. ✆ 021/647-710, www.drazen-jaksic.hr.

Im Ort am Südhang lebt und arbeitet der bekannte Bildhauer *Pero Jakšić,* Jahrgang 1960 (Neffe von Dražen), der schon etliche Ausstellungen im Ausland hatte. Er ist Initiator eines internationalen *Skulpturen-Symposiums.* Informationen unter ✆ 021/647-833, www.croarte.com.

aus der Jungsteinzeit, aus der Bronzezeit und in der Nähe die Reste eines römischen Mausoleums. Nicht weit davon steht das uralte vorromanische Kirchlein *Sv. Ilija* aus dem 10. Jh. In die Kirche sind Ornamentsteine des Mausoleums eingebaut. Nördlich des Dorfs liegt das etwas jüngere, frühromanische Kirchlein *Sv. Luka*, an dessen Innenwand man eine eingeritzte Segelschiff freilegte – eine mittelalterliche Schiffszeichnung, die zu den ältesten in Dalmatien zählt. In der *Pfarrkirche* mit dem Zwiebelturm befindet sich ein Fresko aus dem 13. Jh. – das einzige aus dem Mittelalter erhaltene Bild. Die Kirche entstand auf Fundamenten einer im 10. Jh. erbauten, im 14. Jh. erweiterten und im 19. Jh. nochmals vergrößerten Kirche. Ansonsten gibt es im Dorf, aus dem viele Einwohner nach Übersee ausgewandert sind, einen Marmorsteinbruch, eine Konoba und die Künstler- und Steinmetzfamilie Jakšić, die in dieser Dorfidylle lebt und arbeitet und ihre kreativen Ideen auch aufs Festland trägt.

Übernachten/Essen   ⟫ Mein Tipp: Konoba Kopačina, mit gemütlichem Inneren und schöner Terrasse für die Sonnenuntergänge. Ivo Jugović' Küche zählt zu den besten Essensadressen der Insel – Spezialitäten sind Gerichte aus der Peka, die im Außenkamin garen, wie Thunfisch, Oktopus oder zartes Lamm; zur Nachspeise nascht man Kuchen, Palatschinken, Panna Cotta und zur Verdauung wird der samtig milde Maraschino-Likör serviert. Der gehaltvolle Wein ist aus eigenem Anbau, alle weiteren Produkte aus der Region. Im Innern hängt ein Bild mit Funden aus der Kopačina-Höhle. Im Nebenhaus aus Naturstein werden nette Appartements (2–8 Pers.) vermietet. ☎ 021/647-707, www.konoba-kopacina.hr. ⟪

Konoba Belvedere Žiža (→ Supetar/Essen außerhalb).

Konoba Turanj, rund 1,5 km in Richtung Norden (Supetar), umgeben von Weinfeldern und Olivenbäumen. Auf der hübschen Terrasse speist man Lamm vom Grill, Peka-Gerichte (Lamm, Kalb) und natürlich hauseigene Weine und Schnäpse. Juni–Aug. ab 17 Uhr, danach auf Anfrage. Fam. Rosana Jakšić, ☎ 091/7990-139 (mobil).

Wandern Wander- & Gourmettrail Dolče-vita (→ Supetar/Wandern), in rund 3 km führt der markierte Wanderweg von Donji Humac gen Supetar/Berghöhe (weitere ca. 3 km bis zur Stadt).

Nerežišća

Das einstige Verwaltungszentrum von Brač liegt in der Inselmitte an einem 382 m hohen Felshang. Der Ort mit seiner monumentalen Barockkirche liegt so hoch, dass man von hier bis zum Küstengebirge sieht. Rund 700 Menschen leben heute in dem flächenmäßig größten Inselort, zu dem ein langer Küstenstreifen gehört.

Natursteinmauerreste der Hügelbefestigungen und Rundhäuser zeugen davon, dass Nerežišća schon zur Eisenzeit bewohnt war. Auch etliche altchristliche Kapellen mit Steinreliefs sind erhalten. Auf einem ist Sv. Juraj im Kampf mit dem Drachen, als Beschützer von Brač, zu sehen. Nerežišća war 800 Jahre lang, bis zum Untergang des venezianischen Reichs, der Regierungssitz der Insel. Nur der **Fürstenhof** mit dem geflügelten Löwen ist aus dieser Zeit übrig geblieben. Außerdem ein gotisches Haus und die mächtige Spitzhaubenkirche **Sv. Marija** (13. Jh.) mit geschwungener Fassade und einem Altarbild des Venezianers *Carlo Ridolfi;* die Kirche wurde im 18. Jh. barockisiert. Am heutigen Hauptplatz steht die alte Kapelle **Sv. Petar** (Ende 14. Jh.), aus deren Rundung ein Kiefernbäumchen wächst; im Innern ein Relief des Bračer Bildhauers *Lazanić* aus dem Jahr 1578.

Einkaufen/Essen: Läden, Supermarkt und Restaurant. Empfohlen werden die Pizzen von **Restaurant/Pizzeria Tinel**, geöffnet 14–22 Uhr.

Vidova Gora

Mit 778 m ist der Vidova Gora Bračs höchste Erhebung und auch höchster kroatischer Inselberg, denn der Sv. Ilija (Pelješac) mit seinen 961 m liegt auf einer Halbinsel. Vom Gipfel bietet sich ein herrlicher Fernblick über die Inselwelt und das Festland, bei guter Sicht sind sogar die Umrisse des Apennin in Italien zu erkennen.

Tanzten hier die Hexen oder stand hier eine slawische Kultstätte des Gottes Sventovit oder Svevid? Bis heute ist ungeklärt, ob der Vidova Gora ein verwunschener oder heiliger Platz war. Sagenumwoben ist der Berg zweifellos und er lässt bei einem Rundgang fantasievollen Spekulationen genügend Raum.

Vidova Gora – beste Weitsicht

In Straßennähe liegen die Karsthöhlen **Golubinka** und **Vića Jama**. Letztere ist der Sage nach mit der Vičja-Luka-Bucht in Bobovišća verbunden. Vičja heißt so viel wie „Hexen" oder „Ort der Hexen und bösen Geister". Schwarzkiefern werden bald am Horizont sichtbar. Ab und zu ein paar grasende Schafe. Immer weiter führt die schmale Straße bis zu einer Radarstation. Dann muss man aufpassen, dass man nicht unfreiwillig zum Drachenflieger wird, denn der Wind bläst manchmal kräftig. Früher gaben sich hier die Drachenflieger ein Stelldichein.

Vom Bergplateau mit Antennen und der Berghütte (s. u.) blickt man gegenüber auf Hvar mit seinem Bergkamm, dahinter Korčula; Pelješac wirkt fast so hoch wie das Küstengebirge. Unten, türkisfarben vom Meer umspült, das *Goldene Horn* und die Stadt *Bol*. Zudem sieht man die Inseln Paklenica, Vis und Biševo. Ein Pfad führt westwärts zu den Steinmäuerchen mit Blick auf die Insel Šolta. Hier stößt man auf die Ruinen der altkroatischen Kapelle **Sv. Vid** und das nach allen Seiten sichtbare große weiße Kreuz. Bei klarer Sicht sind von hier auch die Umrisse des italienischen Apennin zu erkennen. Im Norden liegen Čiovo und das Küstengebirge.

Anfahrt 3 km hinter Nerežišća, Richtung Pražnica, biegt rechts eine Straße zum Vidova Gora ab. Die Straße führt durch sturmzerzauste Macchia. Bei der Gabelung links halten (rechts führt eine Piste nach Blaca) und dann immer geradeaus.

Essen & Trinken Berghütte Vladimir Nazor, mit Terrasse. Es gibt Käse, Pršut und Getränke. Geöffnet Juni bis Okt. ☎ 021/549-061.

🥾 Wanderung 1: Insel Brač – von Bol zum Vidova Gora (778 m)   → S. 466
Mittelschwere Wanderung zum aussichtsreichen und höchsten Inselberg

Eremitenkloster Blaca – klebt wie ein Krähennest am Fels

Eremitenkloster Blaca

Die Eremitage aus dem 16. Jh., in der heute ein Museum untergebracht ist, liegt versteckt hinter Felsblöcken und gut getarnt in einem Tal im Inselinnern. Blaca ist von der Meeresseite wie von Nerežišća aus erreichbar.

Man fährt den gleichen Weg Richtung Vidova Gora bis zur oben erwähnten Gabelung und hält sich dann rechts. Nur ab und zu erlaubt die meterhohe Macchia einen Blick auf das Küstengebirge. Die Piste wird zusehends schlechter. Gut für jemanden, der seinen Geländewagen ausprobieren möchte. Ansonsten lässt man dort, wo die Felsplatten langsam Stufenhöhe erreichen, sein Auto stehen und läuft, bis ein markierter Fußweg links in die Schlucht hinabführt – im Schatten von Schwarzkiefern, Laub- und Olivenbäumen. Nach einer guten halben Stunde sieht man die Eremitenstätte am Felsen kleben, der über dem Kessel stehenden sengenden Sonne ausgesetzt. Wer mit dem Boot angereist ist – hier gibt es auch schöne Badebuchten – läuft das Tal ca. 30 Min. bergan.

Hier wächst auch der „schneeweiße Alant" (Inula Candida), leicht zu verwechseln mit Salbei, den man früher als Füllmaterial für Betten verwendete – er gilt auch als aphrodisisch! Ebenso findet man den kratzigen Christusdorn, aus dessen Früchten man Tee zubereitete, um Entzündungen der Harnwege zu heilen und Harnsteine zu verkleinern.

Geschichte: Der Name Blaca wird 1305 erstmals erwähnt. Im 16. Jh. entstand hier eine Gemeinschaft von Einsiedlern, altkirchenslawisch predigende Priester, die vor den Türken aus Poljica geflohen waren. 1588 errichteten sie eine Kirche, gründeten ein Kloster und lebten von Ackerbau, Viehzucht und Handel. Ein großer Brand im 18. Jh. schadete der blühenden Einöde weniger als die Misswirtschaft ihres Leiters. Erst später, im 19. Jh., ging es mit Blaca wieder bergauf. Don *Milićević der Ältere* baute ein ganz spezielles Bienenhaus, und Don *Milićević der Jüngere* besaß das größte Fernrohr weit und breit. Mit ihm endet die lange Reihe der altslawischen Priester, die für den Erhalt der kroatischen Kultur kämpften und sich lateinischen Einflüssen widersetzten. Die heutige Kirche aus dem 18. Jh. ist ein Barockbau, an sie lehnt sich das älteste Haus, und daran schachteln sich wiederum ein paar andere Gebäude wie zu einem steinernen Krähennest in der Wand.

Anfahrt Per Auto/Mountainbike: von der Inselstraße südlich von Nerežišća abzweigen (wie oben beschrieben, zudem → Vidova Gora). Von Bol kommend, fährt man westlich 5 km auf Asphalt zum Weiler Murvica, ab dort weitere 3 km auf Makadam bis Farska. Dort muss spätestens geparkt werden (auch das Mountainbike!). Oberhalb der Küste geht es eine weitere Stunde bis zur Uvala Blaca und dann ca. 30 Min. schluchtaufwärts bis zum Eremitenkloster.

Per Ausflugschiff: von Bol, der bequemste und schönste Anreiseweg (→ Bol)

Öffnungszeiten Mai–Okt. tägl. Di–So 9–17 Uhr. Information ☎ 091/5164-671 (mobil, Hr. Zoran Vraničić). Eintritt und Führung durch die Räumlichkeiten 30 KN/Pers.

Essen & Trinken Es gibt nur Getränke. Im Vorhof unter Feigenbäumen steht noch die alte Weinpresse.

Rundgang durch die Eremitage

Der verschachtelte Gebäudekomplex teilt sich in zwei Reihen. Wo die Breite des Felsvorsprungs es erlaubt, sind die Häuser untereinander durch Brückchen über den Hof verbunden. Zu besichtigen gibt es eine Küche mit altem Kochgerät, Räucherkammer und Kamin – um ihn herum saß die fromme Gemeinschaft am Abend. Aber die Idylle täuscht. Alte Musketen zeugen von der Zeit der Piratenüberfälle. Im Flur sind Lettern für eine kleine Handdruckpresse zu sehen – mit ihrer Hilfe konnte man das Regelbuch und Gebetsbücher selbst drucken. Im 17. Jh. gab es um die Eremitage 1000 Schafe; die Sammlung zeigt Geräte für die Schafschur und, aus späterer Zeit, auch für die Bienenhaltung. Daneben Honigpackungen für den Export. Im nächsten Raum eine Bibliothek mit zigtausend Bänden, daneben das Zimmer des bekannten Astronomen *Nikola Milićević* mit seinen Instrumenten: eine kleine Sternwarte mit großem Teleskop. Es folgt ein Schulzimmer, in dem die Priester begabte Jungen unterrichteten und auf die Priesterweihe vorbereiteten. Die Kinder kamen von weit her zum Unterricht.

Ein luftiges Museum ist die Einöde heute, mit wehenden Vorhängen, Blick aufs Meer und Deckenverzierungen in heiteren Farben. Ebenso heiter wirkt das Innere der Kapelle mit ihrem abblätternden Himmelblau.

Von Pražnice nach Bol

Pražnice: Der mittelalterliche Ort im Inselinneren, der sich aus einer Hirtensiedlung entwickelte, wird erstmals im 12. Jh. erwähnt. Zur Friedhofskirche *Sv. Ciprijan* führt eine Zypressenallee, vielleicht zu Ehren des Heiligen angelegt. Die romanisch-gotische Kirche aus dem 12. Jh. birgt ein steinernes Renaissance-Relief aus der Werkstatt *Nikola Firentinacs* (1476). Auf dem Marktplatz steht die Kirche *Svi Sveti* von 1638 mit romanischen und gotischen Stilelementen. Die Pfarrkirche *Sv. Antun Opat* wurde 1461 erbaut. Am rechten Seitenaltar sieht man ein Renaissancerelief des hl. Hieronymus, am Hauptaltar das barocke Steinrelief eines einheimischen Meisters. Im Ortsteil Straževnik ist in der kleinen Renaissancekirche *Sv. Klement* das Relief von Papst *Klemens* aus dem Jahr 1535 sehenswert. Hier befand sich bis zum 15. Jh. die erste Ansiedlung von Pražnice. In der Nähe steht Pražnices ältestes Kulturdenkmal, die vorromanische Kirche *Sv. Jure* aus dem Jahr

Mitteldalmatinische Inseln

1111. Ihr Glockenturm zählt in Dalmatien zu den ältesten seiner Art; im Innern befindet sich ein kostbares Relief aus dem 15. Jh.

Gornji Humac: Nach Gornji Humac fährt man nicht, um die mittelalterliche Friedhofskirche mit dem Relief aus der Werkstatt *Nikola Firentinacs* (15. Jh.) zu besichtigen, sondern eher zum Essen. Die einstige Hirtensiedlung ist bekannt für ihre Lamm- und Käsespezialitäten, die man in den Restaurants des Ortes genießen kann.

Rings um Gornji Humac sind illyrische Spuren zu entdecken, ebenso vorromanische Kirchen, die die Neretva-Kroaten ihrem Kult entsprechend meist auf Anhöhen errichteten.

Essen/Übernachten   Konoba-Pension **Tomić**, mit Dachgarten und Weinlaube im 800 Jahre alten Natursteinhaus. Hier bekommt man leckeres zartes Lammfleisch vom Holzkohlengrill; als Vorspeise Oliven, Käse und Schinken, dazu einen Schoppen Wein, alles aus eigener Produktion. Daneben kann man alte Gerätschaften wie Wein- und Olivenölpresse besichtigen. Auch Übernachtungsmöglichkeiten. Nur Mitte Juni–Okt. geöffnet. ✆ 091/2251-199 (mobil), www.konobatomic.com.

🌿 Agroturizam Konoba Nono Ban, kurz nach der Straßenkreuzung in Richtung Bol. Gemütlich sitzt man im Natursteinhaus oder auf der Terrasse, umgeben von Olivenbäumen und vielen weiteren mediterranen Gewächsen. Die Zutaten kommen aus eigener Herstellung und Zucht, ob als Vorspeise mit Schinken und Käse oder als Hauptgericht: Lammgerichte oder Gerichte aus der Peka (Lamm, Kalb), ebenso fangfrischer Fisch und natürlich auch Wein, zur Verdauung vielleicht noch den hauseigenen Kräuterschnaps (Travarica) probieren. Nette Atmosphäre und gute Gerichte. Es werden auch sehr nette Zimmer/Appartements und Natursteinhäuser vermietet, zudem gibt es einen Pool und Reitmöglichkeiten. Geöffnet Mai–Ende Sept./Anf. Okt. 14–22 Uhr. Gornji Humac, ✆ 021/647-233, 098/1698-904 (mobil), www.nonoban.com. ∎

Bol

Das Touristenstädtchen hat die schroffen Felshänge des Vidova Gora im Rücken, gegenüber die Berge von Hvar. Zum Baden und Surfen lockt das Goldene Horn (Zlatni rat) mit goldgelbem Feinkies. Und einmal im Jahr ist Bol der Treffpunkt der internationalen jungen Tenniselite.

Rund 1500 Einwohner zählt das Badestädtchen an der Südküste von Brač, das übers Jahr rund 500.000 Gäste aufnimmt. In der autofreien Hafenzone finden sich Restaurants, Läden, Souvenirstände sowie der Obst- und Gemüsemarkt. Immer wieder stößt man auf Skulpturen von Künstlern, u. a. von *Fran Krcinić* und *Valerije Michieli*. Bols Hotelkomplexe liegen westlich, kurz vor dem Goldenen Horn, in einem Kiefernwald – auf einer schön und mit vielen Kunstobjekten gestalteten Uferpromenade mit Cafés und Bars gelangt man in ca. 20 Min. dorthin. Eine Touristeneisenbahn dient – zur Freude der Kinder – als Transportmittel zwischen Goldenem Horn und Bol.

Über dem Hafenbecken thront, etwas nach hinten versetzt, die **Pfarrkirche** von 1668, 100 Jahre später im Barockstil fertig gestellt. Im Inneren beeindrucken die Natursteinwände, die Mosaikfenster in der Apsis und die Marmoraltäre – einer davon weiß mit schwarzen Säulen. In der **Branko-Dešković-Galerie** (geöffnet April–Okt. tägl. außer Mo 10–13/18–22 Uhr), ebenfalls am Hafenbecken, sind Werke zeitgenössischer Künstler zu sehen, u. a. Skulpturen des Namensgebers der Galerie, *Branko Dešković* (1883–1939), der in Pučišća geboren wurde. Berühmt sind seine

Tierskulpturen. Zudem sind u. a. die Maler *Juraj Plančić* und *Ignajat Job* sowie u. a. die Bildhauer *Ivan Rendić, Ivan Meštrović* (mit der Eva-Skulptur), *Vakrije Michieli* (geb. 1922, war Prof. in Zagreb) und *Raul Goldoni* (geb. 1919, war Prof. in Zagreb) mit Arbeiten vertreten. Interessant ist noch in der Ortsmitte das „Haus im Haus" (→ Kasten S. 175), schlicht **Palace** genannt, heute eine verriegelte Ruine.

Am Ortsende liegt das **Dominikanerkloster** mit Museum (→ Kasten).

Das Dominikanerkloster

Das Kloster geht auf eine fürstliche Schenkung aus dem Jahr 1475 zurück. Neben der christlichen Mission lag den Mönchen die literarische und kulturelle Arbeit am Herzen. Der gesamte Klosterkomplex wurde umgebaut, nun mit einem Hoteltrakt, der 2011 eröffnet wurde. Das Museum wird 2015 nach der Umgestaltung wiedereröffnet; es zeigt Amphoren, glagolitische Messbücher, Tintoretto-Gemälde. Sehenswert in der Kirche sind ein modernes Altarbild aus dem Jahr 1974 von *Josip Botterie* sowie die Kassettendecke mit Kompositionen von *Tripo Kokolja* (1661–1713) – das wichtigste Werk der einheimischen Barockmalerei (Mai–Sept. tägl. ca. 10–12/17–20 Uhr).

Geschichte: Bol war schon von Illyrern und Römern besiedelt. Unterhalb des Goldenen Horns fand man Reste eines römischen Wasserreservoirs. Oberhalb von Bol, auf einem Felsen, steht die alte Burgwallsiedlung *Koštilo,* die die Römer als Zufluchtsstätte ausbauten und befestigten. Im 7. Jh. kamen die Kroaten und so flüchteten Bewohner aus anderen Orten in diese Gegend und bauten eine befestigte Siedlung in der Nähe des heutigen Podbarje. Im 9. Jh. plünderten die Sarazenen Bol. Die Bewohner flohen in die Berge und wagten sich lange nicht mehr in ihren Heimatort zurück. 1184 wird Bol erstmals schriftlich erwähnt. Sein heutiges Aussehen erhielt Bol ab dem 17. Jh. mit befestigten Palästen, um die auch die Fischer und Bauern ihre Häuser erbauten. Ins Auge fällt das am Kai stehende Kastell der Familie Vužić, heute ein hübsches Hotel. Nennenswert auch der Renaissancepalast, in der heute die Galerie Dešković residiert.

Basis-Infos

Information TIC, Porat bolskih pomoraca b. b. (ganz im Osten am Hafenbecken), 21420 Bol, ☎ 021/635-638, www.bol.hr. Juli/Aug. tägl. 8.30–22 Uhr, Mai/Juni, Sept. Mo–Sa 8.30–14/16.30–21 Uhr; sonst Mo–Fr 8.30–14 Uhr. Informationen und Kartenmaterial.

Agentur Adria Tours, Bračke ceste 10 (Zufahrtsstraße zum Hafenbecken), ☎ 021/635-966, www.adria-bol.hr. Hochsaison 8–21 Uhr, sonst 9–12/17–20 Uhr. Zimmervermittlung.

Agentur Boltours, Obala Vladimir Nazora 18 (gegenüber Tankstelle), ☎ 021/635-693, www.boltours.com. Ganzjährig geöffnet, Hochsaison 8.30–22 Uhr. Zimmer und Fahrräder.

Agentur Santo, Riva b. b. (neben Taverne Riva), ☎ 021/717-194, www.santo-bol-croatia.hr. Zimmervermittlung.

Verbindungen Bus: 5- bis 8-mal tägl. nach Supetar und Sumartin (je nach Fähre, Saison; So seltener), ☎ 021/631-122.

Katamaran: tägl. zwischen Jelsa (Hvar), Bol und Split. Abfahrt Bol 6.35 Uhr (So 7.35 Uhr); Bol–Jelsa tägl. Abfahrt 17.10 Uhr.

Touristen-Eisenbahn: Juni–Aug. 7–21 oder 22 Uhr im 20-Min.-Takt zwischen Bol und dem Goldenen Horn (Preis 15 KN, bis 10 Jahre gratis).

Flughafen Brač (Zrčna luka Brač): Information unter ☎ 021/559-711, www.airport-brac.hr. Verbindungen z. B. mit Croatia Airlines u. a. nach Zagreb, Wien, in der Saison auch nach Deutschland. Tickets können unter ☎ 062/500-505 reserviert werden.

Taxi: am Hafen; zudem Taxi Mia Bol (VW 8+1 Plätze), ☎ 021/635-241, 098/207-022 (mobil).

Ausflüge Nach Hvar, Dubrovnik, Vis, Korčula. Information über Touristenagenturen.

Zur **Drachenhöhle**: Da diese durch Gitterstäbe verschlossen ist, werden 2- bis 3-mal wöchentl. u. a. mit Zoran Kojdić (mobil, ☎ 091/514-9787) Ausflüge angeboten (deutsch sprechend), dabei kann man das Innere besichtigen. Dauer ca. 4 Std., Treffpunkt Murvica, Preis 50 KN. Auskunft über Hr. Kojdić oder Touristeninformation..

Ausflugsboote nach **Blaca**, Juli bis Mitte Sept. als Tagestour für 100 KN/Pers. mit Eintritt (9–17 Uhr); im Filigrangeschäft am Hafen erkundigen.

Taxiboote von Bol zum Goldenen Horn.

Auto Tankstelle am Hafenbecken, 7–20 Uhr.

Parken: gebührenpflichtig am Hafenbecken. Ebenfalls am Zlatni Rat, ca. 4,50 €/Tag.

Autovermietung über Bol Tours.

Einkaufen/Wein ≫ **Mein Tipp:** Vinarija **Jako**, moderne Vinothek in dem großen, renovierten Gebäude der Weingenossenschaft von 1903. Hr. Jako Andabak (Hotelleitung Bluesun) hat die Kellerei vollständig rekonstruiert und Weinberge bei Grabica angelegt, wo nun Plavac mali, Pošip und Vugava unter dem Label „Stina" gedeihen. Verkostung der prämierten Weine in der HS ganztägig, danach 16–22 Uhr. Jako vino, Braška cesta 13 (gegenüber Tankstelle), ☎ 021/306-220, www.stina-vino.hr. ≪

Gesundheit Apotheke Škoko, am Hafenbecken, ☎ 021/635-987. Ambulanz, gleich daneben, ☎ 021/635-112; geöffnet Juni–Sept. Mo–Sa 7–21 Uhr, danach Mo–Sa 7–14 Uhr.

Veranstaltungen Future Tennis (ITF), Sept./Anf. Okt; Weltmeisterschaft der Tennis-Jugend.

Patronatsfest Gospa od Sniga, 5. Aug.; Messe, Musik und Essen.

Bol-Sommer-Festival, Juni–Sept.; tägl. Konzerte, Theater etc.

Willkommens- (21. Juni) **und Abschiedsfest** (23. Sept.) von Bol; u. a. mit Feuerwerk, Livemusik, Gastroangebot.

Übernachten

Auf der Webpage des Tourismusverbands werden alle Anbieter von Privatzimmern und Hotels sowie auch von den Campingplätzen aufgelistet. Die meisten Anbieter haben von Mai bis Okt. geöffnet, außer es ist hier anders erwähnt.

Privatzimmer und Appartements Privatzimmer je nach Kategorie ab 40 €/DZ. Appartements für 2 Pers. ab 50 €.

*** Villa Vallum & Appartements Nada, ca. 14 moderne, geschmackvoll ausgestattete und verschieden große Appartements (2–

5 Pers.) mit Spülmaschine, Internetzugang, Balkonen und Blick aufs Meer; familiär geführt und gute Infos durch das Lehrerehepaar Okmažić und deren Kinder; Verkauf von Honig, Olivenöl, Grappa und Wein aus eigenem Anbau. Die Familie vermietet auch ein Ferienhäuschen in Murvica (→ Murvica) und die Villa Mare (s. u.). Ab 55 €/2 Pers. (TS ab 60 €). Ganzjährig geöffnet. David cesta 26, ✆ 021/635-171, 091/5607-760 (mobil), www.villa-vallum.com.

Villa Giardino, hinter dem schmiedeeisernen Tor und der Gartenmauer verbirgt sich eine üppig begrünte Altstadtoase. Schöne Zimmer für 102 €. Novi put 2, ✆ 021/635-900, 635-286, villa.giardino@st.t-com.hr.

**** **Villa Mare** (gleiche Ltg. wie Villa Vallum), hübscher und sehr gut ausgestatteter Natursteinbau mit netter Terrasse, Pool und Blick gen Meer. Wohnraum, 2 Schlafzimmer und eine gut ausgestattete Küche

(Spül- und Waschmaschine). 230 € (TS 290 €). Ganzjährig. Fam. Okmažić, David cesta 26, www.villa-vallum.com.

Appartements/Zimmer Vrsalovića dvori, oberhalb der Altstadt. Gut ausgestattete DZ ab ca. 50 €. Ul. Vrsalovića 4, ✆ 021/635-129, vinko-kupina.vrsalovic@st.t-com.hr.

*** **Hotel Villa Daniela**, in Richtung Dominikanerkloster. Schöne Appartements/Zimmer mit Balkon; Pool und Restaurant Tomislav. DZ/F 90–116 € (TS 100–130 €). Ganzjährig. Domivinskog rata 54, ✆ 021/635-959, www.villadaniela.com.

*** **Apartements Santo**, im Haus des gleichnamigen guten Restaurants im Altstadtzentrum an der Uferpromenade; nettes Natursteinhaus mit Spül- und Waschmaschine, WiFi und Balkon. Auf der großen Restaurantterrasse kann man mit Meerblick herrlich frühstücken (7 €), auch HP möglich.

Die Episode vom „Haus im Haus" …

Die Familie Marko Silac besaß in Bol Ende des 18. Jh. ein kleines Haus mit einem großen Garten. Was fehlte, war immerzu das liebe Geld. Immer wieder einmal verkauften sie, um über die Runden zu kommen, ein Stückchen Land an die reiche Familie Vuković, denen der Grund sehr gefiel. Die Familie Vuković und der Bürgermeister waren gut befreundet. Um den Schuldzahlungen nachkommen zu können, legte der Bürgermeister der Familie Silac nahe, das Haus zu verkaufen. Dies allerdings war nicht im Sinne der Familie, ganz im Gegenteil, sie waren über den Vorschlag des Bürgermeisters sehr erbost, ein Wort gab das andere und der Disput eskalierte. Der Bürgermeister hatte genug und drohte, „meinen Füllfederhalter hörst du weit", damit meinte er wohl seine Beziehungen … Silac hingegen konterte, „und mein Gewehr hörst du noch weiter". Diese Beleidigung nahm der Bürgermeister zum Anlass, ihn und seine Familie des Landes zu verweisen.

Die Familie Vukovic ließ erst einmal eine Dekade verstreichen, ehe sie daran ging, auf ihrem Besitz, also rund um das kleine Haus, auf dem Land, das ihr gehörte, eine hohe Mauer zu ziehen, mit der Absicht natürlich, ein stattliches Haus zu bauen, denn die Silacs waren ja weg.

Um sich Ziegel und Holz für das Dach zu besorgen, fuhren sie mit ihrem Schiff nach Venedig, erlitten allerdings auf der Rückfahrt Schiffsbruch in einem Sturm und ertranken …

Für die Nachkommen der Familie Silac war die Luft damit wieder rein, sie kehrten in das Heimatdorf und ihr Häuschen zurück. Bis 1964 lebten darin die nachfolgenden Generationen, umgeben von einer hohen Mauer.

Das „Haus im Haus" steht heute unter Denkmalschutz, ist zu einer Ruine verwaist, von Schlingpflanzen überzogen und zugesperrt. Keiner weiß so recht, was damit geschehen soll.

Mitteldalmatinische Inseln

200 € (2 Schlafzimmer). Frane Radića 3, ℡ 021/717-195, www.villa-bol.com.

*** Villa Nena, in ruhiger Lage im Osten, oberhalb des Dominikanerklosters. Netter Familienbetrieb, Appartements für 2 bis 4 Pers.; eigener Wein- und Olivenanbau. 65–105 € (TS 70–115 €). Tina Ujevia 8, ℡ 021/635-257, nena.marinkovic@st.t-com.hr.

Hotels in der Stadt *** Hotel Ivan, oberhalb von Bol mit verschieden großen Zimmern/Appartements, Pool und mediterraner Natursteinbauweise. Studio/F/2 Pers. 120 €. David cesta 11 a, ℡ 021/640-888, 098/9088-686 (mobil), www.hotel-ivan.com.

》》》 Mein Tipp: *** Stadthotel Kaštil, kleines, stilvoll modernisiertes Hotel (32 Zimmer mit Meerblick) in der Barockfestung der einstigen Adelsfamilie Vusio am Hafen. Angeschlossen das Gourmet-Restaurant Vusio mit lauschiger Terrasse. Zum Hotel gehören Pizzeria Topolino und Bar Varadero. Beste Wahl in der Stadt. Ganzjährig geöffnet. Komfortabel ausgestattete DZ/F 94 € (TS 112 €). Frane Radića 1, ℡ 021/635-995, www.kastil.hr. **《《《**

*** Hotel Bastina Sv. Križ, im Dominikanerkloster. Die alten Mönchszellen wurden ausgebaut – leider nicht stilecht –, das Hotel 2011 eröffnet. Viel Ruhe gibt es dennoch; auch ein Bistro-Café ist angeschlossen. DZ/F Standard 120 € (TS 150 €), Superior 140 € (TS 170 €). Geöffnet Juni–Okt. ℡ 021/888-118, www.hotel-svkriz.hr.

Hotels am Zlatni rat Die Hotels von **Bluesun** berechnen im Hochsommer bei nur 1 Übernachtung einen Aufschlag von 40 %. Infos Zentrale: ℡ 01/3844-044, www.bluesunhotels.com.

**** Hotel Elaphusa, ca. 300 m vor dem Goldenen Horn, moderner Bau mit Swimmingpool, großem Wellnesscenter, Sportgeräteverleih; Restaurants, 12 Tennisplätze. Fitness- und Beautycenter. Preisgünstiger sind die netten Appartements. Komfortable DZ/F ab 170 € (TS 200 €); Appartements 120 €/2+1 Pers. ℡ 021/635-210, www.bluesunhotels.com.

*** Clubhotel Bonaca-Family All-incl., die Anlage befindet sich hinter dem Hotel Elaphusa. Geräumige Appartements für die ganze Familie; große Poollandschaft, sportliche Aktivitäten gratis. DZ-All-incl. ca. 190 €. ℡ 021/635-210, www.bluesunhotels.com.

**** Hotel Borak, ca. 500 m vom Goldenen Horn entfernt. Riesige Anlage mit Tauch-

und Surfschule, Bootsverleih, eigenem Kiesstrand. Benutzung der Tennisplätze, Mountainbikes und sonstige sportliche Aktivitäten gratis. DZ/F ab 130 € (TS 160 €). ℡ 021/635-210, www.bluesunhotels.com.

**** Hotel Bretanide – Sport & Wellnessresort (All-incl.), moderner, neu gestalteter Bau mit mediterraner Architektur, kurz vor dem Goldenen Horn. Großes ansprechendes Wellnesscenter, Tennisplätze und -schule, Windsurfen, Segeln; Fahrrad-, Surfbrett-, Motor-, Tretbootverleih; mehrere Restaurants und Tavernen. Mindestaufenthalt 3 Tage! Geöffnet Mitte April–Okt. 2 Pers.-All.-incl. 160–280 € (TS ab 170 €). ℡ 021/740-140, www.bretanide.com.

Camping Große Auswahl an kleinen einfachen Privatcampingplätzen; im Ort gibt es aktuell 8 Camps. Preise (oft mit Parzelle, teils ohne) pro Pers. ca. 6–9 €, Zelt ca. 3 €, Auto ca. 3 €, Camper ca. 4 €.

Oberhalb von Bol unter Feigen- und Mandelbäumen: ** Camp Kito, mit Taverne. Ganzjährig geöffnet. Bračka cesta, ℡ 021/635-551, www.camping-brac.com.

*** Camp Mario, netter kleiner Familienbetrieb, ebenfalls oberhalb von Bol, mit schattigem Gelände. Mai–Mitte Okt. geöffnet. Uz gospojicu 2, ℡ 021/635-028, www.kampmario-bol.com.

In Richtung Hotels: *** Camp Tenis, terrassiertes, nettes Gelände mit Bistro, gegenüber der Tennisplätze und kurz vor den Hotels. Juni–Sept. Potočine b. b., ℡ 021/635-923, www.kamp-tenis.com.

Camp Kanun, netter Familienbetrieb in schöner Lage oberhalb von Camp Tenis, inmitten eines Olivenhains. April–Okt. Bračka cesta b. b., ℡ 021/635-293.

》》》 Mein Tipp: Camp No 1, westlich vom „Goldenen Horn, sehr schön terrassiertes und gepflegtes Gelände direkt am Meer. Mai–Mitte Okt. Put Zlatnog rata b. b., ℡ 021/635-028, www.kampmario-bol.com. **《《《**

Camp Zlatni Rat, oberhalb von Camp No 1 im Aleppokiefernwald. Put Zlatnog rata b. b., ℡ 091/5342-946 (mobil), www.bol-camping.com.

Camp Aloa, ca. 3 km vom Goldenen Horn in Richtung Murvica; hübsche Lage direkt am Meer auf 2,5 ha unter Aleppokiefern, zudem mit schönem Strand. Hier kann man Windsurfen. Zum nächsten Restaurant muss man 1 km laufen. Wer Ruhe sucht, ist hier richtig. ℡ 021/635-367, www.nautic-center-bol.com.

Essen & Trinken/Nachtleben

Essen & Trinken Konoba Dalmatino (Ex Gušt), in der Altstadtgasse mit Bänken vor der Tür. Auch nach Eigentümerwechsel fast alles beim Alten: innen alte Fotos, Werkzeug und gute Weine hübsch auf Fässern dekoriert. Dalmatinische Küche, z. B. Vorspeisenteller mit Sardellen, Fisch mit Polenta, Pašticada, frische Fische. Frane Radića 14, ✆ 021/5459-779.

»» Mein Tipp: Taverna Riva, oberhalb vom Hafenbecken. Innen stilvoll, außen mit großer Terrasse unter schattigen Bäumen mit Blick aufs Meer. Große Weinkarte und guter Service. Die leckere Küche bietet z. B. selbst gemachte Gnocchi, Pašticada, Boeuf Stroganoff, frische Fische, Scampi, Hummer „Rhapsodie". Unten an der Promenade das dazugehörige Café. Ganzjährig geöffnet. Frane Radića b. b., ✆ 021/635-236. ««

Ribarska kućica, am östlichen Ortsende von Bol, direkt am Meer, gegenüber dem Dominikanerkloster – hierher kommt man wegen des schönen Ambientes. Es gibt Fisch- und Fleischgerichte vom Holzofen. Mai–Okt. geöffnet. A. Starčevića, ✆ 021/635-348.

Konoba Jadranka, oberhalb der Pfarrkirche mit lauschigem Innenhof und wuchtigen Olivenholzstühlen – es ist das älteste Lokal von Bol und ein Familienbetrieb. Es gibt regionale Produkte wie Schafskäse und Schinken, frischen Thunfisch, Sardellen und Makrelen, auch vegetarische Küche. Ganzjährig tägl. ab 12 Uhr geöffnet. Uz pjacu 9, ✆ 091/2524-264 (mobil).

Konoba Mendula, hier gibt es gute Küche und auch ein großes Salatbüffet. Mai–Okt. Hrvatskih domobrana 7, ✆ 091/5158-593 (mobil).

Konoba Dinko, schöne, ruhige Lage östlich vom Hafen in Richtung Dominikanerkloster an der Uferstraße. Auch hier Fisch- und Fleischgerichte. A. Starčevića 1, ✆ 098/522-479 (mobil).

Konoba Food & Fun, wenige Meter nach Dinko an der Uferstraße; hier isst man gute Pizzen. A. Starčevića 9, ✆ 097/9000-158 (mobil).

Konoba Mlin, oberhalb der Uferpromenade (kurz vor Ribarska kućica), im Mühlenturm mit großen lauschigen Terrassen, Weinpresse, Blick aufs Meer – der schöne Platz lockt die Gäste hierher. Fleisch- und Fischgerichte vom Holzofen. Mai/Juni–Sept. A. Rabadana 4, ✆ 021/635-376.

Restaurant-Plizzeria Topolino, hier isst man gute Pizzen und genießt den Blick gen Meer. Riva 2 (beim Hotel Kaštel), ✆ 021/635-767.

Bol – gemütlich sitzt man in den Cafés rund um den Hafen

Mitteldalmatinische Inseln

Zlatni rat – das Goldene Horn

Der berühmte, 1 km vom Ort entfernte Strand schwingt sich 500 m vom
Land ins Meer. Durch die Meeresströmung zeigt seine Spitze mal nach Wes-
ten, mal nach Osten. Erst ab der zweiten Septemberhälfte ist mehr Sand als
Fleisch zu sehen. Während der Saison ist das „Goldene Horn" aufgeteilt in
Textil und etwas FKK. Kleine Kiesbuchten, eingebettet von Strandföhren,
schließen sich an. Das Zlatni rat ist auch ein Paradies für Surfer und Kiter,
auf der Leeseite sind auch gute Surfbedingungen für Anfänger! Surfbrett-,
Boots- und Sonnenschirmverleih am Strand.

Außerhalb: Sehr gut isst man in der **Konoba Mali Raj** beim Goldenen Horn (Anfahrt
über Zufahrtsstraße, kurz vor der Schranke).
Natursteinterrasse mit lauschigen Eckchen;
Gerichte vom Holzofen, z. B. Lamm; auf
Vorbestellung auch Gerichte von der Peka
(Kalb) sowie Fischgerichte. Im Juli/Aug.
finden hier auch Konzerte statt. Mai–Okt.
11–24 Uhr. ☎ 098/265-851 (mobil).

Nachtleben Cocktailbar Varadero, nette
Terrasse mit Korbstühlen, strohgedeckte
Schirme, gute Cocktails zu Latinorythmen.

An der Uferpromenade bei den Hotels u. a.
Bar Bolero; **Nachtclub** und **Diskothek** im
Hotel Elaphusa (nur Sa, April–Okt. ab
24 Uhr).

Sport/Wassersport

Baden: Bademöglichkeiten rund um Zlatni rat, das Goldene Horn. Weiter am Meer
entlang Richtung Murvica viele kleine, einsame Kiesbuchten. Hinter dem Kloster,
beim Camp, ein Feinkiesstrand mit Sonnenschirmverleih. Ein Stückchen weiter eine
Kiesbucht mit Süßwasserquelle und FKK. Von hier aus schöner Blick aufs Kloster.

Wandern: In 2 Std. kann man von Bol aus auf markiertem Wanderweg den 778 m
hohen Vidova Gora, den höchsten Inselberg, erreichen.

 Wanderung 1: Insel Brač – von Bol zum Vidova Gora (778 m)   → S. 466
Mittelschwere Wanderung zum aussichtsreichen und höchsten Inselberg

Sportcenter **Big Blue Sport**, am Strand unterhalb des Hotels Borak. Mountainbikeverleih und geführte Touren, Surfbrettverleih und Surfschule; Seekajakvermietung, Tauchen, Sportshop. ✆ 098/212-419 (mobil, Hr. Tomaš), www.big-blue-sport.hr.

Nautic Center Bol, am Strand unterhalb des Hotels Bretanide. Hier ebenfalls Vermietung von Kajaks und Surfbrettern, Bananaboat, Wasserski, Parasailing und Tauchkurse; Taxiboote und Bootsverleih. ✆ 098/361-651 (mobil), www.nautic-center-bol.com.

Tauchen **Big Blue Diving**, Basis am Strand des Hotels Borak, bei Big Blue Sport. Komplette Ausrüstung einschl. Kompressor, Schnorchel, Tauchanzügen. Tauchkurse nach PADI und SSI, Tauchfahrten (Nachttauchen, Tieftauchen etc.); deutsch sprechendes Personal. Geöffnet 15.5.–15.10. ✆ 021/635-614, 306-222, 098/425-496 (mobil, Hr. Igor Glavičić), www.big-blue-sport.hr.

Diving Center Dolphin Bol, Tauchbasis beim Nautic Center Bol. Ebenfalls deutsch sprechendes Personal, Tauchfahrten, Tauchschule, Ausrüstungsverleih, Flaschenfüllung. ✆ 021/319-892, 091/1505-942 (mobil, Hr. Dragan Laković), www.diving-dolphin.com.

Tennis Tennisplätze und Kurse bei den Hotels.

Windsurfkurse/Kiten Über **Big Blue** (s. o.) und **Nautic Center**; alle Schwierigkeitsgrade, auch Boardverleih. Zudem **ZOO station Bol**, ✆ 098/180-874 (mobil), www.zoo-station.com; hier auch Kiten.

Umgebung von Bol

Murvica: 5 km westlich von Bol liegt der alte Weiler, den man über Makadam oder in ca. 2-stündigem Fußmarsch am Meer entlang erreicht. Hier siedelten vor den Kroaten schon die Römer. 1286 wird der Ort erstmals erwähnt. Im 15. Jh. gründeten Ordensbrüder und -schwestern der glagolitischen Tradition um Murvica etliche Klöster, die bis zum Zweiten Weltkrieg bewirtschaftet waren. Relativ gut erhalten liegen am Hang noch die Ruinen des großen Nonnenklosters von 1487. Murvica war dabei eine Art Versorgungsstation für die umliegenden Einsiedeleien. Umgeben von Agaven und in würziger Luft liegt der Ort steil am Hang wie die Einsiedelei Blaca. Am Meer Badebuchten und ein kleiner Hafen.

Die Drachenhöhle – Zmajeva špilja

Oberhalb von Murvica, versteckt im Fels, liegt die 20 m lange Drachenhöhle (s. Foto S. 470), die einst von den Ordensbrüdern des nahen Klosters bewohnt und als Zufluchtsort genutzt wurde. Hier entstand auch das erste glagolitische Messbuch von 1483, das heute im Dominikanerkloster in Bol aufbewahrt wird. Die Gravuren im Stein stammen von den Klosterbrüdern – ein einzigartiges Denkmal slawischer Mythen und Riten, eine Mischung aus heidnischem und christlichem Glauben. So steht die Gestalt des Drachens mit dem Mond für Welterneuerung. Das Westrelief soll Motive aus der Apokalypse enthalten: Der geflügelte (nur angedeutete) Drache mit weit aufgerissenem Maul ist einer im Halbmond stehenden Frauengestalt zugewandt. Oberhalb des Drachenkopfs ein Leopard mit Bärentatzen, der einen Menschenkopf in seinem Maul hält (12. Kap. der Apokalypse).

Das Höhleninnere verengt sich mit Nischen und Stufen; überall kleine Reliefs, meist Köpfe, ob gruselig oder komisch, ist bald nicht mehr zu unterscheiden. Ursprünglich war die Höhle mit allem Lebensnotwendigen eingerichtet, vorne am Eingang die Kapelle mit Altar, weiter hinten an der Ostseite ein in den Fels gehauenes Wasserbecken. Es ginge noch tiefer hinein, wären da nicht die tierischen Höhlenbewohner, Schwärme von Fliegen, die das weitere Vordringen vereiteln. Zur Drachenhöhle kann man hinaufwandern (→ Kleiner Wanderführer/Wanderung 2, S. 468).

Ab Murvica führt ein teils sehr grobschottriger Makadam (Achtung Mountain-biker, viele uneinsehbare Hügel und Kurven!) in 4 km vorbei an neu angelegten Weinbergen bis zum Weiler **Farska**, der nur aus ein paar Häusern und einer hübschen Badebucht besteht. Wer weiter nach Blaca möchte, muss nun endgültig laufen (noch rund 1 Std.).

Wandern: Von Murvica aus erreicht man in 3 Std. die **Eremitage Blaca** (→ S. 170) und in 1 Std. die steil oberhalb liegende **Drachenhöhle** (Zmajeva špilja, → Kasten S. 179) mit dem Drachenrelief, ebenso eine Einsiedelei von Klosterbrüdern.

 Wanderung 2: Insel Brač – von Murvica zur Drachenhöhle   → S. 468
Familienwanderung zum Versteck der Ordensbrüder und ihrem Symbol

---

Essen/Übernachten   Konoba Marija, schöne Terrasse zum Sitzen und gute Ge-richte – gegenüber das Café; Mai–Okt., ✆ 021/642-609.

Konoba Raj, am Ortsbeginnn am Hang, hier ist fast ganzjährig geöffnet.

Konoba Ciccio, in Alleinlage im Weiler Farska, auf halbem Weg am Meer zwi-schen Murvica und Blaca; gute Fischge-richte. Mai–Sept.

»» Mein Tipp: Appartements Nada, am Ortsbeginn von Murvica beim Café Marija liegen am Hang die Appartementhäus-chen aus Naturstein inmitten eines Oliven- und Mandarinengartens. 6 einfache, aber idyllische Appartements (2–4 Pers. mit 1 oder 2 Schlafzimmern) für 70 €/2 Pers. (TS 80 €). Fam. Okmažić, Murvica b. b., ✆ 021/635-171, 091/5607-760 (mobil), www.villa-vallum.com. **««**

Selca

Selca ist ein Ort der Steinmetzkunst, am Hang gelegen und von Palmen, Laubbäu-men, Parks und sattgrünen Rasenflächen umgeben. Mittelpunkt des 1000-Einwoh-ner-Orts ist die wuchtige **Marmorkirche** mit Herz-Jesu-Statue von *Ivan Meštrović* im Innern. Die Kirche wurde 1919 nach Entwürfen des österreichischen Architek-ten *Schlauf* errichtet, die Statue wurde aus Granathülsen gegossen, die nach dem Zweiten Weltkrieg überall verstreut herumlagen.

Neben *Meštrović* haben sich viele andere Steinmetze in der Stadt verewigt, überall Marmor – Hausfassaden, Türschwellen, Plätze, Wasserrinnen, selbst Küchenspülen aus Kalksteinmarmor soll es geben. Selca, erstmals im 12. Jh. erwähnt, verdankt sei-nen Aufschwung der Steinmetzkunst. Um die slawische Volkszugehörigkeit zu be-tonen, stellte man 1911 ein **Tolstoi-Denkmal** auf – das erste der Welt; es steht im Park nordöstlich der Kirche. Östlich der Kirche in einem anderen kleinen Park die Büste von *Hans-Dietrich Genscher* sowie Statuen von Präsident *Tuđman, Alois Mog, Papst Johannes Paul II.* und *Stjepan Radić*. Selcas Bewohner leben seit alters her vom Wein-, Oliven- und Weichselanbau ringsum. Einige wenige arbeiten im Hafenort Radonja an der Bearbeitung der Stein- und Marmorblöcke.

Oberhalb von Selca steht das **Sv. Nikola-Kirchlein** aus dem 11./12. Jh. Weitere vor-romanische Kirchen finden sich in Plantagen versteckt in der Umgebung.

Südlich von Selca fährt man an der Hafenbucht (Straße Richtung Sumartin) rechts, vorbei am Marmorsteinbruch von Jadrankamen-Selce und weiter in Richtung **Kap Ružmarin**. Dort gibt es schöne Badebuchten und mittlerweile auch viele Neubauten sowie Appartementvermietung.

Information   Touristinformation, am
Hauptplatz (bei der Post), 21425 Selca. Nur
8–12 Uhr. ℡ 021/622-019, www.touristboard-
selca.com.

Übernachten In der Bucht Puntinak (am
Kap Ružmarin) werden direkt am Meer
preiswerte Appartements vermietet, z. B.
Appartements Jure, ℡ 021/622-524 oder **Villa
Albatros**, etwas oberhalb, ℡ 021/622-652.

Essen & Trinken Am Kirchplatz liegt unter schattigen Laubbäumen das **Restaurant
Ruzmarin**, ℡ 021/622-348.

Empfehlenswert ist auch das **Restaurant
Petrovac** mit guten Fischgerichten und
großer Weinkarte. 18–24 Uhr, ℡ 021/622-531.

Restaurant-Pension Bilin, rund 1,5 km in
Richtung Sumartin und an der Hafenbucht
rechts ab zum Kap Ružmarin. Hier isst man
auf der Terrasse gute Fischgerichte und
blickt gen Sumartin. ℡ 021/622-625.

Grill Hazienda, ca. 5 km Richtung Gornj Humac am Straßenrand, im illyrischen Baustil
ohne Mörtel aufgeschichtet. Schattiger Innenhof mit Brunnen und von Wein und Pas-
sionsblumen überranktem Grillhäuschen,
verschachtelt und nachts hübsch be-
leuchtet. Nur Juli/Aug.

Pfarrkirche von Selca

Mitteldalmatinische Inseln

Sumartin

Der kleine Fährort südlich von Selca wurde 1646 von Flüchtlingen gegründet, die
vor den Türken vom Festland geflohen waren. Im 18. Jh. entstand das **Franziskanerkloster**, das heute Museum ist. Abends leuchten die Kirche und die Marmor-
Häuser vor dem rot glühenden Küstengebirge. Die weißen Dächer, leider werden es
immer weniger, sind mit Marmorstaub gekalkt, der wie Zuckerguss wirkt. Der Kalk
war früher nicht nur Zierde, sondern diente der Reinigung des Regenwassers, das
man in Bottichen auffing. Ein- bis zweimal im Jahr wurde das Dach gestrichen. Das
erste Regenwasser, das man auffing, wurde meist als Brauchwasser verwendet, der
zweite Schwall als Trinkwasser.

Sumartin ist bisher, außer im Hochsommer oder wenn die Fähre anlegt, ein ruhiger
Fischerort geblieben; rund um den Hafen sprießen Restaurants aus dem Boden, im
Becken schaukeln Jachten und Fischkutter, am Kai eine Bootswerft und ein Hebe-
kran. In der Nähe ein großer Park und eine uralte, vorromanische Kirche. In der
Umgebung von Sumartin kann man gut fischen und an kleinen Kiesbuchten
herrlich baden.

Südlich des Orts (nach der Straßengabelung zum Kap Ružkamen) zweigt ein Makadam zur Kapelle **Sv. Petar** aus dem 10. Jh. ab – von hier oben genießt man einen
herrlichen Weitblick.

Information   Touristinformation, 21426
Sumartin. In der Saison geöffnet (gehört zur
Gemeinde Selca, → Selca).

Verbindung Fähren (→ Wichtiges auf einen Blick, S. 154). **Bus**verbindung nach Bol
und Supetar.

Einkaufen Von Post über Lebensmittelladen bis Bäcker ist alles vorhanden.

Übernachten/Camping Rund um den Ort Neubauten mit Zimmervermietung. **Privatzimmer** ab 30 €/DZ. U. a.:

Villa Anita, oberhalb vom Hafen mit Blick aufs Meer. ✆ 021/648-007, vilaanita@net.hr.

Appartements Nada, im Süden von Sumartin, kurz vor dem Kap am Meer. ✆ 021/648-005, www.apartmaninada.com.

Villa Ana, verschieden große Appartements im schönen Natursteinhaus mit Blick aufs Meer. Fam. Stambuk (dtsch.-sprechend), ✆ 021/648-082, www.villa-ana-sumartin.com.

Oberhalb und nördlich des Dorfs ein kleiner, schön gelegener **Campingplatz** (Zufahrt sehr schmal, nichts für große Camper) mit fantastischem Blick aufs Küstengebirge.

Essen & Trinken Schön sitzt man u. a. unter der Markise direkt an der Mole in der **Konoba Dalmatinac**. Fisch- und Fleischgerichte.

Am Hafenbecken die gute **Konoba Bernardo**, ✆ 021/648-012.

Novo Selo

Der Ort kurz hinter Selca ist, wie der Name schon sagt, relativ jung. Am Straßenrand ein Steinklotz voller eingemeißelter Gesichter und viele andere Skulpturen – hier hat sich der Bildhauer *Frane Antonijevic* niedergelassen, der einen freundlich zu einem Glas Wein hereinwinkt und natürlich gerne auch seine Kunstobjekte verkauft. In Ortsnähe sind illyrische Trockenmauerreste und Reste eines römischen Wasserreservoirs erhalten.

Povlja

Im typischen Mittelmeerstil schachteln sich die Häuser am Osthang der gleichnamigen fjordartigen Bucht zur Kirche hinauf. Weiter westlich gibt es viele Fels- und Kiesbadebuchten – am schönsten ist die Luka-Bucht ganz am Ende des Meereinschnitts.

Schon den Römern hat es hier gut gefallen und die Buchten dienten den römischen Schiffen als Häfen. Sehr früh wurde eine **Basilika** (6. Jh.) gebaut, mit Taufkapelle und Grabstätten. Die Größe des Bauwerks lässt auf ein altchristliches Religionszentrum schließen. Die Basilika bestand aus drei Längsschiffen, Apsis und Querschiff. Das noch erhaltene *Baptisterium* – die einzige erhaltene Taufkapelle in ganz Kroatien – ist 12 m hoch, hat eine Kuppel und ist heute ein Teil der Pfarrkirche; mit der Basilika war es durch einen Vorhof verbunden. In der Mitte der Taufkapelle befindet sich das kreuzförmige Taufbecken, das als Grab des hl. Johannes von Povlja verehrt wird.

Im 9. bis 10. Jh. errichteten die Benediktiner im Baptisterium der verlassenen Kirche einen Altarraum und über der Apsis der alten Kirche ihre Mönchszellen. Im Jahre 1145 zerstörten die Venezianer das Kloster, das 1184 von den Mönchen neu aufgebaut wurde. Zur gleichen Zeit verfasste man ein Verzeichnis von Besitztümern, die zum Kloster gehörten und in der berühmten *Urkunde von Povlja* festgehalten wurden. Sie gilt als das älteste kroatische Schriftdokument und wird im Pfarramt von Pučišća aufbewahrt. In die Türschwelle am Baptisterium meißelte Meister *Radonja* im Jahr 1184 einen kyrillischen Text über die Rückgabe der Ländereien an das Kloster ein. Die Inschrift zählt zu den ersten in slawischer Sprache geschriebenen Versen. Bis sie ins Museum nach Split gelangte, fand die Türschwelle Verwendung als Sitzbänkchen vor der Kirche und als Türpfosten in einer Schenke. In Povlja und im Heimatmuseum Skrip sind heute Kopien ausgestellt.

Blick auf Povlja an seiner geschützten Bucht und das Küstengebirge Biokovo

Als die Benediktiner das Kloster im 15. Jh. verließen, wurde die Kirche zur *Pfarrkirche* umgebaut und erweitert. Ihr heutiges Aussehen geht auf etliche Umbauten in den letzten Jahrhunderten zurück. Der Hauptaltar steht über dem Taufbecken des alten Baptisteriums. Der Glockenturm entstand um 1860. Sehenswert sind das *Lapidarium* und das *Kirchenmuseum*. Neben der Kirche ragt ein Wehrturm empor, der im 16. Jh. zur Türkenabwehr errichtet wurde. Lange gab es um die Kirche keine Ansiedlung, erst im 17. Jh. ließen sich bosnische Flüchtlinge hier nieder.

Information   Auskünfte im Tourismusverband in Selca. 21413 Povlja.

Übernachten   Rund um die Bucht und oberhalb werden vermietet: **Privatzimmer** ab 30 €/DZ; **Appartements** mit 2 Betten 30–40 €. U. a. **Villa Arija**, ✆ 021/639-142 oder **Appartements Toni & Franka**, ✆ 021/639-221; beide östlich und oberhalb der Bucht.

Essen & Trinken   Konoba **Stara Uljara**, direkt am Hafenbecken. Hier gibt es leckere Fischgerichte mit hauseigenem Olivenöl, Internetpoint und Auskünfte vom Wirt und Mathematiklehrer Hr. Adi. ✆ 021/639-250.

An der westlichen Seite der Hafenbucht bietet eine **Weinstube** Schinken und Käse an.

Konoba **Da Pipo**, westlich von Povlja in der Bucht Luka; → Pučišća.

Baden/Wandern   Gute Bademöglichkeiten an Kies- und Felsbadeständen in den umliegenden Badebuchten, z. B. in der **Luka-Bucht**. Wanderwege führen die Küste entlang.

Tauchen   Adria Diving Povlja (niederl. Ltg.), ✆ 091/9024-924 (mobil), www.adria-diving.com. Es werden auch Tauchpakete inkl. Übernachtung in Appartements in der Umgebung organisiert.

Pučišća

Die alte Stadt an der fjordähnlichen Bucht ist die Stadt der Steinmetze – und mit 1700 Einwohnern größter Ort der Insel. Baudenkmäler aus unterschiedlichsten Epochen, Kalksteinhäuser und Kalksteinbrüche prägen Pučišćas Stadtbild. Hier ist Europas einzige Steinmetzschule ansässig.

Stattliche Gebäude, zwei Wehrtürme und die Pfarrkirche mit Zwiebelturm und Schatzkammer reihen sich um das mit Tamarisken bepflanzte Hafenbecken; darum herum eine gotische Kirche, Renaissancekastelle, Barockbauten, dazwischen kleine Natursteinhäuser, die sich die Hänge hinaufziehen.

Am Ende der langen Bucht befindet sich der größte **Marmorsteinbruch** der Insel. Der Bračer Marmor ist weltberühmt und kommt, neben der weißen und grauen Farbe, auch in roséfarbenen bis korallenroten Schattierungen vor. Dies ist der Stein der Kardinäle, sagt man, und deshalb wird er auch gerne in Kirchen verwendet. Papst Johannes Paul II. erhielt bei seinem dritten Besuch ein Steinkreuz aus korallenfarbenem Marmor.

Nach dem Zweiten Weltkrieg eröffneten die *Jadrankamenwerke* den Steinbruch. Es wird in zwei Schichten und mit modernsten italienischen Maschinen gearbeitet, die gleichzeitig horizontal wie vertikal schneiden können. Doch es kann gar nicht schnell

Steinmetzschule (Klesarska Škola) in Pučišća

Ganz schön weiß und staubig ist das lichtdurchflutete Atelier der einzigen Steinmetzschule Europas. Rund 13 Professoren unterrichten 110 Studenten, die die Handbearbeitung des Steins, wie Oberflächenbehandlung, Ausarbeitung von Profilen und Ornamenten nach alter römischer Steinmetztechnik mit klassischen manuellen Werkzeugen in individuellen Unterrichtseinheiten erlernen. Natürlich gibt es auch Elektrowerkzeuge. Innerhalb von vier Jahren werden die Studenten hier zu Steinmetztechnikern ausgebildet, mit der Möglichkeit zur Weiterbildung an Hochschulen (u. a. Fakultät Architektur, Bergbau, Akademie für Bildende Künste) oder in drei Jahren zum Steinmetz oder Bildhauer. Natürlich besteht auch eine enge Zusammenarbeit mit der hier ansässigen Firma Jadrankamen, in der die Studenten ihr Sommerpraktikum mit modernster Technologie für maschinelle Steinbearbeitung absolvieren können. Für begabte Schüler ist sicherlich das Sommerpraktikum in Zagreb an der renommierten Akademie der Bildenden Künste ein Highlight.

21412 Pučišća, am Hafenbecken, ℡ 021/633-114, www.klesarskaskola.hr. Besuchertag ist Do von 20 bis 22 Uhr.

genug produziert werden, um die Aufträge abzuarbeiten. Wartezeiten bis zu zwei Jahren sind üblich und die Bestellungen kommen bis aus den USA, 70 % des Exports gehen nach Italien. Das meiste Geschäft wird mit Platten gemacht, meist für die Fassadenverkleidung – rund 400.000 m^3 Platten und 20.000 cm^3 Rohblöcke werden pro Jahr gebrochen und geschnitten. Fünf weitere Steinbrüche gibt es in der Umgebung.

An Sehenswertem ist die im Pfarramt aufbewahrte *Urkunde von Povlja* aus dem Jahr 1184 hervorzuheben, die älteste Urkunde in kroatischer Sprache. Die Pfarrkirche **Sv. Jerolim** wurde 1566 errichtet und 1750 in barockem Stil vergrößert – himmelblaue Stuckdecke, Glasperlenleuchter im gleichen Farbton hängen herab. Das bunte Glasmosaikfenster taucht das großzügig gestaltete Kircheninnere in ein angenehmes Licht. Über dem Hauptaltar ist auf einem Holzrelief der Schutzpatron der Stadt, der hl. Hieronymus zu sehen, sowie der hl. Rochus, ein Werk von *Palma dem Jüngeren*. Die **Renaissance-Kirche auf Batak** wurde 1533 von dem Patrizier *Ciprijan Žuvetić* erbaut, der hier neben Braćer Steinmetzen und Baumeistern auch seine letzte Ruhestätte fand. Richtung Postira steht das altkroatische Kirchlein **Sv. Juraj** mit einem Relief des Patrons, es zeigt den hl. Georg im Kampf mit dem Drachen.

Geschichte: Das *Jupiterdenkmal* und ein römisches Grabmal zeugen von Pučišćas früher Besiedelung. Im 11. Jh. kamen die Benediktiner und gründeten ein Kloster, von dem nur noch die Kirche auf dem heutigen Friedhof geblieben ist. Einst reichte der Meeresspiegel bis zu den sieben *Wehrtürmen*, von denen noch zwei erhalten sind. Und von den einst 13 Kastellen stehen heute nur noch sieben. Pučišća hatte sich gegen die Türken gut verschanzt, unter den Venezianern galt es als *castrum* (Festung). Das erste Kastell erbaute *Ciprijan Žuvetić* 1467 am Hafen. Ebenso das Kastell *Aqvilin,* heute ein Restaurant, sowie das Kastell der Familie *Dešković* bei der Pfarrkirche. In dieser Zeit entwickelte sich Pučišća zum kulturellen Zentrum der Insel. 1516 wurde die erste Schule gegründet und die Stadt brachte fähige Schriftsteller (*Jure Žuvetić*, 16. Jh.; *Sabo Mladinić*, 17. Jh.) und Bildhauer (*Branko Dešković*, 1883–1939) hervor. Doch die lang währende Türkengefahr verhinderte, dass sich Bildhauerkunst und Bautätigkeit weiter entwickeln konnten.

Information Touristinformation, am Hafen (Südseite), 21412 Pučišća. Mitte bis Ende Juni 8–12 Uhr, Juli–Sept. 8–12/17.30–20.30 Uhr. ✆ 021/633-555, www.tzo-pucisca.hr .

Agentur Grikula, neben zugehörigem Bistro Fontana, ganzjährig geöffnet. ✆ 021/633-515, www.apartmaji-grikula.net.

Essen & Trinken Bistro Fontana, ganzjährig geöffnet, einfache Gerichte, aber auch Infos (→ Agentur Grikula).

Konoba Lado, am Hafenbecken, mit schöner Terrasse und guten Gerichten; lecker sind u. a. die Ćevapčići oder gegrillten Sardinen. Mai–Nov. 11–24 Uhr. ✆ 021/633-069.

Restaurant-Pension Lučica, am westlichen Buchtbeginn im Pinienwald mit Terrasse unter Kiefern. Spezialitäten sind Fischgerichte, u. a. Fischpastete oder Scampi buzzara, aber auch Lamm. Mai–Sept. ✆ 021/633-262.

》》 Mein Tipp: Konoba-Pension Da Pipo, Natursteinhaus mit Gärtchen und Terrasse an der fast unbewohnten Bucht vor Luka (im Südosten von Pučišća, schon fast bei Povlja). Es gibt Fisch und Lamm vom Grill, dazu Gemüse aus Eigenanbau. Kiesstrand vor dem Haus, für Boote (bis 4,5 m Tiefgang) Anleger. Zimmer- und Appartementvermietung, 70–80 € 2–4 Pers. Uvala Luka, ✆ 021/633-096, 098/256-315 (mobil). 《《

Konoba Rojen, ebenfalls in der großen Bucht Luka und nur per Boot zugänglich; hier werden beste Fischgerichte serviert, auch die Fischsuppe wird sehr gelobt – alles bei sehr freundlichem Service. Mai–Okt. ✆ 021/633-051, 098/9574-537 (mobil).

Bistro Kameni Cvit, wirkt von außen sehr einfach, bietet aber beste hausgemachte Torten und Gebäck – bestens auch zum Frühstücken.

Pučišća – die Altstadt mit prachtvollen Häusern liegt rund um den Hafen

Übernachten   Privatzimmer ab 30 €/DZ, Appartements z. B. für 2 Pers. ab 40 €. U. a.: **Fam. Bauk Marija**, Ul. sv. Roka 1, ✆ 021/633-144.   **Appartements Roberta**, gehört zu Agentur Grikula, 2–6 Pers. ab 50 €.

**** **Hotel Palača Dešković**, am Hafenbecken vor der Kirche liegt der stilvoll renovierte 500 Jahre alte Prachtbau mit einem der erhaltenen Wehrtürme, Innenterrasse und riesigem Garten auf der Südseite. Die 14 Zimmer sind mit antikem Mobiliar versehen, sehr gute Ausstattung insgesamt. Im großen Restaurantraum sind moderne Bilder der Eigentümerin und Künstlerin Ružica Dešković zu sehen. Gute Küche mit frischen Produkten. Anleger am Hafen, bei größeren Jachten vorherige Anmeldung erbeten. Mai–Sept. geöffnet. DZ/F 206–248 €. Trg sv. Jeronima 4, ✆ 021/778-240, www.palaca-deskovic.com.

Baden/Mountainbiken: Baden kann man an Fels- und Kiesbadestränden am westlichen Küstenabschnitt. Kurz vor dem Marmorsteinbruch liegt die **Lužica-Bucht** mit Kiesstrand. Im Sommer gibt es vom Hafen einen kostenlosen Bootstransfer dorthin. 5 km in Richtung Postira folgt die **Konopjikova-Bucht**, kurz danach die **Lovrečina-Bucht** (Basilika, → Postira) mit Sand und Kies, auch Wohnmobile stehen hier gerne; auf beiden Parkplätzen werden im Sommer Gebühren erhoben. Von hier kann man per Mountainbike auf einem schönen Makadamweg in 4 km am Meer entlang nach Postira gelangen. Östlich von Pučišća liegt in ca. 4 km Entfernung die zerlappte **Luka-Bucht** mit Kiesstränden. Zu erreichen ist sie am besten per Boot oder über Makadam. Hier liegt die *Konoba-Pension Da Pipo* (→ Essen).

Postira

Der kleine, lebendige 1000-Einwohner-Ort ist umgeben von Treibhausflächen, Zitrusplantagen, Laubbäumen, Palmen und blühendem Oleander.

In den engen kopfsteingepflasterten Altstadtgassen steht eingezwängt die Pfarrkirche. Bei feindlichen Angriffen musste sie als Festung herhalten, wovon die Schießscharten in der Apsis zeugen – von ihrem Erscheinungsbild aus dem 16. Jh. ist sonst nichts mehr erhalten.

Um das Hafenbecken reihen sich Eisdielen und Restaurants. Das **Renaissance-palais** am Hafenbecken mit an der Südmauer eingravierten religiösen Zitaten ist das Geburtshaus des kroatischen Dichters, Partisanen und Politikers *Vladimir Nazor* (1876–1949). Ihm zu Ehren wurde ein Denkmal errichtet (→ Kasten S. 190 und Bobovišća na Moru). Auch der kroatische Dichter *I. Ivanišević* (1608–1665) und der Bildhauer *N. Lazanić* (16. Jh.) wurden in Postira geboren.

Um Postira herum zeugen Funde aus der Römerzeit von früher Besiedlung. 1347 wird Postira erstmals als *Postirna* erwähnt. Flüchtlinge vom Festland gründeten den heutigen Ort. Die Einwohner leben von Ackerbau und Fischfang – in jüngster Zeit kommt der Tourismus dazu. In der *Lovrečina-Bucht,* östlich von Postira, stehen die Ruinen einer altchristlichen, dreischiffigen Basilika aus dem 5. bis 6. Jh. Ab dem 11. Jh. lebten hier Benediktiner. Auch Reste eines römischen Wirtschaftsgebäudes und Spuren einer Deichanlage sind zu erkennen.

Ortsauswärts, nun am Berg, ist die neue große *Sardinenfabrik* ein wichtiger Wirtschaftsfaktor für den kleinen Ort (hier kann man werktags auch gut einkaufen).

Information Touristinformation, Strančica 3 (kurz vor dem Hafenbecken), 21410 Postira. 9–11 Uhr. ☏ 021/632-966, www.postira.hr.

Agentur Virtus, beim Hotel Pastura, ganzjährig geöffnet. ☏ 099/2022-003 (mobil). www.discoverbrac.com. Zimmervermittlung, Fahrrad-, Roller- und Autoverleih.

Übernachten Gute Website des Tourismusverbandes mit zahlreichen Angeboten und Ortsplan. **Privatzimmer** ca. 25 €/DZ, **Appartements** z. B. für 2 Pers. 30 €.

**** Hotel Vrilo**, an der Ostseite des Hafenbeckens. Es gibt Restaurant und Wellnesscenter; kein hoteleigener Strand. 15 Zimmer und Suiten mit kleinen Balkons und Blick aufs Meer. Geöffnet Mai–Okt. DZ/F ca. 120 €. Infos (gleiche Ltg.) → Hotel Pastura, ☏ 021/740-000.

**** Hotel Pastura**, direkt am Meer mit Restaurant und Café. Nettes, gut geführtes 43-Zimmer-Hotel, auch Appartements (4–6 Pers.), WiFi, schöner Außenpool, Sauna etc. Wird gerne in der Nebensaison von Radlergruppen besucht. DZ/F 132 € (TS 154 €). ☏ 021/740-000, 632-100, www.hotelpastura.hr.

**** Hotel Lipa**, am Hafenbecken; 28 modern ausgestattete Zimmer, Wellnesscenter und ein gutes Restaurant mit Café (ganzjährig); das Hotel ist Ostern–Okt. geöffnet. DZ/F 132 € (TS 154 €). Infos über Hotel Pastura, ☏ 021/632-100.

Essen & Trinken Restaurant-Café Lipa, große moderne Terrasse und helles großzügiges Inneres; Pizza und Grillgerichte. Ganzjährig.

»» Mein Tipp: Konoba Bracera, auf der Ostseite der Altstadthalbinsel, direkt am Meer mit herrlichem Blick auf das Küstengebirge. Hier isst man bestens Fischgerichte und leckere Muschelgerichte. Geöffnet Mai–Okt. Zastivanja 6, ☏ 099/1913-760 (mobil). **««**

Konoba Guštirna, oberhalb vom Hafenbecken in Natursteingemäuer. Spezialitäten sind Lamm vom Grill oder aus der Peka. Kogola, ☏ 091/1636-494 (mobil).

Strandbar/Restaurant Lovrečina, 6 km östlich an der gleichnamigen Bucht. Juni–Okt. 11–20 Uhr.

Baden/Mountainbiken: An der Nordspitze der Altstadt liegt der gepflegte *Stadtstrand* mit Feinkies, westlich des Orts die Sand- und Kiesbucht *Prvlja*. Weitere Badebuchten finden sich gen Osten in Richtung Splitska (3 km) und v. a. in Richtung Pučišća – schöne Makadamwege führen am Meer entlang, also bestens auch für das Mountainbike und zum Wandern; u. a. *Lovrečina-Bucht* (6 km östl.) in einem fruchtbaren Tal. Zypressen begrenzen die Sandbucht, dahinter liegen die Ruinen der frühchristlichen Basilika. Motorbootverleih am Hafen durch Privatpersonen. Landeinwärts geht's in rund 2 bis 3 km ins fruchtbare Tal nach Dol.

Dol – ein verschlafener und verschachtelt erbauter Ort, der Naschkatzen anzieht

Abstecher nach Dol

In einem fruchtbaren Tal, von Postira landeinwärts, liegt der kleine, wehrhafte 200-Einwohner-Ort. Zusammengedrängt stehen die plattengedeckten Natursteinhäuser auf dem Fels. Am Ortsende blickt man rundum auf Höhlen. Im Talbett klebt an einem vogelähnlichen Fels ein Haus. Am Dorfende, etwas erhöht, stößt man auf eine pinkfarbene **Kapelle**. Ein Makadam führt weiter ins Tal und in die Berge. Um den Ort ziehen sich kiefernbewachsene Hügel, Wein- und Olivenfelder, zudem lockt Dol inzwischen als Kuchenparadies (→ Essen), absoluter Renner ist der mit Walnüssen gefüllte und in Honig getränkte *Hrapoćuša*.

Am Ortseingang führt ein steinernes Brücklein über den Bach zur **Pfarrkirche** aus dem Jahr 1866. Sie ist in geschlossener Form erbaut, mit halbrundem Giebel und wehrhaftem, mit Schießscharten versehenem Glockenturm. Den Kirchplatz umgibt eine große Wiese mit Laubbäumen, es duftet nach Minze.

Dol wird 1137 erstmals erwähnt und liegt von allen Orten im Landesinneren dem Meer am nächsten – nur 2 km sind es von Dol nach Postira. In der Umgebung stehen etliche altkroatische Kirchen: **Sv. Mihovil** (9.–11. Jh.), deren Kirchentor aus einem Sarkophag gefertigt wurde, westlich von Dol **Sv. Vid** (11.–12. Jh.) mit Resten einer Altarschranke. Geht man den Talweg landeinwärts, stößt man auf den alten Weg zwischen Nerežišća und Pražnice und auf die Kirche **Sv. Barbara** (10. Jh.). Die Glocke der Friedhofskapelle **Sv. Petar** ist die älteste der Insel (14. bis 15. Jh.).

Übernachten/Essen Konoba Toni, im 300 Jahre alten Natursteinhaus in der Ortsmitte sitzt man hübsch unter der schattigen Weinlaube vor dem Haus. Es gibt Fisch, Lamm, Käse, hausgemachten Wein und Schnaps, eigenes Olivenöl und biologisch angebautes Gemüse und Obst; zudem natürlich Hrapaćuša. ✆ 021/632-693, 091/5166-532 (mobil).

🌿 Konoba Stori Gušti, liegt versteckt am Ortsende von Dol. Das junge Ehepaar Katarina und Mario Dominis glänzt mit Torten und Kuchen (u. a. Windkuchen, Orangentorte), natürlich auch mit Hrapaćuša und Fritule. Es gibt auch Lamm am Spieß oder Hühnchen. Ostern–Okt. geöffnet. ✆ 091/7876-969 (mobil). ∎

Blick auf Splitska und das imposante Küstengebirge Biokovo

Mitteldalmatinische Inseln

Splitska

Ein kleiner Ort mit alten Häusern, Befestigungsturm und dem Kirchlein mit dem berühmten Muttergottes-Gemälde von Bassano. Zudem ist Splitska berühmt für seinen marmorartigen weißen Kalkstein.

Um das Hafenbecken des 200-Einwohner-Dorfs stehen gedrungene Palmen, Natursteinhäuser drängen sich, von wuchernden Gärten umgeben, am Hang, zwischen den Gassen lugt spitz der Kirchturm hervor. Die **Pfarrkirche** wurde auf Fundamenten einer im 13. Jh. erbauten Kirche errichtet und im 16. Jh. umgestaltet. Am hölzernen Renaissancealtar steht das Altarbild „Madonna mit Heiligen" von *L. Bassano* (1577–1622). An der Straßenkreuzung nach Škrip erhebt sich das **Renaissance-Kastell** der Familie *Cerinić* von 1577, bestehend aus drei Gebäuden, die um einen Wehrturm herum miteinander verbunden sind. Das Kastell birgt wertvolle Gemälde und zählt zu den schönsten Befestigungsanlagen von Brač. An der Straße Richtung Škrip stehen die Ruinen der altchristlichen Kirche **Sv. Jadro** (6.–7. Jh.).

Die Römer liebten offenbar den weißen, marmorartigen Bračer Stein und nachdem sie die Insel erobert hatten, eröffneten sie in der Umgebung von Splitska und Skrip einige Steinbrüche und ließen ihre Sklaven darin schuften. Weltbekannte Bauwerke wurden mit dem begehrten Kalkstein errichtet: der Diokletianspalast in Split, die Kathedrale von Trogir, das Wiener Parlament, das Reichstagsgebäude in Berlin und das Weiße Haus in Washington. Splitska war auch Verladehafen für die in den Steinbrüchen vorgefertigten Quader. Heute gibt es noch drei Steinbrüche zwischen Splitska und Škrip, die man bestens auf dem markierten Wanderweg, dem *Herkules-Weg* (Holzschild im Ortszentrum von Splitska), erkunden kann.

Information   Tourismusverband, 21410 Splitska. Nur Juli/Aug. geöffnet (danach über Supetar). ℡ 021/630-551.

Übernachten/Essen   *** Restaurant-**Pension Panorama**, oberhalb des Ortes an der Inselstraße; von der Terrasse bietet

sich ein herrlicher Blick auf die Hafenbucht und das Küstengebirge. Familiär und
gut geführt, leckere Küche und deutschsprachig. Studio 47–49 €, Frühstück 7 €/
Pers. ℡ 021/717-209, www.pension-panorama-
brac.com.

Konoba kod Tonča, bei der Kirche. Spezialitäten sind Lamm und Pašticada. Mai–Okt.
℡ 021/632-266.

Baden In der Umgebung von Splitska Badebuchten am Pinienwald.

Die Insel Brač – Gedanken von Vladimir Nazor

„In der Vergangenheit der Insel Brač gibt es keine Sensationen, keine drama-
tischen Momente, keine Begebenheiten für epische Gedichte und Tragödien,
für romantische Erzählungen und Romane: Das menschliche Schicksal
entwirrt sich hier langsam und fließt leise dahin und ist dennoch oft von
langen und schweren Kämpfen erfüllt und dadurch unerbittlich und streng.
Die Blutstropfen, einmal für immer vergossen, schreien zum Himmel, und

jeder hört sie; die Ströme von
Schweiß, der jahrhundertelang die Stirne herabfloss,
hat lautlos die stumme Erde auf-
gesogen. Der Aufschrei des
Zorns schallt weithin, und der
Seufzer des Leidens erstirbt
ohne Schall.

Wessen Geschichte ist schwerer zu durchschauen, zu erklären, zu beschreiben, zu ent-
hüllen: die Geschichte des
Schweißes oder die des Blutes;
die Geschichte der zornigen
Schreie oder die der Seufzer?
Die Antwort ist einfach: Die
Geschichte dessen, was nicht
grell aufschreit, was alltäglich
und immer gleich ist, der tiefe
Grund und die noch tiefere
Wurzel menschlichen Gesche-
hens, das ist die Geschichte,
wahre menschliche Geschichte. Aber sie ist schwerer zu
schreiben als die andere."

Vladimir Nazor, 1940

Abstecher nach Škrip

Das älteste Dorf der Insel ist heute ein einziges Freilandmuseum und zu Stoßzeiten
wird man von Bildungshungrigen aller Nationen fast überrannt.

Bei Škrip bauten schon die Illyrer ihre Zyklopenmauern, die sie den Griechen abge-
schaut hatten. Im nahen Steinbruch ist ein römisches Herkules-Relief gut erhalten.
Im 7. Jh. trafen römische Flüchtlinge aus Salona ein, im 9. Jh. wurde Škrip von Kroaten aus Neretva erobert. Der Škriper **Friedhof** ist der größte Römerfriedhof der Insel. Die Friedhofskirche stammt aus romanischer Zeit.

In Škrip lebten die einfachen Leute in kleinen Bauernhäusern, aufgeschichtet aus
Steinplatten und mit ebensolchen gedeckt. Auf dem Platz erhebt sich die im 18. Jh.
erbaute Barockkirche **Sv. Jelena**, aus deren Turm ein Bäumchen sprießt, gegenüber
die **Burg** und das **Schloss** aus der Zeit der Türkenkriege. Im **Museum** (Mai–Okt.
tägl. 8–20 Uhr, danach auf Anfrage bei Fr. Andrea, ☎ 091/6370-920; Eintritt
15 KN) sieht man Funde vor allem aus der Römerzeit: die Herkulesstatue, das Mausoleum, Sarkophage, daneben kroatische Volkskunst und das Wappen der Burg-
familie – ein Gockel auf einem Sockel, an dessen Stamm sich eine Schlange nach
oben ringelt.

Olivenöl-Museum (Muzej ulja): Im hübschen Häuschen ist u. a. die alte Ölpresse
von 1864 zu besichtigen (April–Mitte Okt. 9–20 Uhr, danach 9–15 Uhr; ☎ 095/
8114-643, mobil; Eintritt 15 KN).

Zum Wandern lockt der *Herkules-Weg* (→ Splitska).

Übernachten/Essen   Restaurant-Villa
Skula, hübsches Natursteinhaus, umgeben
von einem prachtvollen Garten und mit
Pool; die Zimmer sind modern eingerichtet.

Auf der lauschigen Terrasse gibt es Peka-
Gerichte, Fisch und Eintöpfe, für Hausgäste
auch Frühstück. Juni–Okt. ab 11 Uhr. Stjepana Puliševića 13, ☎ 091/1265-082 (mobil).

Škrip – das Museum mit seinem weiß gekalktem Dach und der Römerfriedhof

Mitteldalmatinische Inseln

Hvar – „der" Touristenmagnet der Insel wird von seiner Festung bewacht

Insel Hvar

Lavendelinsel wird Hvar genannt – zu Recht: Im Juni ist sie von einem lila-farbenen Blütenteppich bedeckt. Auch Rosmarin und Salbei sprießen im milden Klima der hügeligen Macchialandschaft. Sehenswert ist das alte Städtchen Hvar mit der Festung, pittoresk in die subtropische Vegetation eingebettet. Zum Baden locken die vielen Buchten entlang der meist noch unberührten und unverbauten Küste.

Zwar ist Hvar inzwischen teils überlaufen, nicht zuletzt wegen seiner hervorragen-den Schiffsverbindungen, doch ihre landschaftlichen Reize hat sie bewahrt. Die In-sel wegen ihres Klimas und der Vegetation mit dem Titel „Madeira der Adria" aus-zuzeichnen, ist jedoch etwas hoch gegriffen. Der Tourismus konzentriert sich auf *Hvar*, *Stari Grad*, *Jelsa* und ein wenig auf *Vrboska*. Im Osten der Insel rührt sich bisher noch wenig – kleine, alte Siedlungen liegen an der Inselstraße, Stichstraßen, teils auch mit Asphalt, führen zu Buchten und Fischerhäfen.

Die 68 km lange, spindelförmige Insel ist nach Cres die zweitlängste und mit rund 300 km^2 die viertgrößte der Adriainseln. 84 km windet sich die schmale Inselstraße von West nach Ost. Im Südwesten erheben sich die höchsten Berge: *Sveti Nikola* (626 m) und *Hum* (603 m). Überall duften Lavendel, Rosmarin, Salbei und andere bekannte Gewürzkräuter wie Thymian und Bohnenkraut. Neben Weinstöcken und Olivenbäumen gedeihen Palmen, Zitronen, Orangen, Feigen, Johannisbrot und Zy-pressen. Hauptsächlich leben die 11.000 Inselbewohner von Weinanbau und Vieh-zucht – die Lämmer von Hvar sind eine Inselspezialität. Früchte der Landarbeit sind Olivenöl, Feigen und die aromatischen Pflanzen, besonders Lavendel, aus dem

Öl gewonnen wird. Bedeutend ist auch der Fischfang – immer noch gibt es reiche Fanggründe um Hvar.

Wichtiges auf einen Blick

Telefonvorwahl 021

Fährverbindungen Die Insel Hvar ist mit Fährlinien bestens versorgt (am besten vorab erkundigen, teils sehr verwirrend).

Trajekt Stari Grad–Split (Jadrolinija): bis zu 6-mal tägl. (2 Std. Fahrzeit) zwischen 5.30 und 20 Uhr; Pers. 47 KN, Auto 318 KN.

Trajekt Sućuraj–Drvenik (Jadrolinija): bis zu 11-mal tägl. (35 Min. Fahrzeit) zwischen 5 und 22 Uhr; Pers. 16 KN, Auto ab 108 KN.

Katamaran Split–Hvar–Vela Luka–Ubli (Jadrolinija): ganzjährig 1-mal tägl. Abfahrt Split 15 Uhr, Ende Sept.–Ende Mai um 14 Uhr .

Katamaran Split–Hvar–Korčula (Jadrolinija): ganzjährig 1-mal tägl.; Abfahrt Split Ende Sept.–Mitte Juni 16 Uhr; Mitte Juni–Ende Sept. 3-mal tägl. von Split, nach Korčula jedoch nur 1-mal.

Katamaran Split–Hvar–Prigradica (Insel Korčula)–Korčula (Jadrolinija): Ende Mai–Ende Sept. 1-mal tägl.

Katamaran Split–Milna (Insel Brač)–Hvar (Jadrolinija): Ende Mai–Ende Sept. 1-mal tägl., unterschiedliche Abfahrtszeiten in Split (nur Di Stopp in Milna).

Katamaran Split–Milna–Hvar–Vis (Krilo): 1- bis 2-mal tägl. (Milna nur in HS).

Katamaran Split–Milna–Hvar–Korčula–Dubrovnik (Krilo, Highspeed Kapetan Luka): 1-mal tägl.

Katamaran Jelsa–Bol–Split (Jadrolinija): 1-mal tägl. Abfahrt Jelsa 6 Uhr (So 7 Uhr).

Küstenlinie Rijeka–Split–Stari Grad–Korčula–Sobra–Dubrovnik (Jadrolinija): Diese Linie wurde ab 2015 eingestellt.

Trajekt Stari Grad–Ancona (Jadrolinija): Juli/Aug. 2-mal wöchentl. (Fahrzeit 9:30 Std.).

Schnellboot Stari Grad–Pescara (SNAV): nur Personenbeförderung, Ende Juni–Ende Aug. 3-mal wöchentlich (4:30 Std.).

Flüge Die Insel Hvar verfügt auch über einen Flugplatz für Panoramaflüge (→ Stari Grad).

Wasserflugzeug ECA (www.ec-air. eu): Jelsa (Stadthafen)–Resnik (Hafen am Meer, nahe Split-Flughafen), 13 Min., 3- bis 5-mal tägl. (→ Jelsa).

Busverbindungen Busse fahren alle Inselorte mehrmals tägl. und v. a. zu Fährabfahrtszeiten an.

Banken in Hvar, Stari Grad, Jelsa, Vrboska und Sućuraj, zudem in den Hauptorten etliche Bankomaten. *Achtung* – jedoch nicht an der Südküste!

Post in allen Orten, in den kleinen nur bis mittags geöffnet.

Tankstellen in Hvar, Stari Grad, Vrboska und Jelsa.

Straßen Auf Hvar sind nur noch einige Straßen sehr schmal und nicht befestigt – es wurde verbreitert und ausgebaut! Die Hauptstrecke von Hvar über Starigrad, Jelsa bis nach Poljica (15 km östlich von Jelsa, Fertigstellung 2015) ist nun ausgebaut. Die letzten 10 km bis zum Fährort Sućuraj sind noch auf der schmalen Inselstraße zu befahren (Achtung v. a. nachts aufpassen!).

Die Touristen kommen aufgrund der guten Festlandsverbindung, der landschaftlichen Schönheit und vor allem auch, weil Hvar nach Dubrovnik das angenehmste und mildeste Klima an der dalmatinischen Küste hat. Manche kommen deshalb auch im Winter – und um das milde Klima noch mehr herauszustreichen, nahmen früher Hoteliers an einem Wintertag mit Schnee oder Temperaturen um den

Mitteldalmatinische Inseln

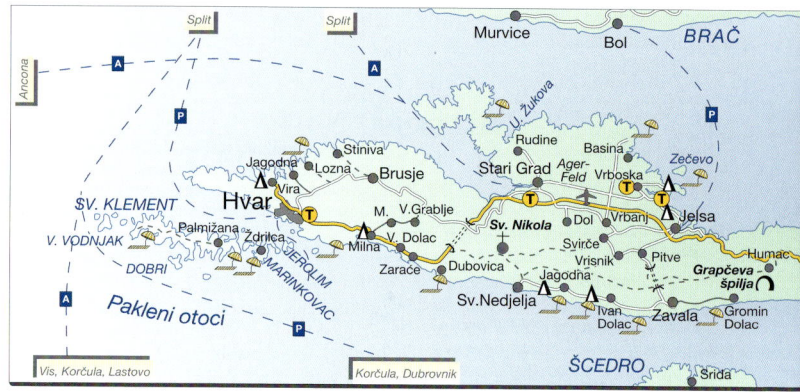

Nullpunkt keine Bezahlung. Für Besucher ist Hvar wegen der zahlreichen Badebuchten anziehend, aber auch wegen der Stadt Hvar, die neben Rab und Korčula zu den beliebtesten und schönsten Städtchen auf den Inseln zählt und deshalb oft überlaufen ist. Für Wanderer und Mountainbiker wurden reizvolle Wege über die ganze Insel angelegt, auf denen sich die Schönheiten der Insel geruhsam entdecken lassen. Besonders schön ist der Westen der Insel (im Osten leider nur die schmale Inselstraße), wo vor allem den Radlern ein breites Wegenetz zur Verfügung steht. Fahrradkarten sind in den Touristeninformationen erhältlich. Inselspezialitäten sind die Öle aus Lavendel und Rosmarin. Fast jedes Dorf hat seine eigene Destillierwerkstatt; das Öl wird an die Industrie und in letzter Zeit auch an Touristen verkauft. Sehr gut und rein ist auch der Honig, besonders lecker natürlich der Rosmarinhonig.

Gute Weine wie der rote, trockene *Plavac* wachsen in der Ebene zwischen Stari Grad und Jelsa, der im Laden unter dem Namen *Faros* verkauft wird. In derselben Region sowie an der Südküste reift der weiße *Bogdanuša*. Salzfische aus Vrboska und Jelsa, der aromatische *Prošek*, der mit verschiedenen Kräutern versetzte *Raki*, Feigen mit Mandeln und Lorbeerblättern sowie natürlich Schinken und Käse sind weitere Inselspezialitäten.

Geschichte

Im 4. Jh. v. Chr. gründeten Griechen von der Insel Paros (Kykladen) eine Stadt beim heutigen Stari Grad. Die Stadt hieß *Pharos* – der Inselname Hvar ist davon abgeleitet. Nahe der heutigen Stadt Hvar entstand eine weitere griechische Siedlung. Im 3. Jh. eroberten die Römer die Insel, im 7. Jh. kamen die Neretljaner und nach den ungarisch-kroatischen Königen die Venezianer. Im 15. Jh. bildeten sich Bruderschaften, um die sich jeweils ganze Ortschaften entwickelten und die so etwas wie ein politisches Bewusstsein schufen. Ein Reeder aus Vrboska ermutigte die Leute zu einem Aufstand. Es ging um die Gleichstellung von Bürgern und Adel, die Anfang des 17. Jh. auch erreicht wurde. Dazwischen sorgten die Venezianer und die Türken für Blutvergießen. Mit kurzen Unterbrechungen durch die Franzosen gehörte Hvar von 1797–1918 zu Österreich. Danach kam die Insel zum jugoslawischen Königreich. Dampfschifffahrt und der Tourismus brachten der Insel schließlich einen neuen wirtschaftlichen Aufschwung.

Lavendel und Rosmarin

Lavendel: Die Büsche wurden zwischen dem Ersten und Zweiten Weltkrieg auf Hvar angepflanzt und kultiviert. Blütezeit ist Juni und Juli. Im August wird der Lavendel geschnitten und aus den Blütenähren das Öl gewonnen. Eingesetzt wird es zur Herstellung von Parfüms, es wirkt aber auch krampflösend, magenstärkend und wird äußerlich zur Wundheilung angewendet. Bis heute dient Lavendel auch als Insektenschreck und hält zum Beispiel Motten auf Distanz; zudem gilt Lavendel als Duft für die Seele.

Rosmarin: Auch diese alte Gewürz- und Heilpflanze wird auf Hvar kultiviert. Ihr medizinischer Wert beruht auf dem hohen Gehalt an ätherischen Ölen. Rosmarin aktiviert den Kreislauf, stimuliert das Nervensystem und steht im Gewürzregal fast jeder Küche; äußerlich angewendet wirkt es krampflösend und lindernd bei Rheuma: Das berühmte „Aqua Reginae Hungariae", ein Gemisch aus Rosmarin, Lavendel und einer Minzensorte, befreite Königin *Isabella* von Ungarn von ihren Gelenkschmerzen.

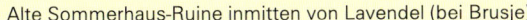

Alte Sommerhaus-Ruine inmitten von Lavendel (bei Brusje)

Blick auf das schmucke Hvar, die Pakleni otoci und millionenschwere Jachten

Hvar

Das Bilderbuchstädtchen mit seinen 4000 Einwohnern liegt an einer geschützten Bucht an der Südwestküste der Insel. Überragt wird Hvar von
seiner Festung, mit schönstem Blick über die Altstadt und die vorgelagerten Inseln Pakleni otoci.

Steht man im Frühjahr oder Herbst, wenn einem die Palmen milde Meeresluft zu-
fächeln, am Kai dieses „Winterkurortes", kann man den auf- und abschaukelnden
Fischerkähnen verträumt zusehen oder staunend auf die millionenschweren Jachten, die im Stadthafen ankern, blicken. In der Hochsaison wird es allerdings eng,
nicht nur bei den Ankermöglichkeiten, auch entlang der Promenade und am
Hauptplatz, zwischen Souvenirständen, Porträtmalern und Lokalen, zählt das
Städtchen doch zu den beliebtesten Touristenzielen in Kroatien. Neuerdings wird
es gern auch von Jugendlichen, besonders aus England, aufgesucht. Rund 600.000
Übernachtungsgäste werden hier jährlich gezählt. Wer dann mehr Ruhe sucht, be-
gibt sich auf Schusters Rappen oder mietet ein Boot, um die Gegend um Hvar oder
die zahlreichen Inseln und Buchten zu erkunden, und wird in der herrlichen
Landschaft mehr Stille finden.

Geschichte

Im Gegensatz zu Stari Grad war Hvar, einst eine griechische und römische Siedlung, über die Jahrhunderte unbedeutend. Erst 1278 wurde das Städtchen Sitz der
Gemeinde und des Bistums der Insel. Bebaut war damals die Nordseite des großen
Platzes unterhalb der einstigen illyrischen Festung. Von den Venezianern wurde sie
erneuert, ebenso die Stadtbefestigung und das Arsenal. 1571 kam es bei einem Tür-
kenangriff zu einer großen Pulverexplosion, und alles lag wieder in Trümmern.

Eine Besonderheit Hvars ist das Theater: Seit dem 14. Jh. führte man religiöse Theaterstücke vor der Kathedrale auf. Das Zeitalter des Humanismus brachte bekannte Dichter hervor wie *Petar Hektorović* in Stari Grad und *Hanibal Lucić*. 1612 wurde das von den Türken zerstörte Theater im wieder aufgebauten Arsenal neu eingerichtet – es war damit eines der ersten europäischen Gemeindetheater. Auch die Stadtbefestigung wurde erneuert, und die Franzosen bauten auf dem Berg östlich der Stadt die Festung Sv. Nikola. Bereits seit 1868 bemüht sich der touristische Verein um seine Gäste.

Basis-Infos

Information Touristinformation (TZG), Trg Svetog Stjepana (im Arsenal), 21450 Hvar, ✆ 021/742-977, 741-059, www.tzhvar.hr. Tägl. Juni–Sept. 8–14/15–21 Uhr, Mai und Okt. 8–14/16–19 Uhr, sonst Mo–Sa 8–14 Uhr.

Fontana Tours, Uferpromenade (neben Post), ✆ 021/742-133, www.happyhvar.com. Privatzimmer und Raftingtouren (Cetina).

Agentur Navigare, Trg Sv. Stjepana 1, ✆ 021/718-721, www.renthvar.com. Vermietung von Booten, Autos, Scootern, Fahrrädern.

Atlas, neben Hotel Adriana, ✆ 021/741-911. Ausflüge, Auto- und Fahrradverleih, Zimmer.

Pelegrini Tours, vor Hotel Riva, ✆ 021/742-743, www.pelegrini-hvar.hr. Zimmer.

Hvar Adventure, Obala b. b., ✆ 021/717-813, www.hvar-adventure.com. U. a. Segelausflüge und -schule, Seekajaking, Trekking, Klettern.

Jadrolinija, südlich von Hotel Riva, ✆ 021/741-132. 7–13/14–21 Uhr. Fährtickets.

Verbindungen Bus: bis zu 7-mal tägl. nach Stari Grad und weiter nach Jelsa, Vrboska, Sućuraj. Busbahnhof vor der Altstadt.

Taxi: Station am Busbahnhof: u. a. ✆ 098/9789-219 (mobil); ✆ 098/894-825 (mobil).

Fährverbindungen (→ Wichtiges auf einen Blick, S. 193).

Ausflüge Pakleni-otoci-Rundfahrt, Inselrundfahrt, nach Bol auf die Insel Brač, Vis, Korčula, Dubrovnik, Raftingtouren auf der Cetina.

Ausflugsboote zu den Badebuchten Palmižana, Jerolim, Stipanska, Ždrilca sowie nach Milna (→ Baden).

Auto Parken vor der Altstadt, gebührenpflichtig (12 KN/Std.).

Tankstelle beim Hotel Bodul im Neubaugebiet im Süden (7–20 Uhr).

Autoverleih über Atlas, Pelegrini Tours und Lukarent.

Einkaufen Obst- und Gemüsemarkt vor der Altstadt.

Gesundheit Apotheke am Hauptplatz, ✆ 021/741-002 (tägl. 8–20, Sa 8–12/17–20 Uhr).

Ambulanz am Hauptplatz, ✆ 021/743-103, 717-422.

Ambulanz mit Krankenstation (Erste Hilfe), Biskupa Jurja Dubokovića b. b. (nähe Hotel Pharos), ✆ 021/717-099.

Veranstaltungen U. a. **Stadtfest Sv. Stjepan**, 2. Okt., mit großer Prozession, anschließender Messe (ca. 10 Uhr); abends wird dann am Hauptplatz mit Bands, Wein und Sardinen gefeiert.

Sv. Prošper-Stadtfest (Märtyrer), 10. Mai, ein weiterer Schutzpatron wird ebenfalls groß gefeiert. **Prozession Hl. Kreuz**, 6. Febr.

Hvarer Sommer, klassische Konzerte mehrmals wöchentl. in der Kathedrale u. im Franziskanerkloster sowie Theateraufführungen.

Levanda-Fest, letztes Juniwochenende Fr–So; Fest rund um den Lavendel.

An Neujahr die traditionelle **Segelregatta**.

Übernachten → Karte S. 198/199

Privatzimmer/Appartements Gutes Verzeichnis auf der Website des Tourismusverbandes (TZG). **Privatzimmer** ab 40 €, Frühstück 6–8 €. **Appartements** ab 40 €/2 Pers. Schöne und moderne Häuser auf der Ostseite der Altstadt (oberhalb vom Franziskanerkloster und Križna luke) und auch ganz im Süden auf der Halbinsel Križni rat. Gemütliche Unterkünfte z. B.:

Mitteldalmatinische Inseln

Apartement Fa. Mladina 13, hier gibt es 5 schöne, unterschiedlich große Appartements mit Blick auf die Bucht. Križna luka 6, ✆ 021/743-222.

Apartman Hruban 12, Lučica 10, ✆ 021/741-143.

Apartmani Leo 24, ruhig auf Križni rat gelegen; kleine Appartements mit Balkon und Kochnische für 60 €. ✆ 021/741-428.

Fam. Marija Bekavac 2, Neubau mit Appartements am Berg in Richtung Fußweg zum Hotel Sirena mit grandiosem Blick über das Meer. Zastup b. b. (letzte Häuser), ✆ 021/741-959.

Hotels Es gibt inzwischen einige exklusive Hotels im Altstadtzentrum. Information und Buchung aller unten aufgeführten Hotels (außer Hotel Park, Podstine, Hotel Croatia und Hotel Pharia) unter: ✆ 021/750-750, www.suncanihvar.com.

》》 Mein Tipp: **** **Hotel Park** 16, an der Nordseite wenige Meter oberhalb der Altstadtbucht. Sehr gut und stilvoll ausgestattete, geräumige 14 Suiten für 215 € (TS 245 €), alle mit 2 Zimmern. Altstadtgemäuer mit pflanzenumwucherter Restaurantterrasse und herrlichem Blick auf den Stadthafen. Das Restaurant bietet beste Küche in wunderschönem Ambiente und bei sehr gutem Service. Ganzjährig geöffnet. ✆ 021/718-337, www.hotelparkhvar.com. 《《

**** **Hotel Adriana** 30, an der westlichen Uferpromenade der Altstadt. Komfortabel gestaltet, Restaurant, Hallenbad und großer Spabereich mit den verschiedensten Anwendungen sowie große Terrasse mit Blick auf Hvar. 52 ansprechende, moderne Zimmer im asiatischen Stil, ab 250 € (TS ca. 300 €), zudem 8 Spa-Suiten. Ganzjährig geöffnet. ✆ 021/750-200.

**** **Hotel Riva** 37, hübscher Prachtbau, postmodern und plakativ im Innern, mit 43 komfortablen, modernen Zimmern und verschiedenen Suiten. Restaurant, Loungebar und schöne Terrasse hinter Palmen am Kai der östlichen Uferpromenade. Schwimmbad etc. vom Hotel Amfora können mitbenutzt werden. DZ/F ab 230 € (TS ab 260 €). ✆ 021/750-100.

**** **Hotel Amfora** 5, in der nächsten westlichen Bucht (nach der Hafenbucht) oberhalb vom Meer, mit Innenpool und Spa und einem riesigen Außenpool mit Kaskaden, überdachten Pool-Séparées mit Liegestühlen; die hübsche Kies-/Fels-Badebucht ist

E ssen & Trinken

9　Restaurant Gariful	28　Pizzeria Alviž
10　Rest. Divino	29　Pizzeria Kogo
11　Restaurant Dortoda	31　Konoba Luviji
Vartal	32　Konoba-Pension
14　Konoba Galešnik	Muštaco
15　Konoba Menego	34　Restaurant Robinson
17　Restaurant Macondo	35　Gostionica 4 Palme
18　Konoba Marinero	36　Bistro For
19　Rest. Dalmatino	
20　Konoba Lesina	
22　Restaurant Giaxa	

Übernachten

1 Hotel Podstine
2 Appartements Bekavac
3 Aparthotel Pharia
4 Hotel Croatia
5 Hotel Amfora
6 Hotel Pharos
12 Appartements Hruban
13 Apartement Fa. Mladina
16 Hotel Park
18 Hostel Marinero
24 Appartements Leo
30 Hotel Adriana
32 Konoba-Pension
   Muštaco
33 Hostel White Rabbit
37 Hotel Riva

Nachtleben

7 Loungebar
   Hula Hula
8 Loungebar
   Carpe Diem
21 Café-Club
   Central Park
23 Kiva Bar
25 Cafébar Nautica
26 Café-Bar Aloha

Cafés

21 Café-Bar & Club
   Central Park
27 Kavarna Pjaca

Hvar

100 m

nur wenige Meter entfernt. 89 komfortable, moderne Zimmer mit unterschiedlichen Standards und Größen, eingerichtet im asiatischen Stil. DZ/F ab 200 €, TS 220 € (Meerseite 260 €, TS 290 €). Ganzjährig geöffnet. ✆ 021/750-750.

**** **Hotel Podstine 1**, kleines privates Hotel oberhalb der gleichnamigen Bucht (dritte westliche Bucht vom Stadthafen), umgeben von üppiger mediterraner Pflanzenwelt. Mehrstöckig, 42 geschmackvoll ausgestattete Zimmer, meist mit Blick aufs Meer, schöne Restaurantterrasse, kleines Spa, Tennisplatz, Privatstrand. Am Meer kleiner Hafen und Tauchbasis Viking. DZ/F 130–300 € (je nach Lage und Ausstattung von Economy bis Superior Exklusive), TS 170–350 €. ✆ 021/740-400, www.podstine.com.

*** **Hotel Croatia 4**, alter Prachtbau von 1936, hübsch renoviert in wunderschöner ruhiger Lage, umgeben von einem riesigen Park mit Palmen, oberhalb der Uvala Majerovica. 22 nette Zimmer, meist mit Balkon; zudem Restaurant und Tauchclub. DZ/F 150 € (TS 170 €). Majerovica b. b., ✆ 021/742-400, www.hotelcroatia.net.

*** **Aparthotel Pharia 3**, kleines 10-Zimmer-Hotel, ebenfalls oberhalb der Uvala Majerovic. Es werden auch Villen vermietet. Nette preiswerte DZ/F mit Meerblick 117 € (TS 165 €), Parkseite 92 € (TS 138 €). Majerovica b. b., ✆ 021/778-080, www.orvas-hotels.com.

*** **Hotel Pharos 6**, westlich der Uferpromenade, oberhalb am Berg inmitten des Föhrenwaldes mit 5 Dependancehäusern

und Pool. 175 preiswerte DZ und 20 Familienzimmer. DZ/F ab ca. 100 € (Meerseite ab 120 €). ✆ 021/741-028.

Außerhalb   Auf der **Insel Sv. Klement** zahlreiche gute Übernachtungsmöglichkeiten in Pensionen mit angeschlossenem Restaurant (→ Essen).

》》 Mein Tipp: Pension Meneghello, im dichten Föhrenwald von Palmižana, schöne Bungalows, Villen (3–8 Pers.) und Studios/Appartements je nach Lage und Bettenanzahl für 120 €, 160 €, 180 €, 240 € bis hin zu 360 € (TS 150 €–420 €), alle in traditioneller Natursteinbauweise (mit Strom und AC) und mit kleiner Galerie. Geöffnet Mai–Okt. ✆ 021/717-270, www.palmizana.hr (→ Essen). 《《

Hostels Es gibt inzwischen 9 Hostels. Sie kosten pro Pers. im Mehrbettzimmer in der HS rund 30 €. Dafür erhält man eigentlich auch ein Privatzimmer, außer man möchte Kontakt zu anderen Reisenden. Empfehlenswert sind:

Hostel Marinero, mitten in der Altstadt, oberhalb vom Stadthafen, klimatisierte und neue hübsche Zimmer (Mehrbett- und DZ); um die Ecke das gleichnamige Restaurant. Sv. Marak 9, ✆ 091/1741-601 (mobil).

Hostel White Rabbit 33, mitten in der Altstadt, sehr nettes Personal. Freundliche helle Mehrbett- und DZ. Stjepana Papafave 6, ✆ 095/8493-746 (mobil).

Camping (→ Vira oder → Milna).

Essen & Trinken/Nachtleben → Karte S. 198/199

Viele Lokale rund um das Hafenbecken, in den kleinen Gässchen oberhalb und entlang der Palmenpromenade – fast überall sehr teuer im Vergleich zu anderen Inselorten. Hvarer Spezialität ist *Gregada:* Weißfisch wird mit Kartoffeln, Zwiebeln, Knoblauch und Olivenöl in den Kochtopf geschichtet, dann mit Wasser, besser Weißwein, aufgegossen und gegart.

Essen & Trinken   》》 Mein Tipp: Restaurant Gariful **9**, Toplage an der Uferpromenade mit einladender Terrasse direkt am Meer. Bester Service, allerdings gehobene Preise. Fangfrische Fische und Krustentiere, auch Fleischgerichte, alles bestens gewürzt und zubereitet. Riva, ✆ 021/742-999. 《《

Restaurant Divino 10 oberhalb der Uferpromenade an der Altstadtmauer mit weitem Meerblick. Gehobenes Preisniveau. In wun-

derschöner Atmosphäre speist man Fisch, Krustentiere, Muscheln und Austern, Beefsteaks, leckere Desserts – alles sehr kreativ arrangiert; zudem natürlich erlesene Weine – als Gratiszugabe Sonnenuntergänge. Put križa 1, ✆ 021/717-541.

Restaurant Macondo 17, gemütliches Altstadtlokal mit gutem Service. Innen Aircondition, Sitzplätze auch in der Altstadtgasse. Große Weinkarte, ausgesuchte Fisch- und Fleischgerichte. Matija Ivanića, ✆ 021/742-850.

Gostionica 4 Palme 35, am Hafenbecken. Von der Terrasse schöner Blick aufs Meer; preiswerte Fisch- und Fleischgerichte. Riva 3.

Konoba Lesina 20, am Altstadtbeginn (südlich vom Busbahnhof) mit schönem Innenhof. Ruhige, sehr angenehme Atmosphäre, es gibt schmackhafte, preiswerte Fisch- und Fleischgerichte, dazu süffigen Hauswein. Mai–Mitte Okt. Težazika u. 2, ℘ 091/5233-648.

Restaurant Dordota Vartal 11, wenige Meter oberhalb der Bucht beim Franziskanerkloster. Luftig überdachte, pflanzenumrankte Terrasse mit Blick aufs Meer. Der Service leidet leider manchmal, dennoch netter Platz, um in Ruhe relativ preiswerte Fisch- und Fleischgerichte zu speisen. ℘ 021/742-740.

Konoba Menego 15, in der Altstadtgasse gegenüber dem Benediktinerkloster. Altes dalmatinisches Inventar, Bedienung in ebensolcher Tracht. Eine typische Konoba, in der Wein, Käse, Schinken, eingelegte Sardellen und frittiertes Gemüse serviert werden. Gemütlich und urig auch auf der erhöhten Terrasse. Groda 26, ℘ 021/742-036.

≫ Mein Tipp: **Konoba Luviji** 31, benannt nach dem Spitznamen der Familie Bracanović, in einer Seitengasse südlich der Kathedrale. Hier kann man Weiß- und Rotweine der Winzer zusammen mit Snacks (Oliven, Schinken, Käse, Brot) verkosten. Oben kleine Terrasse mit malerischem Blick auf Hausdächer und die Kathedrale. Beste Fischgerichte, z. B. gebackener Drachenkopf in leckerer Soße. 10–13 und 19–2 Uhr. Iza Katedrale, ℘ 091/5633-283 (mobil). ≪

Restaurant Dalmatino 19, westlich des Hotels Park. Steaks, Fisch, Muscheln, Nudel- und Reisgerichte. Nette Atmosphäre im Innern wie in der Altstadtgasse. Sveti Marak 1, ℘ 091/5293-121 (mobil).

Restaurant Giaxia 22, im gotischen Palast untergebracht. Stilvolle, schöne Atmosphäre, aber auch gehobene Preise. Leichte Küche mit hausgemachten Pastagerichten, Fisch und Fleisch. Hektorovićeva 3, ℘ 021/741-073.

Bistro For 36, hinter der Post. Preiswerte und gute Gerichte wie Ćevapčići, Risotto, Fisch und Fleisch. Burak b. b., ℘ 021/718-396.

Pizzeria Alviž 28, Traditionslokal am Busbahnhof vor der Altstadt mit nettem Innen-

hof. Hier speisen auch gerne die Einheimischen. Neben Pizza auch gutes Lamm und Fischgerichte. ℘ 021/742-797.

Pizzeria Kogo 29, am großen Hauptplatz – die Pizzen werden gelobt. Trg Sv. Stjepana.

Wer seinen Hunger preiswert stillen möchte, geht in eine der vielen **Bäckereien** und kauft sich Burek oder geht zu **Hello** (u. a. Hauptplatz), hier gibt es Burger und Pizzen. Auch **Konoba Marinero** 18 beim gleichnamigen Hostel (kurz vor Sv. Marko-Kirche) bietet relativ preiswerte Fisch- und Fleischgerichte.

Cafés Kavarna Pjaca 27, schönes Café mit vielen Sitzgelegenheiten im Freien neben der Turmuhr. Es gibt guten Kaffee und eine breite Palette an Kuchen, Snacks und Säften, zudem Frühstück und auch Snacks zu Mittag.

Außerhalb von Hvar-Stadt (→ Vira, → Milna)

Konoba Galešnik 14, in Sichtweite von Hvar auf dem vorgelagerten Inselchen Galešnik, für Boote Anlegemöglichkeiten. Es gibt Wein, Käse, Pršut. Für Gruppen Bootstransfer von 8 bis 16 Uhr. Infos ℘ 021/717-630 (Nautic-Center).

Konoba-Pension Muštaco 32, ca. 2 km südöstlich von Hvar (über Uferstraße zu erreichen) an der schönen Kiesbucht Pokonji dol. Unter schattigen Plamen lässt man sich seinen Oktopus-Salat oder fangfrischen Fisch schmecken. Nette Zimmer mit Balkon und Blick aufs Meer für 40 €/2 Pers. Geöffnet April/Mai–Okt. 10–22 Uhr. ℘ 091/7685-456 (mobil), www.mustaco.com.

Restaurant Robinson 33, im Südosten von Hvar, über einen schönen Wald-/Uferweg mit vielen herrlichen Badebuchten ab Križna luka in ca. 1 Std. zu erreichen – herrliche Lage am Meer mit Liegestühlen an der Bucht. Es gibt Fisch- und Fleischgerichte. Taxibootverbindung. Geöffnet Mai/Juni–Sept. ℘ 091/3835-160 (mobil).

Pakleni otoci *Insel Marinkovac – Bucht Ždrilca:* Hier gibt es die netten **Strand-Konobas Antonio** (℘ 091/7861-235, mobil) und **Tri Grede** (℘ 091/3742-203, mobil) – in beiden Lokalen isst man bestens fangfrischen Fisch vom Grill; nur zur Badesaison geöffnet.

Insel Marinkovac – Bucht Stipanska: **Carpe Diem Beachclub** (→ Nachtleben), auf der Südseite der Insel.

>>> **Mein Tipp:** *Sv. Klement – Palmižana:* **Restaurant-Pension Meneghello** (→ Übernachten), lauschige Restaurantterrasse unter strohgedeckten Dächern, Palmen und mediterranen Pflanzen mit herrlichem Blick auf die Bucht Vinogradišće. Muscheln buzzara, Scampi. Anleger für Boote. 10–24 Uhr. ✆ 021/717-270, 099/478-311 (mobil). <<<

Restaurant Zori, wunderschöne Lage, ebenfalls an der Bucht Vinogradišće gegenüber von Meneghello. In wunderschönem Ambiente auch hier beste Küche mit Fisch und Fleisch und für Naschkatzen feinste Desserts. Mai–Okt. tägl. 11–23.30 Uhr. Fam. Kovačević, ✆ 021/744-904.

Sv. Klement – Vlaka: **Restaurant Dionis**, im Süden ca. 200 m hinter der Soline-Bucht. Der Blick schweift von der überdachten Terrasse mit bequemen Sitzen und stilvoller Dekoration über die Felder zur Bucht und zur Insel Vis in der Ferne. Es gibt u. a. Gerichte aus der Peka, Lammtopf, Auberginentarte, im Frühjahr Wildspargel und Weinbergschnecken und natürlich Fischgerichte. Zum Baden lädt im Osten die schöne Taršće-Bucht ein. 12–23 Uhr. ✆ 098/1671-016 (mobil, Hr. Pjerino Šimunović).

🌿 **Restaurant-Pension U Točijevu Dvoru**, an der Uvala Vlaka liegt dieses empfehlenswerte Restaurant. Was gerade geerntet oder frisch aus dem Meer gefangen wird, kommt auf den Tisch der kleinen lauschigen Terrasse; auch der gute Tropfen ist Eigengewächs. Es gibt Fischeintopf oder gegrillten Fisch; Vegetarier sollten nach der Artischockensuppe oder den gebackenen Auberginen fragen. Einfache, nette Zimmer

laden zum Verweilen ein – familiäre Atmosphäre. Transfer per Boot für Hausgäste möglich. Geöffnet Mai–Okt. Fam. Tonči Matijević, Uvala Vlaka, ✆ 021/741-244, 742-480, 098/589-613 (mobil). ∎

Nachtleben Es gibt inzwischen etliche nette Lounge- und Cafébars, die tagsüber, aber auch abends zum lauschigen Verweilen einladen. U. a.

Club Central Park ㉑, unterhalb des gleichnamigen Hotels Park. Sehr gemütlich sitzt man bei Café, Wein und Cocktails –dazu gibt es oft auch Live-Musik, meist Soul und Jazz.

Cafébars Nautica ㉕ und nebenan **Aloha** ㉖ an der Nordseite der Uferpromenade, mit Barhockern am Kai, fetziger Musik und guten Cocktails. Um die Ecke in einer Seitenstraße liegt die beliebte **Kiva-Bar** ㉓, bis frühmorgens ist hier Betrieb. Nett sitzt man im **Loungeclub** ㊲ im Hotel Riva bei guten Cocktails.

Loungebar Carpe Diem ⑧, Südostseite der Uferpromenade: immer noch das „In-Lokal" der Stadt. Hier trifft sich die Szene zum *Sundowner* – Sehen und Gesehen werden; aktueller Musikmix von besten DJs, gute Cocktails; u. a.Arkadenterrasse mit Sitzkissen, Korbstühlen. Unter gleicher Leitung der **Carpe Diem Beachclub** auf der Insel Marinkovac, Transfer 40 KN, geöffnet Juni–Sept., im Juli/Aug. tägl. Partys, dann auch Eintritt.

Loungebar Hula Hula ⑦, an der westlichen Uferpromenade und direkt am Meer mit Liegestühlen und Karibikfeeling. Kurz vor Hotel Croatia.

Sport/Wassersport

Baden Beim **Franziskanerkloster** befindet sich ein kleiner Kiesstrand, auch bei den Felsen kann gebadet werden; ebenso schöne Kies- und Felsbadebuchten Richtung Westen – je nach Jahreszeit muss man länger nach ruhigen Plätzen suchen. Von der Hafenbucht Križna luka gen Osten und in Richtung Milna finden sich schöne Badebuchten und Felsen.

Die **Halbinsel Pelegrin** ist Jagdgebiet und ist nicht zugänglich, auch steht hier ein Sender.

Nordosten von Vira: u. a. die Buchten von Jagodna, Lozna, Stiniva, Lučišće und Sv. Ante.

Pakleni otoci: Vom Hafenbecken fahren zahlreiche Ausflugsboote; Abfahrt ab 9 Uhr bis nachmittags (in der Nebensaison wird nur bis ca. 11 Uhr abgefahren), Rückfahrt zwischen 16 und 18 Uhr.

Touren z. B. zur *Insel Jerolim*; zudem zur *Insel Marincovac*, auf der die *Ždrilca-Bucht* (40 KN Retourticket) im Norden (Sand-, Kies- und Felsbadebuchten, mehrere Restaurants) und die *Stipanska-Bucht* im Süden (Kies- und Felsbadebuchten, Restaurant) angefahren werden. Zur *Insel Sv. Klement* nach *Palmižana* (60 KN) mit Kies-Sandstrand, etlichen Restaurants und Pensionen. Schön

Hvar – Blick auf den Stadtplatz Trg Sv. Stjepana, den Hafen und gen Festung

ist auch *Uv. Vlaka* (Restaurants, von Palmižana in ca. 1 Std. zu Fuß erreichbar).

Taxiboote fahren auch zu den Buchten an der **Südküste von Hvar**, u. a. zum Badeort *Milna* (50 KN).

Fahrradfahren Rund um Hvar und über die gesamte Insel wurden schöne Fahrradwege ausgewiesen. Fahrradkarten gibt es in der Touristeninformation.

Fahrradvermietung Lukarent, beim Busbahnhof, ✆ 021/741-440, www.lukarent.com. Weitere Agenturen s. o.

Motorbootverleih bei Pelegrini Tours und am **Hafen**.

Tauchen Diving Center Viking (kroat. Ltg. Vinko & Ksenija Petrinovic), gut geführt, auch deutschsprachige Kurse nach PAIDI, CMAS, Tauchbasis in der Bucht Podstine. ✆ 021/742-529, 091/5689-443 (mobil), www. viking-diving.com. Auch Appartementvermietung.

Tauchclub Nautica, Križna luka b. b., ✆ 091/2266-115 (mobil).

Segeln Segelschule und Segelbootver-leih beim **Segelclub Zvir** in Križna luka. ✆ 021/741-415.

Jachthafen ACI-Marina Palmižana, in der gut geschützten Palmižana-Bucht auf der Insel Sv. Klement – gehört zu den Pa-

kleni otoci. 219 Liegeplätze mit Wasser- und Stromanschluss, WiFi, Reparaturwerkstatt, Restaurant, Sanitäranlagen, kleiner Laden. Tankstelle in Hvar, in 2,5 sm. Geöffnet April–Okt. ✆ 021/744-995, www.aci-club.hr.

Hafen Hvar Das Anlegen an der Kaimauer ist gebührenpflichtig. Strom- und Wasseranschluss, Treibstoff gibt es in Križna luka. **Hafenkapitän**, ✆ 021/741-007; **Nautikcenter**, 021/717-630.

Bootswartung und -reparatur Boote können bei **Service Almar** gewartet und untergebracht werden. ✆ 021/741-003, 742-061, 742-854.

Wandern/Mountainbike Von Hvar nach Milna auf dem schmalen Waldpfad entlang der Küste, durch Kiefernwälder und duftende Macchia in ca. 2:30 Std. Im Sommer pendeln Schiffe nach Milna.

Ebenfalls eine schöne Tour, v. a. per Mountainbike, führt von Milna auf der Makadamstraße über Malo nach Velo Grablje; ca. 6 km einfach. Eine weitere schöne Mountainbikestrecke führt entlang der alten Inselstraße über Brusje, Grablje und Milna. Verlängerung für Konditionsstarke in Richtung Stari Grad und über Dubovica nach Milna.

In den Agenturen (s. o.) gibt es **Mountainbikevermietung** und **Fahrradkarten**.

Stadtbummel

Beim Altstadteingang geht es nach dem *Gemüse-* und *Obstmarkt* rechts durch die zinnenbewehrte Stadtmauer, vorbei an den gotischen Palästen der Dichterfürsten *Hektorović* und *Lucić*, hoch zur **Zitadelle**. Sie wurde 1557 von den Venezianern gemeinsam mit spanischen Soldaten an Stelle einer mittelalterlichen Festung errichtet, daher wurde sie lange Zeit auch *Spanische Festung* (Tvrdava Španjola) genannt. Der Weg hinauf führt durch üppiges Grün von Palmen, Agaven, Oleandern, Kakteen, Zypressen und Johannisbrotbäumen. In der Festung ist ein *Amphorenmuseum* untergebracht, von der Terrasse weisen die Kanonen aufs Meer. Die Aussicht ist herrlich: unten das Städtchen um die Kathedrale, die Hafenbucht und in der Ferne die Pakleni-otoci-Inseln. Es gibt eine nette Loungebar

Juli/Aug. 8–22 Uhr, Mai/Juni und Sept. 8–20 Uhr, sonst 9–18 Uhr. Eintritt 30 KN, Kinder 20 KN.

Gegenüber auf dem Nikolausberg, nordöstlich und etwas höher gelegen, die **Französische Festung** – auch **Napoleonsfestung** genannt, die 1811 von einem französischen Heer erbaut wurde. Sie ist gut erhalten, jedoch nicht zugänglich – Sternwarte und Erdbebenstation sind hier untergebracht.

Prozession von der Kathedrale Sv. Stjepan

Der Asphaltweg führt von der Festung über Treppchen wieder hinab zur Altstadt. Auf halbem Wege trifft man auf die auf der UNESCO-Liste stehende **Benediktinerinnenabtei** mit einer Ikonensammlung von *Hanibal Lucić*. Besonders beeindruckend sind die Spitzendeckchen der Benediktinerinnen, die aus getrockneten Agavenfäden hergestellt werden. Zu sehen sind alte Stickereien in dieser Technik mit fantasievollen feinen Mustern.

10–12 und 17–19 Uhr. Eintritt 10 KN.

Weiter geht es durch enge, blumengeschmückte Gässchen mit kleinen Lokalen zum Hauptplatz **Trg Sv. Stjepana** hinab, dem größten in Dalmatien. Er ist mit weißen Marmorplatten gepflastert und, natürlich, von einem Brunnen geziert. Bis zum 15. Jh. gab es um den Platz Gartenanlagen – heute stehen dort die Tische und Stühle der Lokale.

Am Ende des Platzes erhebt sich die **Kathedrale Sv. Stjepan** mit angebautem Turm, ein Renaissancebau aus dem 16. Jh., an dessen Stelle früher eine Kirche und ein Benediktinerklosters standen. Die Kathedrale ist dreischiffig, ihr Mittelschiff enthält gotische Bauteile der einstigen Klosterkirche. Sehenswert sind die Barockaltäre aus dem

17. Jh. und der kostbare Altar der Familie Hektorović mit Madonna und Inschrift aus dem 13. Jh. Der Glockenturm gilt als einer der schönsten in Dalmatien, ebenso der Chorraum – die steinernen romanischen Kanzeln und die Barockaltäre versinken im höhlenhaften Dunkel. In der Hochsaison gibt es hier mehrmals die Woche Konzerte.

9–12 und 17–19 Uhr.

Daneben befindet sich der **Bischofspalast**, das einstige Benediktinerkloster, mit einer Inschrift aus dem Jahr 1249. Heute zeigt hier ein *Museum* sakrale Kunstgegenstände.

10–12 und 17–19 Uhr. Eintritt 10 KN.

Pakleni otoci

Die Pakleni-Inseln, beliebte, von dichtem Aleppokiefernwald überzogene Badeinseln, liegen in Sichtweite von Hvar. Ihr Name kommt vom Kiefernharz (paklina = Pech) – mit dem Harz wurden einst die Schiffe wasserdicht gemacht.

Auf **Sv. Klement**, der Hauptinsel der Pakleni otoci, finden sich Überreste illyrischer Grabhügel, römischer Siedlungen und eine Kapelle aus dem 14. Jh. mit Inschriften über die Schlacht bei Vis 1866. Das Meer vor Sv. Klement ist klar und fischreich, die Insel ist föhrenbestanden, im Unterholz wachsen Kakteen und Rosmarin, und in der beschaulichen Ruhe geben Grillen ihr Konzert.

Heute werden nach Sv. Klement Badetouristen übergesetzt. An der Südbucht, der *Uvala Vinogradišće* (früher gab es hier Weinanbau, daher der Name), ist ein Sand-, Kies- und Felsstrand, um die Bucht und oberhalb gibt es zwei Restaurants und Übernachtungsmöglichkeiten. Auf der Nordseite liegt die *Palmižana-Bucht* mit der ACI-Marina (Restaurant und nautisches Zentrum) und Ankerplätzen für 190 Jachten. Eine weitere schöne Badebucht, *Uvala Vlaka* (mit Restaurant), verläuft weiter westlich, zu Fuß ca. 1 Std. Wegzeit.

Um Sv. Klement gruppieren sich etwa 20 größere und kleinere Inseln; Badetouristen schippert man z. B. nach **Jerolim**, im 15. Jh. nach einem Franziskaner benannt. Heute gibt es dort neben Ruinen ein Restaurant, Laden und Duschen am FKK-Badeplatz. Auf der Insel **Marinkovac** liegt die *Ždrilca-Badebucht*, im Süden die *Stipanska-Bucht*.

Übernachten/Essen auf den Pakleni otoci (→ Hvar).

Am Trg Sv. Stjepana prunkt das **Arsenal**, erbaut zwischen 1579 und 1611, das in venezianischer Zeit als Lagerhaus für die Kriegsgaleeren diente. Im 17. Jh. wurde das Gebäude auf Initiative des Hvarer Fürsten Pietro Semitecolo aufgestockt, um als *Theater* genutzt zu werden – neben Vicenza und Parma war es zu dieser Zeit eines der ersten kommunalen Theater in Europa. Das Theater wurde mehrmals renoviert, die Holz-Logen stammen aus dem 18. Jh.; die neuesten Restaurierungen sind noch nicht abgeschlossen, der Theaterraum kann jedoch besichtigt werden. Auch am unteren Arsenal-Bereich wird immer noch restauriert.

Theater: Mai–Sept. 9–14/16–21 Uhr, im Juli/Aug. durchgehend bis 22 Uhr. Eintritt 15 KN, Kinder 10 KN.

Die malerischen **Ruinen**, die etwas nördlich des Hauptplatzes aufragen, sind die Überreste des *Užižić-Palastes* aus dem Jahr 1463. Ob er jemals renoviert wird, hängt vom jetzigen Eigentümer Hr. Vlahović ab.

Der **Fürstenpalast** aus dem 15. Jh. musste 400 Jahre später dem Hotel Palace weichen. Geblieben sind der Uhrturm und eine verglaste Loggia, über 100 Jahre Kaffeehaus und jetzt Festsaal des Hotels, die Restaurantterrasse, sowie zwei venezianische Löwen, die an der Westfassade wachen.

Das Polyptychon im Franziskanerkloster (Ausschnitt)

Auf dem Platz davor weht bis heute auf der **Štandarac** die Fahne. Früher wurden hier Beschlüsse verkündet und Übeltäter an den Pranger gestellt. Das Hafenbecken für die kleinen Boote wurde schon im 15. Jh. angelegt, das Stadtufer im 16. Jh. gepflastert, die heutige Hafeneinfassung mit den Barockpyramiden stammt aus dem 18. Jh. Heute zieht sich rund ums Hafenbecken die Palmenpromenade, Menschentrauben drängen sich zwischen den Ständen, sitzen vor den Lokalen und schieben sich bis in die Gassen hinein – der Pulsschlag unserer Zeit gibt den Takt an.

Am Hafenbecken, westlich und nach hinten versetzt, sieht man die Reste der Kirche **Sv. Marko** – bis auf Apsis und Rahmen eine Ruine, nur noch der Glockenturm steht, auch der Garten mit dem einstigen Lapidarium ist nun verwaist.

Auf der südlich der Altstadt folgenden Landzunge steht das **Franziskanerkloster** mit **Museum**, Mitte des 15. Jh. im Renaissancestil errichtet, mit wertvollen Gemälden und geschnitztem Chorgestühl. Sein Glockenturm ist der älteste der Stadt und wurde von Baumeistern aus Korčula geschaffen. In der Kirche vor dem Hochaltar ist der Dichter *Ha-*

nibal Lucić begraben. Das Kirchenportal ziert das Relief „Muttergottes mit Kind" von *Nikola Firentinac*. Ein Polyptychon des Meisters *Francesco Rizzo da Santacroce* aus dem Jahr 1583 befindet sich auf dem Hauptaltar in der Klosterkirche. Von ihm stammen auch zwei weitere kleinere Polyptychen auf den Altären. Das Hauptschiff ziert das große Altarbild „Die Stigmatisierung des hl. Franziskus", ein Werk von *Palma d. J.;* das Gemälde „Christus am Kreuz" stammt von *Leandro Bassano*. Im Museum sind u. a. das Monumentalgemälde „Das letzte Mahl Christi mit seinen Jüngern" im Format 2,5 x 8 m zu bewundern, ein Werk von *Matteo Ingoli* (1585–1631) aus Ravenna. In der Bibliothek werden Kostbarkeiten wie ein ptolemäischer Atlas von 1524 und handschriftliche Antiphonarien von *Fran Bone Razmilović* aus dem 15. Jh. aufbewahrt. Im Klostergarten befinden sich neben einer 200-jährigen Zypresse kunstvolle Holzplastiken, vor dem Kloster die Statue vom Hl. Benedikt, gefertigt von dem *Franziskaner Joakim Gregov*. Die Franziskaner lebten hier früher ergiebig vom Handel mit Seeleuten; sie legten von ihrer Zisterne eine Leitung zur Kaimauer am Meer, verkauften Wein und Öl – mit den Geldern wurden dann das Arsenal, Kastell und Rathaus errichtet. Das Museum veranstaltet im Sommer 1- bis 4-mal wöchentlich Konzerte oder Theateraufführungen im Innenhof – herrliche Akkustik.

Mai–Okt. tägl. 9–14/17–19 Uhr (Juli/Aug.9–19 Uhr), So 10–13/16–17 Uhr; danach nach Voranmeldung. Eintritt 25 KN.

Südlich, der Uferpromenade folgend, wird die von Tamarisken umstandene quirlige Hafenbucht *Križna luka* (mit Nautic-Center und Tankstelle) erreicht, früher war hier die Bebauungsgrenze. Heute ist auch die nächste Landzunge, die föhrenbestandene *Križna rat,* schon von etlichen Ferienhäusern besiedelt.

Östlich von Hvar gibt es zahlreiche lauschige Badebuchten zu erkunden

Mitteldalmatinische Inseln

Umgebung von Hvar und alte Inselstraße nach Stari Grad

Die landschaftlich reizvolle **Halbinsel Pelegrin** ist leider nicht begehbar, da sie schon immer Privatgrund war. Nach seiner Scheidung von Ivana Trump erwarb der italienische Geschäftsmann Riccardo Mazzuchelli das High-Society-Resort Villa Florana inklusive Jagdkonzession (für 15.000 US-$/Woche soll sie exklusiv gemietet werden können!). Der Uferweg, bzw. dann die Straße, führt nur bis zum Hotel Sirena. Folgt man der Inselstraße weiter bergan, genießt man herrliche Ausblicke, ehe man hinab nach Vira gelangt.

Vira: Der ehemalige Fährhafen der Insel, ein Fischerort mit ein paar Häuschen 4 km nördlich von Hvar-Stadt, war lange Zeit verwaist. Durch die Wiedereröffnung des *Campingplatzes* mit Tauchschule wurde Vira wieder etwas Leben eingehaucht. Zudem finden Bootsbesitzer gute Ankermöglichkeiten und gute Konobas. Wanderer und Mountainbiker erkunden die herrliche Landschaft mit weiten Ausblicken auf die *Pakleni otoci* (Inseln).

Camping **** Autocamp Vira, östlich von Vira auf einer Halbinsel. Sehr schönes großes, naturbelassenes, parzelliertes Terrassengelände oberhalb der Kiesbucht im Föhrenwald, mit neuen Sanitäranlagen, Supermarkt, Waschmaschinen, WiFi, Bar, Restaurant; Tauchschule, Boots- und Scooterverleih. Ca. 22 €/2 Pers. mit Zelt; auch Mobilhausvermietung. Vira b. b., ☎ 021/741-803, 718-063, www.campingvira.com.

Blick von der alten Inselstraße auf den Weiler Velo Grablje ...

Essen & Trinken Restaurant Panorama, ca. 2 km vor Vira auf einer Anhöhe, oberhalb der Inselstraße. Großes Natursteingebäude mit Innenhof und offenem Kamin. Herrliches Panorama nach allen Seiten, vorzügliche Küche. Spezialität des Hauses sind die Gerichte aus der Peka, meist Wildschwein oder Lamm – nur auf Vorbestellung! Auch das Boeuf Stroganoff ist nicht zu verachten, schon beim Duft von Rotwein und Rosmarin läuft einem das Wasser im Mund zusammen. ✆ 021/742-515.

》》》 **Mein Tipp:** Konoba Ringo, an der Bucht Pribinja (östl. vom Camingplatz) laden Jure und seine Frau auf ihre gemütliche und kreativ dekorierte überdachte Terrasse ein. Alles was frisch erhältlich ist, ob Fisch oder Fleisch, kommt auf den Tisch. Die Devise ist in gutem Deutsch: „Lassen Sie sich überraschen" – man wird nicht enttäuscht. Für Boote gibt es ein paar Bojen. Mai–Mitte Okt. ab 18 Uhr geöffnet. ✆ 091/5103-686 (mobil). 《《《

Auf der alten Inselstraße nach Stari Grad: Die einst sehr schmale Straße wurde inzwischen etwas verbreitert, ist aber dennoch nicht für große Wohnmobile zu empfehlen; sie führt kurvenreich vorbei an Föhren, Wacholder, Oliven, Weinstöcken und kleinen Lavendelplantagen. Schlucht und kahle Berge schließen sie ein.

Brusje: Das alte Dorf im Inselinneren an der Straße nach Stari Grad mit teilweise halb verfallenen Häusern ist eine ehemalige Hirtensiedlung aus dem 16. Jh. Brusjes Kirche wurde 1731 erbaut; auf dem Altarbild des zeitgenössischen Malers *Ivo Dulčić* aus Brusje sind die Inseln Brač und Šolta dargestellt. Wein, Honig, Lavendel- und Rosmarinöl werden verkauft. Kurz vor und nach Brusje gibt es Abzweigungen zu den Badebuchten *Jagodna, Lozna, Stiniva, Lučišće* und *Sv. Ante.*

… und die Inseln Vis und Biševo

Weiter an der alten Inselstraße entlang sieht man die Ruine der *Sommerresidenz Moncirovo* aus dem 16. Jh. über dem Meer liegen, dahinter die Gebirgsseite von Brač. Später taucht südlich, unterhalb der Inselstraße, das Dorf **Velo Grablje** auf. Hier lebten einst zwei Patrizierfamilien. Weiter führt das Sträßchen von Velo Grablje zum verlassenen, in einer Schlucht gelegenen **Malo Grablje** und zur *Babina-Špilja-Höhle*. In Malo Grablje lohnt die Einkehr in der Konoba Stori Komin.

Essen & Trinken Konoba Stori Komin, schön restauriertes altes Natursteinhaus. Gekocht wird, was gerade frisch ist oder was Berti Tudor, auch Jäger, gerade erlegt hat; nach Vorbestellung gibt es Wildschwein- oder Peka-Gerichte (Kalb, Lamm). Romantisch sitzt man abends bei Kerzenlicht und lauscht den Geräuschen der Natur. Mai–Anf. Okt. 16–22 Uhr. Malo Grablje (ca. 6 km von Hvar), ✆ 091/5276-408 (mobil); auch über Milna auf Makadam erreichbar.

An der Hauptstraße bietet sich vom *Restaurant Vidokovac* ein Blick nach allen Seiten: links unten die Bucht von Stari Grad und Maslinica, gegenüber Brač mit dem Vidova Gora, dahinter das Küstengebirge. Illyrische Spuren finden sich in dieser Gegend, auch römische Reste und Landhäuser, das älteste aus dem 16. Jh. Der Dichter *Hektorović* hat diese Gegend literarisch verewigt.

Noch ein paar Kilometer weiter steht bei **Roskarsnica** am Straßenrand ein alter *Kalkofen (japjenica)* von 1914. Bis zum Ersten Weltkrieg wurde hier Branntkalk hergestellt, der zum Weißeln der Häuser verwendet wurde – ein damals wichtiger Wirtschaftszweig.

Von Hvar nach Stari Grad

Die Südküstenverbindung über die Trasse von Hvar über Milna nach Dubovica und weiter durch den 1,5 km langen Tunnel landeinwärts nach Stari Grad zum Trajekthafen wurde erst 1999 fertig gestellt. Damit ist es mit der einstigen Beschaulichkeit dieses Küstenabschnitts vorbei, denn die guten Badebuchten sind inzwischen fast alle mit dem Auto und nicht mehr nur per Boot oder nach langer Wanderung erreichbar.

Milna liegt südöstlich von Hvar an einer Bucht. Immer noch fahren viele Ausflugsboote von Hvar hierher; zum Baden gibt es schöne Kiesbuchten. Wer mehr Ruhe sucht, läuft in Richtung Osten zu weiteren Buchten. Das alte Dorf oberhalb ist verfallen, dort soll es noch die sonst so raren Vipern geben. Unten am Meer reihen sich dicht gedrängt Konobas und Neubauten mit Zimmervermietung. Im Herbst ist die kleine Uferpromenade vollgestellt mit großen Fässern, die Gostionas bieten Lamm am Spieß an und Schilder werben für frischen Wein und Honig, für Lavendel- und Rosmarinöl. Westlich des Ortes, an der *Bucht Mala Milna*, steht, wie häufig an der Südküste, ein barockes Sommerhaus –dieses gilt als das schönste Landhaus der Insel.

Camping Autocamp Mala Milna, kleiner, beliebter Platz unter Föhren, jedoch ohne Genehmigung! Geöffnet Mai–Sept. ☏ 021/745-027.

Essen & Trinken Es gibt viele Lokale entlang der Uferpromenade, meist jedoch nur von Mai–Sept./Okt. geöffnet – jeder findet hier sein Lieblingslokal. U. a.:

Kod Barba Božjeg, Fam. Tudor-Božjeg, das deutsch-kroatische Ehepaar bietet fangfrischen Fisch, Saisongemüse und hauseigenen Wein; es werden auch Zimmer vermietet. Milna 38, ☏ 021/745-046.

Konoba Mala Milna, an der gleichnamigen östlichen Bucht, mit guten preiswerten Fisch- und Fleischgerichten und familiärer, freundlicher Atmosphäre. ☏ 021/745-043.

Konoba Oasa, hinter Mala Milna – auch hier nette Atmosphäre; gelobt werden die gegrillten Steaks. ☏ 091/5319-522.

Übernachten Zimmer- und Appartementvermietung rund um die Bucht in allen Kategorien (→ Essen & Trinken). U. a.:

Milna-Appartements, netter Familienbetrieb von Monika (dtsch.) & Ante Tudor, 2 Pers./50 €, auf Wunsch Frühstück und leckeres Abendessen, hauseigener Bio-Weißwein *Bili Potok*. ☏ 021/745-033, www.milna-apartments.de.

🌿 **Wein** Bili Potok, ein prämierter Weißwein aus ökologischem Anbau, Fam. Tudor (→ Übernachten). ∎

Die Inselstraße führt oberhalb der Küste weiter. Es folgt der alte Weiler **Zaraće** am Hang, der liebevoll wieder aufgebaut wurde und wo man nächtigen kann; unten an der grünblau schimmernden Kiesbucht zwei *Konobas* und ein geschütztes Becken, das durch parallel ins Meer verlaufende Felsen gebildet wird. Kurz bevor die Straße von der Küste ins Inland abschwingt, liegen tief unten der Weiler und die Badebucht **Dubovica** mit ein paar Häusern und Restaurant.

Beliebtes Ziel der Jachtler – das alte Faros an seiner tiefen, geschützten Bucht

Stari Grad

Der geschichtsreiche einstige Inselhauptort liegt von Wald umgeben am Ende einer 7 km tief ins Land reichenden Bucht. Einst war Stari Grad, ehemals Faros, Handels- und Schifffahrtszentrum und Heimat des Dichterfürsten Hektorović. Heute ist das Hafenstädtchen beliebter Künstler- und Skipper-Treffpunkt sowie Austragungsort für Marathonschwimm-Wettbewerbe. Die Altstadt und das Ager-Feld stehen auf der UNESCO-Weltkulturerbe-Liste.

Ein Labyrinth enger Gässchen durchzieht die 2000-Einwohner-Stadt mit ihren Renaissance- und Barockhäusern, pflanzenbewachsenen Innenhöfen und Plätzen. Am schönsten ist die *Piazza Skor* – nichts stört die Geschlossenheit des mittelalterlichen Platzes. Die Stadt wirkt ruhig, beschaulich, nur ein paar Palmen und Konobas um die Hafenbucht, viele der staatlichen Häusern wurden restauriert, in den steinernen Schluchten der Altstadt spielen Kinder – wie lange noch, bis auch hier zahlungskräftige Investoren die Romantik vertreiben. Die Stadt ist beliebter Treffpunkt für Künstler und Ausstellungsort von bekannten und weniger bekannten Malern. Und sie ist bekannt bei der Schwimmelite: Jedes Jahr Ende August findet hier der *Faros Marathon,* der internationale Long-Distance-Schwimmwettbewerb, statt. Die tiefe Bucht mit der neu gestalteten Anlegestelle an deren Südwestseite, lockt jährlich mehr Bootsbesitzer, um hier in der Stadt und trotzdem in aller Ruhe und Beschaulichkeit zu ankern. Gegenüber auf der bewaldeten Landzunge thronen, schon von weitem sichtbar, die teils veralteten Hotelkomplexe. Vor der Stadt im Westen, am Buchtbeginn, liegt der große Fährhafen. Das sog. *Ager-Feld* erstreckt sich zwischen Stari Grad und Vrboska. Hier gedeihen die leckeren Weine (→ Kasten S. 216). Per Fahrrad kann man die schöne Umgebung am besten erkunden.

Geschichte

Stari Grad ist die älteste Stadt von Hvar – und eine der ältesten Europas. Hier gründeten Griechen von der Insel Paros um 384 v. Chr. ihre Kolonie *Faros*. 219 v. Chr. zerstörten die Römer die Stadt. Einige wenige Reste der nördlichen Zyklopenmauer sind heute noch sichtbar, von den römischen Bauten ist nicht viel erhalten, wohl aber ein altchristliches Taufbecken aus dem 6./7. Jh. Seit 1147 war die Stadt Bischofssitz und bis 1278 auch Verwaltungszentrum der Insel, bis diese Funktionen Hvar übernahm. Aus dieser Zeit sind einige romanische und gotische Häuser erhalten, doch die meisten stammen aus dem 16. Jh., so auch das Wehrschloss des Dichterfürsten *Hektorović*.

Basis-Infos

Information Touristinformation (TZG), am Buchtende (bei Hafen und Markt), 21460 Stari Grad, ☎ 021/765-763, www.stari-grad-faros.hr. Juli/Aug. tägl. 8–21 Uhr, Mai–Okt. 8–14/15–21 Uhr; Rest des Jahres Mo–Sa 8–14 Uhr. Sehr gute Infos und Fahrradkarten.

Hvar Touristik, Trg Jurja Škarpe (nahe Busbahnhof), ☎ 021/717-580, www.hvar.touristik.com. Zimmer, Ausflüge.

Verbindungen Fähren (→ Wichtiges auf einen Blick, S. 193). Fährhafen 2 km vor der Stadt.

Bus: zu jeder Fähre und 3- bis 6-mal tägl. nach Hvar.

Panoramaflüge: kleiner Flugplatz etwas außerhalb. Flüge im Juli/Aug. 10–12/17–20 Uhr, ca. 50 €/30 Min. ☎ 098/363-000 (mobil, Hr. Josip Novak) und 099/2541-445 (Hr. Mravinac). Über Touristinformation.

Einkaufen Wein, u. a. beim Winzer **Pavinar**, nahe Piazza Škor.

Gesundheit **Apotheke** (Ljekarna), Obala hrv. Branitelja (nördl. Hafenbecken), ☎ 021/765-061; daneben die **Ambulanz**, ☎ 021/765-373.

Veranstaltungen Auf der Piazza Škor im Sommer mehrmals die Woche **Konzerte** (20–21.30 Uhr). Oft ist zuvor eine Puppenbühne für Kinder aufgebaut.

🌿 **Faros-Messe**, mehrmals Juli–Aug.; einheimische Produkte und Klappa-Konzerte auf dem Trg Tvrdalj (vor dem Wehrschloss). ▪

Faros Marathon, jährlich am letzten Sa im Aug. Internationaler Schwimmwettbewerb der langen Distanzen (International Long Distance Swimming); auch deutsche Teilnehmer stehen am Start.

Übernachten/Essen & Trinken

Übernachten Privatzimmer 15–20 €/Pers. im DZ. **Appartements** für 2 Pers. 30–40 €. Nett schläft man oberhalb und nördlich der Stadt in Richtung Rudine. Schöne Häuser mit Zimmervermietung stehen auch an der Südseite in Richtung Trajekthafen.

»» Mein Tipp: Altstadthotel Heritage Villa **Apolon**, bestens restaurierter Altstadtpalast, 2014 gegenüber den Jachtanlegern eröffnet; 6 stilvolle Suiten (150 €, TS 180 €), ausgestattet mit antiken Möbeln und moderner Technik lassen Behaglichkeit aufkommen. Dazu ein sehr gutes Restaurant (→ Essen) und Weinkeller. Don Šime Ljubića 7, ☎ 021/778-320, www.apolon.hr. **«««**

Hotelkomplex Helios, in schöner Lage auf der Landzunge gegenüber der Stadt. Leider veraltet, aber preiswert; nett sind die Bungalows Trim. Zentrale Information und Buchung: ☎ 021/765-866, www.heliosfaros.eu.

*** Bungalows Trim, hübsch gestaltet und bewachsen; gehört zum Hotelkomplex Arkada. Die 32 Natursteinhäuser (= trim) liegen ruhig am Föhrenwald oberhalb des Hotels. Alle Einrichtungen des Hotels Arkada stehen zur Verfügung. 2–4 Pers. ab 90 € (TS 110 €). ☎ 021/765-019.

Camping ** Autocamp Jurjevac, sehr einfacher Platz am Ortseingang unter Olivenbäumen, nicht am Meer gelegen; ca.

5 Min. zur Altstadt. Dahinter sind auch einfach ausgestattete Bungalows zu mieten. TS 4,50 €/Pers., Auto 4 €, Zelt 4,50 €; danach 1 € weniger. Predraga Bogdanića, ℰ 021/765-843.

Essen & Trinken Fast alle Restaurants in Stari Grad haben von Ostern bis Ende Okt. geöffnet.

Restaurant Apolon, (gehört zum gleichnamigen Hotel) auf erhöhter, stilvoll gestalteter Terrasse mit Blick auf die Jachten lassen sich die saisonal zubereiteten Gerichte bestens genießen: u. a. Salate aus dem eigenen Garten, Austern aus Ston, geräucherter Thunfisch mit Lavendelhonig, Dol-Risotto mit Lamm-Leber, Lobster, Shrimps und Gregada von Hvar.

≫ **Mein Tipp:** Restaurant-Café/Cocktailbar **Antika** (dtsch.-kroat. Ltg., Inge & Boško Račić), im kleinen, verwinkelten, 400 Jahre alten Altstadthaus bei der Piazza Škor. Neben Pasta-, Fisch- und Fleischgerichten von gleichbleibend guter Qualität kann man auf der lauschigen, pflanzenumwucherten Dachterrasse Cocktails oder feinste Weine genießen. Nette Sitzgelegenheiten auch in der Gasse. Duonjo kola, ℰ 021/765-479. ≪

Konoba Đardin, wie der Name besagt, mit einem idyllischen Gärtchen, wo Zitrusbäume gedeihen. Das junge Team erhielt Einweisung vom Chefkoch Ino Cezareo, der mit seiner Kochkunst schon viele Restaurants füllte. Produkte aus der Umgebung und fangfrischer Fisch kommen auf den Tisch. Ljudevita Gaja b. b. (4. westl. Gasse vom Trg S. Radića), ℰ 095/5579-732 (mobil).

Restaurant Zvijezda Mora, im restaurierten Altstadtgebäude sitzt man gemütlich und isst fangfrischen Fisch oder Oktopussalat. Dazu gibt's süffigen Hauswein. Juni–Sept. 12–16/18–24 Uhr. Petra Zoranića, ℰ 091/2001-771 (mobil).

Pizzeria & Spaghetteria Marko, gemütlicher Platz nahe der Piazza Škor. Es gibt leckere Holzofenpizzen. Ganzjährig geöffnet. Trg Ploča, ℰ 021/765-889.

Restaurant Kod barba Luke, nahe an der Uferpromenade und am Beginn des Trg Tvrdalj. Die von Palmen gesäumte Terrasse lädt ein, die frischen Fischgerichte zu kosten, dazu gibt es auserlesene Weine. Immer gut besucht. 12–15/18–1 Uhr. Riva b. b., ℰ 021/765-206.

Trvdalj – das Wehrschloss des ▲
Dichters Hektorović

Piazza Škor – Altstadtidylle ▼

Restaurant Eremitaž, kurz vor den Hotels oberhalb vom Meer, gegenüber dem Kirchlein Sv. Jerolim. Schönes Sitzen zwischen Natursteingemäuer und Terrasse unter Zypressen und Kiefern. Gute Fleisch- und Fischgerichte, u. a. Salzsardellen, Muscheln buzzara. Obala hrvatskih branitelja, ℡ 021/765-056.

Bistro-Café Il Teatrino, mit Galerie im Inneren und kreativ bemalten Sitzmöglichkeiten vor dem Haus mit Blick aufs Meer. Guter Platz für ein Frühstück, einen Kuchen oder leckere Pasta am Abend – alles hausgemacht. Mai–Sept. Riva 13, ℡ 021/765-420.

Paprenjac – Honigkuchen à la Stari Grad

Ein halbes Kilo Honig erhitzen. Beigemischt werden: 2 dl Prošek, 2 dl Speiseöl, trockener Safran (3 Messerspitzen), ein wenig geriebene Muskatnuss, nach Geschmack gemahlene Nelken und ein Esslöffel Soda Bikarbonat. Alles mit 1 kg Mehl vermengen, kneten und 15 Min. ruhen lassen. Danach den Teig modellieren oder mit Förmchen ausstechen und mit aufgelöstem Zucker verzieren (besser noch: Puderzucker mit heißem Wasser oder Zitronensaft verrühren). Im Backofen bei 250°C eine halbe Stunde backen (Mengenangaben für 10 Stück).

Sehenswertes

Stari Grads ältestes Kulturdenkmal sind die Reste der **Zyklopenmauer**, die einst das griechische Faros umgab. Einige Meter davon sind heute im Haus *Tadić-Gramotorovi* sowie an der Südfront der Kirche **Sv. Ivan** zu sehen. Die romanisch-gotische Kirche Sv. Ivan ist die älteste der Stadt und wahrscheinlich Stari Grads erster Bischofssitz. 1332 wird sie erstmals erwähnt, erbaut wurde sie an der Stelle eines Tempels. 1957 entdeckte man neben der Kirche ein Taufbecken aus dem 5./ 6. Jh. Hinter der Kirche befindet sich eine große Ausgrabungsstätte, über den Zaun kann man im Sommer den Archäologiestudenten bei der Arbeit zusehen.

Am palmengesäumten Tvrdalj-Platz vor seinem Schloss **Tvrdalj** steht das Denkmal für *Petar Hektorović*. Den massiven Renaissancebau, unter Anleitung des Dichters zwischen 1520 und 1569 erbaut, prägt der Geist der neretljanischen Architektur. Wie damals üblich, diente er den Vergnügungen der Renaissancegesellschaft ebenso wie der Verteidigung. Im Hof tummelt sich im Teich eine muntere Schar von Meeräschen, umgeben von einem berankten Säulengang. Daran schließen sich eine Laube und ein üppiger Garten mit Trompetenblumen, Zitronen, Bananen, Granatäpfeln, Palmen an. Der Dichter hat sich in seinem Palast literarisch verewigt – seine Verse in verschiedenen Sprachen zieren etliche Steine. Hinter dem Fischteich kann man durch ein Gitter eine kleine *ethnografische Sammlung* betrachten. Und in der Vorhalle gab es eine *Bedürfnisanstalt* mit der Aufschrift „si te gnosti cur superbis" („Wenn du dich kennst, warum bist du so eitel") – der Dichter war seiner Zeit einfach voraus.

Mai–Okt. 10–13 Uhr, Juli/Aug. 10–13/18–21 Uhr. Eintritt 15 KN, Kinder 7–15 Jahre 10 KN, darunter gratis.

Rund 200 m südlich vom Tvrdalj steht das turmbewehrte **Dominikanerkloster**. Es wurde 1482 gegründet, dann von den Türken niedergebrannt und im 16. Jh. neu aufgebaut und befestigt. In der alten Kirche befindet sich die letzte Ruhestätte von *Petar Hektorović*. Die neue, 1894 errichtete Kirche ist riesig, ihr Schmuckstück ist das *Tintoretto-Gemälde* „Grablegung". Im Kloster selbst ist ein *archäologisches*

(z. B. kroatisches Steindenkmal mit Schriften von 385 v. Chr.) und ein *sakrales Museum* eingerichtet.

Mai–Okt. geöffnet, im Juli/Aug. 9–13/18–21 Uhr, in der Nebensaison 10.30–12.30 Uhr. Eintritt 15 KN.

Petar Hektorović

Petar Hektorović wurde 1487 in Stari Grad geboren. Seinen Ruhm begründete er mit dem Fischer-Epos „Fischfang und Fischergespräch" von 1556. Es schildert das einfache Fischerleben, enthält viele Naturbeschreibungen und zählt zu den ältesten Aufzeichnungen langzeiliger Heldenlieder, enthält aber auch deftige Trinksprüche. Hektorović starb 85-jährig im Jahr 1572.

Mitteldalmatinische Inseln

Südlich des Dominikanerklosters an der Hauptstraße duckt sich das Kirchlein **Sv. Nikola** (14. Jh.) mit Werken des venezianischen Meisters *Antonio Porri* und Votivbildern von Seeleuten.

Der *Palast Biankini,* westlich vom Tvrdalj, beherbergt das sehenswerte **Stadtmuseum**, das sog. *Faros Museum,* das die interessantesten archäologischen Fundstücke aus der Umgebung zeigt. Ein Film dokumentiert die Bergung eines Amphorenfeldes. Im 2. Stock sind eine *Maritime Sammlung* und die *Galerie* des bekannten kroatischen Malers *Juraj Plančić* untergebracht. J. Plančić wurde 1899 in Stari Grad geboren und starb 1930 in Paris. Neben seinen Werken zeigt die Galerie Werke von *Ivan Meštrović, Juraj Plančić* und von dem zeitgenössischen, ortsansässigen Maler *Bartol Petrić.*

Ostern–Okt. 10–13 Uhr; Juni–Aug. 9–13/18–21 Uhr.

Die **Kathedrale Sv. Stjepan** mit ihrer Barockfassade, ab 1605 erbaut, steht am großen Kirchplatz. Das Innere zieren ein Taufbecken von 1592 und ein Triptychon von *Francesco Rizzo da Santacroce.* Im frei stehenden, barocken Glockenturm von 1753 hat man das Relief eines antiken Schiffes eingemauert, das Fundament wurde mit Steinen der Zyklopenmauer errichtet. Neben der Kirche ist das antike Steinrelief „Eros" sehenswert.

Buchtauswärts an der südlichen Uferpromenade steht das **Kuppelhäuschen** eines Mausoleums. Hier liegt der Wissenschaftler *Ljubić* begraben. Gegenüber der Bucht steht das Kirchlein **Sv. Jerolim** im spätgotischen Stil, das einst zu einem Kloster der Glagoliter gehörte.

Galerien: *Galerie J. Plančić* im Stadtmuseum (s. o.). Galerie gegenüber der *Kirche Sv. Jerolim* (s. o.). *Galerie Politeo* in der Altstadt mit Gemälden naiver Maler sowie Ölgemälden und Aquarellen anderer Stilrichtungen (geöffnet wie Stadtmuseum). *Galerie Moira,* westlich der Piazza Škor, mit altem römischem Mosaik am Boden. Fantasiereiche, moderne Kunstwerke und Schmuck fertigt Zoran Tadić in seiner *Galerie Fantazam* (Ivana Gundulica 6, www.fantazam.com).

Sport/Wassersport

Baden/Mountainbiken: Die Uferpromenade von der Stadt in Richtung Fährhafen führt zu kleinen Kieselbuchten. Schön sind die Fels- und Kiesbuchten im Föhrenwald westlich des Hotels Arkada. Die zerlappte, nördlich gelegene **Halbinsel Kabal** ist auf Makadamwegen und bestens per Mountainbike zu erreichen – sie bietet jedem ein Badeplätzchen an Fels- und Kiesbuchten, die näheste ist die **Bucht Zavala** (Südseite).

Tauchen   Diving Center Nautica (poln. Ltg.), beim Hotel Helios. Sehr gute Tauchschule mit besten Bewertungen; PADI Kurse für Anfänger/Fortgeschrittene auch in Deutsch, Wracktauchen etc. ✆ 021/743-038, www.nautica.pl.

Fahrradfahren   Rund um Stari Grad und über die gesamte Insel wurden schöne Fahrradwege ausgewiesen. Fahrradkarten in der Touristinformation. Fahrräder kann man am Hafenbecken und bei Hvar Touristik mieten.

Umgebung von Stari Grad

Der 111 m hohe Hügel **Glavica** mit Kreuz und kleiner Kapelle erhebt sich nördlich der Stadt und ist in 20 Min. zu erreichen. Man nimmt die Straße bergan Richtung Hotels (Ul. Ivana Meštrovića), kurz nach der ersten Linkskurve zweigt der Wanderweg nach rechts hoch ab (markiert).

Rund 2 km nördlich von Stari Grad liegen zwischen üppiger Maccia, Oliven- und Weingärten, teils auch verwildert, die beiden alten Dörfer **Mala** und **Vela Rudine**. In *Mala Rudine* scheint die Zeit stehen geblieben und viele Gemäuer wurden von der Natur zurückerobert. Anders in *Vela Rudine* – rund um den Ort entstehen viele Ferienhäuschen. Gen Nordwesten geht es auf Makadam weiter zur zerlappten **Landzunge Kabal**, ein Naturschutzgebiet mit unzähligen Badebuchten, zu denen Wanderwege hinabführen.

Von Stari Grad bis Vrbanj und Vrboska erstreckt sich das **Ager-Feld**, eine fruchtbare und seit der Antike parzellierte Ebene mit Weingärten (→ Kasten) – sackweise werden Ende September rote und weiße Trauben abtransportiert. Am Straßenrand stehen dann Traktoren und Autoschlangen wie bei uns, wenn es im Dorf ein Fußballspiel gibt.

Ager-Feld

Seit 2008 steht die 6 km lange Feldflur zwischen Stari Grad, Vrboska und Vrbanj, die bis auf das griechische Faros (4. Jh.) zurückgeht, auf der UNESCO-Welterbe-Liste. Die hier erbauten Wege und Parzellierungen der Felder (= Hora, Ager) zählen zu den besterhaltenen weltweit. Ebenso sind die Felder noch von alten Trockenmauern begrenzt und überall stößt man auf griechische und illyrische Spuren sowie auf *villae rusticae*. Seit jeher dient diese fruchtbare Ebene als Hauptanbaugebiet für Wein – hier wachsen der kräftige rote *Plavac* und der weiße *Bogdanuša*. Neben Wein werden in dieser Gegend auch Obst und Gemüse angebaut.

Vrboska

Das 500-Einwohner-Städtchen ist ein ruhiger, von Föhrenwäldern gesäumter Badeort, der sich an zwei Küstenseiten um einen langen Meeresarm zieht. Vrboskas architektonisches Juwel ist die trutzige Festungskirche, in Sv. Lovro ist eine kostbare Gemäldesammlung zu bewundern.

Brücken führen über den schmalen Meeresarm, die roten Dächer der Barock- und Renaissancehäuser zu beiden Seiten spiegeln sich im tiefen Meeresblau. Mittendrin ein grünes Inselchen mit einem Denkmal zu Ehren der Kämpfer des Befreiungskriegs. Im 15. Jh. entstand Vrboska als Hafenort von Vrbanj und entwickelte sich zu einem Fischerort mit großer Fischfabrik. Eine alte Tradition, die sich bis heute erhalten hat, ist das Einsalzen der Fische. Früher verkauften die Fischer ihre Sardinen bis nach Venedig und Padua, sahen dort die venezianischen Meister bei der Arbeit und kamen mit wertvollen Gemälden in die Heimat zurück.

Der Volksführer und Reeder *Matija Ivanić* baute 1468 die Hafenanlage. Die gotischen Häuser aus dieser Zeit zeigen heute noch die Brandspuren des Volksaufstands von 1510 bis 1514. Auch der Seeangriff der Türken im Jahr 1571 hinterließ Schutt und Asche, Vrboska musste zum Teil neu aufgebaut werden. Zum Schutz wurde auch die **Festungskirche** errichtet; steingrau und nun auch frisch restauriert, überragt der unversehrte Renaissancebau mit seinem Dreiglockenaufsatz die Stadt, trutzig und einzigartig an der ganzen Adria. Innen ist das Gotteshaus bis auf Grabtafeln ziemlich kahl – die wertvollen Bilder wurden wegen der Feuchtigkeit in der nahen Barockkirche Sv. Lovro untergebracht. Mit Führung kann man den Turm besteigen, von dort bietet sich ein weiter Blick über Palmen und den Jachthafen (Juli/Aug. 10–12/19.30– 21 Uhr, danach nach Absprache mit TIC; Eintritt 15 KN).

Die wuchtige Festungskirche

Die **Pfarrkirche Sv. Lovro**, im 15. Jh. erbaut, im 17. Jh. barockisiert, birgt die wertvollste Gemäldesammlung der Insel – z. T. Werke aus venezianischer Schule, die ursprünglich die Festungskirche schmückten. Am vom *Ivan Rendić* geschaffenen Hauptaltar befindet sich das berühmte Triptychon mit Darstellungen aus dem Leben des hl. Lorenz, angeblich das Werk des venezianischen Meisters *Veronese* (1528–1588), anderen Quellen zufolge soll es von *Tizian* (1477–1567) stammen. Im Seitenschiff das Altarbild „Rosenkranz-Madonna" von *Jakob Bassano* (1510–1592) und drei Bilder von *Celestin Medović* (1859–1921) aus Dubrovnik. Daneben steht eine kleine Ikone aus dem 16. Jh. Die Sakristei birgt neben Votivbildern, alten Spitzen und Messgewändern ein silbernes Kreuz von *Tizian Aspetti* aus dem 16. Jh., wohl aus der Werkstatt von *Benvenuto Cellini* (1500–1572). Aus der Festungskirche stammen „Mariä Geburt" von *Antonio Sciuri* aus dem 17. Jh., die „Jungfrau von Carmel" von *Stefano Celesti* von 1659 sowie weitere Werke neueren Datums. Ein Besuch von Sv. Lovro wird wohl nicht nur den Augen gefallen, auch die 150 Jahre alte Orgel klingt sehr gut (Hauptmesse tägl. 10.30 Uhr; geöffnet wie Festungskirche).

Kulinarische Genüsse hat Vrboska auch zu bieten: Die Stadt ist bekannt für gute, mit Rosmarin und Lorbeer gewürzte Fischmarinaden und für die seit alters her bekannten eingelegten Sardellen: schichtweise Sardellen, Lorbeer und weitere Gewürze dazwischen, das Ganze mit einem Stein beschwert und kühl gelagert – nach ein paar Monaten ist der Genuss gereift. Dazu ein Gläschen trockenen, weißen Bogdanuša oder einen roten Plavac.

Sehenswert ist auch das **Fischereimuseum** (Juni–Sept. 10–12.30/18–20.30 Uhr, danach nach Absprache mit TIC; Eintritt 10 KN). Es dokumentiert die Geschichte der Fischerei vom 18. bis zum 20. Jh. und zeigt Werkzeuge, Netze, Lampen, Fangkörbe, eine schnuckelige Fischerküche und mehr.

Am Meeresufer steht das Kirchlein **Sv. Petar**, eines der ältesten der Insel. 1331 wurde es als Grenzpunkt zwischen Pitve und Vrbanj erwähnt.

Basis-Infos

Information Touristinformation, am Kanal nördlich der Brücke, 21463 Vrboska, ✆ 021/774-137, www.tz-vrboska.hr. Mitte Juni–Mitte Sept. 8–22 Uhr, danach Mo–Fr 8–14 Uhr.

Verbindungen Bus: Juni–Sept. 14-mal tägl. nach Stari Grad, 11-mal tägl. nach Jelsa, 8-mal tägl. nach Hvar; danach etwas weniger.

Wein Hier kann man Weine kaufen und verkosten, u. a.: Vino Pinjata, westliche Zufahrt nach Vrboska, kurz vor dem Ort rechts ab (ausgeschildert). ✆ 021/774-262.

Vino Tonći Visković, ✆ 021/778-141; nahe obigem.

Übernachten/Essen & Trinken

Übernachten Es gibt nordöstlich vom Ort auf der Halbinsel das sehr einfache ** Hotel Adriatic, zwar in schöner Lage im Kiefernwald, aber veraltet.

Netter nächtigt man in Privatzimmern (ab 15 €/Pers.) oder in Appartements (ab 20 €/Pers.). Die schönsten Häuser liegen zwischen Vrboska und Jelsa, nördlich um die Bucht Basina im gleichnamigen Weiler (→ Essen).

*** Pension Darinka, nördlich des Meeresarms, Neubau mit Terrasse und Blick auf Stadt und Meer. Essensstube mit Kamin, die Wirtin kocht dalmatinische Spezialitä-

ten, z. B. Fischsuppe oder eingelegte Sardellen; dazu ein kräftiger weißer Bogdanuša. Eigene Anlegestelle für Boote, auch Bootsvermietung. ✆ 021/774-188.

*** Villa Welcome, nettes, familiär geführtes Haus mit Garten und Grill. 10 unterschiedlich große Zimmer/Studios (2–4 Pers.) mit Balkon, auf Wunsch mit Frühstück; Fahrradvermietung. Vrboska b. b. (nordwestlich vom Kanal), ✆ 021/774-110, 091/5340-538 (mobil), www.villawelcome.com.

≫ **Mein Tipp:** **** Apartments Oleandri, kleine, ruhige Appartementanlage oberhalb von Vrboska (Richtung Camp Nudist) im Pinienwäldchen. Appartement für 2 (+2) Pers. 100 € oder 4 (+2) Pers. 130 €. Wohn- und Schlafräume durch Innenhof mit Grill voneinander getrennt; voll ausgestattete Küche, AC etc. Zudem steht ein Boot zum Fischen zur Verfügung. Hr. Milivoj Stipisić, ✆ 021/774-038, 091/782-7386 (mobil), www.islandhvarapartments.com. ≪

*** **Vila Rosa**, im Weiler Basina, nördlich von Vrboska oberhalb vom Meer. Hübsches Natursteinhaus mit sehr gut ausgestatteten, modernen Appartements mit 1 bis 2 Schlafzimmern (2–6 Pers.), Küche, Balkon. Hinter dem Haus geht es hinab zur Badebucht mit Liegestühlen. 105–120 € (je Größe). Fam. Suzana Bandula-Kuznar, Rosohotnica Uvala, ✆ 098/476-797 oder 098/311-728 (mobil), www.vilarosahvar.com.

Villa Jelka, oberhalb vom ACI-Jachthafen mit schönem Blick. Sehr gut ausgestattete Apppartements für 2–4 Pers. (80 €/2 Pers.). Mai–Okt. ✆ 021/718-097, www.villajelka.com.

Camping   ** FKK-Camp Nudist, an der Nordseite der Landzunge in einer eigenen Bucht. Föhren, Natursteinhäuschen; ringsum Meer, vorgelagerte Inselchen und herrlicher Blick auf die Insel Brač mit Bol und dem Vidova Gora. Felsplattenstrand und Kies. Sportmöglichkeiten: Kajaks, Surfbretter. Geöffnet 1.5.–30.9. Pro Pers. ca. 8,50 € (TS 11 €). ✆ 021/774-034, www.nudistcamp-vrboska.hr.

Robinsoncamp-Appartements Mudri Dolac, im gleichnamigen Weiler nördlich von Basina. Familienbetrieb von Jurica und Antonela Lusić. Terrassiertes, kleines Gelände am Meer, die Zelte finden Platz unter Weinlauben, es gibt Duschen/WC und je nach Fang frischen Fisch. Im Haupthaus werden Zimmer/Appartements vermietet. Mai–Okt. ✆ 091/5018-924 (mobil).

Essen & Trinken Restaurant Škojić, südlich und kurz vor der Brücke, mit Innenhof und altem Gemäuer. Neben Fisch- und Fleischgerichten gibt es Pizza. ✆ 021/774-241.

Konoba Lem, nördlich der Brücke und neben TIC; hier isst man Fleisch- und Fisch-

Vrboska – beliebter Anlaufpunkt von Bootstouristen

gerichte und blickt auf das Städtchen. Mai–Sept. ✆ 021/774-012.

Restaurant Trica Gardelin, Sitzgelegenheiten im Freien und Blick zum Meereskanal, gute Fischspezialitäten. Mai–Sept. ✆ 021/774-280.

Restaurant Gardelin, beim Jachthafen mit großer Terrasse; höheres Preisniveau. April–Okt., danach nur am Wochenende. ✆ 021/774-071.

≫ **Mein Tipp:** Pension-Appartements **Ivelja** (Ltg. Sneška & Duško Pavičić-Ivelja), im Weiler Basina oberhalb vom Meer – der Weg lohnt sich! Es werden nette Appartements vermietet, zudem wird gut gekocht – es gibt fangfrischen Fisch, beste Fleischgerichte mit Gemüse aus dem eigenen Garten und hauseigenen Wein. ✆ 021/7845-555, 091/5290-076 (mobil). ≪

◯ Sport/Wassersport

Baden Im Ort selbst keine Bademöglichkeit. Nordöstlich vom Ort gibt es die Sandbucht **Soline**. Buchten mit Fels und Kies auf der **Landzunge Glavica** an der Nordseite. Von dort schöner Blick auf die vorgelagerten Inseln Zečevo und Brač mit dem hoch aufragenden Vidova Gora. Beim **Camp Nudist** führt ein Weg zu einem Kiesstrand mit türkisfarbenen Holzbuden, einer Gostiona und Tischen und Bänken unter

Pinien. Noch etwas weiter nördlich die **Ba-sina-Bucht**. Taxiboote fahren vom Hafen zur **Insel Zećevo**. In einer halben Stunde läuft man entlang der Promenade und durch den Föhrenwald nach **Jelsa**.

Fahrradfahren   Natürlich kann man auch von Vrboska bestens die Gegend erkunden, u. a. das Ager-Feld (→ Kasten S. 216), gen Norden Basina und den Süden die Weiler um Jelsa und Vrbanj. Sehr gutes Kartenmaterial mit Routenvorschlägen bei

TIC in Vrboska, auf jeden Fall aber in Jelsa und Stari Grad.

Jachthafen   ACI-Marina Vrboska, 124 Liegeplätze im Wasser (alle mit Strom- und Wasseranschluss), 25 Stellplätze an Land. 5-t-Kran, Schiffswerft, Tankstelle, gute Sanitäranlagen, Wäscherei, WiFi, Tankstelle, Restaurant. Ganzjährig geöffnet. ✆ 021/774-018, www.aci-club.hr.

Anlegemöglichkeiten   auch im Kanal, es gibt Strom und Wasser.

Vrbanj

Der 600-Einwohner-Ort im Inselinneren, flächenmäßig der größte von Hvar, ist eine Art „Verkehrsknotenpunkt" und bietet bescheidene Versorgungsmöglichkeiten für die Südküste.

Vrbanj breitet sich in einer fruchtbaren Ebene aus, die dem Ort seinen Namen gab – *vrba* heißt Weide. Der **Königshof**, eine Patrizierresidenz, stammt aus dem 14. Jh. Im 15. Jh. breitete sich von Vrbanj der Volksaufstand (1510–1514) über die Insel aus. Vrbanj ist die Heimat von *Matija Ivanić* (→ Vrboska), den man auch *Herzog Janko* nannte. Als Zeichen seiner Macht ließ er südwestlich von Vrbanj auf dem höchsten Gipfel der Insel (626 m), nahe Sv. Nedjelja, 1487 die Kapelle **Sv. Nikola** erbauen. Auf einem Wanderweg ist sie in ca. 4 Std. zu erreichen. Im 16. und 17. Jh. sorgten Piraten für Aufregung, deshalb baute man die Häuser wie steinerne Inseln eng zusammen, bewehrt mit Mauern und Schießscharten.

Heute zeigt sich der Ort mit Olivenbäumen, efeuumrankten Föhren und der **Pfarrkirche** aus dem 15. Jh. weniger abweisend.

Essen & Trinken   Konoba-Pizzeria Bogo, gegenüber der Kirche mit schönem Garten und ausladendem schattigen Baum, Mühlsteinen und Weinpresse. Neben Pizzen gibt es sehr gute Peka-Gerichte, Fisch und Lasagne. Immer gut besucht von den Arbei-

tern aus der Umgebung, d. h. es gibt preiswerte Tagesgerichte. Ganzjährig ab 17 Uhr, So/Feiertage ab 10 Uhr. ✆ 021/768-337, 091/5178-647 (mobil).

Einkaufen   Im Ort **Post, Laden** – alles, was die Alltagsversorgung sichert.

Kleine Siedlungen um Vrbanj

Dol: Der sich weitläufig erstreckende Weiler liegt westlich, etwas abseits der Hauptstraße in Richtung Vrbanj und war schon vor den Illyrern besiedelt. Oberhalb und westlich thront die imposante Kirche *Sv. Mihovile* mit einem Altar von *Ivan Rendić*, einem zeitgenössischen kroatischen Bildhauer. Die Kirche wird 1226 erstmals erwähnt.

Veranstaltung   Pujada (Siebenschläferfest), Ende Aug. Ein ungewöhnliches Fest, das allerdings tausende Gäste in diesen kleinen Weiler lockt. Es gibt einen Parcours für die Tiere und ihre Trainer (schwieriges Unterfangen, da sich die Tiere schon kaum fangen lassen, geschweige denn trainieren ...), daneben steht natürlich auch Sie-

benschläferfleisch auf dem Speiseplan und üppigst fließt der Wein.

Übernachten/Essen   **》》 Mein Tipp:** **Casa Oliva** (kroat.-dtsch. Ltg., Tonka & Hajo Beuschel-Roić), ein liebevoll restauriertes Bauernhaus mit 3 Wohneinheiten im absolut ruhigen Weiler Dol-Sv. Ana. Im Haus fehlt es an nichts und falls doch, wird es gerne von den liebevollen Wirtsleuten besorgt; daneben gibt es hauseigenen Wein, Lavendelöl. Wohnungen 40–70 €, auch komplett für 9 Pers. zu mieten. Ganzjährig geöffnet. ☎ 021/765-339, www.oliva tours.de. ≪

Konoba Kokot, hier kommen die Produkte vom eigenen Hof, u. a. Lamm (hauseigene Zucht), das unter der Peka gegart herrlich schmeckt, dazu frischer Salat und guter, hauseigener Ziegenkäse. Es gibt auch Übernachtungsmöglichkeiten. Geöffnet von Juni bis ca. Mitte Okt. ab 18 Uhr. Dol-Sv. Ana, ☎ 021/765-679, 091/5114-288 (mobil). ■

Svirče liegt südwestlich an der kleinen Umgehungsstraße; hier dominiert die große *Kirche Sv. Marija Magdalena*, erbaut 1777 mit Seitenschiff und integrierter Kuppel hinter Palmen; nebenenan ragt der alte Kirchturm empor. Daneben liegt ein Friedhof mit Zypressen. An der Piazza steht das Kirchlein *Sv. Josip* auf den Fundamenten der einstigen Loggia. Auch steht hier noch eine alte Ölmühle. Von Svirče gelangt man auf einem steil ansteigenden Wanderweg zur Kapelle *Sv. Nikola*, 1487 erbaut, hoch oben am gleichnamigen Bergzug – die Aussicht nach allen Seiten entschädigt für den rund dreistündigen Aufstieg.

Essen/Wein ≫ Mein Tipp: Konoba Kod None, nach der Kirche; hübsch und einladend mit überdachter Terrasse und Massivholzmöbeln, Wilder Wein und Maracuja ranken. Spezialitäten sind Grill- und Peka-Gerichte, hauseigene Weine und Schnäpse. Ganzjährig 12–14/18–24 Uhr geöffnet. ☎ 021/768-123. ≪

Vina Plančić, neben Dessertweinen werden u. a. Bogdanuša, Opolo und Plavac angeboten. ☎ 021/768-030 (Hr. Antun Plančić).

Fam. Ivo Zarić, am kleinen Hauptplatz. Hier gibt es die leckeren Cesarica-Weißweine, u. a. den *Jubov* ("meine erste Liebe"). ☎ 098/265-980 (mobil).

Vrisnik thront, von der Zwiebelturmkirche *Sv. Ante* aus dem 17. Jh. überragt, auf einem Hügel vor dem Küstengebirge, die Häuser wie in einem Labyrinth angeordnet. Vorbei an efeuüberwucherten Steinmäuerchen schlängelt sich die Straße durch Weingärten, Olivenhaine und Lavendelfelder.

Essen & Trinken: *Konoba Vrisnik*, das Lokal bietet traditionelle Küche (Fisch, Lamm) mit Gemüse aus eigenem Anbau, dazu süffigen Wein. Geöffnet Mai–Okt. ab 18 Uhr (sonst nach Anmeldung). Fam. A. Grgičević, ☎ 021/768-016, 091/5229-949 (mobil).

Vrisnik – die wuchtige Kirche Sv. Ante dominiert im kleinen Ort

Pitve ist der nächste kleine Ort und liegt schon ein Stück in den Bergen. Es duftet betörend nach Lavendel. Danach geht es durch den 1400 m langen Tunnel an die Südküste. Pitves Wurzeln reichen zurück bis ins 3. Jh. v. Chr., die Siedlung Novo Pitve wurde im 15. Jh. von bosnischen Flüchtlingen gegründet. Am Abhang steht die weithin sichtbare *Kirche des hl. Jakob* von 1877, anstelle der Vorgängerkirche aus dem 15. Jh. erbaut an einem uralten Kultplatz mit Januskopf. Von Pitve aus führt ein uralter Verbindungsweg über den Berggrat hinüber zur Südküste nach Zavala.

Übernachten   Es gibt im Ort diverse Übernachtungsmöglichkeiten.

Essen & Trinken »» Mein Tipp: Konoba Dvor Duboković, hübsches Natursteingemäuer. Aus dem lodernden Feuer des Kamins kommen leckere Peka-Gerichte mit Lamm und Oktopus. Geöffnet Mai–Okt. ab 18 Uhr. ✆ 021/761-523, 098/412-299 (mobil). «««

Die Südküste zwischen Zavala und Sv. Nedjelja

Die Straße führt durch einen dunklen, von Abgasen geschwängerten, 1400 m langen Tunnel, der in den Fels geschlagen wurde; eine Ampel regelt den einspurigen Verkehr. Fußgänger, Rad- und Mopedfahrer dürfen das gefährliche, unbeleuchtete Tunnel nicht passieren, sie können den alten Weg durch die *Vratnik-Schlucht* nehmen, der auf 550 m ansteigt und an der kleinen Kapelle des hl. Antonius vorbeiführt (sehr anstrengend!). Danach hat man die Südküste mit ihren vielen Badebuchten vor sich liegen, weiß gesäumt im Meer die Insel Šćedro (→ Kasten S. 224), dahinter Korčula. Serpentinen führen hinunter nach Zavala. Von Zavala führt die Straße westwärts die Küste entlang und endet in Sv. Nedjelja. Kleine Weiler liegen an den Buchten, die meist mit Neubauten erweitert wurden. Ihre Bewohner kommen aus Dörfern wie Svirče und haben hier ihre Appartements für die Sommervermietung gebaut.

An den Steilhängen gedeiht Wein, v. a. der rote *Plavac mali*, der aufgrund des Mikroklimas auch hier keine Pestizide benötigt – hier genießt man beste Ökoweine.

Landschaftliche Highlights bietet eine Mountainbiketour auf Makadam am Bergsattel entlang (Abzweig nach dem Tunnel) über Humac, bis man bei Zastražišće wieder auf die Inselstraße stößt (→ Jelsa).

Zavala: ein von Kiesbadebuchten umgebener kleiner Ort mit zahlreichen Neubauten, Tendenz zunehmend. An den Rebstöcken reifen der weiße süffige Bogdanuša und der rote Plavac mali. Vom Hafen fahren Taxiboote (Juli/Aug.) nach *Šćedro*. Ein betonierter Fußweg führt vom Hafen westwärts zur *Petaršćica-Bucht* mit Feinkiesstrand – auch hier stehen inzwischen viele Neubauten, die allerdings auch schön zum Wohnen sind. Auch ein kleiner *Campingplatz* (bis 2014 nicht registriert!) hat sich hier niedergelassen.

Übernachten   Zimmervermietung und Pensionen im Neubauviertel unten am Meer, pro Pers. ab 20 € mit Frühstück. Appartements ab 20 €/Pers.; z. B.:

Villa Stella Mare, im Westen des Ortes, nahe dem Meer, mit Restaurant und schöner Terrasse mit herrlichem Weitblick. Hier werden Studios/Appartements vermietet (ab 60 €, TS 70 €). ✆ 021/767-128, www.stella mare.hr.

Hotel-Restaurant Skalinada, im Westen des Ortes (1. Abzweig); auf der schönen Terrasse werden dalmatinische Spezialitäten wie Hvarer Gregada und Fladenbrot serviert, zudem fangfrischer Fisch, Muscheln, Austern und hauseigener Wein. Genächtigt wird in hübschen farbenfrohen Zimmern (DZ/HP 128 €), Suiten und in Natursteinbungalows (4–6 Pers. 165 €). Es werden auch Wanderungen in die Berge und Bootsausflüge nach Šćedro organisiert. Schöne Gemälde u. a. von Edo Murtić (1921–2005), der hier einst Gast war, sind zu bewundern. Fam. Antičević, ✆ 021/767-019, www.skalinada-apartmani-hvar.hr.

Pension Zavala (Ltg. Vjeko und Dašenka Jakas), langjährige Pension mit netten, preisgünstigen Zimmern, v. a. bei Tauchern sehr beliebt. Es gibt zum Flaschenfüllen ein Kompressionsgerät, Tauchausflüge werden unternommen, das Equipement muss mitgebracht werden. Auf Wunsch Frühstück und Abendessen. Zavala 140, ℘ 021/767-016, 098/9248-235.

Appartements & Camp Petrovac Sibe, im Westen des Ortes, nahe dem Meer, kurz vor der Petaršćica-Bucht. ℘ 021/761-918.

Essen/Einkaufen Es gibt einen kleinen **Supermarkt** (oberhalb im Dorf), einen **Bäcker** (kurz vor dem Hafen) und **Restaurants** (auch in Skalinda und Stella Mare); zudem bieten die Vermieter Halbpension – verhungern wird man sicherlich nicht.

Konoba Davor, hübsches Lokal der Brüder Grgo und Krišto Barbić oberhalb vom Hafen mit Meerblick. Auf der gemütlichen Terrasse speist man sehr gut fangfrischen Fisch, dazu Gemüse aus dem eigenen Garten, leckere Pizzen aus dem Holzofen und hausgekelterte Weine. Geöffnet Mai–Okt. ℘ 021/767-214

Gromin Dolac: Ein Makadamweg führt von Zavala in 3 km gen Osten durch Aleppokiefernwald, vorbei an Weinhängen zum Weiler in einem Talkessel mit seinen hübsch restaurierten alten Natursteinbauten. Die Häuser wurden zum Schutz vor Piraten Mitte des 17. Jh. befestigt erbaut, u. a. das *Obradić-Machiedo kuća* mit Turm – inzwischen in Privatbesitz. Weiter im Osten steht am Meer das unrenovierte *Budić kuća*, Mitte des 16. Jh. erbaut, das einer Adelsfamilie aus Hvar gehörte. In der Umgebung gibt es auch einige Höhlen. Tief unten liegen schöne Kiesbuchten.

Ivan Dolac: Rundum stehen Neubauten (mit Zimmervermietung), die sich bis zum Meer hinabziehen, es gibt auch einen Campingplatz. Die Weiler oberhalb sind fast verwaist – in Blütenpracht versunkene Natursteinhausruinen – und überall gedeiht Wein. Entlang der zerklüfteten Felsküste mit einigen schönen Kiesbadebuchten verläuft ein betonierter Pfad.

Rund um Ivan Dolac gibt es familienfreundliche Badebuchten

Mitteldalmatinische Inseln

Übernachten/Camping/Essen Camping & Appartements Paklina, der kleine Familienbetriebliegt fast direkt am Meer. Es gibt eine Campingfläche, Grillmöglichkeiten und daneben im Haupthaus Zimmer und Appartements. ☎ 021/767-092, 091/5180-203 (mobil).

Schön sind auch die **Appartements Biankini**, ☎ 091/5127-042 (mobil).

Villa Conte, in zweiter Reihe vom Meer steht der Neubau mit verschieden großen Appartements (50 €/2 Pers.) mit Balkonen, WiFi; die Familie kommt aus Svirče und kümmert sich bestens um ihre Gäste; auf Wunsch wird gekocht und es gibt hauseigenen Wein (den starken Rotwein Conte Simone sowie den weißen Contessa Simone), zudem verschiedenste Grappas. Ivan Dolac b. b. (nahe Camp), ☎ 091/8961-277 (mobil, Fr. Lena), www.conte-hvar.com.

Restaurant-Pension Slavinka, im kleinen Zentrum am Hafen. Hier wird bester Service bei gutem Preis sowie sehr gutes Essen geboten, u. a. fangfrischer Fisch, Muscheln, Peka-Gerichte (Lamm, Oktopus), Zagreber Schnitzel (gefüllt mit Käse und Schinken) und Pizzen. Gratis sind die gigantischen Sonnenuntergänge, die man von der Terrasse genießt. In den Stockwerken darüber vermietet der Bruder verschieden große Appartements (50–70 €). Mai–Sept. geöffnet. ☎ 020/767-110, 095/1986-888 (mobil).

Insel Šćedro

Das Klima auf der 900 ha großen Insel ist noch milder als auf Hvar. Früher baute man hier Getreide an. Seefahrern war die Insel wegen ihrer beiden tiefen Buchten schon immer ein Begriff. Illyrische Grabhügel und Ruinen eines Dominikanerklosters aus dem 15. Jh. zeugen von früher Besiedlung.

Man kann auf Šćedro baden und spazieren gehen, auch Bootsbesitzer laufen die Insel gern an. Es gibt zwei Konobas, Kod Ive (mobil ☎ 098/838-418) und Kordić (mobil ☎ 098/9236-040), die ca. Juni–Sept. geöffnet haben.

Ein Aleppokiefernwald am Hang und Weinfelder ziehen sich ein paar hundert Meter hoch ins Gebirge. Hier gedeihen die besten Rebsorten für den roten Plavac-Wein. Nach ca. 2 km folgt der Ort **Jagodna** mit Autocamp.

Essen/Übernachten Restaurant Slavinka mit Appartementvermietung. ☎ 021/767-110, www.slavinka.net.

Camping ≫ Mein Tipp: Autocamp Lili, unterhalb von Jagodna an der gleichnamigen Bucht – das schönstgelegene Camp an der Südküste! Weitläufiges 20 ha-Gelände im Föhrenwald oberhalb der Steilküste. Die Wirtsleute Lina & Šime sind um ihre Gäste sehr bemüht, verkaufen besten Rotwein, Kapern, Brot, Käse, Olivenöl und Grappa; zudem kommen per Lieferwagen Obst und Gemüse. Im schönen Restaurant mit Grill gibt es Fisch, Fleisch und Gerichte aus der Peka. Auch Kräuterwanderungen werden angeboten. Ein Pfad führt hinab zur geschützten Kiesbucht, weitere folgen. Es gibt einen kleinen Bootshafen, bestes Tauchrevier. 18 Appartements (für 2–4 Pers., 35–50 €/2 Pers.) werden vermietet, auch in schönen Natursteinhäuschen oberhalb vom Meer. Pro Pers., Auto und Zelt 9 €, Strom 3 €. Juni–Sept. geöffnet. Fam. Zaninović, ☎ 021/745-775, -742 (Winter), 091/8982-546 (mobil), www.kamplili.hr. ≪

Vor Sv. Nedjelja ziehen sich Pinienwäldchen bis ans Meer und schroffe Felsen vom Berg Hum. Kurz vor Sv. Nedjelja liegt die **Zagon-Bucht**: ein Felsendom (*Šuplja stina*) an einer Steilküste, ansonsten Agaven, kleine Palmen, Feinkiesstrand. Die Landschaft zu erkunden lohnt sich. In der Saison ist die Konoba geöffnet und an den Felsen kann geklettert werden (→ Sv. Nedjelja/Klettern).

Sv. Nedjelja: Das kleine, verschachtelte Piratennest liegt auf einem Berg, umgeben von Weinfeldern – im Süden kann man die Umrisse der Insel Susak erkennen, bei

Sv. Nedjelja – Piratennest und Weinort am Steilhang

Mitteldalmatinische Inseln

super Sicht sogar Palagruža. Die Straße führt in Serpentinen hinab ans Meer zur Felsbadeküste und zu den Neubauten mit Appartementvermietung. Oberhalb des Dorfs, in der großen Höhle *Špilija Augustinaca,* befinden sich die Überreste eines Augustinerklosters aus dem 15. Jh. und die Kapelle *Gospa od Snježna* von 1706. Bis Mitte des 19. Jh. diente die Höhle dann als Friedhof. Laut Legende gelangt man von hier durch einen Tunnel bis Stari Grad.

Bisher endet in Sv. Nedjelja die Südküstenstraße. Doch irgendwann, so ist zu befürchten, wird sie nach Hvar weitergeführt und es wird mit der Ruhe vorbei sein an diesem schönen Küstenstreifen, an dem sich bisher nur Selbstversorger und Bootsbesitzer erfreuen konnten.

Essen & Trinken ≫ Mein Tipp: Konoba-Vinothek & Marina Bilo Idro, der Natursteinbau ähnelt Weinbehältern und wurde direkt an Mole und Hafenbecken platziert – bei stürmischer See klopft die Gischt an die breiten Fensterfronten. Die Abendsonne kann man bei guten Fischgerichten und einem Gläschen feinsten Zlatan-Wein auf der Terrasse genießen. Auch das Innere ist einfallsreich mit Glasböden und einem Unterwasserweinkeller ausgestattet. Der Besitzer Zlatan Plenković ist bekannt für gute, selbst gekelterte Weine und seine speziellen Versuche – er gewann etliche Auszeichnungen. Mitte Mai–Mitte Okt. tägl. ab 9 Uhr. ✆ 021/745-703, www.zlatanotok.hr. ≪

Klettern ≫ Mein Tipp: An einem der entlegensten Orte hat die Kletteragentur **Adventure Guide** (www.cliffbase.com, ✆ 091/7648-182) ihren Sitz. Zu Fuß oder per Boot wird die Gegend erkundet, u. a. Touren zum Strand Zogon mit dem Kletterfelsen *Šuplja stina.* ≪

Übernachten Pension Bilo Idro, an der Uferpromenade für bis zu 30 Pers. in Appartements/Zimmern mit Terrassen und Balkonen; Halbpension bei Restaurant Bilo Idro möglich. Geöffnet Juni–Anf. Okt. Fr. Antonia Buratović, ✆ 091/5728-948, www.zlatanotok.hr.

Villa Irming, an der Uferpromenade, ca. 6 nette unterschiedliche Zimmer (DZ 44 €) und Appartements mit Balkon (ab 80 €), Garten, Pool, Hängematten und Grill. Mai–Okt. Put Veleg kamika 8, ✆ 021/745-768, www.irming.hr.

Entlang der Uferpromenade gibt es weitere Zimmer und Appartements in netten Neubauten zu mieten. Im Ort kleiner Laden.

Veranstaltung Osterprozession am Karfreitag Früh um 4 Uhr von Sv. Nedjelja hoch zur Kapelle Gospa od Snježna und weiter zum alten Ort Jagodna.

Blick vom „Tor" über Jelsa und das Küstengebirge

Jelsa

Quirliger Touristenort mit Hotels, Campingplätzen, Badeständen und netten Lokalen für den Abend. Umgeben von Wald und Bergen liegt das 1600-Einwohnern-Städtchen an einer Bucht mit vielen Quellen und Pappeln. Von hier aus lassen sich – bedingt durch die zentrale Insellage des Ortes – wunderbare Wander- und Mountainbiketouren in alle Richtungen unternehmen.

Jelsas Architektur wirkt großzügig und lässt auf eine junge Stadtgeschichte schließen. Doch das täuscht. Rund um das Hafenbecken stoßen wir auf Relikte vergangener Jahrhunderte, in der weiteren Umgebung auch auf Funde aus der Antike. Das einstige Schiffbauzentrum ist heute ein beliebter Badeort und bietet eine große Auswahl an Lokalen, die auch ihren selbst Gekelterten servieren. Palmen und Pappeln verschönern das Stadtbild und die nahen Berge laden zu Wanderungen ein: dorthin, wo einst schon die alten Griechen saßen – zum Beobachtungsturm *Tor* oder zur alten Hirtensiedlung *Humac* mit nahe gelegener Höhle.

Geschichte

Die Gegend war bereits zur Zeit des Neolithikums besiedelt, wie man bei der Erforschung der *Grapčeva-špilja-Höhle* südöstlich von Jelsa entdeckte. Die Höhle kann besichtigt werden. Südlich von Jelsa hinterließen die Griechen den Beobachtungsturm *Tor,* der noch sehr gut erhalten ist. Ganz in der Nähe stolpert man über die Ruinen des befestigten Stadtkastells *Grad* aus der Spätantike; von hier aus sind der Kanal von Hvar und die Ebene von Jelsa gut zu überblicken. An römischen Bauwerken blieben einige Villen erhalten. Jelsa entstand im 14. Jh. als Hafenort von Pitve. Im 15. Jh. bildete sich eine Siedlung um die Kirche Sv. Ivan. Zur Zeit der Türkenkriege kamen Flüchtlinge vom Festland herüber. Mitte des 19. Jh. legte man die

Sümpfe trocken, pflanzte Pappeln und baute den Hafen aus. Es entstand eine Schiffswerft und der Ort stieg zum Schiffsbauzentrum der Insel auf.

Basis-Infos

Information Touristinformation (TZ), Obala b. b. (nördl. am Hafenbecken), 21465 Jelsa, ✆ 021/761-017, www.tzjelsa.hr oder www.jelsa-online.com. Juni–Sept. Mo–Sa 8–14/15–21, So 9–12/18–20 Uhr (im Juli/Aug. abends bis 22 Uhr, So bis 21 Uhr geöffnet); April/Mai u. Okt. tägl. außer So 8–14/15–20 Uhr; sonst Mo–Fr 8–14 Uhr. Gute Infos, zudem sehr gute Mountainbike- und Wanderkarte.

Atlas, Obala b. b., westl. der Touristeninfo. 8–12/17–20/22 Uhr, So 10–12/17–20 Uhr. ✆ 021/761-038.

T-Club, südliches Hafenbecken, ✆ 021/761-999. Fahrräder, Scooter und Boote.

Agentur Island, südöstlich am Hafenbecken gelegen. Lucica b. b., ✆ 021/761-404, www.hvar-jelsa.net.   Zimmervermittlung (App. Drinković).

Verbindungen Bus: Verbindung mit Stari Grad (10-mal), Vrboska (6-mal) und Hvar (8-mal, 33 KN).

Taxistand am Busbahnhof.

Wasserflugzeug ECA (www.ec-air.eu): am südlichen Kaiende ist der kleine Terminal. Mehrmals tägl. Flüge nach Split-Resnik (nahe Flughafen). Transfer nach Hvar wird auf Wunsch organisiert.

Schiff: *Katamaran Jelsa–Bol–Split:* tägl. 6 Uhr (So 7 Uhr), zurück ab Split 16 Uhr.

Auto/Motorrad/Fahrrad Tankstelle am Ortsbeginn an der Hauptstraße. **Auto-, Motorrad-** und **Fahrradvermietung** T-Club.

Ausflüge Führung durch die **Hirtensiedlung Humac** und weiter zur **Höhle** – Mo, Mi und Sa (→ Ausflüge S. 231).

Wein Große Auswahl an Weingeschäften in der Stadt, u. a.:

Vinarija Tomić, Bastijana d.o.o., die Weinkellerei ist technologisch auf dem neuesten Stand, breites Weinsortiment aus Rot, Weiß und Rosé, 20 % aus eigenen Trauben, Rest von den Weinbauern der Umgebung. Im schönen Gewölbekeller mit Naturfelsen können 9 verschiedene Sorten verkostet werden, daneben auch Grappa und Prošek. Im Ortsteil Mina, im Osten, ✆ 021/768-160, www.bastijana.hr.

Vinothek Tomić, Altstadtgasse, nördl. der Kirche. Neben Weinverkostung werden zum Verzehr auch Käse, Schinken und Oliven angeboten. Juni–Mitte Sept. tägl. 10.30–12/19.30–24 Uhr.

Gesundheit **Apotheke** (Ljekarna), neben der Post, ✆ 021/761-108. **Ambulanz**, Ortsbeginn links, ✆ 021//583-538, -537.

Veranstaltungen In Jelsa beginnt am Gründonnerstag nachts die **Osterprozession** über den alten Weg zu den Kirchen in Pitve, Vrsnik, Svirce, Vrbanj, Vrboska. **Kirchenfest Sv. Marija**, am 15. Aug. **Weinfest** am letzten Wochenende im Aug. mit Folkloreaufführungen und Konzerten mit einheimischen Interpreten; dazu überall in den Restaurants Feststimmung mit Essen, Trinken und Tanzen.

Übernachten

Privatzimmer/Appartements Privatzimmer ab 30 €/DZ. **Appartements** pro Pers. ab 40 €. Die schönsten und ruhigsten Übernachtungsquartiere liegen an der Küstenstraße nach Vrboska im Kiefernwald – etliche kleine Buchten mit Kies- und Felsbadestränden.

Residenz Drinković, verschieden große Zimmer/Appartements an der Südostseite vom Hafenbecken. Fam. Veljko Drinković, ✆ 021/761-404, www.hvar-jelsa.net.

*** Appartements Murvica, kroat.-dtsch. Ltg. (Djordan & Angelika Gurdulić), ruhige Altstadtlage mit Parkplätzen, es gibt Zimmer (DZ 50 €), Studios/Appartements (54 €/2 Pers.). Angeschlossen ist ein gutes Restaurant (s. u.), hier auch FR und HP möglich. In Humac wird auch ein Natursteinhaus vermietet (s. d.). Mai–Okt. geöffnet. Östl. der Tankstelle, ✆ 021/761-405, www.murvica.net.

***Appartements Tonko Barbić, im nördlichen Stadtteil Burkovo (oberhalb vom Hafen,

Zufahrt Richtung Resort Fontana), ✆ 021/-761-229, 091/6032-383 (mobil).

Appartements/Zimmer Marija Lazeneo, gute Lage, 100 m südwestlich vom Hafen (Zufahrt bei Bank u. Supermarkt). Preiswerte, einfache Zimmer bei netter Wirtin, Parkplatz. DZ 36–40 €. K. Br. 279, ✆ 021/761-110, 098/9520-617 (mobil).

Hotels   Die Hotelgruppe Adriatiq (www.hotel-hvar.adriatiq.com) hat nun alle Hotels in Jelsa übernommen.

*** Hotel Hvar, auf einer bewaldeten Anhöhe am Ortsrand auf der Südostseite, in der Nähe Fels- und Kiesstrand. Großer Pool, Fitness. DZ/F ca. 120 € (TS 150 €). Mala Banda b. b., ✆ 021/761-024, www.adriatiq.com.

Resort Fontana, empfehlenswert in diesem Komplex mit Pool, Tennisplatz und Animation sind die Appartements Pinus. Sehr ruhige Lage an der Küste im Kiefernwald nördlich der Stadt:

**** Appartements Pinus, geräumige, komfortable und voll ausgestattete Wohnungen (2–6 Pers.) mit Balkon und Blick aufs Meer. Die Pools etc. des Resorts Fontana können benutzt werden. 90–205 € (TS 110–250 €). ✆ 021/761-810, www.resortfontana.adriatiq.com.

Camping   * Autocamp Mina, sehr einfaches, 2 ha großes, terrassiertes Gelände unter Kiefern, stadtauswärts im Osten auf einer Halbinsel mit Kies- und Felsstrand gelegen. Es gibt Duschkabinen im Freien, teils mit Warmwasser. Kleiner Einkaufsmarkt und Bar. Fels-, Kies- und kleine Sandbucht. Geöffnet Mai–Sept. Pro Pers. 4 €, Auto 3 €, Zelt 3 €. ✆ 021/761-210.

*** Camping Holiday, knapp 1 km östlich der Stadt und der Camp Mina nachfolgenden Halbinsel; nettes 25 ha-Föhrengelände direkt am Meer, zudem parzelliert mit Stromversorgung; moderne Sanitäranlagen, Wäscherei, Grillplatz, Restaurant, Fahrradverleih. Juni–Sept. ✆ 021/761-140.

*** Autocamp Grebišće, ca. 1,5 km östlich des Ortes an einer Bucht, vom Meer durch eine Straße getrennt. 3 ha großes Terrassengelände unter Föhren und Mandarinenbäumen (Grebišće); Feinkiesstrand; gut geführtes Camp mit sauberen Sanitäranlagen und WiFi. Tägl. Verkauf von Brot, Obst und Gemüse. Verleih von Fahrrädern, Scootern und Booten (Anlegestelle). Pro Pers. 5,10 € (TS 7,50 €), Stellplatz (ohne Strom) ab 10,50 € (TS 12,80 €), Parzelle ab 20 €. Es werden auch Bungalows (100 €/4 Pers.) vermietet. Geöffnet Mai–Okt. ✆ 021/761-191, www.grebisce.hr.

(Essen & Trinken/Nachtleben

Etliche kleine Restaurants in den Gassen, viele gute Konobas außerhalb der Stadt (→ Kleine Siedlungen um Vrbanj); Cafés rund um den Hauptplatz und die Hafenbucht.

Essen & Trinken   »» Mein Tipp: Konoba Huljić, etwas versteckt in der Seitengasse der Ul. Brače Batoš, zählt zu den besten Lokalen der Stadt. Gute Fisch- und Fleischgerichte, teils aus hauseigener Produktion, auch der Wein. Juli–Sept. ✆ 091/1798-880 (mobil). **««**

Restaurant & Vinothek Me and Mrs. Jones, nun nördlich am Hafenbecken; das junge Team versucht neue dalmatinische Kochkreationen, dazu werden ausgezeichnete Weine von Hvar und Dalmatien angeboten. Ostern–Okt. ✆ 021/761-882.

Restaurant-Pension Murvica, auf der lauschigen Terrasse speist man bestens aus dem offenen Kamin Peka-Gerichte wie Lamm, Oktopus, Huhn, Kalb (nach Voranmeldung), daneben gibt es Pizzen, Fisch-, Fleisch- und vegetarische Gerichte. Zudem

eigenes Olivenöl, Wein, Grappa und Marmelade (s. a. Übernachten). Mai–Okt. ✆ 021/761-405.

Konoba Turan, das gute Lokal liegt nördlich der Altstadtgasse zur Hauptkirche. Gespeist wird auf der großen Terrasse mit Zitrusbäumen oder im hübschen Innern. Spezialitäten sind u. a. Peka-Gerichte (nach Vorbestellung, wie Rosmarin-Milchferkel, Oregano-Oktopus, Lamm) oder flambiertes Boeuf Stroganoff. Juni–Mitte Sept. 18–24 Uhr. ✆ 021/761-441.

Konoba Pelago, nahe Sv. Ivan-Kirche. Das Innere mit dem offenen Innenhof ist hübsch gestaltet und gemütlich zum Sitzen. Es gibt einige Spezialitäten wie Pekari-Nudeln mit Wolfsbarsch, Fischplatte, gefülltes Rumpsteak und auch Pizzen. Mai–Okt. ✆ 091/9402-445.

Cafés Eisdiele Jelsa, am Hafenbecken; serviert die Cups seit 20 Jahren.

Nachtleben Cafébar Mojito, gemütlich am Hafenbecken bei der Touristinfo. **Club Villa Verde**, Südostseite vom Hafenbecken (bei Mole), mit Garten; DJs heizen ein, es gibt Liveacts etc., nur Juli/Aug.

Sport/Wassersport

Baden Bademöglichkeiten an der **Grebiš-ča-Bucht** mit Feinkiesstrand; weiter östlich an den Buchten von **Sv. Luka** und **Prapatna**, ebenfalls Strand aus feinem Kies.

Hafenamt ☎ 021/761-055.

Sportgeräteverleih am Hafen und in den Agenturen Verleih von Booten, Wasserskiern, Mopeds, Fahrrädern.

Tauchen Diving Center Jelsa, Black Pearl, ☎ 091/9073-598 (mobil, Hr. Petar), www.hvarscubadiving.com.

Fahrrad Es gibt ausgewiesene Radwege, Fahrrad- und Wanderkarte (mit Tourenvorschlägen etc.) in Touristinfo erhältlich. Schön ist z. B. eine Tour von Jelsa nach Pitve und zum Tunnel Zavala, kurz nach dem Tunnel am Abzweig auf Makadam entlang dem Bergkamm in Richtung Humac und weiter bis Grudac bei Zastražišće. Herrliche Aussicht! Oder einfach nur in Richtung Stari Grad durchs Ager-Feld (→ Stari Grad).

Die Pfarrkirche Maria Himmelfahrt

Schmankerln aus Jelsa und Umgebung

Nicht nur in Vrboska, auch in Jelsa weiß man mit Sardinen umzugehen, denn Salzfische sind hier seit alters her bekannt. Sie werden mit Oregano schichtweise eingelegt – die Mai-Sardinen sollen die besten sein. Dazu wird Mangold serviert. Beliebt sind auch *kapulica,* eingelegte Zwiebeln, die man zu Fisch und Fleisch genießt. Nicht zu vergessen die Lammsuppe oder *brodetto,* die schmackhafte Fischsuppe.

Zu Wein, Schnaps oder als Nachtisch werden Feigen gereicht – gepresst mit Lorbeerblättern und Rosmarin (diese Zubereitungsart ist in Bogomolje zu Hause) oder eingelegt in Mandeln.

Eine spezielle Zubereitung wurde für den Traubenschnaps Raki entwickelt. Je nach Geschmack wird Myrte in den Raki eingelegt, dann heißt er *martinovaća.* Oder man reichert ihn z. B. mit Salbei und Anis an, dann nennt man ihn *travarica.* Das alles ist natürlich äußerst gesund und lebensverlängernd, man sollte diese Medizin deshalb schon morgens einnehmen …

Und als Naschwerk gibt es auch in Jelsa die leckeren *paprenjac* – Honigkuchen, natürlich nach Jelsa-Rezeptur.

Sehenswertes

Das Stadtbild von Jelsa mit seinen meist im 19. Jh. erbauten Häusern ist eher unty-
pisch für die Mittelmeerregion. Auf einem kleinen Platz südlich vom Hafen und
umringt von ein paar Renaissancebauten, steht das Kirchlein **Sv. Ivan**, im 15. Jh. erbaut, im 17. Jh. barockisiert. Südwestlich davon prunkt die große Pfarrkirche **Uzne-
senja Marija** (Maria-Himmelfahrts-Kirche) mit angebautem Turm. Sie wird 1331
erstmals erwähnt und 1535 zur Festung gegen die Türken ausgebaut. Vergrößert
wurde sie nochmals durch vier angebaute Kapellen, die beiden großen erhielt sie im
17. Jh., die kleineren im 19. Jh., wie auch den Glockenturm. Die bunten Mosaikfenster lassen nur wenig Licht in den Innenraum, aber genug, um das beeindruckende Gemälde „Die hl. Jungfrau und das Martyrium von Fabina und Sebastian"
des flämisch-venezianischen Meisters P. de Costera zu betrachten.

Auf dem alten Uferweg nach Osten, Richtung Autocamp Mina, erreicht man den
Friedhof (14. Jh.) auf der Landzunge und auch den ältesten Teil von Jelsa, unter
„Civitas Vetus Ielsae" schon im Statut von Hvar 1331 erwähnt. Früher war dieses
Gebiet durch eine Festungsmauer von der Insel abgetrennt, nur noch Reste sind
heute sichtbar. Auch vom Augustinerkloster, das 1605 hier gegründet wurde, blieb
nur noch die Kirche erhalten.

Oberhalb des Ortes, im Süden, steht am alten Prozessionsweg aus dem 14. Jh.,
zudem am heutigen Wanderweg zum „Tor", die 1535 erbaute Votivkirche **Gospa od
zdravlja** (Maria-Heil-Kirche), die Schutzpatronin auch für die umliegenden Orte.
Das schöne Altarbild soll *Palma der Jüngere* (1544–1628) gefertigt haben. Ein weiteres Schmuckstück ist die Ikone im Renaissancerahmen aus dem 16. Jh. Der Prozessionsweg verläuft von Jelsa nach Pitve, Vrsnik, Svirće, Vrbanj und endet in
Vrboska. Am Gründonnerstag um 22 Uhr startet bei den Kirchen die Prozession
der Gläubigen, die die ganze Nacht andauert.

Ausflüge

Tor und **Grad** (auch Galešnik genannt): In rund 2 Std. führt ein Wanderweg von
Jelsa südostwärts hinauf. Durch den Neubau der Inselstraße ist der alte Wanderweg, der über die Votivkirche Gospa od Zdravlja führte, unterbrochen. Man muss
nun stadtauswärts bis zur Straßenkreuzung nach Pitve gehen, um wenige Meter
weiter östlich in einen Makadam einzubiegen (sollte bis 2015 auch markiert sein),
der in rund 2 km bis zum rechten schmalen Abzweig führt. Dies ist dann wieder
der alte schmale Fußpfad, der nun steil über Stufen und Felsen durch Macchia
bergauf führt, bis nach rund 0:15 Std. der griechische Beobachtungsposten *Tor* aus
dem 3. bis 4. Jh. v. Chr. erreicht ist. Riesige Quadersteine sind aufeinander gesetzt;
an den Eckpunkten eine Nabe als Verzierung. Es bietet sich ein herrlicher Fernblick
auf Jelsa, Vrboska, Stari Grad, Brač und Makarska.

Um *Grad* zu erreichen, gehen wir vom *Tor* aus rund 5 Min. über einen schmalen
Pfad durch Macchia geradeaus Nach rund 0:15 Std. treffen wir auf eine Gabelung,
einen alten breiteren Steinpfad, gehen hier kurz rechts und nach wenigen Metern
links, um der Ausschilderung "Grad", (bzw. "Galešnik") wenige Meter bergan auf
das kleine Hochplateau zu folgen. Wir stoßen oben auf die verstreut liegenden Grundmauern von Grad, dem Festungswerk der Römer, und genießen den weiten Blick nach
allen Himmelsrichtungen. Hier ist auch ein Gewirr von Trampelpfaden – jeder
Besucher versucht sein schönstes Fotomotiv zu finden. Der Rückweg erfolgt vom
Abzweig (unterhalb vom Grad), wo wir nun dem Hauptpfad nordöstlich folgen, bis

wir auf den breiten Makadam stoßen, der unterhalb parallel in Sichtweite verläuft und gehen hier westwärts zu unserem Ausgangspunkt zurück.

Humac und **Grabčeva špilja** (Höhle): Von Jelsa rund 10 km auf der Inselstraße ostwärts, Richtung Sućuraj, gelangt man zu einem Parkplatz mit Wegweiser nach Humac. Man kann auch von Jelsa den 4-stündigen Wanderweg nach Humac über Gormin Dolac nehmen. In Humac hat in der Saison eine Konoba geöffnet und es gibt ein Robinsonhaus zu mieten (s. u.).

Humac ist eine Hirtensiedlung, deren Geschichte bis ins 14. Jh. zurückreicht. Damals hatten die Steinbehausungen eine runde Form und einen winzigen Eingang. Mit der Zeit baute man sie zu größeren, rechteckigen Häusern um. Die heute zu sehende Hausform ist 200 bis 300 Jahre alt. Früher diente die Siedlung den Hirten und ihren Schafen als

Die Hirtensiedlung Humac mit guter Konoba

Unterkunft, heute nutzen sie die Weinbauern aus Vrsnik während der Erntezeit als Schlafplatz. Der ganze Ort steht unter Denkmalschutz und wird von den Anwohnern finanziell und tatkräftig instand gehalten und restauriert. Eine kleine Führung vermittelt Einblicke in das Leben der Hirten. Ihr Wohnraum war Feuerstelle, Küche und Schlafplatz in einem. Gezeigt werden alter Hausrat, ein alter Weinkeller und Gebrauchsgegenstände. Interessant auch die Verriegelung der Häuser mit einem Schlüssel, dessen Spitze durch ein Gelenk mit einem Nagel verbunden ist. Es funktioniert wie beim Tresor: Der Nagel wird in das Türschloss gedrückt, dann dreht man den Schlüssel herum, bis es klackt und die Tür aufspringt.

In weiteren 0:40 Std. gelangt man zur Höhle *Grabčeva špilja* (nur mit Führung) – ein bedeutendes vorgeschichtliches Kulturdenkmal. Archäologenteams unternahmen hier von 1912 bis 1952 Ausgrabungen, bei denen sie auf bis dahin völlig unbekannte Funde stießen, die auf die Zeit von 4500 bis 1000 v. Chr. zurückgehen. Daraus schloss man, dass Hvar bereits 2000 v. Chr. rege Handelsbeziehungen mit weiter entfernten Regionen pflegte. Man fand Scherben der so genannten Impressokeramik, die auf das vierte Jahrtausend v. Chr. zu datieren sind. Auch Stalagmiten und Stalaktiten sind in der Höhle zu bewundern – bzw. die Reste, die die Andenkenjäger übrig ließen.

Anfahrt/Information Eine Führung in Humac und weiter zur Höhle findet in der Saison Mo, Mi und Sa um 9 Uhr statt (Treffpunkt Konoba Humac), 30 KN/Pers. Infos bei TIC und über ☎ 099/5771-770 (mobil, Hr. Jakov).

Übernachten ≫ Mein Tipp: Robinsonhaus Humac, ganz idyllisch, v. a. in der Nebensaison, kann man im alten Natursteinhaus (bis zu 4 Pers.) mitten im alten Humac nächtigen und von der Terrasse aufs Meer blicken. 50–80 €/Tagesmiete. ≪

🌿 **Essen & Trinken** Konoba Humac, traditionell gebautes Natursteinhaus mit herrlicher Terrasse und Blick aufs Meer sowie die Insel Brač. Es wird nur biologisch angebautes Gemüse verwendet, das Fleisch ist aus eigener Schlachtung, der köstliche Hauswein selbst gekeltert. Spezialitäten sind Gerichte aus der Peka (Lamm, Huhn, Oktopus) und Lammspieß. Juni–Mitte Okt. 9–22 Uhr, So Ruhetag. ✆ 091/523-9463 (mobil, Hr. Jakov Franičević). ■

Von Jelsa nach Sućuraj

Eine ziemlich einsame Gegend mit abwechslungsreicher Vegetation, hügelig und zypressenbewachsen. An der Straße liegen nur ein paar kleine Orte, in denen man sogar Probleme hat, ein Essen zu bekommen. Zur Küste mit vielen einsamen Badestränden zweigen immer wieder Sträßchen und Wege ab. In verstreut liegenden Pensionen und Robinsonhäuschen gibt's dalmatinische Hausmannskost und selbst Gekelterten.

Hinter Jelsa am Meer liegt die uralte Kapelle **Sv. Luka** und Säulenreste einer römischen Villa. Die Straße führt hoch in die Berge, an Steinmauern entlang, vorbei an einem verlassenen Dorf. Unten, an der Nordküste, liegen die Bucht von *Prapatna* und Badestrände, die mit dem Boot von Jelsa aus zu erreichen sind.

Bei **Poljica** führt eine Straße nach Norden ans Meer, schlängelt sich weit und tief hinab. Glasklar ist das Wasser in den Buchten, Kies, Stille – aber mehr und mehr Ferienhäuschen sind am Entstehen.

Vor Zastražišće führt eine Straße nach **Vela Stiniva**, ebenfalls an der Nordküste gelegen: oben Felsschluchten, Oliven, Aleppokiefern – unten Weinfelder. Orgelpfeifenähnlich ragen die Felsen hinter den Häusern an der Bucht auf. Es gibt Pensionen, Kiesstrand, Fischkutter und ein barockes Patrizierhaus.

Zastražišće besteht aus verstreuten Ortsteilen. Hier gibt es Honig- und Lavendelverkauf, Ziegen und ein paar alte Bauernhäuser an der Durchgangsstraße. Eine dickturmige Kirche mit Glockenaufsatz steht von Zypressen bewacht am Hügel. Wege führen zu den Buchten hinunter. In der Nähe des Orts thront eine illyrische Burgruine auf dem Hügel Vela Glava. Hier wurde über die Jahrhunderte Wache geschoben, unter anderem wegen der türkischen Piraten. Im letzten Ortsteil *Grudac* folgt die Abzweigung Richtung Norden, nach ca. 5 km sind **Pokrivenik** und die gleichnamige Bucht erreicht.

Einkaufen Es gibt eine **Post** und eine **Bäckerei** (6.30–10.30 Uhr).

Übernachten In Pokrivenik gibt es an der gleichnamigen Bucht etliche schöne Übernachtungsangebote, meist nur Juni–Sept. geöffnet, z. B.:

*** Appartements Cico (✆ 021/745-140), *** Rubin (✆ 021/775-005).

Ebenso ***Hotel Timun, 2-stöckiger Bau, direkt an der Bucht mit Restaurant. DZ/HP ca. 108 €. ✆ 021/754-120, 091/4004-970 (mobil), www.hotel-timun.hr.

Essen & Trinken An der Inselstraße laden **Gostiona Apolo** und **Gostiona Karmelino** zur Einkehr ein.

Kapelle Sv. Luka – ein beschaulicher Felsbadeplatz

Vor **Gdinj**, ebenfalls aus mehreren Ortsteilen bestehend, führt kurz vor dem Ortsteil *Dugi Dolac* ein Abzweig zur *Zaraće-Bucht* an die Nordküste. Neubauten ziehen sich um die Bucht. Das Wasser ist klar, die Strände sind

Die fast unberührte Südküste bei Gdinj

felsig und kiesig. Anlegestellen für Boote und FKK-Plätzchen finden sich. Wenn man nicht gerade in einer Pension wohnt, ist es trotz der vielen Häuser nicht einfach, etwas Essbares zu finden – außer Weintrauben.

Übernachten/Essen   U. a. **Pension/Appartements Bak**, im netten Familienbetrieb gibt es sowohl in der Velo- als auch in der Malo-Zaraće-Bucht Häuser zu mieten. Auf der schönen Terrasse am Haupthaus in Velo Zaraće werden Fisch- und Fleischgerichte serviert; auch hauseigener Honig, Wein und Grappa. ☎ 091/4447-474, www.toni-bak.hr.

Dugi Dolac, eine alte Hirtensiedlung aus dem 14. Jh., diente in der Bronzezeit wahrscheinlich als Beobachtungsposten. An der Straße stehen ein paar alte Häuser, bei der Kirche einige große Renaissance-Barockbauten; nach der verwitterten Schrift auf der Fassade zu schließen, war einer davon wohl ein Gasthaus. In Dugi Dolac gehen zur Erntezeit die Frauen aufs Feld hinaus, um die Feigen zu ernten. Zum Trocknen werden sie vor den Häusern ausgelegt. Außer Feigen gedeihen Lavendel und Wein.

In Dugi Dolac und im nächsten Ortsteil *Nova Crkva* folgen Abzweigungen zur Südseite der Insel mit Fels- und Kiesbuchten, Zimmer- und Appartementvermietung und Konobas, die aber nur in der Hochsaison geöffnet haben. Der Blick fällt auf Korčula und Pelješac. Die Straße liegt oberhalb des Waldes, in dem Aleppokiefern, Zypressen, Oliven, Wacholder und Feigen wachsen.

Bogomolje mit seiner barocken Pfarrkirche (1605) besteht aus mehreren Weilern. Üppig ist die Vegetation – es wachsen Zypressen, Feigen, Lavendel, Oliven- und Mandelbäume.

Einkaufen   Der Ort hat eine **Post** und **Laden**.

Übernachten   **Phara Hostel**, ortsmittig steht das alte stattliche Haus mit bröckeliger Fassade, von hohen Zypressen umgeben, das Innere hübsch renoviert, nett und sauber mit Zimmern und Schlafsaal. Es gibt auch Frühstück, WiFi. Der Inselbus stoppt Mo, Mi u. Fr um 16.30 Uhr vor der Türe. ☎ 091/7301-329.

Von Bogomolje führt eine Abzweigung zur **Bristova-Bucht** an der Nordküste. Auch diese Straße windet sich in Serpentinen hinab. Die gebirgige Küste rückt immer näher. Unten das übliche Bild: ein paar neue Häuser, Pension, Kiesbucht mit Fischerbooten, ein Kai. Zur Südküste mit schönen Badebuchten und Anlegestellen für Boote führt ebenfalls ein Asphaltsträßchen.

Oben, von der Inselstraße aus, blickt man wieder nur auf Steinmauern und Macchia. Ab hier führen nur Fußwege zu den geschützten Buchten und Kiesstränden an der Inselnordseite. Sie sind allerdings nichts für Leute, die schnell einmal baden wollen, denn es erweist sich als nicht einfach, einen Weg zu finden, der auch wirklich nach unten führt. Ansonsten muss man sich durchs Gestrüpp kämpfen und nach einer Bucht Ausschau halten – oder in einem der verstreut liegenden Häuser fragen.

Bei **Selca** führt in Richtung Inselsüdseite ein Fahrweg nach **Zaglav**, das mit ein paar Häuschen inmitten der Wildnis liegt. Ein Fußweg führt weiter zur *Kožija-Bucht* mit einem Wehrturm aus dem Jahr 1700. Hier, im Süden der Insel, herrscht Felsküste vor.

Essen: An der Inselstraße bei Selca die *Konoba Bolat*, ein steingedecktes Natursteinhaus, hübsch unter wildem Wein. Für eine Rast und Imbiss (Schinken, Käse, Wein) wunderbar. Nur Juni bis max. Mitte Sept.

Sućuraj

Der 400-Einwohner-Fährort an einer Bucht ganz im Osten von Hvar liegt dem Festland am nächsten. Obwohl imposant vor der Kulisse des Biokovo-Küstengebirges gelegen, ist Sućuraj nicht viel mehr als ein Durchgangsort.

Sućurajs Häuser weisen typische Verteidigungsbauweise auf: geschlossene Front zur Straßenseite, nach hinten offen und durch Bögen miteinander verbunden. Die Besiedlung ging von zwei Halbinseln aus, die durch den Hafen verbunden sind. An der Nordseite leben die alten Inselbewohner, an der Südseite die „neuen" Siedler.

Strategisch war der Ort durch seine Festlandsnähe schon immer bedeutend – bereits die Illyrer lebten hier. 1331 wird die Kirche **Sv. Juraj** erstmals erwähnt, von der Sućuraj seinen Namen erhielt. Ein paar Hirten siedelten sich um die Kirche an; ab dem 16. Jh., als Augustinermönche ein Kloster gründeten, vergrößerte sich die Siedlung. Von dem Kloster sind nur noch Mauerreste erhalten. Im 17. Jh. bildete Sućuraj die Dreiländergrenze zwischen Dubrovniker, türkischen und venezianischen Landesherren. Die Venezianer bauten eine Festung, die, wie viele andere, im Zweiten Weltkrieg zerstört wurde.

Information Touristinformation (TZ), am Hafen, 21469 Sućuraj, ℅ 021/717-288. Juli–Mitte Sept. tägl. 8–21 Uhr, sonst Mo–Fr 8–14 Uhr. Ansprechende Website: www.sucuraj.com; hier findet man viele Privatunterkünfte.

Verbindungen Trajekt: *Sućuraj–Drvenik:* 6-mal tägl. (30 Min.) in der Saison zwischen 7 und 19 Uhr.

Bus: Verbindung mit dem Inselwesten nach Hvar eher katostrophal – nur Mo u. Fr um 14.20 u. 17.45 Uhr, Mi nur abends. .

Einkaufen kleine Supermärkte vorhanden.

Gesundheit Ambulanz, am Ortsbeginn, nur Mitte Juni–Mitte Sept.

Hafenamt ℅ 021/773-228.

Übernachten Im Ort gibt es einige Anbieter für Privatzimmer (30 € fürs DZ), Appartements (ab 55 €/2 Pers.). Am besten über Tourismusverband-Website – fast jedes Haus vermietet.

Leuchtturm Sućuraj, nicht zu übersehen, er wurde 1889 in herrlicher Lage an der Landspitze erbaut und ist 2013 schön renoviert worden. Es gibt 4 Zimmer, Gemeinschaftsraum, voll eingerichtete Küche und große Terrasse; stillos ist der Plastik-Whirlpool. Put lućice 2, ℅ 021/396-138, www.lighthouse-sucuraj.com.

Camping ** Autocamp Mlaska, ca. 4 km vor Sućuraj an der Nordküste und in Alleinlage. Eine sehr steile, schmale Straße führt auf die Landzunge mit üppigem Piniengrün. Herrlicher Blick aufs Biokovo-Küstengebirge und die Stadt Igrane. Großer, gut gelegener Platz unter Ölbäumen, Baumheide, Steineichen und Pinien; Restaurant, Laden. Die Sanitäranlagen wurden modernisiert. Hunde sind erlaubt. 2 Buchten, FKK und Textil; Felsplatten, Sand- und Kiesstrand; Anlegestelle für Boote. Pers. 5,50 €, Zelt und Auto je 5,50 €. Auch sehr einfach ausgestattete Bungalows (4 Pers.) werden ver-

Sućuraj – hier herrscht noch Flair und Idylle, zumindest in der Nebensaison

mietet. Geöffnet April–Okt. 091/5016-163 (mobil), www.mlaska.com.

Essen & Trinken   Einfache Lokale mit Fisch- und Grillgerichten um das Hafenbecken; auch hier meist nur Juni–Sept. geöffnet.

Restaurant Vlatka, Fischlokal mit Sitzmöglichkeiten direkt am Wasser oder im kleinen Innenhof.

Grill Gusarska luka, ebenfalls direkt am Hafenbecken – hier isst man am besten Fleisch vom Grill. Ganzjährig außer Jan./Feb. ab frühmorgens. 021/773-214.

Zu empfehlen ist **Restaurant Fortica**, nette Terrasse mit Meerblick oberhalb vom Hafen, leckere Fisch- und Fleischgerichte, süffige Weine und bester Service. Riva 30, 021/773-382.

Baden: Ein betonierter Fußweg führt zur Landspitze mit dem Leuchtturm. Weiter verläuft ein mit Heidekraut bedeckter Makadamweg durch niedrige Macchia. Imposant die beidseitige Bergkulisse. Bademöglichkeiten an Felsplattenstränden mit kleinen Kiesbuchten und beim Campingplatz.

Wenn keine Fähre mehr fährt

Sućuraj ist für viele Hvar-Besucher nur Durchgangsort. Doch passiert es ab und an, dass die Bora zum unfreiwilligen Aufenthalt zwingt. Bläst sie zu kräftig, legt keine Fähre mehr ab. So parkt man sein Auto in der langen Schlange, fährt ab und zu ein paar Meterchen vorwärts, wenn ein Ungeduldiger, des Wartens überdrüssig, den unwirtlichen Ort verlässt. Stunden sitzt man, vertritt sich ab und zu die Füße oder sucht sich gleich ein Zimmer, wenn die Meteorologen besseres Wetter für den nächsten Tag versprechen.

Bei solch einem Wetterhindernis lebt Sućuraj auf – die Zimmervermieter werden aktiv, in den Restaurants wird Feuer geschürt, in den Töpfen wird gerührt. Und beim Spaziergang durch die Gassen des kleinen Fischerorts stellt man vielleicht fest, dass er so unfreundlich gar nicht ist und einiges zu bieten hat: eine lauschige Hafenidylle, Bademöglichkeiten, das imposante Panorama von Pelješac und das Küstengebirge gegenüber.

Blick auf die große, gut geschützte Hafenbucht von Vis

Insel Vis

Ihrer exponierten strategischen Lage wegen war die Insel – sie ist am weitesten vom Festland entfernt – seit jeher von militärischem Interesse. Erst in den letzten Jahren hat sich Vis dem Tourismus geöffnet und viele Besucher genießen die beschauliche Ruhe. Es gibt Überreste der antiken Stadt Issa zu bewundern, schöne Strände und kleine vorgelagerte Inseln. In Sichtweite lockt die Insel Biševo mit der „Blauen Grotte".

Die 90 km² große Insel liegt südwestlich von Hvar, dem Vis jahrhundertelang administrativ angeschlossen war. Bis 1989 war Vis für Ausländer gesperrt und führte ein entsprechend isoliertes Dasein. Heute leben rund 3500 Einwohner in den beiden Hauptorten, dem Fährstädtchen *Vis* an der Ostseite und *Komiža* an der Westseite. Weitere 11 kleine Ortschaften gibt es verstreut im Inselinneren – wegen der Piratengefahr siedelte man sich früher lieber etwas abseits der Küste an. Kalksteinhügel und Karstfelder durchziehen die Insel. Ihre höchste Erhebung ist mit 587 m der *Berg Hum* im Westen. In seiner Nähe liegt die große *Tito-Höhle (Titova špilja)*. Eine weitere, die Höhle der *Königin Teuta (Kraljičina špilja)*, liegt im Norden beim Ort Oklucina. Quellwasser und Brunnen gibt es auf der Insel, allerdings fallen nur selten Niederschläge, zudem zählt Vis zu den wärmsten Inseln in der Region. Dementsprechend sieht die Vegetation aus: Macchiagestrüpp, Rosmarin, Lavendel, Oliven- und Johannisbrotbäume, vereinzelte Aleppokiefern. In den fruchtbaren Karstfeldern kultivieren die Viser Weinstöcke – der schwere Weißwein der Insel ist seit alters her begehrt. Daneben leben die Bewohner vom Fischfang und vom Tourismus. Die Gäste erwartet vor allem ein breites Angebot an organisierten Sportmöglichkeiten: Tauchen, Paragliden, Mountainbiken und natürlich kann man ganz individuell geruhsam wandern und über die Insel radeln (Wander- und Fahrradkarten bei den Touristinformationen).

Insel Vis

Mitteldalmatinische Inseln

Kulinarisch wird man auf dieser Insel bestens verwöhnt, eine Reihe guter Köche erfreuen den Gaumen. Neben den leckeren Weinen sollte man unbedingt *Viška Pogača,* auch *Pogača od slane ribe* genannt, probieren: Hefeteig wird mit Sardellen und Zwiebeln gefüllt und gerollt.

Vis ist umgeben von zahlreichen kleinen Inseln, die größte und bekannteste ist *Biševo* mit der *Blauen Grotte* (Modra špilja) – sie liegt im Westen in Sichtweite vom Ort Komiža. Ebenfalls bekannt und von zahlreichen Ausflugsbooten angelaufen wird die kleine *Insel Ravnik* im Südosten mit der *Grünen Grotte* (Zelena špilja). Hier wie auch auf der Nachbarinsel *Budkovac* gibt es Konobas.

Wichtiges auf einen Blick

Telefonvorwahl 021

Fährverbindungen Split–Vis: 2-mal tägl. (Juni–Sept. 3-mal tägl.), 2 Std. Fahrtzeit; Pers. 54 KN, Auto 370 KN.

Katamaran Split–Vis (Kapetan Luka, www.krilo.hr): 1- bis 2-mal tägl., 1:30 Std. Fahrtzeit. Teils auch Stopps in Hvar und Milna.

Busverbindungen zwischen Vis und Komiža bis zu 7-mal tägl. zu Fährabfahrtszeiten. Zudem 1- bis 2-mal tägl. Bus über Rukavac.

Tankstelle nur in Vis.

Bank etliche in Vis und Komiža mit Bankomaten.

Post in Vis und Komiža.

Geschichte

Vis zählt seit frühester Zeit zu den bekannten Inseln Dalmatiens. Bereits im Neolithikum lebten hier Menschen. Im 6. und 5. Jh. v. Chr. wurde die Insel von den Illyrern besiedelt, im 4. Jh. prägte man hier bereits eigene Münzen. Sie zeigen auf der Vorderseite Jonius, einen illyrischen Herrscher aus Issa, und auf der Rückseite einen Delfin, wohl ein Symbol für den Reichtum des Meeres.

397 v. Chr. gründeten die Griechen unter dem Feldherrn und Tyrannen von Syrakus, *Dionysios dem Älteren,* ihre erste Kolonie im ostadriatischen Raum und nannten sie *Issa.* Syrakus war damals der mächtigste Staat im griechischen Territorium. *Dionysios der Jüngere,* sein Sohn, gründete weitere Kolonien: Tragurion (Trogir), Epetion (Stobreč bei Split), Salona (Solin bei Split) und Korkyra Melaina (das heutige Lumbarda auf der Insel Korčula). Allerdings zeigte er als Freund Platos mehr Interesse an Philosophie als an Politik. Als sich 229 v. Chr. die illyrische Piratenkönigin *Teuta* anschickte, Issa zu erobern, wurde Rom um Hilfe gebeten. Rom, im 1. Jh. v. Chr. ohnehin auf Expansionskurs, kam die Einladung gerade recht. Während eines Kriegs zwischen Pompejus und Caesar stellte sich Issa unglücklicherweise auf die Seite des späteren Verlierers *Pompejus,* verlor dadurch 46 v. Chr. seine politische Selbständigkeit, wurde ein *Oppidum civium Romanorum* und von Salona abhängig. Es war die Zeit der großen römischen Bautätigkeit: Thermen, Theater, Tempel und ein Forum entstanden.

Die Weine von Vis

Bereits zu Beginn des 2. Jh. v. Chr. bemerkte der griechische Geograf und Historiker Agatharchid aus Knidos begeistert, es gäbe in der ganzen Welt keinen besseren Wein als den von Issa. Das Weinbaugebiet der Insel umfasst heute rund 650 ha, die bekanntesten Weine sind Vugava und Plavac, den auch die Biografen des Schriftstellers James Joyce lobten.

Der **Vugava** besitzt eine goldgelbe Farbe, Honigaroma, einen Alkoholgehalt von 12–15,5 % und 5–6 g/l Säure und wächst im Tal Plisko polje. Der **Plavac** hat eine rubinrote Farbe und kräftigen Geschmack. Er ist ein Lagerwein, der sein Aroma über die Jahre verfeinert. Je dunkler die Farbe, desto besser sein Geschmack. Die Reben gedeihen auf dem sandigem Boden, vor allem im Nordosten der Insel.

Zur Zeit der Völkerwanderung, nach der Teilung des Römischen Reichs, unterstand Issa der Herrschaft von Byzanz. Salonas Aufstieg zum oströmischen Verwaltungszentrum zog Issas Abstieg nach sich – nur der gute Wein rettete die Insel vor dem gänzlichen Vergessen. Später wurde Issa dem Kroatischen Königreich angegliedert. Zwischen 997 und 998 eroberten kurzzeitig die Venezianer Stadt und Insel. Im 12./13. Jh. wurden die Venezianer durch die kroatisch-ungarischen Könige (Fürsten von Krk und Omiš) verdrängt, 1242 fiel die Insel an die Kommune Hvar. Venedig, das 1409 ganz Dalmatien für 100.000 Dukaten von König Ladislav gekauft hatte, bekam 1420 auch Vis, das nun *Lissa* hieß und immer noch zur Kommune Hvar gehörte. Ende des 18. Jh., nach dem Niedergang Venedigs, fiel die Insel an Österreich, dann an Frankreich. 1811 befestigten die Briten nach einer Seeschlacht mit den Franzosen die Insel. Von 1815 bis 1918 unterstand Vis Österreich, das hier seinen Kriegsflottenstützpunkt hatte. 1866 kam es zwischen der österreichischen Monarchie und Italien zu erbitterten Seekämpfen nahe Vis. Unter dem Kommando von *Admiral Wilhelm von Tegetthoff* wurde die wesentlich stärkere Flotte der Italiener geschlagen.

Zwischen 1918 und 1920 war Vis italienisch. Danach gehörte es zum Königreich der Serben, Slowenen und Kroaten. 1943 versuchten die Italiener nochmals eine Okkupation, jedoch ohne Erfolg. Vis wurde Hauptmarinebasis und Sitz des Marinestabs. 1944 baute man einen Militärflughafen und von Juni 1944 bis zur Befreiung Belgrads am 22. 10. 1944 war Vis Sitz des Generalstabs des Volksbefreiungskampfes unter Leitung von *Marschall Tito* (er hatte in der nach ihm benannten Höhle sein Quartier). Nach dem Zweiten Weltkrieg kam die Insel zur Republik Kroatien in der Föderativen Volksrepublik Jugoslawien, der sie bis zur Erklärung der Unabhängigkeit 1990 angehörte. Bis 1989 war die Insel für ausländische Touristen gesperrt.

Vis

Die gleichnamige Hafenstadt der Insel und das antike Issa liegen im Nordosten an der tief eingeschnittenen, von Hügeln umrahmten Viški-zaljev-Bucht. Stattliche alte Häuser reihen sich an der Palmenpromenade, auf der kleinen Halbinsel steht ein Franziskanerkloster.

Zwei stattliche **Leuchtturmhäuser**, das östlich der Buchteinfahrt gelegene *Stončica* (1865) und das westlich auf dem Inselchen *Host* (1873) gelegene, weisen den Weg hinein in die große Bucht von Vis (Viška luka), an deren Ende sich rundum das Städtchen schmiegt. Zu den Fährabfahrtszeiten ist die Gegend um das Hafenbecken quirlig und voll von Menschen, Autos, Bussen und Taxen. Ansonsten geht es in den Gassen ruhig und beschaulich zu, es gibt ein paar Geschäfte, Cafés und Restaurants. Die Stadt mit ihren 1500 Einwohnern besteht aus zwei Ortsteilen: *Luka* im Westen und *Kut* im Osten. Sie sind durch eine Uferpromenade verbunden, die sich, je weiter es nach Osten geht, verschmälert. Die Hausfassaden reichen fast bis ans Meer, davor ankern die hauseigenen Boote. Außer für Anlieger ist die gesamte Uferstraße für Autos gesperrt und so sieht man, wie sonst auf keiner Insel, zahlreiche Fahrradfahrer, denn die Distanzen von einem Stadtwinkel zum anderen sind lang.

Geschichte: Das **antike Issa** lag nordwestlich der Hafenbucht, terrassenförmig am Hang, umgeben von Mauern, die teils noch erhalten sind. Südlich davon waren die Thermen, die man auf das 1. Jh. datiert. Es fanden sich Mauerreste und Mosaiken. Einzigartig für Kroatien ist *Martvilo,* ein hellenistischer Friedhof mit slawischem Namen. Er liegt mit seinen gut erhaltenen altgriechischen Grabstelen (4. bis 1. Jh. v. Chr.) westlich der alten Stadtmauern von Issa (westlich des Sportplatzes). Nur wenige Grabbeigaben konnten konserviert werden (Archäologisches Museum Split), da die meisten Gräber geplündert wurden.

Vis – entlang der Uferpromenade gibt es gute Ankerplätze

Mitteldalmatinische Inseln

Auf der kleinen *Halbinsel Prirovo,* die den Trajekthafen im Norden begrenzt, steht das schmucke **Franziskanerkloster** (16. Jh.) mit Kirchturm, das auf den Grundmauern eines altgriechischen Amphitheaters erbaut wurde, daher auch die halbrunde Bauform. Mauern aus jener Zeit sind teils noch zu sehen. Meerseitig steht die Klosterkirche **Sv. Jerolim,** Anfang des 16. Jh. von Minoriten erbaut, nebenan der hübsche Ortsfriedhof.

Am östlichen Ende des Stadtteils Luka steht wuchtig **Batarija,** die ehemalige österreichische Festung von 1830. Hier ist das sehr gut gestaltete **Archäologische Museum** untergebracht. Gezeigt wird der reichhaltige Schatz griechischer und römischer Funde, u. a. die berühmte griechische Bronzeskulptur „Artemis" aus dem 4. Jh. v. Chr., sowie eine große Amphorensammlung. Auch der unter Marschall Tito geführte Widerstand wird dokumentiert.
Šetalište Viški boj 12. Juni–Sept. Mo–Fr 9–13/17–21 Uhr, Sa 9–13 Uhr.

Aufgrund seiner strategisch wichtigen Lage erhielt die Stadt auch von vielen seiner Besatzer ein gut ausgebautes Befestigungssystem. Bereits an der Hafeneinfahrt erinnert das **Fort St. Georg** (ca. 1813) mit Turm, *Fortica* genannt, an die Engländer, die ihren Viser Hafen *Port St. George* nannten. Auf der gegenüberliegenden östlichen Landzunge (nördlich des Stadtteils Kut), steht das Kirchlein des Schutzpatrons von Vis **Sv. Juraj,** im gotischen Stil auf den Grundmauern einer antiken Villa errichtet.

Sehenswertes: Die stattlichen Häuser rund um die Bucht stammen teilweise noch aus dem 16. und 17. Jh., u. a. im **Stadtteil Kut** die Sommerresidenz des Hvarer Apothekers Frane Gariboldi von 1552, die heute die *Villa Kaliopa* beherbergt (→ Essen & Trinken). Ebenso stattlich ist das Haus von Hanibal Lucić (16. Jh.), das am Stadtplatz von Kut prunkt, heute befindet sich hier das *Café Lambik.*

Im **Stadtteil Luka** fällt der prachtvolle pinkfarbene Palast *Hrvatski dom* mit Uhrturm ins Auge, Anfang des 20. Jh. errichtet, und die zeitgleich, etwas südlich erbauten Paläste von Luka Tramontana und der Familie Dojmi. Auch Dichterfürst Hektorović aus Hvar, wie überhaupt viele adelige Hvarer, ließ sich hier nieder, baute seine Villa und ließ sich mit frischem Gemüse verwöhnen, da Vis im Vergleich zu Hvar viel fruchtbares Land hat. Die vier erhaltenen *Wehrtürme* stammen ebenfalls aus dem 17. Jh. Im Stadtteil Luka steht die Kirche *Sv. Duh* (17. Jh.), kurz vor Batarija das Kirchlein *Gospa od Spiliće* (16. Jh.) und in Kut erhebt sich aus dem Dächergewirr die Kirche *Sv. Ciprijan* (16. Jh.), die später barockisiert wurde.

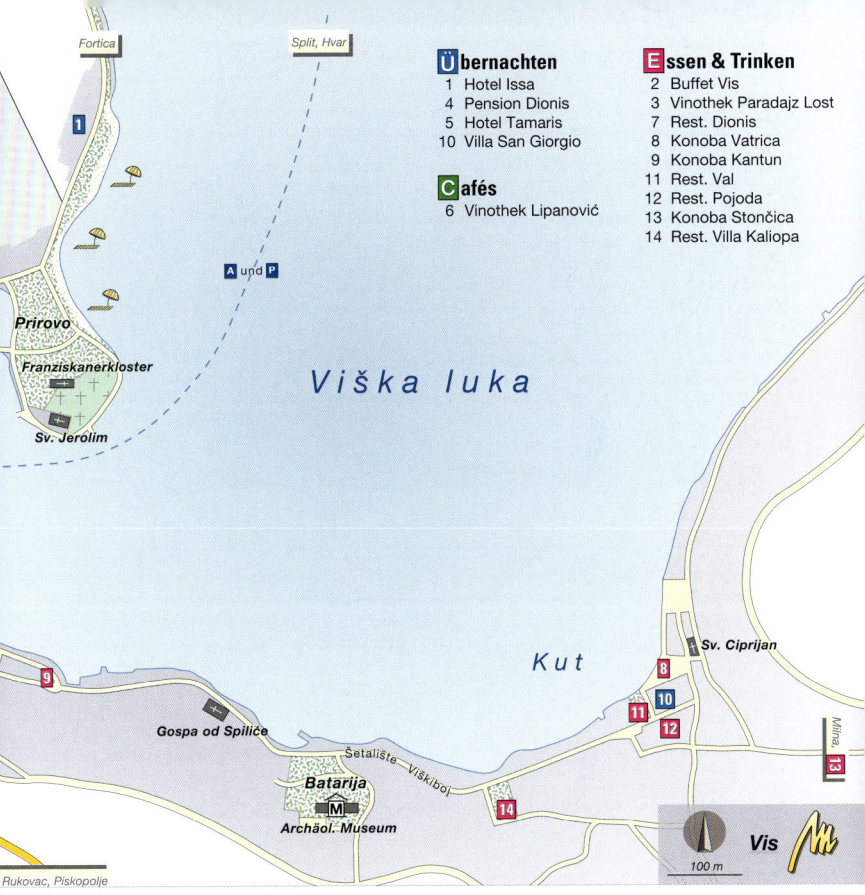

Übernachten
1 Hotel Issa
4 Pension Dionis
5 Hotel Tamaris
10 Villa San Giorgio

Cafés
6 Vinothek Lipanović

Essen & Trinken
2 Buffet Vis
3 Vinothek Paradajz Lost
7 Rest. Dionis
8 Konoba Vatrica
9 Konoba Kantun
11 Rest. Val
12 Rest. Pojoda
13 Konoba Stončica
14 Rest. Villa Kaliopa

Fortica

Split, Hvar

A und P

Prirovo

Franziskanerkloster

Sv. Jerolim

Viška luka

Kut

Sv. Ciprijan

Gospa od Spilice

Šetalište Viškiboj

Batarija
M
Archäol. Museum

Rukovac, Piskopolje

Mlina.

100 m

Vis

Basis-Infos

Information Touristinformation (TZG), Šetalište stare Isse 5 (gegenüber dem Trajekthafen), 21480 Vis, ☎ 021/717-017, www.tz-vis.hr. Juni–Sept. tägl. 8–21 Uhr, sonst Mo–Fr 8–14 Uhr. Gute Informationen und Wanderkarten.

Agentur Navigator, gegenüber dem Trajekthafen, ☎ 021/717-786, www.navigator.hr. Mai–Sept. Zimmer, Autos, Scooter, Ausflüge etc.

Verbindungen Busse und Schiffe (→ Wichtiges auf einen Blick).

Ausflüge Zur Blauen und Grünen Grotte (Modra i Zelena špilja); Tito-Höhle. Infos über Agenturen.

Auto Tankstelle, nördlich vom Trajekthafen. Tägl. Juni–Sept. 7–21 Uhr, danach 7–12/17–20 Uhr.

Gesundheit Ambulanz, Poljana sv. Duha 10, ☎ 021/711-633, -117; hier auch **Apotheke**, ☎ 021/711-434.

Veranstaltungen Sv. Juraj, 23. April, durch die Stadt bis zur gleichnamigen Halbinsel im Nordosten Prozession; eine Woche lang finden auch Konzerte, Theateraufführungen etc. statt. **Viška noć**, letzter Sa im Juli; es gibt Pop-Musik, Klapa und Wein & Fisch gratis! Auch der **Karneval** hat hier Tradition und wird ausgiebig gefeiert.

Übernachten

Übernachten Privatzimmer 30 €/DZ, Appartements ab 40 € für 2 Pers. Zimmer u. a.:

Pizzeria-Pension Dionis 4, nette Zimmer, teils mit kleinem Balkon und Blick aufs Meer oder die Altstadtdächer. Ganzjährig geöffnet. M. Gupca 1, ☎ 021/711-963, www. dionis.hr.

** Hotel Issa 1, nördlich des Hafens, hinter der Halbinsel Prirovo. Einfaches 125-Zimmer-Hotel mit Restaurant. Kiesstrand, Minigolf, Kinderspielplatz, Anlegestellen für Boote, Tretboot- und Fahrrad-Verleih. DZ/F 120 € (mit AC und Meerblick). Apolonija, Zanella 5, ☎ 021/711-124, www.hotelsvis.com.

** Hotel Tamaris 5, südlich des Hafens. Gediegener Altbau mit schöner Frühstücksterrasse zur Hafenpromenade. Ganzjährig geöffnet. 25 relativ einfache DZ/F 105 € (TS 120 €). Obala sv. Juraj 30, ☎ 021/711-350, www.hotelsvis.com.

Villa San Giorgio 10, im Stadtteil Kut im Osten der großen Bucht. Hübsche, komfortable Zimmer/Appartements und ein Restaurant mit lauschigem Innenhof gegenüber der Gasse. DZ/F 152–244 €. Petra Hektorivica 2, ☎ 021/711-362, www.hotelsan giorgiovis.com.

Essen & Trinken

Für Suppenliebhaber gibt es die Viser Spezialität *Fažol na brodet*, eine gehaltvolle Bohnensuppe.

Restaurant Dionis 7, hier zählt die Lage am gemütlichen Altstadtplatz hinter der Uferstraße. Pizzen, Fisch- und Fleischgerichte sowie Frühstück.

Konoba Kantun 9, am Kaiende von Luka mit Anlegemöglichkeiten für Boote. Nette Freisitzplätze vor dem Haus oder im gemütlichen großen Innenraum mit Kamin für Peka-Gerichte. Spezialitäten sind Lammgerichte, auch Lammsuppe, zudem Pašticada und Fisch. Zur Nachspeise ofenfrischer Kuchen. 18–24 Uhr. ☎ 021/711-306.

Buffet Vis 2, gegenüber dem Fährhafen. Es ist das älteste Lokal der Stadt mit kleinem Innenraum und Sitzgelegenheiten vor dem Haus – fast alles ist wie vor 40 Jahren, auch die gute preiswerte Hausmannskost.

Stadtteil Kut Hier gibt es einige sehr gute Konobas: **Restaurant Villa Kaliopa** 14, in der ehemaligen Sommerresidenz von Frane Gariboldi aus dem 16. Jh., in einem lauschigen Park, eingebettet in dicke, schützende Mauern – das Lokal zählt sicherlich zu den schönsten der Stadt. Spezialitäten sind fangfrischer Fisch, Krustentiere und Muscheln, beste Zubereitung und Service. Gehobene Preiskategorie. April–Okt., in der NS erst ab 18 Uhr. Vladimir Nazora 34 (Beginn des Stadtteils Kut), ☎ 091/2711-755 (mobil).

Konoba Vatrica 8, traditionsreiches Spitzenlokal. Auf der überdachten Laube mit Blick aufs Meer kann man schon zur Marenda (Mittag) feine Häppchen zu sich nehmen, u. a. „Langusten-Brodetto nach Viser Art" oder lieber Makrelen vom Holzgrill (eingelegt u. a. in Salz, Rosmarin, Thymian und 2–3 Tage luftgetrocknet). Zum Dinner ist dies natürlich auch ein hervorragender Platz. 15. Juni–15. Sept. 9–2 Uhr, sonst 17–23 Uhr. Obala kralja P. Krešimira 13, ☎ 091/5949-047 (mobil).

》》 Mein Tipp: Fischrestaurant Pojoda 12 (Pojoda = u. a. Schiffe, die in einem Hafen vor Sturm Zuflucht suchen), ob in der verglasten Loggia oder auf der pflanzenumwucherten Terrasse im Garten, hier findet man sein Plätzchen! Voller Raffinesse ist die Gourmetküche und es ist ein Jammer, dass man nur einen Magen hat! Die Wahl fällt schwer: marinierte Holzmakrelen oder Eintöpfe, bei denen auch jeder Suppenverächter zugreifen wird (feinste Bohnensuppe, Kichererbsen mit Petersfischstückchen oder Krevettensüppchen). Daneben eingelegte Goldstriemen, Tintenfischstückchen, gekocht mit Kartoffeln oder „Grünel in Wein" – was das wohl ist? Aber nächstes Jahr kreiert er bestimmt andere Gerichte, sonst verliert er Zoran Brajčić den Kochspaß. Ganzjährig geöffnet, April–Okt. tägl. 12–15/17–2 Uhr, sonst nur abends, aber besser vorab anrufen. Don C. Marasovića 8, ☎ 021/711-574. 《《

Restaurant Val 11, falls man in obigen Restaurants keinen Platz mehr findet, ist man hier ebenfalls gut aufgehoben: leckere

Meeresfrüchte und Fisch; hübsche Sitzgelegenheiten unter Palmen und Blick aufs Meer. Don C. Marasovića 1, ℘ 021/711-763.

Wein Vinothek Lipanović **6**, östlich vom Hotel Tamaris (am Altstadtplatz), nur abends geöffnet.

Vinothek Paradajz Lost 3, sehr guten Weiß- und Rotwein gibt es neben dem Wehrturm am Hafen. Man kann Wein probieren und kaufen und dazu Käse, Schinken und Oliven verzehren. Je nach Saison ganztägig oder nur morgens und abends geöffnet.

🌿**Außerhalb** Konoba Stončica **13**, an der gleichnamigen Bucht im Nordosten der Insel (ca. 5 km von Kut); bis Straßenende fahren, danach 5 Min. Fußweg hinab. Man sitzt unter Palmen, Schilf und schattigen Bäumen auf dem Rasengelände mit Blick auf die Bucht. Die Brüder Lincir (Winzer, Metzger, Landwirte und Fischer) betreiben den Familienbetrieb mit fruchtbarem Land taleinwärts und bieten beste frische Küche: vom Grill Zicklein aus eigener Zucht mit Grilltomaten oder Pašticada à la Nona (nach Großmutters Art) oder Kutteln von Zicklein und Lamm oder fangfrischen Fisch? Als Nachspeise eine feine Honigmelone vom Feld. Auf dem Beachvolleyballfeld kann man überflüssige Pfunde wieder abtrainieren und danach am Sandstrand baden gehen. Ankermöglichkeiten an Bojen. Ganzjährig geöffnet, 15. April–Ende Okt. nonstop, danach nach Absprache und was gerade im Topf brutzelt. Bucht Stončica, ℘ 021/711- 952, 091/2512-262 (mobil). ∎

Sport/Wassersport

Baden Beim **Hotel Issa** am Kiesstrand (Sonnenschirmverleih). Weiter nördlich kleine Kiesbuchten, die auch zu Fuß erreichbar sind. Vom Stadtteil Kut kommt man nach ca. 5 km Fußmarsch über den Berg zum Weiler **Stončica** mit gleichnamiger Sandbadebucht und Konoba (→ Essen & Trinken); die Bucht ist bestens auch für Kinder geeignet. Weitere Bademöglichkeiten an der **Südküste**.

Wandern/Mountainbiken Es gibt 23 markierte Wanderwege, die teils auch zum Mountainbiken einladen (Karten bei Touristinfo).

Tauchen Rund um die Insel gibt es faszinierende Tauchreviere. Exkursionen, Schule etc.: **Anma Diving Center Vis**, Kamenita 12, ℘ 021/711-367, 091/5213-944 (mobil, Hr. Zvonko Nad), www.anma.hr.

Nautik Issa Adria Nautica, Trg 30. svibnja 1992 br.1, ℘ 021/718-746. Geöffnet 7.30– 21.30 Uhr. 60 Muringe am Hafen; in Kut (im Osten) 30 Muringe.

Hafenkapitän, ℘ 021/711-111.

Von Vis nach Komiža

Auf direktem Weg ist Komiža von Vis aus in ca. 30 Min. Fahrt durch das grüne, mit Wein bewachsene Karsttal erreichbar. Landschaftlich reizvoller ist allerdings die Straße, die die Insel südlich umrundet.

Die schmale Straße windet sich zuerst von Vis den Berg hinauf. Von oben bietet sich ein fantastischer Blick auf die Stadt und die große Bucht. Es geht vorbei an kleinen Weilern aus Natursteinhäusern. Ein Abzweig führt an die Südküste nach **Milna**, **Podstražje** und **Rukavac** (gute Konoba) mit Blick auf die vorgelagerten Inseln; eine davon ist *Ravnik* mit der *Zelena špilja,* der Grünen Grotte.

Nach dem Abzweig zu den Dörfern führt die Straße in einem Hochtal durch Weinfelder, hier wächst der gute Vugava. Nach **Plisko Polje** (gute Konoba) gibt es einen weiteren Abzweig in Richtung Südküste. Wenn das Meer in Sichtweite kommt, stellt man das Auto ab und geht zu Fuß weiter. Nach einer schweißtreibenden Wanderung tief hinab (und natürlich auch wieder hoch) erreicht man die hübsche auf allen Werbeplakaten abgebildete **Stiniva-Bucht** . Große Felsen verengen die Meereseinbuchtung. Davor ankern die Jachten und Boote, die Felsen werden gerne als Sprungbrett benutzt. Leider ist die Bucht teils mit Teer verschmutzt. Etwas weiter östlich kann man ebenfalls von oben zur schönen **Mala-Travna-Badebucht** hinabsteigen. Einfacher geht's natürlich per Boot.

Auf der Hauptstraße geht es weiter nach Westen, bei **Podšpilje** stößt man auf den Abzweig zur *Tito-Höhle* (Titova špilja). Auf halber Höhe des Berges parkt man an der Parkbucht und läuft 100 Stufen hoch zu Titos ehemaligem Militärquartier (→ Geschichte), einer riesigen Höhle.

Wer möchte, fährt weiter bergan auf den höchsten Gipfel der Insel, den **Berg Hum** (587 m) mit Kapelle *Sv. Duh*. Von hier schwingen sich auch die Paraglider hinab und ziehen ihre Kreise entlang der malerischen Küsten. Bei guter Sicht blickt man bis Italien (→ dazu auch Wandern/Komiža). Wieder auf der Hauptstraße, folgt nun der schönste Teil der Route. Die Straße erreicht die Westküste der Insel, umrundet den Berg Hum mit schönem Blick auf das glitzernde Meer. Weinfelder ziehen sich in Terrassen hinab zum Wasser – dort locken herrliche Badebuchten. In Serpentinen führt die Straße abwärts, vorbei am Franziskanerkloster, nach Komiža.

Übernachten   Zimmervermietung in den Orten Milna, Podstrazje und Rukavac.

»» Mein Tipp: Appartements Talež, in Alleinlage im gleichnamigen Weiler am Berghang. In gemütlichen und künstlerisch gestalteten Natursteinhäusern kann man sich einmieten, es gibt einen Swimmingpool oder man läuft hinab zu Badebuchten. Appartements für 4 Pers. 128 €/Tag (mind. 4 Tage Aufenthalt); auch Häuser zu mieten. Abzweig von Podšpilje, ℡ 091/5041-282 (mobil), www.vis-talez.com. «««

Essen & Trinken   Konoba-Pension Dalmatino, das auf Meeresgetier spezialisierte Restaurant liegt in Rukavac (direkt am Meer) und hat eine überdachte Terrasse. Es gibt auch Pizza und Fleischgerichte, dazu mundende Weine. Zimmervermietung. ℡ 021/714-194.

Konoba Roki's, bei Plisko Polje. Es gibt Vorspeisen wie Viška pogača oder Pršut und Käse, Gerichte von der Peka (Lamm, Ziege, Fisch), gegrilltes Fleisch oder Fisch, dazu selbst angebautes Gemüse; als Nachspeise Rožada mit Karamellsirup (aus frischem Orangensaft, Eiern), zu trinken gibt es die guten Hausweine. Juni–Ende Sept. tägl. 8–12/17–22 Uhr; in der Nachsaison 17–20 Uhr. Nur nach Voranmeldung. ℡ 021/714-004, 098/303-483 (mobil).

»» Mein Tipp: Konoba Senko, auf der kleinen Terrasse vor dem Fischerhäuschen aus Naturstein sitzt man gemütlich und blickt auf die Bucht Molo Trovna, trinkt den hauseigenen Vugava oder Plavac und wartet, dass die Küchendüfte aus dem Häuschen wehen. Senko Karuza macht alles mit Bedacht,

neben seinen Weinstöcken hat er selbst gezogene aromatische Tomaten; es gibt Brodetto mit verschiedenen Fischen, Schnecken und obenauf Langusten, übergossen wird alles mit dem kräutergewürzten Vugava. Vorab, damit wir nicht verhungern, erhalten wir Weißbrot mit Fischpastete. Beste traditionelle Küche. 10–24 Uhr. Uvala Molo Trovna, südlich von Plisko Polje (auch auf Makadam erreichbar), ℡ 091/333-299 (mobil). «««

Konoba Pol Murvu, im Weiler Žena Glava unterm Maulbeerbaum und an den blumengeschmückten Tischen sitzt es sich bestens. Das 500 Jahre alte Bauernhaus, liebevoll zur Konoba ausgebaut, lädt zum gemütlichen Verweilen ein, vor allem, wenn im Holzofen das Feuer für die Peka lodert. Damir & Gordana zaubern traditionelle Gerichte: Es gibt Pogača od slane ribe, eine Hefeteigrolle mit Sardinen und Kartoffeln gefüllt; Lamm, Kalb oder Oktopus aus der Peka; Pašticada od tunjevine, Pašticada mit Thunfisch zubereitet; zum Nachtisch lockt Feigenkuchen oder Sorbet aus feinster Kokos-, Limonen- und Orangencreme. Alle Produkte, auch der Wein, hausgemacht und aus ökologischem Anbau. Geöffnet Mai–Okt. ab 12 Uhr (Juli/Aug. erst ab 15 Uhr). ℡ 021/715-002, 091/5671-990 (mobil). Abzweig in Podšpilje, an Kreuzung nicht zur Tito-Höhle, sondern nach rechts, nach Žena Glava. ∎

Baden   Bei **Milna**: die Uvala Milna, südlich davon Uvala Zaglav. Bei **Rukovac**: die Uvala Rukovac und im Westen Uvala Srebrena und Uvala Ruda. Südlich von **Marinje Zemlja** die unten liegenden Buchten (per Boot oder Fußmarsch erreichbar): Uvala Vela Trovna und Mola Trovna, westlich davon das beliebte Fotomotiv Uvala Stiniva.

Komiža – kastellbewehrtes Hafenidyll mit Blick gen Biševo

Komiža

Das Städtchen an einer großen Bucht an der Westseite der Insel mit Blick auf die vorgelagerte Insel Biševo lädt mit gemütlichen Cafés und Restaurants am autofreien Hafenkai zum Verweilen ein.

Die Stadt zu Füßen des Berges Hum (587 m), an dessen sonnigen Abhängen die Trauben für die guten Inselweine wachsen, hat sich durch die schönen Strände und die Hotelanlage zu einem angenehmen Touristenort entwickelt.

Gajeta Falkuša

Die Fischer fuhren mit ihrem Holzsegelboot, einer *Gajeta Falkuša,* zur Insel Palagruža, 43 Seemeilen entfernt. Kein Weg war ihnen zu weit, auch nicht bei stürmisch hoher See, um ihre Familien zu ernähren, und das Meer um Palagruža bot die besten Fanggründe. Mit den Jahren entwickelte sich dabei ein schierer Überlebenskampf: Wenn in den Neumondnächten in der Sardinensaison der Startschuss ertönte – damals waren es Kanonen –, stiegen die Fischer schnell in ihre Boote, setzten die Segel, und los ging es. Jeder wollte der Erste sein, denn nur rund 30 Boote konnten bei Palagruža ankern, für mehr war kein Platz. Ein Tag des Fischfangs ging ins Geschichtsbuch ein: Am 20. Mai 1593 wurden 120.000 kg Sardinen gefangen. Bis ins 20. Jh. hielt diese Tradition an. Heutzutage wird solch ein Segelboot von Touristen für einen gemütlichen Ausflugstag genutzt.

Komiža wird erstmals im 12. Jh. erwähnt. Im 13. Jh. kamen Benediktiner von der Insel Biševo. Sie errichteten das Kastell, die Kirche kam im 15. bis 16. Jh. hinzu. Trutzig und gut erhalten steht bis heute das **Kloster** mit Kirche **Sv. Nikola** am

Hang, umgeben vom Stadtweinberg. An der Palmenpromenade mit alten stattlichen Häusern erhebt sich mächtig das **Kastell** mit Uhrturm aus dem Jahre 1585. Im Kastell ist ein kleines **Fischereimuseum** untergebracht.
Mai–Okt. Mo–Fr 10–12 und 16–22 Uhr; danach nur morgens.

Die große Kirche **Sv. Marija** entstand im 16. Jh. aus drei mittelalterlichen Kirchen. An der Inselstraße in Richtung Vis steht am höchsten Punkt, von dem man auch einen schönen Ausblick auf Komiža genießen kann, das romanische Kirchlein **Sv. Mihovil**, erstmals erwähnt im 12. Jh. Sein heutiges Aussehen erhielt es nach Modernisierungen im 14. und 16. Jh. Etwas weiter die Straße abwärts fällt die kreisrunde und neu restaurierte Kirche **Gospa od Planice** ins Auge. Bereits im 11. Jh. erbaut, zählt sie zu den Inselältesten, ihr ungewöhnliches Aussehen ähnelt der Kirche Sv. Donat in Zadar.

Die Einwohner hatten über die Jahrhunderte mit Fischfang und Weinanbau ein gutes Auskommen, Anfang des 18. Jh. zählte der Ort über 5000 Menschen: Der Wein wurde nach Italien exportiert, es gab sieben Fischfabriken (heute alle geschlossen). Doch wie auf anderen Inseln wanderten viele Menschen nach dem Zweiten Weltkrieg aus, heute hat Komiža nur noch 1500 Einwohner.

Basis-Infos

Information Touristagencia (im Gebäude auch Touristverband), Riva Sv. Mikule 2, 21485 Komiža, ✆ 021/713-455, www.tz-komiza.hr. Juni–Sept. 9–21 Uhr, sonst Mo–Fr 12–14 Uhr.

Agentur Alternatura, Hrvatskih mučenika 2 (Ecke zur Riva), ✆ 021/717-239, www.alternatura.hr. Juni–Sept. tägl. 8–22 Uhr, danach tägl. 9–14 Uhr. Agrotourismus, Zimmervermittlung, organisiertes Sport- und Besichtigungsprogramm (→ Ausflüge und Sport).

Agentur Darlić & Darlić, Hrvatskih mučenika (bei Post), ✆ 021/713-760, info@darlic-travel.hr. Zimmer-, Auto-, Fahrrad- und Scootervermietung; Ausflüge und Internet.

Nika Adventure Tours, neben Darlić & Darlić, ✆ 021/713-557, 098/373-868 (mobil), www.nika-adventure-tours.com. Ganzjährig geöffnet. Robinsonhäuschen und Segeltouren nach Biševo, Brusnik, Jabuka & Sv. Andrija und mit 1 Übernachtung nach Palagruza (ca. 125 €).

Verbindungen Busse nach Vis bis zu 7-mal tägl. (zu Fährabfahrtszeiten), 2-mal tägl. über Rukavac.

Ausflüge Ausflugsfahrten zu den Inseln Biševo, Svetac und Brusnik; Besichtigung der Stadt Vis und des antiken Issa. Organisierte Trekking- und Mountainbiketouren u. a. zur Königin-Höhle Teuta mit Abseilung oder Segelausflüge zu den vorgelagerten Inseln. Buchung über o. g. Agenturen.

Veranstaltungen Sv.-Nikola-Fest am 6. Dez. mit Opferfeuer für den Schutzpatron von Komiža; alle ausgemusterten Boote werden angezündet und es wird gefeiert. Fischernacht, 1. Sa im Aug., mit Wein & Sardellen. Carub-Fest (Johannisbrotbaum-Fest), 2. Wochenende im Sept. am Fr/Sa. Aus den langen Schoten wird Grappa gemacht und angeboten, außerdem gibt es allerlei Gebäck.

Übernachten/Essen & Trinken

Übernachten Privatzimmer ab 30 €. Appartements ab 50 € für 2 Pers. Schön wohnt es sich in alten, renovierten Häusern und Wohnungen in Komiža und auch auf Biševo (Auskünfte über die Agenturen). U. a.:

Villa Nonna, hübsches Altstadthaus mit verschieden großen, sehr gut ausgestatteten Wohnungen — nach Heilpflanzen benannt —, die vom Balkon einen fantastischen Blick über die Hausdächer und Schlote bieten. Ribarska 50, ✆ 021/713-500, www.villa-nonna.com.

** Hotel Biševo, am nördl. Ortsrand, eingebettet zwischen Föhren, direkt am Meer. Restaurant, Terrasse; Feinkiesstrand unter

Schatten spendenden Tamarisken. Sonnen-schirm-/Liegestuhlverleih. Sehr einfache Zimmer mit Balkon (Blick auf Biševo), auch Appartementvermietung. DZ/F 85 € (TS 105 €). Ribarska 72, ✆ 021/713-144, 713-279, www.hotel-bisevo.com.hr.

Insel Biševo, einfache Zimmer (ca. 15–20 €), aber auch Häuser (mit Zisternenwasser). Auskünfte über den Tourismusverband.

Essen & Trinken   Um das Hafenbecken und kurz vor dem Hotel etliche Restaurants. Gut für den kleinen Hunger ist die Vorspeisenspezialität Komižka pogača, hier wird die Brotteigrolle (aus Hefeteig) mit Sardellen und Tomaten gefüllt.

Konoba Bako, kurz vor dem Hotel. Schön sitzt man auf der Terrasse erhöht über dem Meer, aber auch im Innenraum mit großem amphorenbestücktem Bassin, in dem Lan-

gusten und Hummer schwimmen. Große Auswahl an Fisch- und Fleischgerichten, gut sortierte Weine, guter Service. Ganzjährig ab 16 Uhr (HS) bzw. 17 Uhr (NS) geöffnet. Gundulićeva 1, ✆ 021/713-742.

》》 Mein Tipp: Restaurant Jastožera, in der ehemaligen Verlade- und Hummerstation von 1883. Man sitzt auf den Holzrampen, die zur Terrasse umfunktioniert wurden, oberhalb des Meeres. In den Meeresbecken schwimmen die Langusten, die man sich für den Verzehr auswählen kann. Neben Meeresgetier gibt es Fisch und auch Fleischgerichte. Gundulićeva 6 (hinter Rest. Bako), ✆ 021/713-859. 《《

Restaurant Barba, gegenüber von Bako. Die Spezialitäten sind hier Peka-Gerichte, v. a. Lamm. April–Okt.

Sport/Wassersport

Baden   Beim Hotel am Feinkiesstrand mit Süßwasserquellen weht die Blaue Flagge. Schöne Badebuchten auch weiter südlich hinter der Fischkonservenfabrik, mit **Uvala Mlin**, danach folgt Kamenica mit Beachbar Aquarius, anschließend gelangt man zur **Uvala Nova Pošta** und **Templuš**. Ausflugs-

boote fahren von Mai bis Ende Sept. 1-mal tägl. (Abfahrt 8 Uhr) zur **Insel Biševo**, zuerst meist zur Blauen Grotte, dann nach Porat und Salbunara an der Westseite mit Sandbuchten und Restaurants.

Tauchen   Die Tauchgründe um Komiža sind faszinierend. In Komiža bietet **ISSA Di-**

Komiža – Kloster Sv. Nikola auf seinem Weinberg mit Blick auf Biševo

ving Center (beim Hotel Biševo) Kurse nach CMAS und SSI an, ebenso Tauchausflüge, Nachttauchen, Tauchen in Schiffswracks etc. Ribarska 91, ☎ 021/713-651, 091/2012-731 (mobil), www.scubadiving.hr.

Tauchclub Manta, sehr gute Tauchschule, Pot Gospu b. b., ☎ 021/522-348, 098/265-923 (mobil), www.manta-diving.com.

Wandern   Eine 5- bis 6-stündige Wanderung führt auf markiertem Weg von Komiža über die Hochebene nach Vis. Auskünfte über Agenturen, die auch geführte Wanderungen anbieten.

Eine nette Tour ist auch die zum Weiler Okljucina im Norden von Komiža (mit einer Besichtigung der Königin-Höhle Teuta). Eine schöne 1:30-Std.-Tour führt zur Kapelle Sv. Blaz nördlich von Komiža – herrliche

Aussicht auf die Bucht. Wer Lust und Kondition hat, kann zur Nordküste hinabsteigen, dort gibt es eine Reihe schöner Badebuchten.

Sehr schön ist ein Wanderung von Komiža zum Berg Hum (587 m) (→ Kleiner Wanderführer/Wanderung 3).

Nautik   Jachthafen Komiža, mit Toiletten, Tankstelle und Wasser. ☎ 021/713-215.

Hafenamt, ☎ 021/713-085.

Sonstiges   Paragliding-Club Komiža, Übungs- und Fluggelände ist der 587 m hohe Berg Hum. Zudem Mountainbike-Touren und Freeclimbing-Kurse u. a. an den Felsen Crvene Stijene. Auch in die Königin-Höhle Teuta kann man sich abseilen lassen. Auskünfte bei der Agentur Alternatura.

🏃 Wanderung 3: Insel Vis – von Komiža zum Berg Hum (587 m)   → S. 471
Mittelschwere Rundtour über die Tito-Höhle zum höchsten Inselberg

Insel Biševo

Die Insel ist bekannt durch die Modra špilja, die Blaue Grotte. Von allen umliegenden Inseln und großen Städten gibt es organisierte Tagesausflüge nach Biševo.

Gerade mal 5,8 km² groß ist die Insel in Sichtweite, etwa fünf Seemeilen südwestlich von Vis. Ihre höchste Erhebung ist der Hügel Straženica mit 240 m. Biševo ist fast vollständig von Macchia bedeckt, bis auf ein fruchtbares Tal, in dem Gemüse und die Trauben für einen sehr guten Wein wachsen. Und die Insel ist bekannt für ihre Grotten – die bekannteste ist die **Blaue Grotte** an der Ostseite. Täglich kommen die Touristen in Ausflugsbooten, um zur Mittagszeit die Grotte zu bewundern, die wegen der unter Wasser eindringenden Sonnenstrahlen ganz in Blau erstrahlt, und danach ein Bad im silbern glänzenden Meer zu nehmen. Die Grotte ist seit 1884 erschlossen und nur per Boot zu erreichen. Eine weitere Grotte, die **Medvidina špilja**, liegt südlich hinter dem Kap Biskup.

Meist geht die Fahrt anschließend zur **Uvala Salbunara-Badebucht** mit Sandstrand bei **Porat**, wo das begehrte Fischpicknick auf die Ausflügler wartet. Südlich von Porat liegt der Inselhauptort **Polje** mit der Kirche Sv. Silvestra (11. Jh.) und etwas weiter südlich **Potok**. Die wenigen Bewohner leben vom Fischfang in den reichen Gewässern um Biševo oder ein wenig vom Tourismus.

Essen/Übernachten: Im *Weiler Porat* gibt es zwei Konobas. Man kann Privatzimmer und auch Häuser mieten, auch in *Uv. Salbunara* gibt es einfache Unterkünfte (Infos über die Agenturen). Das Wasser kommt aus der Zisterne.

Mitteldalmatinische Inseln

Insel Sveti Andrija (Svetac)

Diese kleine, unbewohnte Insel – sie wird auch oft *Svetac* genannt – liegt ca. 15 Seemeilen im Westen der Insel Vis, steht unter Naturschutz und ist seit dem 19. Jh. in Privatbesitz der Familie Zanki. Bei guter Sicht kann man Sv. Andrija von Komiža aus sehen. Sie ist 3,5 km lang und 1,5 km breit, die höchste Erhebung heißt *Kralijči-no* (König), 311 m hoch. Auch hier hinterließ die illyrische Königin Teuta ihre Spuren. Neben wuchernder Macchia wächst auf der Insel Wein und es gibt eine kleine Häuseransiedlung in der **Bucht Povlebuk**. Per Taxiboot oder Ausflugsboot kann man das Inselchen erreichen und im kristallklarem Meer schwimmen.

Die Inseln Brusnik und Jabuka

Nordwestlich von Biševo und westlich von Vis liegen die beiden unbewohnten Vulkaninseln Brusnik mit 3 ha und Jabuka mit 2 ha Fläche, die sich wegen ihres geologischen Ursprungs von den anderen Inseln völlig unterscheiden und natürlich unter Naturschutz stehen. Das Gestein besteht hauptsächlich aus einer dunklen Eisen-Magnesium-Verbindung. Würde man hier einen Kompass zur Orientierung benötigen, wäre man aufgeschmissen – die Magnetnadel zeigt nicht nach Norden. Beide Inseln werden gerne von Jachten angelaufen, ansonsten sind sie auch per Taxi- oder Ausflugsboot erreichbar.

Das Meer um die relativ flache **Insel Brusnik** (12 Seemeilen von Komiža, 150 m hoch) ist fischreich, man kann noch die einst genutzten Hummer-Bassins sehen. Flora und Fauna sind streng geschützt – hier wächst das endemische Kräutlein *Centaurea ragusina* und hier lebt der Salamander *Lacerta taurica melisellensis*. Das Anlegen ist nur in der Westbucht möglich.

Der 97 m hohe Felskegel **Jabuka** liegt 26 Seemeilen von Komiža. Das Anlegen mit dem Schiff und auch das Ankern ist wegen der enormen Meerestiefe und einer fehlenden schützenden Bucht fast nicht machbar.

Naturreservat Palagruža

Mitten im Meer zwischen Kroatien und Italien, 43 Seemeilen südlich von Komiža (Split 68 Seemeilen), steht der einsame Fels in der Brandung, die Leuchtturminsel Palagruža, umgeben von **Mala Palagruža** und den **Kamik-Inseln** und einigen Riffen – der gesamte Archipel steht unter Naturschutz.

Vela Palagruža, die Hauptinsel, gleicht einem steinernen Ungeheuer, dessen langer spitzer Rücken aus dem Meer ragt. Sie ist 1,4 km lang, 300 m breit und zieht sich auf 90 m hoch. Stufen führen hinauf und bieten einen grandiosen Blick aufs Meer. 1875 wurde der *Leuchtturm* erbaut, der zu den größten an der Adria zählt. Der untere Teil des Gebäudes wurde mit dem Stein der Insel erbaut, die oberen Etagen mit dem leichteren Gestein der Insel Brač. Seine Signallampe mit enormer Lichtreichweite (bis zu 26 Seemeilen) ist noch das Original, das der Pariser Henry Epoulite 1873 anfertigte. Es gibt eine kleine Archäologische Sammlung zu sehen.

Die Insel zählt zu den fischreichsten der gesamten Adria, vor allem Sardellen werden gefangen. Bis ins 20. Jh. kamen die Fischer von Komiža mit alten Holzsegelbooten (Gajeta Falcuša → Kasten S. 246) hierher, um die hiesigen Fanggründe auszubeuten. Wie viele Inseln erscheint auch Palagruža von der Ferne ohne Vegetation, doch das täuscht – viele Kräuter und Blumen wachsen, auch Oleander, Wolfsmilchgewächse und Kapernbüsche.

Zwei Fußwege führen zu wunderschönen Kiesbuchten: im Norden **Stara Vlaka** (sogar mit Sand), im Süden **Velo Žalo** – herrlich zum Schwimmen. Zum Tauchen lockt das 3 Seemeilen südlich gelegene **Riff Galijula** mit einem Dampfschiffwrack. Hier schwimmen u. a. Muränen, Drachenköpfe, Pfeilhechte (sog. Barakudas) ...

Palagruža wird auch Insel des griechischen Helden *Diomedes* genannt, der hier angeblich gegen die Illyrer kämpfte und auch hier begraben sein soll. Einer Legende zufolge soll Zeus die Seelen der Illyrer, die Diomedes getötet hatten, aus Rache in Vögel verwandelt haben, die noch heute das Grab des Kriegers bewachen. Tatsache ist, dass die Griechen im 6. Jh. Handelsbeziehungen mit den Illyrern unterhielten und Kolonien u. a. in Issa (Insel Vis) gründeten – auf Palagruža fand man u. a. Athener Keramik, zudem Funde aus der Kupfer- und der frühen Bronzezeit und vieles liegt noch unerforscht am Meeresgrund. Auch die Römer ließen diesen guten Vorposten nicht ungenutzt und erbauten eine kleine Festung – vielleicht auf jener Grabstätte ... Auch ein Kirchlein stand hier einst, um den Fischern Hoffnung zu geben. Danach errichteten die Italiener ihren militärischen Stützpunkt auf dem heiligen wie geschichtsträchtigen Platz, der noch heute sichtbar ist. Heute besuchen die Insel Bootsbesitzer, zudem ruhebedürftige Menschen, die sich im Leuchtturm einquartieren und Abgeschiedenheit suchen.

Übernachten: *Leuchtturm Palagruža*, wer es unheimlich und einsam mag, ist hier richtig! Es gibt 2 Wohnungen (ca. 50 m², mit Küche, Dusche/WC für je 4 Pers.). Infos über Agentur Plovput (www.povput.hr) bzw. über www.lighthouses-croatia.com (deutschsprachig).

Blick auf Vis und Sv. Andrija

Mitteldalmatinische Inseln

Omiš – Blick auf die Altstadt an der Cetina und auf die Festung Peovića

Die Küste von Split nach Omiš

Die Magistrale von Split stadtauswärts ist, will man gut vorwärts kommen, zu Hauptverkehrszeiten nicht zu empfehlen – viele Spliter leben in den Randbezirken. Knapp 30 km schlängelt sich die Küstenstraße durch viele Straßenorte bis Omiš, immer parallel zu den Ausläufern des Mosor-Gebirges und der ehemaligen *Republik Poljica*. Der karstig-weiße Mosor-Gebirgsstock erstreckt sich über 25 km von der Festung Klis (bei Split) bis zum Cetina-Fluss im Süden. Baden kann man in dieser Gegend meist direkt an der Küstenstraße oder bei Pensionen und Hotels; große Feinkiesstrände gibt es erst im Süden, ab der Omiš Riviera und natürlich an der Makarska Riviera.

Stobreč ist ein moderner Vorort von Split (6 km südl.) mit Jachthafen, Restaurants, zahlreichen Cafébars und vielen Neubauten sowie einer Uferpromenade, auf der man mit kleinen Unterbrechungen bis zur Altstadt von Split radeln kann – ein guter Übernachtungsstopp mit Campingplatz für die nahe Kulturmetropole. Dass der Ort bereits 2400 Jahre alt ist, sieht man ihm wahrlich nicht an: Hier befand sich einst *Epetion*, die erste griechische Siedlung an der mitteldalmatinischen Festlandsküste, gegründet von den Griechen von Vis (Issa).

Information TIC, Put Sv. Lovre 4 (Uferpromenade), 21311 Stobreč, ✆ 021/324-016, www.visitsplit.com.

Verbindung Bus: Mo–Fr alle 30 Min. nach Split, Sa/So seltener. Busstopp auch beim Campingplatz (Nr. 25) oder an der Hauptstraße (Nr. 6a).

Übernachten Es gibt viele Privatzimmer (ca. 50–60 €) im Ort, u. a. an der westlichen Uferstraße, z. B.:*** Villa Marić, Ivankova 12,

✆ 021/326-023, www.villamaric.com. ***Villa Plazibat, Ivankova 28, ✆ 021/324-137, www.villa-plazibat.com.

*** Hotel Zvonimir, angenehmes 25-Zimmer-Hotel, oberhalb vom Meer am Ortsbeginn mit Restaurant. Klanci 11, ✆ 021/325-777, www.hotel-zvonimir.com.

Camping **** Camping Stobreč, schönes, baumbestandenes und parzelliertes Gelände auf einer Landzunge am Meer und an der

Flussmündung Žrnovnica; Sand-Kiesstrand, Restaurant und Supermärkte. Ca. 200 m entfernt der Ort mit Restaurants und Cafébars. 6,50 €/Pers., Parzelle 8,80 €–17,90 €, Mobilheime ab 55 € (12 m²) bis 109 € (32 m²). Zur TS 20 % Aufschlag. Ganzjährig geöffnet. Sv. Lovre 6, ✆ 021/325-426, www.campingsplit.com.

Essen & Trinken   Drei gute Fischlokale verwöhnen den Gaumen: **Restaurant Epetium**, Spezialitäten sind u. a. Fisch in Salzlake oder Fisch (auch Fleisch) vom Holzofen. Mornarska 3, ✆ 021/324-126.

》》 Mein Tipp: **Konoba Nikola**, bestes Fischlokal im Ort: fangfrischer Fisch, Fischcarpaccio, Austern, Muscheln – leider nur im Innern. Ganzjährig. Ivankova 42 (im Westen), ✆ 021/326-235 **《《**

Gostionica Struja, an der Uferpromenade mit Blick aufs Meer. Spezialitäten sind ebenfalls Fisch und Fleisch vom Holzofen oder Grüne Nudeln mit Meeresfrüchten. Put Sv. Lovre 21, ✆ 021/324-129.

Podstrana folgt kurz nach Stobreč. Der fast 6 km lange Straßenort mit den Gemeinden Stožanac, Grljevac, Sv. Martin u. a. ist beidseitig der Küstenstraße mit Neubauten zugebaut. Es gibt zahlreiche Übernachtungsmöglichkeiten in sehr komfortablen Hotels und Pensionen direkt am Meer und mit eigenem Strand. Aber auch öffentliche attraktive Strandabschnitte wurden geschaffen, d.

Der alte Ortskern *Stara Podstrana* (auch *Podstrana selo*) liegt oberhalb der Küstenstraße. Hier siedelten bereits Illyrer, die *Pituntiner,* danach Römer. Einen Blick wert ist die im 17. Jh. erbaute *Doppelkirche Sv. Antun i Sv. Rok:* An der Stirnwand ist ein Flachrelief mit der Darstellung des illyrischen Gottes Silvanus und dreier Nymphen eingemauert. Wie alle illyrischen Stämme verehrten auch die Pituntiner den *Hirtengott Silvanus,* der als Satyr mit Hörnern und Ziegenbeinen dargestellt wurde.

Wer spazieren gehen möchte, steigt von Stara Podstrana auf den *Berg Vršina* mit dem vorromanischen Kirchlein *Sv. Jure* oder weiter westlich auf den 599 m hohen *Perun,* ebenfalls mit einer *Sv.-Jure-Kirche* aus dem 14. Jh., die allerdings durch einen Blitz stark beschädigt wurde. Schöne Aussicht und Ruhe hier oben ist garantiert, zudem gedeihen Weinstöcke, Obstbäume (besonders hübsch im Frühjahr zur Blütezeit) und vor allem im Schutz der Felsen vorzügliche Pfirsiche.

Information   Touristinformation (TZ), Jurasova 2 (Ortsbeginn, Hafen Lučica), 21312 Podstrana, ☎ 021/333-844, www.tz-podstrana.hr. Juni–Sept. tägl. 7–20, So nur bis 12 Uhr; Okt.–Mai Mo–Fr 7–15 Uhr.

Verbindungen   Bus: fast alle 30 Min. ins Stadtzentrum von Split.

Übernachten   Es gibt zahlreiche Pensionen und Hotels, die für einen Stopp und für die Split-Besichtung durchaus einladen (alle Hotels haben Internet-Sonderpreise!).

»» Mein Tipp: **** Hotel Split, modernes, gut ausgestattetes und beliebtes 80-Zimmer-Hotel mit Strandabschnitt, Restaurant und Bar. Sehr schöne Dachterrasse mit Pool und Spa-Bereich (mit Hamam). Freundlicher Service. Komfortable, gut ausgestattete DZ/F ab 216 €. Strožanačka 20, ☎ 021/420-420, www.hotel-split.hr. **«**

**** Hotel Eden, kleineres Hotel, ebenfalls nahe dem Meer mit Strandzugang, gute Ausstattung und gutes Restaurant, kleiner Spa-Bereich mit Pool. Es gibt Zimmer (auch Familienzimmer) und Appartements. DZ/F ab 200 €, mit Meerblick 250 €. Strožanačka 76, ☎ 021/453-630, www.hoteleden-split.com.

***** Hotel Le Méridien Lav, zählt mit zu den besten kroatischen Hotels, schick und modern mit allem Schnickschnack, auch der fast 1 km lange Sandstrand und die Parkanlagen wurden vom Designer Jim Nicolay gestaltet. Tennisakademie, Tauchclub, Wassersportgeräteverleih, Spa-Anlage mit Hallenbad, Pool; Restaurants und Bars,

Nightclub, Casino. Komfortable DZ/F ab 240 € (Meerblick 350 €). Grljevacka 2 a, ☎ 021/500-500, www.lemeridien.com/split.

****/*** Hotel San Antonio, ebenfalls direkt am Meer, mit Strandzugang und gutem Restaurant. Moderne und farbenfrohe, gut ausgestattete Zimmer (mit WiFi), Hallenbad. Im Nebenhaus gibt es preiswertere Zimmer und Fahrradverleih. DZ/F ab 194 €, im Nebenhaus nette Studios ab 145 €. Grlje-

Demokratie im Mittelalter – die Republik Poljica

Wir schreiben das 14. Jh. Fast überall in Europa der Handelsstädte, Fürstentümer und Kleinstaaten herrscht Feudalismus, eine Ständegesellschaft, in der König, Adel und hoher Klerus alle Rechte kontrollieren, während Bürger, Handwerker, Bauern – rund 95 % des Volkes – von der politischen Macht fast gänzlich ausgeschlossen sind. Nicht so in der dalmatinischen Republik Poljica.

Zwar hatte auch in Poljica der Fürst die oberste Gewalt inne, doch wurden er und die hohen Regierungsvertreter alljährlich von der Versammlung der Schultheißen, einer Art Regierungsrat, gewählt. Bei den Regierungsgeschäften standen ihm drei hohe Staatsbeamte, drei Richter, ein Feldherr und ein Notar zur Seite. Zusätzlich bedurften alle wichtigen Angelegenheiten der Republik der Zustimmung der großen Volksversammlung, der alle erwachsenen Poljicer angehörten – ausgenommen die (nach wie vor) rechtlosen Fronbauern.

Geregelt war das politische Leben in Poljica in einem verfassungsähnlichen Statut, das

vačka 30 und 28 (Nebenhaus), ☎ 021/336-111, www.hotel-sanantonio.com.

Camping Lediglich kleine Camps: **Mini-camp Car**, Sv. Martin 180, Ulica Ante Car. **Camping Tamaris**, am Meer (gegenüber Ambulanz).

Essen & Trinken Restaurant **Arkada**, mexikanisch angehauchtes Lokal nördl. der Hauptstraße, in der Ortsmitte. Gemütliche,

große Terrasse unter einer Pergola. Es gibt Tortillas, Enchiladas, Fajitas, Fleisch- und Fischgerichte. Beliebt beim jungen Publikum.

Restaurant **Jure**, direkt am Meer.

Jachthafen Marina **Lav**, gehört zum obigen Luxushotel, dessen Einrichtungen mitbenutzt werden können. Es gibt 80 Liegeplätze. ☎ 021/500-387, www.grandhotellav.com.

im 15. Jh. in Bosančica, einer Variante der kyrillischen Schrift, aufgezeichnet wurde.

Die Republik Poljica umfasste das Gebiet zwischen dem Žrnovnica-Fluss im Westen (nördlich von Stobreč) bis zum Mosor-Gebirge im Osten. Die obere Grenze markierte bis Bisko der Flusslauf der Cetina.

Da das Gebiet für die mächtige Stadtrepublik Venedig als Pufferzone zum Osmanischen Reich von Interesse war, erkannte Poljica 1444 die Oberherrschaft Venedigs an, das der Republik im Gegenzug die volle Autonomie zusicherte. Als Anfang des 16. Jh. die Türken immer weiter an die Grenzen vorrückten, gelang es Poljica, seine politische Ausnahmestellung durch Tributzahlungen abzusichern. So existierte das für seine Zeit revolutionäre politische Modell noch mehr als 200 Jahre – erst 1807 wurde die Republik von den napoleonischen Truppen aufgelöst.

Historiker vermuten, dass sich der englische Humanist und Staatsmann Thomas Morus (1478–1535) in seinem Werk *Utopia*, in dem er 1516 seine Vision vom idealen Staat beschreibt, auch von der Republik Poljica inspirieren ließ.

Die folgenden Küstenorte, in denen man ebenfalls versucht, vom Split-Tourismus zu profitieren, gehören bereits zur *Riviera von Omiš:* In **Dugi Rat** wurde das einstige unschöne Markenzeichen, die Zementfabrik, abgerissen, eine neue touristische Anlage soll hier erbaut werden und in den nächsten Jahren ihre Pforten öffnen. Es folgt das Dorf **Duće** mit zahlreichen Mini-Campingplätzen am Meer. Camper finden hier Strandabschnitte, allerdings direkt neben der Küstenstraße, doch für einen Stopp bzw. eine Übernachtung in Ordnung. Eine Besichtigung lohnt in jedem Fall die Stadt *Omiš* (s. u.) mit der wilden Schlucht der Cetina im Hinterland.

Information Tourismusverband, im Orts-kern, 21315 Dugi Rat, ☎ 021/735-244, www.tz-dugirat.hr. Ganzjährig Mo–Fr 8–14 Uhr.

Touristinfo (TIC) in Duće, Hauptstraße, ☎ 021/734-321. Nur Juni–Sept.

Übernachten Hier kann man zahlreiche **Appartements** mieten, auch der Edel-Hotel-Tourismus beginnt.

***** **Hotel Damianii**, neues, modernes klei-nes Luxushotel mit dem sehr guten Restau-rant „Gold Code" mit Gourmet-Menüs, mit Cocktailbar, Wellnessbereich, Pool und ei-genem Strandabschnitt. Große Suiten mit Terrassen ab 305 € (mit Frühstück). Poljička cesta – Golubinka 11 a, ☎ 021/735-557, www.hoteldamianii.hr

Camping In Duće gibt es fast 20 kleine Camps, einige direkt am Meer: z. B. **Camping More**, ☎ 021/734-233. **Camping Raj**, ☎ 091/202-1554 (mobil). **Camping Ivo**, ☎ 021/734-966. **Camping Luka**, ☎ 021/734-130. Prei-se für alle ca. 5 €/Pers., Zelt 4 €, Auto 5 €.

Essen & Trinken Konoba-Café Bracera, am Ortsbeginn von Duće, schönes Natur-steinhaus mit Terrasse unter Aleppokiefern oberhalb eines schönen Feinkiesstrandes. Sehr gute Fleisch- und Fischgerichte. Poljič-ka cesta – Glavica, ☎ 021/35-400.

Omiš

Malerisch liegt das einstige Zentrum der dalmatinischen Seeräuber an der Mündung der Cetina, die sich hier durch den Fels der Mala Dinara, ein Aus-läufer des Mosor-Gebirges, ihren Weg bahnt. Omiš hat sich heute einen Na-men als Aktivsportstadt gemacht, besonders beliebt sind Kajak- und Raf-tingtouren auf der Cetina.

Über die Jahrhunderte schützten die senkrecht ansteigenden Felsen den Ort, dem heutigen 5000-Einwohner-Städtchen aber bieten sie kaum Platz, sich auszudehnen. Den hübschen mittelalterlichen Stadtkern überragen die Ruinen der *Peovića*-Fes-tung. Für die Bewohner von Omiš bot das Cetina-Tal (s. S. 144) Reichtum und Segen, war es doch in diesem Gebiet der einzige Zugang zum Hinterland. Heute lassen sich auf dem Fluss wunderbare Rafting- oder Kajaktouren unternehmen, die Felsen bieten beste Kletter- und Canyoninggebiete und in die umliegenden Bergdörfer oder entlang der Omiš Riviera bieten sich schöne Ausflüge per Mountainbike oder zu Fuß an.

Neben dem Fremdenverkehr ist für Omiš das Wasserkraftwerk, das größte Kroa-tiens, von wirtschaftlicher Bedeutung. Arbeit finden die Einwohner, mit Umgebung über 18.000 Menschen, zudem in der Textil-, Aluminium-, Folien- und Nudelher-stellung. Gastronomisch hat die Stadt viel zu bieten: Spezialitäten aus dem Meer, aus der Cetina und aus den Bergen stehen auf der Speisekarte.

Geschichte

Die Gegend war in der Vorgeschichte von den illyrischen Stämmen der Bulini und Nerestini besiedelt. Im 2. Jh. v. Chr. kamen die Delmaten, die dem Ort den Namen *Almissa* gaben. Doch erst im Mittelalter machte Omiš unter dem römischen Namen *Oneum* von sich reden – die Zeit der Piraterie hatte begonnen. Fette Beute

Omiš – herrlicher Weitblick von der Festung Fortica

der dalmatinischen Piraten waren u. a. die heimkehrenden Kreuzfahrerschiffe. Auf der Jagd nach lukrativem Fang trieb es die Seeräuber immer weiter auf das Meer hinaus, manchmal bis nach Süditalien – ständig mussten die Schiffe mit Überfällen rechnen. Um ihre Handelsflotte sicher durch die Adria navigieren zu können, zahlten die Venezianer lieber Tribut (→ Einleitungsteil: Geschichte, S. 27). Ab dem 11./12. Jh. beherrschte die mächtige Familie Kačić, Nachkommen des Stammes der Neretljani, die Region. Die geschickten Husaren waren nicht nur eine Gefahr für die venezianischen Schiffe, sondern auch für Städte wie Split, Šibenik, Trogir. Auf die Kačićs folgte Ende des 13. Jh. der kroatische Vizekönig Pavao Šubić, dessen Bemühungen um ein Ende der Seeräuberei scheiterten. 1358 erkannte Omiš die Herrschaft des kroatisch-ungarischen Königs Ludwig an, Ende des 14. Jh. den bosnischen König Stjepan Tvrtko, im 15. Jh. folgten die Feudalherren Hrvoje Vukčić Hrvatinić und Ivaniš Nelipić. 1444 bis 1797 fiel Omiš an Venedig und teilte im 19. und 20. Jh. dasselbe historische Schicksal wie ganz Dalmatien.

Basis-Infos

Information   Touristinformation (TZG), Trg kneza Miroslava b. b., 21310 Omiš, ✆ 021/861-350, www.tz-omis.hr. Juni–Sept. tägl. 8–20 Uhr (Mo nur bis 12 Uhr), sonst Mo–Fr 8–15 Uhr.

Touristinformationen für die Gemeinden (→ Übernachten).

Agenturen   Mittlerweile gibt es in dem kleinen Ort rund 40 Agenturen, die v. a. von Raftingtouren leben.

Agentur Slap, Altstadtbeginn (Richtung Radmanova mlince), Poljički trg b. b., ✆ 021/ 757-226, 871-108, www.hrslap.hr. Die älteste Agentur in der Stadt. Raftingausflüge, Freeclimbing, Fahrradvermietung, Seekajak, Zimmervermittlung.

Active Holidays, Knezova Kačića b. b., ✆ 021/863-015, 861-829, www.activeholidays-croatia.com. Zimmervermittlung, Rafting-, Freeclimbing-, Surf- und Tauchausflüge; auch mit Unterricht.

Agentur Adriaturist, Trg kralja Tomislava 4, ☎ 021/862-550, www.adriaturist.hr. Zimmervermittlung, Flugtickets (Inlandflüge), Raftingtouren.

Agentur Radmanove mlinice, Poljički trg, ☎ 021/862-238, 099/3146-220, www.radmanove-mlinice.hr. Geöffnet Mai–Sept. tägl. 8–

Die Altstadtfestung Peovića

20 Uhr, danach Mo–Fr 8–18 Uhr. Zur Agentur gehören die gleichnamigen Restaurants (→ Omiš/Umgebung). Zimmervermittlung, Raftingausflüge, Canyoning.

Zipline-Agentur, Poljički trg; hier Reservierung und Infos für Zipline (→ Sport).

Verbindungen Bus: alle 30 Min. nach Split und Makarska; Busse oft voll, d. h. teils längere Wartezeiten (keine Reservierung möglich). Auskunft über Split, ☎ 060/327-777, www.ak-split.hr.

Ausflüge Taxiboote vom Hafen zur Insel Brač (nach Postira, Bol); zudem Ausflüge nach Makarska und Raftingausflüge (→ Sport, → Agenturen).

Auto Großer gebührenpflichtiger **Parkplatz** vor der Brücke in Richtung Split, zudem rund um den Strand (Plaža).

Gesundheit Apotheke: Ljekarna Pivčević Dobrota, Ante Starčevića 38 (nahe Turijan-Café), ☎ 021/862-782. Mo–Sa 8–20 Uhr. Ambulanz: Dom Zdravlja, Put Mlije 2 (stadtauswärts gen Süden), ☎ 021/862-311. Mo–Sa 8–20 Uhr.

Einkaufen Fischmarkt, klein, aber fein. Östlich der Hauptdurchgangsstraße. Ganz in der Nähe ist auch der Obst- und Gemüsemarkt.

Veranstaltungen Klappa-Konzerte, jedes Wochenende im Juli. Stadtfest Sv. Mihovil am 16. Mai in der Altstadt. Marathon-Schwimmen, letzter Sa im Juli; Distanzen: 10 und 2 km; Auskunft über die Touristeninformation. Gusarska Bitka, 18. Aug., mit historischen Booten und Kostümen wird an „Piratenschlachten" im 13. Jh. erinnert.

Moto-Party, letztes Sept.-Wochenende (Fr–So); mehr als 2500 Motorräder finden sich aus vielen Ländern am Strand ein, zudem Rockkonzert etc.

Übernachten/Essen & Trinken

Übernachten Über die Agenturen werden Privatzimmer, Appartements und Landhäuser vermietet. Weitere Übernachtungsmöglichkeiten (→ Omiš/Umgebung).

≫ Mein Tipp: *** Hotel Villa Dvor, burgähnliches Natursteinhaus in exponierter Lage, nordöstlich und oberhalb der Cetina auf einem Fels mit fantastischem Blick auf Stadt, Land, Fluss … Sehr gutes Restaurant mit Panoramaterrassen. 23 komfortable

Zimmer mit guter Ausstattung, auch Internet; zudem ein Aufzug durch den Fels hinab. DZ/F 111–133 € (je Lage). Mosorska 13, ☎ 021/863-444, www.hotel-villadvor.hr. ≪

**** Hotel Plaža, 3-stöckiger, ansprechend modernisierter Bau auf der Landzunge und dem Strand Punta. Mit sehr gutem Restaurant, schöner Terrasse und großer Wellnessanlage. DZ/F ab 130 €. Trg kralja Tomislava 6, ☎ 021/755-260, www.hotelplaza.hr.

**** **Hotel Diadem**, am Ortsbeginn im Shoppingcenter Studenac integriert, Blick gen Omiš und Strand. Sehr gut ausgestattete, ansprechende, mit viel Stein versehene 13 Zimmer (DZ/F 96 €) und Suiten mit Balkon (ab 164 €/2+2 Pers.), zudem moderne Technik. Hier gibt es nur Frühstück. Große Parkflächen vorhanden. Četvrt Ribnjak 17, ✆ 021/430-800, www.hoteldiadem.com.

*** **Hotel Brzet**, im Stadtteil Brzet (1 km südl.), lang gezogener Bau in schöner Lage am Uferweg und Kiesstrand und umgeben von Pinien. DZ/F mit Balkon 102 €. Put skalica 9, ✆ 021/862-074, www.brzet.hr.

Camping   *** **Campingplatz Galeb**, am Ortsbeginn. Direkt am Meer großer Platz unter schattenspendenden Pappeln für bis zu 3000 Pers., zudem direkt in Strandlage Mobilhausvermietung und Bungalows. Kiesstrand, Bootsverleih, Market, Restaurant und Café. Geöffnet 1.5.–15.10. Pers. 6,60 € (TS 7,60 €), Stellplatz ab 13 € (TS 15 €), Parzelle 15,60 € (TS 17,60 €). Vukovarska 7, ✆ 021/864-430, www.kamp.galeb.hr.

** **Campingplatz Lisičina**, im gleichnamigen Ortsteil oberhalb und nördl. der Cetina, netter kleiner Platz. Lisčina 1, ✆ 021/862-536.

Weitere **Campingplätze** (→ Omiš/Umgebung, → Duće).

Essen & Trinken Die Speisekarte der Region ist sehr abwechslungsreich: Aus der Cetina kommen Forellen, Krebse, Frösche; aus dem Meer Fische, Schalentiere und Muscheln und aus den umliegenden Bergen Lamm, Schafskäse und Schinken auf den Tisch sowie der gehaltvolle Rotwein aus dem Raum Mimice, Omiška Ruža barrique (→ Omiš/Umgebung/Essen).

Konoba Marin, am Beginn der Altstadtgasse. Das kleine Traditionslokal serviert fangfrischen Fisch. Leider nur wenige Sitzgelegenheiten in der Gasse. Ul. Kneteva Kačića 4, ✆ 021/861-328.

Konoba Milo, folgt südl. von Marin, hier kann man auch im Freien sitzen; beides gute Lokale, die die oben genannten Spezialitäten bieten, zudem Peka-Gerichte, Fisch-Brodetto oder die Papaline (kleine frittierte Fische). Ganzjährig geöffnet. Ul. Knezova Kačića 16, ✆ 021/861-328.

Konoba Joskan, liegt zwischen Marin und Milo. Man isst fangfrische Fische, auch das Fleisch für Grillgerichte kommt aus der Umgebung. Preiswerter Mittagstisch. Ganzjährig geöffnet. Ul. Knezova Kačića 11, ✆ 091/5961-009 (mobil).

》》》 Mein Tipp: Konoba Puljiž, am kleinen Hauptplatz. Hier gibt es u. a. ab 2 Pers. Peka (mit Huhn, Lamm, Kalb; ca. 2 Std. vorher anrufen), Poseidon-Platte mit Meeresfrüchten und Platte Diokletian mit verschiedenen Fleischgerichten; süffiger Weißwein Kujundžuša aus Imotski oder roter Omiška Ruža barrique. Mitte April–Mitte Okt. ab 11 Uhr. Ul. Knezova Kačića 21, ✆ 021/861-462. 《《《

Restaurant-Pizzeria Pod odrnom, das Lokal in der kleinen Seitengasse östlich der Hauptdurchgangsstraße bietet fangfrischen Fisch, auch Thunfisch, gegrillten Oktopus, leckere Steaks und Saisongemüse – zubereitet im Holzofen, natürlich auch die leckeren Pizzen. Zum Naschen warten u. a. Schokotorte oder Panna cotta. Ul. Ivana Katušića 1, ✆095/903-3740.

Sport/Wassersport

Baden An der **Punta**, dem 800 m langen Stadtstrand auf der Halbinsel mit Feinkies und hellem Sand; hier gibt es auch einen Behindertenlift fürs Wasser. Kieselstrände in **Duće** (6 km nördl.) und gen Süden an der **Omiš Riviera**, u. a. in Stanići (6 km südl.) und Ruskamen (8 km südl.).

Rafting Raftingtouren auf der Cetina sind sicherlich das Highlight der regionalen Freizeitangebote. Sie können bei allen Agenturen gebucht werden. Es gibt verschiedene Streckenvarianten – hier die längste: mit dem Auto bis Radmanov mlinice, ab dort mit dem Bus der Agentur bis Slime (8 km).

Diese Raftingtour dauert ca. 3–4 Std. und kostet ab 22 €.

Windsurfen am Strand von Ruskamen, 9 km südl. von Omiš.

Tauchen Wenige Kilometer südl. von Omiš liegt ein gesunkenes, inzwischen von Pflanzen und Muscheln überwuchertes Zementschiff, das Fischen Unterschlupf bietet.

Calypso Scuba Diving, Vangrad b. b., ✆ 021/757-526, 098/526-204 (mobil), www.calypsodiving.hr. Wracktauchen zu Riffen etc.; Tauchschule nach SSI. Basis am Hafen. Ganzjährig geöffnet.

Küste von Split nach Omiš

Diving Center Ruskamen, im Hotel Sagitta. Tauchschule nach SSI. ✆ 091/518-5400 (mobil), www.sagitta.hr. Nur Juli/Aug.

Freeclimbing ≫ **Mein Tipp:** Direkt oberhalb der Altstadt ist ein Klettersteig; stadtnah gibt es die Babnjača-Felsen – stadtauswärts Richtung Radmanov mlinice, vor dem Tunnel beim großen Parkplatz. Ein weiterer Klettersteig beginnt gegenüber der Altstadt an den Priko-Bergen. Auskünfte und Betreuung über die Agenturen. ≪

Sportgeräteverleih Boote/Fahrräder bei **Agentur Slap** (s. o.).

Wandern/Mountainbike Wanderfreunde finden in der Umgebung von Omiš viele schöne Wege, oftmals mit wunderschöner Aussicht:

Wanderung nach **Baučići** und in die Berge (auch mit Mountainbike/Auto möglich).

Von Omiš Fußweg über Naklice nach **Tugare**. Wegzeit ca. 0:40 Std.

Nach Gata mit dem Auto, ab da in ca. 1:30 Std. zum **Berg Sv. Jure** mit herrlicher Aussicht.

Schöne **Tageswanderung**: Mit dem Bus bis Lokva, von dort in ca. 2 Std. hinauf in die Berge zur Kapelle Sv. Vid mit fantastischer Aussicht auf die Inseln Brač und Split. Von dort über Sviniśće hinab ins Cetina-Tal und nach Radmanove mlinice in weiteren 2 Std. Wegzeit. Dort erwartet den Wanderer der schattige Biergarten Radmanove mlinice. Der Bus fährt, von Kučiće kommend, stündlich zurück nach Omiš.

Zipline Zipline Omiš, abenteuerlich geht es auf 8 Kabelstrecken, insg. auf 2100 m im Zickzack über den Canyon der Cetina; ca. 3 Std. inkl. der 3 km entfernten Anfahrt dauert dieser organisierte Adrenalin-Kick. Mai–Okt., 400 KN, ab 8 Jahre möglich. Es sollte vorab über die Agentur Zipline reserviert werden. Poljički trg, ✆ 095/8222-221 (mobil), www.zipline-croatia.com.

Sehenswertes

Oberhalb des alten Stadtkerns, kühn auf den Fels des steilen Babnjača erbaut, stehen die Ruinen und der Turm der einstigen Stadtfestung **Peovića** (auch Mirabella genannt). Die im 13. Jh. errichtete Festung zählt zu den ältesten Dalmatiens. Über schmale, steil ansteigende Stufen gelangt man in wenigen Minuten hinauf (von der Sv.-Mihovil-Kirche die Gasse aufwärts nehmen) – ein wunderbarer Blick auf die Altstadt und das Meer belohnt.
Mai–Sept./Okt., tägl. 8-22 Uhr; danach auf Anfrage: ✆ 021/757-365. Eintritt 15 KN.

Blick auf die „Heldin von Poljica" und die Cetina-Mündung

Die Pfarrkirche **Sv. Mihovil** von 1629 zeigt ein schön verziertes Außenportal, den Innenraum schmücken Gemälde von *Jakopo Palma d. J.* (1544–1628). Neben der Kirche führen Stufen hoch zur Festung Peovića.

Etwas südlich der Pfarrkirche steht das im 16. Jh. erbaute **Haus des glücklichen Menschen** (Kuća sretnog čovjeka), ein Denkmal für das humanistische Bewusstsein der Stadtbevölkerung, ganz in der Nähe die Kirchen **Sv. Rok** (17. Jh.) und **Sv. Duh** (16. Jh.) sowie der städtische Uhrturm.

Das **Stadtmuseum** (Gradskji Musej) zeigt das Statut der Republik Poljica, Skulpturen, Reliefs und Bilder – u. a. den „Kopf der Flora", angeblich die Geliebte von Dionysos (1. Jh.), sowie das Familienwappen der Familie Radmanove, geschaffen von *Juraj Dalmatinac*.
Juni–Sept. tägl. 8–22 Uhr, danach auf Anfrage über TIC. Poljički trg (Altstadt). Eintritt gratis.

Das **Franziskanerkloster** aus dem Jahr 1716 liegt stadtauswärts, Richtung Makarska. Angeschlossen ist ein kleines *Museum* mit Pinakothek (Mai–Okt. tägl. 8–20 Uhr).

Gegenüber der Altstadt, im Stadtteil Priko, steht oberhalb auf der Westseite der Cetina das Kirchlein **Sv. Petar** aus dem 11. Jh. Es ist ein unscheinbares einschiffiges Kirchlein mit Apsis und Kuppel – und das bedeutendste Bauwerk der Stadt sowie die älteste Kirche Mitteldalmatiens.

In *Baučići,* dem alten Teil von Omiš auf der Hochebene, steht die **Festung Fortica**. Sie wurde im 16./17. Jh. von den Venezianern zur Abwehr gegen die Türken erbaut, die in diesem Gebiet allerdings nie Fuß fassen konnten. Von der Festung hat man einen fantastischen Blick über die Stadt, die vorgelagerten Inseln und das Hinterland. Baučići ist am Südende der Stadt über die bergan führende Straße Put Borka erreichbar.

Omiš/Umgebung

Ob zum Spazierengehen oder für Rafting- oder Kajaktouren – beeindruckend ist eine Fahrt ins **Cetina-Tal** allemal (→ Omiš/Essen/Übernachten und S. 144).

In Richtung Gata (von Omiš 6 km) schlängelt sich die schmale Straße vom Cetina-Tal in die Berge, es bieten sich schöne Blicke auf die Stadt, das Kraftwerk und das Tal. Ca. 2 km vor Gata steht kurz vor dem Tunnel auf einem Fels die Statue Mili Gojsalića, geschaffen von *Ivan Meštrović* zur Erinnerung an die Heldin von Poljica, die 1570 während des Kampfes mit den Türken genau an dieser Stelle ein Magazin der Türken mit Schießpulver in die Luft jagte und dabei selbst zu Tode kam.

> **Wanderung 4: Von Omiš zur Burgruine Fortica** → S. 474
> An Salbei und Glockenblumen vorbei zur mittelalterlichen Burg

Gata, ein kleiner Ort ca. 7 km oberhalb von Omiš bietet das *Poljica Museum* mit interessanter ethnografischer Abteilung. Die Republik Poljica galt im 15. Jh. als bedeutendes Gemeinwesen mit für diese Zeit geradezu revolutionären demokratischen Strukturen (→ Kasten „Demokratie im Mittelalter", S. 254).
Juni–Sept. tägl. 8–12/17–21 Uhr. ✆ 021/868-210.

Wanderfreunde können von Gata über den Ort Dubrava in ca. 4 Std. zum 1318 m hohen *Sv. Jure*, dem Gipfel des Mosor-Gebirges, gelangen.

Omiš liegt an der 35 km langen **Omiš Riviera**, die vor Omiš bei *Dugi Rat* (→ S. 256) beginnt und im Süden bei *Pisak* (s. u.) und der danach folgenden *Vrulja-Bucht* endet. Im Hintergrund ragt der Rogoznica-Bergzug bis zu 800 m in die Höhe, wo die Reben für den Rotwein *Omiška Ruža barrique* (eine Mischung aus Plavac mali, Okatac und Ninčuša) gedeihen. Übernachtungs- und Essensmöglichkeiten gibt es in einigen kleinen Ortschaften.

Ein gemütliches Dorf ist **Stanići**, zum Baden lockt ein schöner Strand. Auch um das kleine **Medići** gibt es viele Strände. Weiter südlich liegt das malerische **Mimice** mit bunten Kähnen in der Hafenbucht, schönem Kiesstrand und kleinen Buchten in der Nähe.

Zum Dorf **Pisak** zweigt von der Jadranska-Magistrale ein schmales Sträßchen ab, das sich tief zum Meer hinabwindet. Pisak ist ein ausgesprochen hübscher Ort, seine teils weiß gekalkten Häuser sind steil an den Hang gebaut. Von hier bietet sich ein herrlicher Blick auf die Makarska Riviera, die Inseln Brač, Hvar und Pelješac in der Ferne.

An der **Vrulja-Bucht** kann man an Süßwasserquellen baden. Richtung Imotski und Sinj führt oberhalb der Vrulja-Bucht von der Jadranska-Magistrale eine gut ausgebaute Straße ins Hinterland (→ Imotski, → Sinj). Die Straße windet sich über den *Bergsattel Dubac* am Dorf **Gornja Brela** vorbei. Dann geht es zu den Orten **Zadvarje** und **Šestranovac** hinab. Nach ca. 20 km ist der Ort **Cista Provo** erreicht.

Information/Ausflüge Agentur Adriatoptours, in Stanići, ℅ 021/879-163; nur Juni–Sept. **Agentur Ata**, in Marušići, ℅ 021/468-486; Juni–Sept.

Übernachten an der Omiš Riviera Ein gutes Angebot an schönen **Zimmern** (10–15 €/Pers.) und **Appartements** (ab 30 €/2 Pers.). Infos über die Agenturen in Omiš oder den Gemeinden: Nemira (℅ 021/861-350), Stanići (℅ 021/879-047), Čelina (℅ 021/879-047), Lokva Rogoznica (℅ 021/861-350), Mimice (℅ 021/867-073), Marušići (℅ 021/867-073) und Pisak (℅ 021/878-339).

*** Holiday Village Sagitta – all incl., 7 km südl. von Omiš, im Pinienwald in schöner Alleinlage direkt am Meer und Kiesstrand. Einfache Unterkünfte im Hotel, in Bungalows (bis 4 Pers.) oder Appartements. Verleih von Wassersportgeräten, Tauchclub – hier zählen Lage und Wassersportangebot. All incl. im DZ ab 74 €/Pers. (TS ab 81 €); preiswerter sind die Appartements. ℅ 021/755-222, www.sagitta.hr.

》》》 Mein Tipp: **** Hotel Pleter, in Mimice, schön am Meer und Strand gelegen. Es gibt 33 gut ausgestattete Zimmer, Restaurant und Bar. DZ/F 116 € (TS 126 €), mit Balkon und Meerblick 140 € (TS 160 €). Ganzjährig geöffnet. Prilaz moru 68, ℅ 021/867-099, www.hotelpleter.com. **《《《**

Camping Um Lokva Rogoznica, 8 km südl. von Omiš, gibt es die zwei kleinen **Privatcamps Artina** (Fam. Ante Knezović, in Ivašnjak, ℅ 021/870-101) und **Linda** (Fam. Tonći Stanić, in Ruskamen, ℅ 021/871-444).

** Camping Sirena, am Planji Rat. Terrassiertes Gelände auf 17.000 m². Surfbrettverleih und Surfschule. Geöffnet Mitte April–Okt. ℅ 021/870-266, www.autocamp-sirena.com.

Essen/Übernachten im Cetina-Tal Restaurant **Kaštil Slanica**, vorzügliches Lokal, 4 km flussaufwärts der Cetina, direkt am Fluss. Der turmartige Bau mit schönem großen Wintergarten war vor 400 Jahren Umschlagplatz für Salz. Spezialität des Kaštil Slanica sind Fänge aus der Cetina: Forellen, blau oder gegrillt, Froschschenkel, Krebse, Aale und natürlich Meeresfische und Fleischgerichte und hausgebackenes Brot. Ganzjährig 10–22/23 Uhr. ℅ 021/861-783, www.radmanove-mlinice.hr.

》》》 Mein Tipp: Restaurant-Pension Radmanove mlinice, beliebtes Ausflugslokal ca. 6 km flussaufwärts an der Cetina (gleiche Ltg. wie Kaštil Slanica); mit Forellenbassins und großem Biergarten unter mächtigen, schattigen Bäumen. Zu sehen sind noch vier der alten Getreidemühlen. Die Speisekarte bietet Süßwasser- und Meeresfische, Frösche, Krebse; der große

Ofen wird für Gerichte aus der Peka geschürt – Lamm, Huhn, Kalb und knuspri-
ges, fast wagenradförmiges Brot. Zudem
großer Kinderspielplatz, Bocciabahn und
Kanuvermietung und wer mag, erfrischt
sich in der Cetina; Abholung hier für Raf-
ting-, Berg- und Mountainbiketouren. Bester
Platz also auch für Outdoorfreaks zum
Übernachten – es gibt 4 gemütliche Zimmer,
ca. DZ/F 70 €. Mai bis ca. 3. Okt.-Woche 10–
17 Uhr (Juni–Sept bis 22 Uhr). ✆ 021/862-073,
www.radmanove-mlinice.hr. «

Konoba Kunjak, gutes Lokal ca. 12 km
flussaufwärts in Kućiće. Forellen, Krebse,
Froschschenkel sind die Spezialitäten; auch
Übernachtungsmöglichkeit. ✆ 021/860-108.

Konoba Kremenko, empfehlenswertes Lokal, ebenfalls bei Kućiće – auch hier Spezialitäten aus der Cetina. Juni–Sept. tägl. 17–
24 Uhr, sonst nur Fr–So.

Essen/Übernachten in Gata   Ca. 6 km
nördl. in den Bergen speist man in der örtlichen *** **Konoba-Pension Seljačka Kuća**
vorzüglich Lamm. 17–24 Uhr. Appartements
werden vermietet. ✆ 021/860-587.

Essen & Trinken in Lokva Rogoznica
Ca. 7 km südl. von Omiš gibt es einige gute
Lokale: an der Hauptstraße mit Blick aufs
Meer **Restaurant Ljetni San** („Sommer-
traum"), Spezialitäten u. a. Scampi buzzara,
Peka-Gerichte (Kalb und Lamm), Carpaccio
vom Seeteufel; ✆ 021/871-477. Empfehlens-
wert auch **Kod Mije**, Spezialität sind u. a.
Calamares aus der Peka; ✆ 021/870-193.

Essen & Trinken in Pisak   Ca. 20 km
südl., kurz vor Ende der Omiš Riviera, liegt
tief unten an der Steilküste eine gute **Konoba**, die hervorragende Meeresgerichte
serviert.

Die Cetina lockt auch mit beschaulichen Flussfahrten

Der Beginn der Makarska Riviera, die Vrulja-Bucht mit Süßwasserquellen

Makarska Riviera

Der 60 km lange Küstenabschnitt zwischen **Brela** im Norden und **Gradac** im Süden zählt zu den malerischsten und schönsten von Kroatien. Wie an einer Perlenkette reihen sich goldgelbe Feinkiesstrände mit kristallklarem, türkis- und smaragdfarben schimmerndem Wasser an der Küste entlang, gesäumt von sattgrünen, harzduftenden Aleppokiefernwäldern – besonders in der Vor- und Nachsaison ein Genuss, denn dann hat man viele Buchten fast für sich alleine. Das bis über 1700 m aufragende **Biokovo-Gebirge** im Hintergrund und der 700 m hohe **Rilić-Bergzug** im Süden schützen den Küstenabschnitt vor kalten Winden. Touristischer Mittelpunkt der Makarska Riviera ist die Stadt **Makarska**, weitere beliebte und gern von Pauschalreisenden besuchte Ferienorte sind **Baška Voda**, **Brela**, **Tučepi** und **Podgora**. Daneben gibt es noch viele weitere nette Küstenorte, die alle insbesondere außerhalb der Hauptsaison geruhsame Ferien versprechen. Es gibt Hotels und Pensionen in allen Preisklassen, etliche Campingplätze finden sich vor allem in Baška Voda, Živogošće und Zaostrog, kleinere in Makarska und Gradac. Oberhalb der Touristen- und Badeorte locken inmitten von Olivengärten und Weinbergen die alten, teils verwaisten Gebirgsdörfer zu Wander-, Mountainbike- und Entdeckungstouren.

Ein 4,2 km langer Straßentunnel führt nun bei Bast (bei Baška Voda) durch den Berg Sv. Ilija (Tunnel Sv. Ilja) zur Autobahn A 1 bei Zagvozd und verkürzt damit die Anfahrt zur Küste und auch ins Hinterland (Eröffnung war 2013).

Naturpark Biokovo

Der 195,50 km² große Naturpark (Park Prirode) Biokovo wurde 1981 gegründet und ist ein ca. 30 km langes, bis auf knapp 1800 m ansteigendes Küstengebirge und im Durchschnitt 7 km breit. Er beginnt bei Brela und endet in Podgora. Nicht nur die Pflanzen sollen damit geschützt werden, sondern auch die rund 40 Höhlen (sie zählen zu den längsten Kroatiens) und tiefen Karstspalten, die teilweise das ganze Jahr mit Eis bedeckt sind.

Die Pflanzen- und Tierwelt des Biokovo-Gebirges sind vielfältig: Ca. 1500 verschiedene Pflanzenarten gedeihen hier, darunter rund 230 Heil- und 30 endemische Pflanzen (Blumenpflücken ist natürlich verboten!). Es wachsen Buchen, Steineichen, Schwarzkiefern, weiter unten Aleppokiefern. Zu verzeichnen sind 7 geschützte Amphibien-, 21 Reptilien- und 13 seltene und bedrohte Fledermausarten, zudem flattern 100 verschiedenartige Vögel. Von 199 unterirdisch lebenden Tieren sind 60 endemisch. Daneben leben rund 12.000 Gämsen, fast 300 Mufflons und jede Menge Wildschweine, Füchse, Hasen und Hermeline im Biokovo, das, wie illyrische Gräber und Wallburgen bezeugen, schon seit Jahrtausenden von Menschen bewohnt ist. Die meisten Weiler hoch oben sind verwaist, die Ruinen pflanzenüberwuchert und nur noch wenige der kleinen, von Steinmäuerchen geschützten Felder werden bewirtschaftet, meist mit Kartoffelanbau.

Mit 1762 m bietet der **Sv. Jure**, der höchste Berg des Biokovo, eine herrliche Fernsicht. Den Namen erhielt der Berg von der gleichnamigen Kapelle, die bis 1964 auf dem Gipfel stand, wegen eines Funkturms ihren Platz aber ein Stückchen weiter unten einnehmen musste. Die kürzesten Wanderwege führen von *Makar* und *Veliko Brdo* (oberhalb von Makarska) in 5 Std. zum Gipfel. Jedes Jahr am 3. August führt eine Wallfahrt hier hinauf.

Die **Biokovo-Wanderstraße** (Biokovska Planinarska Staza = BPS), die auf ca. 50 km Länge über die Biokovo-Berge und im weiteren Verlauf bis hin zum Rilić-Bergzug (bei Gradac) führt, kann man in drei Tagen laufen. Wanderer genießen von hier oben einen grandiosen Blick über das Meer und die Inselwelt. Leider gibt es nur einfache Übernachtungshütten, u. a. Sv.-Jure-Haus, Lokva-Haus, das neu renovierte Vošac-Haus und das Ladena-Haus – Anmeldung ist erforderlich! Man kann aber auch von jedem Ort an der Makarska Riviera zur Biokovo-Wanderstraße hinauf laufen und somit ein Stück des Weges abkürzen oder lediglich eine Tagestour unternehmen. Teilabschnitte sind auch mit dem Mountainbike befahrbar.

Einen guten Ein- und Überblick gewähren die *Präsentationszentren Biokovo* in Gornja Brela und Podgora. Informativ und schön ist sicherlich der **Lehrpfad** von Gornja Brela zur Kapelle Sv. Nikola.

Der Gipfel des Sv. Jure lässt sich über die **Biokovo-Panorama-Straße** auch mit dem Auto erklimmen. Die höchstgelegene Straße Kroatiens verbindet den Staza-Pass mit dem Sv. Jure; sie ist 12 km lang, schmal, kurvenreich (!). **Naturpark-Gebühr** 40 KN/Pers.

Naturpark Biokovo (Park Prirode Biokovo), Mala obala – Marineta 16, 21300 Makarska, ☎ 021/616-924, www.biokovo.com.

Präsentations- u. Infozentren Biokovo: Gornja Brela-Sabotišće, Cesta Domovinskog rata b. b., ☎ 021/729-136 und Podgora-Selo b. b., ☎ 021/625-136 (hier nur Ranger-Service).

Auskünfte erteilen auch die örtlichen Touristeninformationen. Für Bergtouren sind eingehende Informationen, Kartenmaterial (bei TIC und Info-Center), gute Ausrüstung sowie Verpflegung und reichlich Wasservorräte unerlässlich!

Bergrettung Stanica Makarska, Makarska, A. G. Matoša 1, ☎ 021/690-017, 091/7210-011, 091/2123-013 (mobil), www.hgss-makarska.hr. Zudem Notruf: ☎ 112.

Brač

BPS (Biokovo-Wanderstraße)

Brela

Seit 1913 ist Brela ein beliebter Badeort an der Makarska Riviera. Die Siedlungen des 1500-Einwohner-Dorfes ziehen sich kilometerweit an den Abhängen des Biokovo entlang. Kilometerweit erstreckt sich auch die Brela Riviera mit vielen schönen, von dichtem Kieferngürtel gesäumten Kiesstränden am Meer, die durch einen Uferweg miteinander verbunden sind.

Donja Brela, das „untere Brela", heute der Einfachheit halber nur noch Brela genannt, entstand im Unterschied zum ca. 7 km entfernten „oberen" Gornja Brela (Straße Richtung A 1) erst in jüngerer Vergangenheit. Der touristischste Teil befindet sich am Meer in Brelas Ortsteil **Soline**. Von der Jadranska-Magistrale schlängelt sich die Straße, der Put Soline, gesäumt von Neubauten mit Zimmervermietung, durch Kiefernwälder hinab zum kleinen Hafen, Shoppingcenter und einer gepflegten Uferpromenade, die zum schönen **Punta-Rat-Strand** führt (hier auch Verleih von Wassersportgeräten) – optimal für Familien mit Kleinkindern, die den Kinderwagen im Schatten der ausladenden stattlichen Kiefern schieben können. Der Punta-Rat-Strand wurde wegen seiner hervorragenden Wasserqualität mit der „Blauen Flagge" ausgezeichnet. Im Kiefernwald versteckt liegen einige gute Hotels für Pauschalurlauber. Baden kann man entlang der gesamten Küste – in wenigen Minuten ist man schon im nächsten Badeort, *Baška Voda,* der ebenfalls hauptsächlich von Pauschalreisenden besucht wird und den man über den Uferweg (für Autos gesperrt) erreicht.

Geschichte: Der Ortsname Brela leitet sich von den hier häufig vorkommenden Quellen ab (*vrela* = Quelle). Wallburgen in der Umgebung bezeugen eine vorgeschichtliche Besiedlung. 950 wird Gornja Brela erstmals unter dem griechischen Namen *Beroylica* erwähnt, als eine der vier befestigten Städte des mittelalterlichen Neretvaner Fürstentums Paganien. Ansonsten hatte der Ort die gleichen Sonder-

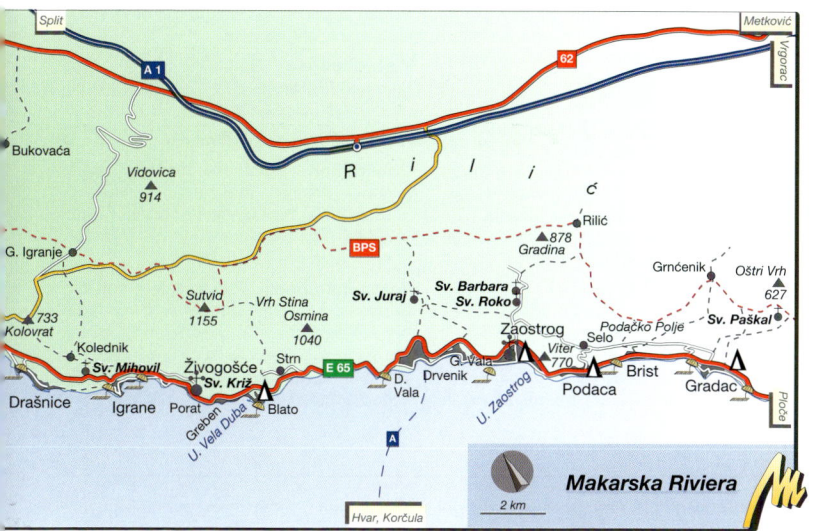

rechte wie Omiš und auch eine ähnliche Geschichte. Die Franzosen bauten hier sehr viele Straßen, einige sind noch gut erhalten (→ Wandern).

Sehenswertes: Von der Jadranska-Magistrale gelangt man oberhalb der Vrulja-Bucht über eine gut ausgebaute Straße und den Bergsattel Dubac zum alten Ortsteil Brelas, nach **Gornja Brela**. Diese Straße führt weiter ins Hinterland (Richung Imotski, A 1). Gornja Brela liegt dem Meer abgewandt auf 400 m, bietet einen schönen Ausblick auf den Gebirgszug Mosor und ist guter Ausgangspunkt für Wanderungen; sehr schön ist z. B. der *Lehrpfad*, eine 1-stündige Tour hoch zur Kapelle *Sv. Nikola* aus dem 14. Jh. (→ Kleiner Wanderführer/Wanderungen 5 und 6, ab S. 476). Ca. 1 km südlich der Kapelle stehen an der Felswand die Ruinen der *Festung Herzegova utvrda* mit einem in den Fels gemeißelten Text in Bosanzkischrift.

An der Hauptstraße und am Wanderbeginn liegt auch das **Präsentationszentrum Biokovo** (s. u.), das Flora und Fauna anschaulich dokumentiert, u. a. auch Dinosaurier-Knochen, die beim Straßenbau zutage kamen. Die Knochen des Höhlenbärs wurden in den Bergen um Gornje Selo gefunden.

Im Ortsteil **Brela-Zelići** steht die Kirche **Sv. Stipana** aus dem Jahr 1887. Sehenswert ist der unterhalb der Kirche liegende **Archäologische Park** mit 24 Grabstätten, darunter auch Bogomilengrabsteine mit schönen Reliefdarstellungen (→ Kasten „Bogomilismus", S. 138). Im Zentrum des Ortsteils Soline steht das 1730 erbaute Kirchlein **Gospa od Karmena**. Unweit der Kirche sind Reste einer antiken Begräbnisstätte mit verzierten Grabplatten erhalten.

Basis-Infos

Information Tourismusverband (TZO), Trg Alojza Stepinaca b. b. (am Hafen von Soline), 21322 Brela, ☎ 021/618-455, www. brela.hr. Juni–Sept. tägl. 8–20/21, sonst Mo–Fr 8–15 Uhr. Gute Infos, Wanderkarten (Biokovo und Brela) und Website für Übernachtungen.

Makarska Riviera

Präsentations- u. Infocenter Biokovo: Gornja Brela-Subotišće, Cesta Domovinskog rata b. b., ℆ 021/729-136. Geöffnet Juli/Aug. tägl. außer Fr 8–15 Uhr (Sa nur bis 14 Uhr), danach nach Absprache mit TIC. Infos, Kartenmaterial, Ausstellung.

Für Ausflüge, Zimmerbuchung etc. auch folgende Agenturen: **Mariva Turist**, Trg Alojza Stepinaca 2, ℆ 021/618-122, www.mariva turist.hr. **Berulia Travel**, Frankopanska ul. (kurz vor Hotel Berulia), ℆ 021/618-519, www. veruliatravel-brela.hr; hier auch Fahrradverleih.

Agentur Blue Pool, Renato Medić, Breljanska cesta 45 a (Jadranska Magistrale), ℆ 091/3330-039 (mobil), www.biokovo-brela. com. Organisiert bestens ein- und mehrtägige Wandertouren (mit Übernachtung in Hütten) im Biokovo-Gebirge, zudem Klettertouren und Unterkünfte.

Verbindungen Bus: Alle 30 Min. nach Split und Makarska. Bus nach Gornja Brela momentan eingestellt.

Ausflugsboote nach Makarska.

Gesundheit Apotheke, Soline, Frankopanska (Beginn; Kreuzung Hotel/Stadt), ℆ 021/618-603. **Ambulanz** im Hotel Soline, ℆ 021/603-085. **Krankenhaus** in Makarska, Stjepan Ivičevića 2, ℆ 021/612-033.

Veranstaltungen Patronatsfest von Sv. Stjpana am 3. Aug. **Patronatsfest von Gospe od Karmela** am 16. Juli. Beide Feste mit Prozessionen, Folklore- und Blasmusik. Im Sommer finden am Hafen von Soline **Fischernächte** statt.

Übernachten

Übernachten Das Angebot an Privatzimmern (30–50 € je nach Lage) und **Appartements** (ab 50–70 €/2 Pers.) ist groß. Die beste Infrastruktur besteht in Soline. Ruhig und nett wohnt man u. a. in den Weilern nördlich von Soline in Podrače, Šćit, Zelići und Kristići, allerdings gibt es dort bis auf Jakiruša (s. u.) so gut wie keine Lokale. Leser empfehlen die Appartements der **Fam. Nada & Braco Žamić**, Frankopanska 8, ℆ 021/618-124, nzamic@net.hr.

Villa Marija, hübsch versetzter Bau an der Uferpromenade, nette Zimmer (2+1) mit Balkonen und Terassen, auch Frühstück. Obala kneza Domagoja 56, ℆ 021/619-059.

Villa Joška, hübsches, kleines Häuschen mit Garten an der Uferpromenade, kurz vor Punta Rata. Einfache, nette Zimmer mit Balkon. Obala 70, ℆ 021/618-919, www.villa-joska.com.

*** **Villa Petra**, im Westen von Brela, an der Bucht Jakiruša. 12 Zimmer und 2 Appartements mit schönem Blick auf die Bucht, auch HP wird auf Wunsch geboten. Fam. Ursić, Put Luke 8, ℆ 021/618-521, www.villa-petra.hr.

**** **Villa Paulina**, modern ausgestatteter und komfortabler Neubau auf terrassiertem Gelände, wenige Minuten südlich vom Zentrum; Pool, kleiner Fitnessraum, Garten mit Grillplatz und WiFi. Ivana Gundulića 48 b, ℆ 021/619-940, info@villakrug.com.

**** **Aparthotel Sunčeva Postelja**, das „Sonnenbett" bietet 11 komfortabel ausge-

stattete und verschieden große Appartements direkt am Meer, Sauna, Fitnessstudio und Restaurant. Ein Platz zum Wohlfühlen. Studios mit Balkon ab 130 €. Brela-Podrače Nr. 19, ℆ 021/604-320, www.hotel solinebrela.com.

≫ **Mein Tipp**: *** Bluesun Hotel Soline, ansprechendes und gut geführtes 206-Zimmer-Hotel (entspricht eigentlich ****), versetzt an den Hang gebaut, mitten im Kiefernwald oberhalb der Uferpromenade. Komfortable, gemütliche Zimmer meist mit Balkon und Meerblick. Tennisplätze, 25-Meter-Hallenbad, Pools, Fitnesscenter und großer, sehr schöner Spa-Bereich. DZ/F je nach Lage ab 180 € (TS 200 €). Trg. Gospe od Karmela, ℆ 021/603-207, www.bluesun hotels.com. ≪

*** **Bluesun Hotel Marina**, 281-Zimmer-Hotel im Kiefernwald oberhalb der Uferpromenade. Gut ausgestattete Zimmer, meist mit Balkon und Meerblick; Fitnesscenter. Pool vom Hotel Maestral kann benutzt werden. DZ/F mit Meerblick ab 120 € (TS 150 €). Filipinska b. b., ℆ 021/608-608, www.hotel marinaadria.com.

**** **Bluesun Hotel Berulia**, südliche Ortsendlage, 153 Zimmer meist mit Balkon und Meerblick. Das große Hotel bietet abendliches Animationsprogramm, für die Kleinen tagsüber den Miniclub, zudem Innen- und Außenpool, Fitness- und Wellnesscenter etc. DZ/F ca. 180 € je nach Lage. ℆ 021/603-599, www.brelahotelberulia.com.

Essen & Trinken

Konoba Feral, am Uferweg im Zentrum und sehr beliebt; bietet gute Fischgerichte, u. a. Fischcarpaccio und Fischbrodet mit Polenta. Ganzjährig. Obala kneza Domagoja 30, ☎ 021/618-909.

Restaurant Palma, nett zum Sitzen, sehr bemühter Service und gute Hausmannskost. Auch Appartementvermietung. Obala kneza Domagoja 34, ☎ 021/618-998.

Restaurant Volat, oberhalb vom Meer; sehr bemühte Wirtsleute, sehr gute Küche, üppige Portionen. Aufs Haus geht zumindest ein Schnaps. Frankopanska 35, ☎ 021/618-998.

Strandrestaurant Punta Rata, an der gleichnamigen Landzunge am Uferweg. Hier sitzt man lauschig auf der pflanzenumwucherten Terrasse, Spezialitäten sind Fischgerichte, u. a. Wolfsbarsch in Orangensauce oder Seebarschbarke. April–Okt. Obala kneza Domagoja b. b., ☎ 021/618-646.

Café- & Cocktailbar Guliver, am Südende, direkt am Strand unter Palmen und mit Holzliegestühlen; gute Getränkeauswahl, nette Stimmung. Obala Kneza Domagoja 2.

Außerhalb   Konoba Šampion, großes Gebäude mit Meerblick und Terrasse direkt an der Magistrale. Gute und vielfältige dalmatinische Gerichte. Regelmäßig Fischerabende mit Musik. Ganzjährig. Breljanska cesta (nahe Zufahrt nach Šošići), ☎ 021/618-717.

》》 Mein Tipp: Konoba Ivandića Dvori, schön restauriertes Natursteingehöft von ca. 1880 – eine ehemalige französische Kaserne – unterhalb der Magistrale mit Blick von der Terrasse aufs Meer. Leckere Fisch- und Fleischgerichte, u. a. Sardellen, Fuži mit Langusten und Muscheln, Scampi buzzara, Seeteufel mit Polenta, auch Pašticada oder Lammteller, dazu süffige Weine. Mitte April–Mitte Okt. ab 17 Uhr. Im nördlichen Ortsteil Kričak (Abfahrt vor Put Soline, nach wenigen Metern am Hang), Bani 1, ☎ 021/618-407. 《《

In Ribičići   Schöner alter Weiler (Straße Richtung Gornje Kričak) an den Abhängen des Biokovo mit zwei empfehlenswerten Konobas in alten Gemäuern und mit von Feigen und Oliven überschatteten Terrassen: **Konoba Galinac** (auch Kod Stipe), ganzjährig ab 18 Uhr geöffnet; ☎ 021/618-251. **Konoba Katara**, Mitte Mai–Sept. ab 18 Uhr; ☎ 021/618-454. Fischgerichte, Gerichte aus der Peka und süffige Weine.

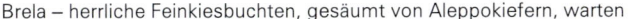

Brela – herrliche Feinkiesbuchten, gesäumt von Aleppokiefern, warten

Makarska Riviera

In Jakiruša (= Luka) Konoba-Pension **Burin**, nun führt der Sohn Nikola das Lokal der Fam. Ursić. Auf der etwas erhöht vom Meer und versteckt liegenden Terrasse kann man sich die sehr gut zubereiteten Fisch- und Fleischgerichte schmecken lassen. Wer mag, kann hier auch nächtigen. Mai–Anf. Okt. ☎ 021/618-521.

In Gornja Brela Konoba-Pension Roko, an der Hauptstraße im Ortsteil Skrubičići (vor Präsentationszentrum) auf 400 m Höhe. Gute einheimische Küche. In der Nähe Zimmervermietung, ca. 20 €. Guter Ausgangspunkt für Wanderungen. Ganzjährig ab 18 Uhr geöffnet. ☎ 021/729-175, 091/172-9175 (mobil).

Sport/Wassersport

Fahrrad/Fitness Fahrradvermietung bei Aquanaut im Hotel Soline und bei Berulia Travel. **Fitnesscenter** im Hotel Soline. **Joggen**: Die Uferwege eignen sich frühmorgens hervorragend.

Klettern Kletterwand Brela, nördl. von Gornji Kričak.

Wandern Von Brela kann man über die Weiler Kričak und Ribičići (gute Konobas, schöne traditionelle Bauten) in 1 Std. zum Kirchlein **Sv. Juraj** laufen und den weiten Blick genießen.

In weiteren 2 Std. erreicht man auf dem weiter bergauf führenden Wanderweg das Kirchlein **Sv. Nikola** mit schönem Fernblick. Diese älteste Kirche von Brela wurde im 14./15. Jh. erbaut, nebenan der alte Friedhof mit mittelalterlichen Grabplatten.

Wer auf längere Wanderungen Lust hat, kann auf der **Biokovo-Wanderstraße** (→ Kasten „Biokovo-Gebirge", S. 267) die Bergwelt tagelang erkunden.

Bergsteigerklub Pozjata, Sv. Jurja 1, ☎ 021/618-337.

Jachthafen Marina Brela Soline, an der Uferpromenade. Über 60 Liegeplätze und 15 Stellplätze. Geöffnet Mai–Okt. ☎ 021/618-556.

Hafenkapitän, ☎ 098/806-527 (mobil).

Wellness Spa-Center im Hotel Soline. Modernst gestaltet, Innen- und Außenpool mit Blick aufs Meer; verschiedenste Massageanwendungen und Saunen, Beautybehandlungen und Fitnessgeräte. Geöffnet tägl. 8–21 Uhr. ☎ 021/603-030.

🚶 **Wanderung 5: Naturpark Biokovo -
von Brela zur Kapelle Sv. Nikola**   → S. 476
Mittelschwere bis schwere Tagestour ins aussichtsreiche Küstengebirge

🚶 **Wanderung 6: Naturpark Biokovo –
von Gornja Brela zur Kapelle Sv. Nikola**   → S. 480
Leichte Familienwanderung auf dem malerischen Lehrpfad in die Bergwelt

Baška Voda

Der quirlig-freundliche Badeort mit „Blauen Flaggen" und seinen 1600 Einwohnern zieht sich mit Geschäften, Restaurants und Eisdielen an der Uferpromenade entlang. Wanderer und Mountainbiker finden hier ein vielfältiges und anspruchsvolles Betätigungsfeld.

Baška Voda macht die Orientierung leicht: ein angenehm kleiner Ortskern, der Uferweg führt, mit kurzer Unterbrechung, nach Brela sowie durchgehend weiter über Baska Polje nach Promajna. Am südlichen Ortsende und Stadtstrand wehen die „Blauen Flaggen", zudem erhielt der Ort schon etliche kroatische Auszeichnungen als Touristenort. Auch hier gibt es viele Pauschalurlauber und Familien mit Kindern, die die betonierten Uferwege zum Kinderwagenschieben schätzen. Zwei

kleine Museen laden zur Besichtigung ein. Bootsbesitzer finden im großen Hafenbecken Schutz. Der Küstensaum ist hier breiter – der Blick kann weit hinauf zum
Biokovo-Gebirge schweifen. Dort, auf ca. 400 m Höhe, liegen die alten Ortsteile
Topići mit gerade noch sieben Einwohnern und **Bast**, beide in gut erhaltener traditioneller Architektur und beide mit guten Konobas.

Geschichte: Schon in der Antike war Baška Voda als Ansiedlung bekannt. Im 7. Jh.
wird der Ort *Biston*, oberhalb des heutigen Baška Voda, erwähnt. Seinen Mittelpunkt bildete der Gradina-Hügel nordwestlich der Uferpromenade und des heutigen Hafens. Die Mauerreste der alten Siedlung und Reste der spätbyzantinischen
Festung blieben erhalten – eine der reichsten Fundstätten an der Makarska Riviera.
Doch nur ein kleiner Teil der Münzen, Keramik und Grabbeigaben ist im hiesigen
Museum ausgestellt, das meiste ist im Archäologischen Museum in Split zu besichtigen. Das neue Baška Voda wurde erst 1684, nach Vertreibung der Türken, am
Meer gegründet; seinen Namen erhielt es von den Wasserquellen (voda = Wasser).

Sehenswertes: Die **Archäologische Sammlung** (Arheološka Zbirka) präsentiert
Amphoren, Münzen aus der Antike und andere Funde vom Gradina-Hügel und aus
der Umgebung.
Mitte Juni–Mitte Sept. tägl. 10–12/18–22 Uhr (außerhalb der Saison nur nach telefonischer
Vereinbarung). Eintritt 10 KN, Kinder 5 KN. Blato 4, ℡ 021/620-244.

Das **Muschelmuseum** (Muzej Školjaka) zeigt eine kostbare Meeresfauna-Samm-
lung – die Privatsammlung von Hr. Ante Jurišić. Rund 900 Arten verschiedensten
Meeresgetiers, davon 120 Arten aus der Umgebung von Baška Voda, präsentiert
das Museum. Zudem Muscheln, Fische, Krebse, Langusten, Hummer, verschiedenste Haie, Polypen und Fossilien – insgesamt über 9000 seltene Exemplare aus
aller Welt hat Herr Jurišić zusammengetragen, von denen manche, wie er stolz erzählt, wie kostbare Oldtimer gehandelt werden. Laien wie Fachkundige finden in
Herrn Jurišić einen auskunftsfreudigen Experten. Etliche Muscheln, Korallen und
schöner Schmuck ist auch käuflich zu erwerben.
Juni–Sept. tägl. 10–12/18–22 Uhr (außerhalb der Saison nur nach tel. Vereinbarung). Eintritt
10 KN, Kinder 5 KN. Srida 11, ℡ 021/620-261.

Baška Voda – beliebter Badeort am Fuße des aufragenden Biokovo

Makarska Riviera

Die Kirche **Sv. Lovre** wurde 1750 auf dem Fundament einer antiken Kirche erbaut. Die Pfarrkirche **Sv. Nikola** stammt vom Ende des 19. Jh.

Dem Weiler **Bast** blieb nur sein antiker Name *Biston,* von dem sich der heutige Name ableitet. Nach der Zerstörung Bistons lebten die Kroaten oberhalb des alten Ortes. Ältestes erhaltenes Bauwerk ist die Kirche **Sv. Rok** aus dem 15. Jh., sie steht oberhalb von Bast. Der Spaziergang von der Küste hier hinauf ist lohnenswert – die alten schönen Bauernhöfe mit ihren Schornsteinen und steingedeckten Dächern fügen sich harmonisch in die Natur ein.

Basis-Infos

Information   TZO, Obala sv. Nikole 31 (Zentrum), 21320 Baška Voda, ✆ 021/620-713, www.baskavoda.hr. Juni–Sept. tägl. 8–20 Uhr, sonst Mo–Fr 8–15 Uhr.

Ausflüge, Zimmerbuchung etc. u. a. bei den Agenturen: **Mariva Turist**, Obala sv. Nikole 29 b (im Zentrum), ✆ 021/620-463. **AS Adria Service**, Podluka 19, ✆ 021/620-704, www.as-adria.hr; hier ganzjährig geöffnet. **Duga**, Tri ceste 6, ✆ 021/620-207, www.duga-baskavoda.hr. **Agentur Bonavia**, Obala sv. Nikole 87, ✆ 021/620-400; organisierte Wanderungen.

Verbindungen   Bus: alle 30 Min. nach Split und Makarska (Achtung, es kann sein, dass er nicht anhält, wenn er voll ist, dann heißt es warten!); Bushalt oben an der Magistrale; am Bushalt im Ortszentrum nur 6-mal nach Split! Weiterreise von Makarska oder Split aus.

Auto: Anfahrt über die neue Verbindungsstraße durch den Sv.-Ilija-Tunnel bei Zagvozd, das durch den Biokovo nun schnell zur Autobahn führt.

Taxiboote pendeln im Hochsommer nach Makarska.

Gesundheit   Krankenhaus in Makarska. **Ambulanz** Podspiline (bei der Schule), ✆ 021/620-133; Mai–Okt. Mo–Fr 8–13 Uhr. **Apotheke**, Blato 16, ✆ 021/620-077.

Veranstaltungen   Kirchenfest von Sv. Marija in Bast, 15. Aug.; an diesem Tag zudem ein kleines Konzert in der **Sv. Nikola-Kirche**. Am 14. Aug. wird in Baška Voda das Kirchenfest **Sv. Marija** mit gratis Essen und Trinken eingeleitet.

Stadtfest, 30. Mai, mit großem Feuerwerk zum Abschluss.

1. Mai, auch der „Tag der Arbeit" wird hier mit Gratis-Essen und Trinken und Musik gefeiert.

Übernachten

Großes Angebot an **Zimmern** (30–60 €) und **Appartements** (2 Pers. ab 50 €).

*** **Appartements Palac**, an der Uferstraße. 25 Appartements und Zimmer. Obala sv. Nikole 27, ✆ 098/297-306 (mobil).

**** **Hotel Croatia**, nettes 18-Zimmer-Hotel kurz vor der Uferpromenade. Guter Service. DZ/F 130 € (TS 156 €). Iza Palaca 1, ✆ 021/695-900, www.orvas-hotels.com.

**** **Aparthotel Milenij**, gegenüber vom Strand, hinter dem Hotel Horizont. 22 komfortable Appartements (36 bis 73 m²) mit Balkon und Blick aufs Meer. Restaurant und eigene Konditorei. Die Vorderfront beherrscht der einladende Pool mit Bar, zudem Fitness- und Saunabereich, Internetraum. Preise je nach Größe für 2 Pers. 150–175 € (TS 160–

185 €). Šet. Kralja Petra Krešimira IV. 5, ✆ 021/620-644, www.hotel-milenij.com.

**** **Hotel Villa Bacchus**, sehr komfortables 50-Betten-Hotel kurz vor Hotel Horizont und gegenüber dem Strand. Mit Restaurant, Spa-Bereich. DZ/F 120–160 € (TS 140–180 €). Obala sv. Nikole 89, ✆ 021/695-190, www.hotel-bacchus.hr.

**** **Hotel Horizont**, am südl. Ortsende. Mit 170 Zimmern Baška Vodas größtes Hotel. Hallenbad und Pools im Freien, Fitnesscenter mit Sauna. Komfortable DZ/HP mit Balkon ab 148 € (TS 172 €). ✆ 021/604-999, www.hoteli-baskavoda.hr.

Camping **** Autocamp Baško Polje, ca. 1,5 km südl. von Baška Voda; die Anlage direkt am Meer auf 13 ha unter schattigen

Pinien wurde 2013 modernisiert (u. a. WiFi und neue Sanitäranlagen). Wassersportgeräteverleih, Restaurant; auch Bungalow- und Mobilhausvermietung. Geöffnet Mai–Mitte Okt. Pers. 5,20 €, Zelt 5,30 €, Auto 3,50 €. ℡ 021/612-329, www.club-adriatic.hr.

Essen & Trinken/Nachtleben

Essen & Trinken Es gibt viele Restaurants, Pizzerias und Konobas, die Szene ist aber ständig in Bewegung.

Restaurant King, gutes Lokal mit langer Tradition. Hübsch zum Sitzen, mit überdachter Terrasse – einige Plätze lassen Meer- und Palmenblick zu. Spezialitäten sind Krabben, Hummer auf schwarzer Pasta oder Scampi; Fleischliebhaber genießen das saftige King Steak. Mai–Anfang Okt. Iza Palaca 3, ℡ 021/620-640.

Restaurant Milenij, beim gleichnamigen Hotel mit schöner Terrasse und sehr guten Fischgerichten. Kralja Petra Krešimira IV 3a, ℡ 021/620-644.

Restaurant Matrioška (die Russische Puppe), im modern gehaltenen Lokal gibt es sehr gute saisonale dalmatinische Gerichte; Spezialitäten sind u. a. Drachenkopf mit Bohnen, zur Nachspeise gibt es Semifreddo oder auch Kirschen-Pie. Mai–Okt. Obala sv. Nikole 91, ℡ 021/604-597.

Konoba Toni, südöstlich vom Hafenbecken in einer Seitengasse mit netter Terrasse. Ob Fisch- oder Fleischgerichte, alles ist bestens zubereitet, zudem sehr freundlicher und flinker Service. Oborska 7, ℡ 021/620-051.

Restaurant-Appartments Palac, an der Uferpromenade im Zentrum. Fisch- und Fleischgerichte. Ganzjährig geöffnet. Obala sv. Nikole 27, ℡ 021/620-522.

In Bast »» Mein Tipp: Konoba Biston, bekanntes Lokal nahe der Pfarrkirche, ca. 2 km oberhalb von Baška Voda. Gespeist wird auf schöner überdachter Terrasse unter Eichenbäumen. Spezialitäten des Hauses sind hausgemachter Käse und Schinken, Schlachtschüssel, dazu Brot aus Bast oder schwarzes Risotto, Pašticada mit selbst gemachten Makkaroni, Fischeintopf, Peka-Gerichte (v. a. Lamm) und natürlich gute Weine. Ganzjährig Juni–Sept. 11–24 Uhr, danach 15–22 Uhr. ℡ 091/5294-882 (mobil). «««

In Topići »» Mein Tipp: Restaurant Panorama, ebenfalls für gutes Essen bekannt, ca. 1 km oberhalb von Baška Voda. Der Name hält, was er verspricht: tolle Aussicht von der Terrasse über das Meer und die Berge. Spezialitäten sind Käse, Schinken und selbst gebackenes Brot, Peka-Gerichte und traditionelle bäuerliche Speisen wie Kutteln, Bohneneintopf, gekochtes Fleisch oder Lammmagen. Juni–Sept. 17–24 Uhr, danach auf Anfrage. ℡ 098/770-848 (mobil). «««

Nachtleben Beachbar Apollo, K.P. Krešimira, bei der Bungalowanlage Urania.

Bar Southern Comfort, am Meer zwischen Aleppokiefern, östlich von Hotel Berullia.

Beachclub Oseka, 1 km in Richtung Makarska. Juni–Aug.; Events und Livemusik.

Der Kugelfisch bewacht Herrn Jurišićs Muschelsammlung

Sport/Wassersport

Wandern Von Baška Voda gelangt man über **Topići** hoch auf die Biokovo-Wanderstraße (BPS) und nach Bunar, weiter unterhalb der Dobri-Dol-Berge entlang (1534 m), dann vorbei am 1405 m hohen **Oštri Vrh**, am 1550 m hohen **Kuranik**, dann über **Motika** hinab nach **Odvojak** und **Korito** nach Bast.

Wer lieber an der Küste bleibt, läuft (in ca. 2 Std.) oder fährt per Fahrrad entlang des Uferwegs nach Makarska. Weitere Wanderungen (→ Kasten „Biokovo-Gebirge" S. 265).

Fahrrad/Fitness Fahrrad- und Scootervermietung vor Hotel Slavija, Obala sv. Nikole 71; zudem am Hafen. Nur Juni–Sept. geöffnet.

Joggen: Die Uferwege (ca. 10 km bis Makarska) eignen sich hervorragend, vor allem frühmorgens.

Wassersport Wassersportcenter Ancora Jet, westlich von der Marina, am Pud Luka. Hier gibt es Banana, Parasailing, Jetski und Bootsvermietung.

Hafen Baška Voda, im Zentrum der Stadt. 30 Stellplätze an Land und 250 Liegeplätze im Wasser, alle mit Strom- und Wasseranschluss, Sanitäranlagen. Reparaturwerkstatt im Hafen Krvavica (s. u.). Ganzjährig geöffnet. Nächste Tankstelle in Makarska (5 sm). Obala sv. Nikole 3, ✆ 091/5159-976 (mobil, Hr. Stipe Jurišic).

Tauchen Poseidon-Dive-Club, Sridia 1, ✆ 091/5159-976 (mobil, Inh. Stipe Jurišic).

Baška Voda/Umgebung

Promajna: Hübscher, ruhiger, kleiner Fischerort an geschwungener Bucht mit schönem Kiesstrand, gesäumt von dichtem Pinengürtel. Der Blick auf das Biokovo-Massiv ist beeindruckend. Auf dem Uferweg läuft man in ca. 7 km nach Makarska oder, etwas kürzer, knapp 4 km nach Baška Voda – natürlich auch mit Mountainbike/Fahrrad möglich. Auch für Touren ins Gebirge ist Promajna ein guter Ausgangspunkt – es gibt hübsche, ruhige Unterkünfte und einige Lokale.

Übernachten/Essen Zahlreiche Appartements und Zimmer im Ort.

≫ Mein Tipp: **** **Hotel Conté**, nettes, gut geführtes 3-stöckiges Hotel kurz vor dem Strand mit stilvollem Restaurant, Grillrestaurant im Olivenhain und einer Bar; serviert werden ökologisch angebaute Produkte. Spezialitäten sind Fisch- und Peka-Gerichte. Zudem gibt es einen Pool und

Promajna – feiner Strand vor feiner Kulisse

kleines Wellnesscenter. Komfortable Zimmer/Appartements für 2–6 Pers., Sat.-TV, Minibar, Internetanschluss (im Familienzimmer). DZ/F und Balkon mit Meerblick ab 120 € (TS ab 130 €), auch HP möglich. Mai–Okt. Žbanjica 4, ✆ 021/695-444, www.promajna-hoteli.hr. «

Restaurant Hajduk, nahe dem Strand. Überdachte Terrasse, gute Grill- und Fischgerichte. Prilaz obali 1, ✆ 021/621-127.

Restaurant-Pension Astoria, am Hafen (südl. Ortsende) mit schöner Terrasse. Guter Service und gute Fischgerichte. Auch Übernachtungsmöglichkeit. Puntin 11, ✆ 021/621-399.

Bratuš: Ruhiger Fischerort direkt am Meer mit bunten Häusern inmitten von Olivenhainen – ein ruhiges Fleckchen, um zu entspannen. Die schmale Uferstraße ist blumengeschmückt, Oleander und Bougeanvillea blühen üppig. Im Hintergrund erhebt sich die gewaltige Kulisse des Biokovo-Massivs. Das größte Gebäude ist der Gutshof der Familie *Kačić* aus Makarska. Es gibt Appartements, Privatzimmer und einen schönen Feinkiesstrand.

Bratuš liegt ca. 6 km südlich von Baška Voda (von Makarska aus etwa gleiche Entfernung). Der Ort ist nur über Krvavica zu erreichen, die Straße endet hier.

Information TIC, 21320 Bratuš, ✆ 021/621-488, www.bratus.hr. Nur Mitte Juni–Mitte Sept.; danach über Baška Voda.

Essen & Trinken Konoba Bratuš, direkt an der kleinen Straße am Meer. Gemütlich speisen unter Palmen, im begrünten Innenhof oder im gemütlichen Innenraum. Leckere Fischgerichte und Meeresfrüchte, schwarzes Risotto und Pizza. Juni–Sept. ✆ 021/621-235.

Krvavica: Kleiner Ferienort mit Jachthafen kurz vor Makarska, der sich mit seinen Häusern steil den Hang hinabzieht. Die 1960 gebaute Hotelanlage unten am Meer im Kiefernwald ist verwaist und baufällig. Die schmale Asphaltstraße führt weiter nach Bratuš und endet dort. Interessant ist der oben von der Straße zwischen Bratuš und Krvavica sichtbare, frei stehende *Klujuč-kuk*-Fels, der wie ein vom Bildhauer geschaffenes Gesicht wirkt. Unten an der Küste führt ein Fußweg an bizarren Felsgebilden, Pinienhainen und schönen Kiesbuchten entlang in ca. 45 Min. nach Makarska.

Information Touristinformation, 21320 Krvavica, www.krvavica.hr. Nur Mitte Juni–Mitte Sept.; danach über Baška Voda.

Camping Autocamp Krvavica, kleiner netter Platz im Kiefernwald, oberhalb vom Meer, bestens für Zelte. ✆ 091/5267-058 (mobil, Hr. Mirko Erceg), www.autocamp-krvavica.com.

Wassersport Marina Ramova, westlich vom Ort Krvavica (in Richtung Bratuš), neue und erweiterte Hafenanlage. 200 Liegeplätze mit Strom- und Wasseranschluss, 100 Stellplätze; Werkstatt und Service, WiFi, 8-t-Kran; Cafébar und Sanitäranlagen, am Strand strohgedeckte Schirme. Ganzjährig geöffnet. ✆ 021/621-176, 098/892-480 (mobil, Fr. Tina Jerković).

Makarska Riviera

Krvavica und seine kleine Marina

Makarska

Am Fuß des hoch aufragenden Biokovo-Küstengebirges erstreckt sich Makarska mit seinen Prachtbauten und Gässchen. Die Stadt ist der touristische Mittelpunkt der Makarska Riviera mit herrlichen Sandstränden.

Makarska liegt in der Mitte der 60 km langen *Makarska Riviera*. Gut geschützt durch das Gebirge im Hinterland, ist dieser Küstenstrich üppig bewachsen und seine Strände ziehen viele Touristen an. Die 13.800-Einwohner-Stadt mit sehenswerten Kirchen und dem weithin bekannten *Muschelmuseum* breitet sich um das Halbrund einer Hafenbucht aus, gesäumt von den Halbinseln Osejava und Sv. Petar und umgeben von Sandstränden und palmenbestandenen Strandwegen.

Makarska ist ein guter Ausgangspunkt für Wanderungen ins Biokovo-Gebirge mit seiner höchsten Erhebung, dem 1762 m hohen *Sv. Jure*. Mufflon, Gebirgsmaus und die Hornviper haben hier ihren Lebensraum. Pflanzenliebhaber können in Kotišina an den Hängen des Biokovo den *Botanischen Garten* besuchen. Und wem das Laufen zu anstrengend ist, der kann mit dem Auto die Panoramastraße über Tučepi zum Sv. Jure hochfahren. Baden kann man am langen Feinkiesstrand *Plaža* an der schattigen Uferpromenade, etwas nördlich bei den Tennisplätzen der Strand *Buba* mit Beachbars oder an der Halbinsel *Sv. Petar* mit Felsplatten; der FKK-Strand *Nugal* liegt im Süden.

Schon die Phönizier sollen in Makarska gelebt haben, zur Römerzeit hatte die Stadt bereits einen Hafen. Im 7. Jh. kamen die gegen Venedig kämpfenden Neretljani. 150 Jahre lang war Makarska türkisch, ab Mitte des 17. Jh. venezianisch, gefolgt von Franzosen und Österreichern im 19. Jh.

Basis-Infos

Information   Touristinformation (TZG), Obala kralja Tomislava 16, 21300 Makarska, ☎ 021/612-002, www.makarska.hr, www.makarska-info.hr (für die Region). Juni–Mitte Sept. tägl. 8–21 Uhr, sonst Mo–Fr 8–15 Uhr. Gute Infos, Wander- und Fahrradkarten.

Naturpark Biokovo (Park Prirode Biokovo), Mala obala – Marineta 16, ☎ 021/616-924, www.biokovo.com. Öffnungszeiten wie TZG.

Übernachten
5 Hostel Makarska
6 Camp Jure
7 Hotel Park
8 Hotel Meteor
11 Hotel Maritimo
12 Hotel Biokovo
16 Aparthotel Park Osejava
17 Apart-Hotel Miramare
18 Hotel Osejava
20 Leuchtturm Sv. Petar

Essen & Trinken
1 Konoba Kalelarga
2 Restaurant Ivo
3 Gostiona Susvid
9 Restaurant Jež
13 Restaurant Peškera
15 Gostiona Mondo

Nachtleben
4 Weinbar Grabovac
10 Café-Bar Marineta
14 Disco-Club Peter Pan
19 Discothek Deep Blue

Bergrettung Stanica Makarska, A. G. Matoša 1, ☏ 021/690-017, 091/7210-011 (mobil), www.hgss-makarska.hr.

Es gibt über 20 Agenturen, die Ausflüge anbieten und Zimmer vermieten, viele an der Uferpromenade, u. a.:

Kompas-Atlas, Obala Kralja Tomislava 17, ☏ 021/615-411. Ausflüge, Flug- und Boottickets.

Turist Biro, Obala kralja Tomislava 2, ☏ 021/611-688.

Budanko Travel, Šimićev prolaz 4, ☏ 099/8270-185 (mobil). Individuell geführte Mountainbike- und Wandertouren.

Biokovo Active Holidays, Gundulićeva 4, ☏ 021/679-655, 098/225-852 (mobil), www.biokovo.net. Organisiert Mountainbike-/Wandertouren und Fotosafaris ins Biokovo-Gebirge.

TIP-Extreme, Zadarska 46 b, ☏ 021/623-581, 098/9105-528 (mobil), www.tipextreme.hr. Organisierte Wandertouren ins Biokovo-Gebirge, Gäste werden abgeholt.

Verbindungen Bus: Busbahnhof Ante Starčevića 30 (Hauptstraße), ☏ 021/612-333, www.promet-makarska.hr. Nach Split alle 30 Min. (50 KN), nach Dubrovnik (ca. 109 KN, Fahrzeit ca. 2:30–3 Std.) 15-mal tägl.

Taxi-Stand neben Busbahnhof (s. o.), ☏ 021/611-366.

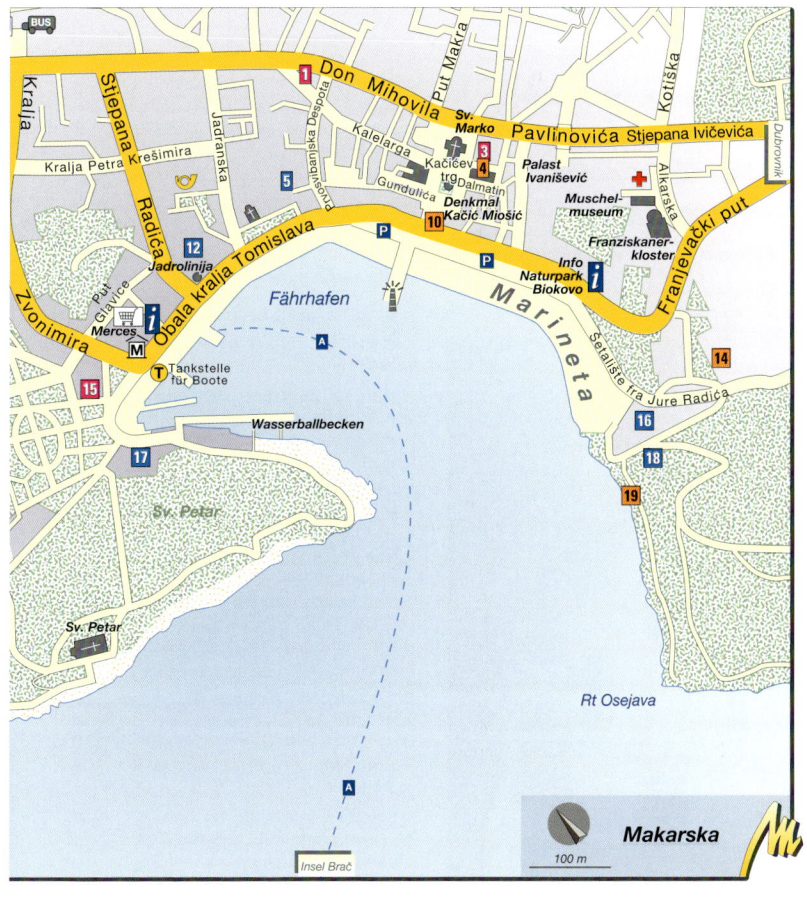

Makarska Riviera

Fähren: *Trajekt (Jadrolinija) Makarska–Su-martin (Insel Brač):* in der HS 5-mal, ansons-ten 3-mal tägl. 33 KN/Pers., Auto 160 KN.

Auto Das **Parken** an der Uferstraße ist ge-bührenpflichtig (1 KN/Std. ganzjährig!); die Uferstraße ist stadtauswärts Einbahnstra-ße. Die Hotels verfügen über ausreichend Parkmöglichkeiten.

Autovermietung: u. a. **Croatiatours,** Obala kralja Tomislava 2 (im Hotel Meteor), ✆ 021/612-166, www.croatiatours-makarska.com.

Tankstelle vor Makarska (Richtung Split); ein paar Meter stadteinwärts Autowasch-möglichkeit. **Tankstelle** (für Boote) am Fährhafen.

Ausflüge Nach Medjugorje (Pilgerort, Er-scheinung der Mutter Gottes!), Dubrovnik, Korčula, Hvar, Krka-Wasserfälle, Raftingaus-flüge auf der Cetina, Wandertouren.

Einkaufen Shoppingcenter **Merces** ge-genüber Fährhafen, Shoppingcenter **Sv. Ni-kola** neben Busbahnhof, **Obst- und Gemü-semarkt** beim Stadtplatz.

Gesundheit Apotheke (Ljekarna), Kačićev Trg 10 (Hauptplatz), ✆ 021/611-890, sowie ne-ben dem Krankenhaus, ✆ 021/612-288. **Kran-kenhaus** (Dom Zdravlja), Stjepana Ivičevića 2, ✆ 021/613-494. **Tierarzt** (Veterinarske Sta-nice), u. a. A.G. Matoša 1, 021/690-345; Gra-dišćanskih Hrvata 4, ✆ 098/977-363 (mobil).

Post Trg 4. svibnja 533 (an der Rückseite des Hotels Biokovo), Mo–Sa 7–21 Uhr.

Veranstaltungen **Makarska Kultursom-mer,** Juni bis Anf. Okt. Theater-, Musik- und Tanzaufführungen. Überall in der Stadt und auch auf der Halbinsel Sv. Petar gibt es Folk- und Instrumentalmusik.

Fischernächte, Juli/Aug., wöchentlich meist am Donnerstag.

Einen **Pilgerplatz** findet man in Vepric, ca. 1 km in Richtung Split. Gefeiert wird hier am 8. Sept. in einer Prozession das Heilig-tum Sv. Majke Božje Lurdske.

◯ Übernachten → Karte S. 276/277

Privatzimmer/Appartements Privat-zimmer ca. 30 €/DZ, Frühstück 6–8 €/Pers. Appartements für 2 Pers. ab 35 €. U. a. **Villa**

Am Kačićev trg von Makarska

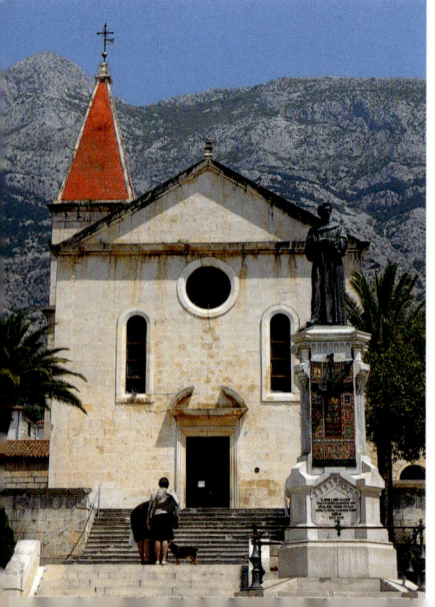

Ante, im nordöstlichen Neubauviertel am Hang, mit Blick übers Meer. Moderner Neubau mit verschieden großen Apparte-ments, sehr gute Ausstattung. Put Požara 6a, ✆ 021/613-882. Schöne Privatzimmer ober-halb der Uferpromenade der Bucht Donja luka (zwischen Hotel Meteor und Hotel Bio-kovka).

Hotels im Zentrum Das Angebot an Ho-tels ist riesig, die meisten haben von Ende April/Anf. Mai bis Ende Okt./Anf. Nov. ge-öffnet.

*** Hotel Biokovo 🄲, 55-Zimmer-Hotel di-rekt im Zentrum an der Uferstraße, mit Ter-rasse unter Palmen, Internet. Italienische Küche, Fisch und Gegrilltes und hauseige-ne Konditorei (→ Café). DZ/F je nachdem, ob mit Balkon/Terrasse und mit/ohne Meer-blick ab 110 €. Ganzjährig geöffnet. Obala kralja Tomislava 14, ✆ 021/615-244, www. hotelbiokovo.hr.

**** Aparthotel Miramare 🄷, an der Halb-insel Sv. Petar; Studios und Appartements. Studio 142 €/2 Pers., mit Meerblick ab 152 €. Šet. sv. Petra 1, ✆ 021/585-700, www.holiday makarska.com.

**** Hotel Osejava 🄸, an der gleichnami-gen Landzunge mit schönem Blick auf das Meer und die Altstadt und mit Pool an der

Rückfront – alles in hellen Farbtönen gehalten. DZ/F mit Park-/Meerblick ab 178 bzw. 188 €. Šet. dr. fra Jure Radića b. b., ✆ 021/604-300, www.osejava.com.

≫ Mein Tipp: **** Aparthotel Park Osejava **16**, am Beginn der gleichnamigen Landzunge im Süden der Altstadt. Komfortable, moderne Designer-Appartements in verschiedenen Stilrichtungen und Größen (von Studios bis 2+2 App.). Von den Zimmern mit Loggia und Balkon bester Blick auf Hafen und Altstadt. Zudem Cafébar. Je nach Größe und Lage 105–260 € (TS 115–305 €). Šet. fra Jure Radića 21, ✆ 021/695-140, www.makarska-park-osejava.de. ≫

Hotels altstadtauswärts Westlich der Halbinsel Sv. Petar liegen viele große Hotels direkt an der Strandpromenade.

**** Hotel Meteor **8**, wer Großhotels mit allem drum und dran liebt, ist hier im terrassenförmigen Gebäude richtig. Komfortable Zimmer, z. T. mit großem Balkon oder Terrasse und Blick aufs Meer; Hallenbad und Pools im Freien, Sauna, Tennisplätze, Restaurant und Bar. DZ/F mit Balkon ab 130 € (TS ab 160 €). Kralja Petra Krešimira IV. 19, ✆ 021/602-600, www.hoteli-makarska.hr.

**** Hotel Park **7**, stadtauswärts an der Uferpromenade; modern und farbenfroh, gute Ausstattung, Restaurant, Spa- und Wellnesscenter, Innen- und Außenpool und Sauna. DZ/F ab 220 €. Ul. Kralja Petra Krešimira IV. 23, ✆ 021/608-200, www.parkhotel.hr.

**** Hotel Maritimo **11**, nettes modernes, kleines Hotel mit hübscher Terrasse an der Uferpromenade. Es gibt Studios/Zimmer/Appartements. Je nach Lage (Meer-/Parkseite) ab 120/150 €. ✆ 021/679-041, www.hotel-maritimo.hr.

Hostel Hostel Makarska **5**, nettes, sauberes, 2009 eröffnetes Innenstadthostel im Bungalowstil mit Terrasse und Garten. Es gibt verschiedene Zimmerkategorien. Geöffnet Mai–Sept. Pro Pers. im Zimmer mit Bad 36 €, ohne Bad 33 €, Mehrbettzimmer 13,50 €. Prvosvibanjska 15, ✆ 091/2567-212 (mobil), www.hostelmakarska.com.

Leuchtturm *** Leuchtturm Sv. Petar **20**, hier kann man zentrumsnah auf der gleichnamigen Landzunge im 1884 erbauten Leuchtturm nächtigen (2 Schlafzimmer, Küche etc.). Agentur Plovput, Split, ✆ 021/390-609, www.lighthouses-croatia.com, www.plovput.hr.

Camping *** Autocamp Jure **6**, kleines, modernisiertes Camp im Föhrenwald am nördlichen Ortsende oberhalb der Tennisplätze und ca. 400 m vom Strand. Für einen Stopp zur Stadtbesichtigung oder Wanderung durchaus zu empfehlen, da auch preiswert im Gegensatz zu den Hotels. 7,20 €/Pers., Stellplatz für Zelt 10 €, Auto 1,50 €, Camper 16 €. Auch Mobilhausvermietung (4+1) 76 € (TS 115 €). Mitte April–Mitte Okt. Ivana Gorana Kovačića b. b., ✆ 021/616-063, www.kamp-jure.com.

Die nächsten Campingplätze liegen in **Zivogošce** und **Zaostrog** (Richtung Dubrovnik).

⌒ Essen & Trinken/Nachtleben → Karte S. 276/277

Viele Restaurants und Cafés entlang der Uferstraße (stadtauswärts Einbahnstraße!). Sehr gute, gediegene Restaurants, in denen man gut frischen Fisch essen kann:

Essen & Trinken Restaurant Jež **9**, das Traditionslokal zählt immer noch zu den besten der Stadt und bietet gute Qualität und Service; überdachte Terrasse und modernes Inneres im Wintergarten. Vor allem die Fleischgerichte wie Steaks, Kalbsbraten, aber auch das Garnelen-Süppchen werden gelobt. Ganzjährig geöffnet. Kralja Petra Krešimira IV. 90 (hinter Hotel Dalmacija), ✆ 021/611-741. ≪

Restaurant Peškera **13**, nett zum Sitzen zwischen Blumen und Sträuchern. Hier gibt es neben Fischgerichten und Mućkalica auch Lamm und Käse aus der Bergregion,

ebenso kommt das Gemüse von den Kleinbauern. Ganzjährig geöffnet. Šetalište Donja luka b. b., ✆ 021/613-028.

Restaurant Ivo **2**, traditionelle, preiswerte Hausmannskost wird hier angeboten; zudem isst man hier gut frischen Fisch. Man kann auch im Freien sitzen. Ganzjährig geöffnet. Ante Starčevića 41, ✆ 021/611-257.

Gostiona Mondo **15**, gute Hausmannskost v. a. für Grillgerichte, u. a. leckere Čevapčići. Juni–Sept. Obala kralje Tomislava 21, ✆ 021/611-033.

Gostiona Susvid **3**, am Hauptplatz mit weinberankter Terrasse. Innen fellbezogene

Sitze und altes landwirtschaftliches Gerät. Guter Service, Fisch- und Grillgerichte, leckere Schalentiere und Vorspeisen. Mai–Okt. Kačićev trg, ☎ 021/612-732.

Konoba Kalelarga ❶, klein und nett zum Sitzen. Leckere dalmatinische Speisen wie fangfrischer Fisch, gute Vorspeisen und preiswertes Mittagsmenü. Ganzjährig geöffnet. Kalelarga 40, ☎ 098/9902-908 (mobil).

Café Café Hotel Biokovo ❶, auf der großen Terrasse an der Uferstraße kann man sich mit leckeren Torten und Törtchen, aber auch mit herzhaften Snacks stärken. Ganzjährig. Obala kralja Tomislava 14.

Außerhalb Im Biokovo-Gebirge (→ Umgebung von Makarska, → Tučepi).

Nachtleben Weinbar Grabovac ❹, man sitzt gemütlich gegenüber der Kirche im Freien oder im hellen Innern; es gibt kroatische Tapas, Käse, Wein & Cocktails. Kačićev trg 11.

Die jüngere Szene trifft sich abends in den Cafébars im **Altstadtviertel Lištun**, östlich vom Trg Kačicev (um Ul. Dalmatin u. Ibety) – aktuell angesagt ist **Bety**. Beliebter Treffpunkt im Süden der Altstadt **Cafébar-Club Marineta ❿**; Mai–Mitte Okt. tägl., danach nur Fr/Sa.

Diskothek Deep Blue ❶❾, Šet. fra J. Radića 21 (nahe Hotel Osejava, Halbinsel Osejava), in einer Grotte; Juni–Sept. 21/22–5 Uhr. **Disko-Club Petar Pan ❶❹**, nördlich von Hotel Osejava (bei den Tennisplätzen), sehr beliebt mit Konzerten und tägl. wechselnder Musikrichtung; geöffnet nur Juli/Aug. und tägl.; www.petarpan-makarska.com.

Makarska – Blick auf das quirlige Fährstädtchen und dem imposanten ...

Sport/Wassersport

Tauchen Tauchzentrum More Sub, Kralja P. Krešimira 43 (neben Hotel Dalmacija), ☎ 021/611-727, www.more-sub-makarska.hr.

Tennis große Tennisanlage im Stadtnorden, oberhalb der Fußgängerpromenade, nahe Hotel Biokovka. ☎ 021/617-041.

Wandern/Mountainbiken Geführte Mountainbike- und Wandertouren sind über die Agenturen (s. o.) zu buchen – von der leichten 1- bis 2-stündigen Wanderung bis zu schweren Mehrtagestouren zum Sv. Jure (1762 m) und Vošac (1421 m).

Rund um Makarska kann man herrliche Touren auch auf eigene Faust unternehmen. Es gibt ausgewiesene Wege in allen Schwierigkeitsgraden. Kartenmaterial und Fahrradverleihinfo bei TIC.

Fahrradgeschäft Fa. Bicikleta (Hr. Dino Ivardić), ☎ 098/860-865, im Shoppingcenter Sv. Nikola (beim Busbahnhof). Verkauf- und Fahrradservice.

Sehenswertes

Gegenüber vom Fährhafen an der Uferpromenade und neben dem Tourismusverband befindet sich das **Stadtmuseum** mit wechselnden Ausstellungen (Juni–Sept. Mo–Sa 8–14/17–20 Uhr). Die Stadt überragende **Pfarrkirche Sv. Marko** wurde 1776 erbaut und war bis 1828 eine Kathedrale mit bedeutenden Barockaltären und Gemälden. Neben der Kirche steht der **Barockbrunnen** aus dem Jahre 1775. Auf dem großen Hauptplatz ragt auf einem 3 m hohen Sockel das **Denkmal** des Franziskaners und Dichters *Kačić Miošić* (1704–1760) empor, 1889 geschaffen vom Bildhauer *Ivan Rendić*. Ein Teppich aus Mosaiksteinen, mit einem Wappen verziert, darauf eine Fiedel, Gebetbuch und Myrtenzweig, bedeckt den Sockel.

... Biokovo-Gebirge mit Gipfel Sv. Jure

Östlich des Platzes steht der **Barockpalast** der Familie *Ivanišević*, westlich das **Barockhaus** der Familie *Tonolli*. An der Uferpromenade folgt die Barockkirche **Sv. Filip**, einst ein Kloster aus dem 18. Jh. Östlich des Hauptplatzes lädt das **Muschel- und Fischmuseum** zum Besuch ein, ein kleines Privatmuseum, in dem ein alter Mann seine Schätze zeigt: Der kleine Raum ist gefüllt mit ausgestopften Fischen und verschiedensten Gerätschaften (Ul. Lištun 3, ☎ 021/611-625; 9–12/17–20 Uhr; Eintritt 15 KN).

Im südöstlichen Stadtteil befindet sich das **Franziskanerkloster** mit wertvoller Bibliothek und Gemäldesammlung; das Kloster wurde auf Fundamenten eines Klosters von 1400 errichtet. Bereits im

6. Jh. stand an der gleichen Stelle ein Benediktinerkloster, das von den Türken zerstört und danach wieder aufgebaut wurde. Die heutige Gebäudekomplex entstand 1614.

Angegliedert an das Kloster ist das einzigartige **Muschelmuseum** (Malakološki muzej) mit Muscheln aus allen Weltmeeren, einer kleinen Sammlung von Fossilien aus der Umgebung und Informationen über die vielfältigen Verwendungszwecke von Muscheln: Muscheln, aus denen man Purpurfarbe gewann; Muscheln, die bei Naturvölkern als Geld dienten. Interessant ist auch die „Meerseide": Aus den Fäden, an denen sich die Steckmuscheln am Meeresboden festhielten, stellte man früher feine Gewebe her.

Malakološki muzej, Franjevački put 1. Mo–Sa 10–12/17–19 Uhr. Eintritt 15 KN. Es gibt wegen Personalmangels Probleme mit den Öffnungszeiten – also am besten vorab informieren.

Auf der **Halbinsel Sv. Petar** befindet sich der gleichnamige *Leuchtturm* (→ Übernachten), ein Park und die gleichnamige restaurierte Kirche. Bei Ausgrabungen stieß man hier auf frühzeitliche Funde.

Umgebung von Makarska

Naturpark Biokovo : Das beeindruckende 30 km lange Küstengebirge lockt mit herrlichen Wanderungen. Oberhalb von Makarska ragt der höchste Gipfel des Biokovo-Gebirges, der *Sv. Jure*. Wanderwege führen von den Orten Makar oder Veliko Brdo (oberhalb von Makarska) über den Berg *Vošac* (1422 m) zum Gipfel Sv. Jure – herrliche Weitsichten bieten sich. Mehrtägige Touren bieten sich auch auf der **Biokovo-Wanderstraße** (Biokovska Planinarska Staza = BPS) an. Der Gipfel des Sv. Jure lässt sich über die **Biokovo-Panorama-Straße** auch mit dem Auto erklimmen (Anfahrt südlich von Makarska, bei Tankstelle in Richtung Vrgorac). Die höchstgelegene Straße Kroatiens verbindet den Staza-Pass mit dem Sv. Jure; sie ist 12 km lang, schmal und kurvenreich (!). Die **Naturpark-Gebühr** beträgt 40 KN/Pers.

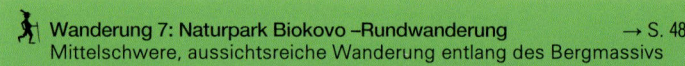

Wanderung 7: Naturpark Biokovo –Rundwanderung → S. 481
Mittelschwere, aussichtsreiche Wanderung entlang des Bergmassivs

Essen & Trinken In den Bergdörfern Richtung Biokovo-Gebirge gibt es etliche Einkehrmöglichkeiten: Bei Gornij Tučepi **Restaurant Jeny** und **Restaurant Veza** (→ Tučepi). **Konoba Vrata Biokova**, vor dem Ort Vošac; gute Hausmannskost. Evtl. auch Übernachtungsmöglichkeit – bzgl. Öffnungszeiten besser vorab bei TIC Makarska erkunden. ✆ 098/9064-096 (mobil).

Botanischer Garten Biokovo: Das Gelände mit einer Info-Station (nur Juli/Aug. 8–15 Uhr) liegt unweit des Gebirgsdorfes Kotišina, ca. 4 km oberhalb von Makarska und ist frei zugänglich. Obwohl das Biokovo-Gebirge fast nackt scheint, birgt sein Mikroklima eine reiche, vielfältige Pflanzenwelt und verschiedene Gesteine – interessant für Botaniker und Geologen.

Stadtauswärts Richtung Dubrovnik, dann Straße Richtung Biokovo-Gebirge (vor der Tankstelle links in die Vrgorska ulica einbiegen), nach ca. 500 m links Richtung Kotišina.

Vrgorac: Eine malerische Straße windet sich in ca. 38 km über das Biokovo-Gebirge und entlang der Nordflanke des Rilić-Bergzuges ins Hinterland, zum Geburtsort des größten kroatischen Dichters, *Tin Ujević*. Wer möchte, fährt von Vrgorac über Ploče (ca. 28 km) über die Makarska Riviera zurück. Diese eindrucksvolle Strecke ist auch mit dem Mountainbike machbar, evtl. mit Übernachtung in Vrgorac (→ Mitteldalmatinisches Hinterland/Vrgorac).

Tučepi – schöne Badebuchten und ein hübscher Jachthafen locken die Gäste

Tučepi

Strahlend weiß und modern präsentiert sich der 1700-Einwohner-Ort an der gleichnamigen Bucht mit Hotels und Appartementsiedlungen, großzügiger Uferpromenade und schöner Marina. Über 4 km erstrecken sich schöne Kiesstrände, Uferwege und Aleppokiefernwälder. Das Sportangebot ist groß und meist auf die Hotels konzentriert.

Tučepi umfasst eine Großgemeinde mit vielen Ortsteilen unterhalb des Biokovo-Gebirges, was namensmäßig manchmal verwirrend ist. Die kaum 40 Jahre alte Siedlung **Donij Tučepi** mit dem Ortsteil *Kraj* (ab dem Jachthafen) ist vor allem eine Feriensiedlung. Das alte Tučepi, **Gornje Tučepi** (auch Stari Tučepi) liegt auf 300 m Höhe an den Abhängen des Biokovo sowie an der Straße in Richtung Vrgorac (→ S. 143). Gornje Tučepi besteht ebenfalls aus etlichen Weilern, u. a. *Srida Sela* und *Šarići* mit der schönen *Sv.-Ante-Padovanski-Kirche*. Tučepi eignet sich bestens als Standort für ausgedehnte Mountainbike- und Wandertouren – zum Ausruhen locken die schönen Strände.

Geschichte/Sehenswertes: Sehenswert ist die **Sv.-Juraj-Kirche** aus dem 12. Jh. (nahe der Küste beim Hotel Neptun) – ein einschiffiges romanisch-gotisches Bauwerk mit halbkreisförmiger Apsis, das 1993 Spezialisten von Grund auf restaurierten. Bei den Arbeiten stieß man rund um die Kirche auf weitere Funde und erklärte das Gelände zum **Archäologischen Park**. Freigelegt wurden u. a. eine Villa rustica (1.–2. Jh.), eine spätantike Kapelle, eine mittelalterliche Kirche mit Friedhof sowie ein später überbautes Kloster (17./18. Jh.) mit einer Grabsäule aus dem 1. Jh. Zudem fand man Glas und Keramik, Ohrringe, Münzen und Metallteile aus dem 10.–17. Jh., die die jahrhundertelange Besiedelung Tučepis bezeugen.

Auf dem Friedhof steht die **Barockkirche Gospina Rodenja**. Bei den Renovierungsarbeiten stieß man im Fundament auf Skulpturenteile einer frühchristlichen Basilika. Vor der Westfassade sieht man mittelalterliche Grabplatten, verziert u. a. mit Halbmond und Schwertern.

In den Weilern um Gornje Tučepi an den Abhängen des Biokovo fand eine fast zeitgleiche Besiedlung statt. So wurden bei Grebišiće an der **Sv.-Martin-Kirche** Grundmauern und ein Friedhof aus dem 11.–12. Jh. freigelegt. Dass bosnische Herrscher hier regierten, bezeugt eine in Bosanzkischrift verfasste Urkunde von 1434, in der der Name Tučepi erstmals erwähnt wird.

Vom 15.–17. Jh. wurde das Gebiet von den Türken kontrolliert, danach folgten die Venezianer. Gemeinsam mit ihnen verteidigten die Einwohner von Gornje Tučepi die Grenze zum Osmanischen Reich und befestigten sie mit bewehrten Wohnhäusern und Türmen. Noch heute stehen drei davon: der **Šarići-Turm** in Šarići, der **Bušelić-Turm** und **Lalić-Turm** in Srida sela. In Srida sela ist auch die klassizistische Kirche **Sv. Ante Padovanski** aus dem Jahr 1901 sehenswert (hier findet die alljährliche August-Prozession statt), von der man einen schönen Ausblick genießt. Den Innenraum zieren barocke Altäre aus der alten Vorgängerkirche, die früher am Standort der heutigen Sv.-Rok-Kirche stand.

Basis-Infos

Information Touristinformation (TZO), Donji Radac b. b. (gegenüber Hotel Laurantum), 21325 Tučepi, ☎ 021/623-100, www.tucepi.com. Juni–Sept. tägl. 8–20 Uhr (Juli/Aug. bis 22 Uhr); Mai u. Okt. Mo–Sa 8–15 Uhr; sonst Mo–Fr 8–15 Uhr.

Ausflüge und Zimmerbuchung bei: **Dormana**, Kraj 123, ☎ 021/623-600. **Ra Tours**, Donji Ratac 24, ☎ 021/623-169, -200; ganzjährig.

Verbindungen Bus: stündl. nach Split und Dubrovnik (über Makarska). Nach Makarska stündl. Minibusse.

Fahrradverleih Über die Hotels Tamaris und Alga oder am Sportplatz.

Gesundheit Ambulanz Tučepi, Kraj 39a, ☎ 021/623-577; nur Juni–Sept. 18–20 Uhr. Apotheke, Donje Ratac, ☎ 021/623-300.

Veranstaltungen Tučepi-Sommerabende, Juni–Sept. mit Pop- und Folklorekonzerten; Fischerabende mit Fisch und Wein. Kirchenfest Sv. Ante Padovanski, 13. Juni, Prozession nach Šarići (Srida Sela).

Übernachten/Essen & Trinken

Übernachten Auch in Tučepi ist das Übernachtungsangebot groß. **Privatzimmer** kosten 15–25 €/Pers., **Appartements** für 2 Pers. 40–60 €.

**** Hotel Laurentum, aufwändig erbautes Hotel im Zentrum (nördl. vom Jachthafen) mit 80 Betten. Hübsche, komfortable Zimmer und Suiten (Honeymoon-Suite!) mit Balkon zum Meer, Pool, Fitness, Tauchclub. Restaurant mit großer Terrasse/Café. DZ/F ab 150 € (TS 170 €). Kraj 43, ☎ 021/605-900, www.hotellaurentum.com.

*** Hotel Villa Marija, 30-Zimmer-Neubau westlich vom Zentrum mit Sauna, Fitness und Restaurant. Schöne Zimmer mit Balkon, meist mit Meerblick. DZ/F ab 120 € (TS 20 % Aufschlag). Donji ratac 24, ☎ 021/695-000, www.hotelvillamarija.com.

*** Villa Andrea, am südlichen, ruhigen Ortsende, ca. 400 m vom Zentrum entfernt, liegt das nett geführte 15-Zimmer-Hotel am Meer mit gut ausgestatteten Zimmern und WiFi. Gutes Restaurant mit hübscher Terrasse. DZ/F ab 130 €. Geöffnet Mai–Okt. Kamena 46, ☎ 021/695-240, www.villa-andrea.info.

Unten stehende Hotels liegen westlich vom Zentrum, alle über www.bluesun hotels.com buchbar; die Preise variieren, Meerblick ist am teuersten:

**** **Hotel Alga**, 330-Zimmer-Hotel – riesig, an der Uferpromenade. Mit großem Außenpool auch für Kinder, Hallenbad, Fitness- und Spacenter, Miniclub, Tennisplätzen, Beachvolleyball, Wassersportgeräten etc. Nette Zimmer. DZ/F 158 € (Economy), Standard mit Balkon und Meerblick 188 €. Dračevice 35, ☎ 021/601-202.

*** **Hotel Kaštelet**, nahe dem Meer steht das barocke Sommerhaus von 1766, erbaut vom Philologen und Schriftsteller Klement Grubišić. Stilvoll modernisiert mit Pool. Einrichtungen vom Hotel Alga können mitbenutzt werden. DZ/HP ab 220 €. Dračevice 35, ☎ 021/601-090.

**** **Hotel Village Afrodita**, 153 Zimmer im hübschen Bungalowstil, umgeben von üppigem Grün an der Uferpromenade. Großzügiger Pool, Bars und Restaurant, Miniclub. Zimmer mit Balkon oder Terrasse. 2 Pers. mit HP 162–172 € (TS plus 16 €). Dračevice b. b., ☎ 021/601-500.

Essen & Trinken Am Uferweg Richtung Hotel Alga gibt es einige nette Restaurants, u. a.: **Restaurant Marina**, hier sitzt man nett auf der Terrasse beim Jachthafen. Gute Fisch- und Fleischgerichte sowie guter Service. Mitte Juni–Mitte Sept. ☎ 021/623-677.

Restaurant Gušar, nahe Hotel Alga. Leckere Fisch- und Fleischgerichte, schöne Terrasse. Mai–Okt. Dračevice 39, ☎ 021/623-085.

Bistro-Pizzeria La Strada, beim Hotel Laurentium. Gute Pizzen und Pastagerichte. Hier speist man ganzjährig.

Konoba Ranč, uriges Lokal mit gemütlicher Terrasse ortsauswärts Richtung Podgora, oberhalb der Jadranska-Magistrale. Schmackhafte Gerichte aus der Peka. Mai–Okt. ab 18 Uhr. Kamena 64, ☎ 021/623-563.

Konoba Postup, kleines, gemütliches Lokal. Fisch und Fleisch vom Grill. Mitte April–Anf. Nov. Kraj 56.

Restaurant Andrea (s. o. Villa Andrea), am Ortsende mit schöner Terrasse am Meer. Spezialitäten sind Fisch und Peka-Gerichte. Mai–Sept./Okt. ☎ 021/695-240.

Essen in Gornje Tučepi Konoba Feniks, weiter bergan von Jeny in Škrinjica, ca. 4 km ab Straßenkreuzung Makarska. Auch hier genießt man von der überdachten Terrasse besten Weitblick. Spezialitäten sind Lamm und Peka-Gerichte; zudem gibt es ein kleines Ethnomuseum. April–Okt. tägl. 10–23 Uhr. ☎ 021/623-728.

Gornje Tučepi – Restaurants mit guter Küche und herrlichem Ausblick

Makarska Riviera

>>> **Mein Tipp:** Restaurant Jeny, an der Straße vor dem alten Ortsteil Gornje Tučepi. Von der Veranda mit Wintergarten hat man einen fantastischen Blick über das Meer. Feinste Gourmetküche und auch perfekt zusammengestellte Menüs (auch für Kinder) warten, u. a. zartes Lamm, Hase, Entenbrust, Mönchs- oder Schwertfisch mit feinstem Gemüse und Soßen serviert; zum Dessert u. a. Käsekuchen im Wildfrüchtebeet und mit Zitroneneis. Mai–Sept. tägl. 18–24 Uhr. Čovići 1, ☎ 021/623-704. <<<

Restaurant Veza, folgt nach Feniks. Mit großem Biergarten unter Kiefern und Laubbäumen, durch die Zweige hindurch hat man noch etwas Ausblick. Sehr gute Küche, z. B. Lammrisotto, Pašticada mit Gnocchi, Spanferkel oder Peka-Gerichte nach Vorbestellung (u. a. Lamm, Kalb, Huhn, Fisch); auch Lamm oder Ziege am Spieß. Ganzjährig geöffnet. ☎ 021/623-224.

Sport/Wassersport

Baden Schöner, ruhiger Kiesstrand mit Schatten spendenden Kiefern südl. des Ortes in **Dračevac.** Nördl. des Jachthafens in **Donji ratac** gibt es entlang des Uferwegs einen belebteren Kiesstrand mit schattigen Tamarisken und Aleppokiefern, gesäumt von Souvenirshops, Restaurants und Cafés. Der Uferweg zieht vorbei an Hotel Alga, Sportanlagen und Hotel Neptun in Richtung des alten Jadran-Hotelkomplexes, dann wird es ruhiger. Das flache Wasser ist gut für Kinder geeignet.

Jachthafen Marina Tučepi, 80 Liegeplätze, Strom und Wasser, ganzjährig geöffnet. ☎ 021/623-155.

Wandern Auch von Tučepi aus bieten sich zahlreiche Möglichkeiten zum Wandern und für Mountainbiketouren.

Gornje Tučepi mit seinen Weilern lässt sich über etliche schöne Wanderwege durch Olivenhaine erreichen. Der schönste und direkte Weg beginnt im Zentrum, führt geradeaus hoch zur Jadranska-Magistrale; anschließend ca. 200 m auf dieser nach rechts bis zum Ortsteil Kraj und dann den Abzweig (ausgeschildert) bergan. Der Weg, mit Ruhebänken versehen, schlängelt sich in 45 Min. über Podstup und Viskovići hinauf; man überquert das Sträßchen nach Vrgorac und erreicht in weiteren 10 Min. die alten Weiler **Srida Sela** und **Šarići.** Von dort bieten sich schöne Rundtouren an: z. B. hoch über **Grubišić** und **Gospa,** dann auf die Biokovo-Wanderstraße (BPS) und südl. laufen, vorbei an der **Ladena-Hütte** (in der Nähe einige Grotten), schließlich kurz vor **Čelišnik** wieder nach unten, nach Srida Sela.

Wer auf längere Wanderungen Lust hat (→ Kasten „Biokovo-Gebirge", S. 265).

Mountainbike Von **Srida Sela** aus südl. radeln, dann hoch nach **Staza,** von dort wieder nordwestlich und über Makar zurück.

Podgora

Der 1500-Einwohner-Ort mit langer Schifffahrtstradition liegt unterhalb der Jadranska-Magistrale am Hang. Dicht an dicht drängen sich die Häuser und Hotels an der schmalen, palmen- und baumbestandenen Uferstraße.

Podgora hat kaum Platz, sich auszudehnen, denn oberhalb der Magistrale geht es steil bergan zum Biokovo – wie der Ortsname sagt: *pod* heißt unter, *gora* ist der Berg. An der neu gestalteten und teils verkehrsberuhigten Uferpromenade reihen sich Hotels, Restaurants, Cafés und Geschäfte, davor lädt der schmale, sich rund um die Bucht ziehende Feinkiesstrand zum Baden ein – in den letzten Jahren wurde viel getan, um dem angestaubten Flair der 1970er-Jahre zu entkommen. Für Bootsbesitzer gibt es zwei gut geschützte Jachthäfen. Die große Zahl an Hotels und touristischen Einrichtungen verwundert nicht. Schon seit Beginn des 20. Jh. kommen ausländische Touristen nach Podgora und auch Kroaten verbringen hier gern ihren Urlaub. Wer seinen Badeplatz direkt bei einem Café haben möchte, ist hier

Podgora – Blick auf den netten Hafen und das Biokovo-Gebirge

richtig, auch Familien mit kleinen Kindern fühlen sich meist wohl. Wer mehr Ruhe sucht, findet im Westen ruhige Quartiere. Oberhalb am Biokovoabhang finden sich schöne alte Weiler von Gornja Podgora (s. u.), die es per Mountainbike zu erkunden lohnt.

Geschichte/Sehenswertes: Auch Podgora war seit Jahrtausenden besiedelt, erstmals erwähnt wird der Ort 1571, als nach der Schlacht bei Lepanto 30 Küstenorte an Venedig fielen, darunter auch Podgora.

Oberhalb der Küstenstraße und des Hafens thront auf einem Hügel das imposante Möwenmonument **Galebova Krila** (Möwenflügel, → Foto S. 33), 1962 geschaffen von *Rajko Radović* als Sinnbild für die Freiheit der kroatischen Adria. Im Zweiten Weltkrieg war Podgora eine Partisanenbasis; 1943 wurde hier gegen die italienische Kriegsflotte die erste Marineabteilung mit einer Kleinflotte aus zwei Schiffen, *Pionier* und *Partizan,* gegründet. Bis Kriegsende wurde Podgora rund 40-mal bombardiert. Auf der kleinen Landzunge Rat Sv. Tekla steht die Barockkirche **Sv. Tekla** von 1630 sowie ein Friedhof mit alten Grabmälern (stećci) aus dem 14./15. Jh.

Oberhalb der Magistrale führt eine Stichstraße zur Biokovo-Panoramastraße und zum alten Ort **Gornja Podgora**. Bis zum Erdbeben 1962 lebten die meisten Einwohner hier oben. Etliche kleine Kirchen und Kapellen sind noch erhalten. Auf den Grundmauern der alten *Sv.-Sveti-Kirche* von 1603 baute man 1762 die großzügige neue Kirche mit großen Altarbildern. Im Weiler **Roščići** sind die Ruinen einer Festung und eines Wehrturms aus dem 17./18. Jh. sehenswert, im Weiler **Marinovići** ein Wehrtum aus der Türkenzeit.

Basis-Infos

Information   Touristinformation (TZO), Branimirova obala 87 (Ortszufahrt zum Meer, dann links in die Fußgängerzone und 1. Straße wieder links), 21327 Podgora, ☎ 021/ 625-560, www.tz-podgora.hr. Mai–Okt. Mo– Sa 7.30–14 Uhr (Juli/Aug. bis 20.30 Uhr, zudem So bis 13 Uhr); sonst Mo–Fr 7.30– 14 Uhr. Infos, Karten, gute Website für Unterkünfte.

Agentur Punta-Tours, Branimirova obala 83, ☎ 021/625-404, -405, www.puntatours.com. Ganzjährig. Zimmer, Ausflüge, Fahrradverleih.

Agentur Soloturist, R. Boškovića 3, ☎ 021/625-110. Zimmervermietung.

Verbindungen **Bus**: Nach Makarska stündl., Bushalt an der Ortszufahrt am Meer (bei Hotel Natalie); Busse nach Split und Dubrovnik, tägl. fast stündl., Bushalt an der Jadranska Magistrale bei Tankstelle (kann dauern, bis ein Bus hält, da oft voll).

Auto Parken ist im Hochsommer in Podgora ein Problem: die Uferstraße gen Süden (Obala Branimirova) ist dann für den Autoverkehr gesperrt; ein großer Parkplatz ist bei der Ortszufahrt vor der Straßenunterführung (sollte man für einen Besuch oder für TIC nutzen), kleinere an der Uferstraße gen Norden nach dem Jachthafen, ein weiterer ganz im Süden nach der Uvala Čaklje.

Gesundheit Ambulanz, Put Svetog Vićenca (nahe Camp Sutikla), ☎ 021/625-088. Apotheke, Branimirova obala 87, ☎ 021/625-024.

Veranstaltungen Kultursommer in Podgora, Juni–Sept., tägl. mit Konzerten etc. Fischerabend, im Aug. Kirchenfest zu Ehren des hl. Vizenzo, 16. Juli.

Übernachten/Essen & Trinken

Übernachten *** **Hotel Sirena**, am ruhigen nördlichen Ortsende von Podgora, ca. 350 m vom Zentrum, am Beginn des langen Kiesstrandes. Neuer 70-Zimmer-Komplex mit netten Zimmern (teils mit Balkon, auch Familienzimmer), Pool, Restaurant, Bar und WiFi. DZ/F ab 100 € (TS 120 €). Obala Petra Krešimira IV 3, ☎ 021/625-033, www.hotelsirena.hr.

*** **Aparthotel Primordia**, nettes sonnengelbes Haus mit 36 Studios/Appartements (bis zu 4 Pers.) mit Balkon und Blick aufs Meer; zudem Restaurant. Ab ca. 80 €/Studio (TS ab 100 €) für 2 Pers. + Zusatzbett. Branimirova obala 111, ☎ 021/625-144, www.hotelprimordia.com.

*** **Aparthotel Vila Sunce**, netter kleiner Neubau an Uferpromenade und Strand mit Zimmern/Appartements und Restaurant. Ab ca. 50 €. A.K. Miošića 2, ☎ 021/679-690, www.villasunce.net.

*** **Villa Pasko**, ruhige Lage, kurz vor Hotel Sirena am Nordende von Podgora. Preiswertes, nettes Zimmer-/Appartement-Haus. Studios (2+1) mit Balkon ab 60 €, DZ 30 € (TS Aufschlag). Obala Kralja P. Krešimira IV 5, ☎ 021/625-248, www.vila-pasko.hr.

Camping ** **Autocamp Sutikla**, südl. von Podgora, hübscher Platz unter Aleppokiefern für 500 Pers. Zwischen Jadranska-Magistrale und der Uferstraße am Meer. Restaurants, Cafés und Läden; Hafenmole, Wassersportgeräteverleih, Windsurfen. Bungalowvermietung. Geöffnet Mai–Mitte Sept. Pers. 4 € (TS 5 €), Auto 3 € (TS 4 €), Zelt 5 € (TS 6 €). ☎ 021/625-377, www.hoteli-podgora.com.

Essen & Trinken Großes Angebot im Ort, u. a.: **Restaurant Roko**, an der Uferstraße mit schöner Terrasse. Gute Fisch- und Fleischgerichte. Auch Appartements werden vermietet. Mai–Mitte Okt. Branimirova obala 43 (nach Ortszufahrt rechts), ☎ 021/625-010.

Konoba Borak, gemütlich und gut mit netter Terrasse am Meer. Hier isst man bestens Sardellen, Fischgerichte oder auch den Makarskaspieß. Mai–Mitte Okt. Branimirova obala 111a (nach Ortszufahrt rechts, kurz vor Hotel Primodia), ☎ 091/5070-828 (mobil).

≫ Mein Tipp: **Konoba Klemić**, kurz vor der Marina im Nordteil von Podgora. Das mit Seemännern und Muscheln verzierte Schiff fällt ins Auge. Hier sitzt man gemütlich und genießt v. a. gute Fischgerichte. Obala Krešimira IV 93, ☎ 021/625-259. ≪

Bistro Pape, kurz vor Hotel Sirena im Norden. Sehr schön zum Sitzen, gute Fisch- und Fleischgerichte. Juni–Sept. Kralja Petra Krešimira IV 1.

Gute Küche im **Restaurant California** am Hafen im südl. gelegenen Ortsteil Čaklje, ☎ 021/625-330. Hier auch **Restaurant Paradiso** unter Palmen, Spezialitäten sind Fischgerichte. Čaklje 41, ☎ 021/625-315.

Sport/Wassersport

Baden In Podgora an der langen Uferstraße Feinkiesstrand mit Schatten spendenden Bäumen. Ruhigere Badeplätzchen nördl. in Richtung Tučepi und südl. in Richtung Čaklje. Ab Čaklje auch einsame Badebuchten.

Jachthafen In Porat, in Podgora (☎ 021/636-499); 40 Liegeplätze, Slip, ganzjährig geöffnet und südl. im Ortsteil Čaklje, insgesamt 360 Liegeplätze. Nur wenige Liegeplätze stehen Gästen zur Verfügung, da die meisten Plätze von den einheimischen Fischerbooten genutzt werden (vorher also fragen!).

Hafenamt Makarska, Obala K. Tomislava, ☎ 021/611-977.

Tauchen Diveclub Birgmaier, Branimirova obala 107 (nördl. vom Hotel Primordia), ☎ 091/5633-067 (mobil), www.birgmaier-sub.com.

Wandern Ein schöner Fußweg beginnt z. B. beim Hafen und führt am Möwenmo-

nument vorbei hinauf durch terrassierte Olivenhaine und Weinberge nach **Gornja Podgora**. Entlang der Küste errreicht man in 45 Min. Tučepi. Anspruchsvollere Touren führen hinauf ins Biokovo-Gebirge.

Mountainbike Eine anspruchsvolle Strecke für Mountainbiker führt z. B. von Podgora das schmale Sträßchen hinauf über **Kržanići**, **Marinovići**, hoch Richtung **Sv. Ilija** (897 m), nach **Staza** auf die Biokovo-Wanderstraße (→ Kasten „Biokovo-Gebirge", S. 265), dann weiter südöstlich Richtung **Gornje Igrane** und über **Donja Gora** und **Marinovići** wieder zurück.

Drašnice

Kleiner, freundlicher Fischerort mit 350 Einwohnern, der sich von der Jadranska-Magistrale steil zum Meer hinabschwingt. Ein ruhiger Platz für beschauliche Badeferien oder zum Klettern am steilen Fels.

Die meisten Gäste in Drašnice sind Selbstversorger und wohnen in Appartements, denn Restaurants sind in Drašnice rar. Der alte Ort an den Hängen des Biokovo oberhalb der Magistrale wurde bei dem schweren Erdbeben 1962 völlig zerstört, die Drašnicer siedelten an die Küste um. Nur noch Hausruinen sind hier oben zu sehen und mühevoll aufgeschichtete Mäuerchen an den schön terrassierten Hängen, an denen Olivenbäume und Weinstöcke gedeihen. Auch hier zeugen illyrische Steinhügelgräber von vorgeschichtlicher Besiedlung.

Die kleine gotische **Sv.-Stjepan-Kirche** wurde zu Ehren von Herzog Stjepan Kosača erbaut, der hier einst auf der Durchreise nach Dubrovnik Halt machte. Die an das Ereignis erinnernde Gedenktafel von 1466 ist im Archäologischen Museum in Split zu sehen.

Oberhalb von Drašnice laden an den Felsabhängen etliche ausgewiesene Kletterrouten zur Erkundung ein.

Gornje Drašnice – Hausruinen kleben am Biokovo-Fels, ein beliebtes Kletterrevier

Makarska Riviera

Information   Touristinformation, Porat b. b. (kurz vor dem Hafen), 21328 Drašnice, ✆ 021/625-560, www.drasnice.hr. Nur Mitte Juni–Mitte Sept. geöffnet.

Einkaufen   Es gibt ein **Postamt, Supermarkt, Obst- und Gemüsestand.**

Übernachten/Essen   Zimmer und Appartements finden sich in fast allen Neubauten. U. a. **Appartements Marija Glucina**, mehrstöckig mit Balkonen, direkt am Meer. Den Besitzern gehört auch Camping Boan in Živogošće. Porat 84, ✆ 021/626-547, 098/542-437 (mobil).

⟫⟫ Mein Tipp: **** **Villa Margitta**, ein schöner, pflanzenumwucherter moderner Neubau (prämiert!) am Hang mit beheizbarem Pool, Tennisplatz, Grillplatz, Bootsliegeplatz – ein Platz zum Wohlfühlen und Relaxen, zudem gibt's gute Infos. Von den komfortablen, sehr gepflegten Appartements fantastischer Blick aufs Meer. 35 m² (bis 3 Pers.) bis 80 m² (4+1 Pers.) 75–109 € (TS 85–139 €). Fam. Urlić (dtsch.-kroat. Ltg.), Drašnice   124 a,   ✆ 021/626-530,   www.villa margitta.de. ⟪⟪

Konoba Punta, im Zentrum direkt am Meer mit überdachter Terrasse. Hier schmecken Fisch und Čevapčići. Porat b. b.

Baden   Im und um den Ort viele Kiesbuchten. Ein Fußweg führt nach Igrane, unterhalb viele herrliche Badebuchten.

Wandern/Mountainbike   Von Drašnice gelangt man auf Wanderwegen oder per Mountainbike (eine schmale Asphaltstraße führt von Podgora hoch Richtung Vrgorac) zu den alten Weilern **Kolednik** und **Cvitanović** und parallel zum Biokovo-Gebirge weiter südl. bis **Igrane**. Wer höher hinauf, z. B. bis zum auf ca. 900 m auf dem Biokovo-Wanderweg (BPS) gelegenen Dorf **Gornje Igrane** wandern möchte, kann dies auf einer Rundtour tun: von **Kolednik** über **Kolovrat** (733 m), hinauf nach **Šošići** und **Gornje Igrane**. Dann südl. laufen und über **Strožac** wieder zurück nach **Kolednik**.

Klettern   Zwischen Podgora und Drašnice finden Kletterfreunde bestes, abwechslungsreiches und auch schwieriges Gelände (4a bis 8b+) auf verschiedensten Längen. Infos: www.dalmatiaclimbing.com

Igrane

Der schlanke, weiße Kirchturm, das Erkennungszeichen des Dorfs, ist schon von weitem sichtbar. Auch Igrane zieht sich von der Jadranska-Magistrale zur Küste hinab – ein Ort für gemütliche Ferientage ohne Trubel mit schönen Kiesstränden und herrlichen Wanderungen.

Blick auf Igrane und Hvar

430 Menschen leben in Igrane, das sich um eine kleine Landzunge und Bucht zieht und durch die Uferstraße mit Živogošće verbunden ist. Hier kann der Blick ungehindert über die Inselkulisse von Hvar und die fast vegetationslosen Hügel hinauf zum Biokovo schweifen. Die Idylle stören nur ein paar zu hoch geratene Bauten. Ein Fußweg vom Meer führt durch die schmalen Gassen zum Kirchturm oben im Ort. Er wurde 1923–1925 gebaut und steht neben der **Barockkirche Gospa od Rosarija** von 1752, die 1939 erweitert wurde. Gleich daneben erinnert der **Zalina-Kula-Wehrturm** an die Kämpfe gegen die Türken im 17. Jh. Etwas westlicher und höher, am Friedhof, finden sich römische Sarkophage und das 1925 reno-

vierte **Sv.-Nikola-Kirchlein** mit mittelalterlicher Apsis. Igranes bedeutendstes Kulturdenkmal, das **Sv.-Mihovil-Kirchlein** aus dem 11. oder 12. Jh., steht nördlich der Küstenstraße.

Gornje Igrane, das alte Igrane, liegt auf ca. 900 m am Biokovo-Wanderweg und ist auf schönen Tagestouren per pedes, aber auch mit Auto oder Mountainbike (von Podgora aus) erreichbar.

Basis-Infos

Information Touristinformation **(TZ)**, an der Kreuzung der Zufahrtsstraße nach unten, 21329 Igrane, ☎ 021/627-801, www.igrane.com. Juli–Sept. tägl. 8–20.30 Uhr, sonst Mo–Sa 8–14 Uhr.

Agentur Dalmatina, ☎ 021/627-799, www.dalmatina.com. Ausflüge, Zimmer.

Verbindungen Bus: stündl. nach Split und Dubrovnik, Busstopp an der Jadranska Magistrale. Bushalt im Ort nur 3-mal tägl. und nur während der Schulzeit.

Entfernungen: 17 km nach Makarska, 125 km nach Dubrovnik.

Übernachten/Essen & Trinken

Übernachten Im Ort ausreichendes **Zimmerangebot** (30–40 €/DZ) und **Appartements** (40–90 €/2–6 Pers. und je nach Kategorie). Schöne Appartements (***) bieten z. B.:

Vedrana Perić, nettes Natursteinhaus mit 4-Pers.-Appartements am Hang an der Zufahrtsstraße. Selo 45, ☎ 021/627-845, 091/5273-768 (mobil).

Zimmer und Appartements (***) bei **Meri Lulić**, nördl. von Konoba Portina, ☎ 021/627-762.

Appartements Ivo Mihalević, großer Bau, Zimmer mit Kochnische und Balkon. Südöstlich der Touristinfo. ☎ 098/716-773 (mobil).

** **Hotel Punta**, gute Lage an der Halbinsel direkt am Meer – leider teils etwas veraltet. 132 Zimmer, im Kiefernwald 34 Appartements mit Terrasse oder Balkon; Restaurant, Bar, Pool. Angeschlossen ein

Igrane – Wandertouren und saubere Kiesstrände locken

Tauchcenter. Im DZ-All-incl. 122 € (TS 140 €), Appartements (2+1 Pers.) 63 € (TS 85 €). Geöffnet Mitte April–Okt. ☎ 021/604-222, www.hoteli-zivogosce.hr.

Essen & Trinken Schön sitzt man in den **Restaurants Ante** (nahe Hafen) und **Tri Volta** (☎ 021/627-925) an der Uferstraße und genießt fangfrischen Fisch.

Sport/Wassersport

Baden Schöne Kiesstrände rund um Igrane, Richtung Drašnice und Živogošće.

Tauchen/Wassersport Pro-Dive Center (dtsch. Ltg. Peter & Jana), beim Hotel Punta, ☎ 021/604-125, 091/5555-019 (mobil), www.pro-dive-gotha.de. Auch Unterkunfts-vermittlung in Appartements.

Daneben gibt es Banana, Wasserski, Jet-bob und Wakeboard.

Wandern   Igrane eignet sich bestens als Ausgangspunkt für Wanderungen und Berg-touren. Ein schöner Spaziergang bietet sich auch für die Erkundung der Kulturdenkmäler an: z. B. den Weg oberhalb der Küste in Richtung Westen zur **Sv. Nikola-Kirche** neh-men (ca. 30 Min.), dann weiter nördl. berg-auf zur **Kirche Sv. Mihovil**; oder dem Weg in Richtung Drašnice ein Stückchen folgen.

Ein weiterer Wanderweg beginnt nördl. der Jadranska-Magistrale, in Höhe der Barock-kirche, und führt bergan über **Kolednik** nach **Gornje Igrane** (→ Drašnice, → Živo-gošće). Die Wege schlängeln sich durch Weinberge, Oliven- und Pfirsichhaine. Oben wachsen Salbei, Bohnenkraut, Thymian, Zistrosen und andere Heilkräuter und im Frühjahr blühen die Orchideen in ganzer Pracht.

Weitere Wanderungen sind auf der **Bio-kovo-Wanderstraße** (BPS) möglich (→ Kas-ten „Biokovo-Gebirge", S. 265).

Živogošće

Der 460-Einwohner-Ort, bestehend aus den Weilern Porat, Greben und Blato, liegt unterhalb des Sutvid-Bergs und zählt zu den ältesten Sied-lungen an der Makarska Riviera. Campingfreunde finden hier etliche nette Plätze.

Im Ortsteil **Porat**, in Sichtweite zu Igrane, steht unterhalb des hier sehr steil abfal-lenden Berges und fast verdeckt vom riesigen Hotel Nimfa das *Franziskanerkloster Sv. Križ* aus dem 17. Jh. mit Barockkirche. Nach der Zerstörung des Klosters durch die Franzosen wurde es neu aufgebaut und erweitert. Sehenswert sind drei schöne Marienbilder – von *P. Falconer* von 1727, von *F. Scot* aus dem Jahr 1733, eines von einem unbekannten Meister (1741) – sowie die wertvolle Klosterbibliothek.

Unterhalb am Meer steht die alte Wallburg *Suzina*. Weiter südöstlich ist ein Epi-gramm aus dem Jahr 474 in den Fels gemeißelt, das der Römer Licinian der Nym-phe widmete, die die hier entspringende Quelle beschützt haben soll. Weiter süd-östlich an der Duba-Bucht, kurz vor der Halbinsel Blato, wurden die Reste einer *villa rustica* freigelegt, man fand Münzen aus dem 1. bis 4. Jh.

Der Ort wird erstmals in einer nicht datierten Urkunde des serbischen Königs *Urosch* erwähnt sowie 1434 in kroatischer Sprache in der Urkunde von Kreševo.

Die Ortsteile **Greben** und **Blato** mit schönen Kiessträndern und Campingplätzen liegen südlich unterhalb der Jadranska-Magistrale. Greben liegt tief unten, Blato hingegen dehnt sich über eine Halbinsel aus und bietet einen schönen Kiesstrand und kleinen Hafen. In Alleinlage südlich von Blato gibt es weitere kleine Camps an schönen Badebuchten –allerdings soll hier der Hafen für Drvenik gebaut werden – hoffentlich bleibt das Projekt in weiter Ferne.

Information **Touristinformation**, im Hotel Nimfa, 21325 Živogošće, ✆ 021/605-069. Juni–Sept. 7–20 Uhr, sonst Mo–Fr 7–13 Uhr.

Agentur Brajković Travel, in Živogošće-Blato, ✆ 021/628-753, www.zivogosce.hr.

Übernachten/Essen   Im Ortsteil Blato schöne, ruhige **Privatzimmer** und **Apparte-ments**.

Restaurant-Pension Adrijana, gutes Lokal mit schöner Terrasse, es gibt Hausmanns-kost. DZ/F ca. 40 €. Blato 17, ✆ 021/628-702.

*** Hotel Nimfa**, riesiges Hotelgebäude mit 155 Zimmern am Buchtende und kurz vor dem Tunnel. Wird meist von Busunterneh-men gebucht. Restaurant, Bar, Meerwas-serpool. DZ/All-incl. ab 124 € (TS ab 140 €). Ist spät im Jahr noch geöffnet, dann auch preiswert. Mitte April–Okt. ☎ 021/605-095, www.hoteli-zivogosce.hr.

Camping ** Autocamp Dole, im Ortsteil Blato, großer 70-ha-Platz unter schattigen Aleppokiefern und Laubbäumen am Strand Geöffnet Mai–Sept. Pers. 5,60 €, Zelt 5,60 €, Auto 4 €. ☎ 021/628-749, www.hoteli-zivo gosce.hr.

** Camp Boban, direkt neben Dole folgt dieser kleine Platz direkt am Meer mit der Konoba Bili kuk. 4,20 €/Pers. (TS 5,10 €), Auto 3,30 € (3,80 €), Zelt 3,80 € (5,10 €). Juni–Sept. geöffnet. www.autocamp-boban.com.

Autocamp Male Ciste, nach ca. 2 km gen Süden folgt dieser Campingplatz mitten im Föhrenwald. Neue Sanitäranlagen, nette kleine Badebucht unterhalb. 5,30 €/Pers., Auto 3,80 €, Zelt ab 4,70 €. Ganzjährig geöffnet. ☎ 091/7319-090, www.campmaleciste.com.

Autocamp Čiste, ein kleinerer, gemütlicher und gut geführter 1-ha-Platz (gleich neben obigem Camp) am Meer; es gibt einen Kiosk und Bistro mit gutem Essen. 4,50 €/ Pers., Zelt 4,20 €, Auto 3 €. Ganzjährig geöff-

net. Blato b. b., ☎ 098/1978-945 (mobil; Hr. Tonči Urlić).

Baden Schöne Strände gibt es unterhalb vom Franziskanerkloster sowie rund um Blato. Von Živogošće-Blato weiter südöstlich Richtung Drvenik buchtenreiche Küste zum Baden.

Wandern/Mountainbike Eine schmale Asphaltstraße, die zu Makadam wird, führt oberhalb von Živogošće entlang. Der Abzweig ist am Ortsbeginn von Porat, kurz nach Strn stößt das Sträßchen wieder auf die Küstenstraße. Den 1155 m hohen Sutvid erreicht man von diesem Sträßchen über herrliche Wanderwege: Ein Wanderweg beginnt z. B. oberhalb vom Franziskanerkloster und führt durch üppige Gebirgsflora zum Weiler **Murava** (Laufzeit ca. 4 Std.). Alternativer Weg oberhalb von Blato über Vrh Stina (längere Wegzeit).

Vom Sutvid kann man auf der **Biokovo-Wanderstraße** (BPS) weiter Richtung Gornje Igrane oder zum Bergzug Rilić laufen (→ Drvenik, → Igrane).

Drvenik

Kleiner 500-Einwohner-Fährort, von dem man nach Sućuraj auf die Insel Hvar und nach Korčula übersetzen kann. Das Dorf liegt unterhalb der Jadranska-Magistrale am Fuß des Rilič-Gebirgzugs, der flacheren Fortsetzung des Biokovo-Gebirges.

Drvenik umfasst die Ortsteile **Donja Vala** sowie das weiter südlich gelegene **Gornja Vala**. Donja Vala mit Fährhafen an der gleichnamigen Bucht bietet etliche Restaurants und Übernachtungsmöglichkeiten. Hinter der Palmenpromenade erstreckt sich ein langer Feinkiesstrand, der zum Baden oder nur zu einem kurzen Sprung ins Wasser lockt. Südlich, eine Bucht weiter und durch den Uferweg verbunden, setzt sich Drvenik im Ortsteil Gornja Vala fort – mit Bademöglichkeit an der schönen, von Aleppokiefern gesäumten *Uvala Delić*. Oberhalb, an den Abhängen des Rilič, liegt das alte Drvenik, **Gornje Drvenik**, in dem die Bewohner bis zum großen Erdbeben 1962 lebten.

Information Touristinformation (TZ), Donja Vala 241, 21333 Drvenik, ☎ 021/628-200. Mai–Okt. Mo–Sa 8–14/16–20 Uhr (Juli/Aug. tägl.). Sonst über TZO Gradac (→ Gradac).

Bukara Tours, Ul. Nikša Ivičević, ☎ 021/628-076, www.bukara-tours.com. Zimmervermittlung.

Verbindungen Fähren: *Trajekt Drvenik–Sućuraj (Jadrolinija):* bis zu 11-mal tägl. (35 Min.); in der Saison zwischen 5 Uhr (nur

Aug.), bzw. 6.30 und 22 Uhr. Pro Pers. 16 KN, Auto 108 KN.

Trajekt (LNP-Line, www.lnp.hr) Drvenik–Dominče (Insel Korčula): Nur Mitte Juli–Ende Aug. tägl. 7.30, 13.30 und 19.15 Uhr.Fahrtzeit 2:15 Std.

Bus: nach Dubrovnik und Split mehrmals tägl. ☎ 021/612-333.

Entfernungen: ca. 18 km nach Ploce, 35 km nach Makarska.

Makarska Riviera

Veranstaltungen Kirchenfest Sv. Juraj am 23. April, großes Fest und Prozession.

Übernachten/Essen Viele nette Unterkünfte, v. a. im Ortsteil Gornja Vala. Private Vermietung ab 20–30 €/DZ. **Appartements** für 2 Pers. ab 35 €.

In Donja Vala **** Hotel Quercus, komplett modernisiert, 86 nette Zimmer, Restaurant, Cocktailbar, Pool und Miniclub. Gute Lage nahe Strand, wird von Gästen sehr gelobt. DZ/F mit Meerblick 116 € (TS 150 €). Mitte April–Anf. Nov. Donja Vala, ℡ 021/604-380, www.hotelquercus.com.hr.

Pension Villa Mario, hübsches Gebäude, nette Zimmer und Appartements. DZ/F ca.

55 €. Donja Vala 11, ℡ 021/628-067, www. vilamario.hr.

Villa Nada & Pizzeria, großes lachsfarbenes, 3-stöckiges Gebäude am Hafen, mit Cafébar und Pizzeria. Hier verpasst man keine Fähre. Donja Vala 189, ℡ 098/453-433 (mobil).

Konoba Bukara, hier gibt es gute marinierte Fische, Fisch vom Holzkohlengrill, schwarzes Risotto oder den Spieß Bukara. Ganzjährig geöffnet. Donja Vala 52, ℡ 021/628-168.

In Gornja Vala *** Pension-Restaurant Sunce, Gornja Vala 8, ℡ 021/628-096.

*** **Pension-Restaurant Adria**, ca. 20 Zimmer, gutes Restaurant mit schöner Terrasse am Strand. Gornja Vala 6, ℡ 021/628-012.

> 🥾 Wanderung 8: Naturpark Biokovo und Rilić-Gebirge   → S. 484
> Leichte, aussichtsreiche Familienwanderung von Gradac nach Drvenik

Zaostrog

Das 270-Einwohner-Dorf verliert im Hochsommer durch die vielen Übernachtungsgäste seine Beschaulichkeit. Doch der 770 m hohe Viter, Zaostrogs Hausberg, und die Bergwelt des Rilić weiter nördlich locken zu einsamen Wanderungen und Mountainbiketouren.

Aus der Ortsmitte ragt der Kirchturm des alten *Franziskanerklosters* in die Höhe, entlang der von Palmen und Kiefern gesäumten Uferstraße mit gepflegtem Kiesstrand reihen sich die Restaurants, Campingplätze, Pensionen und im Hochsommer zusätzliche Kioske. Der Uferweg führt bis zur nächsten kleinen Ortschaft Podaca.

Gornje Zaostrog, das alte Zaostrog, liegt nördlich unterhalb des Hügels Šapašnik an den Abhängen des Rilić-Gebirges und war schon von den Illyrern bewohnt. Dann kamen die Römer, die hier den Mithras-Kult pflegten, wie Reliefs des stiertötenden Gottes dokumentieren. Im 7. Jh. siedelten sich Kroaten an und nannten das Gebiet Ostrog. Um 950 wird Zaostrog von Kaiser Konstantin Porphyrogenetos als *castrum Ostrok* erwähnt. Im 15. Jh. ließen sich die adeligen Brüder Vlatković-Jurjević die Festung am Viter erbauen. Das Kloster am Meer stand damals alleine, das Dorfleben spielte sich oben am Berg ab. Erst ab dem 17. Jh. zogen die Zaostroger nach und nach ans Meer, endgültig aber nach dem großen Beben 1962. Erhalten blieb das *Sv.-Rok-Kirchlein* vom Ende des 17. Jh., etwas höher die gotische Friedhofskirche *Sv. Barbara*, die später barockisiert wurde. Noch weiter nördlich folgt eine ebenfalls *Sv. Barbara* genannte Kirche aus dem Jahr 1872.

Information Tourismusverband, 21334 Zaostrog-Gradac, ℡ 021/629-050. Mitte Juni–Mitte Sept. 8–12/18–20 Uhr; ansonsten telef. Auskunft über TIC-Gradac.

Verbindungen Bus: stündl. nach Makarska und Gradac, Haltestelle an der Küstenstraße.

Diverses Es gibt Postamt, Apotheke, Ambulanz.

Übernachten Im Ort gibt es viele **Privatzimmer** (30–40 €/DZ) und **Appartements** (ab 40 €/2 Pers.), die auch immer nur wenige Räume vermieten; daher am besten ein eigener Blick auf die Webpage des Touris-musverbands Gradac, www.gradac.hr.

Hostel Eklata Zaostrog, nahe dem Meer mit gut ausgestatteten Zimmern (mit AC), Restaurant, Minimarkt und Sportplatz. Ganzjährig. 27 €/Pers. mit Frühstück. Obala hradskih domoljuba b. b., ✆ 021/629-076, www.hosteleleklata.com.

Camping * Autocamp Viter, 1,2 ha großer Platz unter Olivenbäumen mit Blick aufs Kloster, gegenüber dem Strand. Preisgleich wie Dalmacija. April–Okt. A. K. Miošića 1, ✆ 021/629-190, www.camp-viter.com.

** **Resort Dalmacija**, hübscher, gepflegter 1,4-ha-Campingplatz unter Olivenbäumen, dahinter werden schöne Mobilhäuser und in Häusern Appartements/Zimmer mit Balkon vermietet. Restaurant mit Terrasse, Souvenirshop; Strand gegenüber. Geöffnet April–Anf. Nov. 6,70 €/Pers., Zelt 4,70 €, Auto 3,50 €. In der TS 10 % Aufschlag. Obala hrvatskih domoljuba 38, ✆ 098/9736-699 (mobil), 021/629-100.

Autocamp Uvala Borova, am Ortsende (→ Podaca).

Essen & Trinken Restaurant Viterska **Vila**, an der Uferpromenade. Hier isst man sehr gut Fleisch vom Grill. Ganzjährig geöffnet. Obala hrv. Domoljuba b. b.

Restaurant Bracera, an der Uferpromenade mit schöner pflanzengeschmückter Terrasse mit Blick aufs Meer. Leckere Fischgerichte und Scampi. April–Okt. Obala hrv. Domoljuba 14, ✆ 021/629-032.

Wandern/Mountainbike Von Zaostrog bieten sich herrliche Touren, vor allem mit dem Mountainbike, an: Hoch zum alten **Gornje Zaostrog**, dann ca. 200 m oberhalb des Friedhofs rechts halten und die sog. Biokovo-Wanderstraße, die hier im Rilić ihre Fortsetzung findet, Richtung Podaca, Gradac nehmen. Zum 770 m hohen Gipfel des **Viter** gelangt man am besten, indem man bei Podaca-Selo das Fahrrad parkt und sich zu Fuß von der Ostseite (Sv. Ivan-Kapelle) aus gen Gipfel aufmacht. Anschließend kann man hinab über Selo zum Küstenort **Podaca** und zurück nach Zaostrog radeln.

Sehenswertes

In der Ortsmitte steht inmitten eines Oliven- und Zitronenhains das **Franziskaner-kloster** mit schönem Kreuzgang, dessen 800 Jahre altes Eingangsportal mit Inschrift in *Bosanzki* man durch einen einladenden Laubengang mit üppig wucherndem

Schöner Viter-Blick vom Laubengang des Franziskanerklosters

Wein und Pflanzen betritt. Das Kloster wurde zur Keimzelle für die Kultur und das religiöse Schaffen in der Region. Hier lebte und starb der Franziskaner und Dichter *Andrija Kačić Miošić* (1704–1760) (→ Makarska). Die von *Ivan Meštrović* gefertigte Statue des Dichters steht im Klostereingang. Auch der in Zaostrog geborene Dichter *Ilija Despot* (1851–1886) wurde in einer Büste verewigt.

Das **Klostermuseum** zeigt in der ethnografischen Abteilung eine reichhaltige Sammlung schöner Trachten aus der Region, ein Altarbild von 1265, Webstuhl, Ölpresse und historische Küche. In einer kleinen *Galerie* sind Tempera-Bilder von *Mladen Veža* (1916–2010), ein Maler aus Brist, zu sehen sowie 42 Arbeiten seines Zyklus „Abdrücke aus der Kindheit" (→ Kasten S. 298). Eine weitere Abteilung präsentiert ein Lapidarium und Sarkophage, Muscheln und Schalentiere sowie ein altes Neretva-Boot. Besonders beeindruckend ist die rund 20.000 Bände umfassende *Klosterbibliothek,* darunter 24 Inkunabeln und alte deutsche Bücher. Die **Klosterkirche** ziert ein barocker Marmoraltar und Chor sowie eine Orgel des bekannten dalmatinischen Orgelbauers *Petar Markić* aus dem 18. Jh. Nur drei Priester leben heute noch im Kloster, angehende Priester erhalten hier ihre Ausbildung.
Klostermuseum 16.30–19 Uhr.

Podaca

Direkt am Bergfuß des Viter liegt das 220-Einwohner-Dorf an der schönen Podaca-Kiesbucht. Auch Podaca bietet sich als Ausgangspunkt für Wander- und Mountainbiketouren in die nahe Bergwelt des Rilić an.

Auf dem Dorffriedhof steht die altkroatische Kirche **Sv. Ivan** aus dem 12./13. Jh. und ein verzierter Bogomilengrabstein. Gleich daneben wurde im 18. Jh. auf den Fundamenten eines Vorgängerbaus die **Pfarrkirche** mit ihrem abseits stehenden Kirchturm errichtet.

Oben am Beginn des alten Podaca *(Selo)* erinnern die Ruinen eines Wehrturms und Wehrmauern an die Zeit des Kampfs gegen die Türken im 17. Jh. Von hier oben bietet sich ein schöner Blick über den Ort und die Silhouette der Inseln Hvar und Pelješac. Wie in allen Orten der Makarska Riviera verließen auch hier die Menschen nach dem Erdbeben 1962 ihre Siedlungen am Berghang und zogen hinab ans Meer.

Von Podacas Ortsmitte kann man direkt nach *Selo* hoch laufen oder weiter südöstlich nach **Podačko Polje**, zur alten Feldflur von Podaca. Interessant sind hier die *Briške stine*, die Felsen von Brist (→ Brist).

Information Touristinformation, 21330 Podaca-Gradac, ✆ 021/699-517. Mitte Juni–Mitte Sept. 8–11/17–20 Uhr (nur Juli/Aug. abends). Oder über TIC-Gradac.

Übernachten Es gibt viele nette, preiswerte **Privatzimmer** und **Appartements**. U. a. **Pension Branka Pralas**, hier werden 10 nette Zimmer vermietet. Zvirine 2, ✆ 021/699-122.

Camping ** **Autocamp Uvala Borova**, am Ortsanfang (Ende Zaostrog), großer modernisierter 1,7-ha-Platz unter Aleppokiefern, terrassiert zum Meer, ca. 600 Plätze. Restaurant, Market, Internet. Geöffnet Ende April–Mitte Okt. 5,60 €/Pers., Auto 2,90 €, Zelt 3,50 €, Camper 7,60 €; in der TS 15 % Aufschlag. ✆ 021/629-033, www.uvala borova.com.

Essen & Trinken Restaurant Mendi, der Besitzer ist Fischer und so isst man hier bestens fangfrischen Fisch. Ravanje 27, ✆ 021/699-119.

Pension-Konoba Bonaca, ebenfalls an der Uferstraße und nahe am Meer; auch hier gute Fischgerichte. Juni–Mitte Sept. Ravanje 37, ✆ 095/5198-873.

Nachtleben Diskothek Fontana, Ravanje 6. Im Juli/Aug.; nett für Jüngere.

Wandern Den **Berg Viter** erklimmt man am besten von Podaca aus, also von der Ostseite: vom Ortskern hoch über Selo, Ka-pelle Sv. Ivan, noch ca. 30 Min. bergan und dann Wanderweg westwärts (markiert) zum Gipfel nehmen.

Brist

Die Natursteinhäuser des hübschen Fischerdorfs ziehen sich von Palmen und Zypressen umrahmt an der Brister Bucht entlang. Im Hintergrund schützt das Massiv des Rilić-Gebirges gegen die kalten Winde vom Festland.

Zwei geborene Brister machten das 340-Seelen-Dorf weithin bekannt: der Franziskaner, Künstler und Dichter *Andrija Kačić Miošić* (1704–1760) sowie der Maler *Mladen Veža* (1916–2010).

An Andrija Kačić Miošić erinnert in der **Sv.-Margarita-Pfarrkirche** aus dem Jahr 1870 ein von *Ivan Meštrović* geschaffenes *Bronzedenkmal*. In der Nähe steht die 1807 erbaute **Sv.-Ante-Kirche**. Westlich des Hafens ist in der Ul. Slakovac ein *Mosaik* von Mladen Veža zu sehen.

Auch Brist war von den Illyrern bewohnt, steinerne Reste zeugen von der Anwesenheit der Römer. 1571 wird Brist unter dem Namen der Ulme erstmals erwähnt (lat. *ulmus* – kroat. *brijest*). Die alte Siedlung von Brist befand sich oberhalb in den Bergen – ein großer mittelalterlicher Grabstein (stećci), die Ruinen der barocken **Sv.-Margarita-Kirche** und das Geburtshaus von Andrija Kačić Miošić sind noch erhalten. Auf dem *Briške stine*, dem Brister Hausberg, steht das malerische Kapellchen **Gospe od Andela na Zakladnici** von 1776.

Information Touristinformation (→ Gradac).

Übernachten/Essen *** Pension Franka, hübscher Neubau vor Palmen am Meer. Nette Zimmer/Appartements mit Balkon, je nach Lage und Größe von 45 (2 Pers.) bis 140 € (5 Pers.). Liegestühle und Sonnenschirme stehen bereit. Es gibt auch eigenen Rotwein, Grappa und gutes Olivenöl. Fam. Veža, Blatnice 3, ✆ 021/699-276, www.pansionfranka.com.

≫ Mein Tipp: *** Hotel Riva, nettes kleines und hübsches Hotel mit Restaurant direkt am Strand im kleinen Zentrum. Nach Eigentümerwechsel nun ein sehr freundliches und bemühtes Personal. Die gut ausgestatteten Zimmer verfügen über einen Balkon. Slakovac 8, ✆ 098/1787-804 (mobil), www.riva-brist.com. ≪

Konoba Mala Mare, südlich des Zentrums, herrlicher Blick hinab aufs Meer. Spezialitäten

Brist – Heimat von Mladen Veža

sind Lammzunge vom Grill, dazu eigenes ökologisch angebautes Gemüse. Juni–Sept. Miośići 7, ℡ 021/699-396.

Baden   Rund um den Ort am gepflegten Feinkiesstrand.

Wandern   Von Brist bergauf zum alten Ortsteil, vorbei am **Briške stine** (s. o.) und weiter auf der **Biokovo-Rilić-Wanderstraße** (BPS), die hier vorbeiführt.

Danach z. B. weiter Richtung Süden bis **Grnćenik** (BPS-Punkt 4), von dort einen Pfad talwärts nehmen und wieder zurück nach **Brist**.

Mladen Veža – der große kroatische Maler des 20. Jahrhunderts

Mladan, wie man ihn als Schüler rief, wurde 1916 in Brist als eines von neun Kindern einer armen Hirtenfamilie geboren. Weil Papier und Bleistift ein kaum erschwinglicher Luxus waren, malte Mladan anfangs nur selten und bearbeitete umso eifriger das harte Olivenholz. Doch der Dorfschullehrer war von den wenigen malerischen Arbeiten so begeistert, dass er für Mladan ein Stipendium an der staatlichen Handwerksschule in Zagreb beantragte. Mladan ging eigentlich mit der Absicht nach Zagreb, die Bildhauerei zu erlernen, doch der ihn betreuende Lehrer riet ihm ab: „Für Bildhauerei bist du zu schwach, du kannst die riesigen Steine nicht heben. Lern lieber Malerei, deine Zeichnungen sind ausgezeichnet."

Mladen bereute nie, diesen Rat befolgt zu haben und studierte nach der Handwerksschule an der Kunstakademie Malerei. Schon ab 1938 folgten erste Ausstellungen. 1950 ging Mladen für einige Jahre nach Paris, hier entstand sein „Pariser Zyklus". Nach der Rückkehr lebte er wieder in Zagreb sowie mehrere Monate im Jahr in seinem Heimatort im Atelier. Hier entstand sein bekannter Zyklus „Abdrücke aus der Kindheit" – 42 Bilder daraus sind im Museum des Franziskanerklosters in Zaostrog zu besichtigen.

Mladens zentrale Themen sind die Dörfer am Biokovo, die Bauern und Fischer, denen er seine ganze Aufmerksamkeit widmet und deren Kraft er als wertvollen Grundstein seines Volkes sieht.

Selbst 90-jährig malte Mladen fast immer noch bis zu 12 Stunden am Tag und verbrachte die Sommermonate in Brist. Doch viel redete er nicht mehr, denn „die Gleichaltrigen sind tot, und die Jungen hetzen und haben keine Zeit", resümierte er und war traurig über die verschwundenen Werte seiner Zeit. Im Herbst 2010 starb Mladen Veža – er zählt zu den bekanntesten kroatischen Malern des 20. Jh.

Gradac

Das 1200-Einwohner-Städtchen liegt auf einer Halbinsel unterhalb der Küstenstraße, im Hintergrund die Rilić-Bergkette. Ein schöner, kieferngesäumter Strand zieht sich kilometerlang um Gradac, das Hinterland bietet sich für Wanderungen oder Mountainbiketouren an und am Abend lädt die lange Uferpromenade zum Flanieren ein.

Bei Gradac endet die Makarska Riviera. Von der Landzunge kann man noch einmal das malerische Panorama der Küste und des Biokovo in all seinen Schattierungen betrachten – gegenüber schweift der Blick über Hvar und die Halbinsel Pelješac mit dem markanten Sv.-Ilja-Berg.

Das nette Badestädtchen Gradac und die Rilić-Bergkette

Die Römer lebten hier offenbar weitaus feudaler als anderswo in der Umgebung. Kein Wunder – Gradac lag an der wichtigen römischen Militärstraße von Salona (Split) nach Narona (Metkovic). Man fand Ziegelreste für den Bau von Thermen, Säulen, Sarkophage, Grabbeigaben und Münzen, die man auf das 1. bis 5. Jh. datiert. Im 10. Jh. wird der Ort von Kaiser Konstantin Porphyrogennetos als eine der befestigten Städte des Fürstentums Neretva genannt. 1417 erwähnt der bosnische König Stjepan Tvrtko den Ort unter dem Namen *oppidum Labcian*. Unter dem heutigen Namen taucht Gradac erstmals 1649 in den Annalen auf, benannt nach der Befestigung (grad), die sich oberhalb auf einer Anhöhe befand und wahrscheinlich während des türkisch-venezianischen Krieges um Kreta (1645–1669) errichtet, später von den Venezianern aber selbst wieder geschleift wurde.

Sehenswert ist die 1852 erbaute **Sv.-Mihovil-Pfarrkirche** auf der Halbinsel im Ort sowie der schöne steinerne Brunnen von 1891 am Trg Soline, am Meer.

Basis-Infos

Information Touristinformation (TIC), Trg Soline (kurz vor dem Hafen), 21330 Gradac, ✆ 021/697-375,   -511,   www.tzo-gradac.hr. Juli/Aug. tägl. 8–22 Uhr, Juni u. Sept. 8–14/16–21 Uhr, Mai u. Okt. Mo–Sa 9–14 Uhr, sonst Mo–Fr 8–15 Uhr. Zimmerinfo, Ausflüge, Autovermietung etc.

Agentur Borich, Gornjoprimorska (oberhalb der Uferpromenade), ✆ 021/697-593.

Agentur Instikt Travel, Stari porat 1, ✆ 021/697-237, 098/9128-868 (mobil). Organisierte Wandertouren in den Rilić und Ausflüge.

Verbindungen Bus: Haltestelle oben an der Magistrale kurz nach der Tankstelle.

Halbstündl. nach Makarska und Ploče, stündl. nach Split und Dubrovnik, Expressbusse nach Zagreb (nur nach Reservierung Stopp).

Entfernungen: Makarska 42 km, Split 110 km, Ploče 13 km, Dubrovnik 110 km.

Fahrzeugverleih Fahrradvermietung beim Hotel Laguna, zudem an verschiedenen Plätzen, Infos über TIC.

Scootervermietung, Bepo, ✆ 021/699-586.

Gesundheit Ambulanz, ✆ 021/697-616; Apotheke, ✆ 021/697-666; beide im gleichen Gebäude, an der Ecke Jadranska cesta/Konopljike.

Übernachten/Essen & Trinken

Übernachten Im Ort ausreichend **Privat-zimmer** für ca. 30–40 €/DZ sowie **Apparte-ments** ab 40 €/2 Pers. Verzeichnis über die TIC. Nette, familiär geführte Pensionen sind u. a. **Pension-Restaurant Sunce**, Obala 36, ℡ 021/697-509; **Pension Posejdon**, Obala b. b., ℡ 021/697-099; **Pension Vice**, Lovora 1 (nahe Hotel Labineca), ℡ 021/697-150.

*** **Hotel Labineca – All-incl.**, riesig, umfassend und alles unter einem Dach im 6-stöckigen Gebäude in Form eines Katamarans, am nördl. Ortsbeginn, direkt am Meer. 152 komfortable Zimmer/Appartements, alle mit Balkon und Meeresblick. U. a. Hallenbad, Fitness, Swimmingpool, Tennisplatz, Tauchclub, Boots- und Fahrradvermietung, Restaurant, Bar, Diskothek. 90 €/Pers.-All-incl.; auch HP möglich. Zudem Appartement für 2–6 Pers. Ostern–Okt. Jadranska cesta 2, ℡ 021/608-510, www.hotellabineca-adriatiq.com.

》》 Mein Tipp: *** **Hotel Marco Polo**, hübsches, von Palmen umgebenes kleines Innenstadthotel an der südl. Uferpromenade im Zentrum. Gemütliche, komfortable Zimmer teils auch mit Balkon, nette Caféterrassen und Minipool. Bester Service – nicht umsonst erhielt das Hotel Auszeichnungen. Angeschlossen ein sehr gutes Res-taurant (s. u.). DZ/F 110–168 €. Ostern–Okt. Obala 18, ℡ 021/695-060, www.hotel-marco polo.com. 《《

**** **Hotel Saudade**, am ruhigen südl. Ortsende und Strand, erst 2010 eröffnet. Komfortables, elegantes 28-Zimmer-Hotel mit Restaurant, Fitnessraum, Sauna etc. Geöffnet Ostern–Okt. DZ/F 128 und 138 € (TS 148 bzw. 160 €). Šet. dr. Nike Andrijaševića II, ℡ 021/697-304, www.hotel-saudade.hr.

Essen & Trinken Restaurant Malo Misto, am Hafen mit Terrasse, dalmatinische Küche und frische Fische vom frühmorgendlichen Fang. Stari Porat 1, ℡ 021/697-515.

》》 Mein Tipp: Restaurant Nikolo Polo, dem Hotel Marko Polo angeschlossen und „die" Adresse für verwöhnte Gaumen. Nettes Ambiente mit schöner, erhöhter Terrasse, Wintergarten mit Kamin und auch Sitzmöglichkeiten direkt an der Ufermauer am Meer. Fangfrischer Fisch, Škampi, Peka- und Fleischgerichte, Gemüse nach Saison. Ostern–Nov. Obala 18, ℡ 021/697-185. 《《

Café-Cocktailbar Vrisje, an der Uferpromenade, nett zum Sitzen tagsüber und abends. Obala 31.

Wandern/Wassersport

Auf den Wanderungen in der Umgebung von Gradac – von der Ortsmitte in nordwestlicher Richtung – sind etliche altertümliche Reste und Ruinen zu entdecken: oberhalb der Küstenstraße im Weiler **Čista** (s. a. Wanderung von Gradac nach Drvenik) die Ruinen eines zweigeschossigen Wehrturms mit Schießscharten, 1661 zur Türkenabwehr errichtet. Daneben ein alter Friedhof, illyrische Steinhügelgräber und Reste einer Barockkirche.

Wanderung von Gradac zum Berg Sv. Paškal: Die aussichtsreiche markierte Wanderung (3,9 km einfach; ca. 2 Std. Gehzeit; es gibt keine Wanderkarte, nur einen Übersichtsplan, der ausreichend ist; rutschfeste Schuhe und ausreichend Wasser erforderlich) führt von Gradac bergan zum Friedhof mit Kapelle *Sv. Ante*. Anschließend passiert man die alten Natursteinhäuser des Weilers *Mljačići*, kurz danach zweigt der markierte Wanderpfad (Sv. Paškal/Sv. Ilija) nach links ab und führt durch Aleppokiefernwald stetig bergan – mit jedem Höhenmeter wird der Blick auf Gradac und entlang der Küste mit der Halbinsel Pelješac gegenüber fantastischer. An einer Weggabelung halten wir uns rechts, d. h. wir bleiben auf diesem uralten Handelsweg, der von der Küste ins Landesinnere (Richtung Straševica und Vrgorac) führt. Nach rund 1:30 Std. Wegzeit erreichen wir den 726 m hohen Sattel *Graćke stine* (Felsen von Gradac) und genießen den Weitblick. Hinter uns erhebt sich der Sv. Ilija (773 m), dessen Gipfel man auf diesem alten Weg in 1 Std. erreichen kann – in der Ferne schimmert die Dinarische Bergkette, das Grenzgebirge zu Bosnien-Herzegowina.

Wir gehen an der Wegkreuzung am Sattel links bergauf (markiert). Allerdings muss man die Markierung im weiteren Wegverlauf teils suchen, der Pfad verliert sich oft zwischen Felsen und Disteln – zur Orientierung dienen die Bergkante oder Schafsknöllchen – die Tiere finden den einfachsten Weg. Nach maximal 0:30 Std. ist man am Ziel, am 838 m hohen *Berg Plana*, und blickt auf die Ruine der rund erbauten *Sv.-Paškal-Kapelle* aus dem 19. Jh. Der Weitblick ist gigantisch – unter uns Gradac und die buchtenreiche Makarska Riviera, der Biokovo-Rilić-Bergzug, die in allen Blautönen schimmernde Adria, die Süddalmatinischen und ein Teil der Mitteldalmatinischen Inseln. Auch der Weitblick gen Nordosten ist endlos – Hügelketten und Täler, von dunkel- bis zartblau-grün in der Ferne.

Baden Am kilometerlangen Feinkiesstrand nördlich und südlich von Gradac; südlich schön schattig durch Aleppokiefern.

Tauchen/Wassersport Tauchclub Felun, Obala b. b., ✆ 021/697-370, 098/265-160 (mobil).

Wassersportgeräteverleih, Bootsvermietung im **Hotel Labineca**.

🚶 **Wanderung 8: Naturpark Biokovo und Rilić-Gebirge**   → S. 484
Leichte, aussichtsreiche Familienwanderung von Gradac nach Drvenik

---

⟫ Weiterfahrt ins Neretva-Delta: Hinter Gradac windet sich die Jadranska-Magistrale weg von der Küste, hinein in die bergige Karstlandschaft mit den *Baćinska-Seen*. Danach führt sie wieder abwärts und ein ungewohnter Anblick tut sich auf: eine weite, fruchtbare Wasserlandschaft – das *Neretva-Delta* (s. S. 302).

Makarska Riviera

Neretva-Delta – einst Piratenversteck, heute fruchtbar gemachtes Land

Orebič (Halbinsel Pelješac)

Süddalmatien

Neretva-Delta – in den Sumpfgärten gedeiht es ganzjährig üppigst

Süddalmatien

Die sonnenverwöhnte Region zieht sich vom fruchtbaren **Neretva-Delta** mit der Hafenstadt Ploče, der Industrie- und Grenzstadt Metkovič und dem antiken Narona nach Süden mit kurzer Unterbrechung des Küstenstreifens von Bosnien-Herzegowina. Anschließend folgt das **Küstenland von Dubrovnik** mit den Orten Slano, Trsteno mit Arboretum, Zaton und der tiefen Rijeka-Bucht mit großem Jachthafen und endet im Süden in Dubrovnik, der „Perle der Adria". Südlich schließt sich die **Župa Dubrovačka** mit dem touristischen Hauptort Cavtat an. Das ruhige Schlusslicht dieser langen Küste bildet die **Konavle-Region** mit dem Örtchen Molunat. Der Küste vorgelagert sind zahlreiche **Süddalmatinische Inseln**: die Halbinsel Pelješac, die Inseln Korčula, Mljet, Lastovo und der **Elaphiten-Archipel**.

Neretva-Delta

Das von Kanälen durchzogene Neretva-Delta umfasst neben dem gleichnamigen Fluss ein 196 km² großes Gebiet. Es erstreckt sich von Ploče bis Klek an der Küste sowie landeinwärts entlang der Neretva bis zur Industrie- und Grenzstadt Metković und dem bereits zu Bosnien-Herzegowina gehörenden Hutovo-blato-Naturpark.

Seit frühester Zeit war das Neretva-Delta ein wichtiger Zugang vom Meer ins Hinterland. Von hier gelangt man nach Metković, Mostar und Sarajevo in Bosnien-Herzegowina. Die heute überaus fruchtbare Ebene der Neretva-Mündung war früher ein undurchdringliches Sumpfgebiet – die mit mannshohem Schilf bewachse-

Neretva-Delta

nen Ufer boten den Piraten (→ Kasten Einleitungsteil: Geschichte, S. 27) und ihren Booten mit umlegbaren Masten ein sicheres Versteck. Später wurden die malaria-verseuchten Sümpfe trockengelegt und in fruchtbares Ackerland verwandelt. In den verbliebenen Sümpfen, besonders im *Hutovo-blato-Naturpark* östlich von Metković, nisten bis heute 235 verschiedene Wasservogelarten, vor allem Zugvögel – das *Ornithologische Museum* in Metković informiert ausführlich zu diesem Thema. Die Neretva entspringt im bosnischen Landesinneren in den 2000 m hohen *Zelena-Gora*-Bergen, bricht sich über Mostar und Metković ihren Weg durchs Küstengebirge und erreicht nach knapp 220 km das Meer. Bis zur Grenzstadt *Metković*, dem Hauptort des Flussdeltas und Umschlagsort für landwirtschaftliche Produkte, ist die Neretva schiffbar. Das Delta wird zum Anbau von Früchten und Gemüse genutzt – auf den langen, schmalen, von Wasser umgebenen Parzellen gedeihen Feigen (Ernte ist zweimal!), Melonen, acht verschiedene Mandarinen- und Orangensorten (Ernte ist von September bis Dezember), Kiwis, Paprika, Kartoffeln und vieles mehr; zudem gibt es Frösche und leckere Forellen und Aale aus der Bermuda-See, die hier ihren Laich ablegen und in der Flussmündung sterben. Im Neretva-Delta und an den Nebenarmen Norin und Črna Rijeka kann man wunderbare Ausflugstouren mit den Lađa-Booten unternehmen – Froschkonzerte und Picknick inbegriffen.

Anfahrt/Weiterfahrt Ab Gradac (Makarska Riviera) bis hinunter nach Klek und weiter nach Neum (Bosnien-Herzegowina) sind es ca. 55 km. Dabei durchquert die Küstenstraße die Republik Bosnien-Herzegowina. Wer die Grenze umgehen möchte, benutzt die Fähre von Ploče nach Pelješac. Viele Kroaten besuchen Bosnien-Herzegowina, um hier zollfrei einzukaufen, aber auch, um z. B. von Dubrovnik nach Split zum Arbeits-platz zu gelangen, was beides entsprechende Kontrollen nach sich zieht. EU-Bürger dagegen können meist ungehindert durchfahren. Geplante Alternativen stoßen immer wieder auf Widerstand: eine Brücke (südlich von Klek nach Brijesta/Pelješac – die Brückenpfeiler stehen schon), ein Tunnel, die Autobahn A 1, die weiterführt gen Dubrovnik. Aktuell versucht man eine gemeinsame Lösung zu finden.

Baćinska-Seen – eine unberührte und malerische Wasserlandschaft

Baćinska jezera

Kurz nach Gradac entfernt sich die Jadranska-Magistrale von der Küste, die schroffen Felsen des Biokovo-Gebirges laufen in weiche, grüne Hügel aus. Nördlich liegen die Karstbecken der pappelgesäumten Baćinska jezera, sieben Süßwasserseen, deren Wasserstand durch Tunnel und Kanäle reguliert wird – von der Magistrale genießt man einen weiten Blick auf die Seenkette. An den Seen kann man prächtige Meeräschen, die durch diese Verbindungen vom Meer in die Seen gelangen, angeln und Boot fahren. In den Orten **Baćina** (an der Magistrale) und **Peračko Blato** (Straße nach Vrgorac) kann in Pensionen genächtigt werden.

Bootstouren Auf dem See können herrliche Bootstouren unternommen werden. Die Pensionswirte (s. u.) sind gerne behilflich, bzw. fahren selbst.

Veranstaltung Festival 7 Lakes (www.7jezera.info), 4-Tages-Rockmusikfestival, meist 3. Juliwoche; dann darf auch gezeltet werden.

Übernachten/Essen Entlang der Magistrale einige gute Pensionen und Restaurants, in denen die vorzüglichen Süßwasserfische serviert werden, z. B.:

Restaurant Baćinska jezera, schöner Blick auf die Seen und frische Forellen und Meeräschen auf dem Teller.

*** Restaurant-Pension Galeb, Natursteinhaus in Alleinlage oberhalb des Meeres; neben einem guten Restaurant mit schöner Terrasse, die herrlichen Blick aufs Meer bietet, werden 6 nette Zimmer vermietet; Parkplätze vor dem Haus. Gornja Baćina (ca. 2,5 km nördlich von Ploče), ☎ 020/677-513, www.galeb.com.hr.

*** Villa Baćina, auf halbem Weg zwischen den Seen und Ploče (1 km), am Meer mit Strand gelegenes stattliches Haus. Es gibt 3 Appartements, WiFi. Für einen Stopp durchaus zum empfehlen. Nike Katića 4, ☎ 020/676-068, 095/8375-913 (mobil).

Empfehlenswerte Zimmer- u. Studiovermietung in Baćinska Jezera und alle nahe dem See: u. a. **Fam. Ranka Galić** (****), Haus-Nr. 25, ☎ 020/670-682. **Fam. Nikola Marinović** (****), Haus-Nr. 50, ☎ 091/7327-176 (mobil); hier hat man direkte Seelage. **Fam. Ivan Franić** (***), Haus-Nr. 46, ☎ 092/1252-702 (mobil).

Ploče

Die Hafenstadt nahe der Neretva-Mündung ist Fährhafen für Trpanj auf der Halbinsel Pelješac. Zudem ist Ploče Endstation der Eisenbahnlinie von Sarajevo, über die der Export von Erz, Holz und Bauxit läuft.

Ploče, eine historisch junge Stadt mit 11.000 Einwohnern, wurde im Krieg von 1991 stark beschädigt. Bis 1979 war sie auf den Landkarten unter dem Namen Ploče eingezeichnet, dann 10 Jahre unter Kardeljevo, dann wieder unter ihrem alten Namen. Über Pločes Skyline thront auf einem Berg die **Burg**, die Hafenbucht ist voll mit großen Frachtern. Es gibt eine Strandpromenade, Cafébars, Gostionas, Supermarkt, Kaufhaus und einige nette Veranstaltungen – doch trotz aller Angebote wirkt die Stadt leer. Wer übernachten oder einen Stopp einlegen möchte, findet an der Makarska Riviera lauschigere Plätze. Die neu erbaute Autobahn wird in Zukunft wohl mehr Urlauber in diese Region bringen.

Information   Tourismusverband (**TZ**), Vladimira Nazora 45 (gegenüber vom Hafen), 20340 Ploče, ℡ 020/679-510. Mo–Fr 8–14 Uhr.

Jadrolinija, am Hafen, ℡ 020/679-321.

Verbindungen   Schiff: *Trajekt Ploče–Trpanj (Jadrolinija):* in der Saison bis zu 7-mal tägl. 5–20 bzw. 19.30 Uhr, danach nur 4-mal tägl.; pro Pers. 32 KN, Auto 138 KN, Fahrtzeit 60 Min.

Bus: nach Dubrovnik 8-mal tägl., nach Split 10-mal tägl.

Geldwechsel/Post   Dubrovačka Banka, gegenüber vom Hafen (Innenhof). **Post**, südl. vom Hafen.

Veranstaltungen   Lađa-Marathon, 2. Sa im Aug. mit den großen Booten (→ Metković). **Trupijada**, letzter Sa im Juli, Bootsrennen in Ploče mit traditionellen kleinen Booten, Musik etc. Auch hier und in den umliegenden Orten werden im Sommer die **Fischernächte** mit Wein und Sardinen gefeiert.

Übernachten/Essen   ** Hotel Bebić, kleines 40-Zimmer-Hotel am Bootshafen (gegenüber Fährhafen) und beim Sportplatz;

Restaurant, Parkplätze. Gut und günstig und für einen Stopp o. k. Ganzjährig geöffnet. DZ/F 72 €. Kralja Petra Krešimira IV, ℡ 020/676-400, www.hotel-bebic.hr.

Restaurant Fulin, an der Hafenpromenade mit Terrasse. Hier wird gute traditionelle dalmatinische Küche serviert. Tägl. 8–23 Uhr. Vladimira Nazora 43, ℡ 091/9084-388 (mobil).

Restaurant-Pension Pečina, ca. 1 km außerhalb in Richtung Baćina. Hier speisen Sie wie die Piraten – in einer Höhle. Gelobt wird v. a. der Grillteller. Plinjanska 5, ℡ 020/679-665, -705.

≫ Mein Tipp: Restaurant Teta Olga, 2 km südl. in Rogotin, kurz vor Überquerung der Neretva und nach der Autobahnauffahrt; mit fantastischem Blick über die Neretva-Landschaft. Spezialitäten sind Meeres- und Süßwasserfische, aber auch Froschschenkel und Aale, auch Fleischgerichte gibt's. Tägl. 8–23 Uhr. Mostina 7, 98 956 4904 ≪

Weitere Restaurants (→ Baćinska jezera, → Opuzen).

Weiterfahrt: Ein kurvenreiches Sträßchen führt in 28 km durch eine malerische, hügelige Landschaft mit fruchtbaren Taleinschnitten und Felseninseln nach Vrgorac (→ Vrgorac). Wer gen Norden möchte, nimmt die Autobahnauffahrt zur A 1, wer weiter gen Süden in Richtung Dubrovnik möchte, nimmt die Straße von Ploče kommend über die Neretva-Brücke. Vor einem liegt eine weite, fruchtbare, von einem Kanallabyrinth durchzogene Ebene, ein fantastischer Anblick. An der Durchgangsstraße Stände mit Gemüse, Obst und allem, was der fruchtbare Boden hervorbringt.

Neretva-Delta

Opuzen

Malerisch breitet sich Opuzen am Flussufer aus – auf den ersten Blick. Auf den zweiten macht es einen ärmlichen, heruntergekommenen Eindruck, der in krassem Gegensatz zur prallen Fruchtbarkeit der Gegend steht.

Opuzen liegt nördlich der Neretva, 12 km flussaufwärts der Mündung und ca. 1 km nördlich der Jadranska-Magistrale in Richtung Metković. Auch hier richtete der Krieg der 1990er-Jahre große Schäden an.

Sklavenhandel an der Neretva

Dass in der Gegend um die Burg Brštenik und Gabela (bei Metković) Sklaven gehalten wurden, geht aus einem Dubrovniker Statut aus dem Jahr 1272 hervor, das die gesellschaftliche Stellung der Rechtlosen beschreibt. Die Sklaven wurden vor allem in Bosnien, vorwiegend aus der bogomilischen Bevölkerung, gekauft und an Venedig, Genua, Sizilien bis nach Tripolis an die afrikanische Küste mit Gewinn verkauft. Gegen diesen „Handel mit Menschenfleisch an der Neretva" setzten sich die bosnischen Könige im 14. Jh. zur Wehr – mit Erfolg. 1400 verbot der Senat von Dubrovnik den Menschenhandel, ab 1416 war auch der Transport von Sklaven auf Dubrovniker Schiffen untersagt. Wer dem zuwiderhandelte, musste mit Kerkerstrafe in den Verliesen des Dubrovniker Rektorenpalasts und einer zusätzlichen Geldstrafe rechnen.

Bootsausflug auf dem Črna Rijeka

Erstmals wird der Ort 1333 mit dem Namen *Posrednica* in einem Kaufvertrag zwischen der Republik Dubrovnik und dem serbischen König Dušan erwähnt. Ende des 15. Jh. erbaute hier der kroatisch-ungarische König Matthias Corvinus die Festung Koš. 1686 kamen die Venezianer, die Namengeber des Ortes. Sie bauten im 17. Jh. auf die alte Festung ein Fort im Grundriss eines fünfeckigen Sterns, das sie *Fort Opus* (starke Festung) nannten. Das Städtchen entwickelte sich um die Zitadelle und hatte seine Blütezeit im 18. Jh. Mit dem Ausbau von Metković zur Hafenstadt verlor Opuzen seine Bedeutung.

Opuzen/Umgebung

Südlich des Ortes sind auf einem Berg bei **Podgradina** die Ruinen der *Burg Brštenik* erhalten, die König Stjepan Tvrtko 1383 zum Schutz seiner Schiffswerft erbauen ließ. Bis 1395 war hier eine Dubrovniker Handelskolonie, in der unter anderem Sklaven gehandelt wurden. Die Burg wurde im 15. Jh. von den Türken zerstört, von den Venezianern 1686 wieder aufgebaut, ab 1878 benutzten sie die Österreicher für ihre militärischen Zwecke.

Bei einer herrlich erholsamen Lađa-Bootstour entlang des *Črna Rijeka* (Schwarzer Fluss) in Richtung *Kuti-See* hat man einen schönen Blick auf die *Burg Brštenik*. Zu sehen gibt es viele Sumpfvögel, Seerosen und unendlich viele Frösche; je nach Jahreszeit ist ein Picknick mit Feigen, Mandarinen und natürlich einem *Loža* möglich. Bei schönem Wetter kann man im Kuti-See (4–12 m tief) eine Villa rustica mit Kirche sehen.

Das Mündungsgebiet der Neretva und die große seichte Meereseinbuchtung beim Ort **Blace** (7 km südlich von Opuzen) sind beliebte *Windsurf- und Kitegebiete.*

Kula Norinska, pflanzenumwuchert

In **Kula Norinska**, rund 6 km nordöstlich von Opuzen, steht oberhalb der Neretva ein runder *Wehrturm* mit teilweise erhaltener Wehrmauer, der um 1500 von den Türken gebaut wurde. 1684 eroberten die Venezianer das sechsstöckige Bollwerk, 1716 wurde es erneuert und diente ab 1811 bis zum Anfang des 20. Jh. als Windmühle. Wenige Kilometer nördlich mündet der Fluss Norin in die Neretva. Folgt man der Norin flussaufwärts, kommt nach 2 km der Ort **Momići**. Von hier aus werden Lađa-Bootstouren durch das Sumpfgebiet des Norin zum Ort **Vid** unternommen. In diesem Sumpfgebiet, seit 2004 ein Naturschutzgebiet, liegt unter Wasser das Antike Narona (→ Metković).

Bootsausflüge ⟫ Mein Tipp: Viele Hotels und Pensionen bieten Bootstouren inklusive nettem Picknick (Käse, Schinken, Oliven, Feigen, Wein und Softdrinks) auf den Flüssen Norin und Crna Rijeka an – ein tolles Erlebnis. ⟪

Übernachten/Essen In Blace, ca. 10 km südl. von Opuzen am Rande des Neretva-Deltas gibt es einige Privatunterkünfte und einen Campingplatz.

*** Hotel-Restaurant Villa Neretva, in Krvavac (2 km östl. von Opuzen) an der Neretva. Das modern gehaltene Restaurant zählt zu Kroatiens besten! Spezialitäten sind Fischgerichte (Süßwasser- und Meeresfische). Es werden Bootstouren auf dem Crna Rijeka in Richtung Kuti-See organisiert. DZ/F ab 53 €. Krvavac 2, ☎ 020/672-200, www.hotel-villa-neretva.com.

⟫ Mein Tipp: Pension-Restaurant Lopoč (= Seerose), vor dem Ort Momići am Fluss Norin. Sehr gute Küche, spezialisiert auf Süßwasserfische und Frösche. Im Nebenhaus sehr gemütlich gestaltete Zimmer. Auf der Norin werden Bootstouren inkl. Picknick organisiert. Ganzjährig. ☎ 020/693-525, -034, www.restaurant-lopoc.com. ⟪

Camping ⟫ Mein Tipp: *** Autocamp Rio, am Meer mit Sandstrand – der Sand ist überall! Anfahrt von der Magistrale ortsauswärts Richtung Klek (ausgeschildert), ca. 7 km. 1,5-ha-Gelände inmitten von Zitrusplantagen und Schilf. Restaurant, Market, Bootsverleih, Schiffsanlegestelle in der Nähe. Der Platz ist beliebt bei Windsurfern und Kitern. Geöffnet Mai–Okt. Put Zlatinovca 23, ☎ 020/692-303. ⟪

Neretva-Delta

Metković

Die Industrie- und Hafenstadt mit wichtiger Eisenbahnverbindung für Güterverkehr ins Hinterland bietet wenig Aufregendes. Sehenswert aber ist das Ornithologische Museum und im nahen Dorf Vid die antike Ausgrabungsstätte Narona.

Das 16.000-Einwohner-Städtchen 6 km flussaufwärts von Opuzen ist der kroatische Grenzort zu Bosnien-Herzegowina. Bootsbesitzer können also z. B. auch bis Metković fahren. Im 15. Jh. wird der Ort als *Metkovići* erwähnt. Mit den Venezianern kam im 17. Jh. der Aufschwung der Stadt. 1716 siedelten sich viele Bewohner aus dem nahen *Gabela* an (→ Kasten), da Metković Grenzstadt zum Osmanischen Reich wurde. Gabela war damals ein wichtiger Handelsplatz für den Salzhandel der Republik Dubrovnik. Und Metković war und blieb Grenzstadt – unter den Franzosen, den Österreichern und heute in der kroatischen Republik.

Seinen Ausbau als Hafenstadt, Eisenbahnhaltepunkt (heute nur noch für den Güterverkehr) und politisches Zentrum hat Metković den Österreichern zu verdanken. Ende des 19. Jh. legten sie den Hafen an, bauten die Bahnlinie nach Mostar und Sarajevo und die Wirtschaft der Stadt blühte auf. Zudem war Metković durch Schiffslinien mit Triest und Rijeka verbunden, nach dem Ersten Weltkrieg wurde es zu Jugoslawiens wichtigstem Einfuhrhafen und nach dem Zweiten Weltkrieg zu einer bedeutenden Industriestadt.

Erholsame Flussfahrt mit Picknick auf der Norin

Ornithologisches Museum: Präsentiert werden 240 verschiedene Vogelarten, die den Großteil des Jahres das nahe gelegene Sumpfgebiet *Hutovo blato* und das Neretva-Delta bevölkern – sehenswert. Mo–Fr 7.30–15 Uhr. Kralja Zvonimira 4 (nahe TIC) 4, ✆ 020/681-110.

Antikes Narona: 4 km nordwestlich von Metković, zwischen **Vid** und **Momići** am Norin-Fluss. Narona wurde im 5. und 4. Jh. v. Chr. von den Griechen gegründet, und dank der Schiffbarkeit der Neretva entwickelte sich die Siedlung zu einem Handelszentrum zwischen den ebenfalls griechischen Inseln Hvar, Vis, Korčula und dem Binnenland. Ab dem 1. Jh. v. Chr. kam Narona unter römische Herrschaft und setzte seine Blütezeit fort. Julius Caesar besuchte Narona 54 v. Chr. und gab ihm den Ehrentitel *Colonia Julia Narona*. Nachdem sich das Christentum im Römischen Reich etabliert hatte, wurde Narona Bischofssitz. Gegen Ende des 7. Jh. – Narona hatte sich neben Salona (→ Split) zur größten Stadt an der adriatischen

Antikes Narona bei Vid – die Ausgrabungsstätte zeit u. a. die röm. Kaiserstatuen

Ostküste und zum Verwaltungs- und Gerichtszentrum für 89 Städte im südlichen Illyrien entwickelt – kamen die Awaren und zerstörten es. Um den Ort Vid und im Fluss und Sumpfgebiet des Norin gibt es zahlreiche archäologische Fundstellen mit Überresten von Mauern, Thermen und Tempeln, Sarkophagen und Grabdenkmälern, und die Ausgrabungen sind noch lange nicht beendet. Auf den Fundamenten der einstigen Akropolis erbaute man 1961 die *Kirche der Eismadonna* (Gospa ledena).

Gabela, das alte Troja?

Der mexikanische Philologe *Roberto Salinas Price* veröffentlichte 1985 sein Buch „Homers blindes Publikum", in dem er zu beweisen versuchte, das antike Troja sei nicht in Kleinasien, sondern hier an der Neretva beim heutigen Gabela zu finden. Gabela sei also die wahre Heimat der Trojaner, von hier sei der Trojanische Krieg um die schöne Helena geführt worden und von hier sei Odysseus auf seine von Homer besungenen Fahrten aufgebrochen. Price versuchte seine Theorie durch Zeichnungen und Ausgrabungen zu belegen. Wie auch immer: Gerade in der Dalmatinischen Inselwelt (z. B. Mljet) taucht, unabhängig von Price, immer wieder der Name Odysseus auf ...

In **Vid** wurde 2007 nach langjährigen Bauarbeiten ein **Archäologisches Museum** über der wichtigsten Fundstelle, dem Augustus-Tempel (10 v. Ch.) errichtet. Gezeigt werden neben 900 Fundstücken die hier ausgegrabenen und sehr gut erhaltenen 16 Statuen der kaiserlichen Familie von Augustus bis Vespasian. Das Museum zählt mit seinen antiken Ausstellungsstücken zu den bedeutendsten des Landes.
Arheološki muzej, Vid, ☏ 020/687-149, www.a-m-narona.hr. Mai–Sept. Di–Sa 8–18, So 9–13 Uhr; Okt.–April Di–Sa 9–17, So 9–13 Uhr. Eintritt 40 KN €, Kinder ab 7 Jahre 20 KN.

Lađa-Marathon, jährlich am 2. Samstag im August findet dieser Bootsmarathon mit 30 Mannschaften zu je 12 Personen statt. Gefahren werden die alten traditionellen Holzschiffe, „Lađa" genannt. Die Strecke misst 23,5 km und führt von Metković nach Ploče – für Einheimische ein Erlebnis. Auch viele emigrierte Kroaten kommen speziell zu diesem Anlass in ihre Heimat.

Neretva-Delta

Jama u Predolcu (auch **Jama Congeria**), nur 1,5 km südöstlich vom Stadtzentrum beim Weiler Bijeli Vir liegt diese Höhle mit drei Hallen, die neben Stalagmiten und Stalagtiten die besondere Höhlenmuschel *Congeria* aufweisen kann. Die Höhle ist erst 2014 für die Öffentlichkeit zugänglich gemacht worden.

April/Mai 13–17 Uhr und Juni–Sept. 10–18 Uhr tägl. außer So/Feiertag. ℘ 098/1744-999 (Fr. Markica Vuica). Am besten vorab anrufen, ob auch wirklich offen ist.

Information Tourismusverband (TZO), 20350 Metković, Ante Starčevića 3, ℘ 020/ 679-510, www.tzmetkovic.hr. Geöffnet Mo–Fr 7–15 Uhr (11–11.30 Uhr Pause).

Verbindungen Bus: Gute Verbindungen, Info ℘ 060/365-365; über die A 1 nach Split u. Zagreb: 2-mal, im Sommer 6-mal tägl. Bis zu 12-mal nach Mostar und bis zu 4-mal nach Sarajevo.

Taxi: z. B. nach Vid (keine Busse), 40 KN.

Diverses Alles Wichtige wie Bank, Post, Apotheke, Geschäfte im kleinen Altstadtzentrum, gegenüber vom Hotel Narona.

Nautik Luka Metković, kleine Hafenanlage zur Stadtseite (nahe Hotel Narona und Stadtplatz); es gibt Strom und Wasser, Müllbeseitigung. Taxiservice etc. wird angeboten. ℘ 098/427-393 (mobil), www. neretvainfo.hr

Hafenkapitän, ℘ 020/681-681.

Veranstaltungen Lađa-Marathon, 2. Sa im Aug. (→ Kasten). **Folklorefestival**, 3. Mai-Wochenende.

Übernachten/Essen in Metković Die Küche bietet als Spezialität „Nertvanski brodet", Aal mit Fröschen und Polenta; zudem Flussfische:

*** Hotel Narona, große ordentliche Zimmer in zentraler Altstadtlage gegenüber Park und Fluss. Gutes Restaurant, große gebührenpflichtige Parkplatzflächen. Gleiche Ltg. wie MB-Hotel. DZ/F 70 €. Trg kralja Tomislava 1, ℘ 020/681-444.

*** Hotel MB, kleines 13-Zimmer-Hotel im neueren Gebäude; mit Restaurant und Bar. Ausreichend Parkplätze. DZ/F 70 €. Matice Hrvatske 6, ℘ 020/681-812, www.hotelmb.com.

Restaurant Adria, am Stadtbeginn; das Essen wird gelobt. Von hier werden ebenfalls Bootstouren auf dem Crna Rijeka organisiert. Ganzjährig. Splitska 48, ℘ 020/ 684-391.

Übernachten/Essen in Vid »» Mein Tipp: *** Pension-Restaurant Duđa & Mate, am Fluss Norin (gegenüber dem Archäologischen Museum). Es gibt 11 nette, saubere DZ/F für 50 € und sehr bemühte Wirtsleute. Spezialitäten sind u. a. Neretvaner Brodet, Peka und gegrilltes Fleisch. Auch von hier werden Bootstouren mit Picknick (je nach Pers.-Anzahl 40–125 KN/ Pers.) auf der Norin mit ihren vielen Wasservögeln unternommen. Ganzjährig. ℘ 020/ 687-500, www.djudjaimate.hr. ««

Slivno Ravno und Klek

Bei **Slivno Ravno** nähert sich die Jadranska-Magistrale wieder der Küste und zieht sich Richtung Süden auf eine kleine Bergkette hinauf. Der Blick über die von Kanälen durchzogene Ebene und die dahinter liegende Hügelkette bis hin zum Biokovo-Gebirge ist grandios. Unten liegen eine Bucht mit Sandstrand. Slivno Ravnos alter Ortskern mit der 1688 erbauten *Burg Smrdan grad* thront oben am 563 m hohen Berg Daska. Im 17. Jh. war die Burg Teil der venezianischen Verteidigungslinie. Nordöstlich unterhalb liegt der zum Sumpfgebiet gehörende *Kuti-See*.

Klek ist die Grenzstation zu Bosnien-Herzegowina und bietet einen flachsandigen Strand, der zur Badesaison meist überfüllt ist, dahinter dicht an dicht einige Privathäuser, die Zimmer vermieten.

»» **Weiterfahrt**: Hinter Klek muss man ca. 10 km durch Bosnien-Herzegowina fahren, um weiter in den Süden zu gelangen. Die Brückenpfeiler für eine direkte kroatische Verbindung (über die Halbinsel Pelješac) stehen, ob daran weitergebaut wird, werden die anstehenden Verhandlungen zeigen.

Neum

Die Stadt und der schmale Küstenstreifen sind Bosnien-Herzegowinas (BIH) einziger Zugang zum Meer. Die Aufrüstung Neums zu einer gigantischen Unterbringungsanlage für Hoteltouristen hat dem Ort, der einst für seinen Tabak berühmt war, ein Denkmal in Beton gebracht.

Dicht an dicht stehen die Hotels in Hochhausformat, zahlreiche Einkaufscenter werben mit Billigstware und Rabatten – Neum ist nicht nur Übernachtungszentrum, sondern auch Einkaufsparadies für Kroaten.

Der schräge Sporn der Halbinsel Klek lässt das Meer wie einen See erscheinen. Die besten Bademöglichkeiten gibt es unterhalb des Hotels Neum. Südlich der Halbinsel Klek, nur durch den Kanal von Malog Stona getrennt, ist die Halbinsel Pelješac zu sehen, die hinter Ston am Festland endet.

Geschichte: Den schmalen Küstenstreifen verdankt Bosnien-Herzegowina den Adria-Großmächten, die sich 1699 im Friedensvertrag von Karlowitz eine Pufferzone für ihre Machtbereiche schufen. Die Strategen aus Dubrovnik und Venedig überließen den so geschaffenen Korridor den Türken, deren Aktivitäten sie damit im Blick behielten. Gleichzeitig schuf der Korridor den notwendigen Abstand zwischen Dubrovnik und Venedig. 1875 rückten die Türken nochmals kurzzeitig in die Bucht vor, um einen Aufstand der Nevesinje niederzu-

Neum – eng bebaut

schlagen, dann gestaltete Österreich-Ungarn die Landkarte. Die neue Landaufteilung blieb bis ins ehemalige Jugoslawien mit seinen Teilrepubliken bestehen und auch das Dayton-Abkommen von 1995 änderte nichts daran. Der schmale Küstenstreifen wird heute von kroatischen Bosniern gehalten – es gibt Grenzkontrollen.

Übernachten/Essen   Für einen Stopp sind die großen, relativ preiswerten Hotels und sehr schönen Guesthäuser vor allem in der Nebensaison bestens. In der Hauptsaison ist alles jedoch sehr überlaufen.

*** Hotel Sunce, großes 400-Betten-Gebäude, es liegt oberhalb der Sand-Kies-Bucht und nahe dem Zentrum – für einen Stopp gut, da alles im Haus ist: es gibt Restaurant-Pizzeria, Café (eigene Konditorei), Cocktailbar, Pool und den Strand. DZ/F mit Balkon ab ca. 80 €, mit Meerblick ab knapp 100 €. Kralja Tomislava b. b., 88390 Neum (BiH), ✆ 00387/36/880-033, www.hotel-sunce.com.

*** Villa Maslina Neum, gepflegtes familiär geführtes Haus mit schönen Balkonen und Terrassen über dem Meer, Garten und nur wenige Meter vom Strand. Schöne Zimmer (2–4 Pers.) mit Balkon, Meerblick und WiFi 34–55 €. Mimoza 28, ✆ 00387/36/884-514, www.villa-maslina.info.

*** Villa Opad, nettes Haus mit sehr freundlichen Besitzern 1 km südlich vom Zentrum und direkt am Meer. Es gibt verschieden große Studios/Appartements mit Balkon für 35–65 € (TS 43–75 €). Fam. Opad, Mimoza 122, ✆ 00387/36/884-055, villaobad.4ezi.com.

Baden   Der flach abfallende Feinkiesstrand ist gut für Kleinkinder – allerdings ist das Wasser hier eher grün als blau.

Wenige Kilometer im Neumer Hinterland ist im bekannten Wallfahrtsort **Hrasno** die *Kirche Königin des Friedens* mit großer Friedensstatue sehenswert.

Neretva-Delta

Halbinsel Pelješac (hier: Žuljana) – Strände, Berge, Kitewind und Wein

Süddalmatinische Inseln

Der Küste schützend vorgelagert liegen die reizvollen und üppig bewachsenen Süd-dalmatinischen Inseln mit fischreichem Gewässer, ein besonderer Genuss auch für Taucher. Das milde und sonnige Klima lässt hervorragende Weine gedeihen und verspricht Touristen auch noch im Oktober Badespaß. Im Norden erstreckt sich die große, lange **Halbinsel Pelješac** mit dem Berg *Sv. Ilija* – bestes Wandergebiet. Gegenüber von Pelješac, nur durch einen Kanal getrennt, die **Insel Korčula** mit dem gleichnamigen Museumsstädtchen, an dem alle Kreuzfahrtschiffe stoppen. Weiter südwestlich liegt die touristisch kaum berührte, buchtenreiche **Insel Lastovo**, die mit ihrem Archipel zum Naturpark ausgewiesen wurde, Richtung Osten die grüne **Insel Mljet** mit Nationalpark und Salzseen. Der Küste und Dubrovnik vorgelagert ist der **Elaphiten-Archipel** mit subtropischer Vegetation.

Halbinsel Pelješac

Sie ist die Halbinsel der Berge und des Weins. Pelješac-Liebhaber stört es nicht, dass Touristenströme auf dem Weg nach Korčula die Insel streifen. Sie genießen tagsüber die Sandstrände und nachts auf einsamen Camps die guten Rotweine und das schöne Schaudern, die letzten Schakale Europas in der Nähe zu wissen.

Pelješac schwingt sich im Südosten bei Ston vom Festland ab, im Westen grenzt sie fast an Korčula. Bei 70 km Länge ist die Halbinsel rund 350 km^2 groß. 8000 Men-schen leben auf der nach Istrien zweitgrößten kroatischen Halbinsel. Pelješac soll

Süddalmatinische Inseln

durch eine Brücke vom Rt. Blace (nördlich von Brijesta) mit dem Festland bei Klek verbunden werden, um die Gespannschaft Dubrovnik besser und einfacher an den Norden anzubinden, ohne auf Zollkontrollen und damit oft verbundene Schikanen zu stoßen – Bosnien-Herzegowina mauert: Argumente wie der Boden zu sandig, große Schiffe könnten nicht mehr passieren etc. stehen im Raum. Kroatien dringt nun auf eine baldige Lösung.

Wichtiges auf einen Blick

Telefonvorwahl 020

Autofähren Trajekt Trpanj–Ploče (Jadrolinija): in der Saison bis zu 7-mal tägl. von 6.15 bis 20.30 bzw. 21 Uhr, 1 Std. Fahrtzeit. Pers. 32 KN, Auto 138 KN.

Trajekt Orebić–Dominče/Insel Korčula (Jadrolinija): in der Saison bis zu 18-mal tägl. (20 Min.) zwischen 0.30 und 22.30 Uhr. Pers. 16 KN, Auto 76 KN.

Trajekt Prapratno–Sobra/Insel Mljet (Jadrolinija): 4- bis 5-mal tägl., Fahrtzeit 45 Min. Pers. 30 KN, Auto 138 KN.

Personenfähre (Schiffe Lovor & Tamaris): Orebić–Korčula: ganzjährig in der HS bis zu bis 16-mal tägl. 5.20–23.20 Uhr, danach nur noch 8-mal tägl.

Kućiśte–Viganj–Korčula/Stadt: 2- bis 3-mal tägl.

Bus Einziges Manko sind auf Pelješac die schlechten Busverbindungen zu den einzelnen Orten; nach Dubrovnik nur früh und abends.

Tankstellen Trpanj, Orebić, Potomje, Drače. In der Nebensaison nur kurze Öffnungszeiten, am besten dann auf dem Festland das Auto voll tanken!

Banken Bankomaten in jedem größeren Ort; Banken nur in Orebić und Ston.

Post in jedem Ort, teils nur bis 11/12 Uhr.

Lebensmittel zumindest Minimärkte in jedem Ort.

Wettervorhersage für Orebić Riviera www.windguro.com – wird gern von Kitern und Surfern genutzt.

Information www.visitpeljesac.hr.

Pelješac hat karstige Hänge und hohe Berge. Der höchste heißt *Sveti Ilija* und ist mit 961 m der höchste Berg der kroatischen Inselwelt – von seinem Gipfel kann man bis nach Italien sehen. Immer wieder hat die Halbinsel mit Großbränden zu kämpfen. Danach treten ihre wild zerklüfteten Felslandschaften noch markanter hervor, auch wenn das junge Grün bald wieder nachwächst. Im späten Frühjahr setzt der meterhohe Ginster gelbe Akzente, die Berge sind vor allem mit den üppig wachsenden Büschen vom lilafarbenen Salbei und den rosé und weiß blühenden Zistrosen überzogen. In den zahlreichen Tälern wachsen Pinien, Aleppokiefern, Zypressen, Oliven- und Feigenbäumen, Eichen, Buchen, meterhohe Macchia und Wein. Hier werden die Trauben für gute Weine angebaut: für den berühmten, starken *Dingač*-Rotwein und für den trockeneren *Postup* und den *Kaštelet*, der als Rot- und Weißwein bekannt ist. Inzwischen gibt es viele gute Weingüter. Um Ston herum gibt es Salinen, Austern- und Mu-

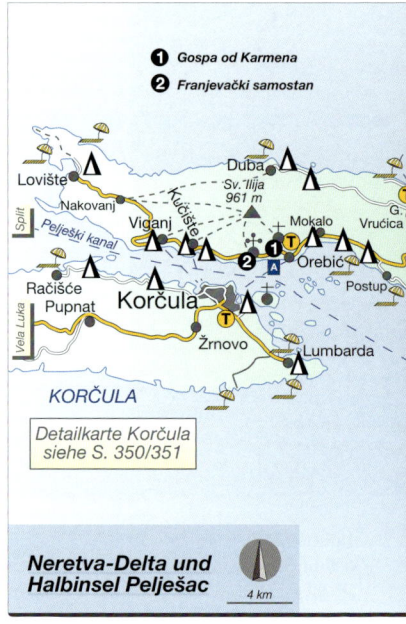

schelzucht. Der Krieg zwischen 1991 und 1995 hinterließ auch hier tiefe Spuren, ebenso das Erdbeben von 1996: Kaum ein Haus blieb unbeschädigt, ebenso historische Bauten.

Von Touristen überlaufen war Pelješac noch nie. Touristische Brennpunkte sind *Ston* mit seinem Befestigungssystem und die *Pelješac Riviera* mit dem Hauptort *Orebić* – ansonsten gibt es viele ruhige Fischer- und Weinbauerndörfer. Die Insel bietet viele schöne Badebuchten, eignet sich bestens für ausgiebige Wander- und Mountainbiketouren und ist ein Surferparadies – am Kanal von Pelješac tummeln sich die Segel und die jungen Sportler. Auf Pelješac gibt es zahlreiche Unterkünfte, hauptsächlich Pensionen, und zahlreiche schön gelegene Campingplätze.

Geschichte

Die Halbinsel Pelješac hat „drei Geschichten". Da ist zum einen der äußerste Westteil, der schon immer zu Korčula gehörte und mit der Insel stets Freud und Leid teilte. Da ist der Südosten mit Ston, der durch seine Nähe zum Festland geprägt wurde. Und dann ist da der große Rest, dessen Wurzeln bis in illyrische Zeit und noch weiter zurückreichen, wovon Höhlenfunde zeugen. Auch Griechen und Römer hinterließen hier ihre Spuren. Nach dem Untergang des Weströmischen Reichs herrschten Byzanz, das Fürstentum Zahumlje und Dubrovnik, das 1333 aus dem Machtkampf als lachender Dritter hervorging – es kaufte Pelješac einfach auf. Nach dem Fall der Stadtrepublik Venedig 1808 kamen dann die bekannten Eroberer, zunächst die Franzosen, danach die Engländer und die Österreicher.

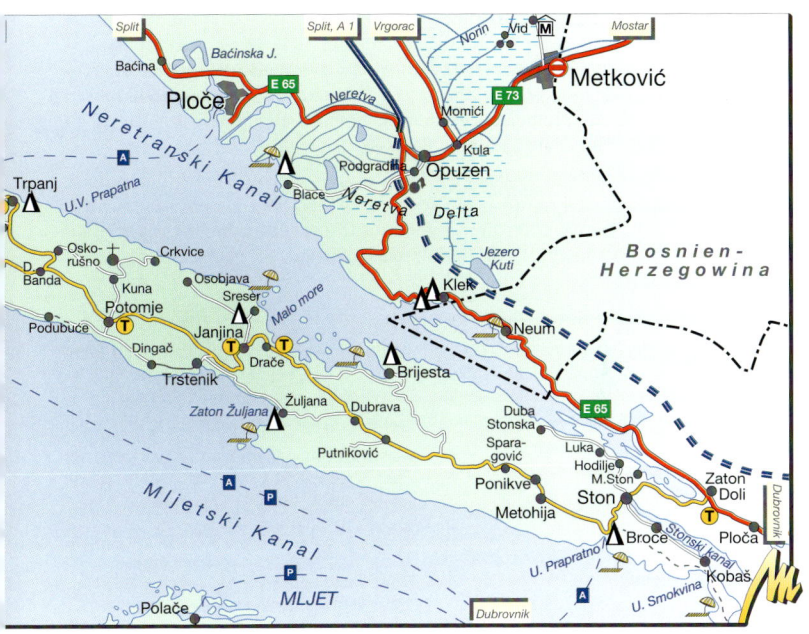

Trpanj

Einst war das Städtchen ein wichtiger Hafen, und eines der wichtigsten Exportgüter, die hier verladen wurden, war der Wein der Region. Trpanj hat heute nur noch 700 Einwohner und liegt, von Bergen umgeben, in einer kleinen Bucht mit Blick auf das Küstengebirge gegenüber.

Trpanjs Name kommt vom griechischen Wort für Sichel, wahrscheinlich wegen der Form der Hafenbucht mit ihren zackigen, Stalagmiten ähnelnden Felsen. Auf einem der Felsbrocken steht die Meeresmadonna, eine Stiftung der Österreicherin Rosemarie Wagner zum Dank für die Genesung ihres Sohnes, der an Leukämie erkrankt war. Von sieben zypressengespickten Hügeln mit Kirchen, Kapellen und Ruinen umrahmt, wird Trpanj scherzhaft das zweite Rom genannt. Der alte Ortskern zieht sich landeinwärts den Fluss entlang und ist umgeben von fruchtbaren Feldern, auf denen Orangen und Mandarinen gedeihen. Schön ist ein Spaziergang an der Uferpromenade mit Badebuchten und Blick auf die imposante Kulisse des Küstengebirges. Abgesehen vom Hotel und ein paar Restaurants gibt es wenig Amüsement und so rauschen täglich Busse und Autos durch den Ort gen Südküste und Korčula.

Auf dem **Gradina-Hügel** über dem Hafen stehen mittelalterliche Burgruinen und römische Relikte – wuchtige Mauerreste, Ecktürme und Zisternen, weiter unten ein paar römische Landvillen. 1338 wird Trpanj in einer Dubrovniker Urkunde erstmals erwähnt. Später kam das Gebiet an die Adelsfamilie *Gundulić*. Die Werke des gleichnamigen Dichters werden hier bis heute eifrig gelesen. Sein Wappen ist am Altar der Kirche **Gospa od Karmena** aus dem Jahr 1645 angebracht. In der großen neoromanischen **Pfarrkirche** (1902–06) ist das Deckengemälde sehenswert – es ist eine Stadtansicht von Trpanj. Zur Kirche **Sv. Roko** aus dem Jahr 1640 führen 402 Stufen, auf denen die Namen der Helfer und Spender eingraviert sind; von oben bieten sich herrliche Blicke auf Trpanj und das Küstengebirge.

Anfang des 18. Jh. gab es in Trpanj eine Poststation – zweimal monatlich ruderte oder segelte man je nach Wind nach Rijeka und Ston. Der Hafen war wichtige Verladestation für den Wein aus der Gegend um Kuna, Postup und Dingač – auf Eseln wurde die wertvolle Fracht in Tierhäuten angeliefert.

Basis-Infos

Information   Touristinformation (TZO), am Hafen (Richtung Hotel), 20240 Trpanj, ✆ 020/743-433, www.tzo-trpanj.hr. Juni–Ende Sept. tägl. 8–20 Uhr, sonst 8–12 Uhr.

Verbindungen Bus: 3-mal tägl. nach Orebić (außer So) und 1-mal tägl. (6.20 Uhr) Richtung Ston und Dubrovnik (ebenfalls über Orebić). Ein Problem ist die Rückfahrt: von Dubrovnik kommend fahren die Busse nur bis Orebić, ab dort nur Taxiverbindung für ca. 30 € bis Trpanj.

Fähren (→ Wichtiges auf einen Blick, S. 315).

Auto Tankstelle am Hafen; Mitte Mai–Ende Sept. 7–10/16–19 Uhr; sonst Mo–Sa 7–12 Uhr, So geschlossen.

Fahrrad/Scooter/Auto   Fahrrad- und Scooterverleih nur Juli/Aug. gegenüber Touristinformation. Zudem auch Autoverleih und Transfer unter ✆ 098/1720-807.

Auf dem Makadamweg, Abzweig in Richtung Campingplatz Vrila, erreicht man in 6 km Crkvice – eine nette **Fahrradtour**.

Geldwechsel Bankomat.

Gesundheit   Ambulanz, kurz nach der Post (Hauptstraße, stadtauswärts), ✆ 020/743-404; bei Notfall über das Hotel Faraon.

Apotheke (hinter Ambulanz), 8–14 Uhr. ✆ 020/743-435.

Post Hauptstraße, 8–15/18–20, Sa 7–13 Uhr; außerhalb der Saison nur 8–15 Uhr.

Taxi   ✆ 098/1720-807 (mobil, Hr. Darijo Rašić) über das Hotel; nach Orebić ca. 30 €.

Veranstaltungen Festtag der Meeresmadonna am 15. Aug. Auf der Miniinsel wird eine Messe abgehalten. Am Abend wird in Trpanj mit Folklore- und Popgruppen gefeiert, es gibt eine Lotterie zuguns-

Trpanj – stiller Hafenort mit vielen Badebuchten

ten der Kirchenrenovierung. **Fischernächte**, in Trpanj gibt es sie noch, mit Gratis-Fisch, Wein und Klappa-Musik. Auskunft bei der Touristinformation.

Wein   **Vinarija Jurišić**, im Weiler Vrućica (erster Ort nach Abzweig Richtung Duba), ✆ 098/290-200 (mobil).

Übernachten/Essen & Trinken/Nachtleben

Übernachten   Viele Vermieter im Ort. Privatzimmer pro Pers. ab 15 €, **Appartements** für max. 4 Pers. 45–60 €.

*** Pension-Restaurant Antunović, ruhig in einer Seitengasse hinter dem Hotel gelegen. Es gibt ca. 23 nette Zimmer. Pro Pers. ca. 24 € mit Frühstück, 35 € HP. ✆ 020/743-538, www.vila-antunovic.hr.

*** Hotel Aurora, klein und schön an der Uferpromenade gelegen; nette Zimmer mit Balkon und Meerblick. Žalo 11, ✆ 020/743-525, www.trpanj-aurora.com.

**** Hotel Faraon – All-incl., an der ruhigen Westseite des Orts. Terrassenförmiger Bau mit Restaurant, Internet, Miniclub, Pool. 133 komfortable Zimmer mit Balkon. Feinkiesstrand gegenüber vor dem Hotel endenden Straße; Verleih von Kajaks. Im DZ ab 154 €/2 Pers. All-incl. Put Vila 1, ✆ 020/743-408, www. adriatiq.com.

Camping   ***** Autocamp Vrila**, stadtauswärts südöstlich von Trpanj, oberhalb der gleichnamigen Bucht. Sehr idyllisches Gelände unter Feigen, Oliven und Palmen, von Natursteinmauern unterteilt. Gute Sanitäranlagen mit Warmwasser. Geöffnet Ende Mai–Mitte Okt. Pers. 5 €, Zelt 3 €, Auto 3 €. ✆ 020/743-700, 098/225-675 (mobil).

Essen & Trinken   Ein paar Cafés und eine Pizzeria am Hafen. Gut isst man in der **Konoba Trpanj** (✆ 020/743-897, Hauptstraße), auch im **Restaurant Old Fisherman** (gegenüber Pension Antunović).

Konoba Škojera, sehr gutes und beliebtes Lokal; hier isst man bestens u. a. gegrillte Sardellen, Fischgerichte, Kalamaris, Schwarzes Risotto und Peka-Gerichte. Tägl. ab 12 Uhr. Ul. Kralja Tomislava 22, ✆ 020/743-454.

»»» Mein Tipp: Beachbar Plavi, kurz vor dem Hotel Faraon am Strand – sehr schön zum Sitzen und Essen. Künstlerisches Ambiente, z. B. selbst angefertigte Skulpturen aus Holz und Metall. Wein, Cocktails, Fisch und gute Musik. Dem Besitzer Jakov Begović gehört auch die Disko. **«««**

Nachtleben   **Disko Plavi**, individuell mit schöner Bar im Ethno-Stil eingerichtet; lauschige, von mediterranem Gebüsch umwachsene Terrassen. Nur Juli/Aug. offen.

Baden: Am langen, seichten Kiesstrand beim Hotel Faraon ist wegen der Fähren das Wasser nicht ganz klar. Eine üppig bewachsene Uferpromenade führt im Nordosten um den Ort. Bademöglichkeiten an Felsen und an der *Dračevac-Kiesbucht*. Weiter östlich, beim Campingplatz, die große *Feinkiesbucht Luka*. Etwas nördlich davon nochmals eine Einbuchtung, *Uvala Mud* genannt, da es hier Heilschlamm (mud = Schlamm) gibt. Bootstransfer mit Fischerbooten im Sommer nach *Divna*.

Von Trpanj nach Duba

Etwa 1 km hinter Trpanj geht es rechts ab Richtung Duba. Die neu ausgebaute Straße schlängelt sich an ein paar Dörfern, Weinfeldern, Zypressen und oft riesigen Kiefern vorbei – bis zum *Campingplatz* sind es 7 km. Dort steht die Villa des Dichters *Dinko Ranjina*, den diese malerische Gegend zum Schreiben inspirierte.

Übernachten   **»»» Mein Tipp: *** Autocamp Divna**, in einem Olivenhain mit kleinem Restaurant an der gleichnamigen Bucht. Kiesstrand und klares, tiefblau und türkis leuchtendes Wasser. Schroffe Berge ringsum und ein vorgelagertes Inselchen. Gegenüber sieht man nachts die Lichterkette der Küste, tagsüber die Gebirgszüge. Nur die Sonne scheint am frühen Morgen nicht – sie muss erst mal ganz schön klettern, bis sie in das Autocamp hineinschauen kann. ✆ 020/743-718. **«««**

Weiter schlängelt sich die Straße an der Küste entlang; immer wieder folgt ein Kiesstrand, dann der Ort **Duba** und das Ende der Straße. In üppigem Grün, etwas landeinwärts, liegt dieser kleine, ruhige Ort mit alten, grau-rosa bemalten Hausfassaden und dem hoch aufragenden Sv.-Ilija-Berg im Hintergrund. Ein Stückchen entfernt sieht man ein Hafenbecken und eine alte Kapelle. Es gibt Pensionen und ein Camp und es wird weiter gebaut. Kein Wunder – links und rechts findet man überall kleine Kiesbuchten, die zum Baden einladen.

Übernachten Pensionen am Hafen.

Camping *** Autocamp Luka, in Duba (10 km von Trpanj), in einem Olivenhain kurz vor dem Meer. Gute Sanitäranlagen, schöne Lage, pro Parzelle Stromanschluss und WiFi. Mai–Sept. geöffnet. ℅ 020/743-724, 091/526-2865 (mobil), www.kamp luka.com.

Wandern Ein Fußweg (teils zugewachsen) führt auf den Sv. Ilija – der Aufstieg von der Nordseite ist der schwierigste und nur mit ortskundigem Führer machbar.

Von Trpanj nach Orebić

Hinter Trpanj liegen links und rechts der Straße Weinfelder – Säcke voller Trauben füllen die Ladeflächen der Autos. Dann folgen kahle Hänge, bis die Straße abwärts führt und wir an einem großen Parkplatz halten können, um den fantastischen Weitblick auf die *Pelješacer Riviera* zu genießen –.unter liegt die große **Trstenica-Bucht** mit vielen kleinen Inseln darin, majestätisch erhebt sich das Bergmassiv des Sv. Ilija und gegenüber in der Ferne erstreckt sich die Insel Korčula

Abstecher nach Podubuče

Ein schmales Asphaltsträßchen, fast schon eine kleine Panoramastraße, biegt südostwärts von der Inselstraße ab und über den kleinen Weiler **Postup**, wo bis tief hinab zur Küste Weinfelder angelegt wurden, nach Podubuče. Die Straße verläuft hoch über dem Meer, mit Blick auf Korčula und die vorgelagerten Inseln. Unterhalb liegen viele kleine Kiesstrände am türkis leuchtenden Meer.

Im Wein- und Fischerort **Podubuče** endet die Straße. Zusammengedrängt liegt am Hang der alte Ortskern mit Natursteingemäuern, umgeben von Weinterrassen, eingebettet in die Berglandschaft. Unten am Hafen lockt ein gepflegter Kiesstrand, die einstigen Magazine für Weinfässer und Netze wurden zu Wohnhäusern mit Zimmervermietung ausgebaut. Dennoch ist der Weiler immer noch ein Idyll mit langsamer Gangart und Beschaulichkeit. Das Auto parkt man am besten oben, ein schmaler, steiler Weg führt hinab.

Weitblick von Postup über die Weinberge gen Korčula und Pelješac

Übernachten/Essen Villa Antonio, ein Weinbergschlösschen am Hang mit toller Weitsicht, exzellentem Restaurant, herrlichem großen Meerblick-Pool und 16 komfortablen DZ/F ab 112 €. Zum Strand muss man allerdings hinablaufen. Postup 48, ✆ 020/713-464, 098/230-607 (mobil), www.castle-antonio.net. «

Camping Autocamp Paradiso, unterhalb von Postup. Die Zufahrt geht steil hinab – für Wohnmobile ungeeignet. Kleiner Platz unter Pinien, der sich terrassenförmig zum Meer hinabschwingt. Unten schöne türkisfarbene Badebucht. Es gibt eine gute Konoba, die Vermieter kümmern sich auch um Einkäufe. Fam. Saić, ✆ 020/713-431, 098/638-537 (mobil), www.paradiso.holobit.net.

Baden Feinkiesstrand am kleinen Hafen; hinter dem Ort führt ein Pfad zu Felsklippen, danach folgen kleine Kiesbuchten. Bootsverbindung durch die Fischer zu weiteren Buchten.

Mokalo

Der Ort liegt an der Inselstraße und ist terrassenförmig an den Hang gebaut, umgeben von Weingärten und üppigem Grün. Der Blick geht auf den Gebirgszug des Sv. Ilija und auf Korčula mit seinen Inseln. Fast jede Familie vermietet Zimmer und es gibt zahlreiche hübsche und gut ausgestattete Campingplätze.

Übernachten Villa Antonio (→ Podubuče).

Camping » Mein Tipp: **** Adriatic Holiday Resort, Campingplatz und Appartementhaus auf schönem 2-ha-Platz unter Oliven am Hang mit Terrasse, der wenig Wünsche offen lässt. Großes, gutes Restaurant. Auch Zimmer- und Appartementvermietung (ab 75 €/2 Pers./F, TS 95 €). Fußweg hinab zum Strand mit Strandbar, Bootsvermietung, Tauchclub. Pers. 5 € (TS 8 €), Zelt 5,50 € (TS 9,50 €), Auto 4 € (TS 5 €). Geöffnet April–Okt. Fam. Mikulić, Mokalo 6, ✆ 020/713-420, www.adriatic-mikulic.com. «

*** Autocamp Vala & Appartements, gleich neben Adriatic am Hang. Familiär geführtes kleines schattiges Camp (WiFi), Appartementhaus und Beachbar, die zum Sundowner einlädt. Entlang dem Camp zieht sich der schmale Kiesstrand. Preise etwas niedriger. Fam. Matković, ✆ 020/678-147, 098/1653-822 (mobil, für Camp), www.vala-matkovic.com.

**** Autocamp Ponta, die Fam. Krističević hat ihre zwei kleinen, gut geführten Campingplätze im Pinienwald nahe am Meer nun zusammengelegt (ehemals Ponta I u. II). Gute und ausreichende Sanitäranlagen, schöne, ruhige Lage, auch Appartements und ein kleiner Kiesstrand. Geöffnet Juni–Ende Sept. Pers. 5 €, Auto 2,80 €, Zelt 4,10 € (TS 10 % Aufschlag). Hinter Adriatic, ✆ 020/713-104, www.orebic-kristicevic.com.

**** Autocamp Nevio (→ Orebić).

Tauchen Adriatic Diving Center, beim Autocamp Adriatic, ✆ 020/713-420, www.adriatic-mikulic.com.

Orebić

Orebić, benannt nach einer hier ansässigen Kapitänsfamilie, ist das touristische Zentrum von Pelješac. Das Stadtbild ist geprägt vom mächtigen Sv.-Ilija-Gebirgszug und von den prachtvollen Villen pensionierter Adriakapitäne, in deren Gärten es subtropisch wuchert.

Das 2500-Einwohner-Städtchen zählt zu den wärmsten Orten des Mittelmeers. Durch den Gebirgszug und die Bucht ist es gut geschützt – Pinien, verschiedene Palmenarten, Zitronen, Orangen, Mandeln und viele exotische Setzlinge gedeihen, die die Seefahrer mit nach Hause brachten. In den Villengärten sprießt es üppig und man gewinnt den Eindruck, dass sich die Kapitäne auf ihre alten Tage fleißig als Gärtner betätigten. Einige der halb versteckten barocken Prachtbauten sind noch angefüllt mit altem Mobiliar, Porzellan und Mitbringseln der Seefahrer – jedes Haus wirkt wie ein Museum. Der 1,5 km lange *Trstenica-Sandstrand*, in dessen Mitte eine Süßwasserquelle sprudelt, bildet den Meeressaum der Ortschaft.

Orebić – prachtvolle alte Kapitänsvillen hinter üppigem Grün

Geschichte

In der Nähe von Orebić finden sich vorgeschichtliche Spuren und Überreste römischer Landvillen. Bis zum 16. Jh. hieß der Ort *Trstenica,* benannt nach der gleichnamigen Bucht. Seinen späteren Namen bekam er von der Familie *Orebić,* die 1516 ein Kastell errichtet hatte, in dessen Schutz nach und nach diese Siedlung entstand. Zwischen 1343 und 1806 befand sich Orebić unter Kontrolle der Republik Dubrovnik, heute gehört sie zum Gebiet der Kommune Korčula.

Im 18. und 19. Jh. erlebte die Orebićer Seefahrt ihre Blütezeit. 1865 wurde die Pelješac-Seefahrtsgesellschaft gegründet, die bald 33 mächtige Windjammer besaß. Waren wurden zwischen dem Osmanenreich und Häfen in ganz Westeuropa hin und her transportiert, einige Schiffe segelten bis nach Nordamerika. Die Orebićer Reederei, die nach einigen Jahren auch eine eigene Werft besaß, zählte zu dieser Zeit zu den größten im Mittelmeer. Damals stand Orebić auf dem Gipfel seines Ansehens: Prächtige Villen wurden gebaut, mit kostbaren Möbeln und Inventar ausgestattet, auch die Kleidung zeugte von Geschmack und Wohlstand.

Die Blütezeit Orebićs und seiner Nachbarorte Kučište und Viganj verging, als der Warentransport allmählich auf Dampfschiffe umgestellt wurde – 1891 musste die Reederei schließen. Trotzdem blieb der Seemannsberuf lange noch hoch angesehen, wie der überlieferte Ausspruch eines Kapitäns bezeugt: „Und wenn ich 77 Söhne hätte, wären alle Kapitäne."

Basis-Infos

Information Touristinformation **(TZ),** Zrinsko Frankopanskih 2, Ecke Trg Mimbeli, 20250 Orebić, ☎ 020/713-718, www.visit orebic-croatia.hr. 15. Mai–31. Okt. Mo–Sa 8– 18 Uhr, sonst Mo–Fr 8–14 Uhr. Gute Infos und Website für Privatunterkünfte.

Orebić Tours, Ul. Bana J. Jelačića 84 (Hauptstr.), ☎ 020/713-367, www.orebic-tours.hr. Ganzjährig geöffnet. Zimmer, Autoverleih.

Dalmatino Tours, Obala pomoraca (in Villa Iva), ☏ 020/713-800, www.dalmatino-tours.eu. Ganzjährig geöffnet. Zimmer, Fahrradverleih und Fahrradkarten.

Verbindungen Bus: bis zu 3-mal tägl. mit Autotrans nach Dubrovnik (3 Std., 90 KN). 2- bis 3-mal tägl. außer So nach Trpanj und Lovište. 2-mal tägl. 6.30 u. 18 Uhr über Korčula nach Vela Luka.

Fähreverbindungen   (→ Wichtiges auf einen Blick, S. 316).

Ausflüge natürlich nach Korčula mit Museumsrundgang; Tour durch die vorgelagerte kleine Inselwelt, Insel Mljet, Dubrovnik. Auskunft über die Agenturen.

Auto Tankstelle, Ortsbeginn, Juni–Sept. non-stop, danach tägl. 7–20 Uhr. **Auto-**verleih bei Orebić Tours.

Einkaufen Obst- und Gemüsemarkt, viele Supermärkte.

Vinarija Korta Katarina, großer stattlicher und exklusiver Neubau (Ortsbeginn). In diesem Weintempel kann man Weine und Grappas verkosten und kaufen. Mo–Fr 8–16 Uhr. Bana Jelačića 3, ☏ 020/713-817, www.kortakatarina.com.

Darko Bogoević, Weinkeller; Ul. Od Blaca 4, ☏ 020/713-475. **Vinothek Bartul**, 10.30–24 Uhr (→ Oskorušno, Potomje etc.).

Geldwechsel OTP, Ul. Bana J. Jelačića 17 (Hauptstr. gegenüber TIC), Mo–Fr 8–14, Sa 8–13 Uhr, zudem Bankomat. Weitere Bankomaten u. a. am Beginn der Uferpromenade.

Gesundheit Ambulanz, Kralja Tomislava 24, ☏ 020/713-694; Mo–Fr 7–20 Uhr (zudem Notdienst). **Apotheke**, J. B. Jelačić/Ecke Ul. Fiskovićeva. Die nächste größere Ambulanz ist in Korčula (→ Korčula).

Post am Beginn der Uferpromenade (vom Hafen), Juli/Aug. Mo–Fr 8–20, Sa 8–12/18–19 Uhr; sonst Mo–Fr 8–17, Sa bis 12 Uhr.

Veranstaltungen Pfingstmontag, Prozession zum Franziskanerkloster. Im Sommer **Folkloreveranstaltungen**. **Segelregatta** am 1. Augustwochenende von Orebić nach Korčula–Mljet–Dubrovnik.

Übernachten/Camping

Übernachten Das Angebot mit 700 Anbietern ist riesig und am besten sucht sich jeder selbst sein „Urlaubsparadies" über die Agenturen oder über die TZO-Webpage. **Privatzimmer** ab 30 €; Frühstück 5 €. **Appartements** für 2 Pers. ab 40 €. Die schönsten Quartiere liegen an der Uferpromenade Richtung Trstenica-Bucht – teils auch Übernachtungsmöglichkeiten in den alten Villen, → auch Essen & Trinken.

*** **Appartements Darko Bogoević**, schönes Haus oberhalb des Hafens, eigener Weinkeller. DZ/F ca. 45 €. Ul. Od Blaca 4, ☏ 020/713-475.

*** **Appartements Jerry**, im Osten, fast am Ende oberhalb der Uferpromenade, wenige Minuten vor dem Strand Trstenica. Ruhige, schöne Lage und terrassiertes Gelände. ☏ 020/713-767.

*** **Appartements Iva**, nahe Trstenik-Strand, schöne Räumlichkeiten, Garten und Grill. Studio (max. 3 Pers.) ab 65 €. Braće Radića 9a, ☏ 098/464-521 (mobil).

Villa Kaktus, nahe dem Strand, netter Familienbetrieb (dtsch.-kroat.) mit Studios/Appartements mit WiFi, lauschigem Garten, Grillplatz. Fam. Begović, ☏ 20/713-802, Ul. kap. Joža Šunja 9 a, www.villa-kaktus-dalmatien.com.

*** **Villa Julija**, westlich des Hotels Bellevue im Westen der Stadt. 24 moderne Zimmer mit Balkon. DZ/F 82 €. Kralja Petra Krešimira IV 205, ☏ 020/714-500, hotel.villa.julija@du.t-com.hr.

»» **Mein Tipp:** **** Hotel Adriatic, kleines 6-Zimmer-Stadthotel „nur für Erwachsene" direkt an der Uferpromenade wenige Meter östlich vom Zentrum, 2013 eröffnet. Die Ursprünge des heutigen Prachtbaus gehen zurück bis mindestens 1625, wo hier die Kirche Sv. Stjepan stand – im Innern noch sichtbar. Die Zimmer sind geräumig, gemütlich, komfortabel und mit Schiffsbildern ausgestattet. Zudem gibt es das einladende Restaurant Stari Kapetan (→ Essen). DZ/F 170 € (TS 185 €). Ganzjährig geöffnet. Fam. Mikulić, Šet. kneza Domagoja 8, ☏ 020/714-488, www.hoteladriaticorebic.com. ««

**** Hotel Indijan, schlichte Moderne lichtdurchflutet hinter Palmen, direkt am Kiesstrand. Für das leibliche Wohl sorgt Restaurant Korta mit Terrasse, herrlichem Ausblick und besten Weinen (→ Essen). Spa-Bereich mit Innenpool und Glasdach, Bootssteg. 19 komfortable Zimmer mit Internetzugang. DZ/F mit Meerblick ab 160 €. April–Okt.

geöffnet. Škvar 2, ☎ 020/714-555, www.hotel indijan.hr.

*** Hotel Mimbelli, kleines Altstadthotel in einem stattlichen Kapitänshaus aus dem 19. Jh. am gleichnamigen Platz. Im lauschigen Innenhof kann man gut speisen. DZ/F 120 €. April–Nov. Trg Mimbelli, ☎ 020/713-636, www.hotel-mimbelli.com.

**** Grand Hotel Orebić, am Meer gelegen, 1,5 km außerhalb Richtung Kućište. Von Pinien und Zypressen gesäumt. Bootsanlegestelle, Kies- und Felsstrand mit Grillbar, Wellnesscenter, großer Wassersportverleih. DZ/F ab 130 €. April–Okt. geöffnet. Šetalište Petra Krešimira IV 107, ☎ 020/798-000, www.grandhotelorebic.com.

*** Hotelappartements   Grand   Hotel Orebić, Schlaf-Wohn-Raum, Kochnische, Dusche/WC und Terrasse zur Meeresseite. Appartements für 2–4 Pers., Studio ab 60 €. Šet. Petra Krešimira IV b. b., ☎ 020/713-022, www.orebic-htp.hr.

*** Hotelappartements   Bellevue, neben dem Hotel Bellevue im Westen der Stadt – wird gern von Familien mit kleinen Kindern genutzt. Für 2–6 Pers., Schlaf-Wohn-Raum, Kochnische, Terrasse zur Meeresseite. Das Hotel bietet Disco, Miniclub, Tennisplätze, Fahrrad-, Liegestuhl-, Kanuverleih, Surfbrettverleih und -kurse. Pools und Feinkiesstrand. Ab ca. 60 €/2 Pers. Mai–Sept. geöffnet. Svetoga križa 104, ☎ 020/713-148, www.orebic-htp.hr.

Camping In der Stadt ortsauswärts Richtung Mokalo gibt es zahlreiche Campingplätze, u. a.:

*** Autocamp Trstenica, 2-ha-Platz an der Hauptstraße, zum Meer über die Straße und zum gleichnamigen Strand. Auch Appartementvermietung. Camppreise ähnlich wie Glavna Plaža. Ganzjährig geöffnet. Šet. K. Domagoja 50, ☎ 021/713-348, www.kamp-trstenica.com.

*** Autocamp Glavna Plaža, kleines 0,2-ha-Gelände kurz nach Camp Trstenica, ebenfalls an der Hauptstraße gelegen. Mit Tennisplatz, Fahrradvermietung. Über die Straße zum Meer, dort auch Bootsanlegestelle und Kran. Geöffnet Mitte Mai–Mitte Okt. Pers. 4,30 € (TS 6,80 €), Zelt ab 4,10 € (TS 6,10 €), Auto 3,80 € (TS 5,60 €). Šet. K. Domagoja 49, ☎ 021/713-399, www.glavnaplaza.com.

** Autocamp Orebić, 1,5-ha-Platz an der Hauptstraße, zum Meer über die Straße. Geöffnet 1.6.–15.9. Preise ähnlich wie oben. ☎ 020/713-479.

》 Mein Tipp: ****** Autocamp Nevio**, am Ortsbeginn von Orebić; Abzweig gegenüber Tankstelle und Supermarkt (tägl. 7–21, So bis 20 Uhr). Oberhalb am Steilhang auf 30.000 m² unter schattigen Bäumchen liegen die schönen Parzellen und Mobilhäuser (April–Mitte Nov.) mit Balkon (ab 88/99 €/2 Pers., TS ab 115 €), zudem auch Bungalows (135 €, TS 155 €) und tief unten eine eigene gepflegte Kiesbucht mit Liegestühlen und Bootsanlegeplatz. Weiter Blick auf den Archipel, nettes Restaurant, Cafébar und Internet, saubere Sanitäranlagen, Pool, Supermarkt 100 m entfernt (s. o.). Sehr gute Leitung unter Fr. Duška Ortolio. Camp (Mai–Sept.): Pers. 6,60 €, Stellplatz 10–25 €. Dubravica b. b., ☎ 020/713-100, 714-465, www.nevio-camping.com. 《

Orebić – Blick auf das kleine Fährstädtchen und gen Podubuće

Essen & Trinken/Nachtleben

Essen & Trinken An der Hauptstraße und der Strandpromenade einige Restaurants und Eisdielen (→ auch Übernachten).

Restaurant Korta, im Hotel Indijan (s. o.) mit romantischer Terrasse. Feinstes Ambiente und Küche, große Weinauswahl aus eigener Kelterei Violić-Indijan (→ Potomje); gehobene Preise. Geöffnet April–Okt. ✆ 020/714-555.

Restaurant Stari Kapetan, gehört zum Hotel Adriatic; mit schönem gemütlichen Innern oder überdachter Terrasse, gleich einem Schiff, direkt am Meer: Spezialitäten sind u. a. die Fischplatte, Wolfsbarsch oder Octopus-buzzara. Das Restaurant hat von März bis Nov. geöffnet. Šet. kneza Domagoja 8, ✆ 020/714-488.

Restaurant Amfora, an der Uferpromenade mit schöner Terrasse und Blick aufs Meer. Fischgerichte, Lamm, Pizza. Geöffnet April–Okt. Šet. kneza domagoja 6, ✆ 020/713-779.

≫ Mein Tipp: **Konoba Karako**, das sog. „Alte Schiff" kurz vor dem Strand von Trstenica bietet nette Atmosphäre im Wintergarten. Spezialitäten sind u. a. Fischsuppe, Fischbrodet, Muscheln oder Pasticada mt Gnocchi. Darko & Ivana bemühen sich um ihre Gäste von Mitte Mai bis Mitte Okt. 14–1 Uhr. Šet. kneza Domagoja 32. **≪**

Bistro Noa, hier gibt es Pizzen und Fleischgerichte. Es ist eines der wenigen Lokale, die ganzjährig arbeiten. Ul. B. Josipa Jelačića 46 (schräg gegenüber Apotheke).

Restaurant Babilon, nördlich der Kirche, mit Blumenkübeln geschmückte Terrasse. Gute Fisch- und Fleischgerichte. Gern von Einheimischen besucht. Geöffnet Mai–Okt. Divoviċeva 2, ✆ 020/713-599.

Bistro-Pizzeria Jadran, direkt an der Strandpromenade und am Meer. Hier besticht die Lage. Trg Mimbelli b. b.

Slastičarna Croccantino, hausgemachte leckere Eiscremé, Kaffee, Kuchen. Neben der Post, kurz vor dem Hafen.

Essen & Trinken außerhalb **Konoba-Pension Victor**, kurz vor dem Franziskanerkloster. Man sitzt unter überdachter Terrasse und genießt den Blick auf Orebić und das Meer. Die Wirtsleute sind sehr bemüht, serviert werden Bohnensuppe, Fisch und Fleisch und nach Vorbestellung gibt's Gerichte aus der Peka (Huhn, Lamm). Es werden auch einfache Zimmer vermietet. Geöffnet Mai–Okt. ✆ 020/713-308, 098/680-783 (mobil).

Konoba Panorama, ca. 2 km westlich des Franziskanerklosters. Wie der Name schon besagt, mit herrlicher Aussicht. Nach einer Wandertour kann man sich hier auf leckere Gerichte freuen. Juni–Mitte Okt. 14–23 Uhr. Bilopolje 6, ✆ 020/714-170.

≫ Mein Tipp: **Konoba-Pension Hrid**, im Weiler Gurića Selo (1 km oberhalb des Franziskanerklosters) in einem hübschen Natursteinhaus mit Weitblick auf Orebić. Hier gibt es neben gutem hauseigenen Wein Ziegenkäse und Lamm aus der Peka. Geöffnet Juni–Mitte Okt. Ltg. Vanja & Boris Grlješić, ✆ 020/713-637, ✆ 098/9690-141 (mobil). **≪**

Nachtleben Disco Trstenica außerhalb vom Ort am gleichnamigen Strand in Richtung Mokalo. Mai–Okt. 24–4 Uhr.

Sport/Wassersport

Baden Am 1,5 km langen **Trstenica-Stadtstrand** oder unterhalb der kleinen Straße nach Postup, ebenso auf den Inseln **Velika Stupa** (mit Restaurant), **Mala Stupa** und **Badija** (Taxiboote).

Tauchen Adriatic Diving Center (→ Mokalo).

Wassersport Wassersportcenter Trstenica-Strand, Verleih von Booten, Surfbrettern, Kajaks, Banana-Boat etc.

In den **Hotels Bellevue und Rathaneum** ebenfalls Kajak- und Bootsverleih.

Jachthafen Marina mit 200 Liegeplätzen.

Hafenkapitän, Trg Mimbeli, ✆ 020/714-069.

Mountainbiken Verleih über die Agenturen (s. o.).

Eine schöne **Panoramastrecke** führt von Orebić auf schmaler Asphaltstraße hoch zum *Franziskanerkloster*, dann geradeaus

Vom Franziskanerklostervorplatz genießt man einen herrlichen Weitblick

weiter auf Makadam über die Weiler *Bilo-polje*, *Žukovac* und etwas bergab zur Kapelle *Sv. Luka* (oberhalb von Kućište). Der Makadam führt weiter oberhalb des Meeres gen Westen nach *Dol* und *Podac* oberhalb von Viganj – hier stehen überall Natursteinruinen verlassener Siedlungen, darunter auch liebevoll renovierte Häuser, meist Sommerresidenzen oder Altersruhesitze, viele davon in Händen von Engländern. Danach führt der Weg auf die Straße nach Lovište. Ab hier kann man über die Uferstraße am Meer zurück nach Orebić fahren.

Insgesamt ca. 20 km, nur am Anfang Steigung auf 155 m, danach noch bis 174 m.

Sehenswertes

Das **Schifffahrtsmuseum** am Kai zeigt alte Navigationsgeräte, Seekarten und Bilder. In der seit 1865 bestehenden, gediegen eingerichteten Lesehalle im Erdgeschoss liegen Zeitungen aus; es gibt eine große Bibliothek und eine Gemäldesammlung mit Schiffsmotiven.

Pomorski muzej, Trg Mimbeli b. b.; Juni–Sept. tägl. 7–22 Uhr, sonst Mo–Fr 7–15 Uhr. Eintritt 15 KN, Kinder 10 KN.

In der Nähe steht die **Kirche der Verkündung** (Crkva Navještenja) aus dem 17. Jh. mit einem altchristlichen Marmorrelief über dem Tor. Die **Pfarrkirche** im Ort stammt aus dem 19. Jh. und birgt kostbare Gemälde wie „Die heilige Kontemplation" von *Jacopo Palma d. J.* aus dem 16. Jh. oder „Die Beschneidung" von *Pietro Candelari* von 1679. Auf dem Marmoraltar sieht man ein Bild des hl. Nikolaus, des Schutzpatrons der Seefahrer, von *Enrico Pallastrini* aus dem Jahr 1845.

2 km nordwestlich des Ortes, hinter Zypressen und hoch über dem Meer, thront das **Franziskanerkloster mit Museum**. Kloster und Kirche Gospe od anđela wurden zwischen 1470 und 1480 im gotischen Stil erbaut – aus strategischen Gründen wurde das Kloster an der Grenze der Republik Dubrovnik errichtet, um die Venezianer, die ihre Hand auf Korčula hatten, besser unter Kontrolle zu behalten. Das Innere der im 19. Jh. umgebauten *Klosterkirche* ist farbenfroh gestaltet: Die Wände zieren Gemälde, Votivbilder von Segelschiffen, silberne Votivtäfelchen, ein Holzkruzifix von Juraj Petrović, das aber wieder zurück zur Insel Badija kommen soll (→ Korčula/Badija), wertvolle Marmorreliefs aus dem 15. Jh. („Muttergottes mit Sohn" von

Berg Sv. Ilija

Mit 961 m ist er der höchste Berg der Halbinsel. Sein italienischer Name ist Monte Vipera – wegen der vielen Sandvipern, die es hier gab. Heute sind sie rar geworden, nicht aber die Mungos, die hier zur Schlangenbekämpfung eingesetzt wurden und heute kaum mehr natürliche Feinde haben. Rar wurden auch die Schakale und Mufflons, von denen es nur noch rund 300 Exemplare gibt. Der Berg entwickelte sich mit der Zeit zu einem beliebten Jagdrevier und die Tiere wurden fast ausgerottet.

In drei Stunden kann man über einen Fußweg von Orebić aus den Gipfel besteigen, mit herrlicher Aussicht nach allen Seiten – auf die umliegenden Inseln bis zur Insel Palagruža in der Ferne, ins Neretva-Delta und bei sehr guter Sicht sogar bis nach Italien (→ Kleiner Wanderführer/Wanderung 9, S. 488).

Auch von Viganj oder Kućište führen Wanderweg zum Gipfel. Übersichtswanderkarten sind bei TIC erhältlich.

Nikola Firentinac und „Madonna mit dem Sohn" von Tommaso Fiamberti.) Die *Schatzkammer* des Klosters birgt Gemälde und sakrale Kunstgegenstände verschiedener Stilepochen. Im pflanzenumwucherten *Klosterhof* mit Zisternen liegen die Gräber von Orebićer Familien aus dem 17. Jh. Die Außenfront des Klosters ziert ein Weihwasserbecken aus dem 15. Jh. mit großer Muschel. Neben dem Kloster liegt der *Friedhof* mit sehenswerten Grabmälern, u. a. das der Reederfamilie Mimbelli mit der Statue einer „Schlafenden Vestalin" und vergoldetem Zwiebeltürmchen obenauf, 1898 geschaffen von Ivan Rendić. Von der *Renaissanceloggia* aus dem 16. Jh. vor dem Kloster genießt man einen weiten Blick über Korčula und den Kanal von Pelješac.

Franjevački samostan Gospe od anđela, Juli/Aug. tägl. 9–12/16–19 Uhr, danach Info über TIC. Eintritt 20 KN.

🚶 Wanderung 9: Halbinsel Pelješac – rund um den Sv. Ilija   → S. 488
Mittelschwere bis schwere Tagesrundtour mit traumhafter Weitsicht

Süddalmatinische Inseln

Kućište – Perna

Der 250-Einwohner-Ort mit dem südlichen Ortsteil Perna liegt am Fuß der Berge Piséetel und Sv. Ilija und zieht sich am Pelješac-Kanal in Sichtweite von Korčula entlang. Im alten Ortskern stehen Marmorhäuser im Renaissance-Barockstil, umgeben von riesigen Pinien, Yuccapalmen, Zitronen, Zypressen und blühenden Mittelmeerpflanzen. Die einstigen Wohnsitze der Reeder und Kapitäne erinnern an den Wohlstand vergangener Tage, heute stehen sie – oftmals mit Inventar – leer. Prachtvollster Bau ist ein dreiteiliger, im Stil der Spätrenaissance erbauter Gebäudekomplex der Reederfamilie *Lazarović* aus dem 17. und 18. Jh. Die Barockkirche **Sv. Trojstvo** mit ihrem verzierten Portal stammt aus dem Jahr 1752.

Lohnenswert ist ein Spaziergang zum Friedhof und weiter zur gotischen Kapelle **Sv. Luka** am Berghang – herrlicher Ausblick! Die Kapelle mit der birnenförmigen Glocke von 1422 wird erstmals 1393 erwähnt. Ihr wertvollstes Stück ist ein aus Gold geschmiedeter Kelch aus der frühen Renaissance. Auf dem Friedhof ruhen die sterblichen Reste von Generationen von Reeder- und Kapitänsfamilien. Ein Stückchen entfernt, ebenfalls am Hang, trifft man auf eine **Votivkirche** aus dem 16. Jh., die 1884 erweitert wurde.

Im Ortsteil **Žukovac** oberhalb steht die gotische **Sv.-Lovro-Kirche** von 1335, die im 18. Jh. erneuert wurde. Sehenswert am Altar sind neben Ölgemälden das spanische Lederantependium aus dem 17. Jh.

Funde zeugen von einer Besiedlung schon in prähistorischer Zeit. Der venezianische Kartograf *Vicenzo Maria Coronelli* zeichnete 1640 Kućište mit 30 Häusern in seine Karten ein. Vom 18. bis Anfang des 19. Jh. blühte der Ort durch die Segelschifffahrt. Namhafte Seeleute wurden in Kućište geboren, es gab Reedereien und eigene Segelschiffe. 1865 wurde die Seefahrts-AG in Orebić gegründet, die bereits 1891 wieder schließen musste. Danach wanderten viele Einwohner nach Amerika aus. Die landschaftlichen Reize Pelješacs ließen im ausgehenden 20. Jh. den Tourismus als neuen Erwerbszweig entstehen. Und der soll weiter wachsen: Geplant sind ein Jachthafen, ein Sportzentrum, eine Appartementsiedlung und eine Umgehungsstraße oberhalb von Kućište.

Information   Touristinformation über Orebić.

Verbindung   Bus: 2- bis 3-mal tägl. nach Orebić.

Bootsverbindung in der Saison 4-mal tägl. nach Korčula-Stadt.

Einkaufen   etliche Läden.

Blick auf den Pelješac-Kanal …

Post Mo–Fr 8–14, Sa bis 12 Uhr.

Übernachten/Essen Privatzimmer ab 30 €/DZ. **Appartements** für 2 Pers. ab 40 €.

Pension-Restaurant Villa Vrgorac, schöne Terrasse mit Meerblick, leckere Fisch- und Fleischgerichte, auch Lamm. Es werden nette Zimmer vermietet, nah ist auch das Appartementhaus mit Pool. Ganzjährig geöffnet. Perna 24, 20267 Kućište, ✆ 020/719-152, www.villa-vrgorac.com.

Pension-Restaurant Piccolo, neben Vrgorac, ebenfalls gutes Essen und nette Zimmer. Mai–Okt. geöffnet. ✆ 020/719-132.

≫ Mein Tipp: **Konoba Kod Ivana**, oben am Berghang (bei Sv. Lovro-Kirche bergan, ausgeschildert) mit herrlicher Terrasse, Blick aufs Meer und Korčula-Stadt. Es gibt nach Vorbestellung Peka-Gerichte (u. a. Lamm, Oktopus), Fleisch- und Fischgerichte, auch Thunfisch. Mitte Mai–Mitte Okt. ab 17 Uhr. ✆ 098/244-003 (mobil). ≪

Camping ** Autocamp Perna, einziges Camp direkt am Meer. Riesiger 4-ha-Platz mit Mischwald, Grill, Supermarkt, Kiesstrand, Fahrradverleih, Bootsanlegestelle, Kran, FKK und Kitesurfeverleih. Geöffnet Mai–Okt. Pers. ca. 4,50 €, Zelt 4,50 €, Auto 4 €. ✆ 020/719-244, -286, www.club-adriatic.hr.

*** Autocamp Palme, kurz nach Perna, durch die Uferstraße vom Meer getrennt. Schöner 1,5-ha-Platz zwischen Palmen und Olivenbäumen. Fahrrad-, Boots- und Surfbrettverleih, Surfschule. Ganzjährig. Pers. ca. 5,50 €, Parzelle ca. 9 €. Kućište 45, ✆ 020/719-164.

Baden überall kleine Einbuchtungen mit Sand- und Kiesstränden.

Kite- und Windsurfen Kiten wird am Autocamp Perna angeboten, ✆ 098/395-807 (mobil), www.perna-surf.com. **Surfen** bei Autocamp Palme.

Wandern In Richtung oder auf den Sv.-Ilija-Gipfel (→ Kasten „Berg Sv. Ilija" und Kleiner Wanderführer/Wanderung 9, S. 488).

… mit Viganj und Kućište, die Orebić-Riviera und auf Korčula und Mljet

Süddalmatinische Inseln

Viganj

Der 350-Einwohner-Ort ist die letzte größere Siedlung an diesem üppig bewachsenen Küstenstreifen am Kanal von Pelješac. Bedingt durch die ständige leichte Brise,
ist der Ort ein beliebtes Surfer-Domizil mit internationalen Surf- und Slalomregatten.

Auch hier stehen die barocken Marmorhäuser der Seekapitäne aus dem 19. Jh. Der
Ort wirkt noch friedlicher und ist noch üppiger als Kućište von Pflanzen und
mächtigen Pinien umgeben. Die Inselstraße entfernt sich in Richtung Berge und
führt über den Weiler *Nakovanj* nach *Lovište*.

Mitten im Ort steht das **Dominikanerkloster** von 1671 mit einer Kirche ohne Glocke. 1760 wurde die gotische Kirche erweitert, deren Inneres ein Holzrelief aus dem
15. Jh. schmückt, den Klosterhof zieren ein Kreuzgang und Zitrusbäume. Auf der
Landzunge mit herrlichem Badestrand und guten Surfbedingungen steht eine
Kapelle. Überall gibt es Kiesstreifen und Anlegestellen für Boote.

In all diesen Küstenorten, die jeweils aus mehreren Siedlungen bestehen, finden
sich archäologische Spuren der Illyrer, Griechen, Römer und Slawen.

Basis-Infos

Information   Touristinformation, 20267
Kućište-Viganj, ✆ 020/719-059, www.viganj.
net. Juli/Aug. tägl. 8–12/18–20 Uhr, Juni und
Sept. Mo–Sa 8–14 Uhr.

Verbindungen   Regelmäßig **Busse** nach
Orebić. **Bootsverbindung** in der Saison 4-
mal tägl. nach Korčula-Stadt.

Einkaufen   Supermarkt.

Veranstaltungen   Welt- und Europameis-
terschaften der Surf- und Slalomregatten,
Ende Juli bis Anfang Aug.

Wein   Vinothek Skaramuča (→ Potomje).
Vom guten Winzer gibt es nun in seinem
Laden die Weine Dingač, Postup, Pelješac,
Potomje, auch Schinken, Käse. Mai–Nov.
9–21 Uhr. Viganj 48, ✆ 098/737-542, www.
dingac-skaramuca.hr.

Viganj – das Surf- und Kiteparadies für Profis und Anfänger

Übernachten/Essen & Trinken

Übernachten Entlang der Uferstraße viele Privathausvermietungen, ca. 15–20 €/Pers.; auch über Website von TZO Orebić. U. a.:

Pension-Appartements Mirina, nette, preiswerte Appartements, 36–85 € (2–5 Pers.). Fam. Antunović, Viganj 115, ☎ 020/719-002, www.mirina-viganj.com.

*** **Appartements Dalmatin-Paštar**, farbenfrohe, moderne Appartements (2–4 Pers.) mit Balkon/Terrasse in zwei nebeneinander stehenden Häusern ab 50 €, umgeben von einem großen Garten am Ende von Viganj im ruhigen Ortsteil Basina. Fam. Dalmatin-Figueroba, Viganj 226, ☎ 098/344-905 (mobil), www.viganj.org.

⟫⟫ **Mein Tipp:** *** **Nakovana-Center**, ein altes, wiederaufgebautes Dorf in Čikatića, am Berghang oberhalb von Viganj. Der Hamburger Bernd Receveur hat sich hier kreativ verewigt. Verschieden große Häuser, auch für Seminare geeignet (Gruppenraum mit 75 m²), mit Pools, besten Materialien und herrlichem Blick auf den Kanal von Pelješac und Korčula. Vom 15. Sept.–15. Juni können die Häuser (je 6–10 Pers.) auch für nur 2 Pers. gemietet werden, davor nur komplett (250 m², 6–10 Pers., 2800 €/Woche; oder 550 m², bis 8 Pers., 3920 €/Woche). Auf Wunsch wird auch gekocht. Priedemann Nekretnine d.o.o., Viganj 138, www.nakovanacenter.eu. ⟪⟪

Camping Im Ort fast ein Camp neben dem anderen, u. a.:

*** **Camp & Bistro Ponta**, gleich am Ortsbeginn. Kleiner, netter Platz unter Oliven und mit einem guten Lokal (→ Essen), schöner kleiner Kies- und Felsstrand gegenüber. Viganj 5, ☎ 020/719-060, www.camp-ponta.com.

⟫⟫ **Mein Tipp:** *** **Camp Antony Boy**, 5,5-ha-Platz unter Bäumen. Großes Sportangebot, Surfbrettverleih und -schule, Bootsvermietung, Tauchbasis, Beachvolleyball, Fahrradverleih; Cafébar, Shop, WiFi. Camp ist durch die Uferstraße vom Meer getrennt. Ganzjährig. Pro Pers./Zelt/Auto je 6,30 €, Wohnmobil 8,80 €. ☎ 020/719-077, www.antony-boy.com. ⟪⟪

*** **Autocamp Maestral**, direkt gegenüber der Landzunge. Kleiner, sauberer Platz unter jungen Bäumchen mit Kalt- und Warmduschen. Pro Pers./Zelt/Auto je 5,80 €, Wohnmobil 8,30 €. ☎ 098/1969-847 (mobil), www.maestral-camping.hr.

** **Autocamp Liberan**, größerer Platz unter Schatten spendenden Bäumen. Windsurf- und Kitecenter mit Verleih und Schule. Ganzjährig geöffnet. Pers./Auto/Zelt je 4,75 €, Camper 7,40 €. ☎ 020/719-330, www.liberansurf.eu.

Essen & Trinken **Konoba-Pension Maritimo**, in der Ortsmitte von Viganj im hübschen Natursteinhaus mit netten Appartements (45 €/2 Pers.); auf der aussichtsreichen Terrasse gibt es Spezialitäten wie Gregada, Bordet, fangfrischen Fisch. Mitte Mai–Mitte/Ende Sept. Fam. Ortolio, Viganj 67, ☎ 020/719-058.

⟫⟫ **Mein Tipp:** **Konoba Forte**, gemütliches und kreatives Lokal mit Terrasse im Grünen am Berghang. Spezialitäten sind Viganjski brodetto oder Dalmatinska lešada (gekochter Fisch mit Gemüse), auch Pašticada, Hühnchen oder auch vegetarische Platte und Salate. Juni–Sept. ab 12 Uhr. Doljanska b. b. (Ortsbeginn und oberhalb am Berg), ☎ 098/389-571 (mobil). ⟪⟪

Konoba Montun, am Ortsende an der Uferstraße mit netter Terrasse direkt am Meer. Es gibt Lamm am Spieß, Peka-Gerichte, Fisch- und Fleischgerichte vom Grill. Ganzjährig ab ca. 8 Uhr. Fam. Ivan Pamić, Viganj 81.

Bistro Ponta, am gleichnamigen Camp speist man gut Pizzen und Nudelgerichte. Mitte Mai–Mitte Sept. 10–1 Uhr.

⟫⟫ **Mein Tipp:** **Konoba & Beachbar Čiringito**, an der Surferstation, kurz vor dem Ponta-Beach; gute Lage, gute Kleinigkeiten wie Nudelgerichte, Bruschetta, Drinks, gute Musik, auch WiFi – zum Wohlfühlen und bestens für den Sundowner. Mitte Mai–Okt. tägl. 8–23 Uhr. ☎ 098/344-905 (mobil). ⟪⟪

Konoba-Beachbar Karmela, lädt zum Sundowner auf dem Holzsteg unter dem Strohdach am Meer ein. Es gibt Gegrilltes, Nudelgerichte und Salate. Viganj 36, ☎ 020/719-097.

Sport/Wassersport

Baden Auf der Landzunge mit Feinkies. Nachmittags kommt Wind vom Kanal, gute Surfbedingungen. Kleine Strömungen im Ufer, man treibt immer ein wenig nach Süden! Ruhige und endlose Bademöglichkeiten westlich des Orts – kein Autolärm stört die Idylle an den Fels- und Kiesbadebuchten.

Kite- und Windsurfen Wind- und Kitesurfcenter am Strand beim Autocamp Liberan (www.liberansurf.eu), zudem auch bei

Antony Boy (→ Camping).

Water Donkey – Windsurf- und Kitesurfcenter, am Ponta-Beach, ✆ 091/1520-258 (mobil), www.windsurfing-kitesurfing-viganj.com. Kurse und Ausrüstungsverleih für Anfänger wie Profis; auch Kajak- und Fahrradverleih und Appartementvermietung.

Wandern Zum Sv.-Ilija-Gipfel (→ Kasten „Berg Sv. Ilija" und Kleiner Wanderführer/Wanderung 10, S. 491).

»» Weiterfahrt: Weg vom Meer schlängelt sich die Straße nun die Berge hinauf. Unten liegt Korčula mit seinen rundlichen Ausläufern und zwei ganz runden Inselchen davor; das Meer dazwischen ist so breit wie ein Strom. Die Straße zieht sich an Karsthügeln entlang – in der Ferne ist eine Dorfruine zu sehen. Auf den Hügeln hausten bereits Steinzeitmenschen. Später kamen die Illyrer, dann die Slawen. Heute werden die alten Häuser in den Weilern von **Donij** und **Gornij Nakovanj** hübsch restauriert, es gibt Ziegenkäse und Rotwein.

Gegenüber von Donij Nakovanj, an der Hauptstraße, kann man in 20 Min. zum 330 m hohen *Berg Grad* laufen und genießt, wie schon die Illyrer, einen wunderschönen Blick auf die Pelješac Riviera und Korčula. Oberhalb von Gornij Nakovanj gibt es eine *Grotte,* in der archäologische Funde gemacht wurden – die Grotte ist allerdings noch nicht zu besichtigen.

Die Straße windet sich weiter bergauf. Auf dem Bergrücken wird die Insel Hvar in ihrer ganzen Länge sichtbar: im Westen die Insel Šćedero, unten die grünen Ausläufer von Pelješac, gegenüber im Süden Korčula.

Lovište

Erst vor gut 100 Jahren wurde der kleine Küstenort mit seinen nun 600 Einwohnern an der gleichnamigen, tief ins Land reichenden großen Bucht von Siedlern aus Hvar (Bogomolje) gegründet. Sie kamen mit Holzkähnen, die fürs Erste auch als Behausung dienten – zum Schlafen wurde der Kahn einfach umgedreht. Heute ziehen sich einfache Bauten mit Gärten um die Bucht, es duftet nach Johannisbrot, im Hafenbecken schaukeln Fischkutter und Jachten, es gibt einige Kiesstrände. An der nördlichen Buchtseite liegt der Ortsteil **Mirce**.

Bis in die 80er-Jahre des letzten Jahrhunderts erreichte man Lovište nur auf dem Seeweg. Die Bewohner waren isoliert, lebten von Fischfang und Weinanbau, es gab eine intakte Dorfstruktur mit Bäcker, Metzger usw., die heute verschwunden ist. Die Genossenschaft „Parizanska Veza", eine kleine Fabrik für Feigen und Johannisbrot (Feigen werden getrocknet, verpackt und exportiert; das Johannisbrot wird zu Mehl verarbeitet und abgepackt) finanzierte den Straßenbau und die Wasserleitungen. Und die Dorfbewohner legten selbst Hand an – „Um hier etwas zu erreichen, müssen wir uns schon selbst helfen", meinte ein junger Mann. Heute genießen die Touristen den ruhigen Badeort. Ab und zu wird gefeiert, aber dann kräftig, wie zum Beispiel am 1. Mai: Rund um die Bucht werden kleine Feuer entzündet, und manche sehen sich den Zauber vom Meer aus an. Dazu wird gegrillt, getanzt und getrunken. Ärger gibt es momentan nur mit den Schakalen – bei Trockenheit kommen sie und schlagen sich die Bäuche voll mit süßen Weintrauben und Feigen.

Lovište – Blick auf den Ort an seiner großen, geschützten Bucht

Baden kann man am großen Feinkiesstrand an der Bucht (Familienstrand!). Wer es ruhiger mag, geht zu Fuß oder fährt mit dem Boot zu den Buchten *Križica, Česminova, Slatina* oder an die zwei nördlichen Buchten *Rasoha* und *Bezdija*.

Information 20269 Lovište. Touristinformation (über Orebić).

Verbindungen Bus: 2-mal tägl. nach Orebić.

Diverses Post und Supermarkt.

Übernachten Das Touristenbüro vermittelt **Privatzimmer** ab 20 €/DZ. **Appartements** ab 30 €.

Pension-Restaurant Gradina, mit Appartements und Zimmern (DZ ca. 40 €) am Ende der südwestlichen Buchtseite, mit großer Terrasse und Sitzmöglichkeiten direkt am Meer – hier kann man in Ruhe den Sonnenuntergang genießen. Nette Wirtsleute und gute Küche mit frischem Fisch, hauseigenem Wein und Olivenöl. April–Okt. geöffnet. Fam. Robert Jerković, ☏ 020/718-017, www.icmore.de/gradina.

Pension Tamaris, traditionsreicher Familienbetrieb. Einfache, preiswerte Appartements mit Balkon. Fam. Ljubo Huljić, Lovište 160, ☏ 020/718-014.

Camping Autocamp Lupis , kleines Camp unter Feigenbäumen in Mirce, durch eine Straße vom Meer getrennt. Es gibt auch Pensionszimmer, alle mit Du/WC und sehr ruhig gelegen. Kiesstrand und Bootsanlegestelle. Der nette Wirt produziert heilsamen Raki mit Kräutern. ☏ 020/718-063, www.peljesac.-lupis.com.

Autocamp Denka, ebenfalls in Mirce, terrassiertes Gelände unter Olivenbäumen und Palmen, vom Meer nur durch die wenig befahrene Uferstraße getrennt. Gute Sanitäranlagen. Vlado, der Besitzer, ist stets hilfsbereit. Fam. Srhoj, ☏ 020/718-069, 098/9484-029 (mobil), www.denka.info.

Essen & Trinken »» Mein Tipp: Konoba **Barsa**, luftige, einladende mit Pflanzkübeln bestückte Terrasse direkt am Meer. Treffpunkt von Bootsleuten. Raffiniert gewürzte Gerichte, ob aus dem Meer oder Fleisch, guter Service; Langusten, Meeräschen und die raren Botarga (Rogen der Meeräsche) sind die Spezialitäten. Mai–Mitte Okt. ab 12 Uhr. Fam. Gordan Matijašević, ☏ 020/718-057. **«**

Fischlokal Trumbeta, neben obigem und ebenfalls mit netter Terrasse direkt am Meer. Gute und etwas preiswertere Küche: Muscheln, Lobster, Oktopus und Fleischgerichte. Juni–Mitte Okt. ☏ 099/8230-005.

Konoba Mirce, in Mirce – hier isst man preiswert leckeren und fangfrischen Fisch.

Konoba Estravaganca, rund 1 km oberhalb von Lovište Abzweig und weitere 3 km westlich auf Makadam in Richtung Uvala Duba (ausgeschildert). An der schönen Bucht gibt es Fisch, Lobster, Muscheln. Juni–Mitte Sept. ab Mittag bis 20 Uhr. Fam. Tugmir Matijašević (Sohn von Gordan, Konoba Barsa), ☏ 098/9447-099 (mobil).

Potomje

Der 250-Einwohner-Ort mit etlichen zugehörigen Weilern liegt inmitten von Weinfeldern und Mischwald an der Inselstraße von Orebić in Richtung Ston. Dicht gedrängt stehen die Häuser, streng geometrisch angeordnet wie in Ston und mit der Auflage erbaut, dass kein Haus höher sein darf als in Dubrovnik. Seit Hunderten von Jahren wird in dieser Gegend Wein angebaut. Alte Abbildungen zeigen mit Trauben beladene Eselskarawanen, die über die Berge zu den Häfen von Trpanj und Crkvice ziehen. 550 Winzerfamilien gibt es, die umliegenden Orte eingeschlossen, seit 1902 eine Genossenschaft und inzwischen viele **Weinkellereien**, in denen die Plavac-Trauben zu edlen Weinen verarbeitet werden. „Es ist keine Herrlichkeit, wenn sie nicht mit Wein zelebriert wird" – sagt hier der Volksmund.

Dingač und Postup

1975 baute die Winzergenossenschaft einen Tunnel durch das Bergmassiv zur Südküste. Tief unten das Meer, kein Laut, sengende Sonne. Wein, Oliven, Kräuter – es duftet intensiv nach ätherischen Ölen. Hier, an diesem in Terrassen steil abfallenden Stückchen Land mit Erde aus einem Ton- und Sandgemisch, wächst der weltbekannte rote Dingač. Fast unzugänglich erscheinen die Weinberge mit 30 bis 70 % Bodenneigung – kaum vorstellbar, wie hier der Boden bearbeitet und die Ernte eingebracht wird. Für Mensch und Tier eine Knochenarbeit.

Seit Generationen wird dieses Fleckchen Erde mühsamst bearbeitet. Bis 1975 ging man mit Eseln über den 600 m hohen Hl.-Thomas-Berg. Bis heute ist man auf Esels Hilfe angewiesen und man muss Steigeisen tragen, um nicht den Hang hinabzurutschen. Mit Sonne und etwas Wasser reifen die Trauben ohne die üblichen Pestizide – aufgrund der mangelnden Luftfeuchtigkeit gibt es keine Schädlinge.

Um das Aroma des *Dingač* zu bekommen, bleibt die autochthone Klein-Plavac-Traube (Plavac mali, → Trstenik) blauschwarz und halbtrocken an den Stielen hängen, bis ein hoher Zuckergehalt erreicht ist. Dass die Ausbeute nicht gerade groß ist, kann man sich vorstellen, und dass der Dingač mundet, rühmte bereits Kaiser Diokletian. Der aus den Trauben gewonnene Saft kommt zur Fermentierung für ca. 6 Monate in Barriquefässer, um das ihm typische Eichenaroma zu erhalten. Gute Lagerbedingungen bieten Keller 280 m über dem Meer. Nach der Flaschenabfüllung reift der Dingač mindestens ein Jahr in den Kellern weiter, um seine Harmonisierung der Aromen zu erhalten. Der Dingač, der *Grand Cru* der Plavac-Traube, ist ein Lagerwein und sollte auf jeden Fall 3 bis 4 Jahre alte sein, ehe er ins Weinglas kommt – hier zeigt sich der edle Tropfen rubinrot bis dunkelviolett mit reichem Bouquet und einem Duft nach dalmatinischen Wildblumen und Brombeeren, sein Alkoholgehalt liegt zwischen 13,5 und 15,5 %, enthält 4,5 bis 6 g/l Säure und 34 g/l unvergorenen Zucker. Seit 1961 ist der Dingač der erste geschützte kroatische Prädikatswein mit kontrollierter Erzeugung. Aber schon 1910 errang er auf der Pariser Weinausstellung eine Goldmedaille.

Ein weiterer exzellenter Rotwein und zur Lagerung bestens geeignet ist der *Postup*. Auch dieser Wein beruht auf der Plavac-Traube und wächst in den nicht ganz so steilen Höhenlagen um Mokalo, Podubuče und Trstenik. Ähnlich dem Dingač erreicht auch er einen Alkoholgehalt von 13 bis 14 %. Die Qualität dieser Weine beruht auf ihrem ganz eigenen Geschmack und dem unvergorenen Zucker; durch entsprechende Lagerung (s. o.) werden sie noch gehaltvoller.

Post 7–11 Uhr.

Tankstelle Saison 6–22 Uhr; danach 6–19, Sa 6–14 Uhr.

Wein Eine Auswahl zu treffen ist schwierig bei den Hunderten Winzern:

Vinarija Dingač, Potomje 3, ☎ 020/742-034. Seit 1902 besteht die Winzergenossenschaft mit rund 300 Winzern. Juni–Okt. 8–20 Uhr.

»» Mein Tipp: Winzer Ivo Skaramuča, zählt zu den besten Dingač-Produzenten Kroatiens, gekeltert werden hervorragende Weine (Dingač, Postup, Pelješac, Potomje).

Gornje pijavično 7, ☎ 098/737-542, www.dingac-skaramuca.hr. «««

»» Mein Tipp: Winzer Mato Matuško, seine Dingač-Weine reifen natürlich im Holzfass, des Weiteren gibt es die Rotweine Plavac Matuško, Plavac mali und Postup, an Weißweinen Rugatac, Pošip und Chardonnay, zudem Dessertweine. Man kann hier das große Weinsortiment verkosten, auch Olivenöl ist im Angebot. Ganzjährig (trotzdem bessern anrufen!) 8–20 Uhr. Potomje 5 a, ☎ 098/428-676 (mobil), www.matusko-vina.hr. «««

Weitere gute Weinsorten, die in der Ebene um Potomje wachsen und in der Winzerei mit dem bepackten Esels-Logo verarbeitet werden, sind der weiße und rote *Pelješac* (süß, süffig) und der *Potomje* (trocken). Die Flaschenabfüllung für diese Weine erfolgt in Dubrovnik.

Wer mehr über die Verarbeitung der Weine wissen will, kann sich, wenn es nicht gerade zur Erntezeit ist, ruhig bei der Winzergenossenschaft umsehen. Inzwischen gibt es in Potomje auch zahlreiche private Weinkellereien, wie z. B. Skaramuča, Matuško, Milićić oder Bartulović, aber auch in den umliegenden Orten haben sich namhafte Winzer angesiedelt, u. a. Grigić in Trstenik, bei denen man die Weine erwerben kann.

Die vor allem in den USA berühmte Rebsorte *Zinfandel* ist genetisch identisch mit der alten kroatischen Rebsorte *Crljenak* (→ Kasten S. 338). Die heute in Kroatien verbreitete Rebsorte Plavac mali hat die genetischen Eltern Crljenak und Dobričić (autochthone Sorte von Šolta).

Dingač – Blick auf das Weinanbaugebiet am Steilhang

OPG Boris M. Violić, seit 1896 keltert die Winzerfamilie, jetzt auch mit der Rebsorte Zinfandel. Mai–Okt. 10–21 Uhr. Potomje 6, ☎ 091/5253-731 (mobil).

Vina Matković, hier gibt es Dingač, Plavac, Rukatac. Juni–Okt. 8–21 Uhr. Potomje 66, ☎ 091/2111-230 (mobil).

Vina Trobok, über 100 Jahre Weintradition; es gibt Dingač, Plavac mali, Rukatac. Mai–Okt. 8–21 Uhr. Potomje 84, ☎ 098/1631-597 (mobil).

Vinothek Andričević, ebenfalls über 100 Jahre Weintradition mit Dingač, Plavac, Rukatac. Mai–Okt. 8–21 Uhr. Potomje 76, ☎ 098/9361-302 (mobil).

Essen & Trinken Konoba Matuško, direkt am Meer unten in Dingač. Zu einem leckeren Fischgericht kann man sich eben-falls die Weine munden lassen. Geöffnet Juni–Okt. ☎ 098/428-676 (mobil).

Konoba Portun, kurz vor dem Tunnel liegt dieses nette kleine Lokal mit lauschigem Gärtchen (auch WiFi); es gibt dalmatinische Gerichte und Hauswein. Mai–Sept. 12–24 Uhr. Potomje b. b., ☎ 098/8233-652 (mobil).

Baden An der Südküste Fels- und Kiesba-destrände.

Mountainbike/Wandern Wer nach Trstenik möchte (ab Potomje 15 km), kann dies auch entlang der Südküste auf Maka-dam tun. Durch das Dingač-Tunnel, danach links, Straße hinab, am 2. Abzweig noch-mals links. Auch zum Wandern ab Dingač eine sehr reizvolle und aussichtsreiche Strecke (ca. 4 km, ca. 1 Std.).

Kuna

Als Alternative empfiehlt sich von Trapanj aus die weniger befahrene und landschaft-lich reizvollere Strecke über Oskorušno, Kuna und dann Richtung Potomje oder Pija-vičino (wieder auf der Hauptstraße). Schöne kleine Orte kleben am Berghang, umgeben von Weingärten, Feigen, Granatäpfeln, Eichen und vielen anderen Gewächsen.

Vor der Pfarrkirche von Kuna steht eine **Statue** des zeitgenössischen Malers und Franziskanermönchs *Celestin Medović* (1857–1920), der aus dieser Gegend kam. Außerhalb des Orts liegt ein sehenswertes **Kloster** mit Kirche. Die Kirche wurde 1681 erbaut, 1708 ließen sich die Franziskaner hier nieder. Lange Zeit diente das Kloster als Schule, jetzt bewohnen es wenige Mönche. Der Klosterbau wurde nie vollendet, eigentlich sollte er die Form eines Dreiecks bekommen. Sehenswert sind die Gemälde von *Celestin Medović* und *Fra J. Testen,* der hier eine Zeit lang lebte; in der Pinakothek stehen zwei Statuen von *Meštrović*. An der Außenmauer der Kirche ist die legendenumwobene „Delorita" oder auch „Schwarze Madonna" (→ Kasten) eingemauert, die aus einer älteren Kirche stammt.

Delorita – die Schwarze Madonna

Einst kam ein venezianisches Schiff von Afrika, beladen mit Gold und einer kleinen schwarzen Madonna für die italienische Pilgerstadt Loreto. Piraten überfielen das Schiff und brachten all das Gold und die Statue hierher. Vom Papst exkommuniziert, konnten sich die Bösewichter vor den zu erwarten-den Höllenqualen nur retten, indem sie eine Kirche stifteten. Das taten sie 1681. Die Madonna mauerte man etwas versteckt an der Rückfront ein und die Kirche erhielt den Namen „Delorita".

Eine andere Legende erzählt diese Version: Die Statue der Muttergottes stand ursprünglich an einem ganz anderen Platz und lief ständig zur Kirche. Um dem Gerenne ein Ende zu machen, baute man sie schließlich in die Kirche ein.

Der Namenstag der Schwarzen Madonna wird am 10. Mai oder am darauf folgenden Sonntag gefeiert.

🍃 **Übernachten/Essen/Wein** Agroturizam – Konoba Antunović, etwas versteckt in der Seitengasse und Ortsmitte von Kuna liegt die urige Kneipe. Von der Decke hängen Schinken, Würste und Knoblauchzöpfe, zahlreiche Flaschen und Fläschchen verweisen auf das reichhaltige Wein- und Grappasortiment aus eigener Kelterei. Es gibt auch Käse, Fleischgerichte (auch aus der Peka), alles aus eigener Herstellung. 9–12/17–22 Uhr, nur nach Voranmeldung. ✆ 020/742-101, 098/1701-511 (mobil), www.opgantunovic.hr. ∎

Vinjarija Roso, schöner Weinkeller; gekeltert werden Plavac und Rukatac. Geöffnet ganzjährig (auf Anfrage!). Kuna 19, 098/427-526 (mobil).

≫ **Mein Tipp:** Agroturizam – Konoba Bartulović, in wunderschöner Lage nördlich von Oskorušno liegt das Natursteinhaus der Winzerfamilie mitten im Grünen mit Pool. Hier kann man essen, Weine (Dingač, Plavac mali und Rukatac) probieren und bestens nächtigen. Ganzjährig geöffnet (auf Anfrage!). Prizdrina 5, ✆ 098/344-000 (mobil), www.vinarijabartulovic. ≪

Hält man sich in der Ortsmitte von Kuna rechts, kann man einen Abstecher zur nördlichen Inselseite machen, allerdings auf Makadam. Es bietet sich ein weiter Blick übers Meer – Kardeljevo leuchtet weiß gegenüber, Buchten, Küste und die Neretva-Flussmündung erscheinen wie am Reißbrett entworfen. Passartig geht der Fahrweg in Serpentinen hinab – ein paar hundert Meter fast senkrechter Steilhang. Unten liegen macchiagrüne Küste, Felsbuchten und der Ort **Crkvice**, einst Verladestation für den Wein der Region. An der Küste gute Badeplätze.

Trstenik

Das nette 100-Einwohner-Dorf war früher Fährort für die Insel Mljet (heute von Prapratno). Die Bucht entlang ziehen sich ein paar bougainvilleaumrankte große, alte Häuser, eine Tamariskenpromenade und ein langer Kiesstrand, der zum Baden und Ausspannen einlädt. Wer gerne sportelt, radelt gen Dingač auf aussichtsreichen Strecken. 1393 wird der Ort erstmals erwähnt. Die meisten Bewohner leben wie schon früher vom Wein- und Olivenanbau und pressen Öl für den Verkauf. Einer von ihnen, *Miljenko Grgić*, wurde berühmt (→ Kasten S. 338).

Information   20245 Trstenik, Infos nur noch über Orebić

Verbindungen Bus: 2- bis 3-mal tägl. nach Orebić und Ston.

Wein U. a.: Vina Živkušić, gemütliches Sitzen und Verkosten vor dem alten Steinhaus. Mai–Nov 8–22 Uhr. Trstenik 16, ✆ 020/748-119.

≫ **Mein Tipp:** Vinothek Grgić, hier gibt es eine Reihe prämierter Weine, ausgereift in Eichenfässern, u. a. Plavac mali und Pošip (Trauben von der Insel Korčula) von Miljenko Grgić. Für seine Premiumweine kommt der Rebsaft kaltfermentiert in Behältern von Kalifornien, um dann hier in Eichenfässern auszureifen. Tägl. 9–17 Uhr. An der Zufahrtsstraße (oberhalb vom Ort), Trstenik 78, ✆ 020/748-090, 098/243-678 (mobil), www.grgic-vina.com. ≪

Übernachten Zimmer- und Appartementvermietung, DZ ab 10 € pro Pers.

U. a. in netter Lage am Meer: Appartements Anđelko Ivanović, ✆ 020/748-092; Zimmer vermietet Jadranka Milanović, ✆ 020/748-061.

Essen & Trinken Konoba Feral, am Hafen, nettes und sehr gutes Lokal.

Cafébar Stijena, Tony Matijas, lange wohnhaft in Wien, serviert köstliche Kaffeespezialitäten und schmackhafte Snacks in nettem modernen Ambiente.

Tauchen Freaky Diving Center, angeboten werden Tauchkurse (für Anfänger sowie erfahrene Taucher) und Ausrüstung, Ausfahrten zu den nahen Schiffwracks, Steilwänden und Riffen. Auch Übernachtungsmöglichkeiten im Haus an der westlichen Uferpromenade. ✆ 098/428-675 (mobil), www.freaky-diving.com.

Mountainbike/Wandern Auf dem Makadam in ca. 4 km nach Dingač oder auf der kleinen Asphaltstraße in ca. 5,5 km nach Žuljana. Hoch über der Küste mit fantastischen Weitblicken ziehen sich beide Strecken.

Vom Weinbauern zum Chardonnay-König und Zinfandels Gene

Miljenko Grgić (geb. 1. April 1923 in Desne, nördl. von Opuzen) stammt aus einer traditionsreichen Winzerfamilie und wuchs praktisch mit dem Rebensaft auf. Als Kleiner, sagt man, wurde er von der Muttermilch mit „gemišt" (halb Wasser, halb Wein) entwöhnt, mit seinen Kinderfüßen zerstampfte er bereits die Weintrauben. Der Sprössling wollte mehr – 1949 ging er nach Zagreb und studierte u. a. Chemie, Makrobiologie und Weinbau, um Winzer zu werden. 1954 floh er aus dem kommunistischen Jugoslawien nach Deutschland, emigrierte nach Kanada und 1958 schließlich in die USA. Hier fand Grgić, der sich nun *Mike Grgich* nannte, seinen

Klein-Plavac am Rebstock

Nährboden. Im kalifornischen Napa Valley arbeitete er bei verschiedenen namhaften Winzern, entwickelte die Weintechnologie und experimentierte mit seiner uralten Heimattraube *Crljenak,* heute besser bekannt unter *Zinfandel.*

Die Rebe Zinfandel wurde bereits 1850 in Kalifornien kultiviert, ab 1920 war sie eine durchaus bekannte Rebsorte und wurde zudem als Tafeltraube genutzt. Zinfandel eignet sich für die Herstellung unterschiedlichster Weine: Rotwein und Rosé (Blush Zinfandel) oder, wenn ohne Schale vergoren, als Weißwein (White Zinfandel, u. a. White Grenache). Erst um 1990 wurde Zinfandel zur Edelrebe erkoren und die meistangebaute und beliebteste Rotweinsorte in den USA, heute allerdings vom Cabernet Sauvignon abgelöst. Aber auch der Weißwein wurde in den 1980er-Jahren sehr populär. Wie und wann die vielseitig einsetzbaren Edelreiser in die USA gelangten, ist ungewiss. Eine nachweisliche Verschiffung von verschiedensten Rebsorten aus der Stiftsweinbauschule Neuburg, aus Niederösterreich (die damals über eine große Sortenauswahl aus ihrer k-&-k-Monarchie verfügten) hat um 1825 an die Rebschule George Gibbs in Long Island stattgefunden. In den Kisten waren auch Edelreiser von *Zierfandler,* aus dem vielleicht, weil unaussprechlich, Zinfandel wurde. Die Zinfandel-Rebe hat eine genetische Gemeinsamkeit mit der italienischen Rebe *Primitivo,* Ursprungsland bleibt aber Dalmatien. Die Genealogie von Crljenak alias Zinfandel ist übrigens erst seit 2002 wissenschaftlich geklärt, auf Anregung und mit großer Unterstützung von Mike Grgich. Man tourte durch Dalmatien, um den Nachweis zu finden, und stieß dabei auf die heute noch kultivierte Rebsorte *Crljenak kašteljanski* (von Kastella bei Split), die exakt der DNA-Probe entsprach. Plavac mali, der „Kleine Blaue", hat die Eltern *Crljenak* und *Dobričić,* eine autochthone Sorte von der mitteldalmatinischen Insel Šolta (→ Šolta).

Zurück zu Mike Grgich, der im Napa Valley bei den besten Winzern im kalifornischen Wein-Eldorado arbeitete, das vor 1976 wenig Beachtung unter Weinkennern fand, und der sich durch seine Entwicklungsmethoden und Weinverfeinerungen als Chefönologe einen Namen machte: u. a. beim kalifornischen Weinpionier Lee Stewart; im Beaulieu Vineyard entwickelte er mit dem legendären Önologen André Tchelistcheff die Milchsäuregärung. Bereits 1969 kreierte er den besten kalifornischen Cabernet für seinen nächsten Arbeitgeber, das Weingut *Robert Mondavi*. 1972 ging Grgich zu *Chateau Montelena*, kreierte hier seinen vergoldeten Wein und machte ganz Kaliforniens Weinbranche stolz und populär: auf der Pariser Weinausstellung 1976 wurde seine kalifornische Chardonnay-Kreation prämiert und der Nimbus, nur ein französischer Wein kann gut sein, war dahin. Ein Jahr später konnte er endlich seinen Traum, einen Weinhügel mit Kelterei im Herzen des Napa Valleys sein eigen zu nennen, erfüllen; zuerst mit Unterstützung der Kaffeefamilie Austin Hills unter dem Label *Grgich Hills Celler*, aus dem dann das Weingut *Grgich Hills Estate* wurde. Bereits 1978 erzielte er seinen nächsten entscheidenden Erfolg beim großen „Chicago Showdown": er gewann unter 221 blind verkosteten Chardonnays mit *„Grgich Hills 1977"*. Seine weiteren Auszeichnungen brachten ihm den Titel „Chardonnay-König" ein. Sein unruhiger Geist ließ ihn nicht ruhen, neben der bereits entwickelten Milchsäuregärung kamen die Kaltfermentierung und die Ausreifung der Weine in Eichenfässern und natürlich Experimente mit seiner Plavac-mali-Traube sowie die Forcierung der Untersuchungen zur alten *Crljenak-Rebe* hinzu.

1996 bekam Grgich Heimweh, vielleicht sah er auch die Zeit reif, Kroatien mit seinen neuesten Weintechnologien zu beglücken – etliche gute Winzer taten sich bereits im Land hervor. So eröffnete er mit seiner Tochter Violet und seinem Neffen Ivo Jeramaz die von Föhrenwald umgebene *Vinothek Grgić* im stattlichen Gebäude am Felshang oberhalb des Meeres und des Örtchens Trstenik, die heute von von seinem Manager Krešimir Vučković geleitet wird. Das Weingut Grgich Hills in Kalifornien wird von seiner Tochter Violet verwaltet.

Für seine besonderen Verdienste in der Weinindustrie wurde der inzwischen 85-jährige 2008 mit dem „Achievement Award" in Kalifornien ausgezeichnet.

Bester Rotweingenuss

„Es gibt keine wissenschaftliche Formel, um guten Wein zu erzeugen", sagt Miljenko Grgić, „du musst mit ihm kommunizieren und ihn erziehen". „Weine sind für mich wie meine Kinder, du solltest sie lieben und ihnen den Reichtum deines Geistes vermitteln".

Blick nach Žuljana, eingebettet zwischen Bergen und in üppigem Grün

Von Trstenik nach Žuljana

Die Inselstraße ist gesäumt von Weinfeldern und Olivenbäumen – der alte schmucke Ort **Janjina** liegt in der Inselmitte am Hang: Buchten und Inseln, eine große Kirche, meist rote Häuserdächer. Wein und Schinken kann man hier kaufen, es gibt eine Gostiona, einen Laden und eine Tankstelle. Man fand Spuren der Illyrer; 1222 wird der Ort in alten Dokumenten erstmals erwähnt.

Eine asphaltierte Straße zweigt von der Inselstraße nach **Sreser** ab: ein kleiner, von Zypressen umgebener Fischerort an der Inselostseite, mit alter Pfarrkirche, alten Häusern, kleinem Hafenbecken und Austernzucht. Die vorgelagerten bewaldeten Inselchen scheinen zum Greifen nah. In der Ferne verliert sich das Meer in Buchten, weitere Inselchen schwimmen vor dem Küstengebirge.

Information Touristinformation (TZO), 20246 Janjina-Drače, ☏ 020/741-130, www.tzjanjina.hr.

Diverses Ambulanz (☏ 020/741-231), Post, Geldautomat, Tankstelle (in Drače).

Wein Etliche Winzer gibt es hier: U. a. Vinarija Grgurević, Janjina 30, ☏ 091/8807-427 (mobil).

Essen & Trinken Agroturizam Konoba **Domanoeta**, im Natursteinhaus gibt es von der traditionsreichen Winzerfamilie Wein, Grappas, zudem hauseigenes Gemüse und Obst und fangfrischen Fisch. Juni–Okt. 14-23 Uhr. Janjina 51, ☏ 020/741-406.

Drače: Kleiner Ferienort abseits der Hauptstraße Richtung Ston, an der großen Bucht gelegen. Wer ein Boot hat, kann all die vorgelagerten Inselchen anlaufen. Der Strand ist hier zum Baden ungeeignet: algenglatte Steine und die Straße daneben. Bessere Möglichkeiten gibt es auf den Inseln. Über eine schmale Straße ist im Osten *Brijesta* erreicht (→ dort).

Übernachten Privatzimmer ab 10 €/Pers.

Autocamp Plaža, kleiner Platz an der Tamariskenpromenade mit Kiesstrand in Drače. Mitte Juni–Sept. ☏ 020/741-305.

Essen & Trinken Konoba Dalmatinška **kuća**, direkt am Meer. Hier isst man gemütlich und gut u. a. frische Austern, Muscheln oder Scampi-Nudeln. Juni–Sept. 12–24 Uhr. ☏ 020/741-546,

Pizzeria-Cafébar Živko, nette Terrasse am Meer, WiFi, ab und an Livemusik. Ab 8 Uhr morgens geöffnet. ☏ 020/741-127.

Školjka kuća, ortsauswärts an der Bucht steht das Häuschen mit Sitzgelegenheiten. Hier erhält man frische Muscheln oder Austern, auch zum Mitnehmen. Juni–Sept. tägl. 8–20 Uhr.

Die Hauptstraße zieht sich hoch ins Landesinnere – nochmals hat man einen weiten Blick nach unten, dann geht es in Dubrava rechts ab Richtung Žuljana an die Südküste. An schroffen Felsen vorbei führt die Straße zum Ort hinab.

Žuljana

Der kleine, ruhige Badeort erstreckt sich aus einem Tal mit Weinfeldern, Ruinen, Kirchen und Felsfingern Häuschen für Häuschen bis zur Bucht. Ringsum gibt es viele Sand- und Kiesbuchten, macchiagesäumte Wege und eine Reihe kleiner Privatcamps. Die abwechslungsreiche, malerische Landschaft kann man zu Fuß oder per Mountainbike auf Wegen und Pfaden erkunden. Rund 200 Einwohner hat Žuljana, das schon im 12. Jh. besiedelt war. Im Tal hinterließen Illyrer und Römer ihre Spuren. Der Ortsname ist römischen Ursprungs und geht auf die alte Kirche *Sanctus Julianus* zurück. Den Römern diente der Ort auf dem Weg von Narona über Mljet als Zwischenstation, um Süßwasser aufzufüllen. Im 15. Jh. wurde wegen der Pest alles niedergebrannt – erhalten blieb aber ein Gesetzbuch von 1415. Taleinwärts steht das Kirchlein **Sv. Roko** aus dem 12. Jh, erhöht auf dem Berg und mit herrlichem Meeresblick die 500 Jahre alte Kirche **Sv. Martin** mit Friedhof, nebenan Sv. Nikola. Vor der Sv.-Martin-Kirche kann man bei gutem Licht in der Steinspalte eines Grabes tief unten ein Skelett entdecken. Es ist das Skelett eines Mörders, der zur Strafe – zu jener Zeit wurde man üblicherweise noch in der Kirche beerdigt – außerhalb begraben wurde. Žuljanas vierte Kirche steht in der **Vučine-Bucht**, in der man zahlreiche antike Amphoren fand.

Information Touristinformation, am Ortsende, 20247 Žuljana, ℘ 020/756-227, www.ston.hr. Mitte Mai–Mitte Okt. Mo–Sa 9–13 Uhr (Juli/Aug. bis 19 Uhr).

Diverses Supermarkt, Laden und Post.

Übernachten Privatzimmer ab 20 € fürs DZ, je nach Entfernung zum Meer. **Appartements** für 2 Pers. ab 30 €.

≫ Mein Tipp: *** Pension Family Magazin, netter Familienbetrieb mit gut ausgestatteten Zimmern/Appartements (2–8 Pers., auch Familienzimmer) mitten im Ort und nahe dem Meer; von Balkon und Terrasse schöner Meerblick. Bestens auch für Familien mit Kindern. Auf Bestellung wird gekocht, mit hauseigenen Produkten und fangfrischem Fisch, dazu süffige Weine aus Eigenanbau – das Essen wird sehr gelobt. Ganzjährig geöffnet. DZ/F 55 €, Studios 38 €, Appartements ab 100 €. Kraj 23, ℘ 020/756-170, 098/9065-823 (mobil), www.familymagazin.com. **≪**

Camping In Žuljana 3 einfache Campingplätze (Mai–Mitte Okt.) alle Camps verfügen über Warmwasserduschen. Pers. ca. 4 €, Zelt ca. 3 €, Auto 3 €:

Camp Žuljana (an der Bucht), ℘ 020/756-121, Sunce, ℘ 020/756-125; daneben **Camp Maslina**.

Camp Vučine, idyllischer Platz südlich des Ortes, hinter dem Hügel an der gleichnamigen Kiesbucht. Es werden auch schöne Appartements vermietet. ℘ 020/756-143, www.vucinezuljana.com.

Essen & Trinken Im Ort einfache Lokale, die Fisch- und Fleischgerichte vom Grill anbieten: u. a. **Buffet Ankora**, hier sitzt man schön direkt an der Bucht, mit großer, überdachter Terrasse.

In der Nähe auch **Konoba Mediteran**, Pizzeria und Cafébar.

Sport/Wassersport

Baden: Rund um den Ort Kies- und kleine Sandbuchten. Hinter den Privatcamps eine weitere, von Strandkiefern umstandene Feinkiesbucht mit zwei Inselchen in Schwimmnähe und Bergen rings um das leuchtend blaue Meer. Ideal für Kinder, da es ganz seicht ins Wasser geht.

Tauchen Die Umgebung von Žuljana ist ein sehr gutes Tauchgebiet, es gibt rund 25 Tauchplätze, 6 Schiffwracks in Tiefen von 15 bis 45 m, u. a. das hier 1944 gesunkene deutsche Torpedoschnellboot „S57".

Tauchcenter Žuljana (Ltg. Hr. Dragan Lopin), seit 1986 gibt es diese gut geführte Tauchbasis (Leihausrüstung, Kompressoren, Flaschen, dtsch.-sprachig), Tauchausfahrten mit großem Schiff; auch nette Appartements zu mieten, zudem wird gekocht. April–Okt. ✆ 020/756-108, www.diving zuljana.com.

Tauchcenter Barbara, Tauchkurse (auch in Dtsch.) aller Schwierigkeitsstufen nach PADI & CMAS, 2-mal tägl. Ausfahrten. Es werden auch Appartements vermietet. Fam. Jeić, ✆ 098/757-898 (Hr. Srdjan, mobil), www.divebarbara.com.

Mountainbike von Žuljana auf der kleinen Asphaltstraße in 5,5 km gen Trstenik und auf weiteren 4 km auf Makadam nach Dingač.

Inselstraße Richtung Ston

Weiter auf der Hauptstraße folgen ab und zu ein Dorf oder ein Gebirgstal. Nach **Putniković** führt ein Abzweig über den Weiler *Duračić* durch Weinfelder zur Nordseite der Insel, nach **Brijesta**, einem kleinen idylischen Ort, um 1333 von der Dubrovniker Adelsfamilie Kaboga-Kabušić bewohnt. Aus den Natursteinhäusern ragt noch der Wehrturm, der 1617 zur Piratenabwehr erbaut wurde, etwas abseits steht die renovierte Barockkapelle Sv. Ilija, im 17. Jh. erbaut. Um den Ort ziehen sich schöne Sand- und Kiesbadebuchten, Fischer züchten hier ihre Muscheln und Austern. Draußen im Meer laden Inselchen zum Entdecken ein. Die   Idylle   wird dahin sein, falls die Brückenverbindung zum Festland gebaut werden sollte.

Camping ** Autocamp Vrela, kleiner Platz an Sand-/Kiesbucht unter schattigen Föhren. Ganzjährig geöffnet. Pers. ca. 4 €, Auto 3 €, Zelt 3 €. Fam. A. Perić, Brijesta 10, ✆ 020/756-830, 098/344-204 (mobil).

*** Autocamp Zakono, der 1-ha-Platz liegt neben obigem und gehört der gleichen Familie. Fahrradverleih. Preise wie Vrela. Geöffnet April–Okt. ✆ 020/331-535, 098/344-204 (mobil), www.brijesta.com.

Zurück auf der Inselstraße wachsen zunächst noch Eichen, dann wird es immer karstiger – Macchia. Vor **Sparagović** sieht man wieder Wein- und Gemüsefelder, Olivenhaine, Feigen, Granatäpfel und Mandarinen. Mächtige Bäume prägen die Ortschaft. Dann folgen wieder Weinfelder und der Ort **Ponikve** mit etlichen Winzern. Wer sich bisher noch nicht mit Wein eingedeckt hat, findet hier eine gute Auswahl.

Winzer Frano Miloš, Boljenovići 15, ✆ 020/753-098, 098/1565-254 (mobil). Es gibt ausgezeichnete Rotweine, im Eichenfass gereift, die ebenfalls weltweit exportiert werden.

Dann wechselt karge Kahlheit mit üppigem Reichtum, auch wenn die Brände der letzten Jahre Spuren hinterließen. Im Süden liegen unten das Meer und die **Prapratna-Bucht** – fast die gesamte Bucht ist ein Campingplatz und Trajekthafen zur Insel Mljet (Sobra).

Fährverbindungen (→ Wichtiges auf einen Blick, → S. 316).

Übernachten/Camping Privatzimmer: Vor dem Camp gibt es einige Pensionen in allen Preisklassen und Größen.

*** Autocamp Prapratno, ca. 3 km vor Ston. Von oben sieht es aus, als würde man auf das Modell eines Architekten blicken: flaches Gelände unter Oliven, Föhren, Zypressen – Wege schlängeln sich zu sauberen und reichlich vorhandenen Sanitäranlagen. Es gibt Kühlboxen und einen Laden. Park und Sportplätze davor, ein Zaun, Kiosk, Sandstrand, helltürkis das Meer. Eine breit ausgebaute Serpentinenstraße führt hinab. Geöffnet Mai–Sept. Pers. 5 €, Zelt 4 €, Auto 4 €. ✆ 020/754-000.

Mali Ston – die imposante Koruna-Festung

Ston

Den ganzen Berghang klettern sie kilometerlang hoch, die Mauern von Ston. Sie waren Teil eines mittelalterlichen Befestigungssystems, „der längsten Verteidigungsmauer Europas", wie ein Werbeslogan vollmundig behauptet. Auf den Mauern kann man entlangwandern, mit weitem Blick über die Stadt und die Salinen im Süden.

Das Städtchen **Veliki Ston** und das Wehrdorf **Mali Ston** mit uralten, in ein Blumenmeer eingebetteten Häusern liegen an der Landenge, von der sich die Halbinsel Pelješac ins Meer erstreckt. Beide Orte sind über den Berg hinweg von Mauern, Bastionen, runden und eckigen Türmen umgeben – ein 5,5 km langes Befestigungssystem. 2200 m davon wurden begehbar gemacht, man kann gemütlich von Veliki nach Mali Ston laufen.

An kulinarischen Genüssen sind die Muscheln und Austern zu erwähnen, die hier seit langer Zeit gezüchtet und in den Lokalen schmackhaft zubereitet werden. Ein Naschwerk besonderer Art ist die Stoner Torte, aus Makkaroni gemacht!

Geschichte

Schon in der Stein- und Eisenzeit war die Gegend um Ston bewohnt und bereits zur Illyrerzeit gab es die Salinen. Die erste römische Siedlung befand sich am Starigrad-Berg und später, bis ins Mittelalter hinein, am Berg St. Michael. Überall im Stoner Gebiet liegen geschichtsträchtige Reste verstreut, die Ruinen vieler vorromanischer Kirchen stehen noch. Recht gut erhalten ist die restaurierte St. Michaelskirche auf dem Gipfel des gleichnamigen Berges. Das Gotteshaus ist eines der ältesten im

Dubrovniker Raum. Einst soll hier ein Prinzenpalast des Fürstentums Zahumlje gestanden haben, in dem Ston eine der Hauptstädte war.

Austern (Ostrea edulis)

Diese kleine, saftige und flache Auster (s. Foto S. 57) gedeiht nur hier im Meerwasser um Ston, zudem noch in Mljet und Lastovo. Zwei bis drei Jahre benötigt sie, um an ihren Schnüren bzw. heutzutage Plastikknoten heranzureifen. Die besten Austern gibt es im März, dann werden auch um den 19. März (Kirchenfest Sv. Josipa) die Austern-Tage (Dai kamenica) gefeiert. Kenner schwören auf frische, nur mit etwas Zitronensaft beträufelte Austern. Es gibt sie aber auch überbacken oder in Pošip- oder Dingač-Wein gegart.

Das heutige Ston wurde zu Dubrovniker Zeiten im 14. Jh. streng nach Plan angelegt, in Form eines Fünfecks, das die mächtigen Befestigungswälle bildeten. Diese schützten die Besitztümer der Stadtrepublik auf Pelješac, besonders die überaus wichtigen Salzvorkommen, die Ston zur zweitwichtigsten Stadt nach Dubrovnik machten. Mit dem Untergang der Stadtrepublik verfiel auch das Befestigungssystem. Seine Steinquader benutzte man zum Häuserbau. Die Mauern, die erst im früheren jugoslawischen Staat wieder aufgebaut wurden, müssen nun im kroatischen Staat abermals erneuert werden: Während des Kriegs zwischen 1991 und 1995 mussten sich die Bewohner starker Angriffe des serbischen Militärs erwehren; doch gemeinsam mit den Korčulanern stoppten sie das weitere Vordringen der Serben zu Land und zu Wasser.

Basis-Infos

Information Touristinformation (TZO), 2 Pelješki put b. b. (Hauptstraße), 20230 Ston, ℡ 020/754-452, www.ston.hr. Juli/Aug. Mo–Sa 8–20, So 9–12/17–19 Uhr; Juni u. Sept. Mo–Sa 8–19 Uhr; Mai u. Okt. Mo–Sa 8–14 Uhr; sonst nur Mo–Fr 8–14 Uhr.

Verbindungen Bus: nach Orebić tägl. 1- bis 2-mal (Mitte Juni–Mitte Sept. 10 u. 16 Uhr, danach nur um 16 Uhr); Dubrovnik 5- bis 7-mal (außer So) und Split 1- bis 2-mal (mit Reservierung!). Ab der Magistrale in Zaton Doli fast stündl. Busverbindungen mit Split und Dubrovnik.

Taxi Napoleon, ℡ 091/6226-225 (mobil).

Nautik Anlegestelle für Boote, Boote können nen im Stonski-Kanal an der Kaimauer gebührenpflichtig anlegen (Boote unter 1,25 m gratis; Achtung, Tiefe beachten) – jedoch ohne Wasser und Strom.

Hafenkapitän: ℡ 020/754-026

Auto Tankstelle 5 km hinter Ston in Zaton Doli (Richtung Dubrovnik), in der Saison rund um die Uhr geöffnet.

Einkaufen Obst- und Gemüsemarkt, Supermarkt, Bäckerei und bei Solana Salz.

Geldwechsel/Post OTP, 7–12/18–20, Sa 8–12 Uhr; Bankomat. Post, 7–21 Uhr.

Gesundheit Ambulanz, ℡ 020/754-004; Apotheke, ℡ 020/754-034.

Veranstaltungen Stonsko Ljeto (Stoner Sommer) von Mitte Juli bis Ende Sept., Folkloreaufführungen und Konzerte in der Festung von Mali Ston.

Austern-Tage (Dani kamenica), um den 19. März (Sv. Josipa-Kirchenfest) und 3 Tage. Dann kann man in allen Variationen frische Austern kosten.

Stone Wall Marathon; Ston–Mali Ston (auf der Mauer) – Broce – Pržina – Kobaš –Ston– Hodilje Luka Duba Stonska und zurück nach Ston; es gibt die Marathondistanz 42,195 km, 15 km und 4 km Fun-Run. Mitte Sept. www.ston-wall-marathon.com.

Übernachten/Essen & Trinken

Übernachten/Essen in Mali Ston Alle zu vermietenden Zimmer sind in Mali Ston, ebenso die Hotels. **Privatzimmer** ab 20 €/DZ.

Zudem gibt es dort auch Gourmet-Restaurants. Die Spezialitäten sind Muscheln und Austern, auf vielfältige Weise zubereitet. Ein süßes Naschwerk ist die *Stonska torta* (auch *Stonski Makaroni)* – süßer Makkaroniauflauf mit Walnüssen/Mandeln und Zimt.

>>> **Mein Tipp:** *** **Hotel Ostrea**, sehr gutes kleines, edles Hotel am Hafen, aus Natursteinen erbaut. Im Restaurant Mlinica mit Wintergarten oder auf der schönen Terrasse speist man bestens. Ganzjährig geöffnet. Komfortable DZ/F zu 112 € (Economy), 124 € (Standard) oder 130 € (Superior). Schön ruhig ist es auch im Nebenhaus. Fam. Kralj, ✆ 020/754-555, www.ostrea.hr. <<<

*** **Restaurant-Villa Koruna**, gut geführter Familienbetrieb mit großem, verglasten Speiseraum direkt am Meer. In den Wasserbecken sprudelt und rauscht es, hier schwimmen Ljubin (Branzin), Meeresschildkröten und Scampi – wem es zu laut ist, setzt sich auf die Terrasse. Das Essen ist bestens und vom Fachmann: Spezialitäten sind natürlich Muscheln, Austern (in Seegras, Pošip u. Dingač) und Fisch, lecker ist aber auch das Rumpsteak in Dingačsauce; zum Dessert die Stoner Torte. Es gibt gut ausgestattete Zimmer/Appartements. DZ/F 90 €. Das Haus ist bestückt mit Gemälden jeglicher Art – sie stammen von dem jährlich hier stattfindenden Malerworkshop kroatischer Künstler; sie logieren hier gratis und hinterlassen dafür ein Kunstwerk. Die Gemälde können für 1000 € erworben werden, das Geld wird für die Salinenbecken-Renovierung verwendet. Fam. Pejić, ✆ 020/ 754-999, www.vila-koruna.hr.

Am Hafenplatz nebeneinander zwei Spitzenlokale:

>>> **Mein Tipp:** **Konoba Bota Šare**, lauschig das 500-jährige Innere mit Galerie – es war einmal ein Salzlager; guter Service und lauschiges Ambiente, auch Terrasse. Spezialitäten sind Popara (3 verschiedene Fischsorten in Weißwein und mit Gemüse), Fisch in Salzlake, Wildschweinpastete oder Gulasch, jahreszeitlich frisches Gemüse aus eigenem Anbau; natürlich auch hier frische Muscheln und Austern und natürlich die Stoner Torte. Ganzjährig 11–24 Uhr. ✆ 020/754-482. <<<

Restaurant Kapetanova Kuća, zum Hotel Ostrea gehörend. Hier kocht Lydia Kralj, bekannt aus dem kroatischen Fernsehen, kreative, verfeinerte Küche. Austern und verschiedenste Muscheln aus eigener Zucht, Fisch, Risottos, auch Fleischgerichte. Nachspeise z. B. *Stonski Makaroni* – süßer Makkaroniauflauf mit Walnüssen und Zimt. Große Weinauswahl, bester Service, nettes Ambiente. ✆ 020/754-555, -264.

Essen & Trinken in Veliki Ston **Konoba Bakus**, kleines Familienlokal, stilvoll im Innern und gemütliches Sitzen in der Altstadtgasse. Spezialitäten sind leckere Sardellen, Muscheln und Austern und eine gute Auswahl an fangfrischem Fisch. Tägl. 8–24 Uhr. Radovani ul. 5, ✆ 020/754-270.

Restaurant Sorgo, bietet ebenfalls gute Muschel- und Austerngerichte, jedoch mit „Coperta-Aufschlag" (kroat. Kuver). Tägl. ab 9 Uhr. Široka b. b.

Restaurant-Pizzeria Stagnum, hübsch zum Sitzen. Neben Fisch, Muscheln und Lamm werden auch Pizzen angeboten. Imena Isusova 25, ✆ 020/754-158.

Rundgang durch beide Städtchen

Veliki Ston: Über den Dächern ragt der Kirchturm des *Franziskanerklosters* gen Himmel. Die spätromanische *St. Nikolauskirche* birgt wertvolle Kunstgegenstände und der gotische Säulenhof erinnert an Süditalien. Der schönste Weg nach Ston führt über das geschwungene gotische Brückchen zum Feldtor: links die von einem 5 m dicken Bollwerk umgebene Festung *Veliki Kaštio* aus dem Jahr 1357 – ein viereckiges Gebäude mit drei Türmen. Noch ein paar Jahre älter ist die *St.-Blasius-Kathedrale* dahinter – die Fassade zieren Muster in hellem und ziegelrotem Marmor, das Innere schmucke kleine Marmoraltäre. Schon durch die Erdbeben von 1667

Schwer bewachtes Gelände – über 5,5 km ziehen sich die Stadtmauern

und 1850 wurde sie sehr in Mitleidenschaft gezogen und 1996 erneut stark beschädigt, sodass vom ursprünglichen Gebäude kaum mehr etwas übrig blieb – sie wird aktuell restauriert. Der Platz davor, ja die ganze Stadt, ist eingebettet in wucherndes Grün und ein Blütenmeer – Orangen, bougainvilleaumrankte Hausfassaden, Palmen.

Einige Cafés gruppieren sich um den *Stadtplatz* mit der Standarte. Unter ihrer wehenden Fahne versammelten sich die Bürger der Stadt. Das schlichte, U-förmige Gebäude des *Rektorenpalasts* beherrscht den Platz. Etwas weiter westlich plätschert der *Renaissancebrunnen.* Dahinter der *Bischofspalast,* 1572 erbaut, nachdem Ston wieder Bischofssitz geworden war. Seit 1300 hatte sich Ston den Bischof mit Korčula teilen müssen. Auch dieses Gebäude, ein Stilkonglomerat aus Gotik und Renaissance, wurde beim letzten Erdbeben zerstört – und inzwischen wieder aufgebaut. Sein Lapidarium birgt antike und mittelalterliche Bausubstanz.

Von der in den Hauptplatz mündenden Hauptgasse, der *Placa,* gehen alle Gassen im rechten Winkel ab. Am Ende jeder Gasse führen Treppen zu Gärten mit Zitruspflanzen. Darüber verläuft die *Befestigungsmauer:* Sie ist auf 2200 m begehbar (Aufgang Veliki und Mali Ston), man kann hinunterschauen auf das streng geometrische Stadtbild und die Salinen. In Veliki Ston nimmt man den östlichen Aufgang beim Wehrturm Barabanata, gelangt dann zur halbrunden Bastion Stoviš, dann weiter zur Bastion Minčeta und wieder hinab zur neu aufgebauten Bastion Arcimon (hier ist ebenfalls Aufgang und kleines Infocenter) – bis hierher hat man 1 km zurückgelegt. Wer nach Mali Ston möchte, geht am östlichen Aufgang beim Wehrturm Barabanata bis zum Turm Nad Vodom, hält sich dann nordöstlich und erreicht in 1,2 km (ca. 30 Min.) die Koruna-Festung mit herrlichem Weitblick.

Stadtmauer: Ganzjährig geöffnet, Mai–Okt.8.30–18 Uhr, Nov.–April 9–15 Uhr. Eintritt 40 KN, Kinder (5–15 Jahre) 20 KN.

Westlich, kurz vor Ston, steht die alte *Basilianer-Kirche* mit großen Weinbehältern davor: Im einstigen Kloster befinden sich heute Weinkeller.

Die einst wertvollen Salinen, *Solana Ston* (Ltg. Villa Koruna), südlich der Altstadt kann man individuell oder mit Führung besichtigen und wer möchte, kann natürlich gutes Meersalz erwerben. Die Becken und die Lagerstätten wurden nach und nach in den letzten Jahren renoviert, einige sind immer noch unbrauchbar (zur Renovierung müssen sie aufwändig mit Granit ausgekleidet werden; dafür dient der Eintritt und der Erlös der Gemälde, → Übernachten/Villa Koruna).

Solana Ston, Pelješki put 1 (südlich gegenüber Altstadt), ☏ 020/754-027, www.solanaston.hr. Geöffnet April–Okt. Mo–Fr 7–19 Uhr, danach nur bis 15 Uhr. Eintritt 15 KN, mit Führung 22,50 KN.

Mali Ston: Das Wehrdorf liegt auf der anderen Bergseite und blieb vom Erdbeben 1996 fast verschont. Von Veliki Ston aus fährt man unterhalb der mit Türmen und Zinnen versehenen und sich über den Hang ziehenden Mauern nach Mali Ston. Die Mauern bilden ein Trapez um Mali Ston und am Meer steht ein runder Turm mit einem Restaurant daneben. Tritt man durch das Tor, befindet man sich an einer Hafenbucht mit zwei Restaurants, mit Blick auf Boote und die Holzgestelle der Austernzucht. Am Feierabend sitzen die Alten grüppchenweise vor den Mauern des Dorfs.

1335 wurde beschlossen, eine Kirche, ein Pfarrhaus und drei Reihen von Häusern zu bauen – die uralten Baupläne werden heute in Dubrovnik aufbewahrt. Weil das Klima im Sommer in Mali Ston angenehmer ist als in Veliki Ston, verbrachten Bischöfe und Rektoren die heißen Monate hier.

Über den Häusern erhebt sich die *Koruna-Festung,* deren Ruine wie eine Krone aussieht. Hoch oben am Berg thront als dritte die *Podzvizda-Festung.* Wer mag, kann hinauflaufen – von oben hat man einen herrlichen Blick über das Dorf und auf das Ende des Pelješacer Kanals. Auch hier ist ein Aufgang zur Befestigungsmauer, auf der man nach Veliki Ston hinüberlaufen kann. In den Gassen grünt ein Pflanzenmeer, Treppchen führen zu den alten, kleinen Häusern oder in die nächste Gasse. Eine kleine Kirche mit Glockenloggia steht bei der Koruna-Festung. Die Festung ist zu besichtigen, man kann über Stufen auf die dicken Mauern hinaufsteigen. Von oben sieht man in die Türme hinein, wie in die Zacken einer Krone, und hat einen weiten Blick über Mali Ston und das Meer bis ans Ende der Bucht und zum Küstengebirge.

Ab und an dienten die mächtigen Gemäuer von Mali Ston als Filmkulisse, 1988 für den Monumentalstreifen „La Ciocara" mit Sophia Loren als Witwe in der Hauptrolle.

Umgebung von Ston

Von der alten Straße aus, die von Ston nordwärts nach **Hodilje** führt, sieht man die Festung von Mali Ston recht gut zwischen den Zypressen. Hodilje ist ein kleiner, von Neubauten umgebener Badeort mit altem Dorfkern am Hafenbecken; auch hier gibt es Austernzuchtanlagen, zum Baden locken Inseln, Landzungen und Kiesstrände, manchmal mit Seeigeln.

Luka ist ein altes Fischerdorf mit kleiner Hafenbucht. Am Ende der Straße liegt **Duba**, eine Siedlung mit vielen Neubauten und Sand-Feinkiesstrand.

Von Ston führt die Straße südlich, an den Salinen entlang, nach **Broce**. Erst sieht man ein paar Neubauten, dann einen alten Ort, von Grün und Blüten überwuchert, mit einer Gasse, durch die gerade ein Auto passt. Um die Kirche gruppieren sich stattliche Häuser mit Schießscharten, wuchtigen Weinkellern und dicken Mauern.

Kurz vor dem südlichen Ende des Stonski-Kanals, inmitten von Zypressen, liegt die **Kobaš-Bucht** mit halb verfallenem Kastell, Kirche und mit bei Bootsbesitzern bekannten guten Lokalen. Die Kobaš-Bucht ist in 8 km von Ston mit dem Auto oder noch besser per Mountainbike erreicht (durchgehend Asphalt) – eine herrliche Idylle.

Übernachten/Essen Alle Lokale haben von April bis Okt. geöffnet.

🌿 Konoba **Ribarska kuća „Niko",** mit großer, überdachter Terrasse, innen mit kleinem Museum. Es gibt leckere Vorspeisen und Fischgerichte, eigenes Olivenöl und Bio-Gemüse aus eigenem Anbau. Anleger für etliche Boote (mit Strom u. Wasser). Auch sehr schöne Appartements zu mieten, wenige Meter entfernt. Ab 8 Uhr geöffnet. Kobaš 2, ☎ 020/754-774, 091/4754-774 (mobil). ■

》》 Mein Tipp: Konoba Lukas, klein, schilfrohrgedeckte Terrasse; die Natursteinwand ist mit vielen kleinen Bildern geschmückt. Gemütliche Atmosphäre, gute Fischgerichte. Anleger für Boote. Fam. Nikola Đuraš, ☎ 099/2007-111 (mobil). 《《

》》 Mein Tipp: Restaurant Gastro Mare, bietet neben Frühstück ebenfalls gute fangfrische Fischgerichte, Gemüse aus dem eigenen Garten. Anleger für Boote (mit Strom, Duschen, Wäscheservice). Am Beginn der Bucht. Fam. Ante Toni Bjelančić, Kobaš 4, ☎ 099/2617-171 (mobil). 《《

Korčula – ein mittelalterliches Idyll mit eng stehenden Häusern

Insel Korčula

In der Beliebtheit vieler einheimischer und ausländischer Urlauber steht Korčula immer noch an vorderster Stelle. Schriftsteller haben die Insel in ichren Versen verewigt, Prominenz und Philosophen aus aller Welt verweilten hier. Das gleichnamige Städtchen ist ein Stück lebendiges Mittelalter, das sich, wie einst den Türken, auch seinem jüngsten Widersacher erfolgreich widersetzte – dem Betonzeitalter.

Im Gegensatz zu Pelješac mit seinem schroffen Gebirgszug liegt Korčula wie ein grüner Fladen mit runden Buchten und ein paar Hügeln da. 17.500 Menschen leben hier auf 276 km². Höchste Inselerhebung ist der Berg *Klupca* bei Pupnat mit 568 m. Hauptanziehungspunkt der Insel ist das mittelalterliche Städtchen *Korčula,* das sich von Frühjahr bis Herbst nicht zuletzt wegen der Kreuzfahrtschiffe füllt, die immer noch den alten Seeweg von Venedig über Korčula und Dubrovnik nach Griechenland nehmen und hier einen Zwischenstopp einlegen. Vom Tourismus berührt sind auch die vorgelagerten Inselchen, das Städtchen *Lumbarda* mit seinen Sandstränden und im Hinterland einige wenige Orte, in deren Nähe man gut baden kann: *Brna, Prižba, Vela Luka* und die türkis leuchtende Badebucht *Pupnatska luka,* die viele Postkarten ziert. Weltbekannt ist Korčula auch für seine Schwerttänze, die in der Saison überall auf der Insel gezeigt werden. Der bekannteste ist die *Moreška* aus Korčula, gefolgt von der *Moštra* aus Žrnovo und der *Kumpanija,* die aus Blato, Smokvica, Čara, Pupnat und Vela Luka stammt. Diese Tänze wurden früher im gesamten mediterranen Raum aufgeführt, heutzutage nur noch auf Korčula oder bei Gastspielen in ausländischen Großstädten.

Dass so viele Menschen Korčula lieben, hat schon seinen Grund: Die Insel ist gesegnet mit milden Wintern und sonnigen Sommern – der Regen fällt meist nachts, die Bora weht kaum, ebenso wenig der Jugo. Und der Maestral im Kanal von Pelješac fängt sich gut in den Segeln der Surfer. Seit der Zeit der alten Griechen ist die Insel nicht mehr bewaldet, dafür schön grün – und noch grüner wäre sie, wenn nicht

Touristen den neu aufgeforsteten Kiefernwald durch Unachtsamkeit immer wieder einäschern würden. Es wachsen Aleppo- und Schwarzkiefern, Pinien und Zypressen, Letztere vor allem westlich der Stadt Korčula. Ansonsten wuchert, wo keine Weinberge, Feigen- und Olivenhaine angelegt sind, die Macchia. Im Januar blüht der Mandelbaum, im Mai der lila Salbei und der gelb lodernde Stechginster. Weiß- und roséfarbene Farbtupfer setzen die hohen Zistrosenbüsche im Juni, das milde Klima lässt Zitrusfrüchte, Granatäpfel und verschiedene Palmenarten gedeihen. Das Meerwasser im südlichen Bereich um Korčula ist noch klar, reich ist die Unterwasservegetation, und reich sind auch die Fischgründe.

An großen Campingplätzen gibt es nur einen in Korčula, sonst sind es kleine Privatcamps in Lumbarda, Vela Luka, Prižba und bei Račišće. Auf Wanderer und Mountainbiker warten viele reizvolle, auch markierte Wege und Hügel (Übersichtskarten bei TIC erhältlich).

Die Inselorte, die auf der Hauptroute von Korčula-Stadt nach Vela Luka liegen, sind über die breit ausgebaute Straße bestens zu erreichen.

Wichtiges auf einen Blick

Telefonvorwahl 020

Fährverbindungen Korčula hat beste Schiffsverbindungen. Der Trajekthafen von Korčula (Dominče) liegt 5 km außerhalb Richtung Lumbarda, Busverbindung.

Trajekt Dominče–Orebić/Pelješac (Jadrolinija): in der Saison bis zu 18-mal tägl. (20 Min. Fahrtzeit) von 00:01–22 Uhr. Pro Pers. 16 KN, Auto 76 KN.

Trajekt Korčula (Dominče)–Drvenik (LNP-Line, www.lnp.hr): Nur Mitte Juli–Ende Aug. tägl. 4.30, 10.30, 16.30 Uhr. Fahrtzeit 2:15 Std.

Personenfähre Korčula (Stadt)–Orebić (Pelješac): Ganzjährig, je nach Saison 8- bis 16-mal tägl. ab 5 Uhr. Pro Pers.15 KN. Zudem **Korčula (Stadt)–Viganj–Kučište:** 1- bis 2-mal tägl. Abfahrt für beide Fährverbindungen ist Stadthafen (Westseite) vor Hotel Korčula!

Trajekt Vela Luka–Split (Jadrolinija): 2-mal tägl., 2:45 Std. Fahrtzeit. Pro Pers. 60 KN, Auto 530 KN.

Trajekt Vela Luka–Ubli/Lastovo) (Jadrolinija): 3-mal tägl., 2 Std. Fahrtzeit. Pro Pers. 32 KN, Auto 195 KN.

Katamaran Split–Hvar–Korčula (Jadrolinija): Nur Mitte Juni–Mitte Sept. tägl.; Abfahrt Korčula 14.15 Uhr, Ankunft Split 16.55 Uhr.

Katamaran (Jadrolinija) **Vela Luka** (5.30, 8 Uhr)–**Hvar–Split** und **Vela Luka** (17 Uhr)–**Ubli.**

Katamaran (Jadrolinija) **Korčula** (6 Uhr) – **Prigradica** (6.40 Uhr) – **Hvar** (7.45 Uhr) – **Split** (9.05 Uhr): Nur Ende Mai–Ende Sept.

Katamaran (Krilo Jet) **Split–Milna–Hvar–Korčula–Dubrovnik**: Nur Mitte Mai–Mitte Okt. Di u. Do. Abfahrt Korčula 18.40 Uhr (Split 21.15 Uhr, 90 KN), nach Dubrovnik um 10.20 Uhr (Ankunft 12 Uhr, 90 KN).

Katamaran (G&V-Line, www.gv-line.hr) **Dubrovnik–Luka Šipanska–Sobra (Mljet) – Polače (Mljet) – Korčula – Ubli (Lastovo):** Nur Juli/Aug. 4-mal wöchentl. Weiter nach Ubli (Insel Lastovo) 2-mal wöchentl.

Küstenlinie (Jadrolinija) **Rijeka–Split–Stari Grad (Hvar)–Korčula–Sobra (Mljet)–Dubrovnik**: wurde ab 2015 komplett eingestellt.

Bus Bis zu 7-mal tägl. nach Vela Luka (über Blato, Čara etc.); 9-mal tägl. nach Lumbarda; 6-mal tägl. (Sa nur 2-mal tägl., So nicht) nach Račišće; 8-mal tägl. Punat–Žrnovo (Sa u. So seltener). Nach Dubrovnik ganzjährig 1-mal tägl. 6.45 Uhr (ca. 3 Std. 90 KN); Zagreb 1-mal tägl.

Tankstellen Korčula (Trajekthafen), Vela Luka und Smokvica.

Geschichte

Schon vor 8000 Jahren waren Korčula und der Westzipfel von Pelješac, der heute verwaltungsmäßig zu Korčula gehört, bewohnt. Die Griechen trieben Handel mit den Illyrern und die Stadt Korčula soll nach dem Fall Trojas von einem trojanischen Krieger gegründet worden sein. Die Römer rückten mit ihrem Heer gegen Korčula, Pelješac, Mljet und Lastovo vor. Kaiser Augustus rottete Korčulas Bevölkerung fast vollständig aus. Als im 5. Jh. das Weströmische Reich unterging, kamen die kriegslustigen Goten unter Theoderich und beherrschten Korčula für kurze Zeit; danach fiel es an das byzantinische Kaiserreich. Die Völkerwanderung spülte Neretljaner nach Korčula und auf andere mitteldalmatinische Inseln. Venedig zahlte ihnen eine Zeit lang Tribut für freies Geleit, dann eroberte es die Inseln selbst.

Marco Polo

Korčula ist stolz, die Wiege des großen Weltreisenden und Entdeckers zu sein. 1254 soll Marco Polo hier geboren sein, 1324 starb er in Venedig. Mit Vater Nicoló und Bruder Maffeo reiste er zwischen 1271 und 1275 über Tibet nach China, um Dominikaner-Missionare zu begleiten. Er gewann die Gunst des Mongolenherrschers Kubilai, der ihn zwischen 1275 und 1292 für verschiedene Erkundungsreisen engagierte. So bereiste Marco Polo das riesige asiatische Reich und lernte es kennen. 1295 kehrte er über Sumatra, Vorderindien, Persien und Armenien wieder nach Venedig zurück und nahm an dessen Eroberungszügen teil. Bei der großen Seeschlacht zwischen Genua und Venedig, die nahe Korčula am 7. September 1298 stattfand, wurde Marco Polo gefangen genommen und in Genua in den Kerker gesteckt. Erst gegen eine hohe Auslösesumme wurde er wieder freigelassen. In Gefangenschaft diktierte Marco Polo seinem Mitgefangenen Rustichello seine Reiseberichte über China. Diese Aufzeichnungen dienten im 14. und 15. Jh. als Grundlage für Landkarten von Asien und waren eine wichtige Informationsquelle für Forschungsreisen in diese Länder.

Da Marco Polos Familiensitz in Venedig einem Theaterbau weichen musste, ist das Geburtshaus in Korčula die einzige Erinnerung an die Familie.

Zur 700-Jahr-Gedenkfeier 1999 fand vor der Altstadt ein Seeschlachtspektakel statt, das an das historische Ereignis erinnern sollte. Die Aufführung mit nachgebauten alten Schiffen fand großen Anklang, sodass sie nun jedes Jahr Ende Mai abgehalten wird. Seit 1997 ist Korčula Sitz des internationalen *Marco Polo-Zentrums*, das sich mit der Pflege seines Kulturerbes beschäftigt. Ein *Marco-Polo-Museum* soll ebenfalls entstehen.

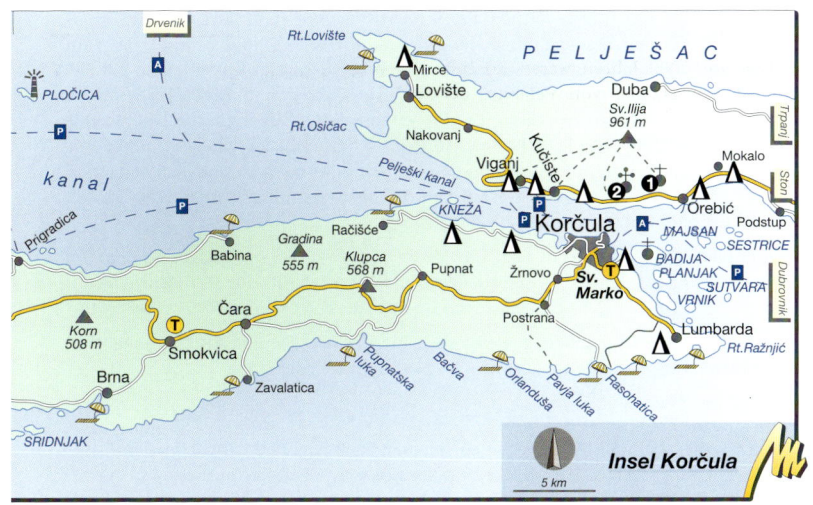

Insel Korčula

5 km

Auf die ungarisch-kroatischen Könige folgte im 13. Jh. die Stadtrepublik Dubrovnik. 1298 lieferte sich Venedig mit Genua auf der See vor Korčula ein Gefecht. Bei dieser Schlacht wurde der in Korčula geborene und auf Venedigs Seite kämpfende Indienreisende *Marco Polo* gefangen genommen.

1483 schlug sich Korčula tapfer gegen Angriffe der neapolitanischen Flotte unter König Ferdinand I. von Aragon. 1571 griff eine türkische Flotte Korčula an, doch die Stadt blieb Sieger – der Moreška-Tanz erinnert an das für Korčula bedeutende Ereignis. Nach der Französischen Revolution stritten sich Russland und Frankreich um Korčula; zu guter Letzt tauchten die Engländer auf, während die Österreicher zur italienischen Minderheit hielten. Wirtschaftliche Katastrophen brachte den Korčulanern im 19. Jh. die Reblaus, die den gesamten Weinbau vernichtete, und auch mit der Steinmetzarbeit und dem Fischfang ging es bergab. Zwischen dem 14. und 19. Jh. waren korčulanische Steinmetzfamilien an einer Reihe bedeutender Baudenkmäler an der Adriaküste beteiligt. Einzig der Schiffsbau florierte noch auf Korčula und Pelješac, bis Ende des 19. Jh. die Dampfschifffahrt die traditionsreiche Segelschifffahrt ablöste. Wirtschaftliche Einbußen brachte Korčula auch der Krieg von 1991 bis 1995, unter dem die Stadt, vorher von Touristen stark frequentiert, zu leiden hatte. Ende 1991 wurde von Korčula aus die serbische Seeblockade im Dubrovniker Raum gebrochen und das serbische Militär bei Ston, auf der Halbinsel Pelješac, gestoppt; Zehntausenden von Flüchtlingen diente in diesen Jahren Korčula als Zuflucht.

Korčula

Für viele ist es das schönste Städtchen der kroatischen Inselwelt. Auf einer Halbinsel gelegen, zeigt sich Korčula von oben wie eine kindliche Bauklötzchen-Nachbildung mittelalterlicher Bauten, die Gassen fächerartig angeordnet, dahinter die hoch aufragenden Berge von Pelješac.

Wer den Hang nach Korčula hinunter fährt oder von Pelješac aus beim Franziskanerkloster über die Stadt sieht, hat den besten Überblick über Korčula, überragt vom Turm der prächtigen Kathedrale. Ihre Mittelachse zieht sich vom *Triumph-bogen* am Altstadt-Eingang über die *Markus-Kathedrale* (Sv. Marko) bis zum *Zakerjan-Turm* an der Spitze der Landzunge hin. Kleine Gassen verlaufen parallel zu den Stadtmauern, von denen heute noch Reste sichtbar sind. Korčula ist reich an Kunst, Kultur und Kulinarischem: Es gibt sehenswerte Museen, herrliche Gemälde von venezianischen und kroatischen Meistern schmücken die Kirchen, in der Saison kann man den bekannten Säbeltanz Moreška bewundern – und sich danach in einem der Cafés oder guten Restaurants entspannen. Touristen überall: in der 3400-Einwohner-Stadt ist das ganze Jahr Saison.

Außerhalb des Altstadtkerns liegt im Westen das *Dominikanerkloster,* zu dem am Meer entlang ein schöner Spazierweg führt, im Süden der Altstadt, nur wenige Minuten entfernt, der neu gebaute Jachthafen und die Burgen der Moderne – die Hotels.

Die besten Bademöglichkeiten bieten sich bei den Hotels und am Campingplatz, oder man fährt per Taxiboot zur Insel Badija oder zur Insel Stupa.

Geschichte

Wegen seiner exponierten Lage auf der kleinen Halbinsel und dem schmalen Landzugang blieb Korčula relativ sicher und konnte sich ungestört entwickeln. Die genaue Entstehungszeit der Stadt ist unbekannt. Legenden, mittelalterliche Handschriften und ein eingravierter Text am Stadttor berichten, der Begründer der Inselkolonie sei der Trojaner Antenor oder sogar Äneas selbst gewesen. Im 6. Jh. v. Chr. entstand hier die erste griechische Kolonie mit Namen *Korkyra Melaina*. Der Beiname (Melaina – dunkel, schwarz) sollte das bewaldete Korčula von Korfu unterscheiden, das damals ebenfalls Korkyra hieß. 229 kommt es als *Cocyra Nigra* unter

die Herrschaft von Rom, das mit wechselndem Erfolg gegen die illyrischen Piraten in Dalmatien kämpfte. Mitte des 10. Jh. wird sie unter dem slawischen Namen *Krkar* von byzantinischen Kaiser Konstantin Porphyrogenet erwähnt. Der ausgeklügelte Stadtplan, der den natürlichen Gegebenheiten angepasst wurde, entstand in der zweiten Hälfte des 13. Jh. unter dem Fürsten Marsilije Zorzi. Im Lauf der Jahrhunderte wurden die Befestigungen verstärkt, die Wehrtürme und Stadtmauern immer höher, aber auch die Häuser und Kirchen wurden immer komfortabler und prachtvoller ausgestattet. Die Blütezeit Korčulas war im 15. und 16. Jh., als ca. 6000 Menschen hinter den schützenden Mauern lebten und allen Angreifern trotzten. Lediglich das Dominikanerkloster im Westen und das Franziskanerkloster auf der Insel Badija waren ständigen Überfällen ausgesetzt. Mittelalterlichen Reiseberichten ist zu entnehmen, wie beeindruckend Korčula schon damals wirkte. Erst im 17. Jh. erlaubte man die Verlegung von Arbeitsplätzen (Werkstätten usw.) vor die Tore der Stadt, im 18. Jh. begann der Wohnungsbau im größeren Stil – die Zeiten wurden ruhiger, und man brauchte Platz. Im 19. Jh. entstanden die Stadtteile um das Dominikanerkloster und südlich der Altstadt. Die ersten Hotels an der Luka-Bucht wurden zwischen 1921 und 1941 errichtet. Ein regelrechter Bauboom setzte ab 1970 ein, wurde aber durch den Jugoslawienkrieg jäh gestoppt.

Die Trinkwasserfrage, jahrhundertelang ein Problem auf vielen Inseln, wurde in Korčula erst in jüngster Zeit gelöst. Ein Brunnen auf dem Platz vor dem Altstadteingang mit der Brücke erinnert an den 13. Juni 1986: Durch die zum Festland gelegten Leitungen floss endlich das lang ersehnte Nass des Neretva-Flusses.

Basis-Infos → Karte S. 355

Information Touristinformation (TZG), Obala dr. Franje Tuđmana 4 (Westseite, in der Loggia), 20260 Korčula, ☎ 020/715-701, -867, www.visitkorcula.eu. Juli/Aug. tägl. 8–21 Uhr; 15. Juni–Sept. 8–15/17–20 Uhr, So 8–12 Uhr; sonst Mo–Fr 8–15 Uhr. Beste Auskünfte und Karten zum Wandern/Mountainbiken.

Agentur Cro Rent, ☎ 020/711-908, www.cro-rent.com. Mai–Okt. Auto-, Motorrad-, Scooter- und Bootsvermietung, Transfer etc.

Agentur Kaleta, Plokata b. b., ☎ 020/711-282, www.kaleta.hr. Zimmer, Ausflüge sowie Auto-, Scooter-, Fahrrad-, Kajak- und Bootsvermietung.

Agentur Nautica, ☎ 020/721-073, www.korcula-boat.com. Mai–Okt. Schneller Transfer für Insel Mljet, Flughafen Dubrovnik etc. (2-mal tägl. Dubrovnik in 2:30 Std.).

Agentur Korkyra Info, Ul. Petra Šegedina 3 a, ☎ 020/711-750, www.korkyra.info. Ganzjährig geöffnet. Ausflüge, Fährtickets, Autovermietung.

Jadrolinija-Büro, Trg 19. Travnja 1921, ☎ 020/715-410. In der Saison 8–20 Uhr.

Verbindungen Fähre/Bus (→ Wichtiges auf einen Blick, → S. 349). **Stadtbus** zum Fährhafen Domince. **Busbahnhof**, Obala Brodograditelja (vor dem Jachthafen), ☎ 020/711-216.

Privattransfer mit Korčula Promet, Korčula–Vela Luka, ca. 48 €.

Taxi ☎ 970 und ☎ 020/711-163.

Auto Parken: alle Flächen gebührenpflichtig; u. a. vor der Altstadt beim großen Shoppingcenter Tommy (5 KN/Std.), hier auch Garagen. Kleiner Parkplatz an der Ostseite am Fährhafen, hier 25 KN/Std.

Tankstelle (7–22 Uhr) am Trajekthafen in Domince.

Werkstatt an der Kreuzung Richtung Lumbarda.

Einkaufen Tommy-Shoppingcenter, oberhalb vor der Stadt – riesig; zudem Obst- und Gemüsemarkt und viele Shops

Veranstaltungen Volkstanz Moreška, von Ostern bis Ende Okt. neben dem Festlandtor, bei Regen oder Kälte im Kino (Beginn 21 Uhr in der Saison, sonst 20.30 Uhr; 100 KN); Juli/Aug. Mo und Do, sonst nur Do. Es gibt einen speziellen Veranstaltungskalender für Schwerttanz, der auch über die anderen Aufführungsorte auf der Insel informiert.

Sommerkarneval, jährlich am 30. Juni. Großer Umzug am Abend.

Sv. Marko – ein Steinmetzmeisterwerk

Festtag von Sv. Todor (Stadtheiliger), 29. Juli. Prozession und große Moreška-Aufführung, Unterhaltungs- und Kulturprogramm.

„Assisisches Vergeben", 2. Aug. Prozession auf dem Meer zur Insel Badija.

Weinfestival, Sonntag Mitte Juli, am Trg Sv. Justine. 20 Winzer laden zum Verkosten ein.

Marko-Polo-Fest, jährlich Mitte Juli. Zur Erinnerung an Marco Polo und die große Seeschlacht um Korčula findet vor der Altstadt ein großes Spektakel mit nachgebauten alten Schiffen und historischen Kostümen statt; dazu Konzerte und Ausstellungen.

Korkyra-Barock-Festival, 2. Septemberwoche; v. a. viele Konzerte.

Übernachten

Übernachten Es gibt sehr viele Privatanbieter. Privatzimmer je nach Ausstattung und Lage ab 35 € (***) und 25 € (**). Appartements ab 40 € für 2 Pers. – schön und ruhig nächtigt man in Richtung Kloster und gen Žrnovoska Banja (s. d.).

In der Stadt u. a. Fam. Marović, Put Sv. Nikole br. 38, ℡ 020/711-640; von der Terrasse schöner Blick auf die Altstadt. Fam. Sessa, Cvijetno naselje 24, ℡ 020/715-468.

*** Apartements Ela & Roko (Fam. Ojdanić), nur ca. 100 m westlich vom Altstadtzentrum. Gut ausgestattete Appartements (max. 4 Pers.), WiFi, netter Garten mit Grill. Hauseigene Taxiboote. Nedanova 1 (etwas oberhalb von Put Sv. Nikole), ℡ 091/5152-555 (mobil), www.korcula-roko.com.

≫ Mein Tipp: **** Hotel Korsal 17, das Familienhotel am Jachthafen wirkt von außen betrachtet eher unscheinbar. Den Gast erwarten allerdings im Innern eine nette, einladende Restaurantterrasse, guter Service und gemütliche Zimmer mit herrlichem Blick auf Altstadt und Meer. DZ/F 180 € (Superior 230 €). Mitte April–Okt. geöffnet. Šet. Frana Kršinića 80, ℡ 020/715-722, www.hotel-korsal.com. ≪

*** Hotel-Gostiona Hajduk, familiäres Hotel im Ortsteil Kalac (Kreuzung nach Lumbarda) mit gutem Restaurant, preiswerten, gemütlichen 15 Zimmern und Pool. DZ/F 54 €, mit HP 76 €. April–Okt. geöffnet. Ulica 67 br. 6, ℡ 020/711-267, www.hajduk1963.com.

Korčula-Hotels – Zentrale Reservierungsstelle Marketing HTP Korčula d.d., ℡ 020/726-336, www.korcula-hotels.com. Bei einem 7-Tages-Aufenthalt während der HS oder in der VS 30 % Ermäßigung. Diese Großhotels mit ihrem Sportangebot sind in der NS lohnend (bis zu 50% weniger) und wenn man nur mit Frühstück bucht.

*** Stadthotel Korčula 6, für einen Stadtbesuch v. a. in der NS gut: der 24-Zimmer-Marmorbau liegt direkt am Stadthafen (Westseite), bietet gutes Restaurant mit schöner Terrasse – bestens zum Frühstücken oder für den Sundowner. Ganzjährig geöffnet. Einfache DZ/F 115–120 €. Obala dr. Franje Tuđmana, ℡ 020/711-078.

*** Hotel Liburna 16, gegenüber der Altstadt, mit Felsbadestrand, Pool. Großes Sportangebot, Verleih von Kanus, Paddel-, Ruderbooten und Surfbrettern. Bootsverbindung nach Badija und Stupe ab Hotel. Es gibt 83 Zimmer und Appartements (mit/ohne Küche). Kann in der HS durch Stadtnähe und Uferpromenade laut werden. DZ/F mit Balkon und Meerblick 154 € (TS 160 €). ℡ 020/726-006.

**** Hotel Marco Polo 14, auf einer Anhöhe liegt das 94-Zimmer-Hotel mit Wellness-Bereich. Strand, Bootsverleih, gute Ausstattung. DZ/F Standard 170 € (TS 180 €), Superior lohnen, sind nur wenig teurer. ℡ 020/726-100.

*** Hotel-Appartements Bon Repos 15, noch 2 km weiter, ruhige Lage an einer eigenen Bucht in mediterranem Grün. Oberhalb des Hotels stehen im Grünen die Appartementhäuser für 2–6 Pers. Ab 120 €. ℡ 020/726-800.

Camping *** Autocamp Kalac, neben Hotel Bon Repos. 1,5-ha-Platz, jede Parzelle ist von Grün umgeben; auch Mobilhausvermietung. Grills im Pinienwald, Sportanlagen, Tennisplätze, Minigolf, Tischtennis, Bootsverleih. Seichter Sand- und Kiesstrand – für Kinder gut geeignet. Gute Sanitäranlagen mit Sonnenkollektoren. Geöffnet 1.5.–1.10. Pro Pers. 5,50 € (TS 8 €), Zelt 4 € (TS 6,50 €), Auto 3 € (TS 5 €). Dubrovačka cesta 19, ℡ 020/726-693, www.korcula-hotels.com.

Korčula

25 m

Süddalmatinische Inseln

E ssen & Trinken

1 Bistro Massimo
2 Konoba Komin
3 Restaurant Kanavelić
4 Konoba Mareta
5 Konoba Adio Mare
6 Restaurant Korčula
7 Konoba Marco Polo

8 Konoba Marinero
9 Restaurant Gradski
   Podrum
11 Konoba Planjak
12 Snack & Wein
13 Konditorei Cukarin

Ü bernachten

6 Stadthotel Korčula
14 Hotel Marco Polo
15 Hotel Bon Repos
16 Hotel Liburna
17 Hotel Korsal

N achtleben

10 Café-Bar & Disko Gaudi

Essen & Trinken/Nachtleben → Karte S. 355

Essen & Trinken Konoba Adio Mare **5**, legendäres Lokal an der Hauptachse. Hier gibt's Korčulaner Spezialitäten: Fisch, Brodetto, Pašticada, gefüllten Hummer, als Nachspeise Rožada. Gespeist wird im Gewölbekeller oder oben im mit historischem Handwerkszeug verzierten Raum. Mai–Mitte Okt. geöffnet. ℅ 020/711-253.

Konoba Komin **2**, an der Nordseite der Altstadt mit ein paar Tischen und Stühlen vor dem Haus. Im Innern lodert das Feuer für Fisch- und Fleischgerichte und leckeres Lamm aus der Peka. Ganzjährig offen. Vl. Frano Gavranić, ℅ 020/711-642.

Restaurant Kanavelić **3**, an der Nordseite, in den Gemäuern des Kastells. Nobles Speisen für Feinschmecker. Sitzgelegenheiten in gediegener Atmosphäre im Restaurant oder romantisch bei Kerzenschein auf der Terrasse. Das Restaurant hat sich auf Fisch spezialisiert. 15. Mai–15. Okt. Ul. Sv. Barbare 12, ℅ 020/711-800.

Gradski Podrum **9**, hübsch sitzt man in der Altstadt am zentralen Platz und lässt sich die Fisch- und Fleischgerichte schmecken. Gelobt werden die Fischsuppe und der gefüllte Tintenfisch. 15. Mai–15. Okt. geöffnet. Trg Antuna i Stjepana Radića, ℅ 020/711-222.

Konoba Marco Polo **7**, kleines Lokal mit Sitzplätzen auch in der Altstadtgasse. Es gibt gute Fisch- und Fleischgerichte vom Holzofen, für Vegetarier u. a. Gemüseplatten, netter Service. Mai–Okt. 18–24 Uhr (Juli/Aug. ab 12 Uhr). Ul. Don Pavla, ℅ 020/715-643.

≫ Mein Tipp: Konoba Mareta **4**, kleines, gemütliches und gutes Lokal mit jungem Team. Es gibt frische Saisonküche, fangfrischen Fisch, Gemüse, Muscheln. Mai–Okt. geöffnet. Ul. Svetog Roka 3, ℅ 020/711-144. ≪

Konoba Marinero **8**, ebenfalls kleines Lokal in der Altstadtgasse. Spezialitäten sind fangfrischer Fisch, im Herbst auch Thunfisch, lecker ist auch der Oktopussalat. Mai–Mitte Okt. Ul. Marka Andrijića 13, ℅ 020/711-710.

Konoba Planjak **11**, im Zentrum, nahe Jadrolinija-Büro. Einfache, gute und preiswerte Hausmannskost wie gefüllte Paprika und gute Weine. 15. April–15. Okt. geöffnet. Trg Plokata 21, Travnja.

Bistro Massimo **1**, Cocktail-Bar im Zakerjan-Turm ganz oben. Wer es hinauf schafft (der Andrang ist manchmal groß), genießt den Blick übers Meer und auf die Lichterkette von Pelješac. Snacks, Café und Cocktails. Mai–Anf. Okt. 19–2 Uhr.

Beim Zakerjan-Turm kann man sich im Meer erfrischen

Snack & Wein 🔢, gegenüber vom Jachthafen. Hier kann man Flaschenweine kaufen und kosten und in netter Atmosphäre Tapas genießen. Mai–Anf. Okt.

≫ Mein Tipp: Konditorei & Souvenirs **Cukarin** 🔢, Naschladen der besonderen Art: Es gibt Liköre (einige aus eigener Herstellung), Bonbons, Wein … Highlights sind die runden feinen Mürbteigteilchen, genannt *Klašun* (aus Walnuss), *Cukarin* (leichtes Mürbteiggebäck), *Amaret* (Rosenwasser, Mandeln) und die *Marko Polo bombica*, eine wahre Schokobombe (Schoko, Nüsse etc.) – sie zergeht auf der Zunge: Danach reizt kein Esslokal mehr. Alles in liebevoller Handarbeit von Smiljana Matijaca zubereitet, nach traditonsreichen, geheimnisvollen Rezepten. April–Okt.Mo–Fr 8.30–12/18–21 Uhr; Juni–Aug. auch Sa und So morgens. In kleiner Gasse östl. Trg Sv. Justine, ✆ 020/711-055, -233. ≪

Nachtleben Diskothek & Cocktailbar **Gaudi** 🔟, Ostseite der Altstadt, mit schöner Terrasse. **Cafébars** in der Altstadt, z. B. **Cocktailbar Maximo**. Beim Busbahnhof die ganzjährig geöffneten Bars **Dos Locos** und **Dejavue**.

Sport/Wassersport

Fahrrad- und Bootsvermietung
→ Agenturen.

Tauchen Dupin Diving, Ltg. Steve & Jan Colette, Ul. 29 br. 10, ✆ 098/812-496, www.croatiadiving.com. Bei der Appartementanlage Bon Repos.

Jachthafen ACI-Marina Korčula, sehr schön an der Ostseite der Altstadthalbinsel. 159 sichere Liegeplätze, 16 an Land. 10-t-Kran, Slip, Sanitäreinrichtungen, Wäscherei, großer Supermarkt, Restaurant, Nautikshop, WiFi, Aparthotel. Ganzjährig geöffnet. ✆ 020/711-661, www.aci-club.hr.

Weitere ca. 10 Anlegeplätze für große Segelboote und Jachten im Stadthafen im Westen der Halbinsel und an der Luka-Bucht im Südosten. Werft im Hafen von Dominče.

Hafenamt: Obala dr. Franje Tudmana, ✆ 020/711-178.

Wandern/Mountainbike Von Korčula per Mountainbike nach Žrnovska Banja, weiter nach Žrnovo bis Weiler Postrana und dann zu den südlich gelegenen Buchten wie Orlanduša oder Rasohatica (jeweils insg. rund 8–10 km). Per Rad auch nach Lumbarda, ca. 3 km. Wanderung von Podstrana auf dem Botanischen Weg zur Küste nach Pavja luka, rund 4 km.

Sehenswertes

Museen/Stadtführungen: Generell sind die Museen an Sonn- und Feiertagen geschlossen. Sinnvoll und überaus informativ sind Stadtführungen, buchbar über die Agenturen, Info über TIC.

Über die Brücke (Punat), die wie eine ausladende Freitreppe wirkt, gelangen wir durch das Festlandtor mit dem **Veliki-revelin-Turm** zum Trg Braća Radić in der Altstadt. Die Innenseite des Turms wurde 1650 zu Ehren des venezianischen Heerführers Leonardo Foscolo zu einem Triumphbogen ausgebaut. Im Inneren des Turmes wurde ein modern gestaltetes *Museum* über den Moreška-Schwerttanz eröffnet – der Blick von oben über die Dächer Korčulas lohnt allemal den Eintritt. Juli/Aug. 9.30–21 Uhr, sonst 9.30–13.30/16.30–19.30 Uhr. Eintritt 20 KN.

Gleich dahinter steht das Kirchlein **Sv. Mihovil** aus dem 17. Jh. mit seiner Steuerrad-Rosette, gegenüber blickt man auf die Renaissancefassade des **Rathauses** (ehemaliger Fürstenpalast) aus dem 16. Jh. mit Loggia und dem venezianischen Löwen aus dem Jahr 1569.

Die Säbel sind gezückt und klirren ...

Der Säbeltanz Moreška

Die Moreška, ein Tanz mit Säbeln, der an die Zeit der Belagerung Korčulas durch die Türken im 16. Jh. erinnert und den Kampf zwischen Gut und Böse darstellt, darf heute in keinem der wöchentlich für die Touristen organisierten Folkloreprogramme fehlen. Sie ist ein Rittertanz in Rot und Schwarz, in prächtigen Kostümen, und besteht aus sieben Tanzfiguren – von denen eine heute nicht mehr aufgeführt wird, weil sie für die Tänzer lebensgefährlich ist.

Die (bösen) Schwarzen mit ihrem Anführer, dem Königssohn *Moro,* stellen die Türken dar. Sie haben die Braut des (guten) roten Königs *Osman* entführt, weil Moro sich in sie verliebt hat. Eine Schlacht soll über *Bula,* die Braut des roten Königs, entscheiden und sie wird so heftig geführt, dass die Säbel Funken sprühen. In einem Zwischendialog bittet Bula um Frieden. Doch der Kampf tobt weiter. Am Ende erklärt der schwarze König seine Niederlage und gibt Bula ihrem verliebten roten König zurück.

Am Hauptplatz, dem höchsten Plateau in der Stadt, steht die vierschiffige **Sv.-Marko-Kathedrale** mit üppigem Schmuck aus Gotik und Renaissance. 1329 wird Sv. Marko erstmals schriftlich erwähnt. Steinmetzmeister *Bonino* aus Mailand schuf das reich verzierte Portal und am Südtor ein Relief des hl. Jakob. Etliche einheimische und Dubrovniker Meister sowie *Jakov Correr* aus Apulien arbeiteten an der Kathedrale. Der Korčulaner Steinmetz *Marko Andrijić* schuf 1481 die Rosette, den Kranz, die Glockenkuppel und sein Meisterwerk, das fast schon filigran wirkende Steinziborium (1486), ein von Säulen getragener Überbau über dem Altar. Das Altargemälde ist ein Werk des Meisters *Jacopo Robusti Tintoretto* (1518–1594) aus dem Jahr 1550. Das Tintoretto-Gemälde „Mariä Verkündung" findet sich weiter östlich. Den Dreifaltigkeitsaltar ziert ein Werk des Meisters *Leandro Bassano*

(1557–1622). Eine zeitgenössische Bronzeskulptur „Der auferstandene Christus", 1968 von *Frano Kršinić* geschaffen, steht auf dem gotischen Taufbecken. *Ivan Meštrović* schuf für die Kathedrale 1915 eine „Pietà" und die Statue „Der heilige Blasius". Ein unbekannter Künstler (14./15. Jh.) schmückte die Tür zur Sakristei mit einem Relief des hl. Michael (Sv. Mihovil).

Mai–Sept. tägl. außer So 9–19 Uhr. Eintritt 15 KN, Kirchturm-Eintritt 20 KN.

Neben der Kathedrale steht der ehemalige **Bischofspalast**, in dem die **Schatzkammer** untergebracht ist. In sieben Sälen finden sich sehenswerte Sammlungen – u. a. Ikonen, Münzen, Porzellan; Skizzen von Leonardo da Vinci, Tiepolo und Palma; Gemälde von Blaž Jurjev Trogiranin, Vittore Carpaccio, Federiko Benković, Magnasco und Matej Pončun sowie von zeitgenössischen kroatischen Künstlern.

Mai–Sept. tägl. außer So 9–19 Uhr. Eintritt 25 KN, auch gültig für Kathedrale.

Auf der gegenüberliegenden Seite des Platzes steht der **Palast der Familie Gabrielis** aus dem 16. Jh. mit verzierten Fenstern und Balkon. Heute ist darin das **Stadtmuseum** untergebracht; es zeigt eine archäologische Sammlung mit Funden aus den Bereichen Handwerkskunst und Schiffsbau. Daneben ein weiterer Palast: ein verfallenes Steinmetzhaus mit kunstvollen Balkonkonsolen und dicker Fahnensäule aus dem Jahr 1515.

Ganzjährig tägl. außer So 10–14 Uhr (Juli–Sept. bis 21 Uhr). Eintritt 20 KN.

Ein paar Meter weiter Richtung Osten liegt das üppig von Pflanzen umwucherte **Kastell**, das als **Geburtshaus Marco Polos** gilt (→ Kasten S. 350). Zu sehen sind Schriften und Exponate, die an den Weltreisenden erinnern, hübsch ist auf jeden Fall die Aussicht vom Turm über die Dächer der Stadt.

Mai–Okt. 9–15 Uhr, im Juli/Aug. bis 21 Uhr.
Eintritt 20 KN.

Am Ende der Gasse, an der Spitze der Landzunge, erhebt sich das halbe Rund des **Zakerjan-Turms**, erbaut 1481.

Von der Landspitze ostwärts wird es stiller. An der Stadtmauer steht die Kirche **Sv. Sveti**. Ihr Inneres ziert ein Polyptichon von *Blaž Jurjev Trogiranin,* das zu seinen besten Werken zählt. Den Altar umrahmt ein ähnliches Ziborium wie das in der Sv.-Marko-Kathedrale. Die Pietà schuf der Bildhauer *Antonio Corradini.* Die Kirche war Korčulas erster Bischofssitz (1300) und Sitz der ältesten, 1301 gegründeten Korčulaner Bruderschaft. Durch zwei Brückchen ist sie mit dem Bruderschaftshaus verbunden, das heute das **Ikonensammlung** beherbergt.

Nur Juni–Sept. 9–14/17–18 Uhr .

Ansonsten findet man eine Kunstsammlung hier und einen Schmuckladen da in den Nebengässchen, von denen die östlichen einen Bogen beschreiben oder

Revelin-Turm, das Festlandstor

schräg verlaufen und die westlichen gerade zum Meer hin gehen. Dieser ausgeklügelte Grundriss bot einen möglichst lückenlosen Ausblick aufs Meer und damit beste Voraussetzungen für die Verteidigung – zudem wirkte er wie eine mittelalterliche Klimaanlage.

Geht man vom Zakrjan-Turm westwärts, gelangt man entlang der Stadtmauer zu einem Torbogen und zum **Bokar-Turm**, auch Kanavelić-Turm genannt (1485). Gegenüber steht das Geburtshaus des Dichters Kanavelić mit schöner Terrasse, in dem heute ein Restaurant untergebracht ist. Weiter südlich, vorbei am Haus der Adelsfamilie Španić, stoßen wir geradewegs auf den **Trepoc**, den ältesten Trinkwasserbrunnen aus dem Jahr 1437. Dahinter erhebt sich der Turm des Meerestors mit der Legende über *Antenor,* den Trojaner, eingemeißelt unter dem Wappen seines Erneuerers im 16. Jh. Das Meerestor selbst und ein Teil der Stadtmauer wurden Anfang des 20. Jh. eingerissen; stattdessen erbaute man die schön zum Meer geschwungene Treppe mit dem Muschelbrunnen. Rechts daneben befindet sich die **Loggia** von 1548 (Sitz des Fremdenverkehrsvereins), lange Zeit das einzige Gebäude außerhalb der schützenden Stadtmauern; dahinter das **Hotel Korčula**, 1871 erbaut und schön gelegen an der Palmen gesäumten Uferpromenade. Südlich liegen der kleine Jachthafen, die alte Stadtzisterne und am Ende der **große** und der **kleine Fürstenturm** *(Veliki* und *Mala kneževa kula),* vom Fürstenhof in den Jahren 1483 bzw. 1130/1449 erbaut.

Die Palmenpromenade führt westwärts um die Bucht herum zu einem Landvorsprung, zur herrlichen Villa des kroatischen Malers *Maximilian Vanka* (1889–1963) und zum **Dominikanerkloster Sv. Nikola** aus dem 15. Jh. 1571 wurde es von den Türken während einer Belagerung kurz und klein geschlagen, aus Wut darüber, dass die Stadt nicht einnehmbar war. Hundert Jahre später wurde es befestigt wieder aufgebaut. Das Kloster liegt am Meer, hat einen Kuppelturm, zwei Kirchenschiffe sowie zwei Haupt- und drei Nebenaltäre mit sehenswerten Gemälden, u. a. eine Kopie der „Folterung des hl. Petrus" von *Tizian,* dessen Original nicht mehr existiert.

Klosterinsel Badija – Blick auf den renovierten Komplex und …

Oberhalb des Dominikanerklosters stößt man auf einen Turm – antennenbestückt – und Überreste einer Festung. Die **Forteca**, das Fort Wellington, wurde 1813 an der Stelle mehrerer Vorgänger erbaut. Heute dient das Fort als Funkturm, von hier oben genießt man einen herrlichen Rundblick.

Im südlichen Stadtteil Sv. Antun kann man im Schatten einer hundertjährigen Zypressenallee die 102 Stufen zur **Kirche Sv. Antun** erklimmen. Die Kirche wurde 1420 an der Stelle einer illyrischen Burgruine errichtet.

Die vorgelagerten Badeinselchen

Östlich vor Korčula liegen rund 20 Inseln, meist grünfleckig und weiß gesäumt im Adriablau. Taxiboote schippern von der Stadt (Ostseite) aus nach Badija und Vrnik von Juni bis Mitte September (ca. 50 KN).

Die **Klosterinsel Badija** ist mit 1 km^2 die größte Insel dieses Archipels. Dichtes Macchiagestrüpp wuchert, doch es gibt auch Olivenhaine, Kiefern- und Zypressenwald, schöne Badebuchten und Schiffsanlegeplatz. Schon in vorgeschichtlicher Zeit war Badija bewohnt. Von den Römern ist ein Grabdenkmal übrig geblieben. 1368 wird eine Abtei (abbatia) mit St.-Peter-Kirche erwähnt. 1392 ließen sich hier Franziskaner aus Bosnien nieder und erbauten ab 1420 das *Kloster* und die einschiffige Kirche im spätgotischen Stil. Bis 1948 wohnten die Franziskaner hier, danach diente das Kloster als Gymnasium mit Internat, Marine-Unteroffiziersschule, Platz für Schwererziehbare, Trainingslager des kroatischen Sportverbands und nun endlich, seit 2005, ist es wieder in Händen der Franziskaner. Die Klosteranlage wird renoviert. Bald wird im gotischen Säulenhof und Kreuzgang wieder ein Süßwasserbrunnen sprudeln. Schmuckstück der Kirche mit ihrem Rosettenportal ist das Holzkruzifix von *Juraj Petrović*, bisher im Franziskanerkloster in Orebić aufbewahrt. Die *Kirche* und die *Kapelle Sv. Križ* nebenan sind nicht zu besichtigen. Die Kirche ist mit Marmoraltären geschmückt – der größte ist in herrlichem Lichtblau gehalten. Oberhalb am Berg stehen die *Ruinen von Sv. Katarina* aus dem 15. Jh.

… die Ruine Sv. Katarina

Die **Insel Vrnik** mit ihren weißen Felsen ist nur 0,3 km^2 groß. Die Gewölbe und Grotten auf der Insel sind Steinbruchreste aus der Römerzeit. Aus diesem Stein wurden später auch der Dogenpalast in Venedig sowie die Hagia Sophia gebaut. Ein *Kirchlein* aus dem 17. Jh. und einige Steinhäuser sind noch erhalten. Wer möchte, kann den Bildhauer *Lujo Lozica* und seinen *Skulpturenpark* in der Bufalo-Bucht besuchen. Essens- und Übernachtungsmöglichkeiten gibt es bei Familien.

Die **Insel Majsan** war ebenfalls zur Römerzeit besiedelt. Schon damals wurde hier Wein angebaut. Es gibt Reste von Landvillen und Grabmäler des hl. Maxim. Die *Turmruinen* auf dem Hügel sollen vom venezianischen Dogen Orsolo II. stammen, der von hier aus im Jahr 1000 Korčula und Lastovo eroberte. Auch auf dieser Insel findet man gute Badebuchten.

Die **Inseln Stupe Velike** (mit Konoba Stupe, Juni–Sept.) und **Stupe Male** bieten schöne Felsplattenbadebuchten.

Lumbarda – ruhiger Badeort mit Sandstrand, also bestens für Familien

Lumbarda

Rings um den im Südosten gelegenen 1200-Einwohner-Ort gedeiht der trockene, gelbliche Grk-Wein. Zwei bekannte Sandstrände an der nahen Landzunge ziehen Schwärme von Urlaubern an.

Lumbarda wirkt ziemlich verschlafen, obwohl die Touristen wegen der Sandstrände an der reich gegliederten Küste zahlreich kommen. Ein schöner Fußweg führt über die Buchten von der Prvi Žal, hier ist das kleine Zentrum mit Jachthafen, über die Uvala Tatinja bis hin zur Bucht Bilin Žal; die Bucht Račišće erreicht man, indem man gen Westen die kleine Halbinsel beim Friedhof umrundet. Inmitten von Hügeln und Weinfeldern, das herrliche Panorama des Pelješac-Gebirges und der vorgelagerten Inselchen im Blick, kann man hier eine Zeit lang verweilen – für Kulturhungrige ist Korčula in wenigen Autominuten erreichbar. Mountainbike- und Wanderfreunde finden etliche markierte Wege.

Der Ort wurde im 4. Jh. v. Chr. von den Griechen gegründet. Die ganze Gegend ist archäologisch sehr interessant, jedoch kaum erforscht. Auf der Landzunge *Kolud rt* hat man das älteste Schriftdokument Kroatiens gefunden, die in Stücke zerbrochene Steininschrift *Psephisma von Lumbarda* aus dem 3. Jh. v. Chr. – sie dokumentiert die Landverteilung und die Anzahl der griechisch-illyrischen Kolonisten. Das Original befindet sich im Archäologischen Museum in Zagreb, eine Kopie im Stadtmuseum in Korčula. Aus dem Mittelalter blieben Kastelle erhalten und an der Bucht Bilin žal Ruinen einer Villa rustica. In den Weingärten verstreut liegen die Überreste einiger alter Sommersitze. Einer der bedeutendsten kroatischen Bildhauer, *Frano Kršinić*, stammt aus Lumbarda; Kršinić machte sich durch seine Skulpturen nackter Frauenkörper einen Namen.

Basis-Infos

Information   Touristinformation, an der Hauptstraße (kurz nach Prvi Žal-Bucht), 20263 Lumbarda, ☎ 020/712-005, www.tz-lumbarda.hr. Juli/Aug. tägl. 8–21 Uhr; Mai/Juni u. Sept. 8–20, So 8–12/15–19 Uhr; sonst Mo–Fr 8–14 Uhr.

Verbindungen Bus: nach Korčula fast stündl. von Juni bis Sept., danach weniger, So nur 4-mal tägl.

Taxiboote nach Badija und Vrnik.

Einkaufen/Wein Branimir Cebalo, ☎ 098/9007-534 (mobil), www.grk-cebalo.com. Zoran Cebalo-Popić, ☎ 092/1613-490 (mobil).

Frano Milina-Bire, ☎ 098/344-712 (mobil). Bartul Batistić-Zure, ☎ 091/5128-712 (mobil). OPG Lovrić, ☎ 098/244-109 (mobil).

»» Mein Tipp: Jahrhundertelange Weintradition bei: **Bartul Cebalo**, Mala Postrana, ☎ 020/712-099, 091/5159-932 (mobil); v. a. guter Grk-Wein und Verkostung. **««**

Übernachten/Essen & Trinken

Übernachten Privatzimmer ab 30 €/DZ. Appartements ab 40 €/2 Pers. U. a. **Haus Gore** (Fam. Ive Sestanović), Lumbarda-Koludrt, ☎ 020/712-082. **Fam. Ana Lozica**, ☎ 020/712-043, auch Bootsvermietung. **Fam. Maja & Branimir Cebalo**, Vela Glavica, ☎ 020/712-044; hier gibt es auch eigenen Wein. Nette neue Appartements auch bei **Bartul Cebalo** (s. o.).

🌿 Agrotourismus-Pension Franko Milina – auch nur **Bire** genannt, vor der ersten Bucht in die Ul. Racišće abzweigen. Hier gibt es Wein, Likör, Schinken, Käse etc. Zimmervermietung. Ostern–Okt., auf Anfrage. ☎ 020/712-007, 098/344-712 (mobil). ∎

Agrotourismus Konoba & Pension Lovrić, netter Familienbetrieb von Silvana & Frenzi. Blick auf den Ort und Bootshafen. Hauseigener Wein, Grappa, Lamm und Fisch. Ca. 35 €/Pers. mit HP. Ostern–Okt. ab 18 Uhr. Koludrt b. b., ☎ 020/712-052, www.lovric.info.

*** Apartments Bebić, mit großen Balkonen, oberhalb der Pržina-Bucht. Gutes Restaurant für die Hausgäste. Studio ab 52 €. Koludrt 240 (Zufahrt nach Friedhof), ☎ 020/712-505, 712-183.

*** Garni Hotel Lumbarda, kleines 40-Zimmer-Haus, ruhige Lage hinter üppigem Grün am Hafen. Kleiner Pool und Tauchclub. DZ/F je nach Lage 84–100 €. I. žal b. b., ☎ 020/712-700, www.lumbardahotel.com.

*** Hotel Borik, 190-Betten-Hotel an der Bucht mit Restaurant, Bar, Pool, ruhig im Kiefernwäldchen gelegen; gegenüber der Strandabschnitt. DZ/F 114 € (TS 140 €), in Dependance preiswerter. ☎ 020/712-215, www.hotelborik.hr.

Camping Mehrere kleine Privatcamps im Ort und davor, hier eine Auswahl: **Mala Glavica**, ☎ 020/712-342; **Vela Postrana**, Lumbarda 142, ☎ 020/712-067; **Uvala Račišće**, Lumbarda 83, ☎ 020/712-106.

Essen & Trinken Fischtaverne More, lange Tradition, schöne Sitzplätze direkt am Meer oder im Wintergarten. Sehr gute Küche. Mai–Okt. geöffnet. Kurz vor dem Jachthafen an der Hauptstraße, ☎ 020/712-068.

🌿 Konoba Maslina, am Ortsende von Korčula an der Straße nach Lumbarda. Lokal mit ausgefallenen Korčulaner Gerichten. Olivenöl und Gemüse aus eigenem Anbau, Fisch und Fleisch von umliegenden Bauern, selbst gemachtes Brot und natürlich Schnäpse. Freundlicher Raum mit offener Küche und Kamin, außen schöne Terrasse. Der Weg lohnt! Ganzjährig. Lumbarajska cesta b. b., ☎ 020/711-720. ∎

Konoba Feral, kleiner Familienbetrieb im Ort mit Fisch- und Fleischgerichten. ☎ 020/712-090.

Konoba Dušića, hübsch am Meer gelegen (an der Westseite der Bucht Prvi Žal, nach dem Friedhof). Gute Fischgerichte, aber auch Lamm und Spanferkel vom Grill, dazu hausgebackenes Fladenbrot. Mai–Sept. geöffnet. ☎ 020/712-179.

Konoba Diva Faustina, hinter Konoba Dušića. Das Lokal ist benannt nach der beim Hausbau gefundenen römischen Münze; liegt ebenfalls an der Westseite der Bucht. Hier sind die Hausspezialitäten Hähnchen in Zitronensauce oder Kalbfleisch in Wein. Mai–Ende Sept./Anf. Okt. ab 17 Uhr. ☎ 020/712-212.

Agrotourismus Zure, Abzweig nach Süden am Anfang der Bucht Prvi Žal. Man sitzt gemütlich unter wildem Wein auf der Natursteinterrasse und genießt den fangfrischen Fisch, hausgemachten Käse und Olivenöl und hauseigenen Wein. Es werden auch Zimmer vermietet. Mai–Okt. ab 18 Uhr. ☎ 020/712-008, www.zure.hr.

Strandgrill Bili Žal, in einer Ruine an der nordöstlichen Bucht. Empfehlenswert sind die frischen Fische. Geöffnet Mai bis Okt. ca. 10–21 Uhr.

Wassersport

Baden kann man herrlich am Sandstrand hinter dem Hotel Lumbarda oder in den beiden Sandbuchten am Landzipfel östlich des Orts. Man fährt die Asphaltstraße weiter bis zur **Kapelle Sv. Križ** vom Ende des 16. Jh.: Hier ist die Weggabelung zu den beiden Badebuchten: im Süden die **Pržina-Bucht** mit Agaven, Fels- und Sandstrand, Café-Bar; für Kinder sehr gut geeignet – man muss weit hineinlaufen, bis das Wasser tiefer wird. Leider ist der Strand durch vom Meer angeschwemmte Abfälle häufig verschmutzt. Die nordöstlich gelegene Bucht **Bilin Žal** ist von Steinmauern umgeben, die am Spätnachmittag Schatten werfen. Es gibt einen Strandgrill (→ Essen) in einer Ruine – empfehlenswert die leckeren, frischen Fische. Vom Strand aus sieht man einen Teil der Ortschaft silhouettenhaft auf einem Hügel. Draußen im Meer breitet sich der Inselarchipel aus, Pelješac mit seinen schroffen Felsen liegt gegenüber. Weiter nördlich, vor dem **Kap** mit Leuchtturm, sehr gute Bademöglichkeiten an weißen Kalkfelsen.

Verleih Am Hafen Verleih von Motorbooten, Kajaks und Surfbrettern; auch Fahrradverleih.

Tauchen Tauchclub MM-SUB, Ltg. Marukić Milenko, ✆ 020/712-288, 098/285-011 (mo-bil), www.mm-sub.hr. Tauchkuse und Ausrüstungsverleih, Ausfahrten und auch Unterkünfte.

Marina Vor dem Hotel **Bootshafen Lučica**, für ca. 80 Boote. ✆ 020/712-489.

Von Korčula nach Račišće

Westlich von Korčula und dem Dominikanerkloster sind um die hübschen tiefen Buchten bei **Žrnovska Banja** (→ Žrnovo) und **Vrbovica** mit ihren windsicheren Häfen viele Neubauten entstanden. Bis Račišće, mit Ausnahme des kurz davor liegenden Örtchens **Kneže** und seinem gleichnamigen Inselchen, wird die Gegend dann einsamer. Die Weiler sind auf direktem Weg von Korčula stadtauswärts (Einbahnstraße bis kurz nach Kloster) entlang dem Meer zu erreichen (oder auch über Žrnovo, s. u.). Es wird aber wohl nicht mehr lange dauern und die winzigen Orte werden sich mit Neubauten vergrößern und zusammenwachsen. Bisher gibt es neben netten Badebuchten Pensionszimmer, Appartements und kleine Campingplätze, die v. a. bei Windsurfern, die im Kanal von Pelješac optimale Windverhältnisse vorfinden, beliebt sind. Zudem ist diese Seite noch wesentlich ruhiger und ursprünglicher als gegenüber auf Pelješac und man genießt den schönen Anblick des Sv. Ilija. Hinauf in Richtung Brdo und auf den Sušnji vrh kann man schöne Wanderungen unternehmen. In wenigen Kilometern erreicht man am Uferweg entlang per Fahrrad die Altstadt von Korčula.

Übernachten/Essen Privatzimmer und Appartements, DZ ab 30 €.

》》 Mein Tipp: Agrotourismus-Konoba Barić, an der schönen Bucht Žrnovska Banja gelegen. Es gibt 3 moderne Appartements, eine schöne große Terrasse, gutes Essen und Bootsanleger. ✆ 020/721-128, 091/5610-550 (mobil), www.agroturizam baric.com. 《

Villa Castelo, nettes Haus mit Blick aufs Meer, mit Pool und Restaurant. Hilfsbereite

Besitzer. 2-Pers.-Appartement 45 € (TS 55 €). Žrnovska banja b. b. (Westseite der Halbinsel), ✆ 020/721-080, www.villa-castell. korcula.com.

Camping Autocamp Vrbovica, netter kleiner Platz an der gleichnamigen Bucht, ca. 5 km von Korčula. Juni–Sept. geöffnet. ✆ 020/721-257, 098/9588-376 (mobil), www. kamp-vrbovica.hr.

Camping Tri Žala, ca. 6 km von Korčula. Kleiner Platz unter ein paar Bäumchen mit Blick auf Pelješac. Eigene Bucht mit Fels

Am Hafenbecken von Račišće

und Beton; einfache Sanitäranlagen. Beliebt bei Windsurfern. Uvala Tri žala 808, am Ortsende, ✆ 020/721-244.

Autocamp Oskorušica, in Vrbovica, ca. 9 km von Korčula. Kleiner terrassierter Platz unter Olivenbäumen, mit Grill und am Meer. Beliebt bei Windsurfern. Mai–Sept. geöffnet. ✆ 020/710-897, 098/9503-068 (mobil), www.oskorusica.com.

Račišće ist ein kleiner Ort mit rund 450 Einwohnern, der im 17. und 18. Jh. von Flüchtlingen aus Makarska und der Herzegowina besiedelt wurde. Vom Ende des 19. Jh. bis nach dem Zweiten Weltkrieg besaßen die Račišćer Korčulas größte Flotte von kleinen Küstenfrachtsegelschiffen. Bis heute ist die Mehrzahl der Männer in der Seefahrt beschäftigt und Račičes Einwohnerschaft scheint hauptsächlich aus Frauen, Kindern und alten Leuten zu bestehen. Es gibt immergrüne Buchten und wenig Tourismus. Die Marmorhäuser, die *Rosettenkirche* und die *Rosettenkapelle mit Loggia* von 1682 zwängen sich um die Hafenbucht. Die kleine Uferpromenade ist gesäumt von Tamarisken, Palmen und Bänken. Alte Männer sitzen an einer Bocciabahn, die sich abends füllt. Zahlreich schaukeln die Fischerboote im Wasser – ein ruhiger Ort zum Faulenzen und zum Baden. Gebadet werden kann am schönen Kiesstrand direkt im Ort oder an den westlich gelegenen Buchten *Vaja* und *Samograd*, zu Fuß oder per Mountainbike über Makadam erreichbar.

Es gibt Post, Supermarkt, die Konoba Vala neben der Kirche (Mai–Sept.), Zimmer- und Appartementvermietung.

Von Korčula nach Žrnovo

Zypressenwald zieht sich in Terrassen hinauf, im Osten liegen der Archipel, die Werft, der runde Aussichtsturm und ein Dorf am Berg.

Žrnovo besteht aus einigen Weilern, insgesamt leben hier 1200 Menschen. Auf schmalem, aussichtsreichem Sträßchen gelangt man hinab zur tiefen Bucht *Žrnovska banja* (s. o.). Die Gegend war schon in illyrischer Zeit bewohnt. Abseits der Straße, versteckt hinter Zypressen, liegt die Pfarrkirche *Sv. Martin* aus dem 16. Jh.,

Süddalmatinische Inseln

in der Nähe die Kirche *Sv. Roko* – beide sind Ausflugsziele für Spaziergänger aus der Stadt. Man kann unter uralten Bäumen sitzen und weit blicken. Am 15. August, dem Kirchenfest zu Ehren Sv. Rokos, aber auch zu anderen Gelegenheiten wird der alte *Moštra-Säbeltanz* aufgeführt (er ähnelt dem Säbeltanz Kumpanija). In Žrnovos Gärten reift die Rebsorte für einen schweren, trockenen Rotwein.

Vor dem Ort auf den Feldern steht inmitten einer Kirchenruine eine Kapelle. Ein alter Kroate erzählt, dass die Kirche im Krieg ausbrannte, eine neue aber nicht gebaut werden durfte. Also errichteten die Dorfbewohner eine Kapelle im ausgebrannten Innenraum. Hinter Zypressen ruht ein Fels, der wie ein Frosch aussieht.

Essen & Trinken Konoba Belin, mitten im Ort auf idyllischer Natursteinterrasse. Hier gibt es gute Hausmannskost und eigene Weine. ✆ 091/5039-258 (mobil). Von ca. Mai bis Mitte Okt. 10–23.30 Uhr geöffnet.

≫ Mein Tipp: Konoba Ranch Maha, ca. 2 km an der Inselstraße westlich von Žrnovo (markierter Abzweig von der Hauptstraße und weitere 250 m. Hier gibt es u. a. Peka-Gerichte (Lamm, Oktopus), hauseigenen Käse und Žrnovski makaruni mit Fleischsauce. Mai–Sept.   13–23 Uhr. Vrsil, Prisoj; ✆ 098/494-389 (mobil). ≪

Wieder ein Dorf, eine Kneipe, ein Kastell: Es ist **Postrana** mit dem Kastell von *Jakov Baničević*, ein Freund von Erasmus von Rotterdam. Um Postrana gibt es viele markierte Wanderwege unterschiedlicher Länge.
Agroturizam Konoba Gera, die „Kleine Sardelle" befindet sich im Ort; sie bietet Fischgerichte, Gemüse und Wein. Mai bis Sept. 18–24 Uhr. ✆ 098/473-684 (mobil).

Zu den **Badebuchten an der Südküste** führen meist nur Makadam-Wege, die man per Mountainbike oder zu Fuß gut erkunden kann. U. a. der *Botanische Weg*, der südlich vom Ort in rund 4 km zur Badebucht *Pavja luka* führt; weiter gen Westen liegt die schöne Bucht *Orlanduša*. Zweigt man am südlichen Ortsende östlich ab, erreicht man in ca. 5 km auf schmaler Asphaltstraße die Bucht *Rasohatica*. Unten an der Bucht gibt es ein paar Häuser mit Zimmervermietung, Boote, Fels- und Kiesstrand. Die weiteren Badebuchten im Westen wie Osten sind, außer per Boot, nur schwer zu erreichen.

Pupnat

Auf der Straße nach Pupnat genießt man einen weiten Blick ins Land: Auf einem Hügel sieht man noch einmal die Kuppelturmkirche von Žrnovo, Zypressen, Steinwälle, Dörfer und das Meer; gegenüber Orebić und das Gebirgsmassiv des Sv. Ilija. Ihn sieht man im hügeligen Inselinneren nicht mehr; der mit 568 m höchste Hügel heißt *Klupca,* davor liegt Pupnat.

Das auf 400 m höchstgelegene Dorf Korčulas mit 460 Einwohnern liegt an der Inselstraße. In der Umgebung fand man illyrische Grabhügel. Die älteste Kirche im Dorf, **Sv. Juraj**, wird schon im 14. Jh. erwähnt. Die **Pfarrkirche der Schneemadonna** mit viereckigem Turm wurde im 17. Jh. erbaut. Im Ort gibt es eine Post und einen Supermarkt. Von Pupnat aus kann man zum Inselberg Klupca (568 m), nach Račišće im Norden oder auf einem alten Pfad nach Korčula herrliche Wanderungen unternehmen. Auch in Pupnat wird mehrmals in der Saison die *Kumpanija* aufgeführt. Auf etlichen für Mountainbiker anspruchsvollen Makadamwegen erreicht man die herrliche Südküste oder über die alte Inselstraße *Pupnatska luka.*

Übernachten/Essen & Trinken   Agrotourismus-Pension Pagar, abgeschieden an der Südküste kann man nächtigen und sich mit frischem Fisch verkösten lassen. Abzweig ca. 2 km vor Pupnat, dann 7 km auf schmalem Sträßchen gen Süden. ✆ 091/5699-959 (mobil).

Agrotourismus-Konoba Mate, im alten Ortskern. Auf lauschiger, schön dekorierter Terrasse kann man all die Kostbarkeiten der verfeinerten traditionellen Küche mit hauseigenen Produkten probieren: Ziegenkäse, Leberpastete, Wildspargelgerichte, Pašticada, Ravioli mit Ziegenkäse, Zicklein unter Peka, Schinken aus der Räucherkammer und – eine Spezialität im August – „Botarga" (Fischeier der Meeräsche). Dazu leckere Weine, Travarica oder auch Salbeisirup. Ende April–Mitte Okt.; Mittag- und Abendessen, NS ab 19 Uhr. ℡ 020/717-109. ∎

Weiter führt die alte, aber neu ausgebaute, südlichere Inselstraße über *Pupnatska luka* nach *Čara* (in Pupnat links abbiegen). Die Straße verläuft passartig neben schroffen Felshängen, Höhlen, dichtem Buschwerk und Weinterrassen – in einer Kehre wird der Blick frei auf die Pupnatska-luka-Bucht.

Die Bucht Pupnatska luka

Weißer Strand, türkisblaues Wasser, Fischerhütten – tief unten liegt sie, der Insel Lastovo gegenüber. Die Pupnatska-luka-Bucht ist auf vielen Werbeprospekten abgebildet und sie ist wirklich die schönste ganz Korčulas, sogar fast unberührt. Ein schmales Asphaltsträßchen und ein Makadam (am Anfang und Ende der Bucht) führen steil hinab. Ansonsten bleibt der beschwerliche Fußweg – es sei denn, man steuert Pupnatska luka mit dem Boot an, was auch z. B. bei Fischpicknicks ab und zu geschieht. Hinter den paar Wochenendhäuschen liegen alte Fischerhütten, dahinter große Johannisbrotbäume, Feigen und verwilderter Wein.

Es gibt einige einfache Übernachtungsmöglichkeiten und zwei kleine Konobas, u. a. Konoba Mijo, mit bester Küche (April–Sept.).

Čara

Der 760-Einwohner-Ort im Inselinnern ist von Weinfeldern umgeben – hier gedeihen der trockene *Pošip*-Weißwein und der leichte *Rukatac*. Čara, dessen Name von Zauber (= čarolija) abgeleitet ist, ist einer der ältesten Inselorte, mit einem **Kastell** aus dem 17. Jh. – mit riesiger Scheinzypresse davor. Die Pfarrkirche **Sv. Petar** (16. Jh.) mit Stummelturm birgt ein Gemälde des Renaissancemalers *Bassano* im Kircheninnern.

Zu Čara gehört auch der Hafen Zavalatica (s. u.), in dem früher der Wein verschifft wurde. Am 24. Juli, dem Tag des Schutzpatrons des hl. Jakov, wird im Ort der Säbeltanz *Kumpanija* aufgeführt.

Diverses Es gibt eine **Post** (nur vormittags geöffnet), **Cafébar**, **Supermarkt** (6.30–12/17–19 Uhr) und **Kiosk**.

Wein Vinarija Šain-Marelić, Rakija, ✆ 020/833-116. Bei der Winzerfamilie gibt es guten Pošip und Rakija.

Essen & Trinken Konoba Konopica, im Weiler Konopica, idyllisch mitten im Wald gelegen. Insel- und hauseigene Produkte, Spezialitäten sind gegrilltes Zicklein oder Lamm und Brot aus der Peka. Von Juni bis Mitte Sept. 10–24 Uhr geöffnet. ✆ 091/8988-538 (mobil). ■

Čara/Umgebung

Eine Abzweigung führt zur Südküste nach **Zavalatica**, dem Hafenort von Čara: viele Neubauten, kein einziges altes Haus – bis auf das Kastell des Dichters *Petar Kanavelić*. Überall werden Zimmer vermietet, es gibt eine felsige Hafenbucht mit betonierten Liegeflächen und Booten.

Wein Vinarija & Galerie a Krajančić, bei der traditionsreichen Weinbauernfamilie gibt's sehr guten Pošip und Rakija. Zudem auch eine kleine Galerie. ✆ 020/834-148, 098/427-873 (mobil).

Übernachten/Essen Restaurant-Appartements Albert, das Lokal hat eine lange Tradition; man sitzt auf der schönen Terrasse über dem Meer, in der Ferne schwebt Lastovo im Dunst. Freundliche Bedienung, leckere Grillgerichte. Auch Zimmervermietung. Mai bis Mitte Sept. ✆ 020/834-068.

Smokvica

Der 600-Einwohner-Ort zählt zu den ältesten der Insel und liegt mit alten, stattlichen Natursteinhäusern am Hang im Inselinneren an der Hauptstrecke. Gen Süden erstrecken sich Weinfelder, Oliven- und Obstbäume, bei guter Sicht geht der Blick bis Pelješac und Mljet. Im Ort findet man einen Heiligen auf einer Mauer und die mächtige **Marien-Pfarrkirche** (Blažene Djevice Marije od Odšćênja, 9–13 Uhr, So Messe 10.30–11.30 Uhr) mit ihrem 36 m hohen Kirchturm. Sie wurde im 20. Jh. erbaut, ihre Loggia im 18. Jh. Am Kirchplatz finden die *Kumpanija-Aufführungen* statt (Juli/Aug. jeden Fr).

Der Ort ist vor allem landesweit für seinen Weißwein Pošip bekannt, daneben werden auch der weiße Rukatac und der Rotwein Plavac mali angebaut; in der kleinen Fabrik werden die Oliven zu Öl verarbeitet. Die Weinfelder im Süden des Ortes sind von vielen schmalen Asphaltstraßen durchzogen, die sich gut zum Mountainbiken eignen. Rund 3 km südlich vom Ort steht die **Kastellruine** der Familie Kanavelić aus dem 16. Jh., gleich nebenan die **Kapelle Sv. Ana** aus dem 17. Jh. Fährt man anschließend einen Westbogen, gelangt man zum **Pošip-Monument** (Pinćaluša), welches auf einen uralten Weingarten hinweist. Viele Bewohner haben im Hafenort Brna ihre Wochenend- und Ferienhäuser.

Information Über **Tourismusverband** Brna (s. u.).

Diverses Es gibt eine Tankstelle, Ambulanz, Supermarkt, Post, Bankomat und eine Pizzeria.

Wein Im Ort gibt es 8 Winzer, u. a. **Vinarija Didovinka – OPG Tonči Didović,** ✆ 091/ 5064-842 (mobil). **Vinarija Plasa** (Milan Pecotić), ✆ 091/8859-233 (mobil). **Vinarija Grošić,** ✆ 098/9272-393 (mobil).

🌿 **Weingut Toreta,** Fam. Frano Baničević, sehr gute Pošip- und Rukatac-Weine, Olivenöl und auch ein kleines Ethnologisches Museum. ✆ 098/1782-645 (mobil). ■

Brna

Der kleine, von Pinienwäldern und Felsplattenbadeständen umgebene Touristenort und Hafen von Smokvica (ca. 300 Einwohner) liegt an der Südküste. Jachten ankern im geschützten Hafen und Bootsbauer gibt es auch. Der Name Brna kommt von den kleinen Bootswerkstätten. Brna schmiegt sich um die Halbinsel Mali Zaglav und um die Uvala Žal im Südosten, gesäumt von vielen Neubauten. Im Norden liegt die fjordartige, von Aleppokiefern bestandene Einbuchtung *Uvala Istruga,* wo es auch Heilschlamm gibt. Die Gegend eignet sich bestens für ausgiebige Mountainbiketouren entlang der Küste über Prižba gen Blato und durchs hügelige Innere zurück nach Smokvica.

Gute **Badeplätze** mit Fels- und Kiesstrand gibt es um die Halbinsel *Mali Zaglav,* an der *Buchtspitze Žal,* hier auch Sand und gut für Kinder, sowie auch im Norden an der seichten Bucht *Istruga* mit ihrem Heilschlamm. Ein schmaler Wanderweg führt an der von satten Aleppokiefern bestandenen Nordseite dieser fjordartigen Bucht rund 200 m entlang bis zur Badebucht *Pinčena.* Man kann auch auf die kleinen vorgelagerten Inselchen übersetzen (Taxibootverbindung).

Information Touristinformation (an der Uv. Žal, beim Supermarktgebäude Studenac), 20272 Smokvica-Brna, ✆ 020/832-255, www.brna.hr. 15. Juni–15. Sept. tägl. 8–20 Uhr; 1.–14. Juni und 16.–30. Sept. tägl. 8–14 Uhr; sonst Mo–Fr 8–14 Uhr.

Einkaufen Supermarkt, Metzger, Bäcker.

Veranstaltungen Kirchenfest Vela Gospa, 15. Aug. Die Messe findet in der Pfarrkirche in Smokvica statt, das Fest am Nachmittag und Abend in Brna.

Pošip-Weintage, letzter Sa im Juli und erster So im Aug. Alle Winzer aus Čara, Smokvica und Brna laden zur Verkostung ein.

Übernachten Privatzimmer-/Appartementvermietung.

**** Hotel Feral, auf der Halbinsel ruhig am Meer gelegen, mit Balkonkästchen, Felsstrand und betonierten Liegeflächen. Restaurant, Fahrrad-, Segel-, Kajakverleih. DZ/F 124 €. Mai–Okt. geöffnet. ✆ 020/832-002, www.hotel.feral.hr.

Essen & Trinken Bistro Galeb, oberhalb vom Hotel auf der Halbinsel gelegen. Freundlicher Service und gute Gerichte. Der Inhaber Lenko Baničević spricht auch Deutsch. Mai–Okt. geöffnet. ✆ 020/832-229.

Konoba Zaratak, auf der Ostseite des Ortes an der Bucht Žal. Gemütlich sitzt man unter Olivenbäumen und isst Fleisch und Fisch vom Grill. Ganzjährig geöffnet. ✆ 020/832-255.

Pizzeria-Grill Žal, neben TIC. Hier isst man gut und preiswert Pizzen und Fleisch vom Grill. Ostern–Okt. geöffnet.

Prižba

Der Ort ein paar Kilometer westlich von Brna an der Südküste gehört zur Gemeinde Blato und ist deren Hafen. Prižba, umgeben von wucherndem Grün, Pinienwäldern und zahlreichen vorgelagerten grünen Inselchen, ist eine kleine, ruhige Feriensiedlung. Entlang der Küste reihen sich inzwischen viele Villen und Ferienhäuser, am Ortsanfang die Appartementanlage Priščapac mit Tauchbasis und -schule. Auf der Landzunge gibt es noch ein paar alte Fischerhütten, bunte Kähne schaukeln im Meer. Gute Bademöglichkeiten bestehen ringsum an Fels- und Kiesstränden. Die Restaurants servieren leckeren frischen Hummer und Langusten.

Information 20271 Prižba (→ Tourismusverband Blato).

Agentur F-Travel, in Prižba am Hafen; nur Mitte Juni–Mitte Sept. ✆ 020/851-911

Verbindungen Bus: nur 1-mal tägl. ca. 7 Uhr nach Blato

Diverses Es gibt **Post**, **Supermarkt**.

Übernachten Privatzimmer/Appartements ab 30 €/2 Pers.

** Appartementanlage Priščapac, einfacher Komplex am Ortsende, v. a. beliebt bei Familien und Tauchfreunden. Ruhige Lage auf einer kleinen, von Kiefern umgebenen Halbinsel. Geräumige Appartements mit Küche, allem Inventar und kleiner Terrasse oder Balkon. Restaurant, Pizzeria, Supermarkt. Ein aufgeschütteter Sand-Kiesstrand verbindet die Siedlung mit einer kleinen, bewaldeten Halbinsel mit Kies- und Felsstrand. Boots-, Kajakverleih, Tauchzentrum, Taxiboote zu weiteren vorgelagerten Inseln. 2 Pers. ab 80 €, 4 Pers. ab 120 €. Juni–Sept. geöffnet. ✆ 020/861-178, www.priscapac.com.

Camping Camp Ravno, kleiner Platz unter Oliven. Mai–Mitte Okt. ✆ 020/851-365.

Essen & Trinken Gut speist man im Restaurant **Grill Čerin**; pflanzenumwucherte Terrassen am Meer. Nur Juli–15. Sept.

Restaurant Prižba, mit Terrasse, Blick aufs Meer und ebenfalls gutem Essen; vor der Abzweigung ins Inselinnere. 15. Juni–15. Sept. ✆ 020/851-182

》》 Mein Tipp: Restaurant-Pension Riva 1, im Ort direkt am Hafen. Der australische Koch Danny schwingt schon mittags die Kochlöffel und knetet den Teig für feinste Gerichte: Makkaroni mit leckeren Sößchen, Pašticada, Lobster und fangfrischer Fisch. 6 nette Zimmer (auch Appartements 80 €) mit Kühlschrank und Meerblick, DZ 45 €. Auch Transfer möglich. Ostern–Mitte Okt. geöffnet. Prižba b. b., ✆ 091/5526-533 (mobil), www.korcula-riva1.com. 《《

Agrotourismus Paradiso Grill, hier isst man nahe dem Meer gute Peka-Gerichte. Mitte Juni–Mitte Sept. Prižba 39, ✆ 099/2477-190 (mobil).

Baden an Fels-, Kies- und Sandstrand auf der Landzunge, Bootsverbindung zu den vorgelagerten Inseln.

Mountainbike Touren gen Gršića, dann nach Norden nach Blato, zurück durch das hügelige Innere auf die Straße Smokvica–Brna und entlang der Küste oder auch auf direktem Weg durchs Landesinnere zurück nach Prižba.

Tauchen Tauchzentrum Priščapac (slowak.-ung. Ltg. József Zelenák), Basis in der Appartementanlage. Ausrüstungsverleih, Füllstation mit Kompressoren. Tauchen für jedes Niveau, mehrere Ausfahrten pro Tag, Nachttauchen. SSI-Tauchkurse. Geöffnet Juni–Sept. Anmeldung in der Appartementanlage oder ✆ 099/6807-000 (mobil), www.priscapac.eu.

Gršćica: Das kleine Fischerdorf liegt westlich hinter Prižba, in einer Bucht mit hoch aufragender Palme, Anlegeplätzen und Bademöglichkeiten. Die Straße führt über Hügel ins Inselinnere nach Blato. Von dort blickt man bis nach Vela Luka.

Camping Autocamp Mala Gršćica, kleiner, einfacher Platz. Fam. Tonka Boglić, ✆ 020/861-224.

Essen & Trinken Restaurant Gršćica, die einzige Möglichkeit; es gibt Fisch- und Fleischgerichte. Nur Juli–Mitte Sept. ✆ 020/861-107.

Tauchen Neno's Dive Club, Gršćica 39, ✆ 020/861-045, 091/8813-823 (mobil, Hr. Neno Babić), www.nenodiving.com. Nett und gut, auch Kinderprogramm.

Blato – über viele Hügel erstreckt sich das Städtchen im Inselinnern

Blato

Korčulas einst größte Stadt mit heute noch 3600 Einwohnern liegt im Inselinneren, dennoch werden hier Schiffsbauteile gefertigt. Obwohl die Industrie die Atmosphäre der Stadt kaum beeinträchtigt, verweilen wenig Touristen hier. Dafür zieht Blatos Kultur in die Welt: Mit dem Kumpanija-Säbeltanz
feiern die Tanzensembles der Stadt internationale Erfolge.

Blato zieht sich durch ein Längstal und über mehrere Hügel. Einer davon ist ganz
bebaut, unter anderem mit einer Kapelle, der andere hat einen Waldschopf, in dem
sich ebenfalls eine Kapelle versteckt. Insgesamt sollen es sieben Hügel sein. Die magische Zahl deutet auf eine Stadt antiken Ursprungs hin. In der Tat finden sich in
der Umgebung von Blato die Ruinen eines römischen Guts und auch mittelalterlicher Kirchen. Zwischen dem Ersten und Zweiten Weltkrieg zählte die Stadt noch
10.000 Einwohner, doch die Reblaus vernichtete eine Haupterwerbsquelle und so
wanderten viele nach Amerika und Australien aus – allein in Sydney leben heute
6000 Menschen aus Blato.

Viele der verbliebenen Einwohner arbeiten in der Fabrik Radež, die Schiffsbauteile
herstellt und vom Hafen Bristva nach Rijeka und Split verkauft. Eine Weinkellerei
gibt es natürlich auch – verarbeitet werden die Weißweine Pošîp, Cetinka und
Rukatac sowie Rotweine wie der Korčulansko crno, Plavac und Merlot. Nicht nur
als Medizin wird der mit Kräutern versehene Rakija geschluckt, den es in verschiedenen Varianten gibt: u. a. Aniseta (Anis und Kräuter, grünliche Farbe), Travarica
(Anis, gelblich) und Lozovaća (nur aus Trauben, weiße Farbe) oder Rogacica (Jo-
hannisbrotbaumfrucht). Bekannt ist Blato auch für sein vorzügliches Olivenöl.

Sehenswertes: Eine Allee aus Akazien und Linden führt in die quirlige Einkaufs-
stadt – fast zu klein ist das Sträßchen, durch das sich der Verkehr zwängt. Durch
den Park und entlang der Palmenpromenade, vorbei an stattlichen, wehrhaften
Häusern, gelangt man zur Kirche **Svi Sveti** mit abseits stehendem Kuppelturm,

Süddalmatinische Inseln

Loggia auf dem beschaulichen großen Kirchplatz und uralten Bäumen. Der erste Bauabschnitt der Pfarrkirche stammt aus dem 9. Jh., die wegen des starken Bevölkerungswachstums fünfmal erweitert wurde und alle Stilarten von der Romanik bis zum Barock vereint. Die mittelalterliche **Loggia** wurde um 1700 durch eine neue ersetzt. Ihr heutiges Aussehen erhielt die Kirche erst im 20. Jh. Im Innern beeindrucken ein Altargemälde von *Girolamo da Santacroce* (1540), ein wertvolles barockes Chorgestühl, ein geschnitzter Nebenaltar von *Franco Čučić* aus Blato (1580) und eine mit Messkelchen und Silberinventar reich gefüllte Schatzkammer.

Ein **Ethnohaus** der Familie Barilo zeigt Einblicke in die frühere Lebensart, die Einrichtungsgegenstände stammen aus dem 19. und 20. Jh.

90 ul. Nr. 10, ☎ 020/851-623. Ganzjährig und tägl. 9–20 Uhr.

Außer dem bekannten Kumpanija-Säbeltanz gibt es in der Stadt mehrere Gruppen von Sängern und Sängerinnen, die mit ihren *klapas* (Volksliedern) das Publikum zum Träumen bringen.

Information Touristinformation, Trg dr. F. Tuđmana 4 (im Rathaus, am Park), 20271 Blato, ☎ 020/851-850, www.tzo-blato.hr. Geöffnet 15. Juni–15. Sept. Mo–Sa 8–20 Uhr, So 9–12 Uhr; 1.–14. Juni u. 16.–30. Sept. Mo–Sa 8–15 Uhr; sonst nur Mo–Fr 8–15 Uhr.

Agentur Bonaventura, hier gibt es Zimmer, Autoverleih, Transfer, Taxi, Trockenmarina und Autowerkstatt. Mo–Fr 8–16, Sa bis 12 Uhr. Ul. 85/57 (Ortsausgang), ☎ 091/5408-920 (mobil), www.bonaventura.co.

Verbindungen Bus: regelmäßige Verbindungen zu Fährzeiten nach Vela Luka und Korčula.

Auto Autoservice mit Waschanlage.

Einkaufen Obst- und Gemüsemarkt, Supermarkt, Lebensmittelläden.

Geldwechsel/Post Zwei **Banken** mit Bankomaten und eine **Post**.

Veranstaltungen Die **Kumpanija**, der Säbeltanz, findet jährlich mit seinen Hauptveranstaltungen am 28. April (zum Tag der Sv. Vicenca) und 9. Juli (Tag von Sv. Sveti) am Kirchplatz Plocata trg statt (gratis). Weitere Kumpanija-Aufführungen Mitte Juli–Mitte Aug. jeden Do um 21 Uhr, 30 KN.

Bitka ne Giča, in der 1. Aug.-Woche; hier wird die Seeschlacht von Giča, die 1571 stattfand, nachgespielt.

Lumblija-Tage, Ende Okt./Anf. Nov, 2 Tage

Blato – der Kirchplatz mit Loggia ist Bühne für die Kumpanija

im Kulturzentrum; ein Wettkampf um den besten Kuchen (→ Essen), zudem hat man die Möglichkeit die verschiedenen Kreationen zu probieren.

Wein/Öl Weinkellerei Blato 1902, Trg dr. Franje Tuđmana 2, ✆ 020/851-664, www. blato1902.hr. Alle Weiß- und Rotweine.

Weinkellerei Korčula-vino, ✆ 020/851-989, 099/2557-396 (mobil). Verschiedenste Sorten, u. a Korkyra.

Essen & Trinken Zahlreiche **Cafébars** und ein paar **Gostionas**. Eine Kuchenspe-zialität (süßer Hefekuchen) ist *Lumblija*, die einst ein französischer Soldat, ein Bäcker, für seine Liebste hier kreierte.

Konoba Zlinje, gute Fisch- und Fleischge-richte, eigene Weine und Kuchen Lumblija; überdachte Terrasse und rustikales Inneres. Ganzjährig geöffnet, Juni–Aug. 10–24 Uhr, sonst 10–14/17–24 Uhr. Ul. 11 br. 5 (gegen-über dem Kirchplatz), ✆ 020/851-050.

Pizzeria Tinel, leckere Pizzen und Nudelge-richte. Ganzjährig ab 18 Uhr. Ul. 11 br. 5, ✆ 020/852-034.

Kumpanija – der Schwert- oder Säbeltanz

Die Kumpanija ist ein 700 Jahre alter, ritueller Säbeltanz mit 18 Tanzfiguren. 1927 wurde er erstmals wieder aufgeführt und gewann seitdem große Popu-larität; heute fehlt jedoch die früher übliche Stieropferung durch Enthaup-tung. Ensembles aus Blato führen die Kumpanija weltweit auf.

Die „Kumpanije" waren Landwehrverbände, denen die Inselverteidigung ob-lag. Der kriegerische Tanz wird im Innern der Insel Korčula – in Blato, Smo-kvica und Čara – von rot, weiß und schwarz gekleideten Tänzern gespielt. Wortgefechte wechseln sich mit Flötenspiel, Dudelsackklängen und Trom-melschlägen ab.

Eine fremde Macht bedroht die Einheimischen, deren Führer, der *kapitan,* zum Widerstand aufruft und mit dem Kampfestanz, dem *Ples od boja,* be-ginnt. Der Träger *Alfir* schwenkt die Fahne und die Kämpfer zücken die Sä-bel. Die Schlacht wird Seite an Seite geschlagen. Reich geschmückte Mäd-chen sind der Lohn und die Kumpanija endet mit dem Paartanz *Tanac.*

Blato/Umgebung

Prigradica: Den Ort an der Nordküste erreicht man von Blato aus über die Abzwei-gung im Zentrum. Eine schmale Straße führt durch Aleppokiefernwald und schlän-gelt sich tief hinab nach Prigradica. Der kleine, ruhige Hafenort war einst Verlade-station für den Wein aus Blato. Um das Hafenbecken gruppieren sich alte Häuser, Palmen und Weinfässer, um die Bucht Neubauten, Felsküste und bergauf führende Treppchen. Nur wenige Touristen kommen nach Prigradica. „Das Wasser ist kalt hier im Norden, aber sauber", meint eine Einheimische und lacht.

Bristva: ein weiterer kleiner Weiler, von Prigradica aus gen Westen erreichbar – bestens zum Mountainbiken entlang der Nordküste und ins Inland.

Verbindungen **Bus**: nur wenige Verbin-dungen.

Fähre: Katamaran Krilo Jet (→ Wichtiges auf einen Blick, S. 349).

Übernachten/Essen Pension Prigradica, mit Restaurant. Ganzjährig. ✆ 020/841-222.

Gostionica Kraljević, kleines Lokal am Hafen.

Agrotourismus-Pension Bačić, rund 2 km westlich von Bristva an der Bucht Črnja Luka. Nette Zimmer, auf der schönen Ter-rasse oberhalb vom Meer wird man bes-tens mit dalmatinischen Gerichten wie Peka und Fisch versorgt. Es gibt eigenen Wein, Liköre und Olivenöl. Črnja Luka 7, ✆ 020/841-129, www.korcula-cluka.com.

Prigradica blieb ein heimeliger Fischerort

≫ **Mein Tipp:** *** **Leuchtturm Ploćica**, der 1887 erbaute Leuchtturm steht auf der gleichnamigen Insel weit draußen im Meer (zwischen Insel Korčula und Halbinsel Pelješac). Auf 165 m² Wohnfläche ist Platz für 14 Pers., was für Leuchtturmunterkünfte sehr groß ist. Im Innenhof gedeihen Tamarisken und Feigen. Zum Schwimmen eignet sich die Felseninsel auf der Nordseite – ganz seicht fällt die Küste ab und ist daher auch für Kinder geeignet. Die Unterwasserwelt ist fantastisch. Transfer ab Prigradica per Schnellboot in 15–20 Min. oder Normalboot (je nach Wetterlage) in 45 Min. Es gibt mehrere Wohnungen mit je drei 2-Bett-Zimmern und vier 2-Bett-Zimmern sowie jeweils eigener Küche und Dusche/WC. 6-Pers.-Appartement pro Woche 599 € (TS 999 €), 8-Pers.-Appartement 799 € (TS 1099 €). ✆ 021/390-609, www.lighthouses-croatia.com. ≪

Vela Luka

Mit 4500 Einwohnern ist Vela Luka heute die größte Stadt Korčulas, Fährhafen, Werft und Kurort zugleich. Im äußersten Westen liegt sie an einer weiten Bucht mit zwei vorgelagerten Badeinselchen.

Hier gefiel es schon den Römern und vor ihnen lebten Höhlenmenschen in der Gegend. Zahlreich kamen die Siedler jedoch erst im 19. Jh. Heute zeigt sich Vela Luka auf den Postkarten von seiner modernen Seite – in der Werft „Greben" werden Plastikboote gefertigt. Daneben haben sich in der Stadt auch andere Produktionszweige, z. B. zur Fischkonservierung und Verarbeitung landwirtschaftlicher Produkte, etabliert und man setzt in jüngerer Zeit auf den Tourismus. In der Bucht gegenüber liegt der Hotelkomplex Adria, eine Bucht weiter das Hotel Poseidon. Rings um Vela Luka gibt es Badebuchten, kleine Badeinselchen, das Rheumazentrum Kalos – die Heilkraft des Meerschlammes lindert Rheuma und Frauenleiden – und eine Mineralwasserquelle erfrischt die Lebensgeister. Vela Luka ist auch berühmt für die beste dalmatinische *klapa* – Männerchöre singen sie in aller Welt.

Sehenswertes: Entlang der Palmenpromenade reihen sich Gostionas und Eisdielen. Eine Freitreppe führt zur Pfarrkirche **Sv. Josip** aus dem 19. Jh. mit abseits stehendem Turm. Gegenüber befindet sich das Kulturzentrum mit **Museum und Galerie**. Es zeigt u. a. Funde aus der Vela-Špilja-Grotte, Schiffsmodelle und zwei Skulpturen des Bildhauers Henry Moore.

Juni–Aug. 8.30–13/18–20 Uhr, So geschlossen; sonst nur Mo–Fr 8.30–13 Uhr.

Nordöstlich oberhalb von Vela Luka liegt die 1974 entdeckte, 1200 m^2 große **Vela-Špilja-Grotte** (etwa 53 m lang, teils 35 m breit und bis zu 20 m hoch) mit zahllosen Funden aus der Jüngeren Steinzeit: Knochen, Keramik, Feuersteingut; ein Archäologenteam buddelt sich geduldig durch die Jahrtausende. Die Funde, die im hiesigen Museum (s. o.) ausgestellt sind, belegen, dass die Gegend um Vela Luka schon vor rund 4000 Jahren besiedelt war. Seit einigen Jahren wird der Höhleneingang durch ein Tor gesichert. Am schönsten gelangt man über den neuen Fußweg vom Zentrum hinauf (→ Wandern).

Juli/Aug. 9–12/17–20 Uhr; Juni und Sept. 10–13/16–19 Uhr, danach auf Anfrage bei TIC; Eintritt 10 KN.

Zahlreich sind die archäologischen Funde auch bei *Potirna, Kovnica* und *Gradina;* dort entdeckte man Mauern und Tumulusreste, die auf illyrische Zeit hinweisen. Forscher gehen davon aus, dass im 5.–6. Jh. bei Potirna eine griechisch-knidische Kolonie bestand; häufig sind römische Funde wie Ziegel, Geld, Gräber und Geschirr.

Im Mittelalter rührte sich anscheinend nicht mehr viel in Vela Luka. Erst im 15. und 16. Jh. wird der Ort wieder als Hafen erwähnt. Aus dieser Zeit stammen **Kastelle** und die **Kirche Sv. Ivan**, an deren Stelle früher ein Benediktinerkloster gestanden haben soll. Die kleine Kirche steht westlich des Hotels Adria auf der Halbinsel an der Gradina-Bucht. Das heutige Vela Luka wurde erst im 18. Jh. durch Familien aus Blato besiedelt.

Basis-Infos

Information   Touristinformation (TZO), Obala 3 br 19 c (Zufahrt Trajekt, gegenüber kleinem Park u. Tankstelle), 20270 Vela Luka, ✆ 020/813-619, www.tzvelaluka.hr. Juli/Aug. tägl. 8–21 Uhr; Juni u. Sept. 8–20, So 8–12 Uhr; sonst Mo–Fr 8–15–Uhr.

Agentur Mediterano, Obala 3 (kurz vor Post), ✆ 020/813-832, www.mediterano.hr. Klein, aber sehr gute Zimmervermittlung, Internet. Geöffnet ganzjährig, Juni–Sept. 8.30–21, So 9–14/19–21 Uhr; sonst Mo–Sa 9–17 Uhr.

Adria Travel, Ul. 56 br 10, ✆ 020/814-200, www.korcula.info.

Atlas, neben Touristinfo, ✆ 020/812-078, www.atlas-velaluka.com. Ganzjährig geöffnet. Zimmer, Ausflüge, Fahrräder, Scooter.

Verbindungen   Regelmäßig **Busse** nach Korčula.

Fähre: Verbindungen nach Split, Hvar, Vis, Lastovo, Ancona (→ Wichtiges auf einen Blick, S. 349).

Vom Hafen **Ausflugsboote** zu den Inseln Proizd und Ošjak.

Auto   Tankstelle am Kai vor dem Trajekthafen. Juni–Aug. tägl. 6–22 Uhr, sonst 7–19 und So 8–12 Uhr. **Parken:** alle Parkplätze um die Bucht gebührenpflichtig.

Einkaufen/Olivenöl   Großer **Supermarkt Tommy** vor der Stadt; zudem etliche Läden.

Uljara (Ölmühle) Zlokić, an der 1. Kreuzung von Vela Luka mit Ethnologischem Museum (Ölmühle etc.). Verkauf von verschiedenen Ölen und Besichtigung der Fabrikation. 1,40 € Eintritt (!). Geöffnet 10–12/18–20 Uhr. ✆ 098/9295-073 (mobil).

Uljara Fanito, hier gibt es die guten „Torkul"-Öle und auch Olivenblätter-Tee. Ulica 35 br 6, ✆ 020/813-833, www.fanito.hr.

Uljara Lučica, an der Straßenkreuzung vor Vela Luka nach links, dann am Abzweig nach Potirna. Kleiner, freundlicher Betrieb.

Geldwechsel/Post   Banken und Bankomaten vom Fährhafen stadteinwärts an der Uferpromenade; **Post**, nördlich Obala 3.

Gesundheit   Therapiezentrum **Kalos**, Krankheiten des Bewegungsapparates, aber auch verschiedene Massagen, Shiatsu, Schlammpackungen. ✆ 020/755-434, www.kalos.hr.

Ambulanz/Hospital, in Richtung Hotel Posejdon (am Buchtende), ✆ 020/812-042.

Apotheke, Obala 3 (Uferstraße nahe Post), ✆ 020/812-032.

Veranstaltungen   **Sv. Jošip Fest**, 19. März. **Sv. Ivan-Fest**, 24. Juni, Bootsrennen mit Ruderbooten von der Gradina-Bucht in den Hafen. **Kumpanija**, Juli u. Aug. wöchentl. am Mi (21 Uhr) auf dem Kirchplatz. **Luško Ijito**, Vela-Luka-Sommer von Juli bis Mitte Sept., Klapa-Chöre etc.

Übernachten/Essen & Trinken

Übernachten   Privatzimmer 15 €/Pers., **Appartements** ab 35 € für 2 Pers. An der Nordseite der Hafenbucht in Richtung Westen gibt es sehr schöne private Unterkünfte, fast jedes Haus vermietet. U. a. **Appartements Fam. Ivo Žuvela**, neu und modern. Ul. 1/58 (an Kreuzung mit Einbahnstr.), ✆ 020/813-469, 098/756-595 (mobil).

Appartements Jukića, große, gut ausgestattete Appartements (4–6 Pers.). Obala 2/22 (über dem Konsum), ✆ 020/813-846.

Appartements Vala, an der Landspitze vor der Bucht Plitvne. Modernes Appartementhaus in ruhiger Lage mit Restaurant und Barbecue direkt am Meer. Appartements 2+2 70 €, Frühstück 5 €/Pers. ✆ 020/814-300.

»» Mein Tipp: **** Hotel Korkyra, kleines Wellness-Stadthotel gegenüber dem Hafen. Moderne, sehr gut ausgestattete Zimmer, gutes Restaurant, netter Pool und sehr guter Service – bestens für diejenigen, die per Fähre an- oder abreisen. Standard-

Vela Luka – Blick auf die tiefe Einbuchtung, den Berg Hum und die Insel Ošjak

DZ/F 180 €. Transfer zum Badestrand gegenüber. Ganzjährig geöffnet. Obala 3 br 21, ☎ 020/601-000, www.hotel-korkyra.com. «

*** Hotel Posejdon – All-incl., ca. 2 km entfernt, gegenüber der Stadt an der Nordseite der Bucht. Von außen wenig einladend, innen neu renoviert, gutes Preis-Leistungs-Verhältnis, v. a. für Tauchfreunde mit All-incl.-Ambitionen. Boots- und Fahrradverleih, Tauchclub, Hallenbad (Sommer geschl.). Bootstransfer zur Insel Proizd. Im DZ/Pers./All-incl. 64 €. Mitte Mai–Anf. Okt. geöffnet. ☎ 020/7812-064, www.humhotels.hr.

*** Hotel Adria – All-incl., 3 km westlich in Alleinlage in der Bucht Plitvine. Riesiger Komplex ... schön ist auf jeden Fall die Lage. Innen teils veraltet, teils o. k. Große Restaurantterrasse, Hallenbad, Pool, Fitness, Tennisplatz, Beachvolleyball und abends Animation. Bootstransfer 6-mal tägl. in die Stadt. Pro Pers. 64 € im DZ/All-incl. ☎ 020/812-700, www.humhotels.hr.

Camping *** Camping Mindel, 5 km nordwestlich von Vela Luka, oberhalb am Berg. Schöner 1,5 ha großer Platz unter Oliven-

bäumen, unterteilt von Steinmäuerchen. Saubere Warmwasserduschen, kleines Restaurant; nebenan Tennisplatz und Bocciabahn. Es gibt keinen Laden mehr, aber ab und an kommt ein Obst- und Brotverkäufer. Unterhalb zwei Badebuchten: Tankaraca und Stracinzića. Mai–Sept. geöffnet. Pro Pers. 4 €, Zelt 3,50 €, Auto ab 3,50 €. Stani 192, ☎ 020/813-600, www.mindel.hr.

Essen & Trinken Alle Lokale, außer den beiden Pizzerias und dem Hotel-Restaurant Korkyra, haben meist nur von Mai bis Sept. geöffnet.

Gostionica Pod bore, an der Uferstraße. Sitzgelegenheiten unter großen, weißen Markisen. Es gibt eingelegte Sardellen, Fischsuppe, Risotto, Fisch- und Fleischgerichte. ☎ 020/813-069.

Konoba Feral, ebenfalls an der Uferstraße Richtung Hotels. Schöne, von wildem Wein überrankte Terrasse. Gute Fisch- und Fleischgerichte. Nur Juli/Aug. ☎ 020/813-045.

Restaurant Ribar, in der anderen Richtung, nahe beim Fährhafen. Gute Fischgerichte. Obala 4/5, ☎ 020/813-864.

Konoba Lučica, kleines familiäres und freundliches Lokal mit nettem Innenhof und guten, preiswerten Fisch- und Fleischgerichten vom Grill. Ul. 51/4 (links der Kreuzung zum Fährhafen in kl. Seitengasse), ☎ 020/813-673.

»» Mein Tipp: Konoba Mirakul, kurz vor dem Fährhafen mit überdachten Sitzmöglichkeiten und der etwas „anderen" Küche; hier gibt es u. a. das saftige Kartocio (Fisch, Shrimps und Gemüse in Backpapier gebacken), Pasticada, Fisch oder Peka (Lamm, Kalb, nach Vorbestellung). Obala 4, ☎ 095/9102-859 (mobil). «

Konoba Bata, hübsches Lokal, nordöstlich, oberhalb vom Park. Gute Fisch- und Fleischgerichte. Ul. 56/1, ☎ 020/812-457.

Sport/Wassersport

Baden kann man am neu angelegten Stadtstrand westlich des Hotels Posejdon, zudem bei den weiteren Hotels. Draußen vor der Bucht liegen zwei Inselchen – **Insel Proizd** (30 Min. Fahrtzeit, Abfahrt Hafen bei der Tankstelle, 40 KN für Retour-Ticket, Kinder 25 KN), schön bewaldet mit Kies- und Felsbuchten und gutem Barbecue-Restaurant (nur Juli/Aug.). Im Dunst gegenüber die **Insel Hvar**; Bootstransfer auch von den Hotels. Näher liegt die waldige, unter Naturschutz stehende **Insel Ošjak** (15 Min. Fahrtzeit, 20 KN, Kinder 10 KN) mit Fels- und Kiesbuchten.

Auf der Halbinsel nordwestlich von Vela Luka gibt es weitere zahllose Badebuchten, die schönsten sind nur zu Fuß oder per Fahrrad erreichbar, z. B. die Buchten *Tankaraca, Martina bok* und *Stracinzića*.

Gute Bademöglichkeiten findet man auch an der Südseite der Bucht mit Felsplatten und Kies. Von dem bei der Werft beginnenden Fahrweg führen immer wieder Wege zwischen Steinmäuerchen und Olivenplantagen zum Meer hinab, der Blick geht auf die buchtenreiche Küste gegenüber. Fährt man den Fahrweg weiter, endet er kurz vor der Kiesbucht *Poplat*.

Tauchen Posejdon Croatia Divers, Obala 1/42 (bei Hotel Posejdon), ☎ 020/813-508, 091/ 2567-803 (mobil), www.croatiadivers.com. Tauchkurse, Ausrüstung und Ausfahrten von April bis Okt.

Fahrradfahren/Wandern   Die Gegend um Vela Luka eignet sich sehr gut für Fahrradtouren mit Badestopps, da nur wenig Autoverkehr herrscht – z. B. zur nördlich gelegenen Halbinsel oder in Richtung Süden; es gibt 4 x 15 km ausgewiesene Fahrradstrecken und 3 Wanderrouten. Fahrradvermietung über die Agenturen.

Zum **Berg Hum** läuft mit in ca. 1:30 Std. ab der Plastikboot-Fabrik Greben. Zur **Höhle Vela Špilija** (s. o.) ab Stadtzentrum (Gasse bei Restaurant Pod bore) in ca. 0:30 Std. (1 km) bergan.

Umgebung von Vela Luka

Ein Sträßchen führt von Vela Luka nach ca. 7 km zum **Berg Hum** (376 m). Die Abzweigung liegt zwischen der Straße nach Tri Luke und dem Fahrweg zur Werft. Vom Turm der *Festung* fällt der Blick auf die Buchten im Süden und auf Vela Luka im Norden.

An der Südküste liegen die Ortschaften **Tri Luke**, **Potirna** und **Karbuni**. Kleine Straßen verlaufen kreuz und quer dorthin durch Macchia, Weinfelder, Feigen- und Ölbaumplantagen. Die Orte sind Feriensiedlungen der Bewohner von Vela Luka und die Bautätigkeit hält sich bislang in Grenzen. Wer also in Abgeschiedenheit Urlaub machen möchte, bekommt hier immer noch ein ruhiges Zimmer oder Appartement. In Potirna ist auch ein kleiner Campingplatz.

Es gibt Anlegeplätze mit Ankermöglichkeiten sowie unzählige schöne Pfade entlang der Küste und durch Macchiagestrüpp. Was es nicht gibt, sind Läden, Post und kaum Lokale – in der Nebensaison rührt sich hier nichts mehr. Die Bademöglichkeiten halten sich in Grenzen, es sei denn, man ist Felsplattenliebhaber. Schwimmen kann man an Kiesbuchten, meist in Häusernähe, oder um die Hafenbecken. Am schönsten ist es noch westlich von Tri Luke.

Übernachten/Essen   Apartmani Šarenko, netter Familienbetrieb am kleinen Fischerhafen mit verschieden großen Appartements; nebenan ist eine Tauchschule. Es gibt hauseigene Oliven, Wein, Gemüse und Früchte und sicherlich auch einen gebratenen Fisch auf Anfrage. Fam. Marinović, Tri Luke, ☎ 020/851-285, www. korculatriporte.com.

Agrotourismus Potirna, hier gibt es Peka-Gerichte, Fisch, Käse, Wein. Geöffnet Ende Juni–Mitte Sept. 12–24 Uhr. Fam. Franulović, Potirna 76, ☎ 020/865-001.

Konoba Karaka, auf der Terrasse nahe dem Meer gibt es preiswerte Fisch- und Fleischgerichte von Mitte Juni bis Mitte Sept. 16–23 Uhr. Karbuni 10, ☎ 095/8972-841.

Camping Camp Potirna, kleiner Platz unter Olivenbäumen, ca. 300 m vom Meer entfernt. Ruhesuchende sind hier richtig. Mai–Sept. ☎ 020/852-056, 091/1688-186 (mobil).

Insel Lastovo – sicheres Ankern in der Zaklopatica-Bucht

Insel Lastovo

Die frühere Militärinsel südlich von Korčula gehört zum gleichnamigen Archipel und zur Region Dubrovnik. Lastovo ist reich an Fischgründen und auf Touristen nur wenig eingestellt. Bootsbesitzer finden hier zahlreiche gut geschützte Buchten und viele kleine Inseln zum Erkunden. 2006 wurden die Insel Lastovo und ihr Archipel zum Naturpark erklärt.

Die Hauptinsel Lastovo ist 46,89 km^2 groß und von Kalksteinhügeln und Karstfeldern, aber auch fruchtbaren Tälern durchzogen und mit Wald (meist der Aleppokiefer) bedeckt – Lastovo ist nach Mljet die waldreichste Insel. Es gibt viele Höhlen, die größte von ihnen ist die *Rača-Höhle* südlich von Skrivena luka. Zudem stehen 46 Kirchen und Kapellen auf Lastovo. Die magische Zahl 46 scheint bei Vielem vorhanden und die Einwohner lieben es, dies zu betonen. Die höchste Erhebung ist der 417 m hohe Berg *Hum* (im Dialekt Hom) in der Inselmitte. Im Nordwesten verbindet ein Damm Lastovo mit der Insel Prežba. Wegen ihrer strategisch günstigen Lage war Lastovo bis 1988 Militärinsel und für Ausländer gesperrt.

Wichtiges auf einen Blick

Telefonvorwahl 020

Fährverbindungen Jadrolinija (Ubli), ✆ 020/805-175; nur zu Fährabfahrtszeiten geöffnet.

Trajekt Split–Vela Luka (Korčula)–Ubli (Jadrolinija): nur 1-mal tägl. bis Split, Fahrtzeit 4:30 Std. Pro Pers. 68 KN, Auto 530 KN.

Trajekt Ubli–Vela Luka/Korčula (Jadrolinija): 3-mal tägl., Fahrtzeit 2 Std. Pro Pers. 32 KN, Auto 195 KN.

Katamaran Split–Hvar–Vela Luka–Ubli (Jadrolinija): Ganzjährig 1-mal tägl., Abfahrt Split 15 Uhr (ab Okt. 14 Uhr), Fahrtzeit 3:15 Std.

Katamaran Ubli–Korčula–Polače–Sobra–Luka Šipanska–Dubrovnik (www.gv-line.hr): nur im Juli/Aug. Di u. Do, Abfahrt Dubrovnik 8 Uhr, Ubli 14.40 Uhr; 3:45 Std. Fahrtzeit.

Bus Nur zu Fährabfahrts-, Fähranfkunfts- und Schulzeiten von Lastovo nach Ubli; im Juli/Aug. auch Bus um 10 u. 19 Uhr nach Skrivena luka.

Tankstelle in Ubli am Fährhafen

Geldwechsel Bank und Post in **Lastovo**; in **Ubli** Bankomat (neben Café Lizzard).

Internet Lastovo-Stadt hat WiFi.

Einkaufen nur wenige kleine Läden, am besten bereits am Festland mit Lebensmitteln und frischem Obst eindecken.

Übernachten Es gibt nur ein Hotel (Pasadur) und einen Minicampingplatz (Skrivena luka), ansonsten einfache Zimmer/Appartements (ersichtlich auch über die Website des TZO Lastovo).

Informationen www. lastovo-tz.hr.

Naturpark Lastovo (→ Ubli): www. pp-lastovo.hr, **Naturpark-Gebühr** 35 KN.

Der Hauptort *Lastovo* liegt erhöht über dem Meer im Norden, der zweitgrößte Ort und Fährhafen *Ubli* an der geschützten Westseite. Zudem ist der kleine Touristenort *Pasadur* auf der Halbinsel Prežba zu erwähnen und ganz im Süden die Ortschaft *Skrivena luka* an einer geschützten Bucht mit flacher, sandiger Küste. Alle Inselorte sind über eine Asphaltstraße erreichbar.

Die 900 Bewohner Lastovos leben von Landwirtschaft (Oliven und Obst), vom Weinbau (hier wachsen der goldgelbe, kräftige Maraština-Weißwein oder auch der Rukatac, sowie der Roséwein Opolo und Rotwein Plavac, vom Fischfang in den artenreichen Gewässern um Lastovo und mittlerweile auch ein wenig vom Tourismus.

Zum Archipel von Lastovo zählen 46 kleine, unbewohnte Inseln. Westlich liegt *Kopište* mit geschützten Buchten sowie *Mrčara*, in deren Gewässern viele Hummer leben. Im Osten reihen sich nordwärts ebenfalls kleine, unbewohnte Eilande und Riffe aneinander und auf der Insel *Mladine* kann man an einem herrlichen Sandstrand baden. Aufgrund der schützenswerten Natur wurde der Archipel von Lastovo 2005 zum Naturpark erklärt; die Gebühr beträgt 35 KN.

Lastovo bietet weder Amüsement noch edle Unterkünfte – es ist eine Insel für Individualreisende, Naturliebhaber, Wanderer und Mountainbiker. Es gibt sogar ausgewiesene Wege und eine sehr gute Inselwanderkarte. Sie ist für Familien mit Kindern eher ungeeignet, da schöne Strände fehlen. Der Sprung ins herrlich glasklare Wasser geht bestens von den herrlichen Felsen. Bootsbesitzer finden schöne Ankerbuchten und es gibt einige gute Restaurants.

Geschichte

Seit alters her war Lastovo als Vorposten der Inselwelt von großer strategischer Bedeutung. Erstmals wird die Insel unter Berufung auf Theotomp (4. Jh. v. Chr.) vom Lexikografen Stephanos von Byzanz als *Ladesta* und *Ladeston* erwähnt. Der Name ist illyrischen Ursprungs, Zeugnisse einer früheren Besiedlung – Grabstätten, Befestigungsanlagen, Steinhaufen – lassen sich bis in die frühe Bronzezeit zurückdatieren. Die Römer nannten Lastovo *augusta insula,* „kaiserliche Insel". In den fruchtbaren Tälern errichteten sie ihre Wohnhäuser und schon damals war Ubli Hafenort. Hier fand man Zeugnisse aus römischer Zeit und aus dem Mittelalter. Im 6. und 7. Jh. war die Insel dem Kroatischen Staat angegliedert, bewahrte sich allerdings weitgehende Autonomie. Als Venedigs Handelsbeziehungen zu Byzanz erstarkten, waren die den Warentransfer störenden kroatischen und neretljanischen Seeräuber der Stadtrepublik ein Dorn im Auge. Venedig versuchte den Seeweg zu sichern, indem es sich die adriatische Ostküste mit den vorgelagerten Inseln einverleibte, was bis auf Lastovo auch gelang. Aus dem Jahr 1000 gibt es Dokumente, in denen der venezianische Doge Pietro II. Orseolo die „dreisten Inselbewohner" attackiert, weil die „Wilden" immer wieder die Schiffsflotten angriffen und diese dann „nackt und ohne ihre Habe fliehen mussten". Lastovo konnte lange auf sein Kastell vertrauen, das im 6. Jh. an einem sicheren Platz erbaut worden war – hoch oben, mit einem weiten Rundblick über das Meer. Irgendwann aber schlug Orseolo gnadenlos zu und schleifte das schöne Kastell samt Stadt.

Dobre Dobričević

1454 wurde er in Lastovo geboren, 1528 starb er in Treviso. Der bedeutende Buchdrucker, der in Venedig, Brescia, Verona und Lyon arbeitete, war besser unter seinem romanisierten Namen *Boninus de Boninis* oder auch *Boninus de Ragusa* bekannt. Seine Arbeiten – Ausgaben der antiken Klassiker Catull, Properz, Tibull, Vergil, Plutarch, Äsop sowie Dantes „Göttliche Komödie" mit ihren zahlreichen prächtigen Holzschnitten zählen zu den besten Werken der Buchdruckerkunst dieser Zeit.

Dies war wohl der Moment, dass man sich eines Besseren besann und auch die Seeräuberei anscheinend zu riskant oder unrentabel wurde: In Ruhe und Wohlstand leben war das neue Leitmotiv. So schlossen sie sich 1310 freiwillig der Dubrovniker Republik an, die ihnen Schutz bot und weitgehende Autonomie zusicherte. Der Freiheitsdrang der Lastover schien aber letztlich doch stärker als ihr Bedürfnis nach Sicherheit. Immer wieder gab es Konflikte, die sich 1602 im „Aufstand von Lastovo" entluden. Gemäß der Taktik, die sie von den Ragusern gelernt hatten, stellten sie sich kurzerhand unter Venedigs Schutz. Dubrovnik musste alle diplomatischen Künste aufbieten, um seinen strategisch wichtigen Vorposten 1606 zurückzugewinnen. Dieser Status währte, bis Napoleon aufmarschierte und 1813 von den Engländern abgelöst wurde. Nach dem Wiener Kongress 1815 fiel Lastovo, wie auch die Republik Dubrovnik, an die österreichische Monarchie und verblieb dort bis zu deren Ende 1918. Nach dem Ersten Weltkrieg stand Lastovo bis 1943 unter italienischer Oberhoheit, danach wurde die Insel Jugoslawien angegliedert.

Süddalmatinische Inseln

Ubli

Der Fährort der Insel liegt an der großen Einbuchtung *Velo jezero* an der Westküste. Hier siedelten bereits die Römer. Seine Blütezeit erlebte Ubli im 1. Jh. n. Chr., sein Niedergang erfolgte im frühen Mittelalter, als die Venezianer die Insel kontrollierten. In der Bucht fand man Sarkophage und die Überreste einer im 5./6. Jh. erbauten altchristlichen Basilika.

Westlich von Ubli laden schöne Felsbadebuchten im Kiefernwald rund um die Halbinsel Zaglav zum Baden ein, zudem etliche Badebuchten bei Pasadur (→ Pasadur).

Information (→ Lastovo).

Naturpark Lastovo, Verwaltung und Infostelle, nahe Tankstelle, ✆ 020/801-024, www.pp-lastovo.hr; Juni–Sept. 8–20 Uhr.

Verbindungen Bus (→ Wichtiges auf einen Blick, S. 380).

Taxi: Lešić-Taxi, ✆ 098/9368-897 (mobil), Antičević-Taxi, ✆ 095/5172-004 (mobil).

Rent a Car, am Hafen; ca. 300 KN/Tag; auch Mountainbikevermietung.

Diverses Tankstelle am Fährhafen. Juni–Sept. 8–20 Uhr; sonst 8–12/17–20 Uhr, So 8–12 Uhr. **Hafenamt**, ✆ 020/805-006. Ortsmitte **Post** und **Lebensmittelladen**.

Essen & Trinken Cafébar-Lounge Lizzard (Ramona & Wolfgang), am Trajekthafen. Treffpunkt der Segler, gute Info-Stelle, Internet und guter Kaffee. ✆ 020/801-412.

Konoba-Pizzeria Pece, wenige Meter nordwärts Richtung Pasadur; von der überdachten Terrasse im 1. Stock genießt man die Sonnenuntergänge und Pizzen.

Pasadur

Der Ort liegt nordwestlich vom Fährhafen Ubli auf der Insel Prežba, die mit der Hauptinsel Lastovo durch einen Damm verbunden ist. In der tiefen, von Pinien umgebenen Bucht ankern viele Jachten. Der spärliche Tourismus konzentriert sich auf wenige Pensionen und eine kleine Hotelanlage. Gebadet wird an Fels- Kiesbadeständen oder man fährt mit dem Ausflugsboot zur **Insel Mladine** mit Sandstrand. Auch zum Wandern bieten sich von hier aus attraktive Ziele.

 Wanderung 10: Insel Lastovo – von Pasadur zum Berg Hum → S. 491
Mittelschwere, aber sehr aussichtsreiche Tour zum höchsten Inselberg

Übernachten Privatzimmer ab 15 €/Pers. Appartements ab 20 €/Pers. Unter www.lastovo-tz.hr gibt es eine Liste mit Anbietern von Privatzimmern.

*** Hotel Solitudo, nette, ruhige Anlage mit zweistöckigen Gebäuden im Kiefernwald, an der Brücke zur Insel Prežba mit Abendsonne. Restaurant und gute Konoba mit schönen Terrassen; Tauchclub und Wassersportangebot, Anleger für Jachten, Fahrradverleih. DZ/F mit Terrasse 102 € (TS 120 €). Geöffnet Ostern–Mitte Okt. ✆ 020/802-100, www.hotel-solitudo.com.

Essen & Trinken Hoteltaverne, hier gibt es frischen Fisch, Langusten, Hummer, aus der Peka Ziege und Lamm und Pizzen — wird gerne von Jachtbesitzern angesteuert.

Restaurant Pasadur, an der Nordseite der Bucht, über die Brücke; guter Service auf hübscher Terrasse, fangfrischer Fisch und Meeresfrüchte.

Wein kann man beim Winzer Šarić kaufen.

Baden An den Kies- und Felsbadeständen rund um die **Insel Prežba** (über Brücke erreichbar) oder im Nordosten die Bucht **Kručica**. Per Boot gelangt man zu den geschützten Buchten der **Insel Kopište** oder zum Sandstrand auf der **Insel Mladine**.

Jachthafen Vor Hotel und Brücke stehen Bootsbesitzern 50 Anlegeplätze mit Strom und Wasser zur Verfügung.

Hafenkapitän: ✆ 020/805-006.

Wandern/Mountainbike   Eine schöne Route führt von Pasadur gen Osten, über die **Bucht Kručica**. südwärts zum **Berg Hum** (417 m) mit der **Kapelle Sv Juraj** (→ Kleiner Wanderführer/Wanderung 10, S. 491). Per Mountainbike kann man den Berg Hum ebenfalls erreichen: Von Pasadur oder Ubli die Asphaltstraße von Westen kommend aufwärts, anschließend ein kurzes Stück auf Makadam zum Gipfel; zudem bietet sich eine Weiterfahrt gen Süden nach Skrivena luka an.

Eine Kurzwanderung (rund 1 bis 1:30 Std.) mit Badestopp führt von Pasadur zur **Insel Prežba** und entlang dem Uferweg westwärts zur beliebten Ankerbucht **Jurjeva luka**. Von hier kann man zum Aussichtsberg Jurjev vrh (155 m) wandern.

Tauchen   Diving Paradise, ☏ 020/805-179, 091/2011-080 (mobil), www.diving-lastovo.com. Basis ist beim Hotel Solitudo. Die Unterwasserwelt Lastovos ist faszinierend! Es gibt Tauchausrüstung und Ausfahrten.

Von Ubli nach Lastovo

Die 10 km lange Strecke bietet fantastische Ausblicke auf die zerklüftete Nordseite von Lastovo und ihre vorgelagerten Inselchen. Beeindruckend ist auch die tiefe Bucht von **Zaklopatica**. Hier locken schöne Felsbadestrände, die Badebucht **Korita** und gute Konobas und Pensionen.

Übernachten/Essen   Restaurant Augusta Insula, an der Zaklopatica-Bucht. Traditionelle Küche mit preisgekrönten Weinen der Winzerfamilie Jurica. Von der Terrasse schöner Blick aufs Meer. Bootsanleger. Juni–Okt. ab ca. 17 Uhr. ☏ 020/801-122, -167, www.agustainsula.com.

»»» Mein Tipp: Konoba-Pension Triton, an der Zaklopatica-Bucht, ca. 3 km vor Lastovo, direkt am Meer; mit überdachter Veranda. Hierher kommt man nicht nur wegen der Gemütlichkeit, sondern wegen der ausgesprochen leckeren, unverfälschten Küche von Nada und Tonči Jurica. Spezialitäten sind u. a. Carpaccio von Gold- oder

Zahnbrasse, Krebse, Hummer, Langusten, aber auch Zicklein oder Lamm; auch die Nachspeisen wie Cremeschnitte und Apfelstrudel sind köstlich. Es werden Zimmer und 4 große Appartements vermietet. Anleger für Boote. ☏ 020/801-161, www.triton.hr. **«**

Restaurant-Pension Santor, in schöner Lage am Meer, ein netter Platz zum Relaxen, Nächtigen (geräumige Appartements) und Essen. Spezialitäten sind u. a. Peka-Gerichte (Lamm oder Oktupus) oder Spaghetti mit Hummer. Fam. Škratulja, Zaklopatica 13, ☏ 098/9321-715 (mobil, Fr. Valentina), www.lastovo-pansion.com.

Lastovo

Die Stadt im Landesinneren schmiegt sich mit ihren alten Natursteinhäusern aus dem 15. und 16. Jh. an die Südseite zweier Hügel. Kaum ein Auto passt durch dieses mittelalterliche Idyll.

Nur 450 Einwohner leben in dem Städtchen zwischen den beiden fast 90 m hohen Hügeln, das ist terrassenförmig angelegt ist und deren Häuser auf auf das weinreiche Hochtal gen Süden blicken. Eine Besonderheit Lastovos sind die originellen Schornsteine, Fumari genannt, auf den Dächern der alten Natursteinhäuser. Die schönsten waren verziert und rund und gehörten den Adelsfamilien, die auch einen Sitz im „Kleinen Rat" hatten (s. u.). Noch heute sind einige aus dem 15./16. Jh. zu sehen. Oberhalb der Stadt, auf dem Berg Glavica steht weithin sichtbar die **Festung**, Kašćel genannt, deren Ursprung weit zurückreicht. 1607 wurde diese bei einem Aufstand gegen die Dubrovniker Republik zerstört, von den Franzosen aber 1808 wieder aufgebaut. Heute ist darin eine meteorologische Station untergebracht und man genießt von oben einen fantastischen Rundblick über die Insel und den Archipel.

Lastovos Natursteinhäuser schmiegen sich an den Hügel

Im 11. Jh. besiedelten die Venezianer den Ort. Lastovos ältestes Baudenkmal ist die romanische Kirche **Sv.-Ivana Kristitelja** von 1360 im Ortskern, mit alten Steinfragmenten vor der Kirche und einer ethnografischen Sammlung im Innern (u. a. die Karnevalspuppe). Unterhalb davon lugt aus üppigem Grün der prächtige **Rektorenpalast** von 1310, den die Familie Gabin 1900 restaurierte. Lastovo gehörte wie u. a. Mljet zu den Dubrovniker Fürstentümern (→ Dubrovnik) mit einem Rektor und einem Kleinen Rat. Am Ende der Straße, nach einem Abzweig, steht die Kirche **Sv. Roko** aus dem 12. Jh. Die Pfarrkirche **Sv. Kuzme i Damjana** aus dem 16. Jh. (tägl. geöffnet) zeigt im Innern die Pietà eines unbekannten venezianischen Meisters aus dem Jahr 1545. Die **Loggia** gegenüber dem großen Kirchplatz, an dem immer gefeiert wird, stammt aus dem 15. Jh. Außerhalb sind die kleine vorromanische **Sv.-Luka-Kirche** aus dem 11. Jh. und am Friedhof die **Gospa-od-Polja-Kirche** (Maria auf dem Felde, 14. Jh.) sehenswert.

Basis-Infos

Information   Tourismusverband (TZO), Ortsmitte, 20290 Lastovo, ☎ 020/801-018, www.tz-lastovo.hr. Geöffnet Mitte Juni–Mitte Sept. tägl. 8–20 Uhr, sonst Mo–Fr 8–15 Uhr. Gute Infos, Wander- und Mountainbikekarte 1:20.000.

Agentur More Tours, neben der Kirche, ☎ 095/8281-700 (mobil). Nur Juni–Sept. 8–16 Uhr.

Bank   Splitska banka, Mo–Fr 8–14 Uhr, Sa 8–12 Uhr.

Gesundheit   Apotheke, ☎ 020/801-276 (Mo–Fr nur 13–14, Sa 12–13 Uhr!) und **Ambulanz** (ganztägig), ☎ 020/801-034 oder 801-270 (ja nach Arzt).

Post   Mo 8–17, Di–Fr 8–14, Sa (nur Juli/Aug.) 8–12 Uhr.

Internet   Die ganze Stadt ist WiFi-Zone, in der Nebensaison wird ab 20 Uhr abgestellt.

Veranstaltungen 》》 Mein Tipp: Lastovski Poklad, der Karneval von Lastovo ist weithin bekannt. Er beginnt am 6. Jan. und endet am Faschingsdienstag (→ Kasten S. 386). 《《

Patronatsfest von Sv. Kuzma i Damjan, 26. Sept. Großes Fest mit Messe um 10 Uhr, danach Musik und Essen.

Übernachten/Essen & Trinken

Übernachten Privatzimmer und Appartements über Information (ab 15 €/Pers.). In der Altstadt gibt es einige Vermieter. U. a.

Appartements Luža, nahe Kreuzung nach Skrivena luka; nette neue Studios mit kleiner Küchenzeile für 250–300 KN. Fam. Stipe u. Karana Kadić-Zavadlav, Luža 7, ✆ 091/5182-612 (mobil), zkorana@gmail.com oder www.apartmani-lastovo.net.

Apartmani Sangaleti, ebenfalls nett zum Wohnen. Dovnja luka b. b., ✆ 020/801-129.

In Lučica und Skrivena luka werden auch **Appartements** vermietet (s. u.).

Essen & Trinken » Mein Tipp: Konoba Bačvara, unterhalb der Altstadt. Eine typische Konoba im alten Natursteinhaus mit hübscher alter Dekoration; es gibt nur wenige Tische in der schmalen Gasse. Spezialitäten sind fangfrischer Fisch, Sardinen, Kalamari und Shrimps; lecker auch zur Vorspeise das Fischpaté oder die Sardellen in Zitronensauce, zum Nachtisch gibt es manchmal frische Fritule. Hauseigener weißer Rukatac oder roter Plavac. Geöffnet Mai–Okt. 17–24 Uhr, danach auf Anfrage. Počuvalo b. b., ✆ 020/801-131. **«**

Konoba Fumari, schöne Lage neben der Pfarrkirche und mit großem Biergarten unter Platanen – bestens zum Sitzen. Innen sehr klein. Es gibt fangfrischen Fisch, Fleisch- und Nudelgerichte. Nur Juni–Mitte Sept. 12–24 Uhr. ✆ 020/801-047.

Bistro-Pizzeria Amfora, gegenüber TIC oben in der Altstadt mit schönem Balkon und Blick gen Insel Korčula. Hier gibt es auch Frühstück. Nur Juni–Sept. 12–24 Uhr.

Cafébar Magic, neben Amfora und ebenfalls mit großem Balkon und Blick gen Insel Korčula. Ganzjährig geöffnet.

Kapelle Sv. Marija

Sport/Wassersport

Baden In der **Lučica**-Bucht mit Fels- und Kiesbadestränden, weiter östlich noch die **Uv. Zace**, in rund 1 bis 1:30 Std. zu Fuß erreichbar (einfacher per Boot).

Wandern Von Lastovo bieten sich herrliche Wander- und Fahrradtouren an. Ein Makadamweg führt ostwärts über **Prgovo** zum Inselende bei **Barje** – weiter Blick über die vorgelagerten Inselchen und nach Mljet. Ein anderer Pfad geht südwärts nach **Skrivena luka.** Zudem kann man auch von hier in rund 2 Std. zum Berg Hum laufen (→ Kleiner Wanderführer/Wanderung 10, S. 491)

Lastovo/Umgebung

Auf der Nordseite von Lastovo, unten am Meer, liegt das Fischerdorf **Lučica** an der gleichnamigen Bucht – schön ist der alte Fußpfad durch Laubbäume hinab. Unten gibt es Bademöglichkeiten. Westlich von Lučica liegt die *Bucht Sv. Mihovil* mit der kleinen gleichnamigen Kapelle. Im Sommer hat hier eine Bar geöffnet.

Die tiefe Bucht **Skrivena luka** mit der gleichnamigen Ansiedlung liegt 7 km südlich der Stadt und bietet nette Fels- und Kiesbadestrände und Konobas, am Buchtende der flache Sandstrand *Mali žal*. Zudem Fußwege zu den westlich gelegenen Buchten *Kujenčeva ropa* und *Uska*.

Lastovski Poklad – Fasching von Lastovo

Einer Überlieferung zufolge haben einst Seeräuber aus Katalonien die Nachbarinsel Korčula angegriffen. Die Katalanen schickten einen Boten nach Lastovo mit dem Hinweis, sich besser zu ergeben. Die Männer von Lastovo ballten die Fäuste und suchten ihre Gewehre zusammen, ihre Frauen und Kinder gingen zur Prozession und beteten beim heiligen Georg (Sv. Jure) um Beistand und Hilfe. Ein Sturm zog auf und alle Seeräuberschiffe sanken. Der Bote wurde gefangen genommen, zum Hohn auf einen Esel gesetzt, durch das Städtchen geführt und danach, sehr blutrünstig, verbrannt.

In Erinnerung an dieses Ereignis wird jährlich am Faschingsdienstag eine Strohpuppe, an deren Stiefel Feuerwerkskörper angebracht werden, ab 11 Uhr durch das Dorf von Haus zu Haus geführt, um dann um 15 Uhr vom 300 m hohen Gipfel Pokladarova Grza an einem Seil herabgelassen zu werden. Wenn das Herablassen der Strohpuppe gelingt (es darf 3-mal wiederholt werden), wird es für die Bewohner Lastovos ein gutes Jahr, sagt die Legende. Am Dolac-Platz wird gefeiert und getanzt, zum Schluss die Puppe ausgezogen, an einen hohen Pfahl gebunden und verbrannt.

Übernachten/Essen Es gibt einige Zimmeranbieter in Lučica, etliche auch in Skrivena luka, u. a. **Apartmani Meri Glumac**, nahe Meer, für 2–4 Pers. ℡ 020/805-068, 098/9222-576 (mobil). Auch gute Infos.

》 Mein Tipp: **Konoba Porto Rosso**, direkt am Meer, tiefe Meereseinbuchtung mit 18 Anlegeplätzen am Bootssteg (Toiletten mit Duschen). Fast schon romantisch zum Sitzen unter pflanzenumrankter Laube oder auf hübscher Terrasse mit Cocktailbar, um die Abendstimmung zu genießen. Spe-zialitäten sind gegrillte Ziege oder Lamm (ebenfalls aus der Peka mit Gemüse), Spaghetti mit Hummer, Drachenkopfragout mit Polenta. Auch ein kleiner Strand wurde angelegt, geruht wird auf Bambusliegen. Juni–Okt. 12–24 Uhr. Skrivena Luka, ℡ 020/801-261, 098/9813-797 (mobil), www.porto rus.com. 《

Appartements Klara, nettes Appartementhaus am Meer von Klara & Vinko Frlan für bis zu 5 Pers. Ab 60 €/2 Pers. Skrivena luka, Porotrus 80, ℡ 098/321-047, 098/891-407 (mobil), www.lastovo.net.

Camping **Camp Skriveni**, am Ortsbeginn von Skrivena luka; idyllischer, naturbelassener Platz oberhalb vom Meer in einem Olivenhain – für Naturfreunde bestens. Nur für Zelte geeignet. Zu Essen gibt's, was die Fam. Barbić gerade im Gemüsebeet erntet oder im Meer fängt; dazu eigener Wein, Brot, Obst. Ganzjährig geöffnet. ℡ 020/801-189, 095/5734-102 (mobil), www.camp-skriveni.com.

》 Mein Tipp: *** **Leuchtturm Struga**, in Skrivena luka, auf der Halbinsel Struga, in schöner exponierter Lage, umgeben von Macchia. Verschieden große Appartements (2–5 Pers.). ℡ 021/390-609, www.lighthouses-croatia.com. 《

Skrivena luka mit Leuchtturm

Blick auf Prožura und das Dubrovniker Küstenland

Insel Mljet

Mit ihren dichten Kiefern-, Steineichenwäldern und Seen unterscheidet sich Mljet von den übrigen kroatischen Inseln: Mehr als zwei Drittel der Inselfläche sind bewaldet, knapp ein Drittel, das Seengebiet, ist Nationalpark – Mljet ist eine Insel für den, der in Ruhe und Abgeschiedenheit wandern, radeln und baden will.

Mljet ist die Insel der Mungos und der Legenden. Der Mungo, eine Schleichkatze, wurde zu Beginn des 20. Jh. aus Indien mitgebracht, um die Giftschlangen zu vertilgen. Heute gibt es hier keine giftigen Schlangen mehr, nur noch die Ringelnatter (kroat. Bjelouška, lat. Natrix Natrix) oder Schleichen (kroat. Blavor, lat. Anguis fragilis), dafür raschelt überall der Mungo im Gebüsch und frisst, was er nicht fressen soll, z. B. die Vogeleier. Einst als Vogelparadies bekannt, zwitschern auf Mljet nur noch wenige Vogelarten. In den Legenden ist Mljet die Insel des *Odysseus,* auf der die Amazonen lebten und Homers Held sieben Jahre bei der Nymphe *Calypso* verbrachte. Zudem soll der Apostel *Paulus* vor Mljet Schiffbruch erlitten haben, nicht vor Malta. Mljet ist auch eine Insel der Bienen, die Griechen nannten sie *melite nesos,* Honiginsel. Sie ist die grünste aller kroatischen Inseln – 70 % der 98 km² sind bewaldet. Es wachsen Aleppokiefern, Pinien und Steineichen, ansonsten zeigt sich Mljet als Karstlandschaft mit Höhlen, von wuchernder Macchia bedeckt. Die höchste Erhebung ist der Berg *Velji Grad* (514 m) bei Babino Polje in der Inselmitte. Im Süden gibt es Sandstrände, im Meer tummeln sich Fische, Krebse und Muscheln. Inzwischen wurden sogar Seebären gesichtet und draußen im Meer springen die Delfine. Touristenattraktion sind die zwei untereinander und mit dem Meer verbundenen Seen – der *Veliko* und der *Malo jezero* (großer und kleiner See).

Die zahlreichen Schiffsverbindungen – Trajekt, Katamaran und Küstenlinie – bringen inzwischen auch mehr Urlauber auf die 48 km lange und bis zu 3 km breite Insel, über die eine gut ausgebaute Asphaltstraße führt. Trotzdem konzentriert sich der Tourismus bisher auf das Seengebiet mit den umliegenden kleinen Orten und spärlich auf *Babino Polje* und *Sobra* in der Inselmitte sowie auf *Saplunara* am Inselende. Das mag auch an den spärlichen Einkaufsmöglichkeiten liegen. Immerhin wird in den Pensionen richtig aufgekocht – das ist wichtig, weil es außerhalb des Nationalparks kaum Restaurants gibt. Die meisten Touristen kommen tagsüber mit gebuchten Ausflugstouren per Kata-

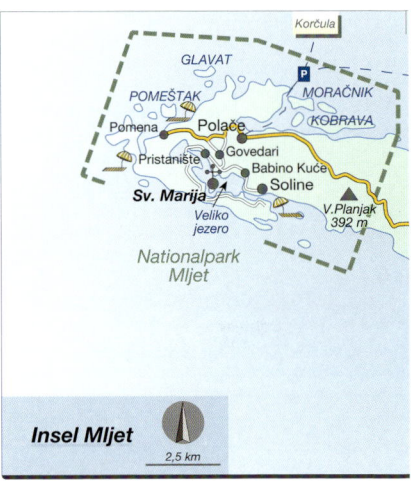

maran/Bus, um die Nationalpark-Seen zu besuchen, danach wird es still – lediglich in den Häfen klirren die Masten der Segelboote. Es ist zu hoffen, dass trotz der verbesserten Erreichbarkeit das ruhige, grüne Idyll der Insel erhalten bleibt.

Wichtiges auf einen Blick

Telefonvorwahl 020

Fährverbindungen **Trajekt Sobra–Prapratno/Pelješac** (Jadrolinija): bis zu 5-mal tägl. Fahrtzeit 45 Min. Pers. 30 KN, Auto 138 KN.

Küstenlinie (Jadrolinija): Rijeka–Dubrovnik; wurde 2015 komplett eingestellt.

Katamaran Sobra–Polače–Dubrovnik (G&V-Line, www.gv-line.hr): 1-mal tägl.; nur Juli/Aug. wird Sobra 2-mal tägl. angefahren, 1-mal tägl. Stopp auch in Šipanska luka; zudem 4-mal wöchentl. Verbindung mit Korčula. 2-mal wöchentl. nach Ubli (Lastovo).

Bus Nur zu Fährabfahrts- und Ankunftszeiten zu den Inselorten.

Tankstelle *Einzige* Tankstelle in **Sobra** am Fährhafen! Tägl. 8–20 Uhr (Juni–Sept.), sonst nur Mo–Sa 10–17 Uhr. ☎ 020/746-233.

Geldwechsel **Keine Bank!** Bankomaten in Pomena (Hotel Odisej), in Polače (neben Info). Zudem auf Postämtern.

Gesundheit Ambulanz (Babino Polje u. Govedjari), Apotheke nur in Babino Polje.

Einkaufen nur ein Supermarkt östlich von Sobra, des Weiteren in den Orten kleine Läden. Wer mehr Auswahl möchte, sollte sich vorab mit Lebensmitteln eindecken!

Übernachten Es gibt nur ein Hotel in Pomena, ansonsten aber flächendeckend Pensionen, v. a. in *Pomena*, *Polače, Sobra* und *Saplunara*, zudem drei kleine Campingplätze in *Kosarica, Ropa* und *Babino Polje*.

Nationalpark Gebühr: Für das Seengebiet von Mitte Juni bis Mitte Sept. 80 KN (außerhalb der Saison 70 KN), Kinder 7–18 Jahre 40 KN (30 KN), unter 7 Jahre gratis. Ticket für Bootstrip nach Sv. Marija kostet 20 KN. Die Tickets sind auch für mehrere Tage gültig.

Nationalpark-Info: in Pomena und Govedari-Pristanište.

Information www.mljet.hr, www.np-mljet.hr.

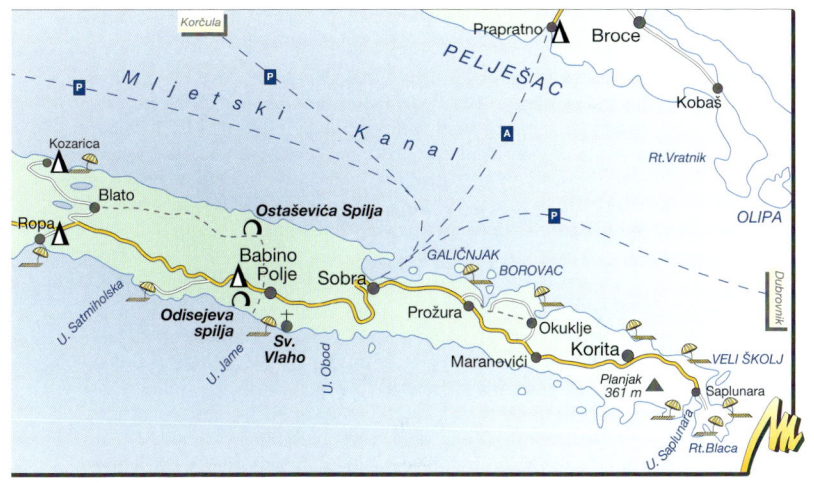

Die Insel eignet sich bestens zum Wandern und Mountainbiken. Über die Insel wurde ein *Wanderweg* von insgesamt 43 km angelegt, der in ca. 3 Tagen von Sobra nach Pomena führt. Hinzu kommt das Wegenetz innerhalb des Nationalparks und rund um die Seen, das bestens markiert ist. Für Mountainbiker gibt es neben der Inselstraße, die vor allem in der Vor- und Nachsaison kaum Verkehrsaufkommen hat, eine schöne 14 km lange Panorama-Makadamstrecke (südlich der Inselstraße verlaufend) von Maranovići nach Babino Polje.

Geschichte

Die kreisförmig aufgeschichteten Mauern der Illyrer sind heute noch zu sehen. Doch von den Griechen, sagt man, blieb nur der Inselname. Der römische Geschichtsschreiber Appian erwähnt im 2. Jh. n. Chr. die Insel als Piratenstützpunkt und berichtet, dass 35 v. Chr. die Römer auf Mljet und Korčula die Illyrer unterworfen und deren Stadt *Melitusa* zerstört hätten. Die Papyrusrolle Odoakers von 489, die Ernteerträge von Olivenhainen auflistet, belegt eine Besiedlung zu jener Zeit. Auf die Römer geht eine Ruine in *Polače* zurück, daneben gibt es Reste aus frühchristlicher Zeit. Auch Goten und Byzantiner hinterließen ihre Spuren, dann kamen die Slawen und Awaren. Im 10. Jh. beherrschten die Neretljaner Mljet. 1151 schenkte der Zahumer Fürst Desa die Insel den Benediktinern des Pulianerordens aus Italien und die Inselbewohner mussten als Fronbauern für das Kloster arbeiten– zu dieser Zeit gab es Siedlungen in Prožura, Žara und Korita. 1345 wurde Mljet der Stadtrepublik Dubrovnik angegliedert, allerdings unter venezianischer Oberhoheit. Damit begann die Ära gemeinsamer slawischer Geschichte. Ebenfalls 1345 schuf sich Mljet mit dem Statut eine eigene Gesetzesgrundlage (→ Kasten S. 390), die die Pflichten und Aufgaben der Einwohner regelte, aber auch das öffentliche und private Recht schützte.

1358, nach dem Sieg König Ludwigs über Venedig, erkannte Dubrovnik die österreichisch-ungarische Herrschaft an, hatte jedoch das Recht auf eine eigene Verwaltung mit eigenem Rektor – das goldene Zeitalter der Stadtrepublik begann. Dubrovnik teilte Mljet jedoch in zwei Hälften: Den westlichen Teil bekam das Kloster, den östlichen Teil die Bauern, die fortan selbst über das Land verfügen konnten.

1493 bekam Mljet einen eigenen Rektor, zu dieser Zeit entstanden die Siedlungen entlang der heutigen Inselstraße. Die Bewohner lebten hauptsächlich von Landwirtschaft und Viehzucht, manche auch von Seeräuberei. Bis 1808 blieb Mljet Bestandteil der Stadtrepublik Dubrovnik und teilte mit ihr Freud und Leid. Dann kamen die Franzosen, die Österreicher und die beiden Weltkriege, in denen auch deutsche Soldaten auf Mljet stationiert waren. Heute leben die 1200 Inselbewohner von Fischfang, Landwirtschaft und ein wenig vom Tourismus.

Die Gesetze von Mljet (1345)

Für Viehdiebstahl wurden Geldstrafen verhängt, Diebe konnte der Richter von der Insel verbannen. Auf Tötung stand, außer bei Notwehr, die Todesstrafe. Auch die Jungfrauen waren geschützt, keiner durfte sich ohne Heiratsabsichten an die Tochter des Hauses heranwagen. Geldbußen gab es damals schon für Richterbeleidigung, aber auch für Delikte wie diese: „Wenn jemand dem anderen die Nase abschneidet, hat er 50 Perperen zu entrichten und verliert selbst seine Nase." Etwas billiger und weniger schmerzhaft: „Wenn jemand einem anderen aus Zorn oder Missmut den Bart ausreißt, hat er 5 Perperen zu entrichten, muss am Schandpfahl harren und warten, bis ihn der Richter wieder erlöse."

1436 kam zum Mljeter Gesetzeswerk ein zusätzlicher Paragraph hinzu, der an moderne Umweltschutzregeln erinnert: Für unerlaubten Holzschlag und Zerstörung von Wäldern wurden Strafen verhängt. Doch mit dieser Vorschrift dürften Naturschützer heute schwer durchkommen: Jeder, der heiraten wollte, musste 10 Olivenbäume, 10 Feigenbäume und 10 Weinstöcke pflanzen. Obwohl – kein schlechter Einstieg in ein Leben zu zweit, oder?

Pomena

Mljets Touristenzentrum im äußersten Nordwesten besteht aus nicht viel mehr als einem Hotelkomplex, ein paar Häusern und einem Jachthafen. Gerade dieses Idyll ist es, das die wenigen Touristen anlockt.

Rund um Pomena gibt es schöne Bademöglichkeiten, so z. B. hinter dem Hotel an den Felsplateaus oder man rudert zur vorgelagerten **Insel Pomeštak**. Von Pomena führt ein Fußweg zu dem ein paar hundert Meter entfernten *Mali jezero* (kleiner Salzsee) mit felsigem Ufer. Der *Veliko jezero* (großer Salzsee) schließt sich an. Beide Seen sind im Sommer wärmer als das Meer! Nationalparkgebühr muss bezahlt werden (→ Wichtiges auf einen Blick, S. 388).

Herrliche Wanderungen kann man entlang den Seen und auf die Berge unternehmen, schöne Fahrradtouren machen oder einfach nur die Stille an einer kleinen Bucht genießen. Inzwischen gibt es auch in Pomena ein Tauchcenter, mit dessen Guides man die faszinierende Unterwasserwelt erkunden kann.

Information Hotel Odisej, 20226 Pomena, ☏ 020/362-111, www.hotelodisej.hr.

Nationalpark-Info Am Ortsbeginn, Juni– Sept. 8–20 Uhr. Hier auch Tickets. Außerhalb der Saison am Hauptinfopunkt (→ Govedari-Pristaniŝte)

Ausflüge u. a. nach Dubrovnik, Korčula und zur Odysseus-Höhle.

Auto-/Scooter-/Boot-/Fahrradvermietung Agentur Radulj, sehr guter Service, Material in gutem Zustand. Verleih in Pomena und im N.P. an der Mali most. 9–19 Uhr. ☎ 098/1767-048, 098/428-074 (mobil).

Einkaufen Gut sortierter Minimarkt, auch Obst und Gemüse. Ebenso Obst- und Gemüsestand mit Erzeugnissen je nach Jahreszeit. Kiosk.

Geldwechsel/Internet Im Hotel Odisej Bankomat und Internetzugang.

Übernachten/Essen Privatzimmer ab 30 € für DZ/F. Appartements für 2 Pers. ab 45 €. Viele **Pensionen** bieten auch Halb- oder Vollpension, dann gibt es meist guten Fisch und selbst gekelterten Wein. HP ab ca. 35 € pro Pers. Ruhige, hübsche Unterkünfte gibt es auch um die Seen (→ Govedari).

*** Hotel Odisej, versetzt gebautes Gebäude an der Bucht. Restaurant und Taverne, Internet in der Lobby, Strandbar, Kinderpool, Kinderanimation ab 4 Jahren. Kleines Wellnesscenter, Sportangebot, u. a. Surfbrett- und Kajakverleih, Tauchcenter. Leider ist das einzige Hotel auf der Insel in die Jahre gekommen, auch die Restaurantküche lässt auf Sparmaßnahmen schließen. DZ/F je nach Lage und Ausstattung ca. 130 € (TS 150 €). ☎ 020/362-111, www.hotelodisej.hr.

Konoba-Pension Matana, an der Uferstraße mit überdachter, erhöhter Terrasse. Gute dalmatinische Gerichte: Oktopussalat, Fischsuppe, Fischragout Mljet-Style mit Polenta, Rostbraten; nach Vorbestellung auch Lamm. Im Hinterhaus Zimmer und Appartements (2–5 Pers.). 2 Pers. ab 45 € (TS 59 €). Apr.–Nov. 9–23 Uhr. Pomena 10, ☎ 020/744-066.

Fischrestaurant-Pension Pomena, an der Uferstraße. Schöner Blick von der mit Korbstühlen bestückten Veranda auf den Hafen. Gute Fisch-, aber auch Fleischgerichte. Vermietung von 8 Zimmern und 4 Appartements mit WiFi und Sat.-TV. DZ/F 70 €. Mitte April–Mitte Nov. geöffnet. Pomena 14, ☎ 020/744-075, www.mljetpomena.com.

Am Rund des Hafenbeckens liegen nebeneinander nette **Fischlokale: Nine**, ☎ 020/744-037; **Adio Mare**, ☎ 020/744-028; **Ana**, ☎ 020/744-034; **Galija**, ☎ 020/744-029. Meist mit Fisch- und Hummerbecken, Blumenkübeln auf der Terrasse, eigener Mole – und voll von Jachtbesitzern, dementsprechend die Preise.

Wassersport Gute Ankermöglichkeiten (20 Muringe mit Strom und Wasser) im Hafenbecken, das gegen alle Winde geschützt ist (weitere Anleger bei den Restaurants). Kajaks und Kanus werden vom Hotel vermietet. Am See (Mali most) Kajak- und Kanuverleih.

Tauchen Tauchcenter Aquatica Mljet, Tauchbasis beim Hotel. Tauchausrüstung, Ausfahrten, Wrack- und Tiefseetauchen, Schnorcheltouren. ☎ 098/479-916 (mobil, Hr. Mario), www.aquatica-mljet.hr.

Mountainbike Verleih am Hotel, am N. P.- Eingang am See. 30–40 KN/Std.

Govedari

Das Dorf oberhalb des Veliko jezero versteckt sich mit seinen alten großen Häusern und bröckelnden Fassaden am Berghang. Rundum ziehen sich Olivenhaine, Weingärten und Gemüsefelder bis ins Tal. Bis zum 14. Jh. durfte dieses Land nicht besiedelt werden, da es zum klösterlichen Besitz gehörte und von Fronarbeitern bewirtschaftet wurde. Ab dem 14. Jh. mussten die Bauern eine jährliche Abgabe zahlen, hatten eigenen Boden und arbeiteten in die eigene Tasche – die ertragreichsten Böden blieben freilich im Besitz des Klosters, die Bauern hatten ihren Grund und Boden im Inselinneren. Mit der Zeit verwahrloste der Klosterbesitz und man sah sich gezwungen, eine Kolonisierung zuzulassen. Die Bauern bekamen Boden in dieser besseren Gegend mit der Auflage, dafür unentgeltlich für das Kloster zu arbeiten. Die ersten Siedler kamen 1793 nach Polače und hüteten auf dem Gebiet von Govedari Rinder. Von dieser Erwerbsquelle ist der Ortsname abgeleitet: *govedo* = Rind.

Zum Govedari-Gebiet gehören die Siedlungen Babine Kuće, Pristanište und Soline (am Soline-Kanal), die alle im Zusammenhang mit der Bewirtschaftung der Klostergüter entstanden.

Toller Rundumblick vom Monte kuc

Babine Kuće am Veliko jezero ist auf dem Uferweg zu erreichen. Die wenigen Häuser liegen im üppigen Grün, Pflanzkübel zieren die Eingänge und nachts hört man nur noch die Mungos rascheln. Hier bekommt man leckeren, frisch zubereiteten Fisch und selbst gekelterten Wein. Es gibt eine Gostiona und Übernachtungsquartiere mit Voll- oder Halbpension.

Pristanište, am Ufer des Veliko jezero, ist mit der Straße verbunden. Hier befinden sich alle öffentlichen Einrichtungen des Goveđari-Bezirks, auch die *Nationalpark-Verwaltung*. Fährverbindung besteht zur Klosterinsel *Sv. Marija*.

Auf halbem Weg zwischen Pristanište und Soline zweigt bei der Kapelle (ausgeschildert) ein Wanderweg zum **Monte kuc** (253 m) ab (30 Min. Laufzeit); von oben bietet sich eine herrliche Aussicht über die Seen, auf den Kanal, Soline und auf Pelješac. Der Weg führt weiter nach Polače oder gen Osten.

 Wanderung 11: Insel Mljet – Rundtour durch den Nationalpark   → S. 495
Leichte, lange Tour über Aussichtsberge, durch Wälder
und entlang der Seen

Soline liegt kurz vor dem Meereszugang am Soline-Kanal. Die wenigen von Gemüsegärten, Mandel- und Zitronenbäumen umgebenen Häuser stehen dicht beieinander, Fischernetze hängen zum Trocknen aus. Die Soliner züchten Austern und Muscheln und fangen allerlei anderes Meeresgetier. In den Häusern kann man Zimmer mieten und hausgemachte Spezialitäten probieren. Bademöglichkeiten gibt es an kleinen Sand-/Kiesbuchten.

Nationalpark Nationalpark-Verwaltung, ℡ 020/744-041, www.np.-mljet.hr. 8–16 Uhr. Am Parkplatz ebenfalls Auskünfte.

Parken Die Zufahrt zu den Seen ist für den Autoverkehr gesperrt – frei nur für Übernachtungsgäste. Großer bewachter

Parkplatz vor dem Ort Pristanište. Hier auch **N. P.-Gebühr** fällig (→ Wichtiges auf einen Blick, S. 388).

Verbindung Bootstransfer von Pristanište zur Klosterinsel, je nach Saison im 30-Min.-Takt.

Einkaufen Kleiner Laden in Pristanište.

Fahrräder/Kajaks/Kanus An der Mali Most (Brücke) zwischen Mali und Veliko jezero werden Fahrräder, Boote, Kanus und Kajaks vermietet.

Post Pristanište, 8–12/18–21, Sa 7–14 Uhr.

Übernachten Pensionen in Soline und Babine Kuće, auch mit Halb-/Vollpension. U. a.: **Nikola Sršen**, Soline 7, ☎ 020/744-021. **Anka Sršen**, Soline 4, ☎ 020/744-021. **Stjepo Vjvoda**, Babine Kuće 7, ☎ 020/744-071.

Essen & Trinken In Babine Kuće **Gostiona-Pension Mali Raj**, mit Terrasse. Hier gibt's ganz leckeren frischen Fisch. ☎ 020/744-115.

In **Soline** am Inselende.

Veliko und Mali jezero

Die beiden Salzseen sind mit dem Meer und untereinander durch einen Kanal verbunden. Veliko und Mali jezero sind jedoch nicht, wie man meinen könnte, Meereseinbuchtungen, sondern Karstphänomene. Von Pinien und üppiger Macchia gesäumt, laden sie zum Spazierengehen, Baden und Schnorcheln ein – oder zu einem Besuch des Klosterinselchens Sv. Marija.

Der **Mali jezero** hat eine Fläche von 24 ha und eine Tiefe von bis zu 29,5 m, der **Veliko jezero** ist 145 ha groß und bis zu 46 m tief. Beide Seen erwärmen sich im Sommer stärker als das Meer: Ist dieses im August um die 23 Grad warm, misst der große Salzsee 25, der kleine 26–30 Grad. Im Winter dagegen sinken die Temperaturen unter die des Meeres. Den 30 m langen, zum Meer offenen Soline-Kanal durchfließen starke Strömungen mit Ebbe und Flut. Deshalb stand hier einst eine Mühle, die zum Kloster gehörte.

Ein 12 km langer Fußweg führt um die Seen. Läuft man, vom Dorf *Govedari* kommend, ostwärts, finden sich überall Badestellen und Liegeflächen auf den Felsplatten. Diese und die algenglatten Steine können aber leicht zur unfreiwilligen Rutsche in die glasklare Tiefe werden. Ein paar Wegwindungen weiter liegt *Babine Kuće* mit seinen Natursteinhäusern an einer kleinen Bucht mit Palmenpromenade. Aleppokiefernwälder, Macchiagewächse, Farne und viele Alpenveilchen wachsen rings um den See. Die mit Zapfen beladenen Äste der Aleppokiefern hängen tief herunter. Den Verbindungskanal zwischen großem und kleinem Salzsee kann man leicht durchwaten oder über eine Brücke überqueren. Viele Angler sitzen hier, denn der Veliko jezero ist reich an Fischen: Seebarsche, Gold- und Meerbrassen, Meeraale, Muränen, aber auch Langusten. Der Weg verläuft weiter um den großen Salzsee, bis das *Klosterinselchen* zum Greifen nah ist. Hier bietet sich die Möglichkeit, in 10 Min. zum *Aussichtspunkt Zakamenica* hochzulaufen, um die Insel aus der Vogelperspektive zu betrachten.

Dem Ufer weiter folgend, zeigt sich auf der anderen Seite *Soline* mit ein paar Häusern am See. Hier sind sich die Ufer so nah, dass nur ein Bach die Verbindung zum offenen Meer bildet – doch der ist tief und reißend.

Die Durchfahrt vom Meer zum Veliko jezero war einst seicht und schmal. Bereits die Benediktiner hoben sie aus, um mit Booten den Kanal passieren zu können. Die starke Strömung durch Ebbe und Flut nutzten die Mönche für eine Mühle und überbrückten den Kanal mit einer Steinbrücke. Beide Bauwerke sind heute zerstört. Um den Feriengästen eine ungehinderte Durchfahrt mit dem Segelboot zu ermöglichen,

Süddalmatinische Inseln

wurde das Brückchen entfernt – oder aber für Tito, der, bevor er sich für die Brioniinseln als Ferienquartier entschied, mit der Klosterinsel liebäugelte. Um 1960 wurde der Kanal auf 2,5 m vertieft und auf 10 m verbreitert; heute ist die Durchfahrt per Boot nicht mehr erlaubt.

Manchmal fährt ein Taxiboot vorbei, und wer Glück hat, kann nach Pristanište übersetzen. Ansonsten muss man denselben Weg wieder zurücklaufen – immerhin 9 km.

Am Veliko jezero

Klosterinsel Sv. Marija

Ein Inselchen, so klein, dass man es in ein paar Minuten durchschritten hat. Doch wer das mit offenen Augen tut, kann fast alle Pflanzen des Mittelmeerraums entdecken: Agaven, Zypressen, Pinien, verschiedene Palmenarten und zahlreiche Blumenarten. Steinbänke und lauschige Plätzchen laden zum Verweilen ein – Oasen der Ruhe.

Inmitten der Pflanzenpracht steht die mit Zinnen und Türmen bewehrte **Klosterburg**. Die Kirche ihrem offenen Glockenturm stammt aus dem 12. Jh., als die Insel den Benediktinern des Pulianerordens gehörte (→ Geschichte, S. 389), erbaut ist sie im Stil der apulischen Romanik; im Innern findet man zwei Grabtafeln mit gotischer Inschrift.

Die Klosterburg wurde mehrfach umgebaut, zeigt sich heute im Renaissancestil und ist mit der Kirche durch ein Befestigungssystem verbunden. In der Säulenhalle am Ufer ging es oft ganz irdisch zu: Gelehrte, Dichter und Ordensbrüder trafen sich nicht nur zur Kontemplation, sondern auch zu Wein und Gesang. Bis um 1990 versammelten sich hier auch die Gäste des Hotels Melita, die in den ehemaligen Mönchszellen untergebracht waren. Heute gibt es an der Anlegestelle das Restaurant Melitta (April–Okt. 9–20 Uhr) und nebenan noch ein Bistro. Es gibt einen Bootstransfer je nach Saison alle 30 bis 60 Min.

Süße Verbannung auf Sv. Marija

Von der Schönheit der Insel Mljet erzählt eine Legende, der zufolge ein König seinen Sohn so verabscheute, dass er ihn nach Sv. Marija in die Verbannung schickte.

Der Sohn, tief gekränkt und auf das Schlimmste gefasst, fand sich auf Mljet wie im Paradies. Voller Entzücken über die Lieblichkeit und Üppigkeit der Insel schickte er seinem Vater in einer Muschel all die Früchte, die hier wuchsen. Der König, jetzt noch mehr erzürnt darüber, seinen Sohn nicht bestraft, sondern offenbar noch belohnt zu haben, sandte mit den besten Grüßen die Früchte zurück – die er zuvor vergiftet hatte.

Veliko jezero – Klosterinsel Sv. Marija

Süddalmatinische Inseln

Polače – windgeschützter und bei Bootsbesitzern beliebter Übernachtungsplatz

Polače

Am Ende einer tiefen Meereseinbuchtung und an der Inselstraße liegt der kleine Fährhafen, heute nur noch für Katamarane. Der Hafen ist gegen Winde gut geschützt. Die Bucht ist inzwischen ein beliebter Ankerplatz für Bootsbesitzer geworden, die von hier aus per Fahrrad die Seen und die Gegend erkunden und sich abends genüsslich in einem der zahlreichen Restaurants niederlassen.

Schon zwischen dem 1. und 11. Jh. zog der gegen alle Winde gut geschützte Hafen Siedler an. Seit dem 12. Jh. war hier durch den Gebietserwerb der Benediktiner keine Besiedlung mehr erlaubt und erst Jahrhunderte später war Polače wieder bewohnt. Am Ortsausgang Richtung Sobra fährt man durch ein Tor, vorbei an den bis zu 15 m hohen Überresten eines **römischen Palastes** mit zwei achteckigen Türmen und einem großen Saal. Diesem Palast verdankt der Ort seinen Namen (Polače = Palast), der ursprünglich als Sommerresidenz (Villa rustica) errichtet wurde.

Polačes bedeutendstes Monument sind die Ruinen einer altchristlichen, dreischiffigen **Basilika** aus dem 5. Jh. mit halbrunder Apsis. In der Umgebung liegen verstreut die Überreste von römischen Grabstellen und Wohnungen.

Information Touristinformation, ☎ 020/744-186. Juni–Aug. 8–19 Uhr, sonst Mo–Sa 8–13 Uhr.

Verbindungen (→ Wichtiges auf einen Blick, S. 388).

Einkaufen Minimarkt, Bäckerei.

Übernachten Ortsauswärts Richtung Sobra **Zimmer** ab 30 €/DZ und **Appartements** ab 45 € für 2 Pers. Von Lesern gelobt wurde **Fam. Nada & Niko Strazičić**, mit netten Zimmern, Küchenbenutzung und Garten zum Meer. Polače 46, 098/233-171 (mobil). **Blaženka Market**, Polače 10, ☎ 020/744-047.

Dragica Radulj, Polače 3, ☎ 020/744-102. Nikola Dabelić, Appartements. Polače 35, ☎ 020/744-080.

Essen & Trinken Entlang dem Kai reihen sich die Restaurants, fast alle mit Anleger für Boote und auf diese Gäste eingestellt – Parkplätze gibt es sogut wie keine. Beliebt sind hier Fischgerichte. U. a.

Restaurant Ankora, am Kai, Anleger (Strom und Wasser). ☎ 020/744-159.

Restaurant-Pension Stella Maris, erhöhte, überdachte Terrasse unter wildem Wein. ☎ 020/744-059.

Restaurant Ogigija, die Sitzplätze am Kai sind immer gut besucht; auch Anleger. ☎ 020/744-090.

Restaurant Antika, nahe der Palastmauern oberhalb auf lauschiger Terrasse; die Küche mit hauseigenen und regionalen Produkten wird sehr gelobt. Polace 34, ☎ 098/9383-079.

>>> **Mein Tipp: Restaurant Dalmatinac**, direkt an der Bucht Tatinica (ca. 2 km östlich von Polače) liegt das Restaurant von Toni Strazičić, das in dem alten k-&-k-Forsthaus untergebracht ist. Nur per Boot (Anleger, Bojen u. Strom vorhanden) erreichbar. Die hervorragende Küche bietet fangfrischen Fisch, aber auch Hühnchen im Schinkenmantel, gefüllt mit Käse und Tomaten, oder nach Bestellung u. a. Lamm. Tatinica 1, ☎ 092/241-447 (mobil). <<<

Polačes Palast und seine Bewohner

Erbaut wurde der römische Palast nach der Überlieferung von Agesilaos aus dem kilikischen Anabarzos (östliches Kleinasien), den Kaiser Septimius Severus (reg. 193–211) nach Mljet verbannt hatte. Agesilaos und seinem Sohn Opian diente der Palast als neues Zuhause. Opian, zu dessen poetischen Werken die „Aleutika" zählt, schrieb in der Verbannung Gedichte über das Meer und den Fischfang, die dem nachfolgenden Kaiser Karakul zu Ohren kamen. Dieser war von Opians Versen so gerührt, dass er Vater und Sohn die Freiheit schenkte. Viel später, im 16. Jh., wurde die Geschichte von dem Florentiner Razzi Serafin in dem Epos „La Storia de Raugia" niedergeschrieben.

Von Polače nach Babino Polje

Hinter Polače steigt die Straße an, es geht ins bergige Inselinnere, wo Aleppokiefern und viel Macchia vorherrschen. Zwischen den Hügelkuppen ragt immer wieder das Gebirge von Pelješac heraus.

Eine Abzweigung führt nach **Ropa**, oberhalb der Südküste (10 km von Polače) gelegen: Es besteht aus kaum mehr als ein paar Häusern inmitten von Olivenbäumen und dem kleinen Autocamp, ebenfalls in einem Olivenhain. Einige Ferienhäuser versperren den Blick auf die schöne Bucht. Ein Fußweg führt tief hinab zum Meer. Es bietet sich ein herrlicher Blick auf die gewaltige Felsenküste.

Camp Marina, kleines einfaches Camp im Olivengarten, in idyllischer Lage. Geöffnet Juni–Sept. ☎ 020/745-075. **Appartements Popović**, Ropa, ☎ 020/745-075.

Der Blatina-See bei Blato

Süddalmatinische Inseln

Eine weitere Abzweigung führt nach **Kozarica** an der Nordküste. Schon von der Straße aus sieht man unten **Blato** mit klotzigen alten Häusern am Hang liegen. Die Rechtecke der Wein- und Gemüsefelder gliedern das Tal; man blickt auf fischförmig angeordnete, quer und längs verlaufende Wassergräben – es ist der eingetrocknete, von Sumpf, Schilf und Macchiagrün umgebene **Blatina-See**. Im Frühjahr und Herbst nach Regengüssen überflutet er das Tal und hinterlässt fruchtbare Erde. Die Piste führt abwärts, vorbei an leeren Fensterhöhlen und Granatapfelbäumen, auf der anderen Talseite wieder bergauf. Dahinter leuchtet das Blau der Adria und in der Ferne karstbleich Pelješac. In weiten Windungen führt der Weg abwärts nach **Kozarica**: Granatäpfel, Felder, ein Hafenbecken, ein paar Häuser mit Zimmervermietung, Kiesbuchten und Felsküste.

Übernachten/Essen   Z. B. **Pension Hazdovac**, frischer Fisch und selbst gekelterter Wein. ℡ 020/745-070.

Eko-Pension **Radulj**, hier bekommt man Gemüse, Fleisch und Fisch aus eigenem Anbau und Schlachtung. ℡ 020/745-069. ■

Camp Lovor, kleiner Platz im Osten des Ortes, nahe dem Sumpfteich. ℡ 098/702-200.

Die Hauptstraße führt aus dem Nationalpark und weiter Richtung Osten. Aufgeforstete Aleppokiefern wogen auf den Hügeln, im Süden ist ab und zu das Meer zu sehen, dann folgen ein hoher Berggipfel, der *Velij Grad* (514 m), und am Hang **Babino Polje**. Kurz vor Babino Polje windet sich ein Sträßchen in vielen Windungen die Steilküste über 4 km hinab zur schönen Kiesbadebucht **Uvala Sutmiholjska**: nicht für Autos mit Anhängern geeignet!

Babino Polje

Das 300-Einwohner-Dorf ist Mljets größter und ältester Ort und seit alters her das Verwaltungszentrum der Insel. Seine alten Häuser ziehen sich links und rechts der Ortsstraße am Fuß des Berges Velij Grad weit entlang. Eine neue, unterhalb verlaufende Umgehungsstraße entlastet die Einwohner und bringt wieder Ruhe in das Idyll.

Babino Polje wurde zum Schutz vor Piratenüberfällen hoch über dem Meer erbaut, umgeben von fruchtbaren Feldern, auf denen Gemüse, Wein und Oliven wachsen. Die Qualität des Öls wird gerühmt und die Südhanglage lässt auch Feigen, Mandeln, Granatäpfel und Blumen prächtig gedeihen. Hühner rennen auf der Straße, in den Gassen sitzen Frauen in ihren Trachten beisammen und spinnen Wolle. Im Süden, zwischen den Hügeln, sieht man das Meer, ein paar Kilometer ostwärts liegt Sobra, der Hafenort von Babino Polje.

1222 wird der Ort erstmals schriftlich erwähnt. Einige Kirchen in der Umgebung datiert man auf das 10. und 11. Jh., was auf noch frühere Besiedlung hinweist. Wie Babino Polje seinen Namen erhielt, erzählt eine Legende (→:Kasten „Der König und Großmutters Feld", S. 399).

An Sehenswertem gibt es im Osten des Orts die gotisch-romanische **St. Andreaskirche**, erbaut zwischen dem 10. und 11. Jh. Auf den Grundmauern der früheren St. Pankratiuskirche steht heute die **St. Blasiuskirche** aus dem 12./13. Jh., die **St. Georgskirche** in der Nähe stammt aus derselben Zeit. Im Ort ist ein uraltes Gerichtsgebäude erhalten, 1388 bei einem Rechtsstreit erstmals erwähnt, sowie der **Renaissancehof** des ehemaligen Fürstenpalastes Knežev Dvor aus dem 15. Jh., als Mljet eines der zehn so genannten Fürstentümer der Stadtrepublik war.

Der König und Großmutters Feld

Vor langer Zeit regierten auf Mljet König Dešin und Fürst Remin, die verfeindet waren. Dešin war Herrscher von Grac, das in der Ebene lag, Remin herrschte über das auf einem Hügel thronende Bijed. Sieben Jahre lang kämpften die Soldaten Dešins erfolglos, um Bijed zu erobern. Eines Tages traf König Dešin ein Großmütterchen am Blatina-See und klagte ihr sein Leid. Die Großmutter, alt und weise, wusste Rat. „Schau, du musst nur das Wasser sperren, ohne Wasser können die Menschen nicht leben und müssen in das Feld hinab." Und sie zeigte dem König die Wasserstelle. Kaum hatte der König die Wasserzufuhr gesperrt, kam Fürst Remin mit seinem Gefolge dürstend herab. Nach einem harten Kampf siegte König Dešin und zur Belohnung schenkte er Großmütterchen das fruchtbare Feld. Seitdem trägt die Gegend den Namen Babino Polje (Großmutters Feld).

Ein Wanderweg führt von der Ortsmitte bei der Kirche, ca. 150 m östlich der Post, in 1 Std. zum aussichtsreichen 514 m hohen **Velij Grad**, dem höchsten Berg der Insel. Hier gibt es einige Höhlen – die schönsten sind die 100 m lange **Movrica-Höhle** am Nordhang mit Tropfsteingebilden und die 400 m lange **Ostaševiće-Höhle**.

Unten am Meer liegt die legendäre **Odisejeva spilija** (Odysseus-Grotte); sie ist zu Fuß in ca. 25 Min. erreichbar. Startpunkt sind die Stufen beim Kiosk (gegenüber der Post), die vom Ortskern hinabführen, dann quert man die Umgehungsstraße und folgt dem ausgeschilderten Pfad nach unten. Man muss allerdings in die Höhle schwimmen, das Meer ist hier oft rauh; beste Lichtverhältnisse sind im Sommer gegen 13 Uhr. Ausflugsboote fahren im Sommer von Pomena hierher. Die **Uvala Jama** liegt östlich der Höhle. Noch weiter östlich vom Ort, in ca. 1 Std. Wegzeit erreichbar, liegt die schöne Badebucht **Uvala Obod**, im Westen des Ortes die **Bucht Duboka**.

Information 20225 Babino Polje. **Touristinformation**, nur am Autocamp oder in Sobra (Hafen).

Einkaufen Kleiner **Laden** und eine Bäckerei, die die ganze Insel mit Brot beliefert. An der Straße gibt es u. a. Käse und Öl zu kaufen.

Sonstiges Post, neben der Kirche. **Ambulanz**, ☎ 020/745-005; **Apotheke**, ☎ 020/745-158.

Übernachten Privatzimmer über Touristinformation Sobra; **Appartements** auch am Campingplatz.

Camping Autocamp Mungos, beim Ortsbeginn, an der Inselstraße. Schöner Platz unter schattigen Bäumen. Restaurant, Pool, Minimarkt. Appartementvermietung. Fahrrad- und Scooterverleih. Geöffnet Mitte Mai–Mitte Sept. ☎ 020/745-300, 098/208-968 (mobil), www.mungos-mljet.com.

Essen & Trinken Café, in Ortsmitte nahe Post – hier auch WiFi.

🍃 Konoba Triton, neben der Post. Im 300 Jahre alten Natursteinhaus mit kleinem Museum gibt es frische hausgemachte Gerichte – dazu einen schönen Blick von der Terrasse bis aufs Meer. Spezialitäten sind Makkaroni mit Ziegenkäse, Kichererbsensuppe, Kalamari und Fisch; aus der Peka Ziege und Lamm aus eigener Zucht (nach Vorbestellung) oder auch Oktopus. Zudem verführen leckere Nachspeisen wie Kuchen, Rožada – alles je nach Saison. Natürlich gibt es auch selbstgekelterten Wein und Grappa – alles aus der eigenen Anbau. Geöffnet Juni–Sept. ca. 13–24 Uhr. ☎ 020/745-131, 091/2053-531 (mobil). ■

Am Campingplatz **Restaurant Glogovac**.

Wandern/Mountainbiken Von Babino Polje verläuft nördlich der schöne Wanderweg (→ Einleitung Mljet). In rund 3 Std. kann man **Sobra** erreichen. Südlich des Ortes und der Inselstraße verläuft der Makadam, der in rund 4 km nach **Maranovići** führt – bestens zum Mountainbiken und Wandern (Zugang südlich vom Camp Mungo).

Von Babino Polje bis Saplunara

Sobra liegt an einer tiefen geschützten Bucht und war jahrhundertelang der Hafen von Babino Polje und Haupt- und Fährhafen der ganzen Insel – seit Ende des 20. Jh. hat Sobra diese Funktion zurückerhalten. Der Fährhafen liegt in einer Bucht östlich von Sobra. Der 60-Einwohner-Ort, der erst Ende des 19. Jh. entstand, zieht sich um die meist felsige Bucht; in den zahlreichen Neubauten gibt es Pensionszimmer.

Information Touristinformation (TZ), am Trajekthafen, ✆ 020/746-025, www.mljet.hr. Juni–Sept. Mo–Sa 9–19 Uhr, So 9–14 Uhr; sonst Mo–Fr 8–14 Uhr.

Verbindungen (→ Wichtiges auf einen Blick, S. 388). **Busse** zu den Inselorten zu Fährabfahrtszeiten.

Taxi-Transfer, Mljet-Travel, ✆ 098/9931-437, www.mljettravel.hr.

Auto/Scooter Agentur Mini Brum, vermietet werden u. a. Cabrios und Scooter. Sobra 15, ✆ 020/745-260, -084, 098/285-566 (mobil).

Tankstelle: In Sobra am Fährhafen, auch für Boote. Tägl. 8–20 Uhr (Juni–Ende Sept.), sonst Mo–Sa 10–17 Uhr. ✆ 020/746-233.

Boote Hafenamt, ✆ 020/745-040.

Einkaufen Minimarkt und Supermarkt ca. 2 km ortsauswärts in Richtung Babino Pol-je: Juni–Sept. Mo–Sa 7–18 (Juli/Aug. bis 21 Uhr), So bis 14 Uhr.

Übernachten/Essen Restaurant-Pension Villa Mungos, mehrstöckiges Natursteingebäude mit großer Terrasse an der Uferstraße direkt am Meer. Zur Marenda (Mittagstisch) werden preiswerte, täglich wechselnde Gerichte geboten (ca. 4 €). Es gibt frischen Fisch, Austern, Lamm vom Spieß oder aus der Peka, hauseigenen Käse, Öl, Weine und Schnäpse. 6 Muringe mit Wasser und Strom. Mai–Okt. geöffnet. Zimmer- und Appartementvermietung, DZ/F 40–48 € (TS 52 €). ✆ 020/745-060, -224, www.mungos-mljet.com.

Pension Dabelić, schöne Zimmer mit Meerblick; etwas oberhalb im Ort. ✆ 020/745-060.

Pension Maria Strazičić, oben am Hang, mit kleinem Restaurant für die Gäste. Hier kann man immer frischen Fisch kaufen. ✆ 020/745-082, 098/203-142 (mobil), www.mljetferien.com.

Villa Pinia, hier gibt es ruhige Appartements (2–4 Pers.), kleinen Hafen und viele Katzen. Auf Wunsch Halbpension. Fam. Anelić Pavica, Sobra 30, ✆ 020/745-134, 098/203-142 (mobil), www.mljetferien.com.

Appartements Laura, schön zum Sitzen an der Mole; Natursteinhaus. ✆ 020/745-101.

Direkt am Meer und der Uferstraße liegt **Konoba Riva**, nettes kleines und gutes Lokal; hier gibt es leckeren Fisch, Fleischgerichte und Pizzen aus dem Holzofen. ✆ 098/9490-458 (mobil).

Ebenso am Meer liegt die **Konoba Lanterna**, gut für Fischgerichte und Pizzen.

Das nächste Dorf an der Inselstraße ist **Prožura** (s. Foto S. 387), eine der ältesten Ansiedlungen der Insel: verwitterte Häuser, ein Wehrturm, die Dreifaltigkeitskirche aus dem 15. Jh. mit kostbarem romanischen Kruzifix, die Ruine eines Klosters. Das schmale Sträßchen

Fährhafen von Sobra

Okuklje – beliebte gut geschützte Bucht mit guten Restaurants

schlängelt sich tief hinab zur Bucht mit ein paar Fischerhäusern und vorgelagerten Inselchen – zum Greifen nah. Es gibt mehrere Übernachtungsmöglichkeiten, Bademöglichkeiten am Fels- und Kiesstrand. Ein breiter Makadamweg führt etwas oberhalb der Küste hinüber nach Okuklje. Prožura wird 1345 erstmals erwähnt. Durch die strategisch günstige Lage konnte man von hier aus den Kanal beobachten und sicherlich auch Schiffe überfallen. Die Bewohner trieben Handel und orientierten sich an Dubrovnik. Die gute Lage zog auch die Benediktiner aus Lokrum an, die hier Ländereien erwarben und ein Kloster sowie die Kirche bauten.

Übernachten/Essen   Einfache, ruhige Übernachtungsmöglichkeiten, auf Wunsch mit Essen.

U. a. **Pension-Konoba Marijina**, ganz im Osten, mit Anlegestelle und sehr guter Küche. Fam. Marija u. Nikola Belin, ✆ 020/746-113.

Pension Marija Divanović, nette Terrasse mit Pinien, östliche Seite, ✆ 020/746-106.

Pension Frane Divanović, mit einer schönen Terrasse, in der Buchtmitte. ✆ 020/746-196.

Zu empfehlen auch **Konoba Barba**, Prožurska Luka 23, ✆ 020/746-035, 098/243-401 (mobil).

Auf der Straße weiter Richtung Saplunara kommt bei Maranovići der Straßenabzweig, der in 2 km über den Berg nach **Okuklje** führt. Der Ort ist ein Platz mit tragischer Geschichte. Zur Blütezeit der Stadtrepublik Dubrovnik, als auf dem Meer weitgehend Ruhe und Ordnung herrschten, zog es etliche Bergbewohner an die Küste, so auch die Menschen von Vrhmljeće, die die Siedlung Okuklje ohne jegliche Befestigung errichteten. Sie pflanzten Wein- und Olivenbäume und lebten eine Zeit lang glücklich und zufrieden. Doch selbst im Frieden lauert Krieg: Piraten kamen und beraubten die Schutzlosen. Das sprach sich unter den Banditen schnell herum und so häuften sich die Überfälle. Eine Piratenbande machte der Siedlung im Jahr 1669 den Garaus. Mit 800 Mann kamen sie, schlugen alles kurz und klein, nahmen die Bewohner gefangen und plünderten ihre Häuser. Die übrig Gebliebenen verließen mittellos ihren einst so friedvollen Platz und siedelten sich in Korita und Maranovići an. Oberhalb des Ortes sind noch Überreste der *St. Nikolauskirche* zu sehen. Ein Makadam führt von Okuklje nach Prožura.

Übernachten/Essen Rund um den Hafen Neubauten mit Zimmervermietung und Restaurants mit schönen Terrassen und Anlegeplätzen für Boote, meist April–Okt./Anf. Nov. geöffnet.

U. a. die gemütliche **Konoba Porto Camera**, Fam. Dragan Bašica, ✆ 020/746-227.

Gegenüber in der Bucht **Restaurant Maestral**, ✆ 098/428-890 (mobil).

>>> **Mein Tipp:** **Restaurant Marian**, nach kurzer Schließung ist das altbewährte gute Lokal des schweiz.-kroat. Ehepaars Marlis und Rajko Božanja wieder geöffnet. Auf der netten Terrasse am Meer mit Anlegern gibt es dalmatinische Spezialitäten wie Hummer mit Spaghetti oder fangfrischen Fisch zu fairen Preisen; alles bei sehr freundlichem Service. Okuklje 1, ✆ 098/9319-601. **<<<**

Die Inselstraße verläuft weiter oberhalb der Südküste. Berge ziehen sich tief hinab, bilden Buchten. Ein Kirchlein mit Glockenaufsatz und ein paar alte Häuser – das ist **Maranovići**. Der Ort, der seinen Namen einer geschäftstüchtigen Familie verdankt, entstand im 15. Jh. oberhalb des heutigen Orts um die Kirche *Gospa od Brda*. Spuren dieser Besiedlung sind noch zu sehen, darunter ein Grabstein mit Umrissen des Wappens der Familie Maranović. Die Maranovićier trieben Handel, waren begütert, besaßen Weinberge und Olivenplantagen, die sie nach dem Untergang Okukljes noch weiter ausdehnten. Nach einer Pestepidemie verließen sie das alte Gebiet und siedelten sich näher am Meer an.

Bis heute leben die Einheimischen vom Olivenanbau, es gibt eine kleine Olivenfabrik, bei der sich zur Erntezeit ganz Mljet einfindet.

Die Inselstraße führt nun nach **Korita** bergab. Ein Kirchlein zeichnet sich vor dem Meer ab, das Rot der Dächer leuchtet zwischen dem Grün der Oliven und Zypressen. Erstmals erwähnt wird der Ort 1474. Durch die windgeschützte Lage, umgeben von Bergen und fruchtbaren Tälern, entwickelte sich Korita schnell zu einem Städtchen, in dem es auch wohlhabenden Dubrovnikern gefiel; sie bauten prächtige Häuser, kleine Renaissancepaläste, und, zum Schutz des Ganzen, eine Festung. So konnte auch die Mljeter Räuberbande, die bereits Okuklje auf dem Gewissen hatte, 1669 abgewehrt werden. Innerhalb eines Tages bezwangen die Bewohner die Banditen und lehrten sie das Laufen. Mit dem Niedergang Dubrovniks im 18. Jh. ging es jedoch auch in Korita abwärts.

Korita – malerischer Blick auf die Elaphiten und die Festlandküste

Neben der Inselstraße, also oberhalb vom Ort, steht die *Marienkirche* (Sv. Marija), mit viereckiger Apsis aus dem 16. Jh. mit überdachter Vorhalle und offenem Glockenturm. Ein betonierte Fußweg führt in 500 m auf den Berg, wo die Kapelle *Sv. Ilija*, im 16. Jh. erbaut, über dem Ort wacht. Im Ortskern Korita ragt der *Wehrturm* aus dem 17. Jh. auf. Die *St.-Veit-Kirche* (Sv. Vid) wurde 1488 im Stil der Renaissance erbaut und im 20. Jh. renoviert. Archäologen fanden um Korita Überreste von römischen Mauern, Inschriften und Münzen.

Von Korita führt das Sträßchen weiter Richtung **Bucht Saplunara**. Die Vegetation ist üppig – es wachsen Oliven, Eichen und riesige Pinien, im Unterholz Farn,

Alpenveilchen, Fingerhut. Schließlich wird der Blick auf das Meer frei – in der Ferne sieht man die Elaphiten. Kurz vor Saplunara weißt ein Schild (800 m) auf die *Archäologische Stätte* mit den Grundmauern der *Kirche Sv. Pavao* aus dem 5 Jh. – sie ist in 800 m auf Makadam zu erreichen. Danach geht es hinab zur großen Bucht Saplunara, die mit ihrem attraktiven flachabfallenden Sandstrand lockt. Ihr Name ist abgeleitet vom lateinischen *sabulum* – Sand. Jahrhundertelang wurde hier Sand für den Hausbau abtransportiert. Inzwischen wird er gleich an Ort und Stelle verwendet, denn das einst ruhige Fleckchen am Rand der Insel wird Jahr für Jahr etwas touristischer, die Hälfte der Bucht ist bereits zugebaut. Ein Fahrweg führt um die Bucht zur *Halbinsel Blace* mit der gleichnamigen seichten Sandbucht.

Einkaufen Minimarket Franić (wenig Auswahl), er bietet auch Privatzimmer. ✆ 020/746-178.

Übernachten/Essen Es gibt 18 Familien, die **Privatzimmer** mit Halb- oder Vollpension vermieten, ab 15 €/pro Pers. Eine Auswahl:

≫ Mein Tipp: *** **Pension-Restaurant Obitelj Stermasi**, auf dem Hügel an der Ostseite der Landzunge. Um die idyllische Terrasse wächst es wie im botanischen Garten und man hat einen herrlichen Blick aufs Dubrovniker Küstenland. Sehr gute dalmatinische frische Küche (auf Wunsch auch glutenfrei) mit biologisch angebautem Gemüse und Bio-Olivenöl, ebenfalls Ziegenfleisch und Käse und natürlich Fisch und Muscheln. Anleger für Boote und Badebuchten. Boots-, Motorrad- u. Fahrradverleih. Appartements und Studios (2–6 Pers.) ab 65 €. Ganzjährig geöffnet. Saplunara 2, ✆ 098/9390-362 (mobil), www.stermasi.hr. ≪

Restaurant Organic Food, auf der Westseite der Bucht, wird gelobt. Auch Anleger.

Pension Franka Bašica, direkt am Meer, mit guter Küche. Saplunara 16, ✆ 020/746-177.

Pension Baldo Kralj, das erste Haus an der Bucht, hier gibt es Zimmer und Appartements. Saplunara 12, ✆ ✆ 020/746-002, 099/7415-165.

*** **Villa Mirosa**, mit Restaurant. Fam. Srdjan Bašica, Saplunara 26, ✆ 020/746-133, 098/804-819 (mobil).

*** **Villa Hansal**, Saplunara 15, schöne Appartements, zudem Minimarkt. ✆ 020/746-242, 098/867-499 (mobil), www.villa-hansal.com.

*** **Appartements Mario Franić**, oberhalb der Blaca-Bucht. Netter Familienbetrieb mit 3 nagelneuen Appartements. Es gibt aus eigener Produktion Ziegenkäse, Raki und Wein. ✆ 098/9823-451 (mobil).

Die schöne Sandbucht Saplunara – beliebt bei Familien und Bootsbesitzern

Süddalmatinische Inseln

Slano – der kleine Ort schmiegt sich um seine tiefe Bucht

Das Dubrovniker Küstenland

Dubrovačko primorje, das Dubrovniker Küstenland, umfasst den Küstenstreifen ab der Grenze zu Bosnien-Herzegowina (Neum) bis zur **Ombla-Bucht** kurz vor Dubrovnik. Malerisch zieht sich die Küstenstraße am schmalen *Malog-Stona-Kanal* entlang – hier werden Austern und Muscheln gezüchtet. Am Kanalende folgt der Abzweig zur Halbinsel Pelješac und nach Ston. Die Jadranska-Magistrale ist nach wenigen Kilometern wieder am Meer und umrundet die Buchten der alten Badeorte **Slano**, **Trsteno**, **Orašac** und **Zaton** – draußen im Meer schimmern die Silhouetten der Elaphiten.

Die Küstenorte haben im Krieg der 1990er-Jahre schwer gelitten und was ihn heil überstand, fiel der Katastrophe im September 1996 zum Opfer – das Epizentrum des großen Bebens lag in Slano. Erst ab 2003 setzte wieder der Tourismus ein, inzwischen mit einigen neuen, sehr komfortablen Hotels und zahlreichen Neubauten mit Zimmervermietung. Von Dubrovnik aus erreicht man die Gegend über die neu erbaute *Most dr. Franje Tuđmana,* die sich über den tiefen Ombla-Schlund spannt.

Die Bewohner lebten früher ausschließlich von Oliven- und Weinanbau, von Fischfang und Seehandel. Die wohlhabenden Dubrovniker dagegen nutzten die Landschaft und das erfrischende Klima auf ihre Art: Sie bauten prächtige Sommerresidenzen in die subtropische Pflanzenwelt.

Slano

Der 450-Einwohner-Ort mit seinen Weilern an der 2 km tiefen Bucht des Koločep-Kanals garantiert ruhige Urlaubstage. Olivenhaine, Zypressen und schöne Kiesstrände umgeben die Bucht. Im Hintergrund strahlen kontrastvoll die weißen Karstberge, und wer Abwechslung von der Stille braucht, fährt ins nahe Dubrovnik.

Das Dubrovniker Küstenland von Slano bis Molunat | Elaphiten

Für Bootsbesitzer gibt es ab 2015 die neu erbaute ACI-Marina, Campingfreunde erwarten etliche ruhige Plätze. Mitten im Zentrum steht das die Bucht dominierende Luxushotel. Ein schöner Uferweg zieht sich um die große Bucht, die man am besten per Fahrrad erkundet. Jedes Jahr am 2. August findet in Slano der größte *Viehmarkt* Süddalmatiens statt, mittlerweile ein regelrechter Jahrmarkt mit Trachten- und Volkstanz-Getümmel.

Sportfreunde können das bergige Hinterland zu Fuß oder besser per Mountainbike auf aussichtsreichen schmalen Straßen erkunden. Schön ist eine Tour hinauf zum alten Weiler **Majkovi** (4 km), von Slano-Ortsmitte führt auch ein aussichtsreicher Fußweg (ca. 1 Std.) steil bergan. Oben tümmeln sich in den Wassertümpeln nördlich der Kirche Sv. Trojistvo die raren Flussschildkröten. In **Čepikuće** (ca. 9 km nordwestlich) gibt es am Ortsbeginn Stećci (→ Kasten S. 138) aus dem 13. bis 15. Jh. zu sehen.

Slano war seit der Illyrerzeit besiedelt, wie Wallburgen und Hügelgräber auf den umliegenden Bergen bezeugen. Dann kamen die Römer, die auf dem Gradina-Berg ihr Castrum bauten. 1399 wurde Slano von den Ragusern (Dubrovnik) eingekauft und zum Fürstensitz ausgebaut. Das Franziskanerkloster, versteckt oberhalb des Ortes, geht auf das Jahr 1420 zurück, die Kirche ist verwaist – sie brannte 1991 aus. Erhalten blieben dagegen die **Sv.-Vlaho-Pfarrkirche** von 1758 und die **Sommervilla** der Adelsfamilie Ohmučević aus dem 18. Jh.

Basis-Infos

Information Tourismusverband (TZO), Trg Ruđera Boškovića 1 (Hauptplatz), 20232 Slano, ℡ 020/871-236, www.visit-slano.com. Juni–Sept. Mo–Sa 8–20, So 8–12/17–19 Uhr; sonst Mo–Fr 8–14 Uhr. Infos, Zimmer, Ausflüge und Autovermietung.

Verbindungen Bus: Im Juli/Aug. alle 30 Min., danach im 2-Std.-Takt nach Dubrovnik.

Geldwechsel/Post Es gibt einen Bankomaten; Post Mo–Fr 8–15 Uhr.

Gesundheit   Ambulanz,   ✆ 020/871-227, Mo–Sa 8–13.30 Uhr. **Apotheke**, Mo–Fr 8–15, Sa bis 12 Uhr.

Jachthafen   ACI-Marina Slano, ab Saison-beginn 2015; neu erbaut mit 200 Liegeplätzen für Jachten von 11–25 m, Restaurant und allen Serviceleistungen. www.aci-club.hr. Hafenkapitän, ✆ 020/871-177.

Übernachten/Essen & Trinken

Übernachten   Schöne **Zimmer** (DZ 20–40 €) und **Appartements** (ab 50 €/2 Pers.) in Richtung Jachthafen. U. a. am **Trgovina Plaža**, hier gibt es einen Laden, man kann Frühstücken und Appartements mieten, zudem Fahrrad- und Liegestuhlverleih.

**** Grand Hotel Admiral**, 2011 eröffnet. Das moderne, großzügige und lichtdurchflutete Gebäude dominiert nun den Ort. Es gibt 199 Zimmer, 14 Familienzimmer und Appartements mit modernem Interieur. Gutes Restaurant, Nachtclub und Diskothek; großer Innen- und Außenpool sowie Wellnesscenter, daneben u. a. Tennisplätze, Beachvolleyball. DZ/F 234 €. Geöffnet April–Okt. Ruđera Boškovića b. b., ✆ 020/888-888, -551, www.hoteladmiral-slano.com.

**** Hotel Osmine** – (auch All-incl.), an der nördlichen Buchtseite – schön ist die Alleinlage. Wer All-incl. mit der gesamten Familie bevorzugt, findet hier ein gutes und preiswertes Angebot. Es gibt Pool, Animations- und Sportprogramm (Windsurfen, Beachvolleyball, Paddelboote, Fahrräder) auch für Kinder, kleines Fitnesscenter und Tennisplatz. DZ/F 150 €, All-incl. ca. 100 €/Pers. Geöffnet April–Okt. Put od Osmina b. b., ✆ 020/872-100, www.hotel-osmine.hr.

Camping   Mehrere einfache kleine Autocamps, meist Mai–Ende Okt. geöffnet. 2 Pers. inkl. Zelt/Auto ca. 13 €.

Z. B. **Camp Banja**, schöner Platz im gleichnamigen Ortsteil, nahe dem Jachthafen. ✆ 020/871-218.

≫ **Mein Tipp:** Camp Bambo, schöner, terrassierter Platz fast am südwestlichen Buchtende. Nette Besitzer, die auch ihren hauseigenen Wein und Grappa verkaufen. ✆ 020/871-026. ≪

≫ **Mein Tipp:** *** Camp-Appartements Baldo, ca. 1 km oberhalb von Slano (in Richtung Majkovi) in aussichtsreicher Alleinlage auf schönem Gelände. Auch Zimmervermietung. Kovačev brijeg 1, ✆ 020/871-190, www.baldo-apartements.net. ≪

Camp Rogač, kleines Wiesengelände im Ortsteil Grgurići. ✆ 020/871-143.

Camp-Pension-Restaurant Milić-Divić, von Norden kommend vor Slano an der idyllischen Bucht Sladenovići. Es gibt einen kleinen schattigen Platz zum Zelten, auf der Terrasse wird frische Hausmannskost serviert. Zudem Zimmervermietung. ✆ 020/871-029.

Essen & Trinken   Restaurant Mirakul, an der Straßengabelung im Ortsteil Grgurići (Nordseite der Bucht). Schöne Sitzgelegenheiten im lauschigen Garten unter Palmen und wildem Wein. Es gibt nach Vorbestellung Peka-Gerichte (Lamm, Oktopus, Kalb) oder auch die leckere Fischplatte des Hauses. Mai–Okt. Grgurići 4, ✆ 020/871-020.

Restaurant-Café Kolarin, an der östlichen Buchtseite mit schöner Terrasse. Gute dalmatinische Hausmannskost (Fisch, Muscheln, Steaks) und auch Pizzen. Tägl. ab 8 Uhr. Ganzjährig. Obala Stjepana Radica 7, ✆ 020/871-256.

Trsteno

In subtropische Vegetation gebettet, ziehen sich die Häuschen des 250-Einwohner-Dorfs den Hang zum Meer hinab, gut geschützt durch die Karstberge im Hintergrund und mit schönem Blick auf die Inselkette der Elaphiten. Die Hauptattraktion von Trsteno ist das **Arboretum**.

Zwei mächtige 400-jährige Platanen begrüßen den Besucher am kleinen Hauptplatz an der Jadranska-Magistrale. Etwas tiefer liegt das 1525 angelegte Arboretum, das wie der ganze Ort im Krieg der 1990er-Jahre schweren Schaden nahm. Inzwischen wurden viele neue Pflanzen gesetzt, es sprießt und wächst wieder üppig. Ein schmaler Weg führt östlich des Parks hinab ans Meer zum kleinen Hafen mit Mole und betonierter Liegefläche zum Baden.

Diverses In Laufweite gibt es alles Wichtige wie Supermarkt, Konoba, Post.

Übernachtung Schöne, ruhige **Privatzimmer** auf dem Weg hinab zum Hafen.

*** **Villa Ro-Ela**, 3 km nördlich von Trsteno im Ort Brsečine. Nettes, familiär geführtes Haus ca. 300 m oberhalb vom schönen Kiesstrand. Grillmöglichkeit im Garten, Internet, auf Wunsch auch Mahlzeiten wie fangfrischen Fisch. Verschieden große Stu-

dios/Appartements ab 40 €. Fam. Elena Belemečić, Brsečine b. b., ✆ 020/751-017, 091/7293-823 (mobil).

Camping ** **Autocamp Trsteno**, unterhalb der Küstenstraße, gegenüber dem Eingang zum Arboretum. Schöner, terrassierter, gepflegter 1-ha-Platz unter Palmen, Nuss- und Olivenbäumen; kleine Café-Bar. Geöffnet 1.4.–15.10. Pers. 4 €, Zelt 4 €, Auto 3,50 €. Od Potoka 4, ✆ 020/751-060.

Das Arboretum von Trsteno

Der älteste Renaissancepark Kroatiens wurde 1525 von der Ragusaner Familie Gučetić um ihre Sommerresidenz angelegt. Die Residenz wurde beim Erdbeben von 1667 zerstört, dem ebenfalls in die Jahre gekommenen Neubau ist heute ein Pavillon vorgelagert, von dem man einen herrlichen Blick über das Meer genießt. In dem 25 Hektar großen Park wachsen Bäume und Sträucher aus aller Welt, darunter viele exotische Gewächse, aber auch Mittelmeerflora, 250 Arten sind es insgesamt. Es grünt und blüht dschungelhaft, mitten drin steht ein von einem Aquädukt gespeister Brunnen mit Neptunstatue. Leider fehlen auch hier Gelder zum Unterhalt.

Nur noch Juni–Sept. 7–19 Uhr. Eintritt 40 KN, Kinder 6–14 J. 25 KN. ✆ 020/751-019.

Orašac

Der 450-Einwohner-Ort am Fuß des 442 m hohen *Vrčevo brdo* sollte vor dem Krieg 1991, der schwere Schäden hinterließ, zu einer exklusiven Ferienresidenz vor den Toren Dubrovniks ausgebaut werden – mit einem Luxushotel wurde daraus Wirklichkeit – zu riesig für diese Landschaft, auch wenn es dadurch viele Arbeitsplätze gibt. Oberhalb des Dorfs steht ein befestigtes, turmartiges Sommerhaus von 1700, über den Meeresklippen die Ruinen des einst monumentalen **Arapovo-Schlosses**.

Information Tourismusverband, 20235 Orašac, ✆ 020/891-166. Mai–Sept. Mo–Sa 8–14 Uhr.

Auto Garage: Wer zu den autofreien Inseln Lopud oder Koločep möchte, kann hier in der Ortsmitte sein Fahrzeug parken, es gibt Bootstransfer.

Übernachten ≫ Mein Tipp: ***** Radisson Blue Resort & Spa – Dubrovnik Sun Garden, 2011 eröffnete der riesige Luxustempel mit allen Annehmlichkeiten (Innen- u. drei Außenpools, eigener Strand, Wellness, etliche Gourmetrestaurants an der Uferpromenade, Shops, Animation, großer Nightclub/Disko Ginja) oberhalb der Küste mit Blick auf die Elaphiten – zudem viele ruhige Nischen. Es gibt Zimmer/Suiten, alle mit Balkon, und auch Appartements. Zur Nebensaison kann man hier evtl. ein Schnäppchen machen. DZ/F ab 310 €. Na Moru 1, ✆ 020/361-500, www.radissonblu.com/resort-dubrovnik. ≪

Camping Es gibt zwei kleine Campingplätze: Camp Pod Maslinom, nett im Olivenhain mit Meerblick, ein Fußweg führt hinab zur Fels-Badebucht. Geöffnet Mitte April–Okt. ✆ 020/891-169, www.orasac.com.

Camp & Appartements Peća, an der Küstenstraße. Na Prižini 38, ✆ 020/891-528, www.peca.hr.

Zaton

Die rund 1000 Einwohner Zatons verteilen sich auf drei Ortsteile an einer tiefen, von üppiger Vegetation umgebenen Bucht. Die Dubrovniker schätzen Zaton als nahes Ausflugsziel und Sommerfrische.

Von Norden kommend erreicht der Besucher zuerst **Veliki Zaton**, dann folgt das kleinere **Mali Zaton**, beide durch einen schönen Uferweg verbunden. Um die Bucht bauten sich die Dubrovniker Patrizierfamilien ihre Sommerhäuser; etliche der prächtigen Natursteinvillen mit Parks und mächtigem subtropischen Baumbestand sind noch erhalten. Gebadet wird an der Uferpromenade mit kleinen Kiesbuchten, in denen die Fischerboote schaukeln.

In der kleinen *Soline-Bucht* befanden sich einst Salinen. Oberhalb von Mali Zaton ist die **Močiljska špilja-Höhle** mit ihren Tropfsteinen sehenswert.

Information Tourismusverband (TZO), an der Hauptstraße, 20235 Veliki Zaton, ✆ 020/891-230. Geöffnet Mai–Sept. Mo–Fr 8–20, Sa/So 8–14 Uhr.

Verbindungen Bus: alle 30 Min. nach Dubrovnik.

Bootsausflüge nach Šipan, Lopud, Mljet.

Geldwechsel/Post OTP-Bank mit Bankomat; Post, Mo–Fr 7.30–19, Sa nur bis 14 Uhr. Beide in der Bartola Kašića 11.

Übernachten Zimmer ab 24 € und Appartements ab 30 €. (s. a. Essen).

Ein Leser war begeistert von der *** Villa Kusalo, am Ortsausgang von Mali Zaton in Richtung Dubrovnik. Schönes Natursteinhaus, direkt am Meer, mit großen Appartements, zudem kleiner Privatstrand am Fels und mit Betonmole. Nette Eigentümer, die nur im Sommer in ihrer alten Heimat sind, ansonsten in Kalifornien leben. Fam. Mato Kusalo, Štikovica 75, ✆ 020/891-620, kusaloapartment@yahoo.com.

Camping * Autocamp Raj, in Veliki Zaton neben der Küstenstraße, um die kleine Felsenhalbinsel an eigener Bucht unter Kie-

Zaton – beliebtes Ausflugsziel der Dubrovniker

fern. Felsstrand u. betonierte Liegefläche. Bulet 103, ✆ 020/794-425, 092/0891-215 (mobil), rado.paskojevic@du.t-com.hr.

** **Campingplatz Polje**, kleiner Platz direkt am Meer unter Kiefern. Zaton Mali, Obala S. Radića 44, ✆ 020/891-299, vera.drobnic@ atlas.hr.

Essen & Trinken in Veliki Zaton Konoba Ankora, beliebtes, gemütliches Lokal mit schöner Terrasse direkt am Meer, kurz nach Abzweig von der Magistrale; bekannt für gute Fischgerichte. ✆ 020/891-031.

»» Mein Tipp: **Restaurant Kasar**, liegt versteckt südlich der Bucht (ab Parkplatz Fußweg) und am Meer mit schöner Terrasse und Anlegemöglichkeiten in einer Sommerresidenz aus dem 15. Jh. Hier stimmen Qualität, Service und die schöne Lage. Spezialitäten sind u. a. Fischcarpaccio, Pogača Kasar, Thunfisch und fangfrische Fische. März–Nov. Na Batu b. b., ✆ 020/891-226. »«

Essen & Trinken in Mali Zaton Restaurant-Pension Babilon, an der Magistrale mit Terrasse, Blick auf die Bucht und preiswerten guten Fisch- und Fleischgerichten. Es werden auch Zimmer vermietet. Bulet 1, ✆ 020/891-282.

»» Mein Tipp: **Restaurant Gverović-Orsan**, das beliebte Traditionslokal ist im Bootshaus der nebenan stehenden Villa aus dem 15. Jh. untergebracht (hier sind auch Zimmer zu mieten). Es liegt direkt am Meer, bietet Platz im Innern oder unter lauschiger Laube, mit eigenem kleinem Strand und Anleger für Boote. Hier isst man bestens Fischgerichte, Schwarzes Risotto und Tintenfischsalat, Scampi buzzara oder auch Krebse und Muscheln in sämiger Tomatensauce. April–Mitte Nov. 12–24 Uhr. Štikovica 43, ✆ 020/891-267. »«

Konoba-Pension Dandy, gemütliches Fischlokal an der Uferpromenade; Zimmervermietung. Obala Stjepana Radića, ✆ 020/891-298.

Rijeka dubrovačka

Seit 2002 wird der 5 km tiefe Meereseinschnitt der **Ombla-Bucht**an der Mündung durch die Brücke *Most dr. Franje Tuđmana* überspannt – für die um den Taleinschnitt liegenden Ortschaften eine bedeutsame Verbesserung, da sich zuvor der gesamte Verkehr durch die Dorfstraßen zwängte. Weil der für die Bucht namensgebene Fluss Ombla, auch *Rijeka dubrovačka* genannt, unterhalb der Felsen in

Das Dubrovniker Küstenland

Komolac (Buchtende) als Karstquelle entspringt, war der innere, mit frischem, klarem Süßwasser gefüllte Teil der Bucht einst Lebensraum für viele Aale. Trotz der immensen Verschmutzung der letzten Jahrzehnte kommen die Aale immer noch, aber nur noch zum Laichen.

Mokošica: Hier residiert einer der größten geschützten Jachthäfen Kroatiens, die *ACI-Marina Dubrovnik „Miho Pracat"* mit gutem Restaurant. Das Haupthaus des Jachtclubs war früher eine Patriziervilla, das Haus auf dem Gelände ist ein altes patrizisches Sommerhaus. Für die Dubrovniker ist die Gegend buchstäblich eine Sommerfrische, denn durch die eindringenden Fallwinde und das Flusswasser ist es hier bedeutend kühler als in der nahen Großstadt. Früher standen rund um die Bucht viele Sommerresidenzen im Renaissance- und Barockstil – und fast ebenso viele Kirchlein, denn fast jeder Landsitz hatte sein eigenes Gotteshaus. Eines der bedeutendsten ist *Sv. Stjepan* aus dem 11.–12. Jh. Zahlreiche Kirchen und Sommerhäuser verfielen im Lauf der Jahrhunderte oder fielen dem letzten Krieg zum Opfer – die wenigen verbliebenen werden nun nach und nach restauriert.

Rožat: Am nördlichen Ufer der Ombla-Bucht steht das *Franziskanerkloster* von 1393 mit schönem Kreuzgang aus dem Jahr 1585; das Erdbeben von 1667 zerstörte vor allem die Kirche, die komplett wiederaufgebaut werden musste. Am Hügel oberhalb, in Rožat Gornji, thront weit sichtbar die alte Kirche *Velika Gospa* mit Friedhof, 1123 erbaut, die nach dem Erdbeben ebenfalls neu errichtet werden musste, ihr hübscher Kirchturm ist von 1894 – von hier hat man einen schönen Weitblick über die gesamte Bucht.

Essen & Trinken Auf dem Gelände des Jachthafens liegt das Restaurant Bazen, im schönen Renaissance-Palais mit Arkaden und Fischteich, die einstige Sommerresidenz der Adelsfamilie Sorkočević. ✆ 020/ 451-010.

≫≫ Mein Tipp: Restaurant Vimbula, in Komolac, östlich der Marina direkt an der Ombla-Bucht in lauschigem Ambiente. Hier kann man die Flussaale genießen, aber auch guten Fisch und Scampi. Tenturija b. b, Mokošica, ✆ 020/452-244. ≪≪

Jachthafen ACI-Marina Dubrovnik „Miho Pracat", im Ortsteil Mokošica. Mit bester Ausstattung und fast immer gefüllt. Gegen Winde gut geschützt. 380 Wasserliegeplätze, 140 Plätze an Land, alle mit Strom- und Wasseranschluss. Tankstelle, 60-t-Travellift, Reparatur-/Motorwerkstätte, Holzboot- und Kunststoffreparaturservice, gute Sanitäranlagen, WiFi. Überwinterungsmöglichkeit, Supermarkt und Nautikshop, Tennisplätze, Swimmingpool. Busverbindung zum Zentrum alle 20 Min. Ganzjährig geöffnet.20236 Dubrovnik-Mokošica, Na skali 2, ✆ 020/455-020, www.aci-club.hr.

Blick auf die tiefe Ombla-Bucht mit ACI-Marina und Velika Gospa

Dubrovnik mit Insel Lokrum – internationales Touristenhighlight

Dubrovnik

Die von subtropischer Pracht umgebene „Perle der Adria" lockt durch ihre malerische Altstadt und das milde Klima das ganze Jahr über kultur- und sonnenhungrige Touristen aller Nationen an. Jedes Kreuzfahrtschiff macht hier Station, am einstigen Knotenpunkt des Handelsseewegs zwischen Venedig und dem östlichen Mittelmeer.

Am Fuß des *Srd-Berges* erhebt sie sich aus dem Meer: die einzigartige Altstadt mit ihren mächtigen Mauern und Bastionen, mit einer mittelalterlichen Prachtstraße – der *Placa* –, mit Plätzen und Gassen. An der Nordseite der Placa führen enge Gassen in Stufen den Hang hinauf; Stufe für Stufe kann man so die Stadt kennenlernen und entdecken. Dubrovnik, die große alte süddalmatinische Metropole, erhielt 1976 die Goldmedaille Europas für den Schutz der Kulturdenkmäler, die so zahlreich sind, wie die Stadt an Geschichte reich ist. Die gesamte Altstadt wurde 1979 nach dem Erdbeben unter den Schutz der UNESCO gestellt, was aber im Krieg von 1991 bis 1995 ein Bombardement nicht verhinderte. Auf Beschädigungen in der Altstadt weisen Infotafeln hin. Inzwischen blüht das Leben wieder, die Schäden sind längst behoben. Die Altstadt hat 1300 Einwohner, insgesamt sind es 47.000.

Heute ist Dubrovnik wieder die Stadt der Kongresse und Segelregatten, der Museen und Kulturdenkmäler. Um all die Schönheiten zu besichtigen, lohnt Dubrovnik auf jeden Fall einen mehrtägigen Besuch, zudem sind die vorgelagerten Badeinseln nicht weit.

Geschichte

Byzantinische Funde belegen inzwischen eine frühere Besiedlung Dubrovniks als bisher angenommen, so heißt es nun, dass auf der Felseninsel bereits zwischen dem 2. und dem 5. Jh. ein *Castrum* war. In der 1. Hälfte des 7. Jh. kamen Flüchtlinge aus der römischen Stadt Epidaurum, dem heutigen Cavtat (südlich von Dubrovnik), das von den Awaren und Slawen überfallen wurde, und ließen sich auf der Felseninsel nieder, die sie *Lausa* nannten. Gegenüber, unterhalb des Berges Srđ, wo Quellen sprudelten und mächtige Eichenwälder rauschten, siedelten sich Slawen an, die ihre neue Heimat *dubrava,* Eichenwald, nannten. Schon bald wurde Handel betrieben und die beiden Kulturen verschmolzen. So geht man davon aus, dass Dubrovnik, das bis 1918 *Ragusa* hieß, was auf den Inselnamen Lausa zurückgeht, den Ursprung in beiden Namen findet.

Dubrovniks Literaten

Die Literatur Dubrovniks ist so alt wie die Stadt. Mit Kunst und Wissenschaft vereinigte sie sich und war eine leitende Kraft für Dubrovnik, Sinn spendend und Perspektiven über das Hier und Jetzt hinaus entwickelnd. Während der Renaissance war Dubrovnik ein Zentrum für die großen Humanisten der Zeit. Marin Držić ist der bekannteste, ein genialer Meister der Komödie. Ivan Gundulić war ein berühmter Literat des 17. Jh. und Ivo Vojnović, ein Sohn des 20. Jh., ist der Dritte im Bund der großen Literaten Dubrovniks.

Durch den Slawisierungsprozess und unter der Oberherrschaft von Byzanz vergrößerte sich Dubrovnik. Abgaben an die slawischen Herrscher im Hinterland sicherten ihm Schutz, es konnte sich erweitern, wurde jedoch bald auch zur Zielscheibe feindlicher Angriffe. So belagerten im 9. Jh. die Araber Dubrovnik, im 10. Jh. wüteten die Mazedonier, schließlich kam Venedigs Doge Pietro II. Orseolo und kontrollierte die Stadt für kurze Zeit. Doch die Dubrovniker wollten ihre Umgebung selbst beherrschen, also sicherten sie die Stadt.

Sv. Vlaho schützt u. trägt seine Stadt

Bald aber setzte sich die Erkenntnis durch, dass man mit geschickter Diplomatie mehr erreicht als mit Waffengewalt, will man seine Vision wahr machen: einen eigenen Staat zu gründen und die Politik selbst zu gestalten. Um besser expandieren zu können, schütteten die Dubrovniker den Graben zu, der die Insel Lausa vom Festland getrennt hatte – an seiner Stelle entstand die heutige Prachtstraße Placa, auch *Stradun* genannt. Das war Mitte des 12. Jh. Dann begann Dubrovnik, im 12. Jh. noch unter byzantinischer Oberherrschaft, mit Europa und dem slawischen Hinterland zu verhandeln und Geschäfte in die Wege zu leiten. Mit Erfolg. Bald rollten die Kaufmannskarawanen aus Dubrovnik über den Balkan, eine mächtige Handelsflotte entstand.

Venedig sah die neue Freiheit Dubrovniks nicht gern, doch konnten die Dubrovniker 1272 ein Stadtstatut verabschieden und eigene Münzen prägen. Geschickt sicherte die neue Stadtrepublik ihre Handelsfreiheit und das Salzmonopol durch Erpressung, Intrigen und Bestechung. Und um das wachsende Einflussgebiet besser kontrollieren zu können, teilte es Dubrovnik in Provinzen ein, so genannte Fürstentümer, die von einem *Rektor* oder *Comes,* der seit dem Frieden von Zadar 1358 aus einer Dubrovniker Patrizierfamilie stammen musste, verwaltet wurden. Die Fürstentümer waren Ston, Lastovo, Mljet, Šipan, Primorje, Dubrovniker Gau, Konavle und Lopud, mit Hafenverwaltungen in Trstenica, Janjinja und Cavtat.

Dubrovniks Republikkonzept

Gleich vorweg, so edel das Konzept der Dubrovniker Republik klingen mag, es war, wie anderswo auch, eine Oligarchie: Rechte und Einfluss hatte nur der Adel, die Bürger und Handwerker bekamen lediglich kleine Aufgaben zugeteilt und die Plebejer hatten absolut nichts zu sagen – Intrigen und Erpressungen waren an der Tagesordnung. Dieses oligarchische System kritisierten schon damals Literaten wie Gundulić und auch Držić, der nachweislich Briefe an die Medicis schrieb.

Bis zur alleinigen Verwaltungsübernahme Dubrovniks im Jahr 1358 wurde der Rektor von den Venezianern gestellt. Den Dubrovnikern war Venedigs Duce nicht geheuer – wie konnte ein Einzelner die Geschicke einer Republik leiten! So klügelten sie für ihre Verwaltung ein eigenes System aus, das bis heute noch Anklang (s. u.) findet: Der Rektor wurde nur für die Zeit von einem Monat gewählt. Erst nach einem Jahr konnte eine Wiederwahl stattfinden. Zur Abschirmung von Beeinflussungen wohnte er mit seiner Familie im Rektorenpalast und durfte ihn in dieser Zeit nicht verlassen. Für den Kirchenbesuch gab es eine hauseigene Kapelle.

Der Rektor war Mitglied des *Kleinen Rats,* der für ein Jahr gewählt wurde. Dieser Kleine Rat bestand aus elf Personen, sie bildeten die Exekutive. Daraus wurden fünf Personen zu Richtern gewählt. Der Kleine Rat bestand nur aus Adeligen, die der Stadt angenehm erschienen und mit besonderen Verdiensten aufwarteten. Des Weiteren gab es den *Großen Rat,* dem alle Adeligen angehörten. Aus diesem Kreis wurden 45 Mitglieder, die sog. Senatoren, auf ein Jahr ins Amt gewählt. Hier liefen die innen- und außenpolitischen Fäden zusammen.

Übrigens erhielt Ragusa vom Papst die Erlaubnis, „Handel mit den Ungläubigen" zu führen. Damit waren die damals guten und gewinnbringenden Handelsbeziehungen zum Osmanischen Reich gemeint. Um mit den Sultanen ins Geschäft zu kommen wurden Ansprechpartner entsandt, die eine Gewährleistung der Geschäfte garantierten. Ausgewählte Vertreter der Republik von Ragusa reisten in rund 24 Tagen nach Konstantinopel und mussten, bis ein Nachfolger kam, ein Jahr bleiben. Als Geschenke und Handelsware brachte man unter anderem Salz, Wein, Olivenöl und die noch heute beliebte Filigrankunst aus Gold und Silber ins Osmanische Reich. Zwischen dem 15. und 17. Jh. war die Blüte dieser Geschäftsbeziehung.

An vielen Hochschulen wird das Regierungskonzept der Dubrovniker unter den Aspekten „Diplomatische Arbeit" und „Regieren ohne Kriege" immer noch gerne diskutiert und als vorbildhaft genannt.

Dubrovnik

Der Sklavenhandel wurde in Dubrovnik ebenfalls schon 1418 abgeschafft, da dieser in keiner Weise dem Bild der Republik entsprach. Während der Türkenherrschaft im 15. Jh. unterhielt Dubrovnik diplomatische Beziehungen zum Land des Halbmonds und besaß das Vermittlungsmonopol zwischen Ost und West, was seine Handelsmacht immens steigerte.

Seit Ende des 16. Jh. aber begann der schleichende Niedergang Dubrovniks. Die französischen, englischen und niederländischen Handelsschiffe stiegen in das Seegeschäft ein. Sie hatten modernere, gut ausgerüstete Schiffe, die den langen Weg nach Übersee durchhielten. Dubrovnik verschlief diese Entwicklung, steckte kein Geld mehr in moderne Schiffe, sondern begann in Land und Immobilien zu investieren. Hinzu kam das große Erdbeben von 1667, das fast die ganze Stadt verwüstete. Erst ein Jahrhundert später hatte sich Dubrovnik davon wieder erholt und trotzte nun, nach dem Abgang Venedigs, den Franzosen. Napoleon machte dem aristokratischen Stadtstaat unter dem Berg Srđ Anfang des 19. Jh. schließlich den Garaus. Nach dem Wiener Kongress 1815 fiel Dubrovnik an Österreich, das aber Rijeka zu seinem Haupthafen wählte. So verlor die einst mächtige Handelsstadt einmal mehr an Bedeutung.

Im Krieg von 1991–95 stand auch Dubrovnik unter starkem Beschuss der serbischen Armee. Ende 1991 musste die Bevölkerung drei Monate in Kellern ausharren, es gab keinen Strom, kein Wasser, die Stadt war zu Land und zur See umzingelt. Die 163. kroatische Brigade brachte Dubrovnik die Rettung. Es gab zahlreiche Tote, in der Altstadt waren 80 % der Dächer, Brunnen und die orthodoxe Kirche beschädigt. Die Behebung der Kriegsschäden kostete 2,7 Milliarden US-Dollar. Heute blüht der Tourismus mehr denn je, Dubrovnik zählt weltweit mit zu den beliebtesten Destinationen und konnte 2011 ca. 1,6 Mio. Übernachtungen verzeichnen.

Information

Dubrovnik Card

Tageskarte 150 KN, beinhaltet Gratis-Bus-Transport und freien Eintritt in 8 Museen (inkl. Stadtmauer).

3-Tages-Karte 200 KN, inkl. 10 Gratis-Busfahrten und 8 Museen (inkl. Stadtmauer).

Wochenkarte 250 KN, gewährt 20 Busfahrten und ebenfalls 8 Museumsbesuche.

Kinder bis 12 Jahre sind kostenfrei.

Information Die Touristinformation (TIC) des Tourismusverbands ist flächendeckend gut vertreten. www.tzdubrovnik.hr und www.dubrovnik-riviera.hr (für Umgebung):

TIC Pile, Braslje 5 (bei Busendhaltestelle), 20000 Dubrovnik, ✆ 020/312-011. Ganzjährig, Juni–Sept. tägl. 8–21 Uhr, Okt. u. Mai bis 20 Uhr, Rest des Jahres bis 18 Uhr.

TIC Hafen Gruž, Obala S. Radića 32, ✆ 020/417-983. Geöffnet wie TIC-Pile.

TIC Lapad, Šet. kralja Zvonimira 25, ✆ 020/437-460. Juni–Sept. tägl. 8–20 Uhr, Okt. u. Mai Mo–Fr 8–20 Uhr, Sa/So 9–12/17–20 Uhr.

TIC Flughafen Dubrovnik, Čilipi.

Agentur Atlas, Vukovarska 19, ✆ 020/442-222, www.atlas-croatia.com. Ausflüge und Flughafenbus.

Agentur Gulliver, Obala S. Radića 25 (Hafen Gruž), ✆ 020/410-888, www.gulliver.hr. Zimmer-, Auto-, Scootervermietung.

Elite Travel, Vukovarska 17, ✆ 020/358-200, www.elite.hr. U. a. Ausflüge mit einem alten großen Segelboot, z. B. Tour rund um Dubrovnik zum Sonnenuntergang oder „3-Inseln-Tour".

Jadrolinija, Obala S. Radića 40 (am Hafen Gruž), ✆ 020/418-000, www.jadrolinija.hr.

Altstadttor Pile (Westzugang) – doppelt gesicherte und vom Sv. Vlaho bewacht

Mo–Sa 8–16.30/19–20, So 8–9.30/17.30–18.30 Uhr; im Hochsommer tägl. 8–20 Uhr geöffnet. Fährtickets.

G&V-Line, Vukovarska 34, ✆ 020/313-119, www.gv-line.hr. Fährtickets für Katamara-ne. Mo–Fr 8–16 Uhr. Ticketverkauf auch am Schiff (1 Std. vor Abfahrt).

Croatia Airlines, am Flughafen Dubrovnik in Čilipi, ✆ 020/773-232, www.croatiaairlines.hr. Tägl. 8–20 Uhr.

◟Verbindungen

Bus Hauptbusterminal (Autobusni kolodvor), am Hafen Gruž, Obala Pape Ivana Pavla II, 44 a, ✆ 060/305-070, 020/313-275. Hier auch Gepäckaufbewahrung von 4.30–22 Uhr. **Verbindung** mit Ploče, Zagreb (6-mal tägl., die meisten abends, Fahrtzeit 10–12 Std., ca. 250 KN), Split (fast stündl. 5–22 Uhr, 4:30 Std., 100–150 KN), Rijeka (6-mal, 14 Std.). 2-mal wöchentl. (Fr und So) München–Stuttgart–Frankfurt. Zudem nach Cavtat (Nr. 10, 20 KN) und Ston (Nr. 15, 25 KN).

Stadtbusse (1a, 1b zur Altstadt) halten außen an der Straße. **Busstation** u. a. vor dem Pile-Tor: Verbindung zum Hauptbusbahnhof sowie zum Fährhafen Gruž (Busse Nr. 1a, 1b, 3, 7b, 8), nach Lapad (Nr. 4), Babin Kuk (Nr. 6), stündl. nach Bosanka (Nr. 17, Richtung Berg Srd). Ticketpreis für Einzelfahrschein 15 KN (im Bus), 12 KN (am Kiosk), Tagespass 50 KN (24 Std.). www.libertasdubrovnik.hr

Flughafenbus Čilipi (von Atlas-Bus), Stopps u. a. am Pile-Tor, Hauptbusbahnhof; ca. 1,5–2 Std. vor Abflug. Tickets 35 KN.

City-Sightseeingtour, Rundfahrt mit offenem Bus, aber mit Dach (nur bei schönem Wetter), vom Osten Dubrovniks über Altstadt, Halbinsel Lapad bis über Hafen Gruž und zurück. 11 Zusteigemöglichkeiten. 4-mal tägl., Fahrtzeit 2 Std., 90 KN (inkl. gratis Stadtbus für diesen Tag). ✆ 020/357-020, www.libertasdubrovnik.hr.

Ausflüge U. a. zur Insel Lokrum, nach Cavtat, Čilipi (sonntags Folklore), nach Ston, zu den Inseln Elaphiten, Mljet, Korčula. Man bucht sie über o. g. Agenturen.

Gondelbahn Berg Srđ (→ Umgebung von Dubrovnik)

Taxi An allen wichtigen Plätzen (Zentrale ✆ 0800-0970): u. a. **Pile**, **Hauptbusbahnhof**, **Hafen Gruž**. Startgebühr 25 KN, je Kilometer 8 KN, 2 KN/Gepäck; Stadtfahrt ca. 50 KN, nach Cavtat ca. 200 KN, zum Flughafen ca. 220 KN. Preiswerter fährt **Radio Taxi** (24

Dubrovnik

Std.), nur nach Anruf ℡ 970. Für Überlandfahrten auch **Pauk služba**, Dr. A. Starčevića, ℡ 020/331-016.

Flug Flughafen Dubrovnik, ℡ 020/773-333,
www.airport-dubrovnik.hr. Liegt in Čilipi,
22 km südlich von Dubrovnik; hier auch TIC
und Flughafenbusse (s. o.). Direktflüge
nach Deutschland und Zagreb (ab 30 €). Infos und Buchung bei **Croatia Airlines** (s. o).

Fähre Der Fährhafen Gruž liegt 2 km
nördlich der Altstadt im gleichnamigen Vorort. Busse Nr. 1a, 1b, 3, 7b, 8 fahren in die
Altstadt. Gepäckaufbewahrung am Hauptbusterminal. Infos und Buchung über Jadrolinija (s. o.).

Küstenlinie (Jadrolinija): Dubrovnik–Rijeka:
Diese Linie wurde 2015 eingestellt.

Trajekt (Jadrolinija, Nr. 831): Dubrovnik–
Lopud–Suđurađ: ganzjährig 1- bis 2-mal
tägl. (in NS nicht So/Feiertag).

Katamaran (G&V-line, www.gv-line.hr): Du-
brovnik–Šipanska luka–Sobra (Mljet)–Pola-
če (Mljet)–Korčula–Ubli (Lastovo): nur Juli/
Aug.; 2-mal tägl. nach Sobra, 1-mal tägl.
Šipanska luka u. Polače, 4-mal wöchentl.
Korčula, 2-mal wöchentl. Ubli.

Katamaran (Krilo, www.krilo.hr): Dubrovnik–Korčula–Hvar–Milna (Brač)–Split: Nur
Di u. Do Mitte Mai–Mitte Okt.

Italienfähren (Jadrolinija): Dubrovnik–Bari:
Mitte April–Okt. 2- bis 6-mal wöchentlich.

Personenfähre (Jadrolinija, Nr. 807): zu den
Elaphiten (Dubrovnik–Koločep–Lopud–Su-
đurađ; ganzjährig 4-mal tägl. (So/Feiertag in
NS nur 2-mal).

Bootsverbindung: Dubrovnik–Lokrum, die
Boote pendeln ganztägig halbstündl. bis

Ü bernachten

1 Hotel Berkeley	11 Hotel President
2 Hotel Petka	Dubrovnik
3 Autocamp Solitudo	14 Appartements
5 Appartments East West	Panorama
6 Hotel Lapad	15 Hotel Zagreb
7 Villa Gloria	17 Hotel Sumratin
9 Hotel Excelsior & Spa	18 Villa Sandra
10 Grand Villa Argentina	19 Villa Micika
	21 Grand Hotel Park
	22 Hotel Aquarius

stündl., Abfahrt Stadthafen; 70 KN (inkl.
Naturpark-Gebühr).

Dubrovnik (Stadthafen)–Mlini–Plat–Cavtat 8-
bis 11-mal tägl. (je nach Saison).

Weitere Basis-Infos

Autovermietung Zahlreiche Agenturen in
der Stadt, u. a. **Hertz rent-a-car**, Frana Supila 9, ℡ 020/425-000, www.hertz.hr;   auch
am Flughafen. **Agentur Gulliver** (s. o. Information). **Avis**, Obala Ivana Pavla II, Nr. 1
(Hafen Gruž), ℡ 091/3143-010 (mobil), www.
avis.hr. **Adria rent**, Masarykov put 9 (Lapad), ℡ 020/437-066. **Uni rent**, Flughafen
Dubrovnik, ℡ 020/773-480.

Einkaufen Obst- und Gemüsemarkt hinter dem Domplatz, nur vormittags. **Lebens-
mittel- und Bekleidungsläden** südlich der
Placa. **Buchhandlungen** an der Placa. Am

Hafen Gruž findet man ebenfalls alles Not-
wendige: Markt, Läden, Kaufhäuser, Banken etc. **Krawattenshop Croata**, Pred dvorom 2. Einige **Shoppingcenter** auf der Halbinsel Lapad (u. a. DOC, Kralja Tomislava 7).

Geldwechsel Überall in der Stadt Bankomaten und Banken. U. a. **OTP Banka**, Stradun, Mo–Fr 8–19, Sa 8–12 Uhr.

Gesundheit   Apotheken, (24-Std.-Not-
dienst) u. a. **Kod zvonika**, Placa 30 (Altstadt), ℡ 020/321-133 (Altstadt); Mo–Fr 7–20,
Sa 7.30–15 Uhr. **Gruž**, Obala pape Ivana Pavla II 9, ℡ 020/418-900; 7–20, Sa 7.30–15 Uhr.

Essen & Trinken

23 Hostel Dubrovnik
24 Hotel Hilton Imperial
25 Hotel 'R'
26 Hotel More
28 Hotel Bellevue
30 Hotel Rixos Libertas
31 Hotel Vis
32 Hotel Splendid

4 Restaurant Orsan
13 Restaurant Komin
16 Restaurant Pantarul
20 Restaurant Eden
26 Restaurant More
29 Restaurant Mimoza

Nachtleben

8 Club Lazareti
12 Eastwest Beach Club
27 Skybar
33 Club Orlandinjo

Dubrovnik

500 m

Krankenhaus: Opća Bolnica Dubrovnik (Hauptkrankenhaus), Roka Mišetića b. b. (Stadtteil Lapad), ℡ 020/431-777; 7–15 Uhr und 24-Std.-Notfallbereitschaftsdienst. Dom Zdravlja Dubrovnik (Ambulanz), Dr. A. Starčevića 45 (Stadtteil Boninovo), ℡ 020/416-866.

Parken Gleich vorweg, um die Altstadt sind die ausgewiesenen Parkflächen (alle gebührenpflichtig!) schnell belegt; zudem in Zonen unterteilt, am teuersten um die Altstadt (40 KN/Std.), preiswerter z. B. am Hafen Gruž (10 KN/Std.), dann per Bus in die Altstadt.

Post **Hauptpostamt**, Vukovarska 16, ℡ 020/362-068; 7–20, Sa 8–15 Uhr.

Zollamt (falls ein Paket abzuholen ist!), Put Republike 32 (Eingang auch über Dr. A. Starčevića 2); Mo–Fr 7–20, Sa 8–15 Uhr.

Veranstaltungen Monatlich ist viel geboten, am besten den Eventkalender besor-

gen (auch im Internet ersichtlich); u. a. **Stadtfest Sv. Vlaha**, am 3. Febr.: Prozession, Trachten, großes Fest.

Klassische Konzerte, im Juli/Aug. tägl. an verschiedenen Orten, u. a. Kirchen, Dominikanerkloster; namhafte Ensembles und Solisten. Aber auch ganzjährig mind. 2-mal wöchentl. Programm.

Dubrovniker Sommerfestspiele im Juli/Aug.: tägl. mehrere Veranstaltungen wie Konzerte, Theater, Folklore mit sehr guten nationalen und internationalen Interpreten.

Linđo-Tanz, Aufführungen Mai–Ende Sept. um 21.30 Uhr beim Lazarett-Gebäude, östl. vom Ploče-Tor.

Wein- & Jazz-Festival, Ende Sept. Do–So.

Segelregatta, erstes Wochenende im Aug. Route: Orebić–Korčula–Mljet–Dubrovnik.

Silvesterfeier, am Stradun, mit Musik und großem Feuerwerk.

Dubrovnik

Übernachten
→ Karten S. 416/417 und S. 418/419

Privatzimmer/Appartements In und um die Altstadt, am Hafen Gruž und auf der Halbinsel Lapad gibt es zahlreiche Angebote an **Privatzimmern/Appartements** (ab 40 € DZ), auch über Infobüros oder Internet (www.dubrovnik-online.com) buchbar.

Privatappartements, z. B. **Appartement Panorama** 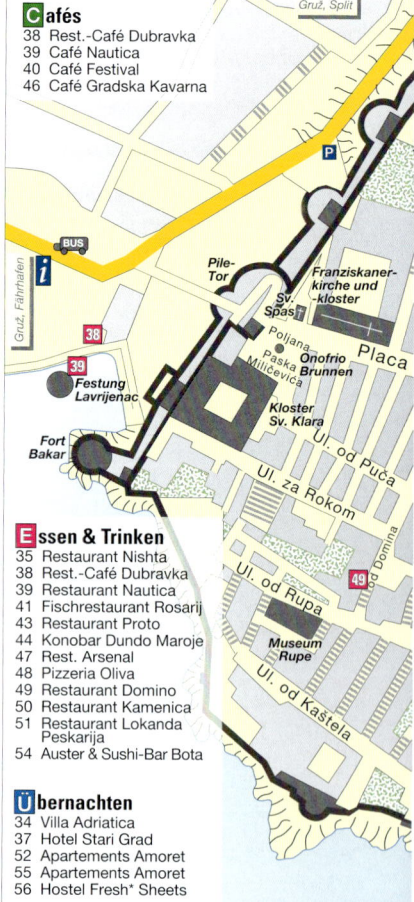, oberhalb von Pile. Sehr schön eingerichtet und groß, Blick von der Terrasse auf Vorfestung Lavrijenac. Deutsch sprechende, sehr nette Vermieter, Parkplatz. Fam. Anja Atalić, Srednji Kono 12 (zum Parken in die Zagrebačka 20), ℘ 020/411-372.

*** **Villa Micika** 19, hübsches Naturstein-Privathaus mit 7 Zimmern (2- u. 3-Bett-Zimmer), umgeben von einem kleinen parkähnlichen Garten. Frühstück kann im Restaurant Orsan (→ Essen, gleiche Besitzer) eingenommen werden. Zum Strand sind es 200 m. DZ 52 € (ab 3 Tage). Mata Vodopica 10, ℘ 020/437-332, www.vilamicika.hr.

Villa Adriatica 34, neben Ploče-Tor. Von den mit Stilmöbeln eingerichteten Zimmern/Appartements und Terrassen schöner Blick auf Stadt und Meer. Gebührenpflichtige Parkplätze vor dem Haus. Ab 80 €/2 Pers. (unter 3 Tage 20 % Aufschlag). Ul. Frana Supila 4, ℘ 098/334-500 (mobil), www.villa-adriatica.net.

*** **Villa Gloria** 7, oberhalb vom Strand Banje im Osten der Altstadt. Schönes Grundstück mit Garten und Pool, verschieden große Appartements ab ca. 60 €/2 Pers. bis 120 €/4 Pers. Ul. Iva Račića 3, ℘ 020/428-962, www.villa-gloria.com.

Appartements Amoret (52/55), mitten in der Altstadt in renovierten Gemäuern aus dem 16. Jh. Stilvoll eingerichtet; verschieden große Appartements. Je nach Ausstattung 110–160 €/2-Pers.-Studio. Ulica Restičeva und Ulica D. Ranjine, ℘ 020/324-005, www.dubrovnik-amoret.com.

*** **Villa Sandra** 18, auf der Südseite der Halbinsel Lapad, oberhalb vom Hotel Kompas und unweit der Strände und vom Busstopp. Nettes, familiär geführtes Haus am Hang mit verschieden großen Zimmern/Appartements mit Terrassen. DZ ab 40 €, Studio ab 50 €. Fam. Biserka Simatović, Kardinala Stepinca 15, ℘ 020/435-160, biserka.simatovic@tu.t-com.hr.

Hotels Dubrovnik ist als Urlaubsziel, aber auch als Tagungs- und Messestadt gefragt,

d. h. in der Hauptsaison ist es mitunter schwierig und auch teuer, in Altstadtnähe ein Zimmer zu bekommen. Auch hier erhält man durch zeitige Vorausbuchung gute Preise.

Altstadthotels ***** Hotel Hilton Imperial 24, der alte Prachtbau mit 140 Zimmern und Suiten nahe dem Eingang zur Altstadt wurde großzügig und komfortabel im mediterranen Stil umgestaltet – kein Tourist kommt daran ohne Bewunderung vorbei. DZ/F ab

Cafés
38 Rest.-Café Dubravka
39 Café Nautica
40 Café Festival
46 Café Gradska Kavarna

Essen & Trinken
35 Restaurant Nishta
38 Rest.-Café Dubravka
39 Restaurant Nautica
41 Fischrestaurant Rosarij
43 Restaurant Proto
44 Konobar Dundo Maroje
47 Rest. Arsenal
48 Pizzeria Oliva
49 Restaurant Domino
50 Restaurant Kamenica
51 Restaurant Lokanda Peskarija
54 Auster & Sushi-Bar Bota

Übernachten
34 Villa Adriatica
37 Hotel Stari Grad
52 Apartements Amoret
55 Apartements Amoret
56 Hostel Fresh* Sheets

280 €. Marjana Blažića 2, ☎ 020/320-320, www.dubrovnik.hilton.com.

***** Hotel Bellevue **28**, durch die Komplett-renovierung sehr teuer geworden. Super Lage oberhalb vom Meer mit Sand-Bade-bucht und nur 10 Min. Fußweg zur Altstadt. Schöner Blick über die Bucht und auf die Insel Lokrum. Zimmer modernst, komfor-tabelst und technisch bestens ausgestattet und alle mit Meerblick. Es gibt ständige Ausstellungen namhafter Künstler im Haus, schöner Spa-Bereich und Gourmetrestau-rant Vapor mit Blick aufs Meer. DZ/F-Stan-dard ab 280 €, mit dem hier lohnenden Meerblick ab ca. 310 €. Pera Ćingrije 7, ☎ 020/430-830, www.hotel-bellevue.hr.

**** Hotel Stari Grad **37**, mitten in der Alt-stadt, östl. des Franziskanerklosters, steht das 5-stöckige Haus mit 8 hübschen Zim-mern, das einst im Besitz der Adelsfamilie Drašković war. Von der Frühstücksterrasse oben herrlicher Blick auf die Altstadtkulisse. DZ/F 280 €. Od Sigurate 4, ☎ 020/322-244, www.hotelstarigrad.com.

Altstadtnah   ***** Hotel Excelsior **9**, mehrstöckiges Gebäude mit 141 Zimmern

Nachtleben
- 36 Culture Club Revelin
- 42 Irish Pub Katie O'Conells
- 45 Irish Pub Karaka
- 53 Hard Jazz Café Troubadour
- 57 Beachbar Buža

Dubrovnik

und 16 Suiten. Beliebtes Tagungshotel, bestens ausgestattet, direkt am Meer und mit Blick auf die ca. 5 Gehmin. entfernte Altstadt. Großer Spa-Bereich, Sonnenterrasse und Einstiegsleitern ins Meer. DZ/F ab 270 €. Put Frana Supila 12, ☏ 020/353-353, www.alh.hr.

》》 Mein Tipp: ***** Grand Villa Argentina **10**, kurz nach Hotel Excelsior, ca. 10 Min. schöner Fußweg in die Altstadt. Das 162-Zimmer-Gebäude ist eingepasst zwischen die stilvollen Villen von ca. 1930, u. a. *Orsula, Dubrovnik, Glavić* (und der separaten, abgeschirmten *Villa Sheherazade* – für die Prominenz), eingehüllt in üppige mediterrane Flora, oberhalb des Meeres. Spazierwege führen in Terrassen hinab zur von Felsen umgebenen betonierten Badebucht mit Einstiegsleitern, einem Pool und herrlichem Blick auf die Altstadt Dubrovniks (auch ein Lift überwindet die 5 Stockwerke). Es gibt Pianobar, Gourmetrestaurants (eigene für die Villen), herrliche Frühstücksterrasse, Wellnessoase, Parkhaus. DZ/F ab 263 €, in den Villen (außer Sheherazade) ähnliche Preise. Frana Supila 14, ☏ 020/440-555, www.gva.hr. 《《

***** Hotel Rixos Libertas **30**, südlich von Ploče liegt das relativ preiswerte Luxushotel (durch Schönheitsmängel) mit über 315 Zimmern terrassiert zum Meer. Schöner Blick auf die Altstadt und Lokrum, eigener großer Sandbadestrand (Lift führt hinab). Restaurants, Bars, Nachtclub, Casino, großer Pool und Hallenbad, großer Spa-Bereich, Miniclub. 15 Gehmin. zur Altstadt oder per Bus. Parkplatz gratis. DZ/F ab 240 €. Liechtensteinov put 3, ☏ 020/200-000, www.rixos.de.

Hafen Gruž *** Hotel Petka **2**, direkt am Hafen, mit schönem Blick, seit 1867 Hotelbetrieb. 108 gut ausgestattete Zimmer (schön die mit Balkon und Meerblick). Schöne Terrasse, Internetecke, Sauna und Fitness; Parkplätze. Bestens, wenn man zur Fähre möchte. DZ/F ab 100 €. Obala S. Radića 38, ☏ 020/410-500, www.hotelpetka.hr.

**** Hotel Berkeley **1**, gutes und modernes familiengeführtes 24-Zimmer-Hotel, auch Appartements in Hafennähe mit kleinem Pool. Zudem gibt's leckeres Frühstück. WiFi, Bootscharter, Transfer etc. DZ ab 50 €. Andrije Hebrange 116a, ☏ 020/494-160, www.berkeleyhotel.hr.

Auf der Halbinsel Lapad *** Appartements East West **5**, schöne Lage nahe Jachtclub Orsan mit Garten und Blick auf die Hafenbucht. Komplett eingerichtete Appartements/Studios (mit WiFi) ca. 85 €/2 Pers. Parkplatz. Lapadska Obala 29, ☏ 020/435-981.

***** Hotel More **26**, sehr schön gestaltetes modernes Hotel zum Wohlfühlen direkt am Fels am Meer zwischen Pinien. 35 komfortable Zimmer und sehr gutes Restaurant, Bar und Pool, kleines Spa-Center. Treppen führen zu betonierten Badebuchten zwischen den Felsen. DZ/F ab 240 € (mit Meerblick ab 303 €). Kardinala Stepinca 33, ☏ 020/494-200, www.hotel-more.hr.

***** Hotel President Dubrovnik **11**, zum Meer hin abfallend terrassierter Hotelkomplex mit über 280 gut ausgestatteten Zimmern, alle mit Balkon oder Terrasse. Hier besticht die exponierte Lage auf der Halbinsel Babin kuk mit Weitblick zu den Elaphiten, auch die guten Bademöglichkeiten, ob am Pool, am hauseigenen Strand oder den nahen öffentlichen (überall weht die „Blaue Flagge"). Zudem Tauchbasis, Kinderclub, Restaurants und Bars. DZ/F ab 230 €. Ulica Iva Dulčića 142, ☏ 020/441-100, www.valamar.com.

**** Grand Hotel Park **21**, im Hochhaus oder den stilvolleren Villen. Komplett modernisierte 248 Zimmer; schöner großer Pool. Von den Zimmern in den oberen Stockwerken fantastischer Blick über die Bucht. 300 m zur Badebucht mit Sandstrand. Parkplätze. Gute preiswerte Hotelwahl, komfortable DZ/F mit Balkon ab 180 €. Šetalište Kralja Zvonimira 39, ☏ 020/434-444, www.grandhotel-park.hr.

》》 Mein Tipp: *** Hotel Aquarius **22**, südlich von Hotel Park. Die Gäste fühlen sich sehr wohl in dem von Palmen und Gartenterrasse mit Springbrunnen umgebenen Haus. Restaurant, Internetbereich, 20 Zimmer und 4 Appartements, zum Meer mit Sandstrand vor 350 m. DZ/F ab 120 €. Mata Vodopića 4a, ☏ 020/456-111, www.hotel-aquarius.net. 《《

**** Hotel Lapad **6**, gegenüber und mit Blick auf die Hafenbucht Gruž. In einem schönen viktorianischen, renovierten Bau, mit Swimmingpool und Bootstransfer zum Stadthafen. DZ/F ab 190 € (mit Meerblick und Balkon 230 €). Lapadska obala 37, ☏ 020/432-922, www.hotel-lapad.hr.

*** Hotel Zagreb **15**, rot-weiß strahlendes 44-Zimmer-Hotel mit üppigem Garten, Restaurant, Terrasse und WiFi. Zum Stadtstrand wenige Gehmin.; Tennisplätze. DZ/F ab 135 € (mit Balkon 150 €). Šet. Kralja Zvonimira 5, ☏ 020/438-930, www.hotelzagreb-dubrovnik.com.

** Hotel Sumratin 17, etwas südlich von Hotel Zagreb. Ebenfalls von Grün umgeben und mit Restaurant, WiFi in Lobby. Gute, preiswerte Wahl. DZ/F ab 100 € (mit Balkon 110 €). Šet. Kralja Zvonimira 31, ☏ 020/436-006,www.hotels-sumratin.com.

*** Hotel Vis 31, direkt am Kiesstrand, modernisiertes 152-Zimmer-Hotel, alle mit Balkon. DZ/F ab 115 € (je Ausstattung und Lage. Masarykov put 4, ☏ 020/433-555, www.hotelimaestral.com.

*** Hotel Splendid 32, kleines komfortables 59-Zimmer-Hotel südlich des Hotels Vis, direkt an der Felsbadebucht. Von Kiefern umgeben, Pool. DZ/F mit Balkon und Meerblick 130 €. Masarykov put 10, ☏ 020/433-560, www.hotelimaestral.com.

*** Hotel „R" 25, 10-Zimmer-Haus mit 2- bis 3-Bett-Zimmern, ca. 200 m westlich der Uvala Dance; ca. 20 Min. Fußweg zur Altstadt oder per Bus. DZ/F ca. 140 €. Alberta Hallera 2, ☏ 020/333-200, www.hotel-r.hr.

Jugendherbergen Omladinski hostel Dubrovnik 23, 15 Min. Fußweg zur Altstadt. Insg. 82 Betten in sauberen 5- u. bis zu 23-Bett-Zimmern, Küche. Kleines Restaurant; nebenan Fahrrad- u. Scooterverleih. 21,30 €/Pers. mit Frühstück im 5-Bett-Zimmer. Vinka Sagrestana 3, ☏ 020/423-241, www.hfhs.hr.

Hostel Fresh* Sheets 56, mitten in der Altstadt; freundlich und sehr gut geführt, auf 3 Etagen mit Mehrbettzimmer für 16 Pers. (Bad wird geteilt), WiFi und Terrasse. Ca. 27 €/Pers. Im Nebenhaus auch Appartements. Svetog Šimuna 15, ☏ 091/7992-086, www.freshsheetshostel.com.

Camping ≫ Mein Tipp: *** Autocamp Solitudo 3 oberhalb der gleichnamigen Bucht auf der Halbinsel Lapad liegt der bei Campern beliebte Platz. Terrassiertes 3-ha-Gelände unter Kiefern und Oliven, zum Meer abfallend. Tennis, Tauchclub, Disco. Zur Badebucht ca. 200 m. Gute Sanitäranlagen, Restaurant, Supermarkt in der Nähe. Pers. 11,50 €, Parzelle 26,50 €; auch schöne Mobilhäuser. April–Okt. geöffnet. Vatroslava Lisinskog 17, ☏ 020/448-249, 052/465-010, www.valamar.com. ≪

Banje-Strand – Bade- u. Partymeile ▲

Blick auf den Stadthafen ▼

Essen & Trinken/Nachtleben
→ Karten S. 416/417 und S. 418/419

Es gibt eine Vielzahl an Lokalen, die Wahl fällt nicht leicht.

Essen & Trinken Restaurant Domino **49**, im Kellergewölbe bzw. auf der Terrasse speist man gediegen v. a. gute Steaks und dalmatinische Gerichte. Od Domina 6, ☎ 020/323-103.

»» Mein Tipp: Restaurant Arsenal **47**, im restaurierten Arsenal mit schöner überdachter Terrasse und Blick auf den Stadthafen, im großen Innern zwischen Schiffsbugs und Tauen. Beste Fisch- und Fleischgerichte, guter Service, gute Weinauswahl. Pred Dvorom 1, ☎ 098/9830-831 (mobil). **««**

Restaurant Lokanda Peskarija **51**, etwas südlich vom Arsenal (gleicher Besitzer), ebenfalls sehr schönes Ambiente direkt am Stadthafen, das Innere gediegen. Hier isst man bestens Fisch. 11–24 Uhr. Na Ponti b. b., ☎ 020/324-750.

Restaurant Mimoza **29**, schräg gegenüber des Hilton Hotels vor der Altstadt. Elegantes Interieur und romantische Terrasse, gute Küche mit einer Auswahl kreativer Speisen; Spezialität sind Fischgerichte, aber es gibt auch für Vegetarier Gerichte und für Jugendliche Pastavariationen und Pizzen; zudem gibt es Frühstück. 7–24 Uhr (Okt.–April ab 9 Uhr). Branitelja Dubrovnika 9, ☎ 020/411-157.

Restaurant Proto **43**, stilvolles Lokal mit alten Fotografien an den Wänden. Im Obergeschoss überdachte Terrasse. Hier isst man vor allem gute Fischgerichte. 11–23 Uhr. Široka ulica 1, ☎ 020/323-234.

Pizzeria Oliva **48**, kleines gemütliches Lokal mit Freisitzen in der Altstadtgasse. Leckere Pizzen, Pastagerichte und Salate, alles aus frischen Zutaten, dazu gute Weine. 10–24 Uhr. Lucarica 5, ☎ 020/324-594.

🌿 Restaurant Nishta **35**, hier werden sich Vegetarier und Veganer wohl fühlen (auch glutenfreie Gerichte). Frisch zubereitete Gerichte mit asiatischer, mexikanischer und indischer Note, u. a. Suppen, Falafels, Temperitos, Currys Seitan Satay, aber auch Gnocchi oder Papardelle. Tägl. außer So 11.30–23 Uhr. Prijeko 30, ☎ 020/322-088. ■

Konoba Dundo Maroje **44**, traditionsreiches kleines Lokal. Hier gibt es preiswerte Fisch- und Fleischgerichte bei freundlichem Service. Kovačka b. b., ☎ 020/321-445.

Fischrestaurant Rosarij **41**, kleines und langjähriges, gutes Lokal mit ein paar Tischen vor dem Haus. Sehr gute Fisch- und Risottogerichte. Zlatarska 4.

Restaurant Kamenica **50**, gemütliches Sitzen auf dem Gundulićeva-Platz. Kleine Speisekarte, dafür gute und preiswerte Gerichte wie Muscheln, Scampi, Sardellen oder Spaghetti. Tägl. 8–24 Uhr. Gundulićeva Poljana 8, ☎ 020/323-682.

Auster- & Sushi-Bar Bota **54**, klein und hübsch mit Blick auf die Kathedrale (Gasse zum Aquarium). Man sitzt auf Barhockern und genießt die leckeren frischen Austern, Muscheln und Sushi. Tägl. 10–1 Uhr. Od Pustijerne b. b., ☎ 020/324-034.

Außerhalb der Stadtmauern Restaurant Nautica **39**, Pile, vor den Toren der Altstadt, gegenüber der Lavrijenac-Festung. Die Restaurantterrasse ist sicherlich der schönste Speiseplatz Dubrovniks, gegenüber von Bollwerk und Felsen, an denen sich die Wellen brechen, allerdings auch exklusive Preise. Barocke Einrichtung mit hübschen Gemälden. Nightclub, Café, Restaurant. 12–24 Uhr. ☎ 020/442-526.

»» Mein Tipp: Restaurant Pantarul **16**, im modernen Stil mit frischer Saisonküche und Produkten aus dem Umland, zudem hausgemachte Nudeln und Brot. Neben frischem Fisch gibt es Lammkoteletts, Entenbrust, Radiccio-Risotto und täglich variierende Desserts. Das junge Team ist sehr bemüht. Tägl. außer Mo 12–16/18–24 Uhr. Kralja Tomislava 1, ☎ 020/333-486. **««**

Auf der Halbinsel Lapad Restaurant Eden **20**, gegenüber von Hotel Kompas. Kleines, pflanzen- und blumengeschmücktes stilvolles familiengeführtes Lokal, sehr guter Service. Fisch, Meeresfrüchte, Fleisch. 12–24 Uhr. Kardinala Stepinca 54, ☎ 020/435-133.

Restaurant Orsan **4**, beim Jachtclub mit lauschigem Ambiente und Pinien. Schöne Terrasse direkt am Meer, auch schon gut zum Frühstücken, guter Service; gehobenes Preisniveau; im Sommer spielen Bands. Fisch- und Fleischgerichte vom Grill, zudem Muscheln, Hummer. 8–24 Uhr. Ivana Zajca 2, ☎ 020/436-822.

»» Mein Tipp: Restaurant Komin 🔢, bei der Endhaltestelle des Busses Nr. 6 nach Babin kuk. Mit herrlich großem Biergarten, im Winter lodert inmitten des Raumes der offene Kamin; dort werden die Hausspezialitäten zubereitet, Peka-Gerichte (u. a. Lamm, Kalb, Oktopus) oder auch Fisch und Fleisch. 12–23 Uhr. Iva Dulčića 136, ✆ 020/435-636. **««**

Cafés Gradska Kavarna 🔢, ggü. Sv. Vlaho. Hübsches Café zum Frühstücken und Ausruhen mit gutem Blick von der erhöht liegenden Terrasse auf die vorbeischlendernden Touristen. Gorica Sv. Vlaha 77.

Café Festival 🔢, am Stradun. Rund um die Uhr hat man hier ein stilvolles Plätzchen, um zu sehen und gesehen zu werden. Snacks, hausgemachte Kuchen, Teeraum, Cocktailbar.

Café-Restaurant Dubravka 🔢, vor der Altstadt, beim Busbahnhof, unter großen, schattigen Bäumen. Schön zum Entspannen. Guter Café und Kuchen; auch Loungebar, Internetpoint und Restaurant. Brsalje 1.

Weitere **Cafés**, die auch tagsüber geöffnet haben (→ Nachtleben).

Nachtleben Fast jedes Hotel hat Nachtclub/Bar (beliebt u. a. Hotel Dubrovnik Palace, s. u., oder im Radisson Blue Resort, Orašac) und auch in der Altstadt gibt es unzählige Möglichkeiten, sich nachts zu vergnügen. Generell ist in den Sommermonaten natürlich überall viel los, hingegen wird es ab Okt. bis April ruhig, dann werden die Clubs nur am Wochenende besucht.

Skybar 🔢, beliebter, gut besuchter Altstadtclub. Im Sommer tägl. ab 23 Uhr, danach Do–Sa 23–6 Uhr. Pile, Brsalje 11.

Culture Club Revelin 🔢, in der gleichnamigen Festung gibt's gute Cocktails, Events

und Livemusik (im Winter wöchentlich). Von Juni–Sept. Partys mit wöchentlich wechselnden international angesagten DJ's. Geöffnet tägl. 23–6 Uhr. Ul. Svetog Dominika 3, ✆ 091/2502-588

Eastwest Beach Club 🔢, am Strand der Bucht Banje mit Bar & Nightclub, Restaurant (12–24 Uhr), Café und Open-Air-Diskothek. Unterhalb vom Ploče-Tor, hier gehen vor allem im Sommer die beliebten Partys ab. 22–4 Uhr. Frana Supila 4, ✆ 020/412-220. .

Club Lazareti 🔢, im alten Natursteingewölbe gibt es in den Sommermonaten Houseund Techno-Partys mit DJ's aus England und den Niederlanden; danach auch hier nur am Wochenende Musik-Events. Frana Supila 8, www.lazareti.com

»» Mein Tipp: Beachbar Buža 🔢, an den Felsen und Außenmauern der Stadtbefestigung (südl. der Ul. Saraka) – ganz romantisch und preiswert. Getränke nur in Flaschen. 8.30–3 Uhr (je nach Wetter). **««**

Club Orlandinjo 🔢, beliebte Location in Lapad. Nightclub und Events u. a. mit Jazzbands. Di–Sa 22–2 Uhr. Masarykov put 20 (Hotel Dubrovnik Palace).

Hard Jazz Café Troubadour 🔢, im Sommer tägl. Livemusik im Freien, der man in bequemen Korbstühlen lauschen kann – ein netter Platz mit guten Musikern. 9–2 Uhr. Bunićeva poljana 5 (östl. vom Dom), ✆ 020/323-476.

Irish Pub Katie O'Conell's 🔢, im Kellergewölbe, nett und beliebt. 10–2 Uhr. Dropčeva ulica.

Irish Pub Karaka 🔢, die ältere Ausgabe, immerzu voll und sehr laute Rockmusik, hauptsächlich von Engländern gern besucht. 10–2 Uhr. Između polača 5.

Sport/Wassersport

Baden Sehr schön ist der Sand-Feinkiesstrand **Banje**, östlich der Altstadt. Ein weiterer ist in der **Uvala Dance**, dann natürlich rund um die **Halbinsel Lapad** (Uvala Sumratin) und **Babin kuk** (Strand Copacabana). Zum Ausruhen oder für den kurzen Sprung ins Wasser bieten sich die Altstadtfelsen an der Südseite von **Fort Sv. Ivan** an, Stahlleitern führen ins Nass. Schön sind die Felsund Kiesstrände auf der **Insel Lokrum** (hier auch FKK; Strandduschen) – Bootstransfer jede volle Stunde vom Hafen (retour 70 KN).

Wassersport Verleih von Booten, Surfbrettern (auch Sonnenschirme und Liegestühle) bei den meisten Hotels und am Banje- und **Copacabana-Strand**. Zudem das **Tauch- u. Wassersportcenter Abyss** (s. u.)

Tauchen Abyss Diving Center, im Hotel President Dubrovnik, Iva Dulčića 35, ✆ 098/244-349 (mobil), www.dubrovnikdiving.com. Pre.

Diving Club Blue Planet, Masarykov put 20 (Hotel Dubrovnik Palace), ✆ 091/8990-973 (mobil), www.blueplanet-diving.com.

Dubrovnik

Kajakausflüge etc. Adventure Dalmatia, ✆ 091/5263-813 (mobil), www.adventure dalmatia.com. Seekajak um Dubrovnik, Freeclimbing in Konavle.

Adriatic Kayak Tours, Zrinsko Frankopanska 6 (hinter Hilton Hotel), ✆ 020/312-770, www.adriatickayaktours.com. Ausflüge per Fahrrad, per Kajak Inseln erkunden.

Jachthafen Marina Porat, im Hafen von Gruž, 35 Liegeplätze. ✆ 020/418-640.

ACI Marina Dubrovnik, Mokošica (6 km nördl. von Dubrovnik); Busverbindung alle 20 Min. (→ Rijeka Dubrovačka/Mokošica).

Hafenamt: Obala Stjepana Radića 37, ✆ 020/418-988, 418-989 (24-Std.-Service).

Stadtbummel

Hoch über der Stadt und um sie herum verlaufen die mächtigen Wälle und Bastionen der **Stadtmauer**, auf der man wie auf der Chinesischen Mauer spazieren gehen kann – und das sollte man unbedingt tun! Auf zwei Kilometern, rund um den mittelalterlichen Stadtkern, ist die Mauer begehbar. Die Stadtmauer hat diverse Aufgänge, Hauptzugang ist am westlichen Beginn der Placa bei der Sv.-Spas-Kirche, ein weiterer nördlich vom Ploče-Tor und einer bei der Festung Sv. Ivan. Von der nördlichen Seite blickt man über die Dächer Dubrovniks und auf das Tiefblau des Meeres mit der Insel Lokrum. Zweiflügelig liegt die Altstadt da, durchzogen von der Prachtstraße, der *Placa,* von den Einheimischen auch *Stradun* genannt. Im Osten befindet sich der alte Hafen, trutzig und von zwei Festungen bewacht. Der größte Teil der Stadt wurde Ende des 13. Jh. erbaut, auch die Stadtbefestigung stammt aus dieser Zeit. Die Mauern sind bis zu 6 m dick und bis zu 25 m hoch. Insgesamt türmen sich vier Festungen an den Ecken der Wälle. Alle Stadttore werden vom Schutzheiligen Sv. Vlaho bewacht, der seine Stadt auf Händen trägt.

Informatives zu Stadtführungen und Museen

Öffnungszeiten/Adressen zu Museen, Sehenswertem etc. (→ Museen und Galerien).

Für einen Stadtüberblick lohnt der offene **Sightseeingbus** (Preise etc. → Verbindungen). Wer tiefer in die Stadt- und Kulturgeschichte einsteigen möchte, bucht **Stadtführungen** (in der Gruppe ab 90 KN), erhältlich in verschiedenen Längen. Oder man bucht eine **private Stadtführung** (auch deutschsprachig). Interessant sind auch die **themenbezogenen Stadtführungen** (in der Gruppe): „Dubrovnik entdecken", „Geschichten zum Krieg" oder „Judenviertel". Wer sich eigenständig Sehenswürdigkeiten betrachten möchte, dazu noch mit Informationen, mietet sich einen **Audioguide**; 37 historische Sehenswürdigkeiten können abgerufen werden.

Wer bei Museumsbesuchen sparen möchte, kauft die Dubrovnik Card (→ Information). Auskünfte über die Touristeninformationen.

Die **Dubrovnik Card**, erhältlich über TIC (→ Information), spart bei Museumsbesuchen.

In der südöstlichen **Festung Sv. Ivan** ist oben ein **Schifffahrtsmuseum** eingerichtet. Es dokumentiert die Schifffahrtsgeschichte Dubrovniks mit alten Handschriften, Ölgemälden, Seekarten u. a. und ist auch für Kinder geeignet. Im unteren Teil der Festung befindet sich das **Aquarium** mit etlichen Schaubecken und 3 Bassins mit Meeresgetier, die einen kleinen Einblick in die adriatische Unterwasserwelt geben. An der Ostseite der Festung bietet ein Steg mit Bänkchen einen schönen Blick auf die Insel Lokrum. Im Südwesten erhebt sich über dem Meer als erste Kasemattenfestung der Welt das **Fort Bokar** und auf einem Fels ragt die **Vorfestung Lovrijenac**

Dubrovnik – Blick von der Altstadtmauer auf den Stadthafen und gen Lokrum

aus dem Meer, sie ist ebenfalls zu besichtigen und auch von ihr genießt man einen schönen Altstadtblick. Das Bollwerk wurde bereits um 1050 kühn auf dem 37 m hohen Felsen errichtet, später umgebaut. Kühn und freiheitsdenkend ist auch der Leitspruch der Dubrovniker, der am Eingang der Festung verewigt ist „Nicht für alles Gold der Welt sollt Ihr Eure Freiheit verkaufen" (Non bene pro toto libertas venditur auro). Heute dient sie auch als beeindruckende Kulisse bei Theateraufführungen der Sommerfestspiele.

Die runde **Festung Minčeta** an der nordwestlichen Ecke der Stadt ist die höchste der vier und wurde im 15. Jh. von *Juraj Dalmatinac* erbaut; die meerseitige Mauer im Süden wurde erst Mitte des 18. Jh. vollendet.

Fünf **Tore** besitzt die Stadt: zwei zum Land im Westen, zwei zum Stadthafen im Osten und eins im Norden, das nachträglich während der österreichisch-ungarischen Belagerung erbaut wurde. Kommt man von Westen, muss man erst die Vormauer passieren und über eine Steinbrücke gehen. Wie im Osten auch, ist diese durch eine hölzerne Zugbrücke mit dem Stadttor verbunden.

Durch das **Pile-Tor** *(Vrata od Pila)* gelangt man im Westen in die Innenstadt und steht dann vor dem Rund des **Großen Onofrio-Brunnens**. Ein Erdbeben im 17. Jh. hat ihn seines Schmucks beraubt und so zeigt er sich ebenmäßig und schlicht. Der Brunnen, benannt nach seinem Baumeister, dem Neapolitaner *Onofrio della Cava,* ist sechzehneckig, jede Ecke ziert eine Säule, aus der Wasser sprudelt. Der Brunnen war das Ende der 12 km langen, im 15. Jh. erbauten Wasserleitung von der Ombla-Bucht.

Südlich des Onofrio-Brunnens steht das einstige **Nonnenkloster Sv. Klara** (Samostan Sveta Klara), das Ende des 13. Jh. gegründet und nach dem Erdbeben von 1667 wieder aufgebaut wurde. 1432 wurde hier das erste Waisenhaus Europas eingerichtet, es gab eine Wasserleitung und Lazarett. Heute befindet sich im idyllischen Kreuzgang ein Café. Gegenüber des Brunnen-Platzes, neben dem Hauptaufgang zur Stadtmauer, steht die Erlöserkapelle **Sv. Spas**. 1520 nach einem Erdbeben als Votivkirche errichtet, blieb sie vom großen Beben 1667 vollständig verschont. Sie wurde einschiffig im Renaissancestil erbaut und gilt mit ihrer gotischen Fensterrosette bei den Einheimischen als die schönste Kirche Dubrovniks.

Dubrovnik

Nebenan steht das **Franziskanerkloster** aus dem beginnenden 14. Jh. Das Erdbeben von 1667 richtete auch hier immensen Schaden an, vor allem die Kirche musste neu errichtet werden. Saniert bzw. erhalten blieben die Kanzel und zahlreiche Marmoraltäre. Unversehrt blieb auch der im Viereck errichtete Kreuzgang mit Kreuzrippengewölbe und sechseckigen Säulen, die spielerisch Licht und Schatten setzen und heute von subtropischen Pflanzen begrünt sind. Auch das herrliche Südportal von 1499, das die Petrović-Brüder im Flamboyantstil fertigten, blieb unbeschädigt. Beachtenswert sind auch die umfangreiche Bibliothek mit wertvollen Handschriften sowie das Grab des Poeten Ivan Gundulić. Die *Franziskanerapotheke* ist die drittälteste Europas und seit 1317 in Betrieb, heute ein *Museum*. Das Inventar mit alten Gerätschaften zur Arzneimittelherstellung und die Deckengemälde sind ein Schmuckstück, zu sehen sind des Weiteren Bücher, Handschriften, Goldschmiedearbeiten und kostbare Gemälde, zudem kann man sich mit Salben und Tees eindecken. Wer jetzt noch Sorgen hat, geht an die Außenfassade der Kirche (Stradun-Seite), hier ist ein Kopf eingemauert, einer Eule nicht unähnlich, der alle Wünsche erfüllt ...

Östlich des Franziskanerklosters empfiehlt sich ein Besuch der **Galerie War Photo Limited**, die wechselnde Fotoausstellungen zu Kriegen weltweit zeigt.

Das historische Viertel im Süden ist Dubrovniks ältester Stadtteil. An den engen, gekrümmten Gassen stehen die historischen Bürgerhäuser. **Placa**, bei den Einheimischen **Stradun** genannt, heißt die quer durch die Stadt verlaufende Hauptgeschäfts- und Flanierstraße – ehemals ein Meeresarm, der ca. 1150 zugeschüttet wurde. Die Hausfassaden zu beiden Seiten, einst gotisch und im Stil der Renaissance, wurden nach dem Erdbeben 1667 in einem schlichten Barockstil erneuert. Laden an Laden reiht sich in dieser Prachtstraße, von der viele kleine, blumengeschmückte Gässchen abzweigen – nach Norden erklimmen sie mit Treppchen die Ausläufer des Berges Srđ.

Dann erweitert sich die Placa wieder zu einem Platz, dem **Luža-Platz**, der gerne für Folkloreaufführungen genutzt wird und in dessen Mitte die **Rolandsäule** steht, 1418 als Wahrzeichen der freien Handelsstadt von *Bonino di Milano* und *Antun Dubrovčanin* errichtet. Die rechte Hand des Kriegers bis zum Ellenbogen maß eine Dubrovniker Elle.

Dahinter sprudelt der **Kleine Onofrio-Brunnen**, 1438 erbaut. Am Gebäude der Hauptwache ragt der **Stadtturm** aus dem 15. Jh. empor, der sich beim großen Erdbeben zur Seite neigte. Erst Anfang des 20. Jh. wurde er wieder zurechtgerückt. Geht man hier durch das **Ploče-Tor**, gelangt man zum alten Stadthafen. Hier legen die Schiffe zur Insel Lokrum und in Richtung Cavtat ab.

Gegenüber auf dem Luža-Platz wölbt sich der hohe Kuppelbau der **Blasiuskirche** (Sv. Vlaho), dem Schutzpatron Dubrovniks geweiht – das Dunkel im Innern durchdringt das farbige Licht der Mosaikfenster. Sv. Vlaho wurde im 18. Jh. an Stelle der alten, niedergebrannten Kirche gebaut. Die Silberstatue des hl. Blasius, der in der Hand ein wirklichkeitsgetreues Stadtmodell hält, und zwei Steinstatuen des Bildhauers *Lazanić* von der Insel Brač konnten aus den Flammen gerettet werden.

Nördlich der Placa und des Luža-Platzes liegt die kleine Seitegasse *Žudioska ulica* (Judenstraße). Sie erinnert an die aus Spanien, Portugal und Süditalien geflohenen sephardischen Juden, die sich bereits ab 1324 vereinzelt, vor allem aber ab Mitte des 16. Jh. hier niederließen. Das Judenghetto wurde 1546 gegründet. Die sephardischen Juden leisteten einen großen Beitrag zum wirtschaftlichen Aufstieg Dubrov-

Der prachtvolle Rektorenpalast – Meister ihrer Kunst haben sich hier verewigt

niks. Mit dem Bau der **Synagoge** begann man im 15. Jh., die Fertigstellung war 1652; sie ist nach Prag die älteste Europas, die auch heute noch genutzt wird. Auch ein kleines *Museum*, u. a. mit Torarollen, ist zu besichtigen.

Im Stil der Gotik und Renaissance prunkt nördlich des Luža-Platzes der **Sponza-Palast**, auch **Divona** genannt, mit Säulenvorhalle und Arkadenhof. Der Palast wurde zwischen 1506 und 1522 nach Entwürfen von *Pasko Miličević* erbaut, die Steinmetzarbeiten stammen von *Josip Andrijić* aus Korčula. Das Gebäude diente während der Republik als Münzprägeamt, die Kellerräume zeitweise als Gefängnis, ebenso waren hier Zollamt und Umschlagplatz für Warengüter – die fremden Kaufleute wurden kräftig zur Kasse gebeten. Eine lateinische Inschrift über der Loge erinnert: FALLERE NOSTRA VETANT ET FALLI PONDERA MEQUE / PONDERO DUM MERCES PONDERAT IPSE DEUS („Unsere Gewichte verhindern, dass wir betrügen oder betrogen werden / Und während ich die Waren wiege, wiegt mich Gott selbst."). Der Palast ist so solide gebaut, dass er dem Erdbeben von 1667 trotzte. Im schönen Arkadenhof trafen sich die Kaufleute und die Prominenz, Ende des 16. Jh. dienten die Räumlichkeiten auch als Kulturzentrum: Gebildete Dubrovniker und Literaten gründeten hier ihren „PEN-Club" und trafen sich regelmäßig. Heute ist hier das *Historische Archiv* mit Dokumenten aus dem 16. und 17. Jh. untergebracht, zudem wurde eine Ausstellung zur Belagerung und Befreiung und zu Ehren der Gefallenen im Heimatkrieg eingerichtet.

Südlich vom Luža-Platz erhebt sich der vierflügelige gotische **Rektorenpalast** (Knežev dvor) mit **Stadtmuseum** (Dubrovački muzej). Der Palast wurde vom Baumeister *Onofrio della Cava* zwischen 1435 bis 1451 erbaut. Verschönerungsarbeiten im Stile der Renaissance nahmen 10 Jahre später der Baumeister *Juraj Dalmatinac* aus Zadar und der Florentiner Bildhauer und Architekt *Michelozzo Michelozzi* vor. Die Reparaturen nach dem Erdbeben von 1667 führte nach alten Plänen ein Baumeister aus Korčula originalgetreu aus. Hier wohnte der Rektor mit seiner Familie und hier waren der Sitz des Kleinen und Großen Rates (→ Kasten S. 413) und Gerichtssäle.

Dubrovnik

Der Rektor wurde stets nur für einen Monat gewählt und durfte in dieser Zeit, als Prophylaxe gegen Bestechungsversuche, den Palast nicht verlassen. Seine Räumlichkeiten, u. a. sein knallrot ins Auge springende Arbeitszimmer, können besichtigt werden, ebenso weitere punkvolle Barock- und Rokokosäle. Im Obergeschoss residiert heute das Stadtmuseum, das einen Einblick in die Stadtgeschichte gewährt. Das schöne Atrium dient im Sommer als Konzertsaal.

In der Gasse weiter Richtung Hafen steht das **Dominikanerkloster** aus dem frühen 14. Jh. Im 16. Jh. schmückte es *L. Marović,* ein Steinmetz aus Korčula, mit seinen Arbeiten. Der Kreuzgang mit Triphoren und Rosetten ist heute noch schön anzusehen. In der Kirche, heute häufig Spielort für klassische Konzerte, hängt ein Altargemälde *Tizians.* Die einstige Klosterapotheke dient heute als *Museum.* Das Museum zeigt eine sehenswerte Gemäldesammlung italienischer Meister (z. B. *Lorenco di Credi,* 16. Jh.), Dubrovniker Meister aus dem 15. und 16. Jh. (z. B. *Hamzić, Dobričević, Božidarević*) sowie alte Handschriften, Bücher und Goldschmiedearbeiten.

Gegenüber liegt der **Dom Velika Gospa** (Mariä Himmelfahrt). Die alte Kuppelkathedrale war eine Stiftung des sagenumwobenen englischen Königs *Richard Löwenherz.* Als er mit seinem Schiff 1192 auf dem Rückweg vom 3. Kreuzzug in einem Sturm in der Adria Schiffbruch erlitt, gelobte er der Jungfrau Maria, dort eine Kirche zu bauen, wo er heil an Land käme. Er landete zwar auf der Insel Lokrum vor Dubrovnik, doch ließ er sich überreden, seine Kirche in der Stadt zu errichten. Die Kathedrale wurde während des großen Erdbebens völlig zerstört, doch konnte man die Gemälde von *Raffael* und *Tizian* retten. Die heutige monumentale Barockkirche stammt aus dem 18. Jh. Die mit drei Schlössern verriegelte *Schatzkammer,* zu der drei Personen bzw. Einrichtungen je einen Schlüssel haben, birgt Reliquien und eine frühbyzantinische Ikone. Die Schatzkammer zeigt wertvolle Arbeiten von Dubrovniker und italienischen Gold- und Silberschmieden, Gemälde, Reliquien und sakrale Gegenstände.

Der Luža-Platz mit der Kirche Sv. Vlaho

Etwas westlich des Doms trifft man auf den Platz **Gundulićeva poljana**, dessen Name an den Dubrovniker Dichter *Ivan Gundulić* erinnert. Sein bronzenes Standbild fertigte *Ivan Redić* 1892. Hier stehen vormittags die Stände des Obst- und Gemüsemarkts. Vom Domplatz führt eine barocke Treppe zur **Jesuitenkirche**, die die Dächer der Stadt weit überragt. Sie birgt Dubrovniks älteste Glocke, gegossen 1355.

Westlich davon beherbergt der frühere Getreidespeicher das auf mehreren Etagen schön und neu gestaltete **Ethnografische Museum Rupe**. Hier am Rupe (so hieß der Platz) lag Dubrovniks versteckter Reichtum und Getreidevorrat, den man sich vor allem in unsicheren Zeiten zulegte. 1590 meißelte man dafür 15 Silos mit einer Tiefe von bis zu 9 m in den Felsen, die europaweit mit zu den größten Vorratskammern zählten. Sie hatten Platz für 1200 t Getreide. Die oberen Stockwerke dienten zum Trocknen des Getreides, durch Kanäle wurde es dann weiter ins Erdgeschoss geleitet. Das Getreide stammte aus der Umgebung, u. a. aus Konavle, aber auch aus Süditalien oder Albanien. Getreide wurde aber auch für teures Geld exportiert, z. B. bei Ernteausfällen in Spanien – dann wurden die Dubrovniker zu „gut bezahlten Rettern in der Not". Verschifft wurde das Getreide natürlich mit den eigenen Dubrovniker Galeonen. Heute sind in Teiltrakten rund 5000 Exponate untergebracht, die das ländliche und städtische Leben von der Antike bis ins Mittelalter aufzeigen, u. a. Ölmühle, Weinverarbeitung, Trachten und eine archäologische Sammlung.

Museen und Galerien

Rundgang auf der Stadtmauer: Unbedingt lohnenswert ist ein Spaziergang auf der knapp 2 km langen Stadtmauer, die die Altstadt von Dubrovnik schützend umgibt. Die Stadtmauer hat diverse Aufgänge, Hauptzugang ist am westlichen Beginn der Placa bei der Sv.-Spas-Kirche, ein weiterer nördlich vom Ploče-Tor und einer bei der Festung Sv. Ivan.

Keine Beleuchtung, daher Öffnungszeiten mit Helligkeit. Juni/Juli 8–19.30; Aug.–Mitte Sept. 8–19 Uhr, Mitte Sept.–Okt. 9–18 Uhr, Nov./Dez. u. März 9–15 Uhr, Jan./Febr. 10–15 Uhr, April/Mai 9–18.30 Uhr. Eintritt 100 KN, Kinder 30 KN (7–18 J.), www.citywallsdubrovnik.hr.

Stadtmuseum Dubrovnik (Dubrovački muzej) – Rektorenpalast (Knežev dvor): Das Museum zeigt eine historische Sammlung von Dubrovnik, u. a. Münzen, Waffen, Gemälde. Im Atrium werden im Sommer Konzerte abgehalten.

Tägl. 9–18 Uhr, Nov.–März nur bis 16 Uhr. Eintritt 80 KN, Kinder 20 KN. Pred Dvorom 3, www.dumus.hr.

Sponza-Palast: Einstiges Zollamt und Warenumschlagplatz. Heute ist darin das Historische Archiv mit Dokumenten aus dem 16. und 17. Jh. untergebracht. Zudem Ausstellungsraum und Gedenkstätte der Gefallenen im Heimatkrieg (1991–95) und Atrium.

Tägl. 9–22 Uhr, Nov.–April 10–15 Uhr. Eintritt gratis. Svetog Dominika 1.

Dominikanerkloster und Museum: Das Museum zeigt eine sehenswerte Gemäldesammlung italienischer Meister (z. B. *Lorenco di Credi*, 16. Jh.), Dubrovniker Meister aus dem 15. und 16. Jh. (z. B. *Hamzić, Dobričević, Božidarević*) sowie alte Handschriften, Bücher und Goldschmiedearbeiten.

Tägl. 9–18 Uhr, Nov.–März nur bis 17 Uhr. Eintritt 20 KN. Sv. Dominika 4.

Kathedrale mit Schatzkammer: Kathedrale s. o. Die Schatzkammer zeigt wertvolle Arbeiten von Dubrovniker und italienischen Gold- und Silberschmieden, Gemälde, Reliquien und sakrale Gegenstände.

Tägl. 9–16, So 11.30–16 Uhr. Messe: 7.30 u. 18 Uhr, So zusätzlich 9 u. 10 Uhr. Eintritt 20 KN, Kinder 15 KN. Držićeva poljana.

Dubrovnik

Aquarium: Im Gewölbe des Sv.-Ivan-Forts sind etliche Schaubecken und 3 Bassins mit Meeresgetier untergebracht, die einen kleinen Einblick in die adriatische Unterwasserwelt geben.

Tägl. 9–20 Uhr (im Juli bis 21 Uhr), Nov.–März 10–13 Uhr. Eintritt 40 KN, Kinder 15 KN. Sv.-Ivan-Festung, D. Jude 2.

Schifffahrtsmuseum: Es dokumentiert die Schifffahrtsgeschichte Dubrovniks mit alten Handschriften, Ölgemälden, Seekarten u. a. Auch für Kinder geeignet.

Tägl. außer Mo 9–18 Uhr, Nov.–März bis 16 Uhr. Eintritt 80 KN, Kinder 25 KN. Sv.-Ivan-Festung, www.dumus.hr.

Ethnografisches Museum Rupe: Das sehr ansprechende und gut gestaltete Museum im ehemaligen Getreidespeicher präsentiert u. a. eine reichhaltige ethnografische und archäologische Sammlung. Auch für Kinder unterhaltsam.

Tägl. außer Di 9–16 Uhr. Eintritt 80 KN, Kinder 25 KN. Od Rupa 3, www.dumus.hr.

Franziskanerkloster mit Museum: Inventar aus der alten Stadtapotheke (frühes 14. Jh.), Bücher, Handschriften, Goldschmiedearbeiten, kostbare Gemälde.

Tägl. 9–18 Uhr, Nov.–März bis 17 Uhr. Eintritt 30 KN, Kinder 15 KN. Placa 2.

Marin Držić´s Haus: Ein 40-minütiger Film informiert über das Leben und Wirken des großen Dubrovniker Dichters, Komödianten, Geistlichen und Schreibers Marin Držić. Seine Komödien werden hier während des Sommerfestivals aufgeführt.

Tägl. außer Mo 9–20.30 Uhr. Eintritt 80 KN, Kinder 25 KN. Široka ulica 7, www.muzej-marindrzic.eu.

Synagoge mit Museum: Sakrale Gegenstände; das Leben der Juden in Dubrovnik wird veranschaulicht.

Mai–Okt. tägl. 10–20 Uhr, Nov.–April Mo–Fr 10–15 Uhr. Eintritt 35 KN, Kinder bis 14 J. frei. Žudioska ulica 5.

Festung Lovrijenac: Sie thront auf einem 37 m hohen Felsen. Im Sommer finden hier im Rahmen des Sommerfestivals Theateraufführungen statt. Die Festung kann besichtigt werden.

Vorfestung Lovrijenac, ein mächtiges Bollwerk und prachtvolle Kulisse

Museum der Serbisch-Orthodoxen Kirche: Im Hause der einstigen Adelsfamilie Bonda werden Ikonen, u. a. auch aus Griechenland und Russland gezeigt, zudem aus der byzantinischen Epoche.
Tägl. außer So 9–14 Uhr, Nov.–April tägl. außer Sa/So 9–14 Uhr. Eintritt 10 KN, Kinder 5 KN. Od Puča 8.

Kunstgalerie (Umjetnička Galerija): Große Werks- und Gemälde-Sammlung einheimischer Künstler aus dem 19. und 20. Jh.; wechselnde Ausstellungen bedeutender in- und ausländischer Künstler.
Tägl. außer Mo 9–20 Uhr. Eintritt 80 KN, Kinder/Stud. 25 KN. Put F. Supila 23.

Kriegsfoto-Galerie (War Photo Limited): Wechselnde Fotoausstellungen zum Thema Krieg; neben Kroatien auch Irak etc.
Tägl. 10–22 Uhr. Eintritt 40 KN, Stud. 30 KN. Antuninska 6 (östl. des Franziskanerklosters), www.warphotoltd.com.

Es gibt noch sehenswerte kleine Galerien. Infos über TIC.

Umgebung von Dubrovnik

Berg Srđ: Auf Dubrovniks 412 m hohem Hausberg wacht eine Festung aus napoleonischer Zeit. Die Seilbahn, die lange Zeit außer Betrieb war, fährt wieder hoch. Zu den langwierigen Bauarbeiten gibt es oben eine Fotoausstellung; zudem gibt es ein Bistro und in der Festung eine Ausstellung zu den Kriegsjahren 1991–95. Der Ausblick auf die Stadt und die vorgelagerten Inseln ist herrlich. Wer mag, läuft von der Altstadt in ca. 1 Std. in Serpentinen hinauf.

Anfahrt Gondelbahn: Die Station ist nördlich der Stadtmauer. Juni–Aug. im 30-Min.-Takt 9–24 Uhr; April u. Sept./Okt. 9–20 Uhr; Febr./März u. Nov. 9–17 Uhr; Dez./Jan. 9–16 Uhr. Tickets einfach (retour) 50 KN (100 KN), Kinder halber Preis, bzw. bis 6 Jahre gratis. ✆ 020/325-393, www.dubrovnik cablecar.com.

Auto/Bus: Über den Stadtteil Bosanka kann man mit dem Auto hinauffahren, auch ein Bus (Nr. 17, stündl.) fährt hinauf.

Insel Lokrum: Das Inselchen liegt als grüne Oase vor der südöstlichen Festung und dem Dachgeflimmer Alt-Dubrovniks und ist Naturschutzgebiet. Zypressen spitzen aus Lokrums Waldkleid, das vom 1806 von den Franzosen errichteten *Fort Royal* überragt wird. Schon 1023 stand hier ein *Benediktinerkloster*, das 1798 aufgelöst wurde. 1858 kaufte Erzherzog Maximilian von Habsburg, der spätere Kaiser von Mexiko, die Insel. Er renovierte und baute sich das Kloster zu einem Schloss um und legte den Park an. Danach gehörte es eine Zeit lang dem österreichischen Thronfolger Rudolf. Heute gibt es inmitten der üppigen Vegetation des Klosterparks etliche Restaurants, Wege führen durch den grünen Tunnel des Naturparks, zu dem die Insel 1945 erklärt wurde. Im *Schloss* ist ein *Museum* eingerichtet, u. a. mit einer Sammlung von *Ruđer Bošković* (1711–1787), einem großen europäischen Mathematiker, Physiker und Philosophen, in Dubrovnik geboren. Im kleinen Salzsee *Totes Meer* kann man gut mit Kindern baden. Fels- und Kiesstrände mit Duschen gibt es rund um die Insel; links der Anlegestelle ist FKK-Gebiet.

Anfahrt Schiff In der Saison pendeln verschiedene Schiffe – meist zur vollen Stunde (Juli/Aug. auch halbstündl.) – vom Stadthafen zur Insel. Pro Pers. 70 KN (inkl. Naturparkgebühr), Kinder halber Preis (bis 6 Jahre gratis). Letztes Schiff 19 Uhr (Hochsaison), sonst 18 Uhr oder früher. Boote, die ankern, müssen 20 KN Naturpark-Gebühr bezahlen.

Herrlicher Weitblick von der Spanischen Festung (Lopud) auf die Elaphiten

Die Elaphiten

Dalmatiens südlichste Inselgruppe umfasst 13 größere und kleinere Inseln, mit Felsklippen und Riffen sind es annähernd 30. Die drei größten der Elaphiten – Šipan, Lopud und Koločep – sind von subtropischer Vegetation geprägt, sie sind bewohnt, bieten Unterkunft und schöne Badebuchten. Auch sind sie quasi autofrei, lediglich die Bewohner benutzen zum Einkaufen oder für Baumaterialien die Autofähre, die in Šipan und Lopud stoppt. Für Bootsbesitzer gibt es gut geschützte Anlegeplätze.

Die 13 Elaphiten-Inseln – *Daksa, Koločep, St. Andreas, Lopud, Ruda, Šipan, Mišnjak, Jakljan, Kosmeč, Goleč, Crkvicne, Tajan, Olipa* – liegen nordwestlich von Dubrovnik, sind der Küste vorgelagert und haben insgesamt 30 km^2 Landfläche, verstreut über 90 km^2 Meeresfläche. Die Insel Lokrum zählt nicht dazu – sie gehört zu Dubrovnik.

Heiße, trockene Sommer und milde, regnerische Winter bestimmen das Klima. Der Jugo fegt über Kliffe und unbewohnte, dem Meer zugewandte Inselseiten. Gefährlich kann der Nordweststurm Tramontana werden. Die bewohnten Ortschaften und touristischen Zentren sind alle in Richtung Maestral geöffnet, der die Sommerglut mildert. Von Karst ist auf den größeren Inseln nicht viel zu sehen, sie sind von immergrünen Wäldern bedeckt: Aleppokiefernwald, Flaumeichen, Lorbeerbäume und Erdbeersträucher, Kletterpflanzen und Macchiagestrüpp wuchern überall. Und in den Ortschaften wächst und blüht es subtropisch: Platanen, Stechpalmen, Orangen,

Zitronen, Jasmin. Die Felder und Gärten sind gepflegt, die Vorgärten ein Blumenmeer. Die Wassertemperatur der südlichen Adria liegt nur im Winter höher als im Norden, im Herbst misst sie 19, im Winter 14 °C. Im Sommer ist es umgekehrt; die Temperatur beträgt dann zwischen 22 und 25 °C, also ein paar Grad weniger als z. B. im Gebiet der Kvarner-Inseln. Der steinige Meeresgrund ist reich an Tieren und Pflanzen: Hier leben grüne und rote Algen, Korallen, Barsche, Zahnbrassen, Kraken, Langusten und Hummer.

Geschichte

Schon Plinius der Ältere sprach im 1. Jh. n. Chr. von den Elaphiten. Der Name, so sagen die einen, geht auf das griechische *elaphos* – Hirsch – zurück. Daraus ist zu schließen, dass die Griechen die Inseln zu einer Zeit besiedelten, als dort noch Hirsche lebten. Eine andere Variante führt den Namen auf die griechischen Wörter *elaia* (Olive) und *fitos* (wachsen) zurück, was besagen soll, dass die Inseln mit Olivenbäumen bedeckt waren – sicherlich die wahrscheinlichere Namensdeutung. Auf Šipan stehen Reste römischer Landvillen. Wahrscheinlich schon im 11. Jh. kamen die Elaphiten zu Dubrovnik, 1272 wurden die Rektoren von Koločep, Lopud und Šipan gewählt. Sein goldenes Zeitalter erlebte der Archipel im 15. und 16. Jh. Nach dem Fall Dubrovniks 1808 gerieten die Inseln mit reicher Seefahrertradition allmählich in Vergessenheit. Heute ernähren die wenigen fruchtbaren Felder, das Meer und vor allem der Tourismus die Bewohner der größeren Inseln. Durch den Krieg zwischen 1991 und 1995, der gegenüber auf dem Festland tobte, wurden auch nach Kriegsende die Inseln wenig besucht – viele Pensionen und Restaurants, besonders auf der Insel Lopud, mussten schließen. Inzwischen boomt der Tourismus vor den Toren Dubrovniks wieder.

Wichtiges auf einen Blick

Telefonvorwahl 020

Fährverbindungen   Personenfähre (Jadrolinija, Linie 807): Dubrovnik–Šipan (Suđurađ, Šipanska luka), Lopud und Koločep. Die drei bewohnten Inseln werden ganzjährig je nach Saison bis zu 5-mal tägl., So nur 2- bis 4-mal tägl., angelaufen; auf Šipan stoppt die Fähre zuerst im Osten in Suđurađ, 35 Min. später in Šipanska luka im Westen (allerdings nur 1-mal tägl.). Preis Dubrovnik–Suđurađ 23 KN.

Trajekt   Dubrovnik–Lopud–Suđurađ (Jadrolinija): 1-mal tägl.; Lopud nur 3-mal pro Woche. Touristen benötigen auf den Inseln kein Auto, diese Schiffe sind für Einheimische zum Transport für Baumaterial etc. gedacht.

Katamaran Dubrovnik–Šipanska luka–Sobra (Insel Mljet)–Polače (Insel Mljet)–Korčula–Ubli (Insel Lastovo) (G & V-Line, www.gv-line.hr): Nur Juli/Aug. 1-mal tägl. Šipanska luka und Polače, 2-mal tägl. Sobra, 4-mal wöchentl. Korčula und 2-mal wöchentl. Ubli.

Taxiboote Vom Festland gibt es von Brsečine (nördlich Trsteno) Taxiboote nach Šipan; auch Parkplätze dort vorhanden.

Übernachten es gibt 2 Hotels, daneben Pensionen.

Einkaufen nur zwei ganzjährig geöffnete Minimärkte.

Geldwechsel   keine Banken! Nur Bankomaten auf Lopud, Šipan und Koločep oder in den Postämtern.

Sudurad – Wehrtürme bewachen die Hafeneinfahrt des Fischerortes

Insel Šipan

Größenmäßig und auch geschichtlich ist Šipan die erste Insel der Elaphiten. Trotz grüner Wälder, fruchtbarer Täler und subtropischer Parks kommen nur wenige Touristen. Die Badebuchten waren noch nie überlaufen, in den beiden Fährorten herrscht beschauliche Ruhe.

Šipan ist mit 16,5 km² die größte Elaphiten-Insel, auf der ein paar hundert Einwohner in zwei Orten leben. Eine schmale Straße verbindet die beiden Inselorte. Sie führt durch ein 5 km langes, fruchtbares Tal, in dem vor allem Oliven, aber auch Weinreben, Feigen, Johannisbrot, Hagebutten und Mandeln wachsen, teils überwuchert von Rankpflanzen, da sich nur noch wenige Menschen um die Landwirtschaft kümmern. Die einstigen Fußwege zu den Orten existieren noch, sie führen durch üppige Macchia und Kiefernwälder, Zypressen- und Palmenparks. Die Insel ist hügelig, ihre höchste Erhebung ist der 243 m hohe Berg *Velji vrh*. Die buchtenreiche Küste ist von klarem Wasser umspült, in dem sich viele Fischarten tummeln. Steil ist die Küste vor allem im Süden.

Geschichte

Šipan ist seit Urzeiten bewohnt, auf dem Berg Sutulija in der Inselmitte sind Reste illyrischer Verteidigungsmauern erhalten, bei Šipanska luka fand man Ruinen einer Villa rustica und römische Schrifttafeln. Römische Quellen berichten von einer Seeschlacht bei Tauris (zwischen Šipan und Jakljan), die sich im Jahr 47 im Bürgerkrieg zwischen Cäsar und Pompejus hier abspielte. Von 32 altkroatischen Kirchen, erbaut zwischen dem 7. und 11. Jh., stehen heute noch 15 über die Insel verstreut. Seit dem 13. Jh. gehörte Šipan zur Stadtrepublik Dubrovnik und erlebte mit ihr Aufstieg und Niedergang, besonders was Handel und Seefahrt betrifft. Heute lebt man auf Šipan etwas von Landwirtschaft und Fischfang, in eingeschränktem Maß vom Tourismus oder die Bewohner pendeln zur Arbeit in die nahe Großstadt Dubrovnik.

Šipanska luka

Versteckt in einer tiefen, von viel Grün umgebenen Bucht im Nordwesten liegt der Hauptort von Šipan. Die wenigen Touristen genießen Sonnenuntergänge, Fisch und Wein auf der Terrasse des Hotels oder in der Konoba.

Überreste einer Villa rustica zeugen von Šipanska lukas früher Besiedlung. Zur Zeit der Dubrovniker Herrschaft stand hier der **Rektorenpalast**, der bis heute erhalten ist. Vom **Renaissanceschloss** (heute in Privatbesitz) hoch über der Ortschaft bietet sich ein guter Blick über die Insel: Tief zieht sich die Bucht ins Land bis zum Hafen. Am Ufer liegt ein Park, in dem eine über hundert Jahre alte Platane steht, die Uferpromenade ist von Palmen gesäumt, dahinter, inmitten von Blumengärten, alte rosa getünchte Häuser. Die **Pfarrkirche Sv. Stjepan** steht auf einer Anhöhe über dem Ort. Sie stammt aus dem 12. Jh., aus dieser Zeit ist allerdings nicht viel erhalten, bis heute wurde die Kirche viermal umgebaut.

Weitgehend verfallene Landhäuser stehen in der Feldflur (Polje) zwischen Šipanska luka und Suđurađ – hier gedeihen neben Olivenbäumen noch Gemüse, ansonsten Aleppokiefern und Macchia. Im Nordwesten dieser Gegend sprudelt eine Quelle. Im 16. Jh. gehörte den Erzbischöfen von Dubrovnik ein Sommerpalast auf der Insel, in dem auch Kardinal Becadelli, ein enger Freund Michelangelos, wohnte. Der Kardinal lud ihn nach Šipan ein, doch der bereits betagte Künstler konnte nicht mehr reisen. Michelangelo bedauerte dies in einem Sonett, in dem er die Schönheit Šipans rühmte. Oberhalb von Šipanska luka, auf dem Weg zum Velji vrh, steht das altkroatische Kirchlein **Sv. Petar** mit orientalischem Kuppelbau.

Relief am Rektorenpalast

Baden: Es gibt einen Kiesstrand an der Südseite der Hafeneinfahrt, im Sommer mit netter Bar. Auf der Buchtnordseite, ebenfalls über Fußwege zu erreichen, gibt es schöne kleine Buchten.

Information Touristinformation, 20233 Šipanska luka, ☎ 020/758-084. Mitte Juni–Mitte Sept. 10–13 Uhr. Sonst Auskünfte im Hotel Šipan.

Post/Geld Mo–Fr 9.30–11.30 Uhr. Bankomat (Privredna banka).

Übernachten Entlang der Uferpromenade gibt es **Privatzimmer**. DZ ab 20 € u. a. bei **Fam. Boroje**, ☎ 098/325-511 (mobil); **Fam. Lukrecija**, ☎ 020/758-025.

*** **Hotel Šipan**, der hübsche Bau mitten an der Hafenbucht war einst eine Olivenfabrik; mit Restaurant, Cocktailbar und romantischer Terrasse unter Palmen. 84 nette, helle Zimmer und Suiten mit komfortabler Ausstattung, auch WiFi und Spa. DZ/F 98 €/ Standard mit Meerblick, 140 €/Superior-Meerblick. ☎ 020/754-901, www.hotel-sipan.com.

Essen & Trinken An der Uferpromenade einige Gostionas und Cafébars, u. a. das beliebte **Café Luka** zwischen Palmen.

»»» Mein Tipp: **Konoba kod Marka**, kleines, sehr gutes Lokal, besonders bei Bootsbesitzern beliebt. Terrasse direkt an der Mole, an der Südseite der Hafeneinfahrt. Raffinierte und doch traditionelle dalmatinische Küche – Fischrogen, Crevetten, Calamares mit Süßkartoffeln und Tomaten – oder doch vielleicht lieber das leckere Risotto mit Langusten und Schafskäse? Mai–Anf. Okt. ✆ 020/758-007. **«««**

Sport Das Hotel verleiht Fahrräder und Tretboote.

Suđurađ

Zwei wuchtige Wehrtürme bewachen den Ort an der südöstlichen Inselseite. Suđurađs Umgebung lockt mit Stränden und Plateaus zum Baden und zum Wandern.

Jachten und Ausflugsboote füllen im Sommer das kleine Hafenbecken, meist einfache Marmorhäuser prägen das beschauliche Ortsbild. Am Kai stehen zwei Kirchlein mit einer gemeinsamen Fassade: eine aus dem 13. Jh., die andere aus dem 16. Jh. Die Inschrift der Kirchenglocke tönt „Vive le roi de la France!" Aus dem 16. Jh. stammt die schöne **Sommerresidenz** des Stadthalters *Stjepović-Skočibuha*, deren Wehrtürme man schon von weitem sieht. Das Eingangstor schmückt das Familienwappen: eine nackte Frau auf einem Delfin – Zeichen der Herrschaft über das Meer. Seit rund 25 Jahren ist der hinter Mauern versteckte Prachtbau mit Kapelle im Besitz der Familie Marušic, die seine Pforten zur Besichtigung nach Anmeldung öffnet (✆ 020/758-046, www.sipan-marusic.hr).

Am Ortsausgang von Suđurađ steht die wuchtige Kirche **Sv. Duh**, eine frühere Festung, ähnlich der in Vrboska auf Hvar. Ihr Dach ist das größte an der östlichen Adriaküste, von oben genießt man einen Weitblick über die Feldflur. Folgt man dem Sträßchen nördlich bergan (erste Straße kurz rechts), ragen hinter den Kiefern auf einer Bergspitze die Kirche Sv. Duh und eine Burgruine empor. Hierher flüchteten sich die Leute von Suđurađ bei Piratenüberfällen. Noch weiter auf dem Sträßchen bergan, genießt man einen schönen Weitblick und stößt auf den **Klosterkomplex Pakljena**. Er umfasst das Benediktinerkloster mit romanischen und gotischen Stilelementen aus dem 14. Jh., einen hohen, zinnengekrönten Wehrturm von 1563, die *Kapelle Sv. Mihael* (7. Jh.), die Pfarrkirche *Gospa od Milosrda* (14. Jh.) mit Madonnenbild eines holländischen Meisters und das Priesterhaus.

Die hübsch renovierte Kirche **Sv. Ivan** mit Fresken aus dem 11. Jh., steht südlich vom Ortsausgang (über Feldweg nach Kreuzung zu erreichen).Wer sich für Kunst interessiert, geht in die *Galerie Antikvardat* (Mai–Okt.), hier gibt es moderne Gemälde kroatischer Künstler zu bewundern.

Einkaufen **Markt** mit einheimischen Produkten wie u. a. Olivenöl, Honig. In der Saison fast tägl. außer So.

Gesundheit Ambulanz: Mo, Mi u. Fr 8–12, Di u. Do 14–18 Uhr. ✆ 020/758-120.

Übernachten: Pensionen, DZ ab 30 €. Schöne Unterkünfte u. a. bei: **Appartements Kate** (Fam. Goravica), ✆ 098/9945-619 (mobil), miho.goravica@gmail.com. **Apartmani Stara Mlinica** (Fam. Lešević), ✆ 098/705-690 (mobil), marojelesevic@yahoo.com.

Pension Daničić, ✆ 020/758-166, toncidanicic@yahoo.com. Zudem Zimmervermietung in der **Konoba Tri Sestre** (→ Essen).

»»» Mein Tipp: **** Hotel Božica, nettes, familiär geführtes 26-Zimmer-Hotel (Fam. Kristić) nordöstlich vom Ort, direkt am Meer. Komfortable Zimmer/Appartements, auch Internetzugang. Das sehr gute Restaurant mit schöner Terrasse serviert leckere Gerichte wie hausgemachte Tagliatelle mit Shrimps, Mönchsfischmedaillons

Sudurad – im kleinen Hafenort herrscht Ruhe und Idylle

mit Olivensauce oder zarte Lammkoteletts in Rosmarinsauce; für Naschkatzen warten u. a. hausgemachter Karottenkuchen oder Käsekuchen mit Erdbeersauce. Gebadet wird im Pool oder am Felsbadestrand; Fahrrad- und Kajakverleih; Transfer zu anderen Inseln oder Festland (Brsečina). DZ/F 143 € (195 € mit Meerblick). Sudurad 13, ☎ 020/325-400, www.hotel-bozica.hr. ≪

Essen & Trinken Konoba Stara Mlinica, am Hafen in einem gemütlichen Naturstein-haus, innen mit offenem Kamin, im Freien gemütliche Terrasse. Mitte April–Okt. Sudurad 13, ☎ 020/758-030.

Konoba Na Taraci, neben dem Schloss, im ehemaligen Wirtschaftsgebäude mit kleiner Terrasse. Das Innere ist wie ein kleines Museum. Spezialitäten sind Gerichte aus der Peka (Lamm, Oktopus, Kalb und Ge-

müse). Mai–Anf./Mitte Okt. 9–22/23 Uhr. ☎ 020/758-033.

🌿 Konoba Tri Sestre, direkt am Meer gibt es Peka-Gerichte (Ziege, Lamm, Kalb, Oktopus), auch Fischgulasch, Wildschweingulasch und fangfrischen Fisch; alle verwendeten Produkten kommen von der Insel und wurden biologisch angebaut. Für Boote gibt es Anleger. Es sind auch nette Zimmer mit Balkon zu mieten. Mai–Okt./Anf. Nov. Sudurad 1c, ☎ 098/9158-056 (mobil). ∎

Cafébar-Bistro Na Žalima, gemütlich sitzt man wenige Meter vom Hafen unter den schattigen Bäumen und genießt seinen Kaffee oder Fisch und Fleisch. Tägl. 9–22 Uhr.

Sport Fahrrad- u. Kajakverleih im Juli/Aug. vor Cafébar Na Žalima am Hafen.

Insel Jakljan

Jakljan ist die drittgrößte Elaphiten-Insel, unbewohnt und westlich von Šipan vor der Hafeneinfahrt nach Šipanska luka. Früher war die Insel besiedelt – im Westen steht die Ruine einer Benediktinerkirche aus dem 15. Jh. Heute kommen Bauern aus Šipan nach Jakljan, die hier Wein- und Olivenfelder besitzen. Im Sommer schallt Kinderlärm über die immergrüne Insel: Bei der Wasserquelle im Norden steht ein Kindererholungsheim.

Jakljan hat einige stille Badeplätze. Nördlich vorgelagert sind etliche kleine Eilande sowie die Leuchtturminseln **Olipa** und **Tajan**.

Insel Ruda

Die karg mit Macchia bewachsene Insel zwischen Lopud und Šipan hat viele Buchten und eine Höhle, groß genug für ein stattliches Schiff. Im 16. Jh. lebten hier für kurze Zeit Dominikaner, denen es wegen der Piraten aber bald zu gefährlich wurde. Reste ihres Hauses stehen noch. Ansonsten gibt es auf dem von Kaninchen kahl gefressenen Eiland nur Angler und Badetouristen.

Die Elaphiten

Blick auf das Städtchen Lopud mit seinem Franziskanerkloster

Insel Lopud

Sandstrände, ein gut geschützter Jachthafen, Spazierwege über die Insel und das in ein subtropisches Pflanzenmeer gebettete gleichnamige Städt-chen – die zweitgrößte Elaphiten-Insel ist ein beliebtes Urlaubsziel.

Miho Pracat

Der 1528 in Lopud geborene Miho Pracat ist der Einzige, dem die Stadtrepu-blik Dubrovnik ein Denkmal errichtete – es steht im Atrium des Rektoren-palasts in Dubrovnik. Miho Pracats Leben war ein Aufstieg wie im Kitsch-roman. Er erbte das Vermögen seines Onkels und zog in die weite Welt, durch die Entdeckung Amerikas neugierig gemacht, natürlich auch dorthin. Von seinen Reisen kam er als reicher Mann zurück, besaß zehn Schiffe, große Häuser und Ländereien. Geschickt verstand er es, seinen Reichtum zu mehren und damit auch den der Stadtrepublik, der er sein ganzes Ver-mögen vermachte.

4,5 km² groß ist diese liebliche Insel, die schon früher zu den reichsten der Elaphi-ten zählte und deswegen „Klein-Dubrovnik" genannt wurde. Das milde Klima, üppige subtropische Vegetation durch Wasserquellen und die gut geschützte Bucht zogen den Dubrovniker Adel an, der prächtige Häuser und zahlreiche Kirchen bau-te. Der Jugo macht die Winter mild und die Hitze des Sommers kühlt der Smorac, ein Maestral-Wind. Pinien, Zypressen, Palmen, Aloen und Kakteen bedecken die Insel, Orangen und Zitronen, Oliven und Wein gedeihen. Die höchste Erhebung ist der Berg *Polačice* mit 216 m. Auf Lopud gibt es zwei große Sandbuchten, die *Šunj-*

Bucht im Südosten und die *Lopud-Bucht* im Nordwesten, an der auch der gleichnamige – und einzige – Inselort liegt. Die Insel lässt sich gut zu Fuß auf schönen von Macchia umwucherten Wegen erkunden.

Geschichte

Der Inselname geht auf das griechische *Delaphodia* zurück, daraus wurde das lateinische *Lafota,* dann das kroatische Lopud. Unter Römern und Dubrovnikern hieß Lopud *Insula Media,* was die Lage zwischen den Inseln Šipan und Koločep kennzeichnete. Die Griechen und Römer hinterließen auf Lopud kaum Spuren. Aus dem frühen Mittelalter sind vier kroatische Kapellen und ein Fischerdorf erhalten, Letzteres aber weit ab vom Meer, weil Lopud häufig von Piratenbanden aus Ulcinj, Mljet und der Türkei überfallen wurde. Im 16. Jh. erlebte die Insel als eines der acht so genannten Fürstentümer Dubrovniks (eigentlich Verwaltungsbezirke mit Rektor) ihre Blüte. Die Nähe der Stadtrepublik und der gut geschützte Hafen machten Lopud zu einem Umschlagplatz. Wegen seiner Schönheit ließen sich Dubrovniker Adelige und Intellektuelle hier ihre Sommerresidenzen errichten.

Einst standen auf Lopud 32 Kirchen und Kapellen, zwei Klöster und fünf Konvente; ein Dominikanerkloster, das hauptsächlich dem Schulunterricht diente, und ein Franziskanerkloster, das man zur Festung ausbaute und das bei Angriffen Tausenden Zuflucht bot. Angeblich lebten hier einst 14.000 Menschen, was aber nachweislich nicht stimmt. Selbst wenn man pro Hausruine 10 Personen rechnete, würde diese Zahl nicht erreicht. Das große Erdbeben von 1667 forderte kaum Menschenleben und richtete auf Lopud nur geringen Schaden an, wie das erhaltene Franziskanerkloster zeigt. Gegen Ende des 17. Jh. ging es, wie die Chronisten berichten, auch wirtschaftlich wieder bergab: Dubrovnik verlor durch die starke Konkurrenz der französischen, holländischen und englischen Handelsflotten die Vormachtstellung im Levantehandel. Lopud, bis dahin an Dubrovnik orientiert, hatte wegen seiner Insellage und des bergigen Ackerlandes wenig Alternativen – so wanderten viele von der Insel ab. Heute leben die 400 Inselbewohner hauptsächlich vom Fremdenverkehr, der in den Kriegsjahren zwischen 1991 und 1995 einen herben Rückschlag erlitt, fast alle Pensionen und Restaurants mussten wegen der eingebrochenen Nachfrage schließen. Seit Anfang des 21. Jh. ist der Tourismus wieder in Gang und brachte die gewohnte Vitalität zurück.

Lopud

Setzlinge aus fremden Ländern, die die Seekapitäne mitbrachten, und rege sakrale Bautätigkeit von Gönnern und Stiftern machen das einst reiche Inselstädtchen zum touristischen Freilichtmuseum mit Botanischem Garten.

Schon vom Schiff aus sieht man das bewehrte Franziskanerkloster mit dem markanten Turm, die stattlichen alten Villen und die Uferpromenade an der weiten Bucht von Lopud. Ruinen aus altkroatischer Zeit zeugen von früher Besiedlung. Unter Dubrovniks Herrschaft war Lopud ein Schiffbau- und Handelszentrum, heute leben hier nur noch etwa 400 Menschen. Im Hafenbecken sorgen Holzkähne, Jachten und Ausflugsboote für Farbtupfer. An der Palmenpromenade gibt es einige Lokale, stattliche Marmorhäuser – die Villen reicher Dubrovniker Familien – und einen kleinen Palmenpark mit hohen Südseepalmen. Er wurde Mitte des 20. Jh. gepflanzt, in der Anfangszeit des Tourismus auf Lopud. Darüber erhebt sich der zweite hohe Turm der Stadt, der Glockenturm der Kirche des hl. Nikolaus aus dem

15. Jh. Die deutsche Restauratorin und Kunstliebhaberin *Francesca von Habsburg* (Fam. Thyssen-Bornemisza) ließ hier ihren Kunstpavillon aufbauen und ist Förderin der Renovierungsarbeiten am Franziskanerkloster; ein paar Mal im Jahr kommt sie zu Kurzbesuchen in ihre Villa nach Lopud.

Basis-Infos

Information Touristinformation, Obala Iva Kuljevana 12 (im Häuschen nahe der Anlegestelle), 20222 Lopud, ☏ 020/759-086. Mai–15. Okt. 8–15, Do 11–13, Sa 8–13 Uhr.

Einkaufen kleiner Laden, Obst- und Gemüsestand.

Gesundheit Ambulanz, Obala I.Kuljevana 33 (Uferpromenade), ☏ 020/759-020; nur Mo/Di, Do 8–12 Uhr.

Post/Geld Post mit Geldwechsel oberhalb des Hafens. Mo–Fr 9–13 Uhr; Juli/Aug. 8–12/18–21 Uhr. **Bankomat** (Privredna banka).

Veranstaltungen Lopuder Nacht, 14. auf 15. Aug., mit einer Messe um 4 Uhr. An **Christi Himmelfahrt** Messe um 9 Uhr in der Kirche Šunj und anschließend Prozession entlang dem alten Weg zur Franziskanerkirche – die Bewohner schmücken die Wege mit Blüten und Blättern.

Übernachten/Essen & Trinken

Übernachten Privatzimmer ab 30 €/DZ. **Appartements** ab 35 € für 2 Pers. Die meisten Pensionen bieten Halb- oder Vollpension.

**** Hotel Lafodia Resort, 196-Zimmer-Komplex am Ende der Bucht, nach kompletter Modernisierung war 2011 die Wiedereröffnung. Sehr gutes Restaurant, Cocktailbar

Die große Prozession am 15. August

und Bar am Strand, sehr schöner großer Pool, von dem man einen fantastischen Ausblick genießt, zudem Spa-Center. Kies- und Sandstrand mit Liegestühlen, Sonnenschirmen. Surfbrett- und Kajakverleih. Sehr ansprechende, komfortable DZ/F mit Meerblick ab 125 €. Febr.–Mitte Okt. geöffnet. Obala Iva Kuljevana 51, ☏ 020/450-300, www.lafodiahotel.com.

≫ Mein Tipp: ****** Hotel Villa Vilina**, oberhalb des Hafens liegt das familiäre und gut geführte Hotel (40 Betten) mit einladender großer Terrasse, Pool und sehr gutem Restaurant und WiFi. Innen schmücken Gemälde der Tochter das Haus. Komfortable DZ/F ab 165 € (mit Meerblick ab 185 €). Obala Ivana Kuljevana 5, ☏ 020/759-333, www.villa-vilina.hr. ≪

*** Hotel Glavović, das ehemalige Hotel Grand von 1927, direkt an der Uferpromenade, vermietet 12 schöne Zimmer (2 Appartements). DZ/F 120 €. Mai–Okt. ☏ 020/759-359, www.hotel-glavovic.hr.

*** Hotel La Villa, Natursteinhaus von 1862, liebevoll restauriert (Eigentümerin ist Francesca von Habsburg; Ltg. Dobrila und Mischel), sehr schöne Lage mit Garten an der Uferpromenade. 8 verschieden große nette Zimmer. DZ 100–179 €. Zudem gibt es ein schönes Restaurant (→ Essen). April–Nov. Obala Iva Kuljevana 33, ☏ 091/3220-126, www.lavilla.com.hr.

*** **Pension Lili**, Natursteinhaus etwas oberhalb der Uferpromenade, vermietet werden Zimmer (DZ 50 €), Studios und Appartements (60 €); auch Transfer/Ausflüge mit eigenem Boot möglich. 60 € für 2 Pers. u. Zusatzbett. Fam. Labaš, Od Šunja 5, ☎ 020/759-059, 091/2888-992 (mobil), www.lopud-apartments.com.

*** **Villa Birimiša**, vermietet werden Appartements/Studios in den hübschen Natursteinhäusern der Villa Birimiša an der Uferpromenade und die komplette *Villa Tete Mare* mit 2 Zimmern, Küche und Garten. Villa Birimiša je nach Größe ab ca. 80 €; Villa Tete Mare 180 €. Fam. Bogdanović, Obala Iva Kuljevana 49 u. Miha Pracata 3, ☎ 020/759-100, www.villabirimisa.com. ≪

*** **Pension Pavlović**, gut geführter Familienbetrieb. Natursteinhaus in der Altstadtgasse. Vermietet werden moderne, gut ausgestattete Zimmer und Appartements (2–4 Pers.), eines auch mit Garten. Ein paar Häuser weiter das zugehörige empfehlenswerte Restaurant Peggy. Abholservice vom Flughafen und per Speedboot möglich. Mai–15. Okt. DZ ab 30 €, Appartement 70 €, Frühstück oben im Restaurant 8,50 €/Pers.

Narikla 22, ☎ 020/331-290, 091/5864-728 (mobil), gabriela.pavlovic@du.t-com.hr.

–* **Pension Antun Radić**, oberhalb der Uferpromenade mit schönem Blick. Zimmer/Appartements; kleiner Garten und Terrasse. DZ/F ca. 50 €. Getina 5, ☎ 020/759-092.

Essen & Trinken Restaurant Peggy, auf blumenumwucherter Terrasse gibt es leckere Hausmannskost wie Fisch, gefüllte Kalamaris und zum Nachtisch Priklice („Mäuse"), frische Hefeteigkrapfen. Narikla 22.

Konoba Obala, an der Strandpromenade, mit großer Terrasse unter wildem Wein. Fisch- und Fleischgerichte, Pizza, Nudel- und Reisgerichte. Obala Iva Kuljevana 18, ☎ 020/759-170.

Restaurant La Villa (→ Hotel Villa), auf der lauschigen Terrasse am Meer speist man bestens saisonale dalmatinische Gerichte mit regionalen frischen Produkten, das Gemüse und die Kräuter sind aus dem Hausgarten. Mitte Mai–Mitte Okt. Obala Iva Kuljevana 33, ☎ 091/3220-126.

Konoba Barbara, ein alt eingesessenes Lokal mit gutem dalmatinischen Essen, auf dem Weg nach Šunj. Od Šunja 2, ☎ 020/759-087.

Sport/Wassersport

Baden Am sauberen Sand-/Feinkiesstrand mit Duschen an der Strandpromenade. Das Hotel verleiht Sonnenschirme, Liegestühle, Tretboote und Surfbretter. Die den Nudisten vorbehaltenen Felsbadestrände liegen an der Nordostseite.

Šunj-Bucht: Man geht am Palmenpark hinauf und nimmt den Weg über den niedrigsten Hügel zur Südostküste. Die Bucht hat Sandstrand, fällt langsam ab, daher ideal für Kinder. Es gibt zwei Restaurants, Tretboot-, Surfbrett-, Sonnenschirm- und Liegestuhlverleih.

Fahrradverleih Juni–Ende Sept. am Hafenbecken.

Sportgeräteverleih Am Hafen werden Surfbretter und Mountainbikes angeboten.

Wassersport Im Hafen gute Ankermöglichkeiten und Hebekran.

Wandern Am Westzipfel von Lopud, am Kap Benešin, steht der kieferngesäumte *Pavillon*. Ein schöner Platz für herrliche Sonnenuntergänge mit weitem Blick bis Mljet und Šipan.

Spanische Festung (15. Jh.): Hoch oberhalb von Lopud stößt man auf die Grundmauern der 1511 erbauten Festung – in die Gasse beim Museum einbiegen, dann über Stufen und linker Hand auf einem kleinen Pfad hochlaufen. Von oben wunderschöner Blick über die Stadt, die Elaphiten und Mljet. Einfache Gehzeit ca. 40 Min.

Kap Poluge: Ein Fußweg führt zum östlichsten Punkt der Insel. Den Weg Richtung Šunj-Bucht nehmen, am Hügel jedoch nicht die Stufen hinab zum Sandstrand, sondern den Weg nach links, an der Kapelle Sv. Gospa od Šunja vorbei, weiterlaufen. Nach ca. 30 Min. ist die Šunj-Bucht und bei klarem Wetter Dubrovnik zu sehen.

Die Elaphiten

Sehenswertes

Über dem Kai thront mit 30 m hohem Glockenturm das **Franziskanerkloster** von 1483. Im 16. Jh. baute man unmittelbar daneben eine Festung mit Wachttürmen und friedete den ganzen Komplex mit hohen Mauern ein, sodass er Tausenden von Menschen bei Piratenüberfällen Schutz bot. Es war die Zeit, als Lopud ständig mit Überfällen aus Ulcinj und den gefürchteten Banditen von Mljet rechnen musste. 1808 wurde das Kloster aufgegeben, die Kirche dient heute als Pfarrkirche. Der Säulengang des Innenhofs und auch die halb verfallenen, von Pflanzen überwucherten Befestigungsanlagen werden Schritt für Schritt restauriert. Nur die romanische *Kirche Sv. Marija od Špilice* ist noch gut erhalten. Ins Auge fallen das geschnitzte Nussbaum-Chorgestühl – jeder Mönch hatte hier seinen eigenen Sitz – und das ikonenhafte Altarbild, ein Polyptychon mit geschnitzter Madonnenstatue und acht weiteren Figuren aus der Murano-Schule. Oberhalb der Tür zur Sakristei befindet sich ein Holzaltarbild von 1513, geschaffen von *Nikola Božidarević*, einem der bedeutendsten Dubrovniker Maler.

Lopuds sehenswertestes Sakraldenkmal ist die Kirche **Gospa od Šunja** oberhalb der Sunj-Bucht im Osten der Insel. Nach der Überlieferung wurde die Kirche 1098/99 von dem Mailänder Patrizier und Kapitän *Ottone Visconti* erbaut. Auf der Rückkehr von den Kreuzzügen aus Palästina wurde sein Schiff von einem heftigen Sturm überrascht. Er fürchtete um sein Leben und schwor, auf dem Land, das er lebend erreichte, eine Kapelle zu errichten. Diese Überlieferung bezeugt sein Wappen, das er beim Bau der Votivkirche hinterließ. Es zeigt eine gekrönte Schlange, aus deren Schlund nur noch die Hälfte eines nackten Kindes herausblickt. Da Schlange auf Italienisch biscia oder biscione heißt, kam man über bišun auf *Šunj*. Die Kirche sowie die unterhalb liegende große Sandbucht wurden danach benannt, Viscontis Wappen fand auch als Stadtwappen für Lopud Verwendung. Das Original ist im Museum zu besichtigen.

Schöne Wanderwege führen zur Sandbadebucht Šunj im Inselosten

Die ursprüngliche Votivkirche wurde etliche Male umgebaut. Ihr heutiges Aussehen in Form eines Kreuzes stammt aus dem 15. Jh. Im 17. Jh. wurde sie nochmals erweitert und in jüngster Zeit vollständig renoviert. Die Altarbilder stammen von *Palma dem Älteren, Natalino da Murano* und *Blasius Antonius Držić*. Die zwölf lebensgroßen Apostelfiguren des imposanten Holzaltars von *Miho Pracat* wurden laut Überlieferung in Westminster erworben – zur Zeit Heinrichs VIII., der alle Altarbilder entfernen ließ. Interessant sind auch die Grabplatten mit Wappen und Verzierungen. Der Glockenturm vor der Kirche steht an der Stelle, wo sich früher das Beinhaus befand.

Hoch oberhalb von Lopud sind noch die Grundmauern der 1511 erbauten **Spanischen Festung** erhalten. Der Blick von hier oben über die Elaphiten und das zu Füßen liegende Lopud ist fantastisch.

Am Hauptplatz nahe dem Hotel Glavović stehen *zwei Brunnen:* Einer war für die Einheimischen, der andere für die Seeleute bestimmt – eine Vorsichtsmaßnahme, mit der sich die Bewohner vor ansteckenden Krankheiten aus

Kirche Šunj – Englischer Altar

fremden Ländern zu schützen versuchten. Gegen Überfälle hatte man auch die Wohnhäuser gewappnet: Es gab Schießscharten, durch Dachvorsprünge konnte man die Angreifer mit heißem Öl begießen und mit Steinen bewerfen. Auf dem Platz liegen mehrere Mühlräder, die zu Ölmühlen gehörten, in denen das Olivenöl gepresst wurde.

Im Zentrum steht neben dem Haus des ehemaligen Bischofs Brautić die **Kapelle St. Hieronymus** aus dem 17. Jh. Kurz danach folgt die Villa der Patrizierfamilie Dordić, die das Anwesen später an Baron Maynery verkaufte, angrenzend ein Park mit einst reicher Pflanzenwelt, der heute etwas verwildert wirkt.

Von den Förderern Lopuds künden viele Wappen und Portale – meist waren es erfolgreiche Söhne der Stadt: reich gewordene Kaufleute, Kapitäne, Bischöfe. Vor allem stifteten sie Kirchen und Kapellen – 32 an der Zahl gab es auf der kleinen Insel!

Wer über die Insel läuft, findet zahlreiche verstreute Ruinen, für die man einen eigenen Führer bräuchte, um zu wissen, vor welcher man gerade steht. Von den **altkroatischen Kapellen** aus dem 9. bis 11. Jh. sind vier noch halbwegs erhalten: oberhalb des Hotels Lafodia die Ruinen der einschiffigen *St.-Elias-Kapelle* mit eingestürztem Gewölbe und Fensterrahmen mit Dreibandflechtwerk – typisch altkroatische Ornamente. Um St. Elias entstand die erste Besiedlung Lopuds.

Die Elaphiten

Oberhalb des Orts findet man die gut erhaltene, einschiffige *St.-Johannes-Kapelle* mit Tonnengewölbe, kleiner Kuppel und Flechtornamenten im Innern; die Urnen an der Wandinnenseite wurden hier eingemauert, um die Akustik zu verbessern.

Oberhalb des Berges von Lopud, schon mehr an der Ostseite, stehen die Überreste der *St.-Petrus-Kapelle* – nur noch Mauern und Blendbögen.

Die *St.-Nikolaus-Kapelle* steht etwas weiter östlich am Fuß des Polačica-Berges; vom ursprünglichen Bau blieben nur die Grundmauern erhalten; ihr heutiges Aussehen verdankt sie einer Rundum-Restaurierung.

Das Waisenmädchen und der Adelssohn

Es war einmal vor vielen Jahren, da lebte in Lopud ein Waisenmädchen, in das sich ein Dubrovniker Adelssohn verliebt hatte. Sein Vater steckte ihn sogleich ins Kloster St. Andreas, auf dass die nicht standesgemäße Liebesglut verlösche. Der Jüngling aber entfachte Nacht für Nacht ein Leuchtfeuer und eines Nachts schwamm das Mädchen von Lopud hinüber. Seine Brüder aber täuschten es mit einem Licht, das sie auf ihrem Boot entzündet hatten und lockten es aufs offene Meer, bis das Mädchen ertrank. Sogleich aber erhob sich ein gewaltiger Sturm, ertränkte die feigen Brüder und trieb das tote Waisenmädchen noch in derselben Nacht in die Arme seines Geliebten.

Neben den vier altkroatischen Kapellen gab es 24 weitere **kleine Kirchen**: z. B. *St. Rochus* auf der Inselnordseite, inmitten eines gut erhaltenen Wehrturms erbaut. Die *Kapelle St. Jungfrau Maria von Karmel*, etwas weiter südlich, ist noch recht gut erhalten. Etwas nordwestlich steht die *St.-Katharina-Kapelle* mit Wachturm und Resten eines Nonnenklosters aus dem 16. Jh.; von hier aus, wenige Meter zum Meer, erreicht man die *Votivkapelle* des Vice Bun, seinerzeit Emissär des spanischen Königs von Mexiko und des Vizekönigs von Neapel; neben der Kapelle sieht man die Ruinen eines Nonnenklosters von 1612.

In der Nähe stehen noch ein *Franziskaner-* und ein *Dominikanerkloster*, Letzteres wurde zuerst erbaut und steht seit 200 Jahren leer, sowie fünf weitere Klöster, in denen die Nonnen des Tertiarierordens St. Franziskus und St. Dominik lebten. Die Überreste dieser Bauten findet man an der Nordostseite Lopuds.

Ein Projekt ganz anderer Art ist der transportable **Kunstpavillon**, eine Holzkonstruktion (Ltg./Organ. Francesca von Habsburg). Der Innenraum ist durch die Anordnung der senkrecht montierten Hölzer nur spärlich lichtdurchlässig und gut geeignet für die Lichtinstallation „Your black horizon", die bereits auf der 51. Biennale in Venedig präsentiert wurde: Per Lichtinstallationen erlebt man einen Tagesablauf von der Morgendämmerung bis zum Sonnenuntergang – ein Projekt von Olafur Eliasson und David Adjaye. Der Pavillon ist von Mitte Juni bis Sept. von 10–19 Uhr zu besichtigen.

Kliff St. Andreas

Weit draußen in der Adria, im Süden von Lopud, liegt das Kliff mit einem 69 m hohen Leuchtturm. Oft peitschen Stürme die Gischt an den Felsen hoch. Die Fischwelt hier ist reich und zahlreich sind die Korallenbänke im Norden. Fünf Jahrhunderte lang, bis zum Ende des 18. Jh., lebten hier die Benediktiner.

Insel Koločep – der Hauptort Donje Čelo lockt mit feinsandigem Strand

Insel Koločep

Mit 2,4 km² ist sie die kleinste der bewohnten Elaphiten-Inseln, mit zwei der Küste zugewandten Siedlungen und einem fruchtbaren Tal dazwischen. Markierte Wege durch üppige Vegetation laden zum Entdecken ein.

Koločeps Südwestküste fällt senkrecht bis zu 40 m ab und ist stark zerklüftet. Im Norden und Osten zeigt sich die Landschaft terrassenförmig. Der höchste Inselberg ist der Čavalika Brdo (125 m) im Westen, der sich bis zur Südküste mit niedrigeren Erhebungen fortsetzt. Mit Ausnahme der Halbinsel Čavalika ist die Insel von Pflanzen überwuchert, obwohl es keine Quellen und Bäche gibt. Das Regenwasser wird in Zisternen gespeichert. Subtropisch ist die Vegetation, neben Wein und Oliven gedeihen Zitrusfrüchte, Feigen und Johannisbrot, zwischendrin Obst- und Gemüsegärten, duftende Kräuter und viele bunte Blumen. Spazierwege führen durch Aleppokiefernwälder, vorbei an Zypressen, Palmen, Aloen und Kakteenbeständen zu den Stränden und Buchten. Mancherorts gleicht die Landschaft einem Dschungel: Häuserruinen, jahrhundertealte Olivenbäume, verwilderte Obstbäume und Wein sind von verschiedensten Rankgewächsen umschlungen – die meisten Bewohner wanderten aus und die wenigen Zurückgebliebenen haben andere Sorgen als die Landwirtschaft.

Auffallend auf Koločep sind die zahlreichen Vogelarten. Genauso zahlreich und bunt tummelt es sich im Wasser, außer Fischen werden Hummer, Muscheln und Krebse gefangen. Früher gab es auch hier die roten Korallen, die wegen ihrer Qualität sehr geschätzt wurden. Mit Silber wurden sie zu edlen Schmuckstücken verarbeitet. Zu besichtigen gibt es außer vier alten Kapellen nichts – Koločep ist eine Insel der Stille und lädt zu ausgedehnten Wanderungen auf markierten Wegen ein.

Mačius und Čavalika

Die gegenüber liegenden Kaps erhielten nach der Legende ihre Namen vom Jüngling Mačius und dem Mädchen Čavalika. Die beiden verliebten sich schon als Kinder ineinander, später heirateten sie und lebten glücklich bis ans Ende ihrer Tage. Die Kaps erinnern an die Beständigkeit dieser Liebe.

Geschichte

Die dem Festland nahe Insel war schon von Illyrern bewohnt. Später kamen die Griechen und nannten sie *Kalamota* (kalos = schön), die Römer tauften sie *Calaphodia*. Mit altkroatischer Ornamentik umsäumte Giebelreste erinnern an die Ankunft slawischer Stämme im 6. und 7. Jh. Im 13. Jh. war Koločep schon fest in der Hand Dubrovniks und besaß einen eigenen Rektor – die Ruinen einer Sommerresidenz erinnern daran. Im 15. Jh. hatte die Insel mit einer Handelsflotte von 65 Schiffen und einer Werft in Gornje Čelo ihre Blütezeit. Zudem lebten die rund 2000 Menschen von Landwirtschaft, Fischfang und vom Korallenfischen. 100 Jahre später wurde Koločep durch die aufstrebenden Schifffahrtsflotten von Lopud und Šipan vom Meer verdrängt. Die Türken gaben der einst prachtvollen und reichen Insel durch Verwüstung den Rest. Unter den Franzosen wurde an der Südostseite eine Geschützstellung, die „Napoleonschanze", erbaut, die den Hafen Dubrovniks sichern sollte. Der Niedergang Dubrovniks machte sich auch in Koločep bemerkbar, zahlreiche Koločeper wanderten aus. Einer von ihnen, *Pasko Baburica*, wurde in Peru Millionär, kam zurück, baute sich eine Villa und ließ bei Donje Čelo einen Park anlegen. Nach dem Ersten Weltkrieg erbaute der Maler *Marcic* das Hotel Koločep und ließ die Spazierwege anlegen. Heute arbeiten die 150 Inselbewohner im nahen Dubrovnik oder sie leben vom Tourismus und bewirtschaften nebenher ein paar der zahlreichen Gemüse- und Obstgärten.

Donje Čelo

Der sog. Hauptort und das kleine touristisches Zentrum von Koločep (čelo = Stirn), liegt halb im Wald versteckt auf einer Anhöhe um eine tiefe Bucht an der Nordwestseite der Insel. Anziehungspunkte sind ein verwilderter Park mit subtropischen Gewächsen – Palmen, Kakteen, Oleander-, Zitronen- und Orangenbäume – sowie geschützte Sand- und Kiesstrände.

Auf den Terrassen über dem Meer steht die frühromanische *Kapelle des hl. Abtes Antonius* von 1371 mit einem Altarpolyptychon im Innern und die *Kapelle der hl. Dreifaltigkeit* von 1665. Die *Pfarrkirche* Donje Čelos aus dem 13. Jh., im 15. Jh. vergrößert, birgt einen Tabernakel aus dem 17. Jh. Am östlichen Ortsrand ragt ein viereckiger *Turm* aus dem 16. Jh. in die Höhe – hier lebte Don Vlado Škadrović und dichtete seine Romanzen (z. B. „Mačius i Čavalika" → Kasten). In der Ortschaft liegen die Ruinen eines Kastells. In Richtung Gornje Čelo steht beim Friedhof die vollständig wieder aufgebaute Kapelle *St. Michael* von 1317. Gegenüber führt ein Weg zur *Malerbucht,* in der während der Zeit der Kreuzzüge Schiffe vor Anker gingen.

Gornje Čelo – durchs üppige Grün blickt man auf Dubrovnik

Information   20221 Koločep. Auskünfte über das **Hotel**.

Ambulanz/Apotheke Im Ort, nur Mi und Fr 12–15 Uhr.

Einkaufen   Kleiner   Laden   (7–12/18–20.30 Uhr).

Post/Geld Mo–Fr 8–13.30 Uhr (Juli/Aug. länger). Bankomat (Privredna banka).

Übernachten   Privatzimmer ab 25 €/DZ, auch Halbpension möglich, z. B. bei **Božo und Marina Mativić**. **Appartements** bei **Fr. Buderać**.

**** Hotel Kalamota Island Resort (All-incl.)**, nur noch für Erwachsene ab 18 Jahre – gedacht für Paare, die Ruhe genießen möchten. Das neu konzipierte Hotel, das erst 2014 nach einer Komplettrenovierung wieder eröffnete, liegt an der Westseite an der Sandbucht, mit drei Restaurants, Bars, Pool. 8 Reihenhäuser, versteckt im Grünen. Tennisplätze, Verleih von Kajaks, Fahrrädern und Tauchclub. Sehr gut ausgestattete Zimmer ab ca. 100 €/Pers.-All-incl. Ab Ende April bis ca. Ende Okt. geöffnet. ✆ 020/312-150, www.kalamotaislandresort.com

Essen & Trinken An der Anlegestelle die **Konoba Stara Miri**, dahinter eine **Cafébar**.

Restaurant Villa Lovor, große Terrasse unter schattigen Bäumen und zwei riesigen Palmen. Große Auswahl an Fleisch- und Fischgerichten; alles gut gewürzt. Donje Čelo 34, ✆ 020/757-034.

»» Mein Tipp: **Restaurant Villa Ruža**, das stattliche Natursteinhaus von 1930 gehörte einem Dubrovniker Kaufmann; beeindruckend ist die herrliche Lage oberhalb vom Meer mit großem Garten und zur Westseite, d. h. mit wunderbaren Sonnenuntergängen. Neben sehr guten Fleisch- und Fischgerichte erhält man auch leckere Cocktails. Tagsüber meist von Ausflugsgästen besucht. Mai–Sept. ✆ 020/757-030. **««**

Baden Beim Hotel am Sandstrand. Westlich der Villa Ruža Felsplateaus mit Kiesabschnitten für Nudisten. An der **Malerbucht** an Felsen und kleinen Kiessträngen mit Blick auf Dubrovnik.

Wassersport   Verleih von Kajaks, Kanus, Tretbooten, Surfbrettern beim Hotel. Gut geschützter Hafen und Anlegeplätze.

Die Elaphiten

Wandern   Über die Insel führen außer dem betonierten Fußweg zwischen Donje und Gornje Čelo etliche markierte Wanderwege; z. B. **Kameno brdo** mit schönem Rundblick; der Weg bis zum **Leuchtturm** im Süden mit Blick auf Dubrovnik; oder der herrliche Weg oberhalb der **Steilküste**.

Gornje Čelo

An den Abhängen einer kleinen Bucht im Osten der Insel wuchern die Blumen und Büsche noch üppiger als in Donje Čelo. Das seichte Meer ist zum Baden für Kinder gut geeignet und so warm, dass man hier fast das ganze Jahr baden kann. Badestellen sind in der seichten Hafenbucht oder westlich unterhalb des Sportplatzes. Hunderte von Stufen führen die Steilküste hinab zu einem Kiesstrand.

Gornje Čelos vorromanische Kuppelkirche *St. Anton von Padua* wurde im 18. Jh. renoviert. Die Häuser rund um die mit Zypressen, Pinien und Pappeln bewachsene Felsbucht stammen meist aus dem 16. und 17. Jh. Im Ort gibt es Privatzimmer und die *Konoba Škerać*. In Ortsnähe stehen die Ruinen zweier Kirchen aus dem 9. Jh.

Insel Daksa

Das üppig bewachsene Eiland liegt ganz im Osten vor Dubrovnik – Daksa ist die kleinste der Elaphiten-Inseln. Einst lebten auf Daksa Franziskanermönche und Gläubige aus ganz Europa trafen sich in ihrem Kloster, von dem heute nur noch Ruinen zeugen. Auch der Dichter *Ivan Gundulić* soll hier meditiert haben. Als die Franzosen kamen, errichteten sie eine Festung und verwüsteten das Kloster. Auch von der Festung stehen heute nur noch Fragmente. Der Fürst *Poninski* ließ Kiefern, Lorbeer- und Zitronenbäume, Myrten und Zypressen pflanzen und renovierte das Kloster. Heute ist Daksa unbewohnt, doch wegen seines Strandes und der reichen Fischgründe bei Bootsbesitzern und Fischern beliebt.

Daksa versteckt sich im Waldkleid

Cavtat – Blick auf die Altstadthalbinsel und gen Dubrovnik in der Ferne

Von Dubrovnik nach Molunat

Die letzten knapp 40 km kroatischer Küste von Dubrovnik bis nach Molunat umfassen die Regionen *Župa Dubrovačka* und *Konavle.* Highlights sind das touristische **Mlini** und das hübsche **Cavtat**, das bequem per Flugzeug erreichbar ist, das ruhige **Molunat** sowie die gesamte Konavle-Region, die sich für Fahrrad- und Mountainbiketouren anbietet.

Župa Dubrovačka

Die Župa Dubrovačka ist der 20 km lange, malerische Küstenstreifen von Dubrovnik bis Cavtat, der südlichsten kroatischen Touristenstadt; dazwischen liegen die
kleinen Badeorte *Srebreno, Mlini* und *Plat,* dahinter die aufragenden Karstberge.
Die Župa Dubrovačka war im Krieg 1991 besonders heftig umkämpft, etliche
Hotelruinen erinnern daran und schmälern das Urlaubsfeeling. Erst seit 2005
kommt der Tourismus langsam wieder in Gang.

Kupari, Srebreno, Mlini und Plat

Die Bade- und Vororte von Dubrovnik liegen an der *Župski zaljev* (Bucht), im Norden begrenzt durch die bis auf 628 m aufragenden Berge, die zugleich die Grenze zu
Bosnien-Herzegowina bilden. Diese sonnenverwöhnte Ecke Kroatiens ist von Fischerei und Landwirtschaft geprägt, hier baut man seit alters her Wein, Oliven, Gemüse und Obst für Dubrovnik an – und hatte dafür an die jeweiligen Herrscher Abgaben zu zahlen. Die Stadtflucht in den letzten Jahrzehnten führte zu einer teils
wahllosen Bebauung mit Einfamilien- und Wochenendhäusern. Es gibt viele Kiesstrände, zum Teil auch mit etwas Sand, Hotels, die nun zu großen Tagungshotels
ausgebaut werden und kleine Campingplätze.

Kupari: In früheren Jahrhunderten eine wichtige Produktionsstätte für die Dubrovniker Dachziegel (kupe = Ziegel), wurde der Ort im Krieg 1991 völlig zerstört und erst 10 Jahre später wieder schrittweise aufgebaut.

Srebreno: Die im letzten Krieg zerstörten Gebäude, wie auch das Hotel Orlando, wurden und werden neu errichtet. Srebreno, unter seinem heutigen Namen erstmals 1294 erwähnt, bietet alles an Infrastruktur – Post, Bank, Ambulanz, Campingplätze und Hafen. Der Nachbarort Mlini ist über einen Uferweg erreichbar.

Mlini: Eigentlich der einzige Ort an der Župa Dubrovačka mit hübschem, gewachsenem Zentrum, Uferpromenade, kleinem Hafen und großer schattenspendender Platane – im Zavrelje-Bächlein, das sich durch den Ort schlängelt, baden genüsslich die Enten. In der *Sv.-Ilar-Kirche* (1449) finden gelegentlich klassische Konzerte statt. Um Mlini gibt es zwei Hotels, eines ebenfalls nun als Tagungshotel modernisiert und ausgebaut, und einige hübsche Kiesstrände, vor allem in Richtung Süden nach Soline und Plat. Seinen Namen erhielt der Ort von den Mühlen *(mlini)*, der Weizen aus der Gegend bis hinab nach Konavle wurde in den Mühlen von Mlini gemahlen. Daneben verdienten sich die Mlinier ihren Unterhalt mit Imkerei und Bienenzucht oder verdingten sich als Seefahrer in den Flotten Dubrovniks.

Plat: An der Bucht gibt es eine Appartementanlage, zwei kleine Campingplätze und nette Kiesstrände.

Basis-Infos

Information Tourismusverband (TZO), Ortsbeginn von Srebreno, erste Straße rechts, 21207 Mlini-Srebreno, ☎ 020/486-254, www.dubrovnik-riviera.hr. Juli/Aug. Mo–Fr 8–19, Sa/So 8–12 Uhr; Mai/Juni u. Sept. Mo–Fr 8–15, Sa 8–12 Uhr; sonst nur Mo–Fr 8–15 Uhr.

Agentur Mlini, in Mlini, Šet. Marka Marojice 30, ☎ 020/485-966, www.ta-mlini.com. April–Okt. 8–22 Uhr. Zimmervermittlung.

Agentur Vivado, in Mlini, Šet. Marka Marojice 20 (Zufahrtsstr.), ☎ 020/486-471, www.vivado.hr. Restaurant, Zimmervermittlung und Bootsausflüge.

Verbindungen Bus: 8–18 Uhr alle 30 Min., danach alle 60 Min. nach Dubrovnik (Nr. 16). **Touristenbus**: 2-mal tägl. außer So von Plat nach Dubrovnik.

Bootsverbindung: Nach Dubrovnik von April–Okt. um 9.30, 10, 11, 13.50, 15.30, 18.15, 20 Uhr (20 Uhr nur Juli/Aug.); nach Cavtat 9.30, 10, 10.30, 11, 12.30, 14.50, 17, 19.30 Uhr (19.30 Uhr nur Juli/Aug.); zur Insel Lokrum 9.30, 10, 11, 13.50 Uhr; nach Lopud 9.30, 10, 11 Uhr. Infos:☎ 098/345-665 (mobil).

Gesundheit Ambulanz, in Srbreno an der Küstenstraße, ☎ 020/486-278.

Apotheke schräg unterhalb der Touristeninformation, ☎ 020/487-014.

Veranstaltungen Kirchenfest Sv. Rok, 16. Aug. im Zentrum von Mlini. Sommer in Župa, Juni–Sept., klassische Konzerte in der Sv.-Ilar-Kirche, Folkloreabende und Klapakonzerte.

Tauchen Nicht allzu weit entfernt von der Küste gibt es einige Schiffwracks zum Tauchen. **Dubrovnik Diving Aquarius**, ☎ 098/229-572 (mobil), www.dubrovnik-diving.com. Mai–Mitte Okt. Basis am Hafen von Mlini. **Tauchclub** im Hotel Astrea, Basis am Strand.

Übernachten/Essen & Trinken

Übernachten Privatzimmer ca. 30 €, Appartements ab 35 €.

Am kleinen Hafen von Mlini einige nette Privathäuser: **Pension Palme**, sehr gepflegtes Haus, umgeben von Rankpflanzen und Blumenkübeln. Fam. Misetic, Ulica Marka Marojice 27, ☎ 020/486-9036.

**** Hotel Orlando, nach der Zerstörung im letzten Krieg nun neu erbaut und ab Sommer 2015 geöffnet. Es wurde nun als Fami-

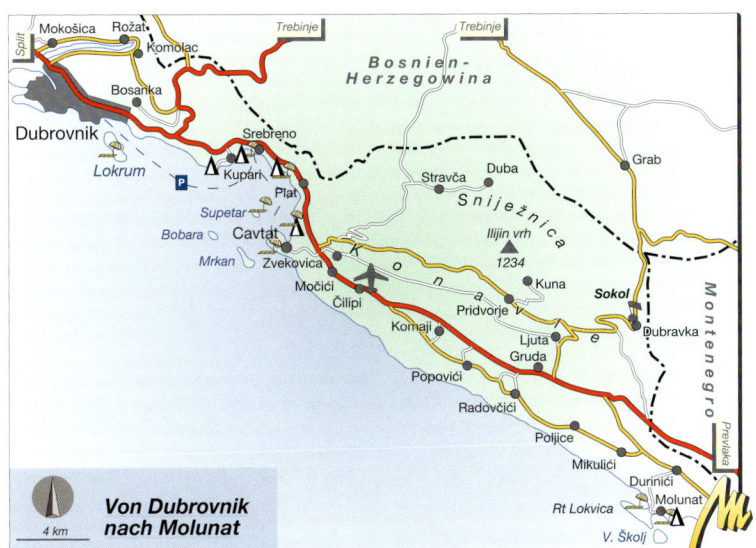

Von Dubrovnik nach Molunat

4 km

lien- und Tagungshotel konzipiert, bietet 250 Zimmer und 16 Appartements mit Innen- und Außenpools, der Strand liegt gegenüber der Uferstraße. Ganzjährig. Info über TIC.

*** Hotel Astareal und II, Astarea I bietet 213 Zimmer, Astarea II rund 90 Zimmer. Die Komplexe stehen an eigener Bucht mit Hallenbad, Pool, Nightclub; Unterhaltungs- und Sportangebot, Tauchclub. Im Astarea I DZ/F 160 €, in Astarea II DZ/F ca. 130 €. Šet. M. Marojice 40, ☎ 020/484-066, www. dubrovnik-riviera-hotels.hr.

**** Hotel & Villas Mlini, schöne und gut ausgestattete Appartements ab 190 €/3 Pers. Das Hotel, ebenfalls als Tagungshotel mit dem größten Konferrenzraum in der gesamten Region, öffnet 2015 neu. Natürlich mit Restaurants, Bars und Spa-Bereich. Infos über Hotel Astarea.

*** Hotels & Villas Plat, große Hotel- und Appartementanlage (2–6 Pers.) in Plat am Hang. Lässt man auf dem Weg nach unten die zerstörten Plattenbauten hinter sich, trifft man nahe Meer auf die neu renovierten Häuser an eigener Bucht mit großem Pool oberhalb dem Meer. Bus fährt bis hier hinab, zudem Schnellboot nach Dubrovnik. 2-Pers.-Studios ab 110 € (TS 140 €). Plat b. b., ☎ 020/489-000, www.hoteli-plat.hr.

Camping Es gibt zahlreiche kleine Campingplätze ohne großen Komfort, Preise ca. Pers. 4 €, Auto 3,50 €, Zelt 3 €. Geöffnet Mai–Mitte Okt. U. a.:

*** Camp Kate, nettes, gepflegtes Wiesengelände in Mlini, unterhalb der Magistrale. Gegenüber in 100 m Entfernung Pizzeria. Tupina 1, ☎ 020/487-006, www.camping kate.com.

** Camp Paradiso und Laguna, kleine, nebeneinander liegende Plätze unter Olivenbäumen am Ortsende und in Alleinlage von Plat, direkt am Meer. Nur für Zelte geeignet. Plat, Igrište 23, ☎ 020/488-980.

Essen & Trinken Konoba Lanterna, gutes Fischlokal in Mlini an der Uferpromenade, die beiden Brüder sorgen für den täglichen frischen Fang. Mai–Okt. Šet. Marka Marojice 30, ☎ 020/486-047.

Konoba Marinero, an der Zufahrt zum Meer nach Mlini, mit erhöhter Terrasse; auch hier gute Fischgerichte. Mai–Okt. Šet. Marka Marojice 16, ☎ 020/486-686.

Restaurant Portun, an der Küstenstraße neben der Post. Die Lage ist leider nicht berauschend, das Essen mit großen Portionen dafür bestens: es gibt hausgemachten Schinken, Käse, Brot und Wein, zudem Fleischgerichte von hauseigenen Tieren –

Von Dubrovnik nach Molunat

was nicht selbst produziert wird, kommt aus der Region von den Bauern.

Restaurant Mlinica, in Mlini direkt am Meer. Auch vegetarische Gerichte.

》》 Mein Tipp: Konoba King, in Plat am Hang; hübsches Lokal mit freundlichem Wirtsleuten und sehr guter Küche, zudem nicht überteuert. Spezialitäten sind hier fangfrische Fischgerichte, Thunfisch, Muscheln, aber auch gute, zarte Fleischgerichte. Zur Nachspeise vielleicht leckere Crepes

mit Obst und Eis ausprobieren. April–Anf. Nov. Put Stjepana Radica, ✆ 020/488-988. 《《

Konoba Poseydon, in Plat, direkt am Meer und Strand, mit lauschigem Ambiente, dalmatinischer Küche, nett zum Sitzen für tagsüber und abends. Pod Maslovo 2.

Cafébar Hogar, in Mlini, neben Konoba Lanterna an der Uferpromenade; guter Kaffee, Strudel etc. – nett zum Sitzen. Šet. Marka Marojice.

Konavle

Kroatiens südlichste Ecke ist eine ruhige, beschauliche Gegend, die zu Fahrrad- und Mountainbiketouren einlädt. Die Konavle-Region erstreckt sich die letzten kroatischen 16 Küstenkilometer von **Cavtat** über die Kleinstadt **Čilipi** mit Flughafen nach Süden bis zum letzten touristischen Ort **Molunat** und weiter über die Halbinsel Prevlaka mit dem Kap Oštro, das die Kotor-Bucht begrenzt. Die Küste von Konavle hat nur wenige Buchten, dafür viel Steilküste mit Kliffen. Nach Norden geht die Ebene in zypressengespickte Karsthügel über – eine fruchtbare landwirtschaftliche Gegend, die seit jeher durch Kanäle *(konavle)* bewässert wird und von drei Flüsschen – Konavočica, Kopačica und Ljuta – durchzogen ist. Wein, Feigen, Oliven, Obst und Gemüse gedeihen hier – vor allem für die Märkte Dubrovniks. Die Frauentrachten von Konavle zählen zu den schönsten des Landes und fehlen heute bei keinem Fest oder Folkloreabend.

Konavle ist seit illyrischer Zeit besiedelt, im 10. Jh. wird es als eigenständiges Territorium erwähnt. Ende des 12. Jh. gehört die Region dem serbischen Geschlecht der Nemanjiden. Ab 1378 herrschten die Bosnier, danach verschiedene Feudalherren. Anfang des 15. Jh. wird das Gebiet nach und nach von der Republik Dubrovnik aufgekauft, die damit ihr Territorium im Süden sicherte.

Wer's gern sportlich mag, findet hier schöne Wanderrouten und vor allem wunderschöne Mountainbikestrecken, die einladen, die kleinen Orte der Konavle-Region zu erkunden (→ Cavtat und Čilipi).

Cavtat

Idyllisch spitzen Cavtats Dächer aus einem Meer von Zypressen und Aleppokiefern hervor. Oberhalb der Altstadt steht das von Ivan Mestrović geschaffene Mausoleum mit herrlichem Blick auf Dubrovnik und die Elaphiten.

Das 1000-Einwohner-Städtchen ist das südliche Schlusslicht der kroatischen Adriaküste. Durch den Flughafen ist Cavtat mit seinen außerhalb des kleinen Altstadtkerns liegenden Hotels immer gut besucht, meist Pauschaltouristen – die wenigsten Urlauber legen den weiten Weg mit dem Auto zurück. Rund um Cavtat laden herrliche Kiesstrände zum Baden ein, das Hinterland von Konavle bietet sich für Fahrrad- und Mountainbiketouren an und Velji Do und der Berg Stražišće lassen sich auf dem markierten *Ronald-Brown-Wanderweg* erkunden.

Cavtat – Blick auf Altstadtkulisse und das bergige Hinterland

Die auf einer Halbinsel liegende Altstadt ist im Westen begrenzt durch die Hafenbucht und die Landzunge *Sustjepan* mit dem Hotel Croatia. Im Osten liegt die *Tiha-Bucht* mit den Hotels Albatros und Epidaurus. Die Uferpromenade an der Westseite der Altstadt lädt mit lauschigen Restaurants und Cafés zum Verweilen ein. Abends ankern hier die schmucken Jachten und Fischerboote tuckern auf das sich schwarzrot färbende Meer hinaus. Die Inselchen *Supetar* und *Šuperka* liegen in Sichtweite, weiter westlich im Meer begrenzen die Inseln *Bobara, Ražnjić, Mrkan* und *Mrkanac* die Župski-Zaljev-Bucht.

Geschichte

Cavtat leitet sich vom Lateinischen *civitas* (Gemeinde/Stadt) ab, sein antiker Name war *Epidaurum*. Cavtats erste Bewohner waren Illyrer, später kamen Griechen, Römer und Slawen. 47 v. Chr. wurde es von Kaiser Augustus belagert, 530 wurde es Bischofssitz und entwickelte sich zu einer reichen Handelsstadt. Zu Beginn des 7. Jh. flüchteten die Einwohner vor Awaren und Slawen und gründeten die Stadt Dubrovnik (→ Dubrovnik/Geschichte). Bis 1303 gehörte Cavtat zur Stadtrepublik, danach regierten slawische Herrscher, bis es 1427 wieder an Dubrovnik fiel. Wegen häufiger Überfälle befestigte man Cavtat mit Wehrmauern, die Ende des 19. Jh. fast vollständig eingerissen wurden. Im Krieg 1991 wurde die Stadt schwer beschädigt, ist inzwischen aber wieder hübsch restauriert.

Von Dubrovnik nach Molunat

⟨ Basis-Infos

Information   Touristinformation (TZO), Zidine 6 (vor der Altstadt rechts), 20210 Cavtat, ✆ 020/479-025, www.visit.cavtat-konavle.com. Juni–Sept. tägl. 8–20 Uhr (Juli/Aug. bis 21 Uhr); Mai u. Okt. Mo–Sa 8–20, So bis 14 Uhr; April Mo–Fr 8–19, Sa bis 14 Uhr; sonst Mo–Fr 8–15 Uhr.

Agentur Teuta, Trumbićev put 3, ✆ 020/479-786, www.cavtat.biz. Zimmervermittlung, Scooter-, Auto- u. Fahrradverleih, Ausflüge.

Agentur Cavtat Tourist, ✆ 020/478-111, www. cavtat-apartments-villas.com. Zimmer- und Hausvermietung, Transfer, Ausflüge.

Verbindungen Bus: alle 30–60 Min. nach Dubrovnik (25 KN); 2-mal tägl. über Čilipi nach Molunat (Nr. 31; um 11.45 u. 19 Uhr).

Flughafen Čipili: ✆ 020/773-377, www. airport-dubrovnik.hr. 6 km südl., nur mit Taxi erreichbar (100 KN).

Bootsverbindungen: Dubrovnik (Stadthafen)–Mlini–Plat–Cavtat 5- bis 10-mal tägl. Zudem Cavtat–Mlini–Lokrum.

Tankstelle: Beim Flughafen.

Entfernungen Čilipi 8 km, Molunat 28 km, Dubrovnik 20 km.

Geldwechsel Etliche Banken und viele Bankomaten im Städtchen.

Gesundheit Ambulanz, nur am Flughafen, hier 24-Std.-Notdienst; ✆ 020/773-215. **Apotheke**, Trumbićev put 2, ✆ 020/478-261. Mo–Fr 7–20, Sa 7.30–15 Uhr.

Post Obala Ante Starčevića (Altstadtbeginn).

Veranstaltungen Karneval wird 2-mal gefeiert: erstes Wochenende im Juli, sowie im Febr.; Cavtats Karnevaltradition geht bis ins 19. Jh. zurück, wie ein Gemälde von Vlaho Bukovac dokumentiert.

Sommer in Cavtat, klassische Konzerte in der Sv.-Nikola-Kirche, 2- bis 3-mal wöchentl. von Juni bis Aug. Zudem Folkloreaufführungen und Klapa.

Konavle Art, Mitte Juni, ca. 10 Tage; u. a. Ausstellungen, Musik (Klassik und Jazz).

Ephidaurus-Festival, Anf. Sept., ca. 10 Tage; mit klassischer Musik, Ausstellungen.

Kirchenfest der Hl. Frau vom Schnee, 5. Aug., Prozession mit Kerzen und Blumen.

Jeden So findet von 11.15–12 Uhr in Čipili (6 km südl.) auf dem Hauptplatz eine schöne **Folklorevorführung** statt (25 KN), Anreise per Bus um 9 Uhr. Gesamtpaket inkl. Eintritt für Museum, Snacks dann 45 KN.

Übernachten

Die meisten Hotels haben, je nach Gästebuchungen, von Ostern bis Ende Oktober/Anfang November geöffnet.

Es gibt rund 2500 Anbieter, am besten über die Websites von TIC oder den Agenturen. Oberhalb in der Stadt **Privatzimmer** (ab 40 € ohne Frühstück) und **Appartements** (60 € für 2–3 Pers.). U. a. von Lesern empfohlen: **Fam. Stjepo Miljanić**, verschieden große Appartements mit Balkon am Uferweg und nahe Strand, 200 m östl. der Altstadt. Put Tihe 22a, ✆ 020/478-797, 098/428-223 (mobil).

*** **Villa Kipre**, netter, hilfsbereiter Familienbetrieb, abseits der Zufahrtsstraße. Ruhige nette Lage, 10 Zimmer/Appartements mit Balkon ab 40 €/2 Pers. Iznad Tihe 18, ✆ 020/478-727, www.villa-kipre.com.

》》》 **Mein Tipp:** ***** **Hotel Croatia**, Alleinlage auf dem Berg und der Landzunge Sustjepan, eingehüllt in Kiefernwald, umgeben von schönen Wanderwegen, die hinab ans Meer führen oder in 5 Min. zur Altstadt – traumhafte Weitblicke aus den Hotelfenstern. Zählt zu den besten Hotels Kroatiens, auch beliebt bei Kongressen und daher immer gut gebucht. 500 komfortable, große Zimmer mit WiFi, meist mit Balkon; Restaurants ebenfalls mit Terrassen und Ausblick auf die Altstadt. Nachtclub, große bestuhlte Lobby, Innen- und Außen-Meerwasserpool mit modernem Spa-Bereich und Ausblick auf die Altstadt, Tennisplätze, Verleih von Wassersportgeräten, Tauchclub, eigener Strand; Animation für Jung und Alt. DZ/F ab ca. 200 € (TS ab 230 €). Ganzjährig. Frankopanska 10, ✆ 020/475-555, www.hotelcroatia.hr. 《《

*** **Hotel Supetar**, kleines und gemütliches 28-Zimmer-Altstadthotel am Ende der westlichen, hier ruhigen Uferpromenade und Halbinsel. Wenige Meter entfernt nette Kiesbuchten. Der Spa-Bereich des Hotels Croatia kann benutzt werden.DZ/F ab 120 €. Obala Dr. A. Starčevića 27, ✆ 020/300-300, 430-830,www.adriaticluxurxhotels.com.

**** **Hotel Villa Pattiera**, 12 komfortable ansprechende, moderne Zimmer. Angeschlossen ist das Restaurant Dalmacija. DZ/F ab 150 €. Trumbićev put 9, ✆ 020/478-800, www.villa-pattiera.hr.

**** **Hotel Remisens Albatros**, 260-Zimmer-Familienhotel an der Tiha-Bucht, komfortabel mit Hallenbad, Pools, Fitnesscenter, Tennisplätzen, Wassersportverleih. DZ/F ab 164 €. Šet. Žal 2, ✆ 020/481-550, www.hotels cavtat.eu.

*** **Hotel Epidaurus**, freundliche 312-Zimmer-Anlage gegenüber der Altstadt. Schön eingerichtet, kein TV im Zimmer; schöner Kiesstrand, Tennisplätze, Wassersportverleih, Tauchclub und super günstige Angebote. DZ/F ab 125 €. Šet. Žal 1, ☎ 020/481-530,www.hotelscavtat.eu.

*** **Hotel Cavtat**, kleineres komplett modernisiertes Hotel an der Uferpromenade mit kleinem Strandabschnitt östlich der Altstadt; auch in den Zimmern jetzt WiFi. Hübsch sind auch die Restaurant- und Café-Terrassen am und oberhalb vom Meer. DZ/F ab ca. 150 €. Tiha 8, ☎ 020/202-000, www.hotel-cavtat.hr.

Essen & Trinken

Alle aufgeführten Restaurants öffnen ab ca. Ostern und schließen ca. Mitte bis Ende Okt.

Restaurant Leut, zählt zu den ältesten und besten Lokalen; liegt an der Westseite der Altstadthalbinsel mit schöner kiefernbestandener Terrasse am Meer. Gute Fisch- und Fleischgerichte, leckere Weine; gehobene Preise. Ab 11 Uhr. Trumbićev put 11, ☎ 020/478-477.

≫ **Mein Tipp: Konoba Galija**, auf der Altstadtlandzunge, am Fuß des Rochusberges. Sitzgelegenheiten im Natursteinhaus verziert mit Fischernetzen oder an lauen Sommerabenden auf der großen Terrasse unter Pinien mit Meerblick. Gehobenes nettes Ambiente. Hier isst man bestens frisch gefangenen Fisch oder Hummer (Besitzer ist Fischer!), alles kreativ mit verschiedensten Sößchen zubereitet – nicht umsonst gewann der Küchenchef Auszeichnungen. Ab 11 Uhr. Vuličevićeva 1, ☎ 020/478-566. ≪

Konoba Kolona, sehr gut zubereitete Gerichte; Spezialitäten sind Fischgerichte, u. a. Fisch in Salzlake oder Fischcarpaccio; zudem guter Service. Ab 9 Uhr. Put Tihe 2, ☎ 020/478-787.

≫ **Mein Tipp: Konoba Bugenvila**, farbenfrohes, kleines Lokal an der Uferpromenade. Es bietet kreative Saisonküche mit hausgemachten Nudeln, Brot, fangfrischem Fisch und Muscheln und Menüs nach Farben in Rot, Blau und Grün (d. h. mit Fisch und Oktopus oder Tomaten oder mit viel Gemüse); zum Naschen hausgefertigte Eiscreme und Sorbets. Mit kurzen Unterbrechungen ab 12 Uhr geöffnet. Obala A. Starcevica 9, ☎ 091/1558-155 (mobil). ≪

Konoba Dalmatino, am Beginn der östlichen Uferpromenade; modernes Interieur, unter Segeltuch sitzt man gemütlich und blickt auf die bootgefüllte Bucht. Spezialitäten sind u. a. Fischsuppe, Fischplatte oder

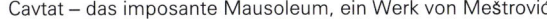

Cavtat – das imposante Mausoleum, ein Werk von Meštrović

Peka-Gerichte. Tägl. ab 8 Uhr. Put Tihe 1, ☎ 020/479-912.

Restaurant Domižana, hübsche Terrasse direkt am Meer, sehr gastfreundlich. Es gibt gut zubereitete Hausmannskost wie gegrillte Fische und Fleisch und auch Peka-Gerichte. Ab 11 Uhr. Šet Žal 2 (vor Hotel Epidaurus), ☎ 020/471-100.

Konoba Rokotin, auf der nordöstlichen Seite der Altstadthalbinsel. Gemütliches Lokal direkt am Meer und Strand.

In Velji Do   **Konoba Konavoski komin**, das Natursteinhaus liegt im kleinen Weiler auf 570 m mit schöner Terrasse; Spezialitäten sind nach Vorbestellung Peka-Gerichte (u. a. Lamm, Oktopus) oder auch Lammkotelett, Rostbraten oder leckerer Apfelstrudel. Tägl. 11–2 Uhr. ☎ 020/479-607, 099/2479-607 (mobil). Velji Do ist über den Ronald-Brown-Weg (→ Wandern) oder auch per Auto von Cavtat über Uskoplje in ca. 10 km zu erreichen.

Sport/Wassersport

Baden   Um die **Altstadthalbinsel** an Fels- und Kiesbuchten, ebenso an der **Halbinsel Sustjepan** (FKK möglich). Weitere Kiesbuchten an der **Uvala Tiha** und nördlich des Hotels Epidaurus. Oder man lässt sich vom Hafen zum FKK-Inselchen **Supetar** schippern.

Jachthafen   Riva Cavtat, entlang der Uferpromenade gibt es 20 Liegeplätze mit Strom- und Wasserversorgung, Deklarierung und Zollabfertigung. **Hafenkapitän**, ☎ 020/478-065.

Tauchen   Tauchclub Epidaurum, Basis beim Hotel Iberostar Epidauraus, ☎ 020/471-386, 098/427-550 (mobil, Hr. Boris Obradović), www.epidaurum-diving-cavtat.hr.

Ein weiterer Tauchclub im Hotel Croatia.

Reiten   Gestüt Kojan Koral (→ Čilipi).

Klettern   Nördlich von Cavtat, beim Weiler Miljanići ebenfalls auf dem Makadamweg nochmals nördlich, gibt es zahlreiche Kletterfelsen. Infos über den Tourismusverband oder organisiert mit **Agentur Adventure Dalmatia** (www.adventuredalmatia.com).

Adrenalin-Parks   In der Konvale-Region gibt es gleich zwei große Parks: bei Čilipi **Adrenalin Park Cadmos** und bei Poljice **Sv. Ana** (s. u.).

Sehenswertes

Gleich zu Beginn der Altstadt stehen Cavtats wichtigste Gebäude – die Sv.-Nikola-Kirche und der Rektorenpalast mit Museum.

Die **Sv.-Nikola-Kirche** wurde 1732 barockisiert, sehenswert sind der schöne Marienaltar mit Altarbildern des Dubrovniker Malers *Vlaho Bukovac* (1855–1922) sowie weitere Gemälde alter Meister im Kircheninnern und in der Pinakothek.

Der **Rektorenpalast** (Knežev dvor, erbaut 1555–1559) wurde zu einem **Museum** mit der Sammlung des hier gebürtigen Völkerkundlers *Baltazar Bogišić* (1834–1908) umgebaut. Es zeigt eine große Bibliothek, eine vorgeschichtliche Sammlung, Lapidarium, Mobiliar aus dem 17.–19. Jh. und vor allem die 10.000 Zeichnungen umfassende Graphiksammlung mit Arbeiten von *Vlaho Bukovac, Lucas Cranach d. J., Anddrija Medulić,* italienischen Meistern und anderen. April–Ende Okt. tägl. außer So 9.30–13.30 Uhr. Eintritt 20 KN.

Ein Stückchen weiter nördlich der Uferpromenade (Obala dr. A. Strarčevića) zweigt links die Bukovceva-Gasse ab, dort residiert die **Galerie Vlaho Bukovac**, die Werke des Künstlers ausstellt. April–Ende Okt. tägl. außer Mo 9–12 und 16–20 Uhr.

Vorbei am kleinen Hotel Supetar steht am Ende der Uferpromenade das **Franziskanerkloster** im Stil der Gotik und Renaissance mit hübschem Arkadengang von

1483. Die Kirche birgt Werke von Dubrovniker Meistern aus dem 16. Jh., darunter das sehenswerte Polyptychon mit dem Hl. Michael von *Lovrin Dobričević*.

Zum **Rochusberg** auf der grünen Landzunge führen Gässchen hinauf. Oben liegt ein Friedhof mit prachtvollen Grabmälern, einem fantastischen Ausblick auf Dubrovnik und die Elaphiten und vor allem dem gewaltigen **Mausoleum** der Reederfamilie Račić. Von 1920 bis 1923 schuf *Ivan Meštrović* den achteckigen Kuppelbau mit weißem Kalkstein von der Insel Brač. Den Eingangsbereich tragen, Symbol für die Last des Lebens, zwei säulenförmige Frauen in Tracht. Den Altar und die Innenkuppel zieren musizierende Engel und unzählige Engelsköpfe. Meštrović' Prachtbau musste eine Kapelle aus dem 15. Jh. weichen. Das Mausoleum dient heute als Friedhofskirche – die Akustik im Innern ist fantastisch.
April–Ende Okt. tägl. außer Mo 9–17 Uhr.

Wandern & Mountainbiken

Ronald-Brown-Weg: Die aussichtsreiche Wanderung (markiert; 4,5 km einfach; gemütliche Gehzeit ca. 1:30–2 Std.; rutschfestes Schuhwerk, Sonnenschutz und Wasser erforderlich!) führt östlich von Cavtat vom Hotel Epidaurus über den Weiler *Obod* (an der Magistrale) in Serpentinen bergan zum Bergkamm (570 m), immer das unter uns liegende Cavtat und die vorgelagerten Inseln im Blick. Wir erreichen in kurzer Zeit den Weiler *Velji Do* (mit Konoba). Der Weg ist nach dem US-Wirtschaftsminister Ronald Brown benannt, der hier 1996 bei einem Flugzeugabsturz den Tod fand. Auf dem Pfad sind zahlreiche einheimische Pflanzen und Tiere zu entdecken: neben Salbei, Zistrosen, Chrysanthemen, dem sog. Buhać (→ Flora) auch viele Orchideen, Iris, Aronstab, Schachbrettblume, dalmatinische Hyazinthe, Eidechsen, Schildkröten und mehr. Der Weitblick vom Bergkamm ist herrlich – auf Cavtat mit seinen Buchten und Inseln, gen Dubrovnik und die Elaphiten. Wer mag, kann ab Velji Do noch eine Rundtour (ca. 1:30–2 Std.) zum 701 m hohen *Stražišće* unternehmen – von dort bietet sich dann auch ein Blick ins Landesinnere.

Cavtat – einen herrlichen Weitblick genießt man vom Ronald-Brown-Weg

Von Dubrovnik nach Molunat

Nach Čilipi: Ein weiterer Wanderweg führt in rund 1:30 Std. von Cavtat oberhalb entlang der Küste gen Süden über Močići nach Čilipi. Neben schönen Weitblicken kann man unterwegs Mithras-Steine (röm. Gottverehrung) aus dem 2.–4. Jh. u. a. in Močići sehen. Alternativ fährt man am Sonntag mit dem Ausflugsbus nach Čilipi und läuft dann den Weg zurück.

Mountainbiken: Wer mag, kann auch das Mountainbike oder den weniger sportlichen Weg mit dem Auto nehmen: Auf 14 km geht es über Zvekovica (Abzweig von der Magistrale gegenüber der Stadtzufahrt) und Uskoplje hoch nach Velji Do.

Čilipi

Das 800-Einwohner-Städtchen, vielen nur in Verbindung mit Dubrovniks Flughafen bekannt, hat ein schönes mittelalterliches Zentrum, das im Krieg 1991 allerdings heftig bombardiert wurde. Noch immer sind die Restaurierungsarbeiten nicht abgeschlossen; die Häuser und die **Sv.-Nikola-Kirche** sollen – ein UNESCO-Projekt – ihren ursprünglichen Zustand wieder erhalten. Interessant sind vor allem die jeden Sonntag von Ostern bis Ende Oktober am Hauptplatz veranstalteten Folklorevorführungen sowie der Wochenmarkt mit schönen Trachten aus der Region (9–12 Uhr Programm, um 10 Uhr Messe, www.cilipifolklor.hr). Das **Ethnografische Museum** (tägl. außer Mo 9–13 Uhr, 15 KN) am Hauptplatz gibt einen Einblick in die traditionelle Lebensweise in der Region Konavle und zeigt auch, dass hier früher Seidenraupenzucht betrieben und somit Seide hergestellt wurde. Ein schöner Fußweg führt nach Cavtat, auch per Pferd kann die Gegend erkundet werden.

Gestüt **Kojan Koral**, bei Radovčići, ca. 8 km in Richtung Gruda, ✆ 098/606-929 (mobil), www.kojankoral.hr. Angeboten werden Reitausflüge bis zu 2:30 Std.; Abholung von den jeweiligen Unterkünften.

Mountainbiken: Auf ausgewiesenen Fahrradstrecken kann man Konavle erkunden, z. B. auf der 25 km langen Strecke von Čilipi über Radovčići nach Gruda und über Ljuta wieder zurück (Fahrradkarten in Cavtat, Tourismusverband erhältlich).

Gruda

Lange Zeit war Gruda das Verwaltungszentrum, heute ist es nur noch ein für seinen Weinanbau bekanntes Straßendorf – und Straßenabzweig nach *Ljuta*.

Übernachten/Essen   Konoba Koraćeva Kuća, hübsches Landgasthof mit netter Terrasse; Spezialitäten sind u. a. Lamm- und Kalbgerichte von den eigenen Tieren, zudem Gemüsegerichte wie gefüllte Zucchini und verschiedene Salate; hauseigenes Olivenöl. April–Nov. ab 11.30 Uhr. Koraćeva 156, Gruda, ✆ 099/3341-000 (mobil).

Adrenalin Parks   Adrenalin Park Cadmos Village, wenige Kilometer vor Gruda mit Zipline. Komaji, ✆ 091/1129-200 (mobil), www.cadmosvillage.com

Adrenalin Park Sv. Ana, südlich von Gruda, Straße nach Molunat. Hier gibt es Paintball, Zipline, Moto Cross, Bogenschießen, Quads und man kann Reiten. Poljice b. b., ✆ 099/8327-856 (mobil), www.tourist-croatia.com.

Ljuta und Umgebung

Das Örtchen zu Füßen der bewaldeten Konavle-Berge und des bis 1234 m hohen Sniježnica-Bergzugs liegt am Ljuta-Fluss. Hier drehen sich noch die Wasserräder und ausgezeichnete Lokale mit schattigen Biergärten laden zur Einkehr ein. Ein

Pfad führt zur **Ljuta-Quelle** (auch *Vaucluse-* oder *Vodovada*-Quelle), die oberhalb des Restaurants Konovaski dvori sprudelt.

Ganz im Osten ragt auf einem hohen Fels, bei Dunave (ca. 4 km nördlich von Ljuta) die renovierte **Burg Sokol** auf. Hier bietet sich eine schöne Aussicht auf das Konavle, im Innern ist ein ethnografisches Museum eingerichtet. Die Festung wurde bereits 1373 erwähnt, kam ab 1423 zu Dubrovnik, die sie auch zur Festung ausbaute, um diesen Landstrich gut sichern zu können. Im 16. und 17. Jh. spielte die Burg gegen die Türkenabwehr nochmals eine wichtige Rolle.
Grad Sokol: Juni–Okt. 10–19 Uhr, April/Mai 10–17 Uhr, Nov. 10–16 Uhr. Eintritt 40 KN. www.citywallsdubrovnik.hr. Bis Cavtat sind es rund 25 km.

Mountainbiken: Ljuta und Gruda sind ein guter Startpunkt für schöne Mountainbiketouren entlang der Berghänge. Der Weg führt durch **Lovorno** und **Pridvorje** mit Kirche und Franziskanerkloster aus dem 15. Jh., weiter über **Gabrile** (frühromanisches Sv.-Mitar-Kirchlein aus dem 11.–12. Jh. und zwei reich verzierte Bogomilensteine auf dem Friedhof) und über **Uskoplje** wieder zurück – oder weiter bis Cavtat.

Essen & Trinken »» Mein Tipp: Restaurant Konovaski dvori (ausgeschildert), völlig abseits an der tosenden Ljuta gelegen, in einem ehemaligen Mühlengebäude. Großer, baumbestandener Biergarten, gemütlicher Innenraum. Im Garten drehen sich Mühlräder, in den Becken schwimmen Forellen, die Speisen werden am Holzfeuer zubereitet; Peka-Gerichte (Lamm, Kalb, Oktopus), selbst gebackenes Brot und süffige Weine; leckere Vorspeisen, z. B. Schinken und Käse aus der Umgebung. März–Nov. ab 12 Uhr. Ljuta, ✆ 020/791-039. **«**

Konoba Vinica Monković, kurz vor obigem liegt dieses nette kleine Lokal direkt am Fluss. Es gibt Peka-Gerichte (Lamm, Kalb), Forellen, hausgemachten Schinken und Käse und süßen Strudel. Ganzjährig außer Jan. ab 11 Uhr. Donja Ljuta 44, ✆ 020/791-244.

Burg Sokol klebt am Fels ▲
Mühlen-Restaurant an der Ljuta ▼
Forellenreich plätschert die Ljuta ▼▼

Molunat – das kroatische Schlusslicht für Badegäste

Molunat

Das südlichste Touristenörtchen an Kroatiens Küste bietet kulturell nichts Aufregendes, dafür eine nahezu unberührte, zum Naturschutzgebiet erklärte Landschaft und einige Strände.

Molunat liegt inmitten subtropischer Vegetation am Beginn der unbewohnten, mit Steineichen und üppiger Macchia bewachsenen *Halbinsel Gora* und zieht sich von der Hochebene zur südlich geschützten Bucht in Richtung Ortsteil Pločiće hinab. Im fischreichen Meer liegen wie zur Dekoration von den Jahrhunderten geglättete Felsen, Fischerboote schaukeln an den kleinen Molen, die untereinander durch Wege verbunden sind. In der Bucht liegen *Veliki Školj* und andere kleine bewaldete Inselchen. An der Nordwestseite fällt die Küste in Klippen tief zum Meer hinab. Man kann zum kleinen Hafen hinunterlaufen, vorbei an Gärten mit Zitronen, Mandarinen, Palmen und der alles überwuchernden tiefblauen Prunkwinde. Wen es hierher verschlägt, der sucht nichts außer Ruhe ...

Molunat ist illyrischen und griechischen Ursprungs. Viele archäologische Spuren im Meer zeugen davon, dass Seefahrer über die Jahrhunderte hier Schutz suchten. Reste einer alten Schutzmauer, wohl aus dem 15. Jh., sind noch erhalten. Molunats heutige Ansiedlung geht auf das 19. Jh. zurück.

Information 20219 Molunat. Auskünfte über die **Touristeninformation** in Cavtat.

Diverses Es gibt Postamt, Laden, Cafébar und ein paar kleine Restaurants (v. a. bei den Campingplätzen) unten im Dorf, nahe dem Fischerhafen.

Übernachten/Essen Einige Zimmer und Appartements, z. B.

Villa Peragić, oben am Berg mit schönem Weitblick; vermietet werden Zimmer ca. 15 €/Pers. und Appartements mit Küche ab 20 €/Pers. Angeschlossen ist das Tauch-

*** **Villa Ana**, unten am Fischerhafen. Hübsche, komfortable Zimmer und Appartements mit 2–4 Betten. DZ mit Frühstück ab 50 €. Fam. Zorović, Molunat 65, ☏ 020/794-370, www.villa-ana.info.

Camping Es gibt 5 kleine, meist einfache Autocamps.

Autocamp Adriatic I, gepflegter Platz auf einer Wiese östlich vom Ort und Fischerhafen. Stellplätze unter Kiwiranken, Mandarinen, mit Schilfrohrmatten gedeckt. Etwas preisgünstiger wie Monika (s. u.). Pero Kandić, Pločiće, ☏ 020/796-585.

Autocamp Adriatic II, liegt auf dem Wiesengelände nebenan und wird vom Bruder Luka geführt. Pločiće, ☏ 020/794-450.

Autocamp Marinero, ein weiterer kleiner Platz der Brüder. Hier gibt es auch Appartements zu mieten. Fam. Vidak, Molunat 73, ☏ 020/794-425, www.apartmentsvidak.com.

≫ Mein Tipp: **Autocamp Monika**, oberhalb am Beginn der südöstlichen Buchtseite. Terrassierter 1,5 ha großer Platz unter Oliven- und Johannisbrotbäumen, der sich zum Meer und zur Kiesbucht hinabzieht; ausreichende Sanitäranlagen (auch Waschmaschine). Alles sehr gepflegt. Es gibt ein kleines Restaurant, Kiosk, Verkauf von hauseigenen Weinen (6 verschiedene Sorten) und Olivenöl. Mai–Sept. geöffnet. Pers. 6 € (TS 7 €), Zelt 4 € (TS 5,20 €) und Auto 3 € (TS 4 €). Molunat 28, ☏ 020/794-557, www.camp-monika.hr. **≪**

Tauchen Diving Molunat-Prevlaka, Basis ist bei der Villa Peragić (→ Übernachten). ☏ 098/1722-771, www.diving-dubrovnik-zalokar.hr.

center (→ Tauchen). Fam. Zalokar, Molunat 30, ☏ 020/794-448, www.villaperagic.com.

Appartements Antunović, etwas oberhalb vom Meer, am Hang, nette, verschieden große Appartements. Fam. Ðuro Antunović, Molunat 21, ☏ 99/7203-514, www.apartments-antunovic.com.

*** **Villa Marin & Restaurant Maritimo**, nettes, familiär geführtes Appartementhaus oberhalb vom Meer mit 8 verschieden großen Wohnungen und mit Pool. 2-Pers.-Appartement mit Balkon 60 €. Angeschlossen das Restaurant. Fam. Marinović, Molunat 18, ☏ 020/794-351, www.villamarin.hr.

Molunat/Umgebung

Von Molunat erreicht man in ca. 15 km über die Hautpstraße 516 (in Richtung Montenegro) das unter Naturschutz stehende **Kap Oštro**, eine macchiabewachsene, schmale Landzunge, die die große Bucht von Kotor etwas einschließt. Lange Zeit war diese Halbinsel unzugänglich, da militärisches Sperrgebiet. Am äußersten Zipfel steht einsam und verwaist ein großes *Kastell* aus der Habsburger Zeit, Mitte des 19. Jh. erbaut, das den Eingang zur großen Bucht kontrollieren sollte – der Weitblick über das Meer ist spektakulär. Die Erkundung lohnt sich am besten mit dem eigenen Fahrrad.

Kurz vor der montenegrinischen Grenze Abzweig und Beschilderung **Park Prevlaka** folgen. Eintritt ca. 20 KN.

Wer einen Abstecher nach Montenegro machen möchte: Der kleine Grenzübergang hat 24 Stunden geöffnet.

Von Dubrovnik nach Molunat

Vidova Gora (Insel Brač) – Blick auf die Inseln Hvar und Vis

Kleiner Wanderführer

Kleiner Wanderführer

Dalmatien ist ein ausgesprochen attraktives Wanderziel durch grandiose Weitblicke von Inselbergen oder vom Küstengebirge, auch Flora und Fauna sind vielfältig und interessant.

Diese sonnenverwöhnte Region ist natürlich bestens für Wanderungen in der Vor- und Nachsaison geeignet. Im Frühjahr ab April genießt man die Touren bei den angenehmen 15 °C und taucht ein in ein traumhaftes Blütenmeer. Der Herbst und Spätherbst ab September bis November bieten immer noch an-

genehme 23 bis 15 °C und dabei ein noch warmes Meer. Hinzu kommt, dass nur noch wenige Touristen unterwegs sind, d. h. es herrscht kein Gedrängel in Städten und an Fähren und es gibt preiswerte Übernachtungen.

Das Gebiet lockt mit einfachen Familientouren entlang des Meeres, zu Inselbergen oder für Konditionsstarke hinauf in die über 1700 m hohe Bergwelt.

Einige schöne Touren habe ich für Sie ausgesucht, u. a. an der Küste einen Rundblick oberhalb von Omiš, an der Makarska Riviera das anspruchsvolle Biokovo- und Rilić-Gebirge oder Inselberge wie den Vidova Gora (Insel Brač), Hum (Insel Vis), Hum (Insel Lastovo), eine Tour zur Drachenhöhle auf der Insel Brač oder durch den Nationalpark Mljet. Unter den von mir aufgeführten Routen werden Sie über das Gebiet sowie alle wichtigen Fragen vorab, wie u. a. zu Weg, Dauer, Charakter, Anfahrt etc. informiert.

> Zusätzlich zu den hier ausführlich vorgestellten 11 **GPS-Touren** finden Sie im Reiseteil weitere Hinweise auf lohnende Wanderungen.

Betonen möchte ich: Überschätzen Sie sich bitte nicht, dies kann fatale Folgen haben. Nicht zu unterschätzen ist die Hitze, d. h. zur Ausrüstung gehören unbedingt Sonnenschutz (Hut und Sonnencreme) und ausreichend Wasser – für eine 4-Stunden-Tour bei Hitze pro Kopf mindestens 2 Liter Wasser mit sich führen! In dieser Bergwelt gibt es kaum Unterkunfts- und Versorgungshütten. Ebenso unabdingbar sind rutschfeste Schuhe (auch für Kinder!), auch Wanderstöcke sind sehr hilfreich.

Auf längeren Touren sollte man zudem nie alleine gehen, ein Mobiltelefon mit sich führen (Kroatische Bergrettung ✆ 112, www.gss.hr), zudem im Hotel, Camp oder der Pension Bescheid geben. Auch eine Taschenlampe, Windschutz und kleine Wundversorgung sollten ins Tourengepäck. Bei schlechten Wetterverhältnissen sollte man Wanderungen schon vorab unterlassen, bei plötzlich aufkommenden Nebelfeldern am besten stehen bleiben und abwarten.

Achtung: Ebenfalls auf die giftige Hornotter (vipera ammodytes) achten (→ Fauna).

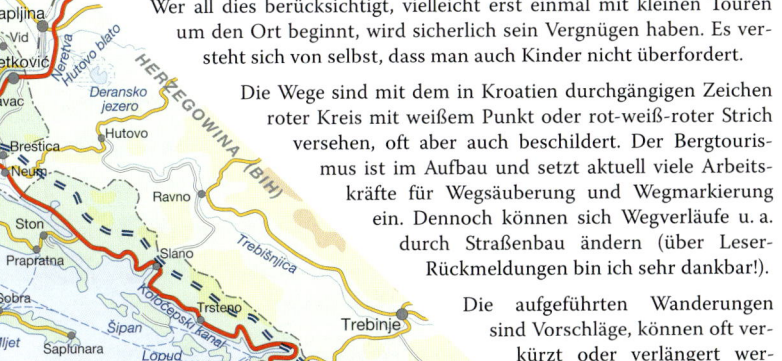

Wer all dies berücksichtigt, vielleicht erst einmal mit kleinen Touren um den Ort beginnt, wird sicherlich sein Vergnügen haben. Es versteht sich von selbst, dass man auch Kinder nicht überfordert.

Die Wege sind mit dem in Kroatien durchgängigen Zeichen roter Kreis mit weißem Punkt oder rot-weiß-roter Strich versehen, oft aber auch beschildert. Der Bergtourismus ist im Aufbau und setzt aktuell viele Arbeitskräfte für Wegsäuberung und Wegmarkierung ein. Dennoch können sich Wegverläufe u. a. durch Straßenbau ändern (über Leser-Rückmeldungen bin ich sehr dankbar!).

Die aufgeführten Wanderungen sind Vorschläge, können oft verkürzt oder verlängert werden, was im Text ausführlich beschrieben wird. Die Touren weisen Unterschiede in Länge und

Schwierigkeitsgrad auf. Die Zeitangaben sind reine Gehzeiten, Pausen nicht mitge-
rechnet, und nur als Richtwerte zu verstehen. Die Karten wurden mit Hilfe von
GPS (Global Positioning System) erstellt (ausgenommen Wanderung 2). Wer ein
GPS-Gerät besitzt, kann vor Ort eine genaue Standortbestimmung vornehmen.
Wann immer es aber möglich ist, geben wir auffällige Orientierungspunkte an, die
allerdings auch Veränderungen unterliegen können.

Wanderung 1: Insel Brač – von Bol zum Vidova Gora, dem höchsten Inselberg

Charakteristik: Diese mittelschwere Familienwanderung verläuft ohne Schwierigkeiten, allerdings muss ein steiler, teils schattenloser Aufstieg bezwungen werden, also nichts bei Hitze! Vom Gipfel bietet sich ein grandioser Weitblick auf die
Mittel- und Süddalmatinischen Inseln. Der Rückweg erfolgt auf derselben Strecke.
Länge/Dauer: Gesamtlänge 10,6 km, ca. 3:30–4 Std. Gesamtwegzeit (hin und zurück). **Markierung:** roter Kreis mit weißem Punkt, zudem beschriftet (gute Markierung). **Einkehr:** Am Gipfel wartet die Vladimir-Nazor-Hütte; Schinken und Käse gibt
es immer, zudem Getränke (→ S. 169). **Ausgangspunkt:** Start- und Endpunkt mit
Parkplatz ist in Bol die Straßenkreuzung Bračka cesta (ortsauswärts nach G. Hu-
mac/Podborje; gegenüber Novi Put), nach der Bluesun-Verwaltung; etwas oberhalb davon liegt der kleine Parkplatz. Zu Fuß ab Ortsmitte die Straße bergan, vorbei am Camp Marion bis zur Straßenkreuzung. **Ausrüstung:** rutschfeste Bergschuhe, Wanderstöcke und Sonnenschutz, genügend Trinkwasser. **Karte:** Inselkarte
Brač (mit Wander- und Mountainbikewegen), 1:42.000; zudem die Wanderkarte
Otoc Brač 1:40.000 (soll 2015 erscheinen).

Wegbeschreibung: In **Bol** nehmen wir an der Straßenkreuzung **1** nach der Blue-
sun-Hotelverwaltung das Asphaltsträßchen bergauf, vorbei an der hübschen neu
renovierten **Kirche Sv. Josip** (18. Jh.), bis zum großen ungeteerten Platz **2** einer
Baufirma.

Der Aufstieg lohnt – Blick aufs „Goldene Horn", gen Hvar und viele weitere Inseln

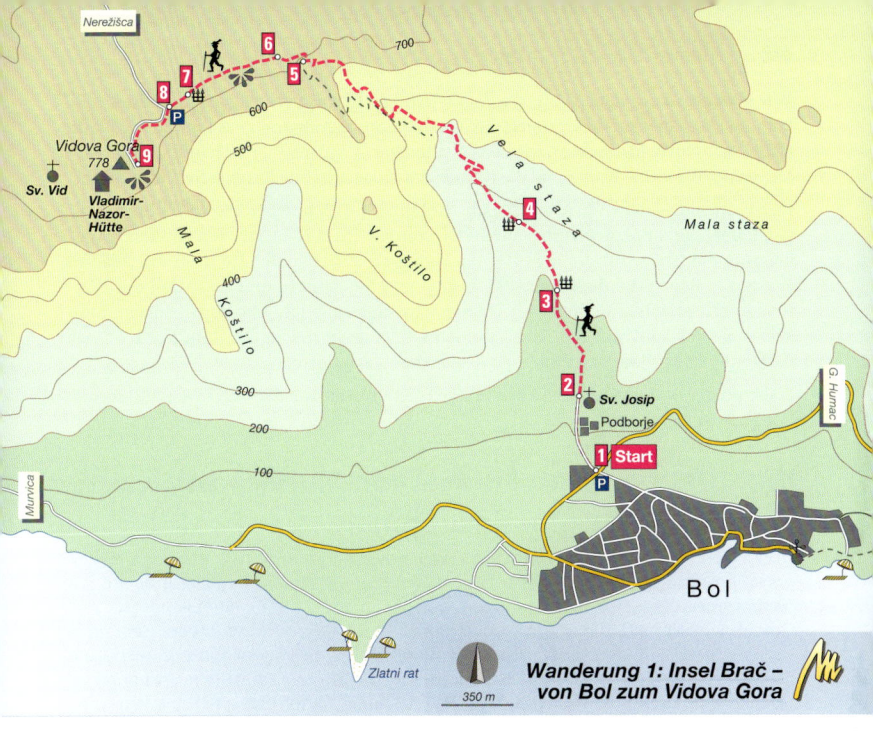

Wanderung 1: Insel Brač – von Bol zum Vidova Gora

Ab hier wandern wir geradeaus hoch auf breitem **Makadam** zwischen von Steinmäuerchen eingefassten Olivenhainen. Nach ca. 10 Min. erreichen wir einen Maschendrahtzaun mit Türchen **3** – bitte auch wieder schließen – danach geht es auf schmalem Pfad leicht bergan in den Taleinschnitt. Von unten dringt das Bimmeln der hier weidenden Schafe nach oben, es wachsen Rosmarin, Stechginster, Bohnenkraut, Immortelle, Zistrosen und gelbe Disteln am Wegrand. Dann wird der Bewuchs höher mit Schwarzkiefern, dann schattig durch Aleppokiefern.

Nach rund 0:15 Std. folgt ein weiteres **Maschendrahtgatter 4**, das den Weg versperrt und geöffnet und wieder geschlossen werden muss. Der Weg und das Tal verengen sich langsam, über einen guten Steinweg wandern wir durch hohe Macchia mit Steineichen bergauf. Hinter uns liegt das Meer mit der Insel Hvar. In Serpentinen führt der Felspfad jetzt bergauf und zieht sich westlich in einen weiteren Taleinschnitt hinein und an neuen Stromleitungen vorbei.

Nach nun ca. 1 Std. Wegzeit wird der Anstieg durch den Schatten der hohen Mastixbäume und den dichteren Schwarzkiefernwald erträglich. In Serpentinen geht es weiter kontinuierlich bergan, vorbei an der steil abfallenden Felswand mit Höhlen, durch die Zweige hat man schöne Ausblicke auf Bol, Hvar, Korčula und Pelješac.

Nach ca. 1:30 Std. Gesamtwegzeit stoßen wir auf einen breiten Schotterweg **5** und gehen hier rechts hoch – der Blick auf die Inselwelt wird immer vielfältiger, im Westen unser Ziel, die Antennen auf dem Vidova Gora.

Der Weg stößt geradeaus auf eine hohe Maschendrahteinzäunung, hier zweigen wir auf den **markierten Pfad 6** nach links ab. Er führt über Felsen in der Nähe der Bergkante, rechts von uns die Umzäunung, bis wir geradeaus auf einen Durchgang im Stacheldrahtzaun **7** stoßen und diesen hinter uns wieder schließen.

Wir gelangen kurz danach auf die Asphaltstraße **8** mit Parkplätzen (von Nerešišćća kommend), gehen auf dieser durch das Tor in Richtung Antennenmasten und zur **Vladi-mir-Nazor-Hütte 9**, die wir nach rund 2-stündiger Wanderzeit erreichen. Dahinter stehen das große weiße Kreuz und die Ruinen der altkroatischen **Kapelle Sv. Vid**.

Der kräftig blasende Wind pustet uns ordentlich durch – der **Weitblick** ist gigantisch: unter uns Bol, gegenüber im Südwesten die Insel Hvar mit den kleinen vorgelagerten Paklenica-Inseln, dahinter die Halbinsel Pelješac und die Insel Korčula, im Westen in der Ferne die Inseln Vis, Biševo und Sv. Andrija und im Osten das Küstengebirge Biokovo, dahinter die Dinarische Gebirgskette. Ein Vogel müsste man sein – früher sind von hier oben die Paraglider gestartet und unten, nördlich des Goldenen Horns, auf den einstigen Freiflächen gelandet.

Nach einer wohlverdienten Pause in der Hütte treten wir den Rückweg auf derselben Strecke an.

Wanderung 2: Insel Brač – von Murvica zur Drachenhöhle (Zmajeva špilja)

Charakteristik: Diese mittelschwere Familienwanderung mit teils steilen Passagen führt durch den alten Weiler Murvica, vorbei am alten Kloster und hinauf zur beeindruckenden Höhle. Unterwegs genießt man schöne Weitblicke auf das Goldene Horn und die gegenüberliegende Insel Hvar. Etwas steiler und teils schattenloser Aufstieg, also nichts bei Hitze! Der Rückweg erfolgt auf derselben Strecke. **Länge/Dauer:** 5 km (hin und zurück bis **11**), ca. 2 Std. (hin und zurück). Strecke und Dauer verkürzen sich, folgt man dem Jägerpfad am Rückweg (also weiter über **12** und **13** zu **4**). **Markierung:** Die Markierung ist seit einigen Jahren verschwunden – man soll wohl nur noch organisiert gehen! Nur in Murvica gibt es die Ausschilderung „Zmajeva špilja". **Information/Führung:** Die Höhle ist durch Eisengitterstäbe verschlossen, man kann hindurchsehen und zumindest das Drachenrelief erblicken, das Innere ist jedoch versperrt und nur organisiert zugänglich. Nach Voranmeldung über die Touristeninformation Bol (→ S. 174) oder unter ☎ 091/5149787 (mobil; Hr. Zoran Kojdić; er ist geschichtlich bewandert, spricht auch deutsch) gibt es eine organisierte Wanderung. **Einkehr:** Lokale gibt es am Wanderbeginn in Murvica (→ S. 180). **Ausgangspunkt:** Murvica (5 km westlich von Bol), bei den letzten Häusern auch Parkplätze. **Ausrüstung:** rutschfeste Bergschuhe, Wanderstöcke, Sonnenschutz und Trinkwasser. **Karte:** Inselkarte Brač (mit Wander- und Mountainbikewegen), 1:42.000; zudem Wanderkarte Otoc Brač 1:40.000.

Malerisch am Hang und Wanderpfad, das alte Murvica

Wegbeschreibung: Der Wanderweg beginnt in **Murvica** gegenüber dem Parkplatz **1** (wenige Meter westlich der Konoba Marija). Wir gehen über ein paar uralte Steinstufen kurz aufwärts und halten uns an der Weggabelung **2** rechts, ausgeschildert mit „Zmajeva pećina" (nach links würde es gen Westen zur Klosterruine gehen, ausgeschildert mit „Pustinja Dračeva Luka"). Dies hier war übrigens die letzte Ausschilderung!

Wir gehen nun ostwärts durch den alten Weiler mit seinen Natursteinhäusern über Stufen und einen glattpolierten steinbehauenen Weg. Die Häuser, fast am Fels klebend, mit grünen, meist abblätternden Fensterläden, wirken malerisch. Zwischen den Hausruinen gedeihen prächtige Agaven und Kakteen. Bei den letzten Häusern an der kleinen Gabelung **3** gehen wir rechts, also weiter ostwärts (nach links bergan würde

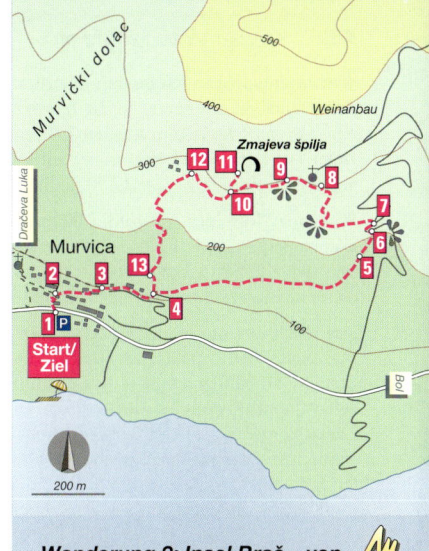

Wanderung 2: Insel Brač – von Murvica zur Drachenhöhle

es Richtung Dračeva Luka gehen). Unterhalb nun ein kleiner Parkplatz und der Zufahrts-Makadam. Wir gehen ostwärts, vorbei an den letzten zwei einzeln stehenden Häusern, nehmen entweder den Pfad entlang des eingezäunten Grundstücks oder auch den Makadam (dann müssen wir in dessen Rechtskurve wieder wenige Meter links bergan), um zum zweiten möglichen Ausgangspunkt der Wanderung **4**, zum grün gestrichenen Holztor des Privatgrundstücks zu gelangen. Hier gehen wir nun rechts in den Waldpfad (von Norden kommt der Jägerpfad, den man am Rückweg nehmen kann).

Der Weg zieht sich ostwärts und dann nordwärts durch nach Harz duftende Kiefernwäldchen und steigt leicht an. Den Weg begleitet links von uns eine Natursteinmauer, dann ein Maschendrahtzaun, bald auch beidseitig. Gen Südosten blickt man auf das Blau und Türkis des Meeres, gegenüber liegt das zerklüftete Hvar. Der Blick fällt auch auf einen neu erbauten Makadam, der durch die Natur geschlagen wurde und zu einem Weinberg im Talende führt. Nach knapp 0:15 Std. erreichen wir ein Maschendraht-Gatter **5** (bitte wieder schließen). Der Pfad führt weiter wenige Minuten bergan, dann über ein paar Stufen, bis wir auf den Makadam **6** stoßen, auf diesem wenige Meter rechts gehen und kurz nach dessen Rechtskurve in den Pfad **7** links bergan abzweigen (ein altes Holzschild mit Ausschilderung lag 2014 am Boden; der geradeaus verlaufende Makadam führt zu dem am Talende steil am Hang errichteten riesigen neuen Weinberg).

Unser schmaler Steinpfad steigt nun steil und westwärts bergan, am Anfang noch durch etwas verkohltes Gelände, dann entlang der Bergkante. Es wachsen Rosmarin, niedere Steineichenbüsche, Wacholder, Mastix – gegenüber liegt die zerlappte Nordflanke von Hvar. In Serpentinen geht es bergauf, der Blick wird immer weiter, bald ist auch Korčula im Blick. Nach rund 0:15 Std. stoßen wir auf eine Natursteinmauer und ein einzeln stehendes Haus **8**. Wir halten uns leicht links. Der Weg führt uns weiter westwärts mitten durch einen beidseitig eingezäunten terrassierten

Weinberg, vorbei auch an den **Überresten eines Klosters** mit einer angebauten Kapelle. Über dem Eingang ist die Jahreszahl 1477 eingemeißelt; das Wappen zeigt einen von der Sonne umrahmten Kerzenleuchter. In der Ferne leuchtet das Goldene Horn aus dem Meer, gegenüber im Dunst Hvar. Auch hier wurde in den letzten Jahren durch Weinberg- und Makadambau stark in die Natur eingegriffen.

Wir durchwandern die rund 100 m des Weinbergs, stoßen an dessen westlichem Ende auf ein Gatter **9** (bitte wieder schließen) und gehen hier links. Vor uns erheben sich die Felswände. Nach wenigen Minuten heißt es aufpassen, um nicht den kleinen, nach rechts abzweigenden Pfad **10** zur Höhle zu verpassen!

Der Pfad, der nun wenige Meter steil und verschlungen bergan führt, wirkt sehr mystisch. Noch mystischer wird's, wenn wir vor der riesigen Öffnung im Fels stehen, die von Pflanzen umrankt und inzwischen seitlich zugemauert und durch Eisengitterstäbe verschlossen ist: die **Drachenhöhle** **11** (Zmajeva špilja oder auch Zmajeva pećine) – das große Drachenrelief ist auch von außen gut erkennbar, ebenso ein paar weitere Reliefs. Mit einem Führer, der sicherlich auch viel zu erzählen hat, gelangt man in die Höhle, die sich nach oben scheinbar endlos zuspitzt (→ Kasten „Die Drachenhöhle", S. 179).

Innen Trennwände mit Fenstern und Nischen. Man fühlt sich beobachtet – und entdeckt die Eingravierungen im Stein, die den Besucher aus allen Ecken anstarren. Das Westrelief links neben dem Eingang ist das größte: Es zeigt einen Drachen, darüber einen Löwen und einen gruseligen Menschenkopf mit langen Ohren – vielleicht auch eine Teufelsfratze. Schräg gestellt ist ein Mondgesicht, dahinter ein Menschengesicht mit langen Haaren. Das beeindruckende Relief ist nicht nur leicht graviert, sondern tief aus dem Fels gemeißelt. An der Ostseite oben am Fels König und Königin, darunter umfassen Hände ein Weihegefäß.

Unseren Rückweg treten wir ab der Gabelung **10** an: Der einfachste und schönere Weg ist sicherlich unser Hinweg. Wer aber sehr trittsicher ist und Zeit sparen

Die Drachenhöhle – das mystische Drachenrelief mit Mond und Köpfen

möchte (ab hier rund 0:20–0:25 Std.), nimmt den steil talwärts führenden Jägerpfad, d. h. wir gehen dann rechts durch den Aleppokiefernwald und passieren nach rund 8 Min. rechts von uns liegende Hausruinen **12**, die steil am Fels liegen. Weiter durch Mischwald talwärts stoßen wir rund 0:15 Min. später auf ein Maschendrahtgatter **13** (bitte wieder schließen). Hier ist auch ein kleiner Weingarten angelegt. Der Weg wird etwas ebener und wir gehen geradeaus weiter, bis wir das „grüne Tor" des zweiten Ausgangspunktes **4** erreicht haben. Dort wenden wir uns nach rechts (westwärts) und gelangen zurück zum Weiler **Murvica** und unserem Ausgangspunkt am Parkplatz **1**.

Wanderung 3: Insel Vis – Rundwanderung von Komiža über die Tito-Höhle zum Berg Hum (587 m)

Charakteristik: Diese mittelschwere Familienrundwanderung ohne Schwierigkeitsgrade, aber mit steileren An- und Abstiegen (beim Abstieg etwas Geröll), bietet neben der Stippvisite der Tito-Höhle schöne Ausblicke auf die Inselostseite und v. a. vom Berg Hum einen herrlichen Weitblick auf Komiža, die Inseln Biševo, Sv. Andrija und bei klarer Sicht bis Italien. **Länge/Dauer:** Gesamtlänge 8,3 km; ca. 3:30–4 Std. **Markierung:** roter Kreis mit weißem Punkt oder auch rot-weiß-roter Strich (gute Markierung), zudem Schilder. **Einkehr:** unterwegs keine Versorgungsmöglichkeit. **Ausgangspunkt:** Straßenkreuzung Hotel- und Stadtzufahrt von Komiža mit der Inselstraße nach Vis. **Ausrüstung:** rutschfeste Bergschuhe, Wanderstöcke, Sonnenschutz und ausreichend Trinkwasser! **Wanderkarte:** Insel Vis, 1:20.000 (vor Ort erhältlich).

Wegbeschreibung: Wir starten in Komiža an der **Straßenkreuzung** Ecke Hotelzufahrt/Straße nach Vis **1**, folgen dieser wenige Meter nordwärts und zweigen dann links **2** in den ausgeschilderten Asphaltweg ein und wandern diesen leicht bergauf.

An der nächsten Weggabelung **3** ca. 100 m weiter folgen wir nun dem markierten **Weg Nr. 6** geradeaus (rechts ist Weg Nr. 1, dies ist unser Rückweg).

Der Weg wird zu einem **Steinpfad**, der uns steil und in Serpentinen im üppig mit Salbei, Zistrosen, Ginster und vielen weiteren Kräutern bewachsenen Tal Brojkovica bergauf bringt, bis wir nach ca. 0:20 Std. auf einen Makadam **4** stoßen, die Kapelle Sv. Mihovil bereits im Blick. Wenige Meter rechts von uns führt die Inselhauptstraße (Vis–Komiža) vorbei, die hier ihren höchsten Punkt (250 m) hat – unter uns breitet sich Komiža aus, im Dunst liegen die

Der Aufstieg von Komiža belohnt mit schönem Blick

Inseln Biševo und Sv. Andrija (geht man am Makadam links, gelangt man zu den Kletterfelsen Crikveni stine, mit 5 Kletterrouten von 4+ bis 6).

Wir überqueren einen weiteren Makadam **5** und wandern weiter auf dem Pfad oberhalb der Inselhauptstraße (falls er zugewachsen ist, geht man entlang der Straße bergab). Auf der gegenüberliegenden Straßenseite erblicken wir die **Kapelle Sv. Mihovil** (12. Jh.).

Sind wir auf dem Wanderweg geblieben, stoßen wir nach ca. 300 m wieder auf einen Makadam **6** und neben uns auf die Inselstraße, der wir kurz bergab folgen, sie dann überqueren, um kurz darauf in den markierten schmalen **Pfad 7** rechts abzubiegen. Der Blick fällt unterhalb auf die rund erbaute und neu renovierte Kirche **Gospa od Planince** (11. Jh.) an der Inselstraße. Wir folgen unserem Pfad, der sich eben entlang von Steinmäuerchen durch den üppigen, teils kratzigen Bewuchs zwängt. Trampelpfade führen zu Olivenhainen, ostwärts liegt das dicht mit Macchia bewachsene Tal gen Vis mit nur einzelnen Gehöften entlang der Straße.

Der hübsche Pfad verläuft dann bergauf, mit auch einem etwas steileren Abschnitt, durch Aleppokiefernwald und Steineichen, ehe wir wieder eben entlang von Steinmäuerchen wandern. Der Blick wird nun frei auf die Südostseite von Vis mit der Insel Ravnik, weiter draußen im Meer noch Korčula.

Noch ein Stückchen weiter gehen wir leicht bergan, ehe wir schließlich auch auf die Inselnordostseite blicken können, dahinter in der Ferne die Inseln Hvar und Brač. Am **Kreuzungspunkt 8** der Wege Nr. 6 und Nr. 1 folgen wir nun dem **Steinweg Nr. 1** nach rechts bergauf.

Wir erreichen nach rund 0:15 Std. eine Weggabelung **9** und machen einen 5-Minuten-Abstecher links hinab zur Tito-Höhle **10**. Sie diente Marschall Tito als Quartier und Unterschlupf während des Befreiungskampfes (→ Insel Vis/Geschichte, S. 237).

Wieder zurück an der Weggabelung **9**, gehen wir nun links und auf dem Hauptpfad gen Hum bergauf weiter. Fast oben angekommen, stoßen wir auf einen

Kapelle Sv. Duh – Weitblick auf Komiža und die Inseln Sv. Andrija und Biševo

*Wanderung 3: Insel Vis –
von Komiža zum Berg Hum*

breiten Schotterweg **11**, zweigen hier links ab und genießen den weiten Blick gen Inselosten.

Nach wenigen Metern nehmen wir den rechten Abzweig **12** in Richtung Antenne und zur **Kapelle Sv. Duh 13** (17. Jh.) auf 563 m. Sie liegt etwas unterhalb des 585 m hohen **Hum**, dessen Gipfel militärisches Sperrgebiet ist. Wir stärken uns mit unserem mitgebrachten Snacks und genießen den weiten Ausblick über den Inselwesten, über das Meer mit seinen Inseln Biševo, Sv. Andrija und auf Komiža unter uns, ehe wir uns auf den Rückweg machen.

Der Wanderpfad führt links der Kapelle weiter, vorbei am Paraglider-Platz mit Rampe, dann ein Stück entlang des breiten Schotterwegs. Dann folgen wir rechts unserem ausgeschilderten **Wanderpfad 14** steil und wenig Knie schonend bergab, teils auch auf losem Gestein – dafür genießen wir den Blick und den Duft von Rosmarin, Salbei und Zistrosen.

Nach weiteren ca. 0:40 Std. stoßen wir auf die Inselstraße **15**, gehen ca. 50 m auf dieser links hinab und zweigen dann nach rechts in einen schmalen Pfad **16** ein, der uns vorbei an Weinfeldern und Gärten zurück zu unserer Wegkreuzung am Anfang **3** bringt. Hier gehen wir links und folgen dem Sträßchen zu unserem Ausgangspunkt **1**, mit Blick auf das malerische Franziskanerkloster mit Kirche Sv. Nikola.

Fortica – herrlicher Weitblick auf Omiš, die Cetina-Mündung und die Insel Brač

Wanderung 4: Von Omiš zur Burgruine Fortica

Charakteristik: Diese relativ kurze, mittelschwere Rundwanderung ist auch für Familien geeignet (jedoch steiler, kurzer Auf- und Abstieg!). Von der Burgruine Fortica genießt man einen weiten Blick über Stadt, Land, Fluss und Inseln. **Länge/ Dauer:** Gesamtlänge 3,5 km; gemütlich ca. 2 Std. **Markierung:** roter Kreis mit weißem Punkt (gute Markierung). **Verlängerung:** Als Tageswanderung kann man ab dem Fortica am Kamm südlich entlang über die Weiler Pešići und Čećuci in ca. 2:30–3 Std. zum Vrh Kula (863 m) laufen. Allerdings empfiehlt sich auch hier der Rückweg in die Stadt über den ausgeschilderten Wanderweg (s. u. ab **4**). **Einkehr:** unterwegs keine Versorgungsmöglichkeit. **Anfahrt:** ab Omiš der Straße Richtung Cetina-Tal/Radmanove mlinice (nach der Brücke links) folgen, nach dem kleinen Felstunnel ist rechts eine Freifläche zum Parken; zu Fuß ca. 5 Min ab Brücke. **Ausrüstung:** rutschfeste Bergschuhe, Wanderstöcke, Sonnenschutz und ausreichend Trinkwasser. **Wanderkarte:** Omiška Dinara, 1: 25.000.

Wegbeschreibung: Unsere Wanderung beginnt am **Parkplatz** bei Omiš an der Nordostflanke des Felsmassivs. Der hier ausgeschilderte Pfad **1** führt steil durch Laubwald bergauf. Dann lichtet sich der Wald und wir folgen der Markierung **2** nach rechts, die Burgruine im Blickfeld vor uns.

Nach etwa 0:40 Std. verläuft der Pfad über Felsen bergauf Richtung altes Starigrad mit seiner Festung. Es blüht und duftet nach Salbei, Glockenblumen, Margariten. Wir erklimmen die zinnenbewehrte mittelalterliche Burg **3**, genannt **Fortica**, mit ihrem erhalten gebliebenen Turm und den massiven Festungsmauern. Die Anlage wurde seit 1990 schrittweise renoviert.

Wir genießen die Aussicht: Der Blick fällt gen Nordosten ins Cetina-Tal, im Norden gen Mosor-Gebirge und in der Ferne nach Split. Unter uns liegt Omiš mit seinem Hafen und dem langen, ins Meer ragenden Sandstrand, gegenüber die Insel

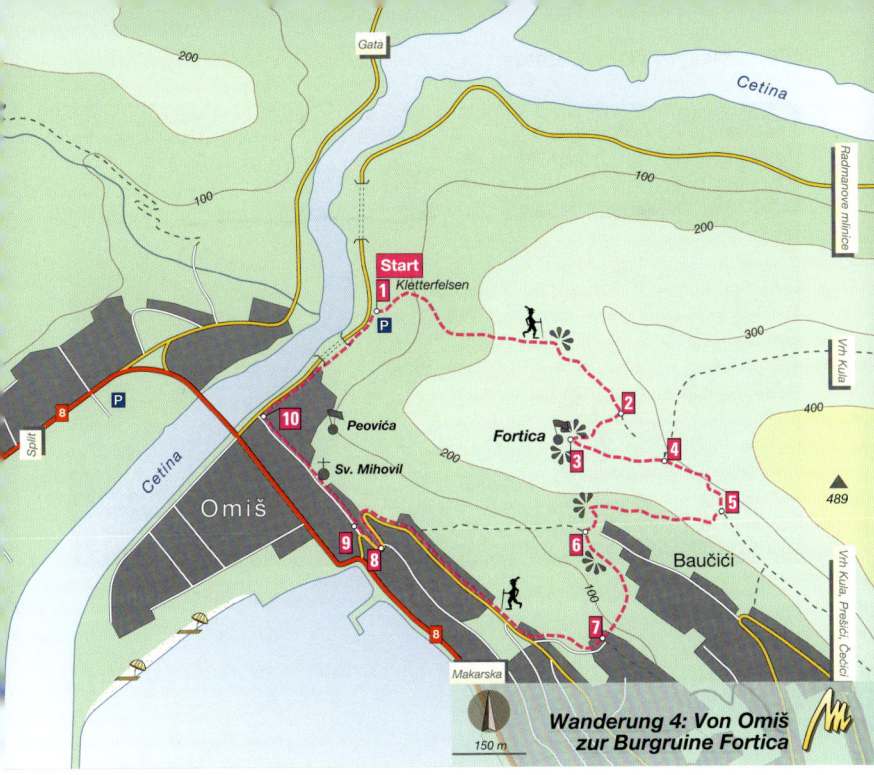

Wanderung 4: Von Omiš zur Burgruine Fortica

Brač, gen Süden die Makarska Riviera und die Insel Hvar – kein Wunder, dass bei diesem grandiosen Weitblick schon die Illyrer, die Römer und dann Piraten hier saßen, um Venedig in die Flucht zu schlagen – jedes noch so kleine Schiff erspäht man.

Der markierte **Rückweg** führt uns von der Burgruine erst einmal südöstlich auf dem Bergkamm entlang, durch hohes Gras, in dem sich Orchideen wohl fühlen, bis zur Weggabelung **4**. Dort wenden wir uns nach rechts (geradeaus weiter erreicht man in 2:30–3 Std. den Vrh Kula). Wir aber folgen nun dem schmalen Pfad talwärts, die Südflanke hinab – hier blüht es wieder üppig und auch die Sonne brennt – Omiš liegt uns zu Füßen.

Wir stoßen auf die letzten vereinzelt stehenden Häuser von **Baučići**, überqueren hier den Makadam **5** und folgen den Stufen und dem Wanderpfad weiter talwärts. Etwa 0:40 Std. nach dem Fortica treffen wir auf eine Asphaltstraße **6**, überqueren sie und gehen weiter talwärts, bis wir wiederum auf eine Asphaltstraße **7** stoßen. Hier gehen wir nach rechts (bei Haus Nr. 31, falls jemand in umgekehrter Richtung nach oben läuft) und folgen der Straße bergab. An der kleineren Straßenkreuzung **8** wandern wir weiter, uns rechts haltend, bergab.

Am Südende der Fußgängeraltstadtzone **9** in **Omiš** biegen wir nach rechts ein, durchqueren die Altstadt von Süd nach Nord, vorbei an der Kirche **Sv. Mihovil** von 1629 und der **Festungsruine Peovića** (13. Jh.), bis wir auf die Hauptstraße **10** stoßen. Hier zweigen wir rechts ab, laufen am Fluss Cetina entlang, passieren den Felstunnel und erreichen wieder unseren Ausgangspunkt, den **Parkplatz 1**.

Sv. Nikola – bei guter Sicht Weitblick bis zur Insel Brač

Wanderung 5: Naturpark Biokovo – von Brela zur Kapelle Sv. Nikola

Charakteristik: Die mittelschwere bis schwere Tageswanderung bietet einen schönen Blick auf die Makarska Riviera beim Auf- und Abstieg, zudem Einblicke ins Innere des Biokovo und den Mosor-Gebirgszug. Schwierig ist nur der steile, schattenlose und lange Aufstieg – also nichts bei Hitze! Eine Vereinfachung bietet diese Rundtour ab Gornja Brela (v. a. wenn man sich dort hinbringen lässt). **Länge/Dauer:** insg. 10,6 km; ca. 6 Std. **Markierung:** Schilder, zudem Markierung roter Kreis mit weißem Punkt oder auch Längsstrich rot-weiß-rot (sehr gut ausgeschildert). **Variante:** Sehr schön ist der anschließende Weg von der Kapelle Sv. Nikola nach Gornja Brela (→ Wanderung 6). Empfehlenswerter Vorschlag: Taxi (20 €) bis Gornja Brela und dann über die Kapelle Sv. Nikola und nach kurzem erneuten Anstieg talwärts nach Brela wandern (insg. dann ca. 4–4:30 Std.). **Einkehr:** unterwegs keine Verpflegungsmöglichkeiten! **Ausgangspunkt:** Parkplätze und Start an der Schule bzw. gegenüber dem Feuerwehrturm (Straße hoch in Richtung Gornje Kričak) in Brela-Donje Kričak, also nördlich der Magistrale, auf Höhe Brela-Soline. **Organisierte Wanderung:** z. B. über Agentur Blue Pool, Renato Medić (→ Brela, S. 268).**Ausrüstung:** rutschfeste Bergschuhe, Sonnenschutz, Snacks und ausreichend Trinkwasser. **Wanderkarte:** Naturpark Biokovo (mit Wander- und Mountainbikewegen), 1:25.000.

Wegbeschreibung: Wir starten am **Parkplatz** ■ der Schule Brela-Donje Kričak und gehen an der nächsten Straßengabelung ■ links hoch in Richtung Kričak (markiert, rechts geht es in Richtung Ribičići). Beim nächsten Abweig ■ steigen wir geradeaus weiter hoch, vorbei an der **Kapelle Sv. Roko** von 1816.

Nach 0:20 Std. Wanderzeit stoßen wir auf **Makadam** ■ und überqueren diesen bergwärts. Ein gut erhaltener alter Steinweg führt nun bergauf. An der nächsten Wegkreuzung ■ kann man einen kurzen Abstecher von ca. 100 m nach rechts machen und blickt zwischen den Felsen hinab auf die von den Franzosen (Ära Napoleons von 1806–1813) aus Fels erbaute und bestens erhaltene Straße, die nie über den Bergkamm vollendet wurde, sondern mitten im Fels endet.

Wieder zurück an der Wegkreuzung **5** gehen wir auf unserem felsigen, schön präparierten Wanderweg in Serpentinen steil bergauf, vorbei an der am Wegesrand an den Fels gebauten kleinen **Kapelle Sv. Kajo** **6** und weiter schweißtreibend nach oben, bis wir den Bergabsatz mit Felsdomen, u. a. den **Nevistina stina**, den sog. Brautfelsen **7** erreichen.

Der Felsname wurde nicht gewählt, weil hier oben Heiratsanträge gemacht wurden, sondern beruht auf einer Legende: Sie erzählt von einem durch einen Fluch versteinerten Brautpaar mit Hochzeitszug und Pferd, das von den Bergen gen Tal wollte. Da die Brautmutter in die Heirat nicht eingewilligt hatte, verfluchte sie ihre Tochter mit den Worten, „wenn du das Meer erblickst, wirst du versteinert sein" – mit viel Fantasie sieht man u. a. den wehenden Brautschleier oder das Pferd. Auf jeden Fall ist dieser Platz traumhaft und bietet einen Weitblick auf die gesamte Makarska-Riviera und die vorgelagerten Inseln als Entschädigung für den Aufstieg; er ist auch beliebt für Sonnenuntergänge, dann muss man sich allerdings ganz schön sputen, um bei Helligkeit wieder hinab zu kommen.

Unser Weg führt nun fast eben an den Felsdomen vorbei ins Innere, bald ist der Blick frei gen Nordosten und Cetina-Schlucht, dann geht es auf gutem **Steinplattenweg** bergab durch Schwarzkiefernwald. Nach insgesamt ca. 2 Std. erreichen wir eine **Forststraße** **8**, überqueren diese (Ausschilderung „Sv. Nikola") und wandern den Fels- und Steinweg durch Schwarzkiefernwald hinab ins breite Tal **Zabrdo** – vor uns breitet sich das nur im unteren teil bewaldete Bergmassiv aus und wir erblicken die Sv. Nikola-Kapelle am Hang.

Wir gelangen zu einem **Bachbett**, von mageren Weiden gesäumt und mit einer Steinbrücke **9**. Hier halten wir uns links (von rechts kommen wir auf dem kleinen Rundweg zurück). Wir folgen dem Bachbett und gehen rechts davon auf der Wiese bergauf bis zu einer Weggabelung **10** und dort rechts durch Eichenwald weiter bergan.

Nevestina stina – der Brautfelsen

Bergabstieg mit herrlichem Weitblick

An der nächsten Wegkreuzung **11** wandern wir weiter geradeaus auf dem hier beginnenden **Prozessionsweg** mit seinen 13 Steintafeln, der zur Sv. Nikola-Kapelle führt. Wir passieren eine weitere kleine Gabelung **12** (hier rechts beginnt unser Rückweg) bleiben aber auf dem Hauptweg nach oben.

Dann folgt eine weitere winzige Gabelung, bis uns die Markierung „Sv. Nikola" nach links führt (geradeaus geht es weiter nach Gornja Brela, → Wanderung 6). In wenigen Minuten erreichen wir über den Felspfad die hübsch renovierte **Kapelle Sv. Nikola** **13** auf 572 m, erbaut im 13./14. Jh., außen mit Grabplatten und Zisterne versehen. In Gedenken an ihre alte Heimat errichteten die Bewohner von Povlija (Insel Brač) dieses Kirchlein genau an diesem Fels, um sie auch von ihrer Insel aus sehen zu können. Wir blicken hinab auf das Tal Zabrdo, von dem wir kamen und das Meer in der Ferne, gen Mosor-Bergzug und Cetina-Schlucht im Westen und gen Nordosten auf dichten Tannenwald, einst Jagdgebiet von Kaiser Franz Josef, und das nackte Gestein des Bucovac (1262 m) dahinter. Auf dieser Westseite liegt tief in einer 1,5 km langen Höhle auch **Tito's Atombunker**, der 1948 bis 1985 erbaut und erst 1990/91 entdeckt wurde. Über 500 Menschen hätten in diesem 1,5 km langen Bunker 7 Jahre überleben können, denn er war mit sämtlicher Versorgung, inkl. Krankenstation und natürlich mit Wasserquellen und Strom-Aggregaten ausgestattet. Heute gedeihen bei 21 °C Champions. Bei organisierten Wandertouren ist diese Höhle zu besichtigen.

Wir treten den Rückweg an, d. h. wir gehen nach unten über die Weggabelung wenige Meter talwärts. Auch an der nächsten **Gabelung** **12** geht es wenige Meter talwärts weiter (nach links gelangt man in ca. 0:30 Std. zur türkischen Burgruine Herzegova utvrda, → Brela, S. 268), dann biegen wir links in den Pfad (markiert mit „Sokol") ein.

Diesem felsigen Wanderpfad folgen wir talwärts und erreichen **Sokol** **14**. Wir blicken auf pflanzenumwucherte Häuserruinen mit Gravuren u. a. von 1890 und folgen dem Pfad leicht rechts und dann wieder links, d. h. wir umrunden das alte, um 1920 verlassene Dorf und gehen auf dem uralten und immer noch bestens erhaltenen Steinweg bergab, der alten Verbindung zwischen Gornja Brela und dem Meer.

Als nächstes folgen die Häuserruinen der Familien Sošići und Žamići. Wir bleiben rechts auf unserem Weg talwärts. An einer weiteren Weggabelung **15** gehen wir weiterhin talwärts, vorbei an stattlichen alten Kirschbäumen, Eichen und Schwarzkiefern.

Wir erreichen nach ca. 1 Std. ab Sv. Nikola wieder die **Steinbrücke** **9**, gehen unseren Weg zurück gen **Brautfelsen** und sehen vielleicht diesmal im Kiefernwald die zwei Esel Romeo und Julia, die nach Zuruf oft angetrabt kommen, und laufen dann bis zum Ausgangspunkt **1** an der **Schule** in **Brela** zurück.

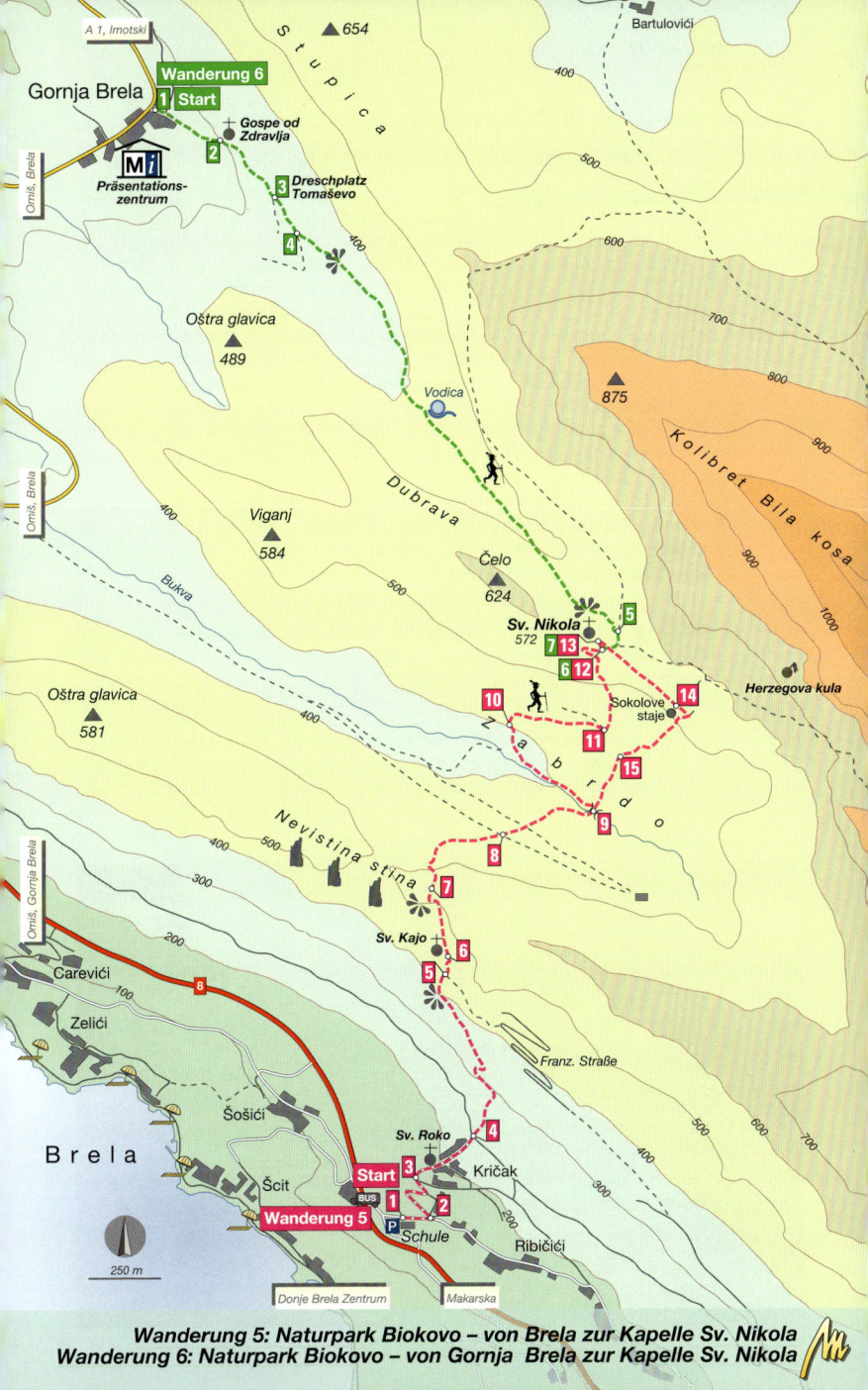

Wanderung 5: Naturpark Biokovo – von Brela zur Kapelle Sv. Nikola
Wanderung 6: Naturpark Biokovo – von Gornja Brela zur Kapelle Sv. Nikola

Wanderung 6: Naturpark Biokovo – auf dem Lehrpfad von Gornja Brela zur Kapelle Sv. Nikola

Charakter: Die einfache, lehrreiche Familienwanderung führt entlang des landschaftlich schönen Lehrpfads, der mit Tafeln über Fauna und Flora informiert und an der aussichtsreichen Kapelle Sv. Nikola (572 m) endet; teils auch schattiges Gelände. Der Rückweg entspricht dem Hinweg. **Länge/Dauer:** Gesamtstrecke 5,6 km; ca. 2–2:30 Std. (hin und zurück). **Markierung:** roter Kreis mit weißem Punkt (gute Markierung und Ausschilderung). **Verlängerung:** Sehr schön ist der anschließende Weg von der Kapelle Sv. Nikola nach Brela an der Küste (hier unbedingt an Bergausrüstung und reichlich Trinkwasser denken!). Empfehlenswert wäre: Taxi bis Gornja Brela (20 €) und dann über die Kapelle Sv. Nikola nach Donja Brela (am Meer) laufen; diese Tour umfasst insgesamt 6,6 km, max. ca. 4–4:30 Std., und ist auch weniger anstrengend als Wanderung 5, da hier die größte Steigung talwärts führt – mit Stockeinsatz auch Knie schonend. **Einkehr:** unterwegs keine Versorgungsmöglichkeit. **Ausgangspunkt:** Präsentationszentrum in Gornja Brela-Subotišće. Hier gibt es Parkplätze. **Organisierte Wandertouren:** Wer geführte Touren bevorzugt, wende sich an die Agentur Blue Pool, Renato Medić (→ Brela, S. 268). **Ausrüstung:** rutschfeste Bergschuhe, Sonnenschutz und Trinkwasser. **Wanderkarte:** Naturpark Biokovo (mit Wander- und Mountainbikewegen), 1:25.000 (gut und aktuell).

Wegbeschreibung: Wir starten am **Präsentationszentrum** ∎, das über Fauna und Flora im Biokovo-Gebirge informiert und vorab sicherlich einen Besuch lohnt. Der markierte **Lehrpfad** führt uns zuerst auf asphaltiertem, dann auf einem Stein-Wiesenpfad leicht bergauf.

Nach kurzer Zeit passieren wir die alte, nicht renovierte Kirche **Gospe od Zdravlja** ∎ von 1711. Der Weg führt vorbei an Steinmäuerchen, die Wein- und Olivengärten

Lehrpfad Gornja Brela – Blick auf das Mosor-Gebirge

begrenzen. Zurück gen Westen blickt man ins Tal der Cetina und auf das imposant aufragende Mosor-Gebirge. Nach weiteren 10 Min. gelangen wir zu einer Wegga-belung **3** und dem früheren **Dreschplatz** Tomaševo, über den eine Tafel informiert. Wir folgen dem Steinplattenpfad geradeaus bergauf.

An der nächsten kleinen Gabelung **4** halten wir uns links, vorbei an **Gorčina** (Info-Tafel), wo früher Bittermandel und Maraska-Kirschen kultiviert wurden. Der Weg führt nun stetig leicht bergauf und rechts am ehemaligen alten Weiler **Klešići** (Info-Tafel) vorbei. Es wachsen nun Pappeln, Haselnuss- und Schlehenbüsche und wir passieren eine Quelle, **Vodica**, mit Infotafel.

Weiter führt der Weg durch das Gebiet **Dubrava**, den Eichenwald (Info-Tafel); nach Rodung der Eichen für Bauzwecke wurden hier Wein und die Maraska-Kirsche an-gepflanzt. Inzwischen ist alles verwildert und es wächst hauptsächlich die aufge-forstete Aleppokiefer, den Unterwuchs bilden Efeu und auch Wacholder.

Steiler führt nun der Pfad bergauf. An der Weggabelung **5** gehen wir rechts. Weiter bergauf bringt uns der Weg nach insgesamt ca. 1 Std. Wanderzeit zur Gabelung **6** kurz vor der Kapelle (hier besteht die Möglichkeit, nach unten gen Brela zu wan-dern). Wir gehen rechts bergauf und erreichen nach wenigen Minuten die **Kapelle Sv. Nikola 7** und genießen die Aussicht (→ Wanderung 5).

Der Rückweg verläuft auf der gleichen Strecke.

Wanderung 7: Naturpark Biokovo – Rundwanderung oberhalb von Makarska

Charakteristik: Die mittelschwere Familienwanderung (steiler Auf- und Ab-stieg!) führt als Rundtour von Kotišina und dem Botanischen Garten bergauf bis zum ersten Abhang des Biokovo, durch schattigen Kiefernwald und über den Weiler Makar wieder zurück – mit herrlichem Weitblick auf die Makarska Rivie-ra. Bis auf das Mittelstück schattenloses Gelände! **Länge/Dauer:** 9,2 km; ca. 4 Std. **Markierung:** roter Kreis mit weißem Punkt und Ausschilderung (gute Mar-kierung). **Einkehr:** unterwegs keine Verpflegungsmöglichkeit! **Ausgangspunkt:** Weiler Kotišina (Anfahrt per Pkw oder Fahrrad), da von dieser Seite der Anstieg weniger steil verläuft; alternativ auch Einstieg ab Makar (zu Fuß von Makarska in ca. 0:45 Std. erreichbar). **Verlängerung:** Sehr schön ist natürlich das Gipfeler-lebnis am Berg Vošac, der in einer Verlängerung von 1:30 Std. (einfach) erreich-bar ist (ab **7**, schwieriger ab **6**). Konditionsstarke und v. a. Schnelle können si-cherlich auch noch den Sv. Jure (1762 m) besteigen (nur im Frühsommer mög-lich, ca. 11:30–12 Std. schnelle Gesamtwegzeit!). **Organisierte Wandertouren:** Auch in dieser Region werden organisierte Wandertouren angeboten (→ Ma-karska, S. 277). **Ausrüstung:** rutschfeste Bergschuhe, Wanderstöcke, Snacks, Sonnenschutz und ausreichend Trinkwasser. **Wanderkarte:** Naturpark Biokovo (mit Wander- und Mountainbikewegen), 1:25.000.

Wegbeschreibung: Wir starten am **Parkplatz 1** kurz vor dem Weiler **Kotišina**, folgen rechts der Asphaltstraße, die beidseitig von den alten Natursteinhäusern gesäumt wird, und gelangen zum Beginn des **Botanischen Gartens 2**.

Wir durchqueren auf einem Pfad diese Ansammlung hier heimischer Pflanzen, stoßen oberhalb auf einen Schotterweg **3** und gehen hier links.

▲ Blick gen Makarska und Riviera
▼ Am Wegesrand – Sv. Martin

Nach wenigen Metern erreichen wir unseren ausgeschilderten Abzweig **4** rechts hoch in Richtung Vošac (von links kommen wir am Rückweg und schließen den Kreis unserer Rundwanderung). Nun windet sich der Pfad in Serpentinen über die Felsen steil bergauf, der Blick über die Makarska Riviera versöhnt und Kräuter wie Salbei und Bohnenkraut beruhigen.

Wir folgen dem **Bergpfad** weiter geradeaus. Nach etwa 1:30 Std. Gehzeit ab dem Parkplatz stoßen wir auf eine Weggabelung **5** und gehen hier links (nach rechts führt der Weg nach Logušca Vode, in Richtung Gornje Tučepi).

Nach rund 1 Std. steilen Anstiegs wird es nun langsam flacher, Schwarzkiefern spenden Schatten. Wir stoßen auf eine weitere Weggabelung **6** – **Achtung**, hier ist die Markierung undeutlich: Wir müssen hier in den schmalen Waldpfad nach links abzweigen (rechts gelangt man auf nicht einfachem Weg über die Paraglider-Abflugrampe beim Pržinovac und über den Perčin zum Vošac oder noch weiter zum Sv. Jure).

Wir durchschreiten nun auf relativ flachem Gelände und einem schmalen Pfad den dichten Schwarzkiefernwald. Nach und nach wird er lichter und bietet traumhafte Ausblicke auf die Makarska Riviera. Dann lassen wir den Wald hinter uns, genießen den Freiblick und die Kräuter und stoßen auf eine Weggabelung **7**, an der wir links hinab gehen (wer mag und Zeit hat, folgt hier dem markierten Steinpfad bergauf und erreicht in ca. 1:30 Std. auf markiertem Weg den Berg Vošac, 1422 m).

Wir gehen auf dem Steinpfad steil bergab, unter uns breitet sich Makarska aus, die gesamte Riviera sowie die Mitteldalmatinischen Inseln liegen uns zu Füßen. Nach ca. 0:45 Std. steilen, schattenlosen Abstiegs erreichen wir einen **Asphaltweg 8**. Wir überqueren diesen und folgen dem Pfad talwärts Richtung Makar, dessen Häuser wir schon sehen.

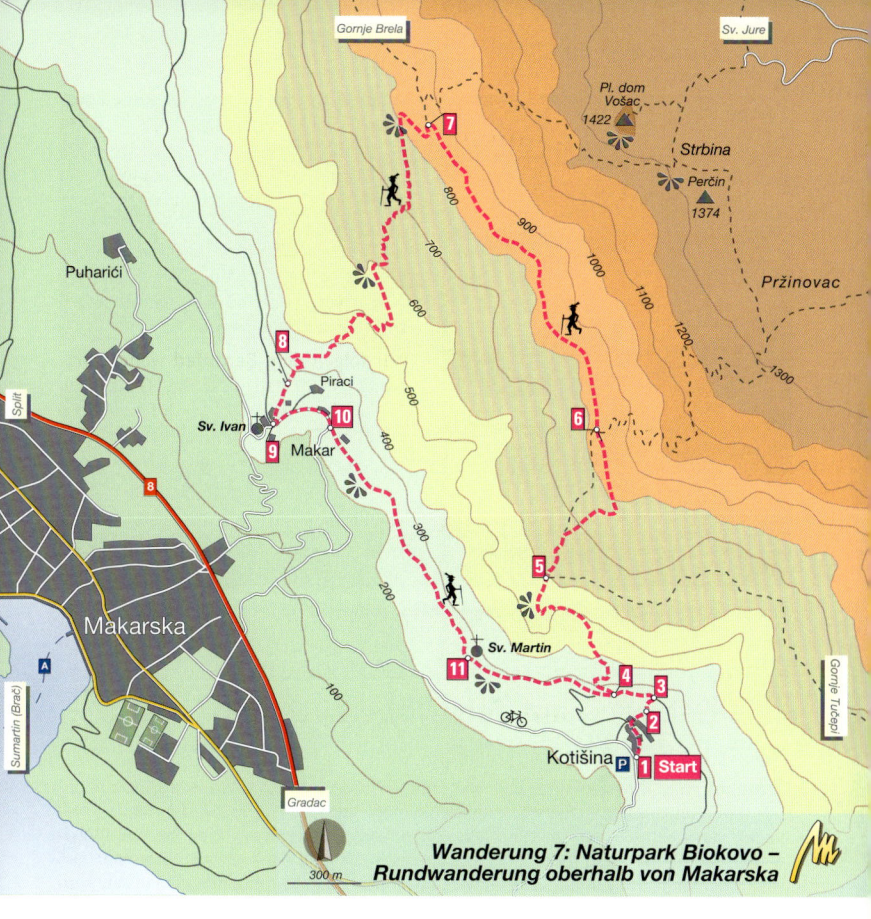

**Wanderung 7: Naturpark Biokovo –
Rundwanderung oberhalb von Makarska**

Wir stoßen auf das nächste Sträßchen, gehen über Stufen zur Asphaltstraße **9**, überqueren diese und halten uns links. An der nächsten Weggabelung **10** laufen wir links hoch (Schild „Piraci"), vorbei an alten verlassenen Häusern und Weingärten, windgeschützt am Bergabhang erbaut. Wir folgen dem fast ebenen Wiesenpfad südwärts, am unteren Bergkamm entlang und genießen den schönen Blick auf Makarska. Dann spenden vereinzelt Aleppokiefern und Wacholder Schatten.

Wir erreichen die vorromanische Kirchenruine **Sv. Martin** **11** mit Friedhof. Der Pfad führt leicht bergauf, wir umrunden die grau-sandfarbene Felswand mit etlichen Höhlen oberhalb, die beste Brutplätze für Greifvögel bieten.

Nun ist unser Ausgangspunkt Kotišina im Blick, es gedeihen Granatapfelbüsche und Agaven – alles wirkt sehr trocken. An der Weggabelung **4** folgen wir dem Weg zum Botanischen Garten hinab, an der Straßenkreuzung wieder links hoch durch den alten Weiler und nach ca. 4 Std. sind wir wieder an unserem **Parkplatz 1**.

Der verlassene Weiler Čista am Wegesrand, zudem von hier beste Weitsicht

Wanderung 8: Naturpark Biokovo und Rilić-Gebirge – auf dem Höhenweg von Gradac nach Drvenik

Charakteristik: Diese leichte, aber sehr lange Familientageswanderung (Abkürzungen jederzeit möglich!) mit nur wenigen Steigungen führt von Gradac nach Drvenik auf dem Höhenweg, teils auf Makadam, teils auf Asphalt, über viele alte Weiler und mit herrlichem Weitblick, zudem mit etlichen Abstechern versehen. Die Rückfahrt kann per Lokalbus erfolgen. Auch mit dem Mountainbike machbar, zudem auch mit einem robusten Kinderwagen (Joggerbuggy!). **Länge/Dauer:** einfach 15 km, ca. 5–5:30 Std. **Markierung:** gute Beschilderung, Markierung roter Kreis mit weißem Punkt. **Abkürzung:** Vom Höhenweg kann man fast zu jedem Küstenort hinabsteigen und somit abkürzen und natürlich ebenfalls per Bus zurückfahren. **Einkehr:** auf dem gesamten Höhenweg keine Versorgungsmöglichkeit! **Ausgangspunkt:** in Gradac an der Kapelle an der Jadranska cesta (Ortsdurchfahrt oberhalb der Uferpromenade und südlich der Jadranska Magistrale). Rückfahrt per Lokalbus ab Busstation Jadranska Magistrale oberhalb von Drvenik-Donja Vala (z. B. um 15.50, 16.45, 17.05, 18, 19.20 Uhr). **Ausrüstung:** Sportschuhe, Wander-

stöcke, Snacks, Sonnenschutz und ausreichend Trinkwasser. **Karte:** Bisher gibt es nur einen Übersichtsplan von diesem Gebiet. Es soll aber ab ca. 2015 eine Wanderkarte für das Biokovo-Rilić-Gebirge erstellt werden.

Wegbeschreibung: Die markierte und ausgeschilderte Wanderung beginnt an der **Kapelle 1** an der Jadranska cesta in Gradac. Wir folgen der bergan verlaufenden Asphaltstraße in Richtung Friedhof Sv. Ante, unterqueren im schmalen Autotunnel die Jadranska Magistrale **2** und gehen nordwärts.

An der Weggabelung **3** biegen wir links in den breiten **Makadam** ein (rechts führt der Weg zu Sv. Ante), ausgeschildert mit „Brist". Der Makadam führt uns durch Olivengärten, am Abhang des Rilić entlang. Nach ca. 10 Min. gehen wir an einer weiteren Weggabelung **4** leicht links. Rechts oberhalb liegt romantisch der verlassene Weiler **Čista**, einst ein türkischer Verwaltungssitz, mit einer Wehrturmruine aus dem 16. Jh., halb verfallenen Natursteinhäusern und verwilderten Gärten, wo Ziegen grasen.

Nach weiteren 10 Min. stoßen wir auf eine Kreuzung **5** mit einer Asphaltstraße (aus dem Küstenort Brist) und folgen dieser ca. 1 km geradeaus weiter. An einer kleinen Gabelung **6** könnte man rechts weg auf einem Pfad zurück gen Čista wandern, wir aber folgen der kleinen **Asphaltstraße**, die nun etwas bergauf führt, unter uns liegt **Brist**.

Nach kurzer Zeit zweigt ein Pfad **7** nach rechts ab. Dieser 10-Minuten-Abstecher führt uns zum **Geburtshaus 8** des Franzikaners Adrija Kačić Miošić (→ Brist, S. 297 und Zaostrog, S. 294), das idyllisch inmitten von Olivenbäumen liegt. (Kurz vor dem Kačić-Haus zweigt nochmals ein Pfad mit Stufen nach links oben ab, man gelangt zu einer Höhle; 1658 erstickten hier qualvoll 27 Brister in ihrem Versteck, als Türken Feuer legten. Der Felspfad führt noch weiter bergauf zu einem Freiplatz mit türkischem Grabstein, mit Halbmond und Verzierungen. Niemand weiß, um wen es sich bei dem Verstorbenen handelt, auf jeden Fall wurde eine traumhafte Bestattungslage mit Weitblick auf Gradac und die Halbinsel Pelješac gegenüber gewählt.)

Wir gehen zurück zum Ausgangspunkt des Abstechers an der Asphaltstraße **7** und folgen dieser weiter in Richtung Podaca. Als nächstes erreichen wir **Kristina 9**,

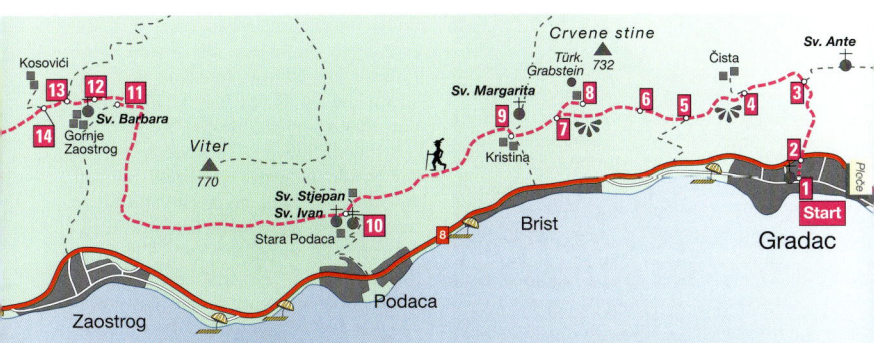

Wanderung 8: Naturpark Biokovo und Rilić-Gebirge – am Höhenweg

550 m

überqueren das Sträßchen und folgen diesem geradeaus weiter (geht man hier links auf der Straße hinab, gelangt man nach Brist; auf dem Pfad nach rechts bergan würde man die Kapelle Sv. Margarita und in ca. 2:30 Std. Stine-Grnčenik erreichen).

Weiter geht es zuerst gen Norden auf Asphalt, dann auf Makadam westwärts, dem Höhenweg folgend, wo früher Wein, heute Oliven und Kirschen gedeihen. Wir erreichen den alten idyllischen Weiler **Stara Podaca** 🔟, auch Staro Selo (altes Dorf) genannt, und blicken zum jüngeren Küstenort Podaca hinab. Der Weiler ist relativ groß mit etlichen alten Natursteinhäusern, einige etwas renoviert, meist aber halb verfallen. Am alten Ortsrand steht der schon von weitem sichtbare **Kula** (Turm), einst zur Türkenabwehr erbaut, davor eine kleine Kapelle. Am Dorfplatz unter mächtigen Bäumen die Kirche **Sv. Stjepan**, 1492 erbaut, in der auch heute noch Trauungen stattfinden, daneben die kleine **Sv. Ivan-Kirche** aus dem 11./12. Jh., die zu den ältesten romanischen Kirchen dieser Region zählt. Davor uralte Grabsteine der Kirchenstifter, der Familie Kačić, deren Stamm erfolglos gegen die Seemacht Venedig kämpfte, und auch Bogomilen (→ S. 138). Alles in allem ein wunderschöner beschaulicher Platz, an dem am 3. August das Kirchenfest gefeiert wird. (Geht man von der Ortsmitte rechts den beschilderten Pfad hinauf, erreicht man in ca. 1:20 Std. den Berg Viter, der nur von dieser Seite aus zugänglich ist!) Nicht nur Stara Podaca, sondern viele Biokovo-Rilić-Weiler wurden durch das schwere Erdbeben 1962 zerstört, was die Bewohner endgültig veranlasste, an der Küste zu siedeln.

Am Dorfende von Stara Podaca folgen wir dem **Makadam** weiter, umrunden den **Berg Viter** an seiner Südflanke und genießen den herrlichen Blick aufs Meer und gen Insel Hvar sowie den Küstenort Zaostrog mit seinem Franziskanerkloster (→ Zaostrog, S. 294). Bald erblicken wir vor uns am Südhang, unterhalb der mächtigen Rilić-Felswand, die verstreut liegenden Häuser des langen Weilers Gornje Zaostrog.

Blick auf den Felsen Kostanića kula mit seinen Häusern

Nach ca. 3 km auf dieser aussichtsreichen Strecke stoßen wir auf eine Straßenkreuzung 🔟🔟 und halten uns rechts bergan (links hinab gelangt man nach Zaostrog am Meer). In rund 0:15 Std. erreichen wir dann die ersten alten Häuser von **Gornje Zaostrog** und verlassen die Straße nach links 🔟🔟, um einen Abstecher zur **Kirche Sv. Barbara** (15. Jh.), zu machen. Wieder zurück an der Straße 🔟🔟, gehen wir links und setzen unseren Weg noch ein Stückchen bergauf fort. An der nächsten Straßenkreuzung 🔟🔟 biegen wir wieder links ab (nach rechts umrundet man den Berg Viter an seiner Nordflanke – ein Aufstieg ist allerdings nur von der Ostseite, oberhalb von Stara Podaca möglich).

Am Ortsende 🔟🔟 von Gornje Zaostrog folgen wir nach links (rechts geht es zum Weiler Kosovići) dem Makadam in

Stara Podoca mit Turmruine, Kapelle und Blick auf die süddalmatinischen Inseln

Richtung Drvenik Selo. Ölbäume, Steineichen und Aleppokiefern stehen beidseitig des Weges, der teils mit hohem Gras bewachsen ist. Hinter uns liegen die bewaldeten Hänge, oberhalb davon der schroffe kahle Fels.

Wir folgen dem Weg gen Westen, vorbei an der **Kapelle Sv. Anđela** 🔟. Unter uns versperrt der Bergrücken Plana etwas die Sicht aufs Meer. Der Makadam führt nun steil bergab, tief unten erblicken wir Gornja Vala, den südlichen Ortsteil von Drvenik, gegenüber die Insel Hvar mit Fährhafen Sućuraj und vor uns liegt faszinierend der Bergfels Kostanića kula. Wir folgen dem Makadam, passieren den Weiler **Kosirišće**, tief unten immer noch Gornja Vala im Blick.

An der nächsten Kreuzung 🔟 gehen wir rechts Richtung Drvenik Selo bzw. Donja Vala (nach links geht es hinab nach Drvenik-Gornja Vala). Wir stoßen auf einen Schotterweg und gehen diesen geradeaus weiter, der Felsen Kostanića kula mit seinen wenigen Häusern kommt näher – zudem bietet sich ein Weitblick über das Meer gen Pelješac und Korčula – ein traumhafter Wohnort.

An der Weggabelung 🔟 gehen wir rechts hinauf (wer möchte, geht links und besucht den Weiler Kostanića kula).

Wir umrunden den Bergfelsen oberhalb, bis wir den nächsten Weiler erreichen, **Voda** 🔟 (Wasser) genannt, und gehen hier links an der kleinen Kapelle vorbei, bergab (gegenüber der Kapelle, unterhalb der Straße, ist eine Quelle).

An der nächsten Gabelung 🔟 in ca. 300 m halten wir uns rechts und gehen auf dem Asphaltsträßchen nun durch das Dorf talwärts und vorbei am Friedhofsplateau mit der Kirche Sv. Jure – nun genießt man den Blick auf den Hafenort Drvenik (Donja Vala).

An der nächsten Wegkreuzung 🔟 halten wir uns weiter talwärts (nach rechts gelangt man auf Makadam bis Živogošće). Das Sträßchen führt nun steil in Serpentinen hinab zur Jadranska Magistrale oberhalb von Drvenik-Donja Vala 🔟. Gegenüber ist eine Bushaltestelle, ab dort kann man bequem den Rückweg nach Gradac antreten.

Wanderung 9: Halbinsel Pelješac – rund um den Sv. Ilija (961 m)

Charakteristik: Die mittelschwere bis schwere Tagesrundwanderung führt aussichtsreich bis auf 961 m mit herrlichen Blicken über die Süd- und Mitteldalmatinische Inselwelt, dazu eine üppige Flora. Wir passieren ein Franziskanerkloster, altkroatische Kapellen und alte Weiler. Auch für sehr lauffreudige Kinder/Jugendliche interessant (Abkürzungen möglich). Nur in der kühleren Vor- und Nachsaison zu empfehlen. **Länge/Dauer:** Gesamtlänge 14 km, ca. 6:30–7 Std. **Verkürzung:** Eine 2-stündige Abkürzung wäre möglich, indem man ab dem Gipfel **9** wieder den gleichen Weg an der Westseite zurückgeht. Eine 1-stündige Abkürzung ist möglich, indem man bei **12** geradeaus auf bequemem Weg nach Orebić läuft. **Markierung:** roter Kreis mit weißem Punkt, auch Ausschilderung. **Einkehr:** unterwegs keine Versorgungsmöglichkeiten. Erst fast am Ende der Tour **15** trifft man auf die Konoba-Pension Hrid, im Weiler Gurića Selo (1 km oberhalb des Franziskanerklosters, in einem hübschen Natursteinhaus mit Weitblick auf Orebić; geöffnet Juni–Sept., ✆ 098/9425-920). **Übernachten:** vorab bei TIC über Hüttenschlüssel informieren (jedoch äußerst spartanische Ausstattung, kein Vergleich zu österreichischen Hütten!). **Planinarska-kućica-Polje** (Berghütte auf 580 m), auf dem Weg von Gornje Nakovana zum Sv. Ilija, kurz vor der Gabelung des Wegs **7**, der von Orebić kommt. Liegt an einer baumbestandenen, sonnigen Lichtung mit Feuerstelle, 5–6 Pers. finden einen Schlafplatz, evtl. Wasser aus der Pumpe (nicht zum Trinken!), je nach Jahreszeit und Regen. Eine weitere namenlose, neue aus Stein gebaute **Planinarska kućica 8** liegt auf 800 m, 0:20 Std. unterhalb des Gipfels; es gibt Wasser (nur zum Kochen) und bald auch Schlafplätze. Schöner Blick vom oben des Haus. **Ausgangspunkt:** Parkplatz westlich vom Franziskanerkloster, 2 km nordwestlich von Orebić (ausgeschildert). **Notruf:** Kroatischer Bergrettungsdienst Orebić, ✆ 00385/ (0)91/7210-013 oder 112. **Organisierte Wanderung:** Von Orebić kann man Tourguides über TIC buchen; von Korčula-Stadt aus werden organisierte Wanderungen zum Berg Sv. Ilija angeboten. **Ausrüstung:** rutschfeste Bergschuhe, Wanderstöcke, Snacks, Sonnenschutz und ausreichend Trinkwasser. **Karte:** Vor Ort gibt es nur eine kleine Wander-Übersichtskarte.

Wegbeschreibung: Wir starten am **Parkplatz 1** beim **Franziskanerkloster** und folgen dem Makadam in Richtung Westen und Bilopolje. Nach ca. 800 m biegen

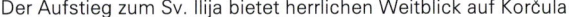

Der Aufstieg zum Sv. Ilija bietet herrlichen Weitblick auf Korčula

Wanderung 9: Halbinsel Pelješac – rund um den Sv. Ilija

400 m

wir rechts in den mit „Sv. Ilia" beschilderten **Wanderweg 2** ein und stoßen auf ein einzeln stehendes Gehöft **3**, an dem wir uns nach links wenden.

Nach ca. 200 m nehmen wir an der Weggabelung **4** den markierten Pfad bergauf. Der Schotterpfad führt westwärts hoch, es wachsen Salbei, Zistrosen, Ginster, Immortelle – ein Blütenmeer vor allem ab Ende Mai. Der Blick fällt auf das Museumsstädtchen Korčula gegenüber und den langen Rücken der Insel Korčula, hinter uns und immer kleiner werdend die vorgelagerten Inseln und der Südzipfel von Pelješac. Der Pflanzenwuchs wird nun spärlicher – nur noch Heidekraut und Kiefern gedeihen. Jetzt wirkt Korčula schon wie eine Spielzeugstadt und wir können wie die alten Römer Ausschau halten über den Kanal von Pelješac und die Inseln.

Der Weg führt steil bergauf und etwas ins Inselinnere. Kurz hintereinander treffen wir auf Pfade von unten, von Perna **5** und Kučiste **6** kommend. Nach ca. 1 Std. Gesamtwegzeit dreht der Weg, nun flacher werdend, ins Innere ab, wir durchschreiten einige Holzgatter (bitte wieder schließen!) und gelangen dann in den schattigen **Föhrenwald**.

Nach ca. 0:15 Std. erreichen wir eine Weggabelung **7**, an der wir uns rechts halten Richtung Sv. Ilija (nach links erreicht man in wenigen Metern eine **Berghütte**, Planinarska-kućica-Polje, die auf einer hübschen Waldlichtung inmitten einer üppig grünen Wiese steht; hier führt ein Wanderpfad in Richtung G. Nakovana und zum Küstenort Viganj).

Wir folgen weiter dem Pfad, der zuerst flach, dann aber kontinuierlich bergauf durch Steineichenwald führt. Nach ca. 0:20 Std. erreichen wir die schön gelegene, neu errichtete **Almhütte 8** (Planinarska kućica) auf 800 m. An der Hütte halten wir uns leicht links.

Der Felspfad führt zum Gipfel, den wir nach ca. 0:20 Std. erreichen. Am **Sv. Ilija 9** (961 m) erwartet uns eine Art **Kažuni** (Steinhäuschen), in der kleinen Öffnung liegt der Stempel. Wenn das Wetter mitspielt, genießt man einen grandiosen Weitblick über den gesamten Süd- und Mitteldalmatinischen Raum.

Vom Gipfel nehmen wir den gleichen Pfad nach unten bis zur **Hütte** , von dort führt ein Pfad östlich der Hütte bergab, zunächst durch Wald, dann über eine Waldlichtung bzw. Weide. Wer Glück hat, sieht hier Wildpferde, die neugierig angelaufen kommen – Äpfel lieben sie besonders! Der Pfad verläuft über Fels und Geröll, etwas auf und ab und immerzu ostwärts. Der Bewuchs wird wieder üppiger – neben Salbei wachsen Erika, Orchideen, Wacholder, Haselnuss und viele hohe Gräser.

Nach rund 1:30 Std. Wegzeit ab der Hütte führt der Felspfad oberhalb eines Talein-schnitts und um das Bergmassiv nun **südwärts**. Auch können wir bald wieder einen Meerblick genießen: unter uns liegen nun die Stadt Orebić, die Südküste von Pelje-šac und die vorgelagerten Inseln von Korčula.

Nach weiteren ca. 1:30 Std. stoßen wir talwärts gehend auf das verlassene Dorf **Ur-kunići** ⑩, dessen Hausmauern wie bei Dornröschen in Zitronen- und Granatapfel-bäume sowie Schlingpflanzen gehüllt sind. Wenige Meter südwärts davon treffen wir auf einen **Makadam** ⑪ und gehen hier rechts.

Der breite Weg führt vorbei an **Ruskovići**, ebenfalls mit idyllischen Naturstein-Hausruinen und einer Wasserstelle. An der Weggabelung ⑫ folgen wir dem Maka-dam weiter geradeaus (geht man hier links hinab, würde man in ca. 0:15 Std. auf di-rektem Weg die Ortsmitte von Orebić mit Kirche erreichen), vorbei an Olivenhai-nen, durch Aleppokiefernwäldchen mit Macchia und einer weiteren Wasserstelle.

Bei der nächsten **Gabelung** ⑬ gehen wir rechts leicht bergan. Nach wenigen Metern folgt eine weitere kleine Gabelung, an der wir rechts über Steinstufen hinauf zum großen **Kirchenplatz** steigen, der auch durch seine mächtigen 1000 Jahre alten Zy-pressen beeindruckt: hier steht **Sv. Karmela**, die 1630 auf Grundmauern der älteren Sv.-Vid-Kirche erbaut wurde. Wenige Meter unterhalb duckt sich die Kapelle **Sv. Rok**.

Wir folgen weiter dem breiten Makadam westwärts bis zur nächsten Gabelung ⑭. Wir gehen hier rechts (nach links gelangt man auf direktem Weg in ca. 500 m zum Franziskanerkloster). Das **Asphaltsträßchen** führt leider nochmals steil bergauf nach **Gurića Selo** ⑮ – es lohnt sich: wir genießen von dort nicht nur die Aussicht, sondern die verdiente Stärkung für Leib und Seele in der guten **Konoba Hrid** (die ihrem Namen, da unterhalb der „Felsen" gelegen, gerecht wird). Anschließend bes-tens erholt treten wir die letzten 0:15 Std. Rückweg bergab zum Franziskanerklos-ter mit **Parkplatz** ① an.

Fast geschafft – Orebić und seine Riviera sind im Blick

Aufstieg zum Hum – ein herrlicher Weitblick auf Lastovo und viele Inseln belohnt

Wanderung 10: Insel Lastovo – von Pasadur zum Berg Hum (417 m)

Charakteristik: mittelschwere, da lange Tagestour mit kurzen steileren Wegstücken, anfangs durch Wald, später schattenlos, dafür mit herrlicher Freisicht, aber stetig leicht bergan. Sie führt von Pasadur entlang der Meerespassage ostwärts und zur schönen Badebucht Kručića, verläuft anschließend südwärts und bergan zum Berg Hum (im Dialekt Hom genannt) mit aussichtsreichen Blicken nach allen Seiten. Der Rückweg erfolgt am besten auf gleicher Wegstrecke – und es wird sicherlich nicht langweilig werden! **Länge/Dauer:** 6,6 km einfache Wegstrecke, ca. 5–6 Std. hin und zurück. **Markierung:** roter Kreis mit weißem Punkt sowie Holzschilder. **Einkehr:** unterwegs keine Versorgungsmöglichkeit, also am besten das Tagespicknick und genügend zu trinken einpacken. Evtl. mit dem Auto bis **9** an der Inselstraße oder auch mit dem Mountainbike über **3** nach **7**. **Ausgangspunkt:** Hotel Lastovo in Pasadur; hier sind auch Parkplätze vorhanden. **Wanderkarte:** Naturpark Lastovo (Park Prirode Lastovsko otočje): 1: 20.000.

Wegbeschreibung: Wir starten am **Hotel Lastovo** **1** in **Pasadur** und folgen dem Asphaltsträßchen ostwärts. Bereits nach rund 150 m passieren wir einen rechten Abzweig **2**, den wir ignorieren (er führt zurück zur Ansiedlung Pasadur). Wir schlendern weiter entlang der Meerenge Uvala Malo Lago, die tatsächlich, wie der Name besagt, einem See gleicht. Gegenüber liegt die Insel Prežba, die mit der Hauptinsel Lastovo durch eine Brücke verbunden ist. Nach weiteren rund 700 m folgt ein rechter Abzweig **3**, wo wir weiterhin geradeaus gehen (es ist ein Makadam, der hoch nach Vino poje führt; wer mit dem Mountainbike unterwegs ist, muss diesen Weg benutzen). Nach weiteren ca. 500 m erreichen wir am Beginn der Ansiedlung **Prehodišće** in der Linkskurve unseren rechts abzweigenden Wanderweg **4**, ausgeschildert mit dem Holzschild „Kručica" – bis hierher sind wir rund 0:20 Min. unterwegs.

Der schmale Pfad führt uns nun in den Mischwald und rund 10 Min. bergan, dann wieder leicht bergab. Wir treffen auf einen ersten Abzweig **5**, der links hinab zur Bucht Kručica führt. Wir gehen geradeaus weiter und umrunden praktisch oberhalb diese Bucht, immer wieder einmal erhaschen wir einen Blick hinab. Nach weiteren max. 10 Min. treffen wir auf den Hauptzugang zur **Uvala Kručica 6**, wo wir uns nun rechts halten. Wer noch einen Sprung ins Meer tun möchte, hat hier an der schönen türkis leuchtenden Bucht, wo nur ein paar Fischerhäuser stehen, die letzte Gelegenheit und geht die wenigen Meter links.

Nach unserem Erfrischungsbad gehen wir an der Gabelung weiter und etwa 5 Min. steil auf unserem Pfad durch den Wald bergan. Oben angekommen, wenden wir uns nach rechts und treffen nach wenigen Metern auf den von Pasadur kommenden Makadam **7**. Hier zweigen wir nach links ab (zu dieser Gabelung würden auch die Mountainbiker kommen). Rund 0:20 Std. wandern wir auf diesem breiten Fahrweg südwärts, bis die **Inselhauptstraße 8** erreicht wird, der wir links rund 50 m folgen bis zur Linkskurve, wo wir rechts **9** in den mit „Hom" (Dialekt für Hum) ausgeschilderten Wanderweg abzweigen (hier könnte auch geparkt werden). Leider ist der Platz etwas zugemüllt, auch für die nächsten rund 100 m, bis der Wanderweg wieder naturgemäß sauber ist und uns mitten durch schönen Macchia-Bewuchs führt.

Unser Weg steigt langsam an, unter uns erstreckt sich das fruchtbare mit Wein und Gemüse bewachsene **Vino poje**. Der alte Verbindungsweg zur Inselsüdseite führt nun in Serpentinen bergan und mit jedem Meter wird die Sicht weiter – im Norden erstreckt sich die grüne Insel Korčula, nordwestlich erkennt man die Insel Vis und westlich die kleine vorgelagerte Insel Kopište. Bald tun sich auch zwei Inselhöcker in der westlichen Ferne auf, es ist Susak.

Die Bucht Kručica am Wanderbeginn lohnt für ein erfrischendes Bad

**Wanderung 10: Insel Lastovo –
von Pasadur zum Berg Hum**

350 m

Nach rund 0:30 Std. ab der Inselstraße treffen wir auf eine kleine Gabelung **10**, an der wir uns weiter rechts bergauf halten (nach links talwärts würden wir in 1:30 Std. Lastovo erreichen). Der Wanderpfad zieht sich nun ostwärts um den Berg und weiter stetig bergauf. Nun wird der Blick auf das breite fruchtbare Hochtal frei, das von einer mit Aleppokiefern bewachsenen Hügelkette im Norden gesäumt wird. Bald ist auch die Sicht frei auf Lastovo-Stadt, an die Südseite des Hügels geschmiegt – schön erkennbar der hoch oben thronende Festungsturm, dahinter das bergige langgestreckte Pelješac, in der Ferne der Biokovo und im Osten Mljet. Gegenüber von uns erhebt sich nun der Mali Hom (284 m), dahinter weitere Hügel.

Jeder erklommene Meter belohnt, das Gelände wird nun auch steil und felsiger – neben dem Blick gen Osten auf die vielen kleinen Inseln des Archipels mit der Leuchtturminsel Glavat und gen Mljet haben wir nun auch eine Fernsicht gen Süden auf Skrivena luka.

Dann führt der Weg etwas durch lichten Steineichenwald und ein paar Aleppo-kiefern. Nach rund 0:45 Std. ab dem letzten Abzweig treffen wir auf ein **Gatter** 🔟 (bitte wieder schließen) und ein Haus für Ziegen und Schafe. Wir gehen hier links auf den Makadam (Zufahrt), bis wir nach wenigen Metern ebenen Weges auf eine Gabelung 🔢 stoßen und rechts bergan auf dieser Schotterstraße gehen (links hinab geht es nach Ubli bzw. nach Skrivena luka). Nun haben wir freien Blick auf die buchtenreiche Süd- und inselreiche Ostseite – sie liegt vor uns ausgebreitet.

In rund 5 Min. erreichen wir auf dem breiten Schotterweg den Gipfel und die Antennen (für Mobilfunk). Dahinter duckt sich die Kapelle **Sv. Juraj** aus dem 15. Jh. und eine Steinsäule markiert den **Gipfel Hum** 🔢 (oder Hom) auf 417 m – je nach Kondition haben wir bis hierher rund 3 Std. Gehzeit benötigt.

Von hier oben hat man einen Weitblick gen Westen, über das Meer auf die Insel Ko-pište und die dahinter liegende Insel Susak, bei klarer Sicht bis Palagruža und italienischem Festland. Gegenüber leicht südwestlich erhebt sich noch der Veji Greben (auch oft nur Plešivo vrh genannt), leicht erkennbar an seinen Radarmasten, die für den gesamten Adria-Raum arbeiten, zudem isthier auch noch eine der wenigen Militärbasen, also unzugängliches Gelände. Leider ist unser Aussichtsplatz am Gipfel durch Antennen und Baumaterial nicht wirklich idyllisch, sodass es mich schnell wieder auf den Rückweg und hinter das Gatter zieht, um hier ein stärkendes Picknick auf einem Fels unter einer schönen Steineiche mit Fernsicht zu genießen.

Der Rückweg erfolgt auf derselben Route.

Abstieg vom Hum – herrlicher Blick auf viele Inseln und Buchten

Veliki Grabovik – wer den Fels erklommen hat, blickt auf die buchtenreiche Südküste

Wanderung 11: Insel Mljet – Rundtour über den Monte kuc durch den Nationalpark

Charakteristik: Die leichte, aber lange Familienwanderung (Abkürzungen möglich) verläuft meist schattig durch den Ostzipfel des Nationalparks: Der Hinweg führt über aussichtsreiche Hügel im Innern, der Rückweg zieht sich unterhalb des Kamms entlang mit herrlichen Ausblicken auf das Meer und schließlich am Meer entlang und ab Soline an den Seen. Die Tour weist kaum Steigungen auf und ist eine ideale Tagestour mit anschließendem Bad im Meer oder in den Seen. **Länge/Dauer:** Gesamtlänge 16 km, ca. 5:30–6 Std. **Verkürzung:** Diese Tour kann bereits ab dem Monte kuc stark verkürzt werden, indem man ab dem Abzweig **6** nach Westen über den Šivicarski put hinab zu den Seen läuft, bzw. in Richtung Soline; wer geruhsam geht, benötigt dann ca. 2:30 Std. für diese ca. 4 km. **Markierung:** roter Kreis mit weißem Punkt und Ausschilderungen. **Einkehr:** unterwegs keine Versorgungsmöglichkeit. **Ausgangspunkt:** Parkplatz am Eingang des Nationalparks Mljet bei Goveđari (von der Inselstraße Polače–Pomena ausgeschildert), mit Kasse (90 KN, Kinder 6–15 Jahre 40 KN) und Ranger-Infostation. **Wanderkarte:** N.P.-Mljet 1:15.000, 2014; die alte Wanderkarte von 2006 zeigt viele Wege auf, die aber lediglich Feuerschneisen sind.

Wegbeschreibung: Wir starten südlich des **Parkplatzes** am Nationalpark-Eingang, biegen links in die Asphaltstraße **1** ein und gehen ca. 300 m aufwärts. Dann folgen wir einem **Abzweig 2** nach links (ausgeschildert „Montokuc") durch Mischwald mit Macchia-Unterbewuchs.

Nach rund 0:20 Std. biegen wir an einer Gabelung **3** rechts ab (der Pfad nach links führt nach Polače), nach weiteren 5 Min. geht rechts ein markierter Pfad zum Berg *Veliki Sladin Gradac* (157 m) ab, von dem man ebenfalls einen schönen Blick hat. Wir ignorieren aber diesen Abzweig und gehen auf unserem Wanderpfad weitere

5 Min. geradeaus, um am nächsten Abzweig **4** wieder rechts zu gehen. Zwischen Aleppokiefern, Steineichen, Zistrosen, Salbei führt der Weg erst leicht bergab, ehe er dann zum Monte kuc auf 253 m ansteigt.

Nach rund 1 Std. Wegzeit haben wir die Gipfelfelsen **5** des **Monte kuc** mit kleiner Unterstellhütte erreicht und genießen das herrliche weite Panorama – gen Norden nach Polače und zur Halbinsel Pelješac, im Süden schimmert das Meer, unter uns tiefblau der Malo und Veliko jezero mit dem Klosterinselchen Sv. Marija, zudem wie Tatzen die gebuchtete südwestliche Landzunge mit dem Kanal und dem Weiler Soline, den wir auf dem Rückweg passieren werden.

Jetzt steigen wir erst einmal auf der Südseite hinab und stoßen dann auf den Makadam, den **Švikarski put** **6**, und gehen hier links. (Wer die Tour verkürzen will, wählt hier den Weg nach rechts; wer noch etwas verlängern will, geht ganz kurz links und dann wieder rechts den Pfad hinab zu den Seen nach Soline.)

Wir aber folgen dem Švikarski put nach links und biegen nach ca. 5 Min. am ausgeschilderten Abzweig **7** nach rechts ab auf den **Put po vrsima**. Wir folgen dem Weg gen Osten, der sich zu einem schönen felsigen Waldpfad oberhalb des Meeres entpuppt, immer wieder Ausblicke durch die Baumwipfel bietet und sich entlang der Felsen windet, ehe er uns ins Waldinnere entlang des Bergkammes entführt. Wir passieren immer wieder Feuerschneisen.

Nach knapp 0:30 Std. wird eine kleine Wegkreuzung **8** erreicht, wo wir uns geradeaus bzw. leicht rechts halten (links hinab würde es nach Podvodice gehen). Dem Weg folgend, bieten sich nun immer wieder Ausblicke gen Norden und zur Halbinsel Pelješac und wir passieren weitere Feuerschneisen – wir folgen dem Pfad immer geradeaus ostwärts. In der Ferne sehen wir den Berg Veliki Planjak (392 m) mit seinen Antennen. Nach ca. 0:20 Min. passieren wir nochmals einen Abzweig, mehr Jägerpfad, der links nach unten führt.

Wir folgen dem Hauptweg geradeaus und stoßen danach auf eine Waldlichtung, kurz darauf sehen wir eine undeutlich markierte Weggabelung **9**. Die Markierung rot-weiß-rot führt uns auf einen lohnenswerten **Abstecher** zum aussichtsreichen Felsen **Veliki Grabovik** (auch Grabova glava). Wir möchten ihn erklimmen und folgen also dem schmalen Pfad nach rechts, der uns steil zu den Felsen nach oben bringt, das letzte Stück muss etwas geklettert werden (nicht Schwindelfreie sollten ebenfalls unten warten!). Wer dies nicht schafft, wartet unten auf seine Begleitung und lässt sich vielleicht anschließend die schönen Fotos zeigen.

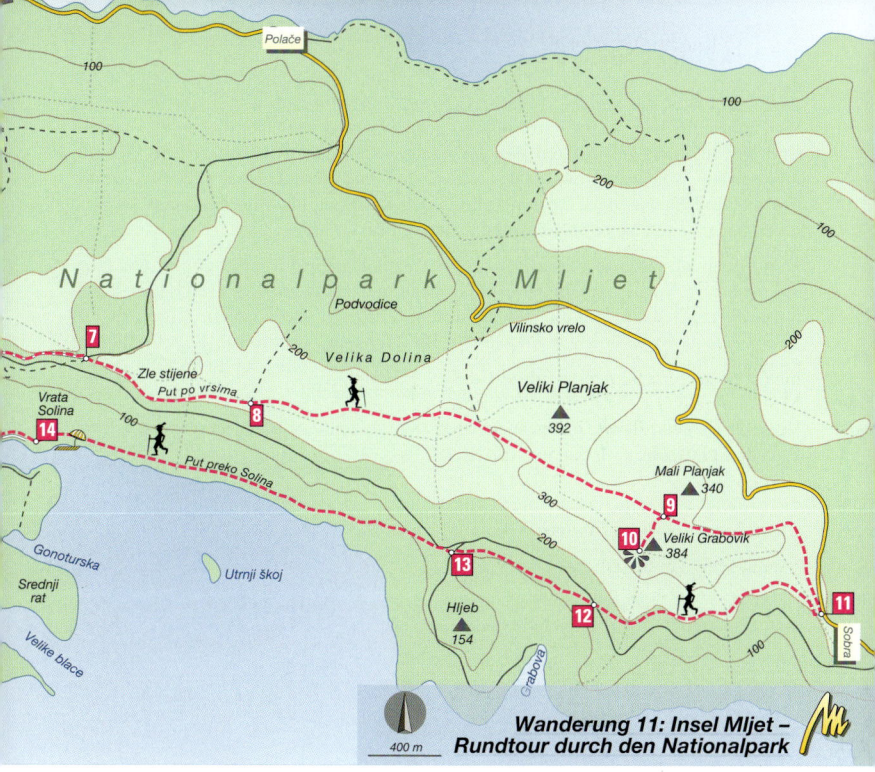

Wanderung 11: Insel Mljet –
Rundtour durch den Nationalpark

400 m

Vom **Veliki Grabovik** ⑩ mit seinen 384 m bietet sich ein traumhafter Weitblick zum antennenbestückten Veliki Planjak im Norden, dahinter die Halbinsel Pelješac, gen Osten erstreckt sich das hügelige Mljet und unter uns schimmert türkisfarben die spitz zulaufende Bucht Grabova – Wald wohin man blickt. Rund 2 bis 2:30 Std. sind wir nun insgesamt unterwegs.

Wir klettern wieder hinab und folgen dem Pfad zurück zur Weggabelung ⑨ und wenden uns nun nach rechts, bzw. folgen unserem Hauptweg durch Aleppokiefernwald weiter gen Osten.

Nach ca. 0:20 Std. stoßen wir auf die **Inselhauptstraße** Pomena–Sobra ⑪, gehen hier nur wenige Meter nach rechts, ehe wir erneut nach rechts in den **Waldpfad** einbiegen (hier unbedingt **aufpassen, sehr schlecht markiert**!).

Auf diesem schönen Waldpfad geht es nun zurück, also gen Westen. Nach ca. 0:25 Std. stoßen wir auf einen **Makadam** ⑫, gehen hier wenige Schritte rechts, um dann gegenüber nach links hinab dem Pfad zu folgen, der durch schattigen Aleppokiefernwald mit Macchia-Unterbewuchs führt.

Nach weiteren ca. 0:15 Std. gehen wir an einem weiteren **Makadam** ⑬ kurz links und nach wenigen Metern wieder links hinab auf unseren Wanderpfad und westwärts (Achtung hier war 2014 die Markierung unter Gebüsch versteckt und nicht sichtbar).

Der Wanderpfad wird bald zu einem idyllische **Steinpfad**, der oberhalb des Meeres verläuft, der Macchiabewuchs ist üppig. Vor uns liegen die kleinen Inseln Utrnji und Vranji škoj, das zerlappte Buchtende von Mljet mit dem Kanal von Soline. Der Weg führt uns nun in 0:15 Std. hinab zum Meer, das verlockend gurgelt – leider sind wir zu hoch, um für ein Bad im kühlen Nass ganz hinabzusteigen. Wir genießen den Weg weiter westwärts gen Soline und erreichen ca. 0:20 Std. später **Vrata solina** 🄴, das sog. „Tor von Soline", den Kanalbeginn. Hier kann man bestens im türkisfarbenen Meer schwimmen gehen.

Nun folgen wir dem Weg, der alsbald ins Asphaltsträßchen mündet und uns nach **Soline** bringt, vorbei an Gärten und Obstbäumen, dann entlang der Häuser. Nach weiteren rund 3 km entlang des fichtenbestandenen, malerischen Uferwegs des Veliko jezero, erreichen wir **Pristanište** 🄵. Wer mag, unternimmt ab Pristanište noch eine Bootstour zur Klosterinsel Sv. Marija (jede volle Stunde ab 8 Uhr morgens, jeweils 0:45 Std. Aufenthalt, danach wieder zurück).

Über den asphaltierten Fahrweg gelangt man zurück zum Ausgangspunkt, hoch zum Parkplatz 🄰.

Blick auf die Salzseen

MM-Wandern
informativ und punktgenau durch GPS

- für Familien, Einsteiger und Fortgeschrittene
- ausklappbare Übersichtskarte für die Anfahrt
- genaue Weg-Zeit-Höhen-Diagramme
- GPS-kartierte Touren (inkl. Download-Option für GPS-Tracks)
- Ausschnittswanderkarten mit Wegpunkten
- Konkretes zu Wetter, Ausrüstung und Einkehr

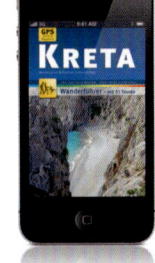

Übrigens:
Unsere Wanderführer gibt es auch als App für iPhone™, WindowsPhone™ und Android™

- Allgäuer Alpen
- Andalusien
- Bayerischer Wald
- Chiemgauer Alpen
- Eifel
- Elsass
- Fränkische Schweiz
- Gardasee
- Gomera
- Korsika
- Korsika Fernwanderwege

- Kreta
- La Palma
- Ligurien
- Madeira
- Mallorca
- Münchner Ausflugsberge
- Östliche Allgäuer Alpen
- Pfälzerwald
- Piemont
- Provence
- Rund um Meran

- Sächsische Schweiz
- Sardinien
- Schwarzwald Mitte/Nord
- Schwarzwald Süd
- Sizilien
- Spanischer Jakobsweg
- Teneriffa
- Toscana
- Westliche Allgäuer Alpen
- Zentrale Allgäuer Alpen

Etwas Kroatisch

An dieser Stelle stehen oft seitenlang Vokabeln oder gar Redewendungen. Doch was hilft es, wenn ich fragen kann: „Wie geht es Ihnen?", und dann nicht verstehe, was man mir erzählt? Erfahrungsgemäß kommt man mit Deutsch und Englisch recht weit, auf den nördlichen Inseln hilft auch Italienisch.

Oft hört man die Worte „*dobro*" – „gut" und „*ni problem*" oder „*nema problema*" (kroat.) – „kein Problem". Die meisten Kroaten sind sehr hilfsbereit, und wenn man sich unterhalten will, muss man entweder Kroatisch richtig lernen oder mit Händen und Füßen reden – was für uns oft recht steife Mitteleuropäer vielleicht einmal eine gute Übung ist.

In unserem kleinen Sprachlexikon haben wir einige wichtige Wörter der kroatischen Sprache aufgeführt.

Aussprache

c   wird wie z ausgesprochen;

č   wie tsch;

ć   wie tsch und einem folgenden j;

h   wie in der deutschen Sprache, nach einem Vokal wie ch;

š   wie sch;

v   wie w;

z   wie s;

ž   wie stimmhaft sch;

dj   wie dž (also mit stimmhaftem sch) aber mit einem folgendem j;

e   wird breiter ausgesprochen, wie ä;

i   wird weicher ausgesprochen, wie ie;

aj   wie ai;

ej   wie äj;

oj   wie eu;

r   kann ein Vokal sein: Krk - kärk.

Kobaš-Bucht (Pelješac) – eine gute Adresse für Fisch und Schalentiere

Zahlen

0	nula	12	dvanaest	60	šezdeset
1	jedan	13	trinaest	70	sedamdeset
2	dva	14	četrnaest	80	osamdeset
3	tri	15	petnaest	90	devedeset
4	četiri	16	šesnaest	100	sto
5	pet	17	sedamnaest	200	dvije stotine
6	šest	18	osamnaest	1000	jedna tisuća
7	sedam	19	devetnaest	5000	pet tisuća
8	osam	20	dvadeset	10.000	deset tisuća
9	devet	30	trideset	50.000	pedeset tisuća
10	deset	40	četrdeset	100.000	sto tisuća
11	jedanaest	50	pedeset	1.000.000	jedan milion

Gruß und Allgemeines

dobar dan	*Guten Tag*	da/ne	*ja/nein*
dovidjenja	*Auf Wiedersehen*	molim	*bitte*
dobro jutro	*guten Morgen*	naravno	*selbstverständlich*
dobra večer	*guten Abend*	veliko/malo	*groß/klein*
danas/ sutra	*heute/morgen*	jeftino/skupo	*billig/teuer*
preko sutra	*übermorgen*	staro/novo	*alt/neu*
Kako ste?	*Wie geht es Ihnen?*	Pošto je?	*Wieviel kostet das?*
dobro/loše	*gut/schlecht*	ovo mi se svidja	*das gefällt mir*
hvala lijepa	*vielen Dank*	ima	*es gibt*
oprostite molim	*entschuldigen Sie bitte*	nema	*es gibt nicht*

Übernachten

imate li slobodnih soba?	*haben Sie Zimmer frei?*
želio bih dvokrevetnu/ jednokrevetnu sobu	*ich hätte gern einDoppelzimmer/ Einzelzimmer*
Koliko košta soba sa dorućkom?	*Wieviel kostet das Zimmer mit Frühstück?*
ključ od sobe	*Zimmerschlüssel*
voda	*Wasser*
toplo/ hladno	*warm/kalt*
rućnik	*Handtuch*
prtljag	*Gepäck*
račun	*Rechnung*
boravišna taksa	*Kurtaxe*

Kalender, Richtung, Zeit

nedjelja	*Sonntag*	travanj	*April*
ponedjeljak	*Montag*	svibanj	*Mai*
utorak	*Dienstag*	lipanj	*Juni*
srijeda	*Mittwoch*	srpanj	*Juli*
četvrtak	*Donnerstag*	kolovoz	*August*
petak	*Freitag*	rujan	*September*
subota	*Samstag*	listopad	*Oktober*
praznik	*Feiertag*	studeni	*November*
proljeće	*Frühling*	prosinac	*Dezember*
ljeto	*Sommer*	zapad	*Westen*
jesen	*Herbst*	istok	*Osten*
zima	*Winter*	jug	*Süden*
siječanj	*Januar*	sjever	*Norden*
veljača	*Februar*	ujutro/sredinom dana	*morgens/mittags*
ožujak	*März*	navečer/ tijekom noći	*nachmittags/ abends*

Junggesellenabschied auf Kroatisch …

Im Notfall

treba mi doktor, brzo	*ich brauche einen Arzt, schnell*
trebam nešto protiv …	*ich möchte etwas gegen …*
liječnik	*Arzt*
ambulanta	*Erste-Hilfe-Station*
prehlade	*Erkältung*
kašlja	*Husten*
pilule za grlo	*Halstabletten*
bolnica	*Krankenhaus*
apoteka/ljekarna	*Apotheke*
opekotina od sunca	*Sonnenbrand*

Post und Bank

ja bih unovčio putni ček	*ich möchte einen Reisescheck einlösen*
dnevni kurs	*Tageskurs*
kuverat	*Briefumschlag*
poštanske marke	*Briefmarke*
poštanski sandučić	*Briefkasten*
potvrda	*Quittung*

Speisen

Je li ovaj stol slobodan?	
	Ist dieser Tisch frei?
nije, rezerviran je	*nein, er ist reserviert*
jelovnik, molim	*die Speisekarte, bitte*
dobar tek	*guten Appetit*
hladna predjela	*kalte Vorspeisen*
topla predjela	*warme Vorspeisen*
juhe	*dünne Suppe*
maneštra	*Minestrone*
riblja juha/brodet	*Fischsuppe*

Fleisch

meso	*Fleisch*
svinjetina	*Schweinefleisch*
ovčetina	*Hammelfleisch*
jetra	*Leber*
kobasice	*Würstchen*
govedina	*Rindfleisch*
teletina	*Kalbfleisch*
jagnjetina	*Lammfleisch*
faširane šnicle	*Frikadellen*

Fisch

ribe	*Fisch*
orada	*Goldbrasse*
zubatac	*Zahnbrasse*
arbun	*Rotbrasse*
oslić	*Seehecht*
list	*Seezunge*
skuša	*Makrele*
bakalar	*Stockfisch*
oštrige/kamenica	*Austern*
mušule	*Muscheln*
dagnje	*Miesmuscheln*
škamp	*Scampi*

jastog	*Hummer*
račići	*Garnelen*
marinirane sardele	*marinierte Sardellen*
lignja	*Kalamari*
tuna	*Thunfisch*
hobotnica na salatu	*Tintenfischsalat*

Gemüse/Obst

krumpir	*Kartoffeln*
riža	*Reis*
povrće	*Gemüse*
miješano povrće	*gemischtes Gemüse*
salata	*Salat*
masline	*Oliven*
bundeva	*Kürbis*
groždje	*Weintrauben*
kruške	*Birnen*
mandarine	*Mandarinen*

Salona – Relief

smokve	*Feigen*
dinja	*Melone*

Beilagen/Gewürze

kruh	*Brot*
bijeli luk/češnjak	*Knoblauch*
maslinovo ulje	*Olivenöl*
sirče, ocat	*Essig*
papar	*Pfeffer*
sol	*Salz*
šećer	*Zucker*
maslac	*Butter*
sir	*Käse*
ovčji sir	*Schafskäse*
pršut	*Schinken*
senf	*Senf*
burek	*gefüllte Pasteten*

Im Café und in der Bar

kava	*Kaffee*
čaj	*Tee*
mlijeko	*Milch*
sladoled	*Eis*
kolač	*Kuchen*
kolači	*Gebäck*
čokolada	*Schokolade*
voćni sok	*Fruchtsaft*
sok od pomorandže	*Orangensaft*
sok od jabuka	*Apfelsaft*
mineralna voda	*Mineralwasser*
limunada	*Limonade*
pivo	*Bier*
bevanda / gemišt	*Weinschorle*
kajsijevača	*Aprikosenschnaps*
šljivovica	*Zwetschgenwasser*
vino	*Wein*
prošek	*Dessertwein*
kruškovac	*Birnenschnaps*
vinjak	*einheimischer Kognak*
na zdravlje!	*Zum Wohle!*
živeli!	*Prost!*

Unterwegs

Im Flugzeug

Zračna luka	*Flughafen*
aterirati spuštanje (spustati)	*landen*
uzletjeti	*starten*
dolazak / polazak	*Ankunft / Abflug*

Am Bahnhof

kolodvor, stanica	*Bahnhof*
odlazak / dolazak	*Abfahrt / Abfahrt*
vlak	*Zug*
peroni	*zu den Bahnsteigen*
ulaz / izlaz	*Eingang / Ausgang*
(ne-) pušači	*(Nicht-) Raucher*
pušenje zabranjeno	*Rauchen verboten*
vagon restoran	*Speisewagen*
spavaća kola	*Schlafwagen*

Im Bus

autobusna stanica	*Bushaltestelle*
svaki dan	*jeden Tag*
od ... do	*von ... bis*
radni dani	*werktags*

Im Auto

litara benzina	*Liter Benzin*
parkiranje zabranjeno	*Parken verboten*
nezgoda	*Unfall*
milicija	*Polizei*
automehaničar	*Werkstatt*
kola imaju kvar	*ich habe eine Panne*

In Stadt und Land

grad	*Stadt*
trg	*Platz*
ulica/cesta	*Straße*
lijevo	*links*
desno	*rechts*
pravac	*geradeaus*

jezero	*See*
polje	*Ebene*
dolina	*Tal*
rijeka/reka	*Fluss*
brdo/gora	*Berg*
planinarski dom	*Berghütte*

Am Hafen und am Meer

luka	*Hafen*
trajekt	*Autofähre*
gat	*Mole*
jedrilica	*Segelboot*
lađa/brod	*Schiff*
čamac	*Boot*
obala	*Uferstraße*
magistrala	*Küstenstraße*
Jadran	*Adria*
otok	*Insel*
poluotok	*Halbinsel*
rt	*Kap*
uvala/draga	Bucht/Taleinschnitt
roniti	*tauchen*
plivati	*schwimmen*
kupanje zabranjeno	*Baden verboten*
kampiranje zabranjeno	*Zelten verboten*
zabranjen prolaz	*Betreten verboten*

Sehenswertes

razglednica	*Ansichtskarte*
ulaz slobodan	*Eintritt frei*
crkva	*Kirche*
samostan/manastir	*Kloster*
tvrdjava	*Festung*
razvaline	*Ruinen*
galerija	*Galerie*
muzej	*Museum*
toranj	*Turm*
zvonik	*Kirchturm*

Dubrovnik – Placa mit Onofriobrunnen

Register

Podubuče – Idylle mit Blick gen Pelješac Riviera, Orebić und Sv. Ilija

ISBN 978-3-89953-978-3

© Copyright Michael Müller Verlag GmbH, Erlangen 2006, 2009, 2012, 2015. Alle Rechte vorbehalten. Alle Angaben ohne Gewähr. Druck: Stürtz GmbH, Würzburg.

Vielen Dank!   Die Autorin dankt der „Kroatischen Zentrale für Tourismus (Frankfurt/Zagreb)", sowie allen Tourismusverbänden in den Regionen Split und Dubrovnik für ihre hilfreiche Unterstützung bei der Recherche.

myclimate
Protect our planet

Klimaschutz geht uns alle an.

Der Michael Müller Verlag verweist in seinen Reiseführern auf Betriebe, die regionale und nachhaltig erzeugte Produkte bevorzugen. Ab Januar 2015 gehen wir noch einen großen Schritt weiter und produzieren unsere Bücher klimaneutral. Dies bedeutet: Alle Treibhausgasemissionen, die bei der Produktion der Bücher entstehen, werden durch die Ausgleichszahlung an ein Klimaprojekt von myclimate kompensiert.

Der Michael Müller Verlag unterstützt das Projekt »Kommunales Wiederaufforsten in Nicaragua«. Bis Ende 2016 wird der Verlag in einem 7 ha großen Gebiet (entspricht  ca. 10 Fußballfeldern) die Wiederaufforstung ermöglichen. Dadurch werden nicht nur dauerhaft über 2.000 t CO_2 gebunden. Vielmehr werden auch die Lebensbedingungen der lokalen Bevölkerung deutlich verbessert.

In diesem Projekt arbeiten kleinbäuerliche Familien zusammen und forsten ungenutzte Teile ihres Landes wieder auf. Eine vergrößerte Waldfläche wird Wasser durch die trockene Jahreszeit speichern und Überschwemmungen in der Regenzeit minimieren. Bodenerosion wird vorgebeugt, die Erde bleibt fruchtbarer. Mehr über das Projekt unter **www.myclimate.org**

myclimate ist einer der weltweit führenden Anbieter im Bereich der freiwilligen CO_2-Kompensation. myclimate Klimaschutzprojekte erfüllen höchste Qualitätsstandards und vermeiden Treibhausgase, indem fossile Treibstoffe durch alternative Energiequellen ersetzt werden. Das Projekt »Kommunales Wiederaufforsten in Nicaragua« ist zertifiziert von Plan Vivo, einer gemeinnützigen Stiftung, die schon seit über 20 Jahren im Bereich Walderhalt und Wiederaufforstung tätig ist und für höchste Qualitätsstandards sorgt.

www.michael-mueller-verlag.de/klima